한국 언론사의 이해

한국 언론사의 이해

개정 증보 4판

조맹기 지음

서강대학교출판부

2011년

한국 언론사의 이해 (개정 · 증보 4판)

초판 발행 | 1997년 8월 30일
재판 발행 | 1998년 8월 25일
삼판 발행 | 2005년 7월 20일
사판 발행 | 2011년 5월 10일

지은이 | 조맹기
발행인 | 이종욱
편집인 | 우찬제
발행처 | 서강대학교 출판부
등록번호 | 1978년 9월 28일 제313-2002-170호
인쇄 | 한컴인쇄정보

주소 | 서울시 마포구 신수동 1번지 (121-742)
전화 | (02) 705-8212
팩스 | (02) 705-8612
홈페이지 | www.sogang.ac.kr/~sgpress

ISBN 978-89-7273-106-4 93070

정가 19,000원

머리말

'왜 언론사를 연구할 것인가'에 대한 논의는 끊임없는 토론 과제이다. 사건이 일어난 현장의 사실을 바탕으로 연구자는 그 당시 모습을 재현한다. 신화에 나타난 모습들을 재현하듯 언론사 연구자는 사건의 현장을 있는 그대로 그려낸다. 정확한 사료를 바탕으로 그 현장을 재현할 수 있다면, 이는 언론사 연구자가 할 수 있는 최고의 가치를 창출하는 것이 될 수 있다. 마치 신화의 원형을 복원하는 것처럼 구체적 사건들로부터 당시 생존한 사람들의 삶의 의미를 발견함으로써 그 후손들은 공동체의 정체성을 정립할 수 있다.

언론사 연구자들의 의미 있는 작업들에도 불구하고, 이를 평가 절하하는 사람은 단지 과거에 있었던 즐거운 일, 슬픈 일을 회상하면서 웃거나, 슬퍼하는 모습들로 단정하고 운명적 · 염세적 연구자들에게 냉소적이다. 그러나 사회과학 연구자는 언론사를 좀 더 긍정적이고 적극적으로 연구함으로써, 과거의 사건들로부터 현재가 안고 있는 문제들을 더욱 분명하게 인식할 수 있다. 즉 다른 시대적 맥락(상황에 따른 시간, kairos)을 비교함으로써 현재의 역사 흐름을 인지할 수 있다. 이는 또한 역사학의 과학적 접근을 가능하게 하며, 그 부산물로부터 미래를 예측할 수 있도록 한다. 즉 하나하나의 사건들로부터 찾아낸 사료들의 중요성보다, 목적론적으로 역사적 의미의 방향을 감지함으로써 연구자는 적극적으로 역사를 풀이할 수 있다.

베버(Max Weber)는 역사를 도구적으로 탐구했다. 역사 해석을 통해, 그 역사의 의미와 사상을 도출했다. 이런 역사 연구 방법은 객관성을 가진 역사 서술이라기보다 주관적 성격의 역사 풀이 방법이다. 그러나 역사의 객관성은 연구자가 가진 주관성을 가능한 배제시켜야 한다. 양자 중 어떤 서술과 목적을 택해야 할 것인가. 주관성을 강조하면 소설식 역사관으로 흐를 가능성이 있다. 또 객관성을 강조하면 역사나 신화 연구에서 보듯이 과거의 사실 그 자체에 관심을 갖게 되며, 한 사건의 의미를 도출하는 작업으로부터 완전한 객관성을 보증받을 수도 없다.

역사적 사건은 잃어버린 고리들이 무수히 많아 어느 것도 완전히 객관적으로 풀이할 수 없다. 그렇다면 객관성은 하나의 가능성에 불과하고, 연구자는 이 가능성으로부터 확률적으로 가장 높은 가능성만을 선택할 뿐이다. 본서는 다른 사회과학자들이 보는 역사관과 같이 목적론적 입장에서 역사를 본다. 이 목적론적 시각은 언론이 다른 사회제도와 연계를 지울 때 의미를 지닌다. 언론은 단순히 하나의 전문직의 언론이 될 수 없다는 측면이다. 이는 여타의 언론사 연구와 차별성을 둔다.

더욱이 언론 사상사의 관점에서 역사를 서술함으로써, 객관성을 강조하는 다른 언론사 연구자들로부터 비판받을 수 있는 소지가 있다. 즉, 일차 자료의 중요성을 강조한다거나, 과거 사실의 발견에 주안점을 둘 때, 이 연구가 의미 없는 작업으로 비칠 수 있다.

그렇더라도 본서는 시대적으로 가장 현저한 현상들의 논리 체계를 정립하여 '사상상'을 도출하고자 했다. 이런 연구는 타인의 기초조사가 부족할 때 공허해질 수 있다. 때로는 본서의 이러한 서술 방법으로 인해 주제의 범주가 너무 넓다거나, 자료의 부족으로 논리의 비약이 책 속에서 일어날 수 있다.

언론사에서 '사상상(思想像)'을 도출할 수 있을까. 그러나 「독립신문」이후 만도 115년(2011년 기준) 이상의 역사를 가진 한국 신문사를 미시적 차원에서 방향을 잡기는 쉽지 않다. 미시적 구체성이 없는 전체성은 공허하기 짝이 없지만, 거시적 맥락이 없는 미시적 접근은 결국 방향이 없어진다. 따라서 본서는 거시적 맥락을 주안점으로 미시적 접근을 시도하고, 그 역사적 사건의 의미를 파악하는 데 관심을 둔다. 즉 가장 현저했던 사건과 언론 현상을 시대사적 맥락에서 서술했다.

본서는 100년이 넘는 신문사를 일관성 있게 사상사적 접근을 시도하면서, 전체의 사건과 신문의 특성들은 시기적으로 풀이하는 대신, 100년 언론사를 9개의 단락으로 나누어 연구의 실마리를 찾았다. 처음 문제를 제기한 부분에는 조선시대의 언관 구조에 관한 연구를 서술했다. 언관 구조는 제도권 내에서 어떤 커뮤니케이션이 이뤄지는지를 살펴보았다. 즉 유교의 이념 아래 어떤 커뮤니케이션이 가능한지를 논했다. 조직 안에서 커뮤니케이션의 활성화는 무엇인지, 정치권력을 나누는 과정이 커뮤니케이션이 될 수 없는지.

둘째, 초기 언론이 형성되던 과정에서 정론지(政論紙)의 가능성을 논했다. 「한성순보」, 「한성주보」, 서재필의 「독립신문」, 윤치호의 「독립신문」을 논했다. 같은 시대에 창간한 「협성회보」, 「믹일신문」, 「뎨국신문」, 「황성신문」, 「대한매일신보(大韓每日申報)」 등에서 정론성의 가능성을 논했다.

셋째, 조선총독부가 허가한 「조선일보」, 「동아일보」, 「시사신문」(「조선중앙일보」 포함) 세 개의 신문에 나타난 1920년부터 1940년까지의 문화정치의 실체를 논했다. 문화정치는 정부가 존재하지 않았던 당시, 조직 단체로서는 거의 유일했던 언론이 정부의 기능을 대신한 '언론공화국'의 실체를 규명하는 한편, 총독부와 조선의 신문이 생각했던 각각의 문화정치를 함께 논했다.

넷째, 사상사 측면에서 일제시대의 사회주의 형성에서의 언론의 역할을 본 것이다. 이것은 일제시대에 발행된 「동아일보」, 「조선일보」, 「시사신문」 등을 통해 이해할 수 있을 것이다.

그러나 본서는 일제시대에 자연 발생적으로 생성되었다는 측면에서, 혹은 주체의 관점에서 더욱 활기를 띠었던 사회주의 형성에서의 언론의 역할을 논했다.

다섯째, 초기 정론지로 다시 돌아가서 정론지가 가능했던 상황을 묘사하고, 정론지의 의미와 발전 방향을 논했다. 정론지가 어떤 상황에서 발아할 수 있는지, 그리고 이런 신문의 정론적 성격이 왜 종말을 고하고, 현대와 같은 색깔 없는 신문이 등장하게 된 배경과 원인을 규명코자 했다.

여섯째, 언론 노조, 언론노동조합연맹의 역사적 의미와 그 향로에 관해서 서술했다. 이들의 계급적 · 신분적 속성을 논하며, 아울러 정론지의 토양, 즉 정론지에 적합한 신분적 속성에 관심을 가졌다.

일곱째, 기술 결정론적 관점에서 한국 방송 70년사를 정리했다. 「경성방송국」이 1927년에 개국함으로써 방송 역사의 장을 열었으나 컬러, 케이블 TV를 받아들인 지금도 여전한 대외 의존적 기술과 프로그램의 실태를 분석했다. 즉 역사적 맥락으로 방송 기술이 가져올 수 있는 사회, 문화적 상황에 관해서 논했다.

여덟째, 제3판에서 본서는 다매체 다채널의 6공화국 시대의 언론을 논했다. 신문 · 방송 · 인터넷이 공존하는 시대의 언론 정체성에 관한 논의를 첨가시켰다.

그리고 마지막으로, 6공화국 중 노무현과 이명박 정부를 다루었다. 한쪽은 진보 성향이고, 한쪽은 보수 경도로 시작했다. 그러나 양 정부는 개혁에 관심을 두어, 한쪽이 좌파적 개혁이라면, 한쪽은 우파적 개혁이다. 개혁을 요즘 말로 '운동권 논리'이다. 결과적으로 보면 한쪽은 개혁의 실패이고, 다른 한쪽은 부의 불평등만 증가시켰다. 노무현과 이명박 정부는 아마추어적 개혁을 시도한 것이다. 어느 개혁도 아이디어를 제도화시키고, 의례 화(ritualization)시키는데 실패한 것이다. 그렇다면 문화적 모형화(patterns)을 결한 개혁의 아이디어는 다른 정부에서 전체적으로 바뀔 가능성이 상존했다.

본서는 14년 동안 4 판을 발행했다. 그간 조금씩 내용을 변화시켜왔다. 이런 노력은 사회가 바뀌면서 경향이 바뀌는 경향이 있고, 개인의 취향이 바뀔 수 있다. 더욱이 9장의 노무현 참여정부와 이명박 정부 언론사 정리는 반드시 언론사 정리라기보다, 사회 제도와 관련해서 학제 간 연구, 즉 통섭(統攝)으로 연구를 시도했다. 지금까지 언론학은 신문 · 방송의 매체사에 관심을 가졌지만, 이 연구는 처음 필자가 기획했던 것처럼 다른 사회제도와 연관시킨 연구이고, 그 경향이 강하게 반영되었다. 즉, 필자는 여러 판을 내면서, 언론학이 정치와 사회제도를 떠나서 존재할 수 없음을 경험으로 느꼈다.

본서 이후 꾸준한 작업으로 논문을 다져감이 본인이 계속해야 할 연구 과제이다. 아직도 구석구석 많이 연구해야 하고 보강되어야 할 내용들이 산재해 있다. 그러나 본서의 의미는 이런 시각으로 언론사를 정리할 수 있다는 가능성을 제시했다.

본서의 1장은 한국언론학회와 정신문화연구원과 공동으로 연구한 『조선조 커뮤니케이션 연구』(정신문화연구원, 1995)를 수정한 것이며, 제4장 "일제시대의 사회구조와 사회주의 언론(1920~40)"은 『정신문화연구』(18권 4호, 1995)에 실린 내용을 수정한 내용이다.

끝으로 이 책을 출간하는데 도와주신 서강대 우찬제 편집인과 교정을 봐준 한컴인쇄정보에 감사를 드립니다.

2011년 5월

(제4판)

가브리엘관에서, 저자

차 례

제 9 장 노무현 참여정부와 이명박 정부

제 1 장
조선시대 언관 구조에 관한 연구

1. 전통 커뮤니케이션 구조

조선시대의 언관(言官)은 '국정의 건강한 운영과 주권의 안정 도모'라는 역할을 앞세운다. 정도전(鄭道傳)이 태조에게 지어 바친 「문덕곡(文德曲)」에는 "군주가 언로를 크게 열어 사총을 통달하여야 민정을 제대로 파악할 수 있기 때문에 군주의 첫째 덕목은 언로의 개방에 있다"[1]고 하였다. 또한 사헌부(大司憲)을 지낸 조광조(趙光祖)는 "언로의 열리고 닫힘은 나라의 흥망과 관계가 깊은 일이다. 이것이 열리면 정치가 안정되고, 닫히면 어지럽고 망한다. 임금은 언로를 넓히는 데 힘써야 하며, 위로는 3공(公) 6조(曹)와 뭇 관원이, 아래로는 거리의 백성에 이르기까지 모두 언권을 갖게 해야 한다. 대간(臺諫)은 모름지기 언로를 개방한 다음에야 비로소 그 직책을 다할 것이다"라고 언로의 중요성을 강조한다. 그러나 당쟁이 심한 선조(宣祖, 14대) 이후 "언관이 당쟁의 대변적 기관에 불과했다"[2]고 혹평한다. 당쟁을 오히려 조장하는 기관으로 둔갑한 대간을 한탄한 영조(英祖, 21)는 대간의 언로를 강압적으로 봉쇄한다. 정조(正祖, 22) 때 대간의 언

---

1) 김삼웅, 『한국 민주사상의 탐구』(서울: 일월서각, 1985) p. 29에서 재인용.

2) 이재호(李載浩), 「이조(李祖) 대간(臺諫)의 기능(機能)의 변천(變遷)」, 『부산대 논문집』 4, p. 15.

로를 비판한 정약용(丁若鏞)은 직관론(職官論)에서 대간폐지론을 주장한다.[3] 그리고 세도정치 하에 직언하는 언관을 찾을 수 없어 사람들은 당시를 '요요무언세계(蓼蓼無言世界)'로 표현했다. 언로의 직분이 제대로 발휘되지 않은 세도정치 하에서의 세상은 암흑기로 간주되었다. 결과론적으로 볼 때 유래 없이 길었던 조선시대(1392~1905)의 역사는 언관의 중요한 역할과도 관련이 있다.

유교〔정통유교(正統儒敎), 신유학(新儒學)인 주자학(朱子學)〕를 정통 이념으로 설정한 조선은 인간 및 인간 관계성을 중시함으로써 언관의 언로 행위를 원론적으로 수용한다. 조선의 관료가 "인사를 정사(政事)라고 부르고 인사 행정을 주관하는 이조(吏曹)와 병조(兵曹)를 전조(銓曹), 정조(政曹) 또는 정청(政廳)으로 부른다"[4]라는 말도 언관의 언로 행위와 같은 맥락에서 이해할 수 있다. 즉 정통 유교가 인간, 상호, 사회 및 집단 관계성을 중시함으로써 언관의 행위도 그 원칙에서 벗어날 수 없다. 인간관계가 계속되는 곳에는 위계질서가 있게 마련이고, 관계성이 복잡할수록 권력(power)을 나누는 과정, 곧 커뮤니케이션 과정이 복잡하게 된다. 여기서 커뮤니케이션의 뜻은 그 어원으로 라틴어의 커뮤니카레(communicare)의 '나누다' '참여하다'로부터 도출한 것이 일반적 통설이나 본인은 커뮤니케이션의 의미를 party(라틴어 partire), 즉 권력과 관련하여 '나누다' '참가하다' 혹은 '분할하다'로 규정한다. 본고에서는 파티(party)에서 도출되는 커뮤니케이션 개념을 사용하는 한편, 다른 개념으로는 지위로부터 파생되는 직분(職分)에서 그 의미를 도출한다. 말하자면 직분은 서구에서 말하는 역할 개념과 유사하나, 그 개념을 더욱 발전시키면 직분으로부터 의무가 발생한다. 의무정신은 자신의 내적 커뮤니케이션의 완성이며, 동시에 타인

---

3) 직관론에서 논하는 내용은 '천하악호치 거관각대간지관 이천하치오(天下惡乎治 去館閣臺諫之官 而天下治矣)'이다.

4) 목정균(睦貞均), 「조선전기 제도언론연구(朝鮮前期 制度言論硏究)」(서울: 고려대학교 민속문화연구소, 1985) p. 134.

과 자신을 묶는 커뮤니케이션의 한 형태이다. 이 커뮤니케이션 개념을 근거로 발생하는 언관구조(言官構造)는 조선시대의 경우 3사(司)〔사헌부(司憲府) · 사간원(司諫院) · 홍문관(弘文館)〕를 들 수 있다. 말하자면 언관(3司)의 구조와 아울러 발생하는 지위, 직분 그리고 의무정신 등이 본고에서 주로 살펴볼 부분이다.

권력을 나누는 과정과 직분으로부터 파생하는 의무정신을 커뮤니케이션 개념으로 규정할 때 뉴스원은 인간, 인간관계 나아가 인간관계의 결과로 생기는 지위, 직분 등으로부터 파생된다. 부언하면 인간관계의 결과 얻어지는 제도권 내에서의 권력은 속성상 경직되기 쉬우므로 위계질서를 유연하게 하는 기구가 필요하다. 그 직분이 언관의 임무이며, 언관의 직분에 대한 이해를 통해 조선 사회의 중요한 일면을 파악할 수 있다.

현대인의 삶 속에 방송과 신문이 차지하는 비중이 나날이 높아짐으로써 그들은 언론과 더불어 살아간다. 매일 접하는 뉴스는 이념도, 국적도 없는 사건들로 가득 차 있다. 밀(J. S. Mill)은 『언론 자유』에서 "뉴스는 진리를 밝히는 작업이며, 뉴스에서 진리를 찾아내는 논쟁이 이루어져야만 사건에 활력이 솟아난다."고 본다. 그러나 진리를 찾는 논쟁이 일상화됨으로써 어제와 오늘의 뉴스가 별개이듯 어느새 우리의 이념과 마음도 어제와 오늘 간에는 지속성이 없어져버렸다. 매일 일어나는 사건들로부터 다양성을 찾을 수 있는가. 갖가지 뉴스로부터 주자학에서 논하는 하늘 · 땅 · 인간 등 우주의 질서를 엮는 어떤 요소를 발견할 수 있는가. 사건 보도가 '언론의 기본 사명'을 벗어나 금전 · 명예 · 권력 등 한정된 부분에 집약적으로 표출되어 있지는 않은가. '의(義)가 있는 곳이면 목숨을 바쳐서 의(義)에 충성한다.'는 기자 본연의 사명은 퇴색되고 있지는 않은가. 그렇다면 조선시대는 사헌부의 언로 개방을 위해서 어떤 조직이 구성되어 있었고, 그것이 현대의 기자 조직에 적용될 수 있는 것인가. 마지막으로 언론사 조직 내에 지나치게 많은 지위(차장대우 · 부장직대 · 국차장 등)가 어떤 결과를 가져 올 것인가. 이러한 질문들을 이용한 현상적 접근을 통해 현대 사회의 문제를 찾을 수 있을 뿐 아니라, 그 바탕 위에서 해결책 또한 모색할 수 있다. 그러나 다른 중요한 해결 방안은 역사적 접근을 통하여 현대 언론 문제의 실마리를 찾는 것이다. 본인은 후자의 의도를 존중하면서, 동시에 언관의 사회사에 대한 자체 연구도 현시점에서 의미 있는 작업으로 여긴다.

언관 제도의 역사적 의미는 사회 체계와 관련시켜 목정균(睦貞均, 1985)의 『조선전기제도언론연구』, 법제사적 측면에서 이홍렬(李洪烈, 사총(史叢) 5)의 「대간제도의 법제사적 연구」, 기능적 측면에서 이재호(李載浩, 부산대 논문집 4)의 「이조대간의 기능적 변천」, 실제적 측면에서 최승희(崔承熙, 1976)의 『조선초기 언관, 언론연구』, 커뮤니케이션 활성화의 측면에서 이상희(李相禧, 1989)의 「조선조사회의 언로현상 연구」 등에서 엿볼 수 있다. 그러나 본고는 언관의 제도, 법제뿐 아니라 제도를 가능케 했던 이념적 · 물질적 근거를 함께 논한다. 그 논의를 명확하게 하기 위해 대간 제도의 근본 이념을 우선적으로 다루고, 여기에서 조선시대의 커뮤니케이션 개념을 도출한다. 둘째, 그 커뮤니케이션 개념을 바탕으로 커뮤니케이션을 활성화시키는 언론 3사제도를 언급하고, 아울러 언론 3사제도의 실천의 측면에서 왕과의 관계를 논한다. 셋째, 언관의 구성원과 그들이 갖고 있는 성향과 타 구조와의 역학 관계를 살펴본다. 본서는 조선시대의 진정한 커뮤니케이션의 장애 요인은, 당쟁에서 볼 수 있듯이 사회 제도의 직위 다툼에 기인함을 밝히며, 나아가 직분을 통한 의무정신과 주인 정신을 커뮤니케이션 활성화의 대안으로 제시한다.

본고는 독일 '역사학파'[5]들이 사용한 '해석학적 방법'을 방법론으로 택한다. 즉 조선시대의 역사를 과전(科田)으로 파생되는 물질과 그에 따른 물

---

5) 마르크스(K. Marx)가 모든 역사는 물질 구조의 반영물이란 명제로부터 시작한다면, 그 명제에 반기를 들고 나온 일군의 학자들, 즉 막스 베버(Max Weber), 알프레드 베버(Alfred Weber), 워너 좀발트(Werner Sombart), 어니스트 트롤취(Ernst Troeltsch) 등이 독일역사학파이다. 역사학파는 사상 · 인물 · 제도 등 많은 요소들이 물질 구조 못지않게 역사 변동에 기여한다고 본다.

질적 구조의 중요성에 치중하기보다 '유교의 종교적 이념'에 시각의 초점을 두고 조망한다. 이 이념은 직위에 따라 나타나는 '효제충신지학(孝悌忠信之學)'이다. 아울러 그 이념으로부터 언관 구조가 발생하고, 그 구조를 통해 왕과 다른 대신들 간의 역학관계가 이뤄진다. 언관 구조의 실천을 취급함으로써 그 구조를 다룰 때 파생되는 예측, 혹은 예측하지 않았던 결과를 알아내는 것도 하나의 과제가 될 수 있다. 그러나 궁극적으로 본서는 현실적 시각에서 역사의 의미를 재해석하는 데 초점을 둔다. 그러나 현재의 시각에서 과거의 역사를 조망하는 해석학적 방법도 문제가 있다. 즉 현재의 언론이 공개성 · 대중성 · 상업성 · 정기성을 중시하고, 기술적 도움에 의존하여 환경의 감시, 사회 제도의 연결, 사회화, 광고, 오락 기능을 바탕으로 하는 매스 미디어에 의해서 좌우된다면, 그것과 판이하게 다른 '조선시대의 언론'[6)]을 같은 맥락에서 재해석하려는 시도에는 문제가 따른다. 또한 대간 제도를 통한 조선시대의 커뮤니케이션은 매우 다양한 양상을 보이며 시기에 따라서도 그 형태를 달리한다. 그러나 본고는 대간을 통한 커뮤니케이션으로부터 나타나는 가장 현저한 하나의 현상(권력을 나누는 과정)에 초점을 맞추며, 시기적으로는 그것이 가장 집약적으로 나타났던 성종(成宗) · 중종(中宗) 때의 형태에 중점을 둔다.

2. 대간 제도의 근본이념

조선시대 비제도권의 커뮤니케이션은 민담 · 민요 · 민화 · 가면극 · 판소리 · 유언 · 동요 · 소문 · 민심 · 풍문 · 허문 · 허견 · 허지 · 부의 · 봉서(封書) · 방(榜) · 괘서(掛書)[7)] · 민란 등 여러 가지 형태로 행해졌다. '언로개색흥

6) 조선시대의 언론 체계는 전체 사회 문화 체계와 결합되어 있고, 대면의 인격적 커뮤니케이션이 주종을 이루고, 기술적으로 비전문직, 사회적 신분, 지위가 커뮤니케이션 형성에 중요한 요소이다.

망소계(言路開塞興亡所係)'는 언로의 중요성을 단적으로 논하고 있으며, 비제도권의 언로 현상도 조선시대의 전과정에 걸쳐 큰 역할을 하고 있다. 이율곡(李栗谷)은 그의 상소문 「진시폐소(陳時弊疏)」에서 비제도권의 언로 과정을 묘사한다.[8)]

> 이른바 부의(浮議)가 어디서부터 비롯하였는지 모르나 작은 데서 비롯하여 점점 성해져서, 마침내 묘당(廟堂, 조정)을 동요하고 사헌부 · 사간원에 파란을 일으켜, 온 조정이 이에 휩쓸려서 감히 서로 막지 못하니 부의의 힘이 큰 산보다 무겁고, 칼날보다 날카로워서, 한번 칼날에 닿으면 공경(고관)도 그 존귀를 잃고 어질고 잘난 인물도 명예를 잃으며, [중략] 끝내 그런 까닭을 모르겠으니, 아아 괴이하옵니다.

아래서부터의 언로 과정은 단지 비제도권에만 머물지 않고 제도권 내에서도 활발하게 이뤄진다. 조선시대(朝鮮時代)의 신문고(申聞鼓)[9)]는 일반 양민이 이용할 수 있도록 노변에 설치되어 있다. 왕이 즉위할 때 求言의 형식으로 한량 · 기노 · 군민 등에게 상소(上疏)[10)]할 기회가 허용된다. 사대부(士大夫)와 관리는 누구나 상소의 기회를 가졌고, 성균관 유생의 권당(捲堂, 동맹휴학), 사림들의 유통(儒通, 성명서)도 청론(淸論)으로서 언로의 일종이었다. 한편 왕은 능동적 방법으로 행정기관에 감찰방(監察房)을

---

7) 미상의 식자가 벽보를 이용하여 관리들의 가렴주구를 폭로하고 당면한 사회 문제의 해결책을 제시한다.

8) 이상희, 「조선조사회의 언로현상 연구」, 『한국의 사회와 문화』 제10집, 한국정신문화연구원, 1989, p. 308 재인용.

9) 신문고는 왕에게 직접 호소하는 방법이다. 사적인 억울한 일뿐 아니라 제도적 과정에서의 모순을 지적하기도 한다. 예를 들면 형조 · 사헌부 · 한성부인 3법사에서 행한 단심제 재판에 불만이 있을 때 민중은 신문고를 울려 임금에게 그들의 뜻을 호소한다.

10) 상소(上疏, 왕께 글을 올림)와 같은 맥락의 용어는 다음과 같은 것들이 있다. 상언(上言): 백성이 임금에게 글월을 올림; 초기(草記): 관아에서 정무상 중요하지 않은 일을 간단히 임금에게 적어 올리는 문서; 상계(狀啓): 감사 등 지방 관원이 왕에게 서면으로 보고하는 것.

설치하고, 암행어사(暗行御史) · 문폐사(問弊使)[11]를 직접 파견하여 민의를 파악하게 했다. 조지제도〔朝紙制度, 조보(朝報)〕[12]를 두어 승정원에서 처리하는 사항을 매일 아침 기재하여 지방 관서에까지 배달되도록 하였다. 조정(朝廷)은 역마제를 이용하여 위로부터의 수직적 · 독점적 커뮤니케이션의 망을 형성한다.

조선 사회는 이념적 · 제도적으로 민주제는 아니다. '민심은 천심'의 표현처럼 밑으로부터의 민중[13]의 여론이 무한히 국정에 반영된 것은 아니다. 민중은 언어의 장벽으로 커뮤니케이션의 수단에 제약을 받았을 뿐 아니라 그들의 힘은 분산되어 있었다. 조선시대의 행정과 풍습은 플라톤의 민주제와는 달리 국정의 사무가 복잡하고, 풍습이 단순하지도 않다. 조정에 대한 민중의 불만은 마치 땅 위에 흩어진 화약이 한 알 한 알씩 터뜨려져 없어지는 것처럼 발산되어 사라져버린다. 그렇다고 현대 대중사회와 같이 비인격적인 익명 사회도 아니다.

---

11) 언관(諫官)이 각종 민폐를 알기 위해 보내는 봉명사신.

12) 조선조 승정원(承政院)에서는 조정(朝廷)의 소식을 알리기 위하여 관원을 동원 그날그날 「조보(朝報)」를 필사로 발행하였다(최정태(崔貞泰), 『한국의 관보』(서울: 아세아문화사, 1992). p. 10). 「조보(朝報)」는 조보소〔朝報所, 기별청(奇別廳)〕에서 제작했다. 기별서리(奇別書吏)가 기사를 필사하였으며, 기별군사(奇別軍士)는 발행된 자료를 배포하였다. 호수가 적혀 있지 않음으로써, 언제부터 발행하였는지는 알 수 없다. 그러나 문헌상으로 중종 15년(1520년) 3월에 사록(司錄)을 승정원에 상시 출근하여 조보를 통고하도록 했다는 기사가 나와 있다(『중종실록(中宗實錄)』 권(券)37, 중종 15년 3월 갑인조(甲寅條), "사록상임우승정원 이통조보(司錄常任于承政院 以通朝報……)": 최정태, 1992, p. 15). 승정원의 도승지(承旨) 6명은 6방(房) 〔이(吏) · 호(戶) · 형(刑) · 예(禮) · 병(兵) · 공(工)〕을 담당하고, 그 외 주서(注書) 2명, 사변가주서(事變假注書) 1명을 두었다. 「조보(朝報)」의 관리는 각각 분담하여 왕명의 하달과 하의(下意)의 상달을 위하여 날마다 문서를 취급하고 사건을 일기에 기록하였다. 여기서 파생된 뉴스를 하나하나 필사로 일정한 형식에 맞추어 기재하여 관아에 정기적으로 배포한 것이 「조보」이다. 관리는 합의제로 조보 내용을 편집하고, 실무를 주제하였다. 조보 서체는 독특한 기별글씨라고 불리는 흘림체였다. 그 글씨로 조보를 기별초(奇別草)로 불렀다.

13) 민중(民衆)은 『성호사설(星湖僿說)』의 민(民)의 개념을 포함한다. 권(券)19, 득민득인(得民得人), "국지소이 위국자 유군유민야 군여민개인야 연용유 유민이무군 미유무민지군(國之所以 爲國者 有君有民也 君與民皆人也 然容有 有民而無君 未有無民之君)".

조선은 왕족과 권문세가가 지배하는 엘리트 중심의 사회이다. 물론 조선사회는 이념적으로 사림(山林)의 은일자(隱逸者)를 조시(朝市)의 조정과 도시의 관리보다 우대했다. 비록 정치를 위해 잠정적으로 산림을 떠났지만, 관리의 본거지는 산림에 있었다. 완전히 산림을 떠난 직업적인 관인은 유자(儒者)의 자격을 상실하였다.[14] 그러나 현실적으로 조선사회는 위로부터 질서가 주어지는 수직적 사회였다. 논어는 왕을 북극성에 비유하며,[15] 왕토사상(王土思想)에 입각하여 들에서 밭가는 자는 '임금의 흙'을 먹고, 조정에 선 자는 '임금의 녹(祿)을 먹는다'고 함으로써 왕을 질서의 근본으로 하는 세계관을 형성했다. 이 질서는 하늘이 만든 법칙이며 인간의 도리여서 취사선택의 여지가 없는 지상 명령과 같은 것이었다. 그 세계관을 바탕으로 그들은 각각의 자리매김을 한다. 공자(孔子)의 『논어(論語)』「안연(顔淵)」편에서 '군군신신부부자자(君君臣臣父父子子)'의 원리는 정치의식을 대변하여 세습된, 혹은 습득한 것이든 각 지위에 따라 직분과 의무 개념이 함께 어우러진 개념이다.

공자의 원리에서 풀이할 때, '정명(正名)'은 명(名)과 실(實)이 부응함을 뜻하는데, 양자가 서로 불일치함으로써, '예락불흥 형벌부중(禮樂不興 刑罰不中)'의 우를 범하게 된다. '정자정야(政者正也)'는 정명(正名)에서 시작되어야 한다.[16] 그러나 현실적으로 지위와 직분 개념으로부터 파생되는 위계질서는 때때로 지배와 복종 관계를 영속화할 수 있으며, 이런 사회는 횡적인 적대감 · 불신감을 갖게 한다. 의사 결정이 소수 엘리트에 의해 배타적으로 행사됨으로써 상대적으로 다수의 민중에게는 표현의 자유가 줄어든다. 위계질서는 빈번히 개인의 동기를 묵살시킬 가능성을 내포하고 있다. 그러나 부정적 위계질서와 더불어 긍정적인 면, 즉 양면성이 함께 공존

14) 이우성(李佑成), 『한국의 역사상』(서울: 창작과비평사, 1983), p. 258.

15) 『논어(論語)』의 「위정편」에서 '위정이덕 비여북진 거기소 이중성공지(爲政以德 譬如北辰 居其所 而衆星共之)'.

16) 이우성(李佑成), 상게서, pp. 244~245.

한다. 왕[17]은 도(道)로써 자신의 마음을 편안하게 하고, 예(禮)로써 행동하고, 인(仁)으로써 백성을 어루만지고, 의(義)로써 백성을 다스린다. 공적인 장(場)에서 세자와 왕은 국가의 엄격한 법도에 따라 행동에 제약을 받는다. 왕은 자신의 '자연적 인격'으로부터 타인으로부터 얻어지는 '인위적 인격'을 갖도록 해야 된다. 즉 자기의 본능적 인격보다 타인의 지식으로부터 얻어지는 인격을 가져야 한다. 왕은 하루 세 번씩 경연(經筵), 서연(書筵)[18]에서 『경서(經書)』와 『사서(史書)』를 읽고 조강(朝講) · 주강(晝講) · 석강(夕講)에 참석하며, 세자는 특강(特講)에 참석하여 백성을 잘 다스릴 수 있는 방법을 터득한다. 경연, 조계(朝啓)[19]는 공개장(公開場)인 동시에 지위가 바뀌는 장소이다. 즉 군신(君臣) 간이라기보다 신하가 오히려 스승이 되고, 임금은 고금의 치난과 득실을 배워야 하는 처지에 놓이게 된다. 말하자면 군자는 군자로서의 주어진 위계질서를 조화롭게 운영하는 묘를 배운다. 위계질서, 혹은 전통을 배움으로써 군자는 유교의 중심적 메시지(central route message)를 보유하게 된다. 각자는 조화로운 질서와 구조(여기서의 구조는 주어진 직위, 직분을 수행하는 능력, 아울러 타인과의 커뮤니케이션을 통해 서로를 엮는 의무정신의 복합체로 본다)의 틀 안에 자신을 맞춘다. 이는 불평등, 착취, 혹은 지배의 개념이 아니라 상호 공존, 더 확대하면 우주 질서의 원리이다. 즉 군주는 군주로서 직분을 다하며, 신

---

17) 천자(天子)(왕)의 문을 서문(瑞門)이라 하는데, 여기서 서(瑞)의 의미는 '바르다'(正)로 해석된다. 말하자면 왕을 통한 정치는 바른 것을 추구함을 이상으로 삼는다.

18) 경연에서 강의된 교과서는 『사서오경』, 『이서』, 『명신언행록』, 『법전』, 『성리대전』, 『근사록』 등이었고, 그 내용은 고금의 '치란흥망'의 교훈적 사와 그것에 비추어본 군주의 기본자세를 정립하는 것들이다. 즉 왕은 학문을 가까이하고 성군광현의 행적을 살피며, 부단한 자기 성찰을 통하여 덕을 쌓음으로써 천의를 따르는 군자의 도에 관한 것이다. 따라서 경연은 단순한 학문 교육기관으로서의 기능을 넘어서 교화 · 간쟁 등을 정리하고 정책 입안의 기능을 수행했다(고창훈, 「한국행정의 실천사상에 관한 연구」, 고려대학교 대학원논문, 1990, p. 105).

19) 조계(朝啓)는 왕이 대신, 근신들을 접견하여 정치에 대한 신하들의 의견을 듣고, 자문하기 위한 것이다. 세종은 윤대(輪臺)로 각사의 사정과 문제점을 파악하기 위해 수시로 관원을 불렀다. 그때 윤대관으로 대간원(臺諫院)이 참석했다.

하는 신하로서, 아버지는 아버지로서, 아들은 아들로서 주어진 위치에서 상호 공존의 원리를 배운다. 공존의 원리는 '수기(修己)'로 출발점을 삼는다. 자신의 행동을 조절하고 감정을 조화로운 상태로 둔다. 이 원리를 사회로 확산시켜 치국(治國)의 원리로 삼을 때 유학인은 '화(和)'의 사회 질서가 형성된다고 본다. 이 질서는 하늘 · 땅 · 인간을 묶는 관계성 속에서 이뤄진다.[20] 인간 상호간의 공존 관계에서의 질서로부터 커뮤니케이션을 활성화시키는 의무(여기서 의무는 보은(報恩) · 충성(忠誠) · 효도(孝道)와 동일시됨) 개념이 발생한다.[21]

> (……) 백성은 세 군데서 생명을 받으니 그 셋을 섬기기를 동일하게 하여야 한다. 아버지가 나에게 생명을 주시고 스승이 가르쳐주시고 임금이 먹여 살려주신다. 아버지가 아니면 태어나지 못하고, 먹이지 않았으면 자라지 못하고, 가르치지 않았으면 도리를 알지 못하였으니 생명의 어버이들이다. 그러므로 한결같이 이들을 섬김에 있어 있는 힘을 다하여야 하니 생명의 은혜에는 목숨을 다해 보답하고 주신 것에 대하여 힘써 보답해야 하나니 이것이 인간의 도리이다.

의무 개념을 통하여 왕과 신하 사이에 '의(義)'와 부자 사이에는 '친(親)'이 생겨난다. 왕과 신하, 부모와 자식과의 관계성은 인간 사이의 커뮤니케이션을 활성화시킬 뿐 아니라 사회 질서를 형성한다. 부자간에 일어나는 커뮤니케이션 활성화의 구체적 원리는 부모가 자식을 헌신적으로 돌보면 자식은 효를 통하여 부모에게 보답한다. 그리고 자식은 다음 세대를 위하여 같은 원리를 되풀이하는 동안 가풍이 형성되며, 각 가족의 구성원은 그렇게 하도록 의무를 지니게 된다. 부모는 가통을 형성시키기 위해 자식을 낳아야 할 의무를 지닌다. 이런 의무정신의 요체는 '효(孝)'[22]이다. 라

---

20) Pong Bae Park, "A Communication Ethic from the Standpoint of Asian Theology," The CBS Consultation on Communication Ethics From East Asian Perspectives, 1992, p. 3.

21) 주자(朱子), 이기석(李基奭) 역해(譯解), 『소학(小學)』(서울: 홍신문화사, 1982), p. 51.

너(Karl Rahner)는 이때의 커뮤니케이션을 '사랑'의 행위에서 찾는다. 즉 진정한 커뮤니케이션은 발신자가 지닌 무엇인가의 일부를 수신자에게 주는 것이 아니라 발신자 자신의 전부를 수신자에게 주는 것을 말한다. 사랑에서 보듯 전면적으로 자아가 상대방에 전적으로 투입하는 행위를 두고 말한다. 동양적 사고에서 이러한 孝의 정신, 혹은 孝로부터 발생하는 보은사상(報恩思想)은 현실 세계에서뿐 아니라 전생과 이어지는 인과응보(因果應報)의 관계와 무관하지 않다. 결국 효로서 커뮤니케이션이 활성화되고 '친(親)'이 형성된다. 또한 천자(天子)와 제후(諸侯), 경대부(卿大夫)와 사(士), 서민은 각각 그들의 사회적 지위, 직분에 따라 효(孝)가 강조됨으로써 효(孝, 의무)의 개념은 직분에 충실한 것으로도 해석된다.[23] 직위 개념의 집합이 사회 구조로 나타난다면 그 구조를 묶는 요소는 직분이다. 목민(牧民)으로서 관리의 직분은 백성을 위하여 존재하는 것은 당연한 이치이다.

『소학(小學)』은 관리가 직분을 수행하는 의무 개념으로 청렴(淸廉), 근신(謹身), 권면(勸勉) 등을 열거한다.[24]

보은 사상은 강력한 행위의 동기, 혹은 주인 정신으로 고려된다. 동기로서의 孝의 개념은 전통 사고에서 무조건적인 복종의 의미로 규정되기보다 예의를 갖춘 적극적 충고의 의미를 갖는다. 즉 신하는 왕에게 순지거부(順

---

22) 공자의 『논어(論語)』「위정(爲政)」에서 효(孝)의 요체를 무위(無違)라 하는데, 그 뜻은 살아서 섬기기를 예로써 하며, 죽어서 장사를 예로써 하며, 제사를 예로써 하는 것이다. 즉 어버이를 섬기는 것은 시초부터 끝까지 한 가지 예로써 불구하면 그 어버이를 높임이 지극한 것이다.

23) 이근무(李根茂), 「사회조직(社會組織)과 헌신(獻身), 일의 의미(意味)」, 김채윤(金彩潤), 『사회구조와 사회사상』(서울: 심설당, 1986), p. 639. 李교수는 『동몽선습(童蒙先習)』의 내용 중 "(……) 연후능보 기종묘차 경대부지효야 이효사군즉충 이경사장즉순 충순부실 이사기상 연후능수기제사 차사지효야 용천지도 인지지리 근신절용 이양부보 차서인지효야(然後能保 其宗廟此 卿大夫之孝也. 以孝事君則忠 以敬事長則順 忠順不失 以事其上 然後能守其祭祀 此士之孝也. 用天之道 因地地利 謹身節用 以養父母 此庶人之孝也)(……)"을 인용해왔다.

24) 동몽훈왈 당관지법 유유 3사 왈청 활신 왈근 지차3자 즉지소이지신오(童蒙訓曰 當官之法 唯有三事 曰淸 曰愼 曰勤 知此三者 則知所以持身矣), 『소학(小學)』, 외편(外篇).

志 拒否) 의 정신을 갖는다. 봉명(奉命)만 일삼는 신하에게 유교 사회는 신뢰를 주지 않는다. 『동몽선습(童蒙先習)』은 "의(義)가 있는 곳이면 목숨을 바쳐서 충성을 다한다"로, 의(義)와 충성(忠誠)을 같은 맥락에서 논한다. 왕과 신하 사이에는 충성의 의무 개념이 형성됨으로써 '義'가 형성된다. 또한 『소학(小學)』은 부모의 허물이 있으면 허물을 고치도록 간하여야 하며, 설령 부모가 기뻐하지 않더라도 죄를 짓게 하기보다 차라리 귀에 젖도록 간할 것을 권한다.

孝의 개념과 같은 맥락에서 사용된 충(忠)은 충성하는 내용과 아울러, 죽음을 당하더라도 임금을 위해 옳은 말을 하는 사람을 충신(忠臣)으로 본다. 이것은 임금에 대한 신하의 비판적 기능을 강조한 것으로 충성의 실천이 여러 곳에서 강조된다.[25] 비록 지엄한 임금의 말과 행동일지라도 임금의 착한 것은 승순(承順)하여 따르고, 악한 것은 바로잡아 구제한다. 이러한 과정에서 신하는 집단적 정의(正義)를 실현할 뿐 아니라 서로 친애하게 된다. 신하의 비판적 기능이 이렇게 높게 평가됨으로써 孔子는 "천하에게 간쟁하는 신하 일곱 사람만 있으면, 비록 그가 무도하더라도 천하를 잃지 않는다"고 봤다.

『동몽선습(童蒙先習)』의 "들에서 밭을 가는 자는 임금의 흙을 먹고 조정에 선 자는 임금의 록(祿)을 먹는다"와 같이 왕에게 받은 은혜의 보답으로 신하는 왕을 충성스럽게 섬긴다. 즉 왕의 명령에 복종하면서, 다른 한편으로 왕이 악에 빠지지 않도록 간(諫)하는 의무도 충성의 내용이다. 더욱이 섬기는 의무는 인간간의 집단적 · 관계적 커뮤니케이션을 용이하게 할 뿐 아니라, 전달자와 피전달자가 즉각적인 반응을 일으키게 할 수 있어 커뮤니케이션 망을 쉽게 형성케 한다(물론 의무정신은 폐쇄성을 지닐 가능성도 있다). 또한 섬기는 의무는 자연적 본능의 상태로부터 자신의 해방이란 의미를 갖는다. 즉 자신의 육체로부터 해방이며 정신적으로 살아 있는

25) 이근무(李根茂), "전통적 사회구조와 권위주의적 요소"(1), 『아주사회과학논총』, 1987. 2, p. 52.

이상향적 인간의 삶을 구가할 수 있다. 당대에 있어서 정치도 섬기는 유교의 원리를 벗어날 수 없는데, 그 유교 정치는 다름아닌 섬김으로써 자신의 마음을 다스리는 정치이다. 말하자면 모든 정치는 궁극적으로 인간의 '심(心)'에서 생성한다고 보며, 섬김으로 正心을 갖게 하는 것이 유교 정치의 요체이다.

맹자(孟子)는 「승문공(勝文公)」편에서 "노심자치인 노력자치어인(勞心者治人 勞力者治於人)"으로 묘사했다. 또한 고려의 무인정권(武人政權) 하에서, 독서인들은 "학문에도 능하고 행정 실무에도 능함(能文能吏)"으로 간주되었다. 조선시대 독서인들은 글을 읽으면 사(士)가 되고, 행정에 참여하면 대부(大夫)가 됨으로써, 지배 세력화하였다.[26] 말하자면 섬기는 의무가 커뮤니케이션의 활성화를 도울 뿐 아니라, 커뮤니케이션의 활성화로 촉진시킬 뿐 아니라, 이로 말미암아 세속적 지위와 권력이 보장된다. 결과론적으로 커뮤니케이션의 활성화는 권력의 분배 과정과 동일시된다.

3. 언관 구조

전통인들은 커뮤니케이션 활성화로 형성된 권력 구조(위계질서)를 유지시키며, 그 질서 안의 비판적 기능을 적절히 행함으로써 집단적 차원의 정의를 확립한다. 언관 구조는 이 질서 유지를 제도적 차원에서 실현시키기 위함이다. 즉 조선시대 제도 언론으로서 춘추관(春秋館)의 사관(史官) · 사헌부(司憲府) · 사간원(司諫院)의 관원을 나열할 수 있다. 세종(世宗) 때 영향력을 행사한 집현전(集賢殿)의 후신인 홍문관(弘文館)의 관원이 언론을 담당하게 됨으로써 그들을 제도 언론, 또는 언론 3사(三司)(춘추관은 제외)라고 칭한다.

춘추관의 사관(史官)은 '역사의 거울' '바른 말의 저울대'로 군신간의 독

---

26) 이우성(李佑成), 상게서, p. 233.

대나, 사사로운 커뮤니케이션 내용을 제한하는 역할을 한다. 사관이 사실을 기록하는 데 그치는 소극적 자세를 취한다면, 대간(臺諫)은 여론 형성에 적극적으로 나선다. 고려시대의 어사대(御史臺)는 사헌대(司憲臺) · 어사대(御史臺) · 감찰사(監察司) · 사헌부(司憲府) 등으로 직명이 바뀌나, 사헌부의 기능은 논집시정(論執時政) · 교정풍습(矯正風俗) · 규찰탄핵(糾察彈劾)으로만 그 직분을 규정한다. 사헌부의 이러한 기능은 중국의 어사대(御史臺)와는 다른 기능을 한다.[27] 즉 조선의 대관은 풍헌관(風憲官)인 동시에 정치의 시비를 언론하는 언관적 성격을 갖고 있다. 『경국대전』에 의하면 사헌부의 직위는 대사헌(大司憲, 종2품, 1명), 집의(執義, 종3품, 1명), 장령(掌令, 정4품, 2명), 지평(持平, 정5품, 2명), 監察(정6품, 24명) 등이다. 그들의 업무도 지위에 따라 달라지는데, 중요한 업무 분리로는 지평 이상은 서경, 탄핵에 참여할 수 있지만 감찰은 할 수 없다. 대신 감찰은 독특하게 지방에 분대(分臺) · 행대(行臺)[28]를 파견할 수 있는 권한을 가진다. 또한 감찰은 다른 대관(臺官)과 더불어 의정부 · 육조 · 당상관과 같이 지방 장관 후보자의 천거권을 가진다.[29]

사헌부는 조직적 행위와 규율이 엄하다. 사헌부 조직 안에 커뮤니케이션의 형태는 종교적 의식(儀式) 차원에서 이뤄진다. 상하 권위의 발로는 단순한 직위의 순에만 의존하지 않는다. 이 공동체는 개인의 직분 수행을 보증해주기도 한다. 마치 성찬식이 개인으로 하여금 '예수의 피와 살'(聖體, communion)을 같이 나누는 번죄를 통한 의식적 공동체의 일원임을 확인시켜주듯이, 사헌부의 관원은 종교적 의미와 예를 갖고 커뮤니케이션을 행

27) 최승희(崔承熙), 『조선초기 언관 · 언론연구』(서울: 서울대학교 출판부, 1989), p. 17.

28) 지방에 파견한 분대[감찰방(監察房)]는 조관(朝官)을 상대로 감찰을 하고, 그 나머지 서민에 관한 사건과 감찰 활동은 형조(刑曹) 및 관찰부(觀察府)에서 담당한다.

29) 『대전회통(大典會通)』 권지일(卷之一), 이전(吏典) 천거조 매년춘맹월 의정부, 육조 당상관급 사헌부, 사간원 관원 각천감위감찰사 절도사자((薦擧條 每年春孟月 議政府, 六曹, 堂上官及 司憲府, 司諫院官員 各薦堪爲監察使 節度使者).

한다. 의식은 자신의 행동을 조절할 뿐 아니라 감정을 조화로운 상태에 두게 한다. 혼란된 사고에 절도성·계속성을 부여한다. 더 나아가 사회적 차원에서 의식(禮)은 공동체를 이루게 한다. 예는 인간간의 상호 신뢰를 구축하며 상호 착취가 극소화하도록 돕는다. 즉 극기복례(克己復禮)의 정신으로 해석할 수 있다. 입궐 후 행해지는 사헌부의 예(禮)로 지평(持平)은 계단 아래로 내려가서 장령(掌令)을 맞이하고, 장령은 집의(執義)를 맞이하고, 집의는 대사헌(大司憲)을 맞이한다. 이 의례(儀禮)는 사헌부의 관원이 위계질서 안에서 직급을 마음속에 새기는, 혹은 습관화하는 기능을 한다. 그 외 상하 간에 행해지는 예의, 집무하는 절차, 퇴청행록의 양식에 이르기까지 사헌부의 규율은 다른 관사와 비교할 수 없이 엄격하다.[30] 예식의 강조는 한편으로 지위, 직분에만 관심을 둔 형식주의에 빠지기 쉬우나, 다른 한편으로 그 형식에 정신적인 면, 혹은 다양한 내용을 보강시킨다면 유연한 위계질서를 형성할 수도 있다(직분과 의무정신이 살아나는 위계질서를 운영). 결국 사헌부의 의례는 사회 질서 개념을 확고히 하며, 그 질서 하에서 여론의 방향을 쫓는 기능을 한다.

『경국대전』에서 나타나는 사헌부의 업무 중 빠뜨릴 수 없는 것이 서경제도(署經制度)이다. 이 업무(서경은 사헌부의 독자적 작업이라기보다 후술할 사간원(司諫院)과 같이 행하는 공동 작업이다)는 주로 고신(告身)서경[31]을 이야기하는데, 5품 이하의 수직자의 고신을 사헌부에서 서경을 하는 것이다. 관원은 백관과 유학자의 인사 관계 자료(이력서)에 개개인의 문벌·능력·품행·경력 등을 기록하고 서경시 참고 자료로 사용하였다.

---

30) 최승희(崔承熙), 상게서, p. 22.

31) 고신서경(告身署經)은 인사의 최종 결정권을 가진다. 관리의 임명은 이조(吏曹)가 문관, 병조(兵曹)가 무관의 인사권을 가진다. 각 부는 문벌·경력·공과·재부(才否) 등을 심사하여 3인의 후보자를 선정, 상주하면 국왕은 그 적임자를 결정하는 비목(批目)을 내리게 된다. 신중을 기하기 위해 수직자의 고신은 다시 사간원·사헌부에 회부하여 동의를 요청한다. 대간(臺諫)은 수직자의 자격을 엄밀히 검토한 후 서명함으로써 최종 결정권을 가진다.

서경의 종류에는 고신서경 외에도 의첩(依牒)·증유(贈遺) 서경이 있다. 의첩서경은 새 법을 만들거나 옛 법을 고칠 때와 상중에 있는 관원을 기복할 때 그 가부를 결정하는 행위이다. 비록 상중이라도 관리를 예외적으로 기용할 때 서경이 필요하다. 한편 증유서경(贈遺署經)은 사헌부가 각 읍에서 진봉(進封)하는 물산의 종류를 조사하여, 무명산물의 포함 여부를 결정하였는데, 이는 가렴주구와 증유의 예단을 방지하며, 탐관의 발생을 미연에 막고, 민폐를 덜어주기 위한 것인데, 법제화 후 실행 단계에까지 이르지 못하고 소멸하고 만다.[32]

사헌부는 사간원과 더불어 어느 기관에도 예속되지 않는 각기 독립된 기관이며, 또한 집행 기관이 아닌 논핵, 건의하는 왕의 직속 기관인 것이다. 특히 사헌부의 기능이 백관을 대상으로 하는 풍헌관이라면, 언론 3司 중 중요 기관인 사간원(司諫院)은 국왕을 상대로 하는 언쟁관이다. '사헌부와 사간원을 이목(耳目)'[33]에 비유하고, 대신을 팔과 다리로 비유할 수 있어 귀와 눈이 뜨이지 않으면 팔과 다리가 움직일 수 없는 원리와 같다. 즉 언로(言路)가 막히면 상하가 막히고 끊어져 임금은 귀머거리와 장님처럼 들리는 것과 볼 것이 없어 몸을 움직이는 데 균형 감각을 잃게 된다. 『서경(書經)』의 비유에 의하면 "나무를 먹줄로 퉁겨야 바르게 자를 수 있고, 임금은 직언을 따라야 성스럽게 된다"로, 양사(兩司)의 직언을 통한 커뮤니케이션의 중요성을 조선 사회는 결코 간과하지 않는다. 때로는 그 직언이 집단적으로 이뤄진다. 즉 대간은 평상시 다시(茶時)라고 하여 주요 사항에 대해 의논한다. 그러나 긴요한 안건은 제좌일(齊坐日)이라고 하여 그날은 제좌청(齊坐廳)에 모여 비공개리에 국사를 논한다. 우선 대간은 원의〔圓議, 완의석(完議席)〕에서 문제를 제기하고, 그 내용을 결정하고, '장무(掌務)'가 계(啓), 또는 '상소(上疏)'를 한다.

---

32) 이홍렬(李洪烈), 「대간제도(臺諫制度)의 법제사연구(法制史的) 고찰(考察)」, 『사총(史叢)』 5, p. 30.

33) 김원각(金圓覺) 편저, 『임금님께 고함』(서울: 도서출판 부름, 1982), p. 212.

사헌부와 더불어 사간원[34]은 3司 중의 한 기관이다. 사간원은 국왕과 더불어 나라 일의 시비를 가린다. 즉 간쟁은 왕의 생활 주변의 부조리한 요소를 제거하고, 왕으로 하여금 유교 국가의 군주로서 지녀야 할 덕을 베풀고, 정치를 하도록 하기 위한 언론이다.[35] 『경국대전』은 사간원의 직분을 간쟁(諫諍)·논박(論駁)으로 규정하고 구성원을 대사헌(大司諫, 정3 당상, 1인), 사간(司諫, 종3, 1인), 헌납(獻納, 정5품, 1인), 정언(正言,정6품, 2인) 등으로 분류하고 있으며 사헌부에 비해 그 인원수가 적었다. 이 숫자는 고려(13인) 때 간관의 수보다 적었을 뿐 아니라 조직적 행동이 불가능한 숫자이다. 필요에 따라 왕의 승낙이 있은 후 간관은 각 지방에 문폐사(問弊使)를 파견하여 독자적인 네트워크를 형성할 수 있었으나, 그것은 간헐적인 것에 불과함으로써 그들의 행위는 개인적인 수준에 머물 수밖에 없었다.

그리고 이들 간관을 임용할 때는 다음과 같은 기준을 적용한다. 첫째, 장사(贓史)의 아들 및 그 손자에게는 '대간'[36]을 제수(除授)하지 않았다. 즉 탐관오리의 자손된 신분으로 타인의 잘못을 규탄할 수가 없다는 것이다. 둘째, 실행하였거나 재가한 여자의 소생도 등용될 자격이 없었다. 셋

---

34) 서거정(徐居正) 고려시대에 간관은 모두 문하부(門下府)에 속하였고, 이를 랑사(郎舍)라 하였다. 서거정은 좌우산기(左右散騎), 좌우간의(左右諫議), 직문하부(直文下付), 기거주(起居注), 내사사인(內史舍人), 좌우보궐(左右補闕), 좌우습유(左右拾遺) 등을 그 관원으로 열거한다. 태종 원년 7월에 문하부를 혁파하고 의정부를 설치할 때, 문하부랑사는 독립하여 사간원이 되었다. 산기상시(散騎常侍)는 혁파되고, 간의대부(諫議大夫)는 좌우사간대부(左右司諫大夫)로 고친다. 그것이 『경국대전』[명칭의 변경은 세조 12년 사간대부(司諫大夫)는 대사간(大司諫), 지사간원사(知司諫院事)를 사간(司諫)으로 개칭한다]에서 대사간으로 칭해진다. 직문화(直門下)는 직사간원사에서 보궐(補闕)은 헌납(獻納)으로, 습유(拾遺)는 정언(正言)으로 명칭이 바뀐다.

35) 최승희(崔承熙), 위의 책, p. 237.

36) 조선 후기 장원급제한 사람에게는 대개 암행어사를 시키고, 그 다음에는 대간에 들어갔다. 그곳에서 대사헌·대사간으로 있다가 참판(參判)·판서(判書)로 정승(政丞)까지 폐차(陛差)하기가 다른 이보다 갑절이나 빨랐다(김도태, 『서재필 박사 자서전』, 서울: 을유문화사, 1972, p. 55).

째, 친족 관계로 인한 상피 규정에서도 일반 관직에 비해 훨씬 광범한 제약을 받았다. 넷째, 위의 세 가지 관문을 통과한 사람이라도 대간의 물망에 오른 경우에는 최종적으로 내외 4조(內外四祖)뿐 아니라 처(妻)의 4조(四祖)에 이르는 행적까지 꼼꼼히 따짐으로써, 이른바 명절(名節)과 문지(門地)를 중시하는 사대부(士大夫)의 청류 정치를 지향한다. 또한 개인적으로는 정치적 식견, 부정과 타협하지 않고 품격(品格)을 갖춘 간관을 이상으로 하고 있다.

언관의 정신을 순지 거부(順志 拒否)로 표현하면서, 동시에 위의 뜻이나 봉명(奉命)한다면 더 이상 대간으로 여기지 않는다. 또한 한번 대간에게 제기된 문제는 결말 없이는 포기하지 않는 정신이다. 한번 제기한 문제는 사간원 단독, 사헌부와 합사하여 사직이나 동맹 파업, 또는 궐정에 엎드려 시위하는 등 갖가지 수법으로 집요하게 그 해결책을 모색해낸다. 대간의 인사 교체가 매우 잦음에도 불구하고, 전임자가 논의했지만 해결하지 못한 문제는 반드시 후임자가 재론하는 관례를 갖고 있다. 서거정(徐居正)은 이와 같은 언관의 기개를 "항뢰정 도부월 이불사(抗雷霆 蹈斧鉞 而不辭)"로 표현한다.

개인의 유교적 품격을 판단 기준으로 하고, 유교 중심적 지향 사고(central route thought)에만 관심을 갖는 대간이지만, 실제 행동에는 자율성을 부여받는다. 간관은 업무량이 적었을 뿐 아니라 규율이 엄하지 않은 특징을 가지고 있다. 즉 간관은 상하 간에는 존비의 예가 적었고, 완의석(完議席)에서 설작하여 취하도록 술을 마실 수 있었다. 심지어 업무 중에도 음주가 허용된 유일한 기관이다. 대간은 타관원을 만날 때 상관은 하관의 예를 받고도 답례를 하지 않도록 되어 있다. 심지어 직속 상관을 탄핵하기까지 한다. 즉 중종(中宗) 3년 정언 김정(正言 金淨)이 대사간 남율(南慄)의 음주벽을 들어서 사간원의 장에 부적격하다고 논박하여 끝내는 교체시켰다. 대간의 각 개인에 대해서 당상관도 정확히 답례하도록 되어 있다. 또한 사헌부 · 사간원의 관원은 직무상 피죄될 위험성이 많기 때문에, 공무상의 과

실이 있을 때는 좌천은 되지만 지방관으로 전출당하는 일은 없었다. 부득이 전출시킬 경우 일단 경관직(京官職)으로 개차하여 전출시킬 것을 요청하였던 것이다. 신분 보장에 역점을 두어, 관원의 근무 성적은 경관에서는 그 관사의 당상관 및 속조 당상관(屬曹 堂上官), 외관인 경우 관찰사가 매년 6월 15일과 12월 15일 두 차례씩 성적 등급을 개문하도록 되어 있으나 대간은 심사 대상에서 제외된다. 그리고 대간에 등용된 관리는 문과에 장원 급제한 자로서 직배(直拜)하였거나, 승정원(承政院)·성균관(成均館)·홍문관(弘文館) 등을 거쳐 문이 뛰어난 혈기 왕성한 김종직(金宗直, 감찰)·김안국(金安國, 지평)·조광조(趙光祖, 감찰)·이언적(李彦迪, 장령)·이황(李滉, 정언)·이이(李珥, 정언) 등과 같은 20~30대 유학자로 채워졌다.[37)]

언론 3司 중 나머지 하나는 경연(經筵)을 주관하는 홍문관(弘文館)이다. 홍문관은 집현전〔集賢殿, 정종(定宗) 원년 설립〕의 후신으로서 경적(經籍)을 모아 전고(典故)를 토론하고 문한을 다스려서 왕의 고문 역할을 담당하는 기관이었다. 집현전[38)]은 인재 양성, 문풍의 진작 등을 통하여 정치·제도·문화·사상적 유교 국가의 이념을 정착시키는 데 기여를 한다. 집현전은 유학 정치가들이 이상으로 한 3대〔하(夏)·은(殷)·주(周)〕의 고제(古制)〔의례(儀禮), 제도(制度), 중국역사(中國歷代)의 치란지적(治亂之迹)〕 등을 연구하여 유교주의적 국가 확립에 기여한다.[39)] 세종 24년부터

37) 이홍렬(李洪烈), 위의 책, p. 23.

38) 집현전은 시강(侍講)과 서(書)를 목적으로 설치되었으나, 그 기능이 점차 확대되어 직위도 영전사(領殿事)·대제학(大提學)·부제학(副提學)·직전(直殿)·응교(應教)·교리(校理)·부교리(副校理)·수선(修選)·부수선(副修選)·박사(博士)·저작(著作)·정자(正字) 등 32명까지 숫자가 불어난다. 그들의 업무도 사대(事大) 문서작성(文書作成)·가성균관직(假成均館職)·서연관(書筵官)·사관(史官)·시관(試官)·지제교(知製教)·고제연구(古制研究)·편찬제술(編纂製述)·풍수(風水)·지리(地理)·종학(宗學)·교관(教官) 등의 업무를 맡은 최고의 인재 보유 기관이다.

39) 최승희(崔承熙), 「집현전연구(集賢殿研究)」(上), 『역사학보(歷史學報)』 31, 1966. 12, p. 48.

세자로 하여금 서무를 전결케 하여 세자의 서연(書筵)을 담당했던 집현전 학자들이 대거 국가 대사에 참여하게 됨으로써 학문과 정치가 체(體)와 용(用)이라는 관계를 실현한다.

집현전은 한편 사관의 기능까지 수행한다. 집현전관은 궐내에 있게 되니 조정사와 국사에 밝게 되고, 문서를 다루는 기관이므로 춘추관의 겸직도 가능하다. 더욱이 집현전관은 언관의 기능을 한다. 사대부와 유생들이 상소할 수 있는 특권을 가지듯, 집현전 학자도 각자가 왕께 상소할 기회를 가진다. 그의 단독 언론은 거의 고위직에 한하여 이루어지고, 하위직은 언명으로만 이루어진다. 집현전 학자들은 언관으로 적극적인 역할을 하는데, 그들의 언관화는 대간 제도가 아직 미비한 시기가 아닌 대간 제도가 거의 정비된 세종 20년 이후부터 본격화되었다.[40)]

대간의 언론 활동이 정지될 경우에 대간의 입장을 변호하고, 대간 언론의 보장을 권청하고, 대간을 대신하여 언론을 행사할 수 있는 제3의 언론 기관의 역할이 요구되었다. 그때 집현전이 그 역할을 수행할 수 있는 기관으로 많은 집현전 관리가 대간으로 자리바꿈하는 경우도 빈번히 나타난다. 집현전관으로 대간에 처음 진출한 이는 세종 24년의 이사철(李思哲)이다. 그 후 문종(文宗) 때 집현전 출신들은 대간으로 진출하게 되는데 어효첨(魚孝瞻)은 집의(執義), 하위지(河緯地)는 장령(掌令), 신숙주(申淑舟)는 장령(掌令), 박팽년(朴彭年)은 집의(執義)로 자리바꿈한다. 단종(端宗) 원년에는 김예몽(金禮蒙) · 성삼문(成三問) · 신숙주(申淑舟) · 유성원(柳誠源) · 하위지(河緯地) 등 다수가 대간에 참가한다. 그러나 언론 기관으로서의 집현전은 세조(世祖)의 반대 세력으로 단종 복위 운동에 앞장서자 곧 혁파된다.

이후 세조 9년 대사헌 양성지(大司憲 梁誠之)의 건의에 따라 장서각(藏書閣)이 홍문관(弘文館)으로 개치되어 집현전(集賢殿)의 역할을 담당한다. 그러나 집현전의 기능을 홍문관이 바로 이어받지 않고 예문관(藝文館)이

40) 최승희(崔承熙), 「집현전연구(集賢殿硏究)」(下), 『역사학보(歷史學報)』 33, p. 52.

가교 역할을 한다. 세조는 '문풍의 진작'과 '인재 양성'을 위하여 타관원으로서 학문에 뜻이 있는 관리를 모아 그들을 '사가독서(賜暇讀書)'로 예문관직에 임명한다. 성종(成宗)이 즉위하자 학문의 발전을 위해 예문관에 과거의 집현전 기능을 첨가한다. 그러나 예문관은 사가독서로 시작함으로써 직업적으로 학문을 하는 곳이라 보기 어렵다. 성종은 장서각의 기능을 하는 홍문관과 예문관의 기능을 분리시킴으로써 홍문관이 과거의 집현전 기능을 하게 된다.

집현전과 그 후신인 홍문관의 관원은 학술(學術)·척불(斥佛)·유교(儒教)·사대(事大)·군도(君道) 등 전문직으로 평가받을 수 있었다. 그러나 대간은 탄핵(彈劾)·인사이의(人事異意)·금령(禁令)·시정(時政)·풍속(風俗) 등 다양한 현실 문제를 취급함으로써 전문직으로 평가받을 수 없었다. 대신들을 탄핵하다 좌천되기도 하고, 사소한 일을 간(諫)하다 타 관원에게 미움을 사기도 하며, 풍문을 간하다 옥고를 치르기도 한다. 예를 들면 중종 반정 초 2년간 745일 동안 정원 11명〔대(臺): 6명, 간(諫): 5명)밖에 안 되는 양사의 교체 인원이 그 아홉 배에 가까운 96명(臺: 50명, 諫: 46명〕이었다. 이들의 평균 임기 기간은 대사헌의 경우 57.3일, 대사간의 경우 74.5일에 불과했다.[41)]

서거정(徐居正)은 '항뇌정 도부월 이불사(抗雷霆 蹈斧鉞 而不辭)'로 언관의 기개를 논하지만, 확고한 내부·하부 조직을 갖지 못한 다수의 대간은 역할 면에서 언론을 위한 언론, 풍문에 의한 언론, 공식적 언론에 머무를 수밖에 없다. 이 상황에서 개인적 의무정신뿐 아니라 직분을 통한 의무정신도 살아날 수 없다. 간관(諫官)은 인사 정책에 깊은 관심을 가지며, 홍문관은 대간(臺諫)의 자리를 넘보게 된다. 커뮤니케이션의 활성화는 직분과 의무정신에서 비롯됨이 아닌 직위를 위함에서 이루어진다. 커뮤니케이션은 단절되고 관리의 직위만 돋보일 뿐 직분은 사장된다. 왕·대신·대간

41) 목정균(睦貞均), 위의 책, p. 84.

및 홍문관원과의 균형 감각은 상실되고 대간의 각 구성원조차 커뮤니케이션의 단절 현상을 경험하게 된다. 대간은 사람을 의심하게 되고, 서로도 믿지 않게 되며, 결국 두 마음을 갖게 됨으로써 정성을 다해 극언하는 일이 없어지게 된다. 그렇다면 제도로서의 대간과 관련되어 언론에 제약을 가하는 장본인은 바로 왕, 타관원, 그리고 대간 상호간일 것이다. 그 중 왕의 권한과 타관원과의 역학관계를 중점적으로 살펴보자.

4. 언로의 실천

조선시대 언관은 고려에 비해 개국 초부터 제약을 받는다. 왕은 학문을 가까이하고, 성군성현의 행실과 행적을 살피며, 부단한 자기 성찰을 통하여 덕을 쌓음으로써 천의(天意)를 따르는 '군자의 道'(의무정신으로 가능한)를 이상으로 하지만, 현실적으로 그렇지 않았다. 대간은 의무정신의 차원에서 충성스런 간쟁을 원치 않으며, 또한 '민심(民心)은 천심(天心)'에 준한 언로의 활성화에 그 역할을 다하지 않는다. 사헌부는 '논집시정(論執時政)'을 첫 번째 역할로 열거하면서 권력의 추구 과정과 직접적으로 무관한 백성의 논집시정에는 소홀함을 보인다. 왕은 '북극성' '바르게 하는 주체' '왕토사상' 등을 강조할 뿐, 직분을 다하는 의무정신을 빈번히 망각한다. "백성을 부릴 때 자신이 먼저 예를 지키라"는 의무정신은 단지 격언에 그친다. 종사(宗事)의 안전과 발전에는 관심을 갖지만 백성의 안전에는 의무정신을 발휘하지 않는다.

왕은 직위에 바탕을 둔 커뮤니케이션을 중시한다. 왕은 대간의 충성의 정도에만 과민하며, 그들이 자유의지를 가지면 결국 종사에 위협적 존재가 될 것이라는 사고에 사로잡혀 있다. 왕은 대간에게 '충(忠)'을 통한 복종 관계만을 강조할 뿐 보은사상(報恩思想)을 망각한다. 왕은 직위에 관심을 가질 뿐 직분의 개념은 별로 염두에 두지 않는다. 왕은 '수기(修己)'를 망각한 상태이며, 희로애락이 정지되지 않은 상태이다. 직위에의 집착은 왕권을 불신하게 되며, 그 분위기는 정변으로 이어진다. 개국으로부터 중종 반정까지 불과 1백 년 동안 10회의 크고 작은 정변이 잇따라 일어났는데, 정변을 도운 자들은 공신(功臣)으로 봉해진다.[42] 왕은 정변을 통하여 왕의 권위를 점고시킬 수 있는 기회를 가졌다. 그렇다고 왕은 모든 관리와 확고한 계약을 바탕으로 지배를 하지도 않았을 뿐 아니라, 그들에게 세습되는 봉토를 부여하지도 않았다. 말하자면 왕권이란 단지 지위의 강화를 표명한다. 정통 유교가 인간 관계성, 상호 관계성, 사회 관계성 및 집단 관계성을 강조할수록 왕은 지위 강화의 강도를 점차 높여간다. 이때 정통 유교적 '중심 지향 사고'와는 달리 조선 사회는 빈번히 통치자의 자의적 행위가 설득력이 있었다.

태조(太祖, 1)는 초기 개국 공신의 권익과 국가의 안전을 위한 방향으로 대간의 언론을 유도한다. 대간을 통해 구신(舊臣)의 비리를 폭로하고, 대간을 통제의 메커니즘으로 사용한다. 즉 대간의 언론은 고려의 국족인 王氏의 제거와 반이성계파(反李成桂派)에 섰던 유신(遺臣)의 탄핵 언론 활동이 주종을 이룬다. 대간은 결과적으로 반대파의 도전에 대항하여 왕의 권위를 세우는 역할을 한 셈이다. 그렇더라도 왕은 대간에게 직언할 권리를 허용하지 않는다. 태조(太祖)는 축성역(築城役)의 정지를 요청한 간관을 6개월간 정직시켰으며, 왕권의 위엄에 조금이라도 손상되는 언론은 통제하기에 이른다. 태조는 경연에도 참석하기를 꺼리는 한편, 고려의 대부분 제도를 수용하지만 1품에서 9품까지의 관리에게 행하였던 대간의 고신(告身)에 관해서 부정적인 반응을 보인다. 태조가 조선의 역성혁명의 주역인 공신(功臣)과 시위군관(侍衛軍官)에게 부여한 직책에 대한 대간의 불만으로 인해 왕과 대간 간의 갈등이 노출된다. 태조가 즉위하자 조준(趙浚)의 고신을 대간에서 용납하지 않을 뿐 아니라, 4품 이하의 관리 등용에 고신을 의무화할 것을 주장하는 데서 왕과 대간 사이의 갈등이 시작한다. 문제

---

42) 목정균(睦貞均), 위의 책, p. 36.

가 되어온 서경은 태종(太宗)[43] 때도 이천우(李天祐) · 이지숭(李之崇) · 유정현(柳廷顯) · 안성(安省) 등의 고신과 맞물려 같은 논의가 반복되던 중, 예종(8)이 5품 이하 관리에게 서경할 것을 제기했으며, 성종이 이것을 입법화시켰다.

태종은 말년에 대간의 장소(章疎)의 사용을 금하면서, 상서(上書)하여야만 반드시 언관의 직책을 다하는 것이 아님을 강조하고 말로서 할 것을 명한다. 또한 대간의 권한을 축소시킨 법으로 풍문추탄법(風聞推劾法)을 들 수 있다. 여기서 풍문은 대신(大臣)의 불법과 수령(守令)의 비리, 부녀의 실행, 자식의 불효 등의 내용에 대한 것인데, 대간이 전문지사(傳聞之事)로 청죄하지 못하도록 태조는 강하게 당부할 뿐 아니라, 세조(世祖)는 입법화함으로써 대간의 권한은 축소될 수밖에 없었다. 더욱이 세조는 대간의 숫자를 줄이고 관료의 인사에 대한 대간의 참여도 배제하고, 심지어 반대당 제거에 이용하며, 한때 서경까지 폐지한 바 있다. 그는 정당한 언론의 주장을 망언으로 취급하여 하옥 · 파직 · 좌천을 서슴지 않았다. 한편 경연으로 단련된 다루기 힘든 연로한 집현전 학자들을 멀리하며, 경연 대신 문신 중에서 가려 뽑은 문난관(文難官) · 강설관(講說官)을 정하여 친강하고, 급기야는 홍문관의 전신인 집현전을 혁파하기까지 이른다. 세조는 나중에 집현전 대신 홍문관으로 그 기능을 복원시키기는 하지만 자발적인 것은 아니었다. 세조의 언로 봉쇄 정책과 달리, 호문의 군주 성종(9)은 『경국대전』에서 사헌부 · 사간원의 직위와 직분을 규정할 뿐 아니라 사간원 · 홍문관 · 경연의 재개 등으로 언로를 다시 활성화시킨다.

성종의 언로 활성화 정책은 연산군(燕山君, 10)에서 다시 막힌다. 연산군은 악행을 나무라는 대간장(臺諫長)을 다른 대신들로 하여금 겸직케 하며 결국 사간원을 폐지시킨다. 홍문관을 없앨 뿐 아니라 사헌부 지평의 숫

---

43) 태종(太宗)은 궁실의 공역정지(工役停止)를 상소한 좌사간대부 윤은수(左司諫大夫 尹恩修)를 하옥시킨다. 하륜(河崙)은 '국가가 창업한 이래 언관으로서 형벌을 받지 않은 사람이 없다'고 왕에게 간한다.

자를 줄였다. 복잡하고 책임이 따르는 상소 · 상언을 줄이게 하고 신문고도 금지시켰다. 더욱이 치도와 왕도를 들먹인다고 경연도 폐지시킨다. 연산군과 같은 맥락에서 광해군(光海君, 15)도 "임금이 하는 일을 신하가 어찌 감히 말할 수 있겠는가"라 하며 대간의 직언(直言)을 거부한다. 영조(英祖, 21)는 탕평책으로 대간의 활동을 통제함으로써 '요요무언세계(蓼蓼無言世界)'를 만들었다. 세도정치(勢道政治) 하에서 직언하는 대간은 찾아볼 수 없게 된다.[44] 직위만이 강조될 뿐 직분으로부터 발생하는 의무정신이 없어진 것이다.

의무 개념이 활성화되지 않는 곳에 왕과 신하 간에 '의(義)'가 발생할 수 없으며, 양자간에 커뮤니케이션이 활성화되지 않는다. 말하자면 의무 개념이 활성화될 때 왕 · 의정대신 · 홍문관 · 사헌부 · 사간원이 균형 감각을 가지며 언론 3사(司)는 제 기능을 하게 된다. 언론 3사(司), 대신 및 왕을 인체에 비유하는 것도 균형 감각의 중요성과 관련을 맺고 있다. 왕은 머리, 대신은 팔다리와 몸체, 그리고 대간은 이목으로 비유된다. 이들 3자가 조화를 이루며 협력할 때, 인체가 건강하듯 국정도 균형 감각을 갖고 올바르게 운영된다. 그러나 의무정신의 유교적 개념이 제대로 구현되지 않을 때(진정한 커뮤니케이션이 발전되지 않을 때) 언론 3司는 제 기능을 다할 수 없다. 이 상황에서 유교적 인간관계가 강화된다면, 직위 개념만 부각될 뿐 직분 관계의 발전은 기대할 수가 없으며, 진정한 의미의 언로의 실천에도 한계가 따른다.

5. 언관과 타구조와의 역학 관계

왕의 절대권은 조직적 차원에서 3사(司)의 활동인 차자, 상소(上疏) · 서계(書啓) · 시무조진(時務條進) · 잠언(箴言) 등을 통하여 원론적으로 직 ·

44) 이재호(李載浩), 위의 책, p. 17.

간접적으로 통제를 받는다. 더욱이 인간과 인간관계를 핵심 사상으로 받드는 유교 사회에서 정치적 요체가 인사이므로 3사의 언로 활동도 인간문제〔人事問題, 규찰 백관(糾察 百官), 고신(告身) 등〕와 분리시킬 수 없다. 인사 언로를 통한 왕에 대한 감시와 견제 기능의 활성화는 종사(宗社)의 유지 발전과 관련을 맺고 있다. 그러나 의무정신이 없는 상황에서 인사 언로는 직위만을 강조하게 되고, '제한된' 직위와 토지는 특권층을 위한 언로와 관련을 맺을 수밖에 없다.

결국 조선시대의 언로는 양반에게 편중되어 있는 셈이다. 문폐사(問弊使)나 분대(分臺)를 지방에 파견한다고 하더라도 간헐적일 뿐이어서, 대간들의 정보활동 범위는 제한적이다. 그들의 정보는 대부분 관찰사(觀察使)·감찰(監察)을 통하여 들어오는 양반들에 관한 것이다. 기득권을 갖지 않은 계층으로부터 상달되는 초야의 유생의 소장(疏章)을 취급함으로써, 대간은 생생한 民의 모습을 그들의 언로 활동에 반영할 수 있겠으나, 승정원(承政院)에 제재가 가해짐으로써 그것은 대간에게 도움이 되지 못한 채 사장되곤 한다. 양반의 커뮤니케이션은 어려운 한자에 의존하므로 평민의 구어 문화와는 근본적으로 거리를 둔다. 내용의 강도를 달리하면서 유교 이념만으로 무장한 유학자들에게 애민(愛民)·위민(爲民)·이민(利民)의 개념의 현실적이고 실제적인 적용은 난관에 부딪친다.

유학인들은 유교 문화의 원형에 따라 행동하고, 그것을 정치 이념화함으로써 그 외의 사고는 도외시한다. 기득권층은 유교적 이념, 신뢰성, 가치 등으로 자신을 개념화할 뿐 아니라, 그 가치 체계가 자신의 삶의 질을 높이며, 복지에 기여한다고 여긴다. 그 가치 체계는 또한 시간과 공간에 따라 변화를 요구하는 이념도 아니다. 어떤 측면에서 『주자가례(朱子家禮)』에서 보듯, 유교의 종교 체계가 영적인 내용 대신 의식(儀式)·의례(儀禮)·제의(祭儀) 등을 강조함으로써 돌아가신 부모의 섬김도 현실의 연장선상에서 살아 계신 부모와 똑같이 효(孝)로 해석한다. 유교 이외의 주변적 메시지(peripheral message)를 용인하지 않음으로써, 종교적·샤머니즘적 이념, 일상생활의 일들이 거의 무시되어 사고의 다양성을 유발하는데 장애를 일으킨다. 더욱이 일상생활에서 중요한 물질적 사고는 하위 개념으로 간주된다.

고답적 유교 이념이 '중심적 지향 메시지'로 간주될 때 그 이념은 인간관계를 중시한다. 전술했듯이 '군군신신부부자자(君君臣臣父父子子)'의 위계질서, 직분 개념, 그리고 인간관계의 개념이 유학의 요체이다. 이러한 유교의 원리는 조선 사회로 하여금 사람들이 모인 집단에서 일어나는 커뮤니케이션 현상의 활성화를 중시하게 한다.[45] 대간의 활동도 결국 집단 내의 위계질서에 관한 커뮤니케이션의 내용에 속한다. 위계질서의 서열(직위)에서 물러날 때 자신은 커뮤니케이션의 네트워크로부터 벗어날 뿐만 아니라 정보원으로서의 가치를 잃게 된다. 즉 인간관계의 결과인 위계질서 안에 생존할 때만 자신의 가치를 인정받게 된다. 그렇다면 개인의 궁극적 가치는 그 위계질서 안의 직위를 통해서만 가치를 인정받게 된다.

인간 중심, 그리고 그 중심으로부터 파생되는 위계질서가 사건을 만들어내고, 그 속에서의 인간의 움직임이 전통인들에게 주요 관심사가 된다. 이것은 "개인적인 사건이 공적인 권위와 관련될 때 그 사건은 뉴스가 된다"[46]는 뉴스에 대한 리프만(Walter Lippman)의 정의에 의해 해석될 수 있다. 인간이 모인 집단에는 반드시 위계질서와 직위가 만들어지기 마련이고, 그 과정에서 상하간의 갈등이 노출된다. 원론적으로 유교 이념에 입각한 갈등적 인간관계가 '중심적 지향 메시지'이어야 하지만, 현실적으로 갈등적 인사 정책으로부터 파생되는 사건이 뉴스의 중요한 부분을 차지한다.

왕은 그 위계질서의 수장(首長)이며, 대신들은 그 지체다. 대간은 왕과 관리들을 논박(論駁)하고 서경(署經)한다. 즉 대간의 활동은 왕권을 제약함으로써 신권(臣權)을 강화시키는 한편, 대간을 통하여 왕은 다른 신권을

---

45) Pong Bae Park, op. cit., p. 9.

46) F. Fraser Bond, *An Introduction to Journalism*(New York: Macmillian Co., 1945), p. 79.

견제하는 역할을 수행한다. '수장(왕)의 도리'[47]를 지키도록 돕는 직책을 간관(諫官)이라면, 대관(臺官)은 백관에게 목민관(牧民官)(백성을 위하여 존재하는 관리)으로서 직책을 수행할 수 있도록 질서를 바로 잡아준다. 경연(經筵)을 통해 왕과 더불어 3사와 대신(大臣)은 당면 국사의 중심 과제를 놓고, 서로 대면 상태에서 시비를 가린다. 그때 왕은 자연스럽게 문제의 핵심을 파악한다. 정치의 요체라고 할 수 있는 인사 문제의 경우, 기존 결정에 이의 제기의 정당성을 강하게 하기 위하여 탄핵을 건의하기도 한다. 그 요구를 들어주지 않을 경우 국왕을 설득시키기 위하여 백방으로 노력한다. 설득하는 과정을 피셔(Aubrey Fisher)의 모델로 설명해보자. 대간은 정보를 입수·규정·발표하는 단계를 거친다. 그 과정에서 대간의 말에 왕과 대신들은 불만과 비판을 토로한다. 만약 대간의 주장이 정당하다면 대신들은 긍정적 평가를 내린다. 초기 단계에 대신은 자신의 평가를 발표하기를 유보한다. 그러나 이 단계를 거치면 새로운 정보는 집단 구성원에게 설득력 있게 보이게 되며, 그 후 새로운 정보는 왕, 대신과 대간이 공유하게 된다.

그러나 실제적으로 커뮤니케이션이 인사 언론에 집약, 집중되어 엉킴으로써 왕, 대간, 대신의 관계는 그렇게 원론적이지 못하다. 전술했듯이 조선시대에는 왕권 확립 과정에서 빈번한 정변이 일어났고, 그 난을 평정한 개인이나 집단에게 공신(功臣)의 혜택을 부여했다. 혜택받은 공신은 왕권 안정을 유지해주었다. 왕과 공신과의 관계는 처음부터 직위에 관심을 가질 뿐 직분, 의무정신과는 거리가 멀다. 功臣이 정해진 지위에 관심을 갖는 이상, 기본적 커뮤니케이션의 소재와 형태는 다양성을 결여하고 있다. 커뮤

---

47) 수장이 위계질서를 유지할 수 있게 돕는 길은 정심(正心)이 으뜸이다. 연산군(燕山君)이 축출되고 중종(中宗)이 즉위하자 병인년(丙寅年)(10월 25일) 사헌부 · 사간원이 합사(合司)하여 8조의 상소문을 올렸는데, 그 내용은 정심(正心) · 납간(納諫) · 용인(用人) · 수성헌(守成憲) · 두사은(杜私恩) · 중작상(重爵賞) · 절재용(節財用) 등이다. 또한 홍문관에서는 다른 내용의 상소문을 올렸는데, 그 내용은 정심(正心) · 입지(立志) · 종간(從諫) · 근성학(勤聖學) · 엄내외(嚴內外) · 중작상(重爵賞) · 흥학교(興學校) · 숭절의(崇節義) · 정사습(正士習) · 궐이서(闕異端) · 숭검약(崇檢約) · 친군자(親君子) · 원첨영 등이다.

니케이션의 소재와 망의 제한성은 정해진 사람이나 특정 분야에만 집중된다. 집중화된 커뮤니케이션 형태는 혼란을 가중시킨다. 예를 들면 가열된 경연에서는 영의정(領議政)도 사헌부·사간원의 하급 언관인 지평(持平, 정5)·정언(正言, 정6) 등에 의하여 국왕 앞에서 인사 문제로 공격을 당한다. 유교의 인본주의적 성격 때문에 인사 문제가 첨예한 대립을 이룬다. 대간의 주요 활동도 전술했듯이 인사 정책의 감시와 견제 기능의 강화에 집중되는데, 이 현상은 자료상에 잘 나타난다. 이재호(李載浩)의 연구[48]에 따르면 논핵(論劾, 인사 문제 포함)이 태조(太祖) 원년에서 정종(定宗) 2년까지 사헌부·사간원 양사의 합동으로 다룬 전체의 내용 76, 53, 12건 가운데 각 36/76(47%), 23/53(43%), 11/12(92%)이며, 태조(太宗) 원년에서 13년까지 151/217(70%), 63/149(42%), 60/82(73%), 성종(成宗) 5년에서 10년까지 324/481(67%), 161/255(63%), 37/64(58%) 등으로 대간이 취급한 내용 중 가장 많다. 최승희(崔承熙)의 연구[49]도 탄핵(彈劾, 인사이의(人事異議) 포함: 인사와 탄핵의 구분은 요구 내용이 온건할 때 인사로 간주하며 파면(罷免)·치죄(治罪)·추문(推問) 등 강경할 때 탄핵이라 한다)이 세종(世宗) 1년에서 2년까지 대관 37/48(77%), 간관 17/22(77%), 양사의 합동 20/27(74%), 世宗 2년에서 32년까지 660/974(68%), 249/487(51%), 67/203(33%) 등으로 대간이 다룬 내용은 인사 정책과 관련을 맺고 있다. 유교 국가에서 사람간의 관계가 중요할 수밖에 없고, 대간이 다루는 인사 정책은, 밀(J. S. Mill)이 언론자유(言論自由)에 대해 논한

48) 이 연구에서 취급한 범주는 논핵(論劾)·시무(時務)·인사문제(人事問題)·국왕관계(國王關係)·광언로(廣言路)·강기강상(綱紀綱賞)·풍속(風俗)·노비(奴婢)·상벌(賞罰)·금주(禁酒)·불교승려(佛敎僧侶)·전의(典禮)·군사(軍事)·화폐(貨幣)·서경(署經)·법안(法案)·관제관사(官制官司)·민폐(民弊)·토목지역(土木之役)·전제(田制)·영조(營造) 등이다〔이재호(李載浩), 「이조 대간(李朝 臺諫)의 기능(機能)의 변천(變遷)」, 『부산대 논문집』 4, p. 3〕.

49) 이 연구에서 취급한 범주는 간쟁(諫諍)·탄핵(彈劾)·시정(時政)·시무책(時務策)·인사이의(人事異議)·척불(斥佛)·금령(禁令)·풍속(風俗) 등이다〔최승희(崔承熙), 『조선초기 언관(言官)·언론연구(言論硏究)』(서울: 서울대학교 출판부, 1989), p. 97〕.

것 가운데 "하나의 의견에 침묵함은 진리에 대해 침묵함이 될 것이며, 비록 잘못된 의견에도 참된 진리를 밝히기 위한 부분이 포함되어 있을지도 모른다"로 이해될 수 있다. 일반적으로 이미 승인된 인사 문제라도 논쟁을 하지 않게 되면 사건의 활력이 없어지고 그 효력을 상실해버릴 가능성이 있다. 코저(Louis Coser)가 언급하듯 논쟁은 집단의 정체성을 확립하고, 집단에서 이탈자의 출현을 막으며, 집단의 규범을 강화시킬 수 있다.

유학의 요체가 인사 문제일 수밖에 없다면 인사 문제를 통한 갈등은 의리〔義理, 도(道)〕를 추구하기 위한 절대적 요소이다. 그때 개인은 욕망을 발하지 않음을 원칙으로 하되, 설령 욕망이 생겨도 '화(和)'를 생각할 수 있어야 한다. 그러나 직분과 의무정신이 없는 직위만을 위한 갈등과 논쟁은 유교적 중심 메시지와는 거리가 멀 뿐 아니라 직분의 혼돈을 유발시킨다. 예를 들면 사헌부와는 달리 사간원은 그 기능에서 인사 정책(탄핵 포함)과는 직접적인 연관이 없음에도 여전히 인사 문제와 크게 관련을 맺고 있다. 그 예로 世宗 9년 사간원에서 광효전(廣孝殿)에 제사하고 회가(回駕)할 때 시위(侍衛)에 빠진 시신(侍臣) 20여인에게 죄를 청하자, 세종은 탄핵의 직임은 사헌부의 관할이라고 사간원의 청을 거절하였다. 또한 세종(世宗) 8년 한유문(韓有紋)을 특지로 이조참의를 제수(除授)하였는데, 이 인사가 잘못되었다 하여 사간원에서 이조문선사랑(吏曹文選司郎)을 탄핵하자, 왕명으로 사간을 하옥시킨 일이 있었다.

하부 조직을 갖고 있지 않는 사간원의 언론 행위는 때때로 개인적 · 본능적일 수 있고, 시류에 맞춰 사상적 혹은 사회구조적으로 중요했던 사항만을 간언했을 소지가 있었다. 사간원의 5명의 인원은 사회의 하부 구조인 정치 · 경제 · 사회 조직과 긴밀한 관계를 맺으며, 심층 분석을 통하여 원인을 규명하기보다 결과에 관심을 가져, 결국 그 내용은 고발성 언론으로 한정되어버린다. 고발성 언론은 의무정신, 혹은 주인 의식에서 크게 벗어나는 것으로, 빈번히 사간에게 좌천 · 파직 · 유형 등 엄한 벌을 초래했다. 이이(李珥)는 자신의 상소문에서 "대간은 털끝만한 실수를 해도 직책을 갈아

버립니다. 나라의 공론을 정해야 할 대간이 자주 바뀌니 공론이 정해지지 않음은 물론이요, 나라의 체통이 말이 아닙니다. 대간의 이동으로 다른 관서 역시 자주 바뀌게 되니 자연히 업적을 세울 수 없음은 당연한 이치입니다"[50]라고 대간의 입장을 대변한다. 이러한 상황에서 사간원이 시정 · 학술 · 의례 · 제도 등 범국사에 걸치는 모든 분야에 전문적인 깊은 지식을 갖는 것은 거의 불가능한 일이었다. 간관을 대신해서 유교적인 의례, 제도의 상정, 학문의 진흥, 유교 정치 등 전문 분야를 홍문관(弘文館)이 인수받기 시작하고부터 홍문관 관원이 사간원의 역할을 대신하게 된다. 또한 풍문에 바탕을 둔 탄핵을 일삼다 간관은 징계를 받게 되고, 정규적인 언론이 봉쇄당할 때에 홍문관은 언관의 역할을 대신하곤 한다. 그러나 직분의 측면에서 볼 때 홍문관원의 언관화는 역할의 혼돈을 불러일으킬 수 있다.

홍문관의 활동에 비해 간관은 판에 박은 듯한 공식적 언론, 풍문에 의한 언론, 잡사에 의한 언론, 언론을 위한 언론을 일삼게 되며, 이 언론은 왕권이나 권신, 권당에 의하여 조종될 수 있었다. 대간으로 하여금 의도적인 여론을 유발케 하여 왕은 관료 엘리트의 교체에 의한 권력의 재분배를 통해 절대 군주의 힘을 과시할 수 있었다. 이 현상은 역기능으로 유교의 이념에서 강조된 인간 관계성을 통한 대간의 커뮤니케이션 기본 개념에서 크게 벗어나 관리들 간에 비교를 일삼는 분위기를 조성케 했고, 서로가 서로를 질시하는 풍조를 사회에 만연시켰다. 인간관계의 결과 파생되는 위계질서 안의 비밀은 밖으로 새어나가 유언비어로 퍼지게 된다. 간관은 의무정신을 바탕으로 정치적 식견과 불의부정과 타협하지 않고 강직한 언론을 행사해야 하나, 이런 경우에는 마키아벨리 식 강직성의 언론이 판을 치도록 도와주는 결과를 초래한다. 정신없는 괴물과 같은 제도가 예측할 수 없이 굴러가는 모습을 연상할 수 있다. 그 제도 내의 관리들은 서로 개인적 갈등을 일삼게 되고, 파당(派黨)이 남발하게 되며, 관료의 위계질서의 내용은 비

50) 최승희(崔承熙), 위의 책, p. 140.

공개적으로 움직이게 된다. 심지어 대간 상호간, 상하간에도 탄핵할 뿐 아니라, 전술했듯이 언관이 왕의 주구로서 왕이 꺼리는 세력을 숙청하는 선봉이 되기도 하며, 붕당의 앞잡이로 행사하는 일도 허다했다. 그 결과 인간관계의 커뮤니케이션이 집약적으로 표출된 성종(成宗) 때 현상으로 "관료로서 그 직을 감당할 수 없는 자를 도태시키고 적재(適材)를 적소(適所)에 배치시켜야 한다"[51]는 언론이 나오고 있다. 말하자면 사람간의 관계의 과다한 커뮤니케이션이 대간을 포함하여 개인의 일[職分]의 중요성을 무시해 버린 셈이다.

한쪽으로 치우친 인간 간의 과다한 커뮤니케이션은 다양한 커뮤니케이션에 제약을 가한다. 류(類)·군(群)·배(輩)·붕(朋) 등이 형성되어 그들 간에는 쉽게 커뮤니티가 형성되지만, 그 외의 사람과는 커뮤니케이션이 줄어든다. 대립된 집단이 있을 때 집단 구성원 사이의 커뮤니케이션 강도는 더욱 높아진다. '붕(朋)'들의 집약적 커뮤니케이션은 '인위적 성격' 형성을 게을리 하며, 직분의 개념을 망각한다. 이 현상을 관료 집단에 적용했을 때 인간관계의 중심부인 관료 체계와 말단의 인간 집단과의 균형을 이루는 커뮤니케이션이 불가능해진다. 의무정신, 이에 따르는 위계질서 안의 직분, 그리고 그것을 뒷받침하는 물질적 요소가 서로 조화롭게 작동하지 못하는 상태이다. 안으로는 비정상적으로 행해지고 또한 밖으로부터는 폐쇄적인 성격을 유지한다. 이렇듯 사회(社會)·민생(民生) 문제를 위한 '논집시정(論執時政)'은 일반 백성에게 직접 영향을 미치기 때문에, 당시 사회적으로 매우 중요한 문제였음에도 불구하고 대간은 지속적으로 이에 대해 관심을 보이지 않는다.[52]

언론의 주된 역할은 인사 정책을 통하여 개인의 역할을 점검할 뿐 아니라, 정부 조직을 원활하게 움직이도록 도와주는 기능에 치중되어 있다. 권

---

51) 최승희(崔承熙), 위의 책, p. 222.

52) 최승희, 위의 책, p. 215.

력을 정당하게 나누는 과정을 통하여 정치 안정과 왕권 확립을 위한 대간의 기능 또한 간과할 수 없다. 전술했듯 대간은 주로 유교의 강직성을 요구하거나, 과거 장원급제자 중에서 직배, 청년층을 대간직에 임명함으로써 인사 정책을 통해 조직의 커뮤니케이션 활성화를 촉진시킬 수 있었다. 그러나 대간을 통한 인사 정책의 언론은 때로 갈등적 요소를 사전에 내포하고 있었다.

조선시대의 관리와 토지는 제한되어 있었다. 한 관리가 직위나 토지를 가질 때 다른 사람은 갖지 못하는 'zero-sum game' 상태여서 갈등은 언제나 상존해 있었다. 조선시대의 관리는 관직의 수에 따라 현임 · 전임을 막론하고 18科로 나눠 과전법(科田法)을 실시했다. 과전은 원칙적으로 일대에 한하여 지급되었으나, 과전이 세습됨으로써 세조(7) 12년 과전법을 폐지하고 직전법(職田法)을 설치하여 현직 관리에게만 토지를 주었다. 그것조차 오래 실행되지 못하고, 명종(13)은 직전법을 폐지하고 관리에게 녹봉(祿俸)만을 주게 된다.

훈구(勳舊) 세력에게 주어진 과전의 세습으로 인해 조선 중반기에 접어들면서 제한된 직책과 토지 분배에 대한 불만이 노골화된다. 국가의 입장에서 토지는 재정의 주요 원천이요, 경작자의 입장에서 그것은 치부의 수단이다. 양자의 갈등은 시간이 갈수록 첨예화되어 성종 때에 이르면 벌써 공 · 사전의 구분이 어려울 정도로 그 소유 관계가 혼맥 상태에 빠진다. 즉 개국 이래 조정의 공신, 대신 등 중앙의 고관들이 궤도를 이탈한 횡포로 수탈을 일삼아 왕권과 체제 안정에 위협을 주는 존재로 부각됨으로써 성종(成宗)은 훈구 세력을 견제할 수 없는 지경에 이르게 된다. 성종은 수탈을 일삼는 훈구 세력을 견제하기 위하여 언관 구조와 그것을 이끌 대간에게 기대를 건다. 즉 왕은 대간이 '권력의 대리인'(agent of power)으로 직분을 다할 것을 기대한 것이다. 물론 왕이 대간을 이용한 경우가 이번이 처음은 아니다. 고려말 왕실과 왕실에 밀접히 연결되어 있는 구족 대신의 일파와 이성계(李成桂) 일파가 대립 항쟁하는 시기에, 권력의 대리인의 중추적 역할을 담당한 것이 대간들이었다. 대간들은 왕권의 견제, 억압이라는 종래의 기능과 함께 반대파의 탄핵 제거라는 변이된 임무도 담당하고 있었다. 즉 하나의 집단으로 존속하던 국가 조직이 "두 파로 갈라짐으로써 커뮤니케이션의 동기를 부여받는다"[53)]란 이론적 논리의 적용을 받게 된다. 위계질서 내에 존속하는 관리들은 서로 분리를 경험하고, 분리로부터 발생하는 커뮤니케이션의 활성화가 촉진된다. 한정된 위계질서 안에서 직위를 갖지 못한 자에게는 직위를 가진 자로부터의 분리 의식이 심화된다. 또한 자의든 타의든 자신의 정보와 타인의 정보가 함께 공개됨으로써 사회 내에서 갈등이 초래된다. 카리스마는 공개된 정보를 이용하여 정적의 숙청을 합당화시킨다.

새로운 정보는 사회 변동을 요구하게 마련이고, 또 새로운 정보 없이는 사회 변동이 불가능한 것도 사실이다. 호학(好學)의 군주 성종은 새 정보를 조성할 수 있는 사림(士林) 세력을 등용한다. 여기서 사림은 지방에 사회적 기반을 가진 독서인군을 일컫는다. 이들은 중앙의 정계에 진출하기보다 향촌에서 유향소(留鄕所)나 향청(鄕廳)을 통하여 훈구 세력인 이족(吏族)과 협상하기도 하며, 직·간접적으로 영향력을 행사해 오던 세력이다.[54)] 사림의 학풍은 주자학〔朱子學, 성리학(性理學)〕을 근거로 하고 있어, 유학의 사장(詞章)·기송(記誦)을 주로 하던 전통으로부터 경학(經學, 총론류의 학문)과 사학(史學) 등에 치중한다.

주자학은 사람은 누구나 수양을 통하여 성인이 될 수 있다고 보고, 그 성취에 역점을 둔다.[55)] 즉 사람은 그 마음속에 이(理)와 기(氣)를 지니는데, 이(理)를 지니면서 성인이 되지 못하는 것은 기(氣)의 존재 때문이라 가정

53) Stephen W. Littlejohn, *Theories of Human Communication*(3ed)(California: Wadsworth Publishing Company, 1989), p. 245.

54) 이기백(李基白), 『한국사신론(韓國史新論)』(서울: 일조각, 1986), p. 245.

55) Tang Chun-I, "The Spirit and Development of Neo-Confucianism," *Inquiry* 14, 1971, pp. 56~80.

하고, 기를 잘 다스리는 사람을 군자(君子)라 하고, 기에 따르는 사람을 소인으로 봤다. '군군신신부부자자(君君臣臣父父子子)'에 맞게 기(氣)를 순치시키는 것도 주자학의 이상이다. 우주 만물에 차이와 구별이 있듯이, 이(理)를 추구하는 정도에 따라 사람에게도 구별이 있음을 인정하고 차등적 보상을 수용한다.[56] 말하자면 주어진 우주 질서를 운명적으로 받아들이는 한편, 적극적 의미에서 자신의 계발을 포함시킨다.

맹자(孟子)는 천작(天爵)과 인작(人爵)을 분리하여 설명한다. 천작은 하늘에서 준 것이며 인작은 노력에서 얻는 것이다. 주자학은 실천을 강조함으로써 인작의 중요성을 간과하지 않는다. 즉 자신의 직위에 따른 직분의 개념이 부각된다. 자신은 '자연적 인격'보다 '인위적 인격'으로 무장해야 한다. 그때 사회 구조가 유기적 · 발전적 방향으로 변동할 수 있다. 실천 없는 천작은 주자학에서 의미가 없다. 더욱이 주자학은 정통 유학의 의무정신(義務精神)〔효(孝) · 충(忠) 등 보은사상(報恩思想)〕을 '효제충신호예불란자(孝悌忠信好禮不亂者)'의 표현과 같이 의례(儀禮)의 개념을 강조함으로써 종교적 차원으로까지 승화시킨다. 종교적 영역인 우주 질서에 대한 경애와 자연의 이치에 순응하는 방법인 의례는 정통 유학의 범위뿐 아니라 내적 커뮤니케이션 영역을 확산시킨다.

『소학(小學)』에 나타난 주자학은 관계성을 강조하는 유교 전통의 '중심적 지향 사고'의 습득으로부터 그 사고의 실천(實踐)을 강조한다. 예(禮)와 의식(儀式)의 실천이다. 때로는 배우는 것보다 실천을 더욱 강조하는 주자학의 강령(綱領)은 "입즉효 출즉제 행유여력 즉이학문(入則孝 出則悌 行有餘力 則以學文)"으로 표현된다. 타인과의 관계성 속에서도 『소학(小學)』은 개인적 차원에서 수기치인지학(修己治人之學)으로, 집단적 차원에서 '효제충신지학(孝悌忠信之學)'으로 실천성을 강조한다. 여기서 실천은 우주 만물을 꿰뚫는 득도(得道)의 개념과 동일시될 수 있다〔『주역(周易)』에서는

56) 조혜인, 「한국의 사회조직과 종교사상」, 『한국사회사연구회논문집』 17, 1990, p. 144.

이것을 심왕(心王), 즉 태극(太極)을 의미한다]. 『소학』의 이러한 강령은 잠재적 기능으로 개인의 무수한 혜안(慧眼, 정보가 될 수 있는)을 경험하게 하며, 집단적 정치 행위를 가능하게 한다. 사헌부 설명에서 논했듯이 성찬식의 차원에서 이해할 수 있다. 그러나 아우구스티누스(St. Augustine)가 고뇌했던 자기 자신의 구체적 경험(내적 커뮤니케이션)과 집단 안에서 일어나는 배타성, 엄격주의, 추상화된 보편성 사이에서 갈등관계를 경험하게 된다. 이 상황은 보편적 공동체와 구체적 개별성이 공존하기 위한 진통이다. 주자학은 사람을 공경하는 데서 시작하므로 원론적으로 '순수한' 대인간의 커뮤니케이션이 유지되며, 그에 따른 위계질서가 확립된다. 원활한 대인간의 커뮤니케이션은 장신구가 화폐로 되는 과정과 같다. 장신구인 조개껍질이 화폐로 될 때 그 조개껍질은 더 이상 장신구가 아니다. 그러나 이런 과정이 불가능하다면 큰 조직은 결국 조직 내부의 작은 집단으로 나눠지고, 그 큰 집단 자체도 집단이기주의(集團利己主義化)라고 한다. 이것을 염려한 훈구파(勳舊派) 조정 대신에 맞서, 도학자(道學者)들은 "조정에서 서로 뜻이 맞는 사람들끼리 붕우관계(朋友關係)를 맺고 있는 것은 당연한 일이며 이것은 국사를 논함에 필요하다"[57]고 일축한다. 비록 사림파 행위의 잠재적 기능이 집단 이기주의화할지라도, 주자학은 원론적으로 정치를 도덕적 지도 활동의 일환으로 간주하는 한편, 군자는 종교적 · 도덕적 지도자로 그 역할을 수행할 것을 기대한다.

훈구세력(勳舊勢力) 지배하의 조선 초기 사회에 '수심정기(守心正氣)'로 무장한 주자학자(사림)들이 대거 중앙의 정치 무대에 등장한다. 사림(士林) 중에도 영남의 길재(吉再)의 제자인 홍문관 응교(應校) · 부재학(副提學)을 지낸 김종직(金宗植)과 그외 김굉필(金宏弼) · 정여창(鄭汝昌) · 김일손(金馹孫) 등은 중앙으로 진출하여 주로 3司 계통에 자리를 차지하고 언론문필을 담당한다.[58] 도덕 정치(종교를 현실 정치와 같은 맥락에서 이해)를

57) 윤병희, 「조선 중종조 사풍과 소학」, 『역사학보』 103, p. 64.

이상으로 하는 사림파 젊은 언관들과, 정치를 이익 수단으로 삼고 땅을 가르듯 백성의 여론을 다루는 훈구 세력들과의 대립은 당연했다. 훈구파는 왕의 지위 자체를 중요시할 것이며, 사림파는 왕의 치도(治道)를 관심거리로 여길 것이다. 치도의 측면에서 볼 때 최고의 절대적 권위를 왕(王)보다 도(道)에 더욱 의미를 부여한다. 그러므로 왕의 행위가 도에 합치될 때는 그의 절대권이 인정되나, 만약 양자가 괴리될 때 사림파는 道를 우선으로 택한다. 즉 사림파는 유교 국가에서 중시되는 인사 문제에 그들의 접근 방법을 시도하여 의도를 실현하고자 했다.

훈구파와 사림파 간의 이질적인 사회사상 및 행위와, 그에 따른 사회 구조에서 발생되는 정보의 심도 높은 커뮤니케이션 욕구는 양자의 대립으로 이어진다. 대립이 발생할 때 각 편의 집단의식은 강해지며, 각 집단 안에 커뮤니케이션은 활성화된다. 성종은 사림 세력을 인재와 학문의 육성 측면에서 대두시키지만, 다른 한편의 잠재적 기능으로 이들을 훈구 세력의 대항 세력으로 삼는다. 대신과의 대립 관계에서는 왕은 오히려 사림파 대간을 압제하기도 하였으며, 대간이 대신을 통핵할 적에 확실한 죄명도 없이 그저 풍문(風聞)에 의해 논핵(論劾)한다고 가정하고 '정승지언심당(政丞之言甚當)'이라 하여 중신편에 선다.[59]

집단간의 첨예한 갈등은 사화로 번져간다. 첫 사화는 연산군(燕山君) 4년 무오사화(戊午士禍)인데, 김종직(金宗植)의 제자 사관(史官)인 김일손(金馹孫)이 김종직이 지은 조의제문(弔義帝文)[60]을 사초에 올린 일로 인해 비롯된다. 사관의 직분이 역사를 기록하는 것이라면 이 사실이 별 문제가 될 것이 없다. 그러나 연산군은 분리된 여론으로부터 일치성을 회복하기 위해 희생양을 선택하여 숙청한다. 무오사화에 피해를 당한 언관은 유

58) 이기백(李基白), 위의 책, p. 245.

59) 이재호(李載浩), 위의 책, p. 9.

60) 김종직(金宗植)이 단종(端宗)을 항우(項羽)에게 죽임을 당한 의제(義帝)에 비기어 그 죽음을 슬퍼하고 世祖의 찬탈을 비난한 것이 조의제문(弔義帝文)이다.

헌〔柳軒, 대사헌(大司諫)〕· 이목〔李穆, 사간(司諫), 전주인〕· 강백진〔康伯珍, 사간(司諫), 신천인〕· 김한주〔朴漢柱, 헌납(獻納), 밀양인〕· 이위〔李胃〕, 정언(正言), 고성인〕· 최박〔崔溥, 교리(校理), 나주인〕· 정진〔鄭臻, 교리(校理), 나주인〕· 강집〔姜諿, 교리(校理), 나주인)·허반〔許磐, 정자(正字), 양주인〕· 권경유〔權景裕, 교리(校理), 안동인〕· 권오복〔權五福, 교리(校理), 예천인〕· 성중엄〔成仲淹, 박사(博士)〕등이다.[61] 연산군(10년)은 잔당 사림파를 갑오사화(甲午士禍)에서 다시 숙청한다. 그 대상은 강형〔姜詗, 대사헌(大司諫)〕· 이유영〔李幼寧, 정언(正言)〕· 곽종반〔郭宗藩, 장령(掌令)〕· 권달수〔權達手, 교리(校理)〕· 변향량〔卞享良, 정자(正字)〕 등이다.

방탕한 연산군은 결국 권좌에서 쫓겨나고, 그 뒤를 이어 즉위한 중종(中宗)은 조광조(趙光祖) 같은 신진 도학자를 등용한다. 조광조는 도학자가 정치의 경륜을 실현하는 길은 오직 대간의 언론 기관을 통하여 정책을 건의함에 있다고 봤다.[62] 조광조는 유교적 도덕국가(儒教的 道德國家) 건설을 그의 정치 목표로 삼았으며, 덕행 있는 인물을 천거하여 왕이 친시(親試)로써 그들을 채용하는 현량과(賢良科)를 실시케 하였다. 그 결과 많은 사림들이 언관으로 등용되었다. 이때 중종도 성종과 마찬가지로 사림파를 훈구파의 대항 세력으로 이용했다. 그러나 사림파의 세력이 커지자 훈구 세력이 반발을 하게 되는데, 그 직접적인 원인은 위훈 삭제 사건[63]이다. 왕과 훈구파는 사림파를 기묘사화(己卯士禍, 중종 14년, 1519)로 몰아낸다. 3사(司) 계통의 피해자는 조광조〔趙光祖, 대사헌(大司憲)〕· 김식〔金湜, 대사헌(大司諫)〕· 김신동〔金神童, 대사헌(大司諫)〕· 공서린〔孔瑞麟, 대사헌(大司憲)〕· 박소〔朴紹, 대사헌(大司諫)〕· 유운〔柳雲, 대사헌(大司憲)〕· 이연경〔李延慶, 정언(正言)〕· 송호지〔宋好智, 교리(校理)〕· 심달원〔沈達源, 교리(校理)〕· 민유경〔閔有慶, 교리(校理)〕· 이탁〔李皐, 정언(正言)〕· 유정

61) 이재호(李載浩), 위의 책, p. 12.

62) 이재호(李載浩), 위의 책, p. 12.

63) 위훈삭제(僞勳削除)란 중종반정 공신 중에서 수혜자 76명의 훈을 깎은 것이었다.

〔柳貞, 정언(正言)〕· 민회현〔閔懷賢, 정언(正言)〕· 이령〔李翎, 수선(修選)〕· 권전〔權碩, 수선(修選)〕· 안처성〔安處誠, 수선(修選)〕· 김정〔金鈋, 수선(修選)〕· 안허순〔安虛順, 박사(博士)〕· 경세인〔慶世仁, 저작(著作)〕 등이다.[64)]

결국 기묘사화도 직분의 충실성과 의무정신의 발로라기보다 직위 쟁탈 커뮤니케이션으로 규정할 수밖에 없다. 주자학에서 중요시한 직위로부터 직분 개념의 중요성을 도입하려고 한 조광조의 시도는 실패로 끝났으며, 조선 사회는 직위에 대한 집약적 커뮤니케이션으로 이어진다. 기묘사화 이후 명종조 을사사화〔明宗朝 乙巳士禍(1545)〕로 3사(三司)의 관원이 가장 많이 화를 당한다. 이 현상은 언론 3사의 활동이 인사 정책과 직접적으로 관련을 맺고 있음을 단적으로 표현하는 하나의 예가 된다.

乙巳士禍는 中宗의 배다른 두 아들 인종과 명종의 왕위 계승 문제에 기인한 것으로, 그들 외척의 대립과 더불어 양반 관리들이 합세하여 파를 이루었다. 인종이 즉위하였다가 곧 죽은 뒤를 이어, 明宗이 즉위하면서 집권한 그의 외척 세력이 반대파를 제거한 사건이다. 그 당시 왕위 계승 문제로 피해를 당한 3司의 관원은 곽순〔郭詢, 사헌(司諫)〕· 박광우〔朴光佑, 사간(司諫)〕· 양윤신〔梁允信, 감찰(監察)〕· 김석제〔金石諸, 지평(持平)〕· 윤결〔尹潔, 수선(修選)〕· 이휘〔李輝, 정언(正言)〕· 유감〔柳堪, 대사간(大司諫)〕· 이연경〔李延慶, 교리(校理)〕· 박민헌〔朴民獻, 교리(校理)〕· 나숙〔羅淑, 부제학(副提學)〕· 이침〔李湛, 교리(校理)〕· 안희규〔宋希奎, 집위(執義)〕· 김진종〔金振宗, 헌납(獻納)〕· 김란상〔金鸞祥, 정언(正言)〕· 권물〔權勿, 장령(掌令)〕· 이언침〔李彦忱, 장령(掌令)〕· 한수〔韓澍, 집의(執義)〕· 유경심〔柳景深, 대사헌(大司憲)〕· 손홍적〔孫弘績, 장령(掌令)〕· 이양〔李暘, 지평(持平)〕· 이충갑〔李忠甲, 정언(正言)〕 등이다. 그 후 정미사화(丁未士禍)로 이양〔李暘, 지평(持平)〕· 김희〔金禧, 정자(正字)〕이 희생을 당하며, 광해

64) 尹喜求, 위의 책, p. 44.

조(光海朝) 계축사화(癸丑士禍)로 정온〔鄭蘊, 정언(正言)〕· 이익〔李瀷, 장령(掌令)〕· 이시언〔李時彦, 정언(正言)〕· 최동식〔崔東式, 집의(執義)〕· 김령, 사간(司諫) · 이홍망〔李弘望, 헌납(獻納)〕 등 언관이 화를 당한다. 숙종조(肅宗朝) 기사사화(己巳士禍)로 연최적〔延最績, 감찰(監察)〕, 경종조(景宗朝) 신임사화(辛壬士禍)로 김민택〔金民澤, 수선(修選)〕· 조성복〔趙聖復, 집의(執義)〕· 어유용〔魚有龍, 사간(司諫)〕· 이중협〔李重協, 수선(修選)〕 등이 사화로 화를 입는다.

연산군(燕山君) 4년(1498)부터 영조(英祖) 원년(1737)까지 8번의 사화가 일어나 평균 30년마다 지식인 수난의 역사가 되풀이된다. 또한 宣祖 때의 기축옥〔己丑獄 정여립역옥(鄭汝立逆獄)〕과 더불어 임진왜란(壬辰倭亂) 때는 지식인이 대량으로 수난을 당한다. 플라톤은 에로스를 설명하면서 빈곤의 여신 페니아(penia)를 등장시킨다. 페니아는 아름다운 것을 결여하고 있어 항상 갈구하는 성격을 갖는다. 육체든, 영혼이든 꽃이 있는 곳이면 어디든지 페니아는 어김없이 찾아간다. 마찬가지로 사람이 모인 곳에 권력이 있고 권력이 있는 곳에 커뮤니케이션이 활성화된다면, 조선시대의 제한된 직위는 커뮤니케이션 활성화의 촉진제가 되었다.

권력을 가진 자는 항상 주변을 견제하며 고집이 세고, 의심이 많아지고, 고독하게 된다. 기득권을 가진 층은 권력을 유지하기 위한 굴레에서 벗어날 수 없다. 같은 맥락으로 사화에서 보듯이 언론 3司의 기능 강화에도 불구하고 왕에 대한 3사의 도전은 허용되지 않았다. 그렇다면 3司의 기능도 왕권을 강화하고 왕의 권위를 높이기 위한 수단에 불과하다. 만약 3司가 이러한 기존 사실을 망각할 때 대립적 커뮤니케이션은 활성화된다. 즉 어떤 특정 문제에 대한 3司의 커뮤니케이션 욕구가 강하면 강할수록 의정 대신들과의 대립적 관계가 첨예화된다. 그때 왕은 의정 대신들과 더불어 가부를 돕는 위치에 있게 되고 3사만이 대립적 입장을 취하게 된다. 언론 3司는 권력의 와중에서 희생양으로 몰리고, 이로 인해 언관은 소모품화되는 현상을 보여준다. 다른 한편으로 왕은 사화를 통하여 관료의 독립성을 견제하며, 왕권을 강화시키고, 더 나아가 지식인을 재등용할 수 있는 기회를 갖게 된다.

대간이 대신을 견제하지 못하고, 대신이 대간을 견제하지 못한 데서 오는 왕권의 불안정 때문에 사화가 일어났을 가능성이 있다. 더욱이 대간은 왕의 '권력의 대리인'으로 둔갑한다. 경종(景宗, 20) 때 홍문관의 부교리(副校理) 조문명(趙文命)은 상소문에서 "시비부진야 용인부광야 기강불입야 언론불개야 염치도상야(是非不眞也 用人不廣也 紀綱不立也 言路不開也 廉恥都喪也)"[65]라고 그 피해를 토로한다. 이때 '군군신신부부자자(君君臣臣父父子子)'로서 옳은 것을 간(諫)하는 대간 본연의 역할은 무시되며 의무정신도 살아나지 않는다. 또한 권력의 정상적인 분배 과정도 무시한다.

6. 직분 강화의 유교적 인간관계

사당(書堂)과 사당(祠堂)의 개념을 겸한 서원(書院)이 중종 38년(1543)부터 사액서원화(賜額書院化)함으로써 붕당의 온상이 된다. 사당에 모시는 유패는 수호신 성격을 띠고 있으므로 주자가례(朱子家禮)에서 죽은 자의 섬김을 산사람의 연장선상에서 孝로 여기는 것과는 거리를 둔다. 효에서 발생하는 의무정신(義務精神) · 보은사상(報恩思想)은 부자간에 '친(親)'이 일어나게 하며, 군주와 신하 간에는 '의(義)'가 있게 하고, 그 정신이 직분으로 나타날 때 질서 있는 사회 구조가 형성된다. '군군신신부부자자(君君臣臣父父子子)'의 직위 · 직분으로부터 발생하는 의무정신은 주인정신(主人精神)을 잉태할 뿐 아니라 사회 내에서 진정한 커뮤니케이션을 싹트게 한다. 진정한 커뮤니케이션은 발신자가 지니고 있는 일부를 수신자에게 주는 것이 아니라, 발신자의 전부를 수신자에게 줌으로써 일어난다. 즉 주자학(朱子學)은 직위 · 직분 · 의무정신이 갈등 관계에 놓일 때 의무정

65) 『경종실록(景宗實錄)』 卷3, 경종 원년 5월 을축조(乙丑條).

신을 먼저 택한다. 또한 '극기복례(克己復禮)'가 이루어짐으로써 주인 정신이 싹튼다. 주인 정신의 싹틈에 따라 인간 존중이 이루어지고, 다양성이 보장된다. 이러한 바탕 위에서 직위와 직분 관계가 갈등 관계에 놓인다면 당연히 직분이 우선을 차지한다. 그렇다면 인사 정책에 집중된 사헌부의 직분은 논집시정(論執時政) · 정풍속(正風俗) · 신면억(伸冤抑) · 금남위(禁濫僞) 등 본연의 것으로 분산될 수 있다. 의무정신 · 직분이 그 기능을 다할 때 사회 내에서의 원활한 인간관계, 혹은 커뮤니케이션이 가능하다.

언론 3司의 직분 개념은 왕의 전제를 제어하고, 의정부 및 6조(曹)의 의결 집행 기관과 견제, 균형을 갖도록 하였다. 간관은 생활 주변의 부조리한 요소를 제거하여, 관료의 위계질서를 확립하고, 왕의 자의적 행위를 견제하며 유교 국가의 군주로서 덕치(德治)에 이르게 하는 언론이었다. 대관은 대신(大臣)의 권한을 상호 조정함으로써 국정의 건전한 운영과 왕권 안정을 도모하였다. 홍문관(弘文館)은 인재 양성, 문풍 진작 등을 통하여 정치 · 제도 · 문화 · 사상적 유교 국가로서의 이념을 바로 세우는 기여를 한다. 그러나 언론 3司의 이러한 직분 개념은 인간관계로부터 발생하는 직위 개념만의 강조로 인해 종종 사장되곤 한다. 직분은 주인 정신을 발휘시킬 뿐 아니라 또 다른 직위를 개발하기도 한다. 직분은 물질적 근거를 창출할 수 있는 가능성을 내포하고 있다. 그러나 인간관계의 강조는 개인의 자유를 제약하고, 직위 자체만을 중요시하는 경향을 보이기 쉽다. 홍문관은 대간원으로 자리바꿈을 원했고, 사간원은 인사 정책에 대해 지나치게 민감했다. 이러한 상황에서 커뮤니케이션 개념은 오직 권력을 분배하는 과정으로 묘사되고, 직분과 의무정신의 개념은 퇴색된다. 직위가 제한된 상태에서의 커뮤니케이션의 집약적 활성화는 곧 사회 갈등을 유발시킨다.

주자학을 바탕으로 한 사림파의 등장은 '효제충신지학(孝悌忠信之學)'과 더불어 의무정신의 활성화를 촉진시킨다. 그러나 결국 도학자도 유교적 인간관계에 집중적 관심을 보임으로써 직위를 갖는 과정에 몰두하게 된다. 주자학의 '중심 지향적 사고'는 세속화(世俗化) 차원의 사고로 변한다. 말하자면 군주는 군주로서 직분을 다하고, 신하는 신하로서, 아버지는 아버지로서, 아들은 아들로서 주어진 위치에서 상호 공존의 원리를 실천하지 못했다. 즉 맹자(孟子)의 하늘에서 부여하는 천작(天爵)과 인간의 노력으로 이루어지는 인작(人爵)이 함께 공존하지 못한 상태이다. 혼란과 갈등은 하늘, 땅, 인간을 묶는 관계성 속에서 모든 질서가 이루어진다는 주자학의 근본 원리 자체가 무시된 결과이다.

참고문헌

『경종실록(景宗實錄)』 卷3, 경종 원년 5월 을축조(乙丑條).

고창훈, 「한국행정의 실천사상에 관한 연구」, 고려대학교 대학원, 1990.

김도태, 『서재필 박사 자서전』(서울: 을유문화사, 1972), p. 55

김삼웅, 『한국 민주사상의 탐구』(서울: 일월서각, 1985), p. 29.

김상용, 『한국 민주사상의 탐구』(서울: 일월서각, 1985).

김영율(金永律), 『상소문』(서울: 어문각, 1984).

김용덕, 「향약신서(鄕約新論)」, 『조선후기 향약연구』(서울: 민음사, 1990).

김원각(金圓覺), 『임금님께 고함』(서울: 도서출판 부름, 1982).

목정균(睦貞均), 「조선전기제도언론연구(朝鮮前期制度言論硏究)」(서울: 고려대학교 민족문화연구소 13, 1985).

박용운(朴龍雲), 『고려시대 대간제도 연구』(서울: 일지사, 1987).

윤희구(尹喜求), 『전고대전(典故大方)』, 1924.

이근무(李根茂), 「사회조직과 헌신, 일의 의미」(2), 김채윤(金彩潤) 엮음, 『사회구조와 사회사상』(서울: 심설당(尋雪堂), 1986).

———, 「전통적 사회구조와 권위주의적 요소」(1), 『아주사회과학논총』, 1987.

이기백(李基白), 『한국사신론(韓國史新論)』(서울: 일조각, 1986).

이상희, 「조선조사회의 언로현상연구」, 『한국의 사회와 문화』 10, 한국정신문화연구원, 1989.

이우성(李佑成), 『한국의 역사상』(서울: 창작과비평사, 1983), p. 258.

이익(李瀷), 『성호사설(星湖僿設)』 권(券) 19.

이재호(李載浩), 「이조 대간의 기능의 변천」, 『부산대학교 논문집』 4.

이태진(李泰鎭), 『한국사회사연구(韓國社會史硏究)』(서울: 지식산업사, 1986).

이전문(李銓文), 『왕조시대의 언로』(서울: 사회발전연구소, 1986).

이홍열(李洪烈), 「대간제도의 법제사적 고찰」, 『사총』 5.

윤병희(尹炳喜), 「조선 중종조 사풍과 소학」, 『역사학보』 103호.

조혜인, 「한국의 사회조직과 종교사상」, 『한국사회연구회 논문집』 17, 한국사회사연구회, 1990.

주자(朱子), 이기석(李基奭) 역해(譯解), 『소학(小學)』(서울: 홍신문화사(弘新文化社), 1982).

최승희(崔承熙), 「집현전연구」(상), 『역사학보』 32, 1966.

———, 「집현전연구」(하), 『역사학보』 33.

———, 『조선초기 언관, 언론연구』(서울: 서울대학교 출판부, 1989).

최정태(崔貞泰), 『한국의 관보』(서울: 아세아문화사, 1992).

Littlejohn, Stephen W., Theories of Human Communication(3ed)(California: Wadsworth Publishing Company, 1989).

Park, Pong Bae, "A Communication Ethic from the Standpoint of Asian Theology," The CBS Consultation on Communication Ethics From East Asian Perspectives, 1992.

Bond, F. Fraser, An Introduction to Journalism(New York: Macmillan Co., 1945).

Tang Chun-I, "The Spirit and Development of Neo-Confucianism," Inquiry 14, 1971.

제 2 장
초기 정론지의 일 연구(1883~1910)

1. 정론지 연구의 필요성

신문은 사회 내의 커뮤니케이션 활성화에 도움을 주는 기구이자 도구이다. 「독립신문」은 커뮤니케이션 수단으로서의 언론을 사설에서 논했다.

> 정부에셔ᄂᆞᆫ ᄇᆡᆨ셩의 일을 알게ᄒᆞ고 ᄇᆡᆨ셩은 정부에 일을 알게ᄒᆞ야 정부와 ᄇᆡᆨ셩이 서로 통졍ᄒᆞ거드면 정부에셔는 ᄇᆡᆨ셩을 도와줄 ᄉᆡᆼ각이 스ᄉᆞ로 ᄉᆡᆼ길 거시요 ᄇᆡᆨ셩은 정부를 ᄉᆞ랑ᄒᆞᄂᆞᆫ ᄆᆞᄋᆞᆷ이 ᄉᆡᆼ길거시라 정부에서 죠치안흔 일을 ᄒᆞ든지 죠흔 일을 아니ᄒᆞᄂᆞᆫ거ᄉᆞᆫ ᄇᆡᆨ셩의 ᄉᆞ졍을 몰으ᄂᆞᆫ 연고요 ᄇᆡᆨ셩이 정부를 의심ᄒᆞ고 명령을 좃지 아니ᄒᆞᄂᆞᆫ거ᄉᆞᆫ 정부를 몰으ᄂᆞᆫ 연고러라.[66)]

시대사적으로 볼 때 「독립신문」이 당면했던 과제인 정부와 백성 간의 커뮤니케이션 활성화는 한말의 당시 상황으로서는 절실한 것이었다. 정부와 동학군 간의 불신으로 서로의 커뮤니케이션은 점차 왜곡되었다. 한말의 식자나 엘리트들은 독창적이고 주체성 있는 정치 역량을 발휘하는 것을 갈망했다. 고종(高宗 12년, 1875년) 운양호사건(雲揚號事件) 이후 끊임없이 압박해오는 대외 통상 압력, 그리고 국운이 침몰하는 과정에서 독립의 필요

---

66) 「독립신문」, 1896. 4. 16.

성은 관리와 백성에게 중요하게 인식되었다. 당시 모든 인민들에게는 '독립'의 이념적 성향으로부터 '개화(開化)', '개화파(開化波)'란 당파가 존재했다.[67)]

당시 개화사상은 주체 사상과 직결되어 중요시되었지만, 1백 년이 지난 지금은 식자 · 엘리트, 그리고 인민들은 더 이상 개화 · 독립 등의 용어를 쓰지 않는다. 군주제 하에서 민권 · 민족 사상의 고취, 내정의 개혁, 민심의 개혁 등 부르주아 민주주의의 문제는 형식적으로 해결되었으며, 다른 것은 미진한 상태에서 부분적으로 변화되고 발전되었다. 이런 변화와 발전을 통해 현재 문제성의 실마리를 찾을 수 있다.

김영삼(金泳三) 문민정부 이후 정보에 대한 개념의 난립은 현재의 과제로 부상되었다. 세계화 정책에 걸맞게 정보가 무분별하게 취사선택할 여지도 없이 물밀듯이 밀어닥쳤다. 이 같은 정보의 난립 상태는 독립적 개화, 주체적 개화란 측면에서 1백 년 전의 것과 비교하여볼 때 오히려 퇴보하고 있다. 긍정적 측면에서 현대 언론의 환경 감시 기능은 과거보다 강화되었으나, 과거와는 달리 오락 기능이 비대화되었다. 즉 정보 추구를 통한 개화사상은 현대 언론이 더욱 발전된 형태를 취하고 있으나, 신문의 주체성과 정체성 · 정론성은 오히려 퇴보하고 있다.

현대 부르주아 신문은 생존 전략으로서 환경 감시, 사회 제도의 연계, 사회화, 그리고 오락 기능을 중시한다. 결과적으로 보면 생존을 위한 환경 감시와 오락 기능이 지나치게 부각되어, 과거와 비교할 때 사회의 각 분야를 연결시키는 기능과 사회화 기능은 오히려 퇴보를 가져왔다. 환경 감시와 오락 기능의 강화는 신문의 고유한 색깔을 모호하게 하며, 잡다한 양의 정보가 독자를 소화 불량증에 걸리게 한다. 언론인은 기사 선택의 기본 원리마저 망각하기 시작했다.

신문은 제 나름대로 색깔을 내지 못하며, 모든 범위를 취재 · 게재 영역

---

67) 이규태(李圭泰), 「근대신문에의 개화」, 『한국의 언론』 1(서울: 문화공보부, 1968), p. 38.

으로 선택함으로써 신문사 간의 차별성이 없어져버렸다. 같은 유형의 기사를 여기저기 어떤 원리도 없이 선택하고, 취재 행위는 떼거리 언론의 수준을 벗어나지 못하며, 독자도 무차별 선택하는 풍습이 만연되고 있다. 각 출입처는 동일한 정부 발표 내용을 얻기 위해 모여든 기자로 가득 차 있다. 독점적 지위를 누리고 있는 「연합통신」의 존재를 무시한 셈이다. 취재와 독자의 선택에 실패한 신문은 각사마다 공공연한 출혈 경쟁을 일삼음으로써 독자는 멀리 떨어져나가고 있다. 삶의 방향을 잃은 인민은 불안해지고, 인간의 열정과 정념이 판치면서 사람들의 마음은 각박해지며, 미래 개척에 둔감해졌다. 흑백논리가 난무하고, 이성적 사고는 방향을 잃게 되자, 인민의 삶의 질에 대한 문제제기는 뒷전으로 밀려나고 있는 실정이다.

하루하루 접하는 독자의 정보량은 엄청나서 그 정보를 소화하느라 모두들 중병을 앓고 있다. 신문의 사시와 방향의 부재함은 독자들의 방향 설정을 가로막는다. 이 같은 사회 분위기에 위기감을 느낀 한국신문협회 · 한국신문방송편집인협회 · 한국기자협회 등 주요 언론 단체가 공동 발기하여 1996년 4월 8일 신문윤리강령과 신문윤리실천요강을 개정했다. 제정한 '신문윤리강령'의 신문윤리실천요강 제9조, 평론의 원칙 제1항(논설의 정론성)은 "사설은 소속 언론사의 정론적 입장을 대변해야 하며 (······)," 제2항은 "사설 등 평론은 실정법을 위반하지 않는 한 특정 정당 또는 특정 후보자에 대한 지지 또는 반대를 표명하는 등 언론사의 정치적 입장을 자유로이 표현할 수 있다"로 규정했다. 그러나 신문윤리강령의 제정에 앞서서 정론지(政論紙)[68]에 대한 구체적 단어 규정이 없으며, 윤리강령의 윤리도 문제시되고 있다. 국가의 우선되는 형성 조건은 종교 · 윤리 · 법 · 사회제도, 그리고 개인의 삶이 동일 선상에서 논의되어야 한다. 그러나 윤리강

---

68) 정론은 '정치에 관계되는 언론'(한글학회, 『우리말 큰사전』, 서울: 어문각, 1992, p. 3657)으로 규정하는데, 영어에서 신문의 정론성(partisan)은 '당파성의' '당파심이 강한' '특정한 당파(사람 따위)에 편중됨' 등으로 표현한다(*The Random House Dictionary of the English Language*, 랜덤하우스, 『영한대사전』, 시사영어사, 1993, p. 1678).

령의 윤리는 아직도 서구의 객관 보도라는 미명 아래 직업윤리만을 강조한다. 객관 보도는 이데올로기화되고 있으며, 직업윤리는 인민의 삶의 의미, 가치 등의 요소를 제외시킨다.

본서는 역사적 현실에서 현재 문제점의 실마리를 푸는 데 관심을 집중시키고 있다. 이 장에서는 초기 신문들의 정론적 성격을 규명함과 더불어, 당시 신문의 갈등적 상황을 기술하도록 하겠다. 특히 당시 신문의 가장 현저했던 정론적 경향, 시대별 사상의 변화 등을 중점적으로 서술할 것이다. 그리고 이것은 「한성순보」, 「한성주보」, 「조선신보」, 「한성신보」, 「독립신문」, 「협성회회보」, 「믹일신문」, 「뎨국신문」, 「황성신문」 등에 관한 기존 연구를 바탕으로 전개시켜나갈 것이다. 그 동안 국내 역사학계와 언론학계에서는 각 신문에 대한 특성 연구를 해석, 재해석하기도 했다. 그러나 시대별로, 혹은 각 신문에 대한 사회사상 연구는 흔하나 정론지에 관한 연구는 아직까지 이뤄지지 않고 있다. 기존의 연구와 구별하여 본 연구는 정론지의 최초의 신문을 「한성주보(漢城周報)」로 간주하고, 지금까지 관보의 수준에서 연구를 소홀히 한 주보에 관심을 가진다. 아울러 기존 연구는 서재필(徐載弼)의 「독립신문」을 민간지로서의 의미를 과대 포장하고 해석해왔으나, 여기서는 정론지적 측면에서 이 신문을 시대적 맥락으로 해석할 뿐이다. 「한성주보」의 제작진이 관리로 구성되었다고 해서, 그 신문의 특성이 희석되어야 한다는 논리는 받아들일 수 없다. 설령 「독립신문」이 민간인에 의해서 제작된 것이라고 하더라도 「독립신문」은 자치 조직을 갖지 않았다. 당시 서구적 '환경 감시 기능'을 충실히 수행한 좀더 발전된 일인 신문이 부산 · 인천 · 서울 등에서 이미 발행되었다. 그러나 독립협회와 운명을 함께한 윤치호(尹致昊)의 「독립신문」이 정론지의 완성으로 간주된다. 초기 이러한 정론적 성향은 「협성회회보」, 「믹일신문」, 「뎨국신문」, 「황성신문」 등에서 면면히 승계되었다.

본서의 정론성(政論性)은 유교적 속성에서 출발한다. 독립협회의 '회(會)'는 서구의 물질을 추구하는 사회 단체에서 비롯하지 않았다. 즉 어떤 정당의 기관지, 제도로서의 언론 등 서구적 개념에 근거하진 않았다. 전통유학(傳統儒學)은 모든 사회 문제를 정치로 해석하는 한국적 속성 때문에 '회'는 애초부터 정치색을 다분히 띠고 있었다. 그러므로 초기 신문이 '회'와 관련되어 발행될 때, 이는 당연히 정론지이다. 또한 여기서 정론성은 정통 유학에 근거하여 문제의 실마리를 풀어감으로써 근본 사상을 유학에 두고 있다. 신문을 제작하는 주체가 무슨 사상을 가지고 있는지가 본서의 주요 관심사인데, 유교를 중심으로 위정척사파(衛正斥邪派), 개화파, 급진 개화파, 개신 유학자 등이 정립되고, 이 사상이 결국 신문에 반영되었다고 본다. 그렇다면 개화파의 사상이 주의주장으로 확고하게 자리잡은 신문은 「한성주보」이며, 급진 개화파의 경우는 윤치호의 「독립신문」이며, 「황성신문(皇城新聞)」에는 개신 유학자의 사상이 잘 반영되었다.

본서는 정론지의 성향을 분석하기 위해 개화파의 「한성순보」, 온건 개화파의 「한성주보」, 서재필의 「독립신문」, 윤치호의 「독립신문」, 급진 개화파의 「협성회회보」와 「미일신문」, 정체성 위기의 「뎨국신문」, 개신 유학자의 「황성신문」 등의 순서로 나열했다.

2. 정론지의 발아

1) 개화파의 「한성순보(漢城旬報)」

한성순보는 관보형식을 갖고 있었다. 관보형식의 「조보(朝報)」는 언제부터 발행되었는지 명확하지 않다.[69)]

제1장에서 저술했듯 조보는 경보(京報), 기별, 저보(邸報) 등으로 불렸는데, 이는 국왕의 조칙(詔勅), 비답(批答), 윤음(綸音) 등 조정의 동정을 알렸고, 관리임면(官吏任免) 등 인사사항과 지방관리의 상계(狀啓) 등을 포함했다. 당시는 필사(筆寫)로 작성되었으나, 선조(宣祖, 10년 1577년)

69) 최정태, 「한국의 官報」, 상게서, 1992, p.15.

때 발행한 민간 조보는 활자로 인쇄하였다. 당시 민간 유지들은 조정에서 발행한 「조보」를 본 따서 따로 「조보」를 발행했다. 그들은 민간 각계각층에 독자를 두고 매이자생(賣以資生)을 시도했다.[70] 민간인들은 날마다 조보를 인쇄하여 그 구독료로써 생계를 꾸려갔던 것이다.

선조는 민간 「조보」 강압하였는데, 그 이유로 "이웃나라에 흘러나가면, 나라의 좋지 못한 것을 폭로한다."라고 했다.[71]

그 후 「조보」는 계속 발행되었으나, 1894년 2월 21일(음), 갑오경장으로 승정원이 폐지되면서 종적을 감추었다. 조선시대는 곧 종말을 구한다.

19세기말 서구의 자본주의 사상이 동양으로 급습했다. 이러한 서구 사상의 도전에 반해 조선에서는 세 가지 사상이 대립하고 있었다.[72] 즉 동학파 · 개화파 · 위정척사파의 사상이 공존 및 갈등하고 있었다. 중인 출신 최재우(崔濟愚)의 동학사상(東學思想)은 '보국안민 광제창생(輔國安民 廣濟蒼生, 나라를 돕고 국민을 편안하게 하고, 평민을 넓게 구한다)'의 맥락을 유지하는데, 여기서 창생은 농민층을 지칭했다. 동학당은 '천인합일 인내천(天人合一 人乃天)' 사상으로 농민들과 부녀자들에게 다가갔다. 그들은 오로지 손과 발을 생존 무기로 하는 사회 계층으로서 1894년 동학혁명을 일으켰다. 그러나 동학당이 손과 발만의 계층이라면 '위정척사파(衛正斥邪派)'는 개화가 진행되던 1882~1905년에 기득권을 가진 민씨(閔氏) 중심의 집권 세력이었다. 그들은 신유학의 주자(朱子)를 신봉하여 '결인심(結人心)'에 관심을 갖고 그것만을 '정(正)'으로 여겼다. 그들은 두뇌와 조직을 가진 양반 지배층으로 그들의 기득권을 끝까지 옹호하려는 세력이었다. 위정척사파는 서구인들을 '기기음교(奇技淫巧)'로 기묘하고 음탕한 기질의 소유자이며, 기술을 가진 자들로 규정했다.

---

70) 최준(崔埈), 「신보판-한국신문사」, 1993, p. 4.

71) '조선 왕조실록' 卷 12, 宣祖 11년 정월 정묘((正月 丁卯); 최정태, 상게서, p .5.

72) 신용하(愼鏞廈), 「19세기 한국인의 사상과 고뇌」, 『정경연구』 165, 1978. 11, pp. 300~310.

'위정척사파'의 무능함을 공격하고 나온 '개화파(開化派)'는 서구의 과학기술, 상업과 민권 사상을 과감하게 받아들이며, 입헌 군주제의 채택을 주장했다. '급진' 개화파는 일본에 자주 더나들던 통도사(通度寺) 중 김동인(李東仁)으로부터 『만국사기(萬國史記)』 등 외국 서적을 소개받고, 봉원사(奉元寺)·영도사(永導寺) 등지에서 모여 개화에 대한 이야기를 나눴다. 이들 개화파 지식인은 일부 양반 출신과 청년 지식인 등을 사상적 협조자로 포함시켰다. 개화파는 민란과 동학의 움직임에 민감했으며, 그들을 대변할 실학사상(實學思想)에도 관심을 가졌다.[73] 엄밀하게 말하면 개화파에는 온건 개화파와 청년 지식인을 중심으로 한 급진 개화파(독립당)가 공존했다. 그리고 그들의 사상은 후기 개신유학자(改新儒學者)에 의해 전승되었다.

급진 개화파는 개화사상을 개화 운동으로 승화시키길 원했다. 그들이 사회 제도, 특히 양반 계급의 존재를 부정하는 쪽이라면, 이에 대응한 온건 개화파는 '실사구시'의 이론을 변화, 발전시켰다. 온건, 혹은 급진 개화파든 당시 농민들의 손과 발의 역동성에 미치지 못하는 두뇌 회전에 그치는 공상적 사회 개혁자들에 불과했다.

외국을 왕래하면서 개화에 일찌감치 눈뜬 젊은 개화파 유학자들은 서구 문물과 더불어 신문의 필요성을 위정척사파에게 역설했으며, 마침내 조선 정부도 신문의 중요성을 인정하기에 이른다. 중국식에 관심을 가졌던 수구파(위정척사파)는 「한성순보」를 발간할 기구를 중국식으로 개칭했다. 즉 그들은 중국의 동문관(同文館)을 모방해 동문학(同文學)을 설치하고, 그 산하 기구로 박문국을 두었다.

한편 임오군란(壬午軍亂) 이후 일본에 파견된 3차 '수신사(修信使)'[74]가 1882년 8월 8일 일본으로부터 1883년 1월 6일 돌아왔다. 3차 수신사는 개화파가 주동이 되어, 금능위(錦陵尉) 박영효(朴泳孝, 1861~1939)를 정사

---

73) 김영모(金泳謨), 『한국사회계층연구』(서울: 일조각, 1982), p. 42.

(正使)로 김만식(金晩植)을 부사로, 서광범(徐光範)을 종사관으로 파견되었다. 이 때 홍문관 교리(敎理) 김옥균(金玉均)과 민씨일파의 거두 민영익(閔泳翊)은 별객으로 함께 떠났다.

돌아온 그들은 국정개혁안을 상주(上奏)하였는데, 그 내용은 ① 청년들의 교육을 장려할 것, ② 한성에서 신문을 발행할 것, ③ 한성에서 군대를 조련할 것 등이었다.[75)]

일본을 방문한 박영효는 일본의 '자유 민권사상'의 대표자이며, 언론인이었던 후쿠자와 유키치(福澤諭吉, 1834~1914)[76)]의 추천을 받아 경응의숙(慶應義塾)의 문하생 우시바 다쿠조(牛場卓藏), 다카하시 마사노부(高橋

74) 강화도조약(江華島條約)이 체결된 고종 13년(1876년 4월 23일), 조선 정부는 제1차 수신사 김기수(金綺秀)와 그 일행 75명을 일본에 파견하였다. 그들은 한성을 출발하여, 부산포로 가서, 일본 기선 고오류우호(黃龍丸)로 도일, 임무를 마치고 6월 28일 부산포에 귀환, 7월 21일 귀국 보고를 했다. 김기수는 『일동기유(日東記遊)』라는 3권의 일본 기행문을 써서 당시 일본의 근대적 문물 제도를 조선에 소개했다. 3권 중의 「속상조(俗尙條)」에서 "신문은 날마다 조판된 글자를 인쇄해서 가지 않는 곳이 없었다. 공사의 소식과 거리의 담설을 즉시 사방에 전한다. 그것을 만드는 자는 사업으로 간주하고, 신문에 난 사람은 영욕으로 여긴다. 글자는 깨알 같아 정교함이 비교할 데가 없다. 대개 신문을 만드는 사람은 활동을 좋아하고 가만히 있는 것을 싫어하여 일이 없으면 초조해 하고, 일이 있으면 기뻐 날뛴다. 그러므로 작은 일을 보고도 눈썹을 치켜뜨고 몸을 흔들며 열손가락으로 긁되 어디가 가려운지 알지 못하니 이것이 그들의 본성이라 하겠다(所謂新聞紙, 日築字搨印, 無處無之, 公私見聞, 街巷談說, 口津未乾, 飛傳四方, 爲之者看作事業, 當之者視以榮辱, 亦必字如荏細, 精工無比, 蓋其喜動而惡靜, 無事慅慅, 有事則跳, 所以見小事, 眉飛而肉舞, 十指爬搔, 不知癢在何處, 是其素性然也)"로 일본을 알렸다(국사편찬위원회 편, 『수신사기록(修信使記錄)』[한국사총서 제9권], 서울: 국사편찬위원회, 1958, p. 66; 차배근, 『개화기일본유학생들의 언론출판활동연구』(1), 서울: 서울대학교 출판부, 2000, p. 5).

75) 최준, 「한국신문사」, 일조각, 1993, p. 15.

76) 후쿠자와 유키치(福澤諭吉)은 일본의 권위지 「시사신보(時事新報)」를 1882년 3월 1일 창간하고, 당시 정론지 상황에 있는 다른 신문과는 달리 '불편부당(不偏不黨)'을 社是로 내세웠다(채백, 「한국 근대신문 형성과정에 있어서 일본의 역할에 관한 연구」, 서울대학교 대학원박사, 1990. 8, p. 70). 그는 1870년대말 인민의 권리 운동에 앞장섰으며, 신문과 정치 선동을 통해 Rousseau, Locke, Bentham, Mill, 그리고 The U. S. Declaration of Independence 등을 소개하였다. 그의 사상은 약육강식의 법칙이 지배하고 있는 제국주의의 시대에 어떻게 하면 日本이 생존할 수 있을지에 집중되어 있다(채백, 상게 논문, pp. 63~65). 후쿠자와 유키치는 박영효에게 국문 전용 신문의 필요성을 강조했다.

正信), 이노우에 가쿠고로(井上角五郞) 3명을 동행하여 귀국했다. 그들 중 정상각오랑은 「한성순보」 발행에 실제적인 측면에서 도움을 줌으로써 일본식 개화파의 실리론을 재확인했다.

박영효는 실리론과 정치적 야망을 실현할 급진적 의도를 갖고 있었다. 한성판윤(漢城判尹) 박영효는 신문국을 한성부 산하에 둘 것을 구상하고, 한성부 신문국장정을 신문 창간에 관한 취의서(趣意書)를 각계각층에 올렸다.

> 신문지는 나라 안팎의 정치 사항을 작고 크고 가림 없이 실어 논하고 민간 사정을 멀고 가까운 것 가림 없이 주어 퍼뜨리는 고로 선을 권하고 악을 징하는 풍조가 저절로 유행하여 또 인민이 항상 정치의 득실을 따져 알게 하여 그 해로움을 없애고 그 옹졸함을 없애길 바라며 정부도 또한 시세의 옮김새와 민심의 움직임을 관찰하여 그 정치를 알맞게 개량하는 일을 얻으며 (......)[77]

그러나 민(閔)씨 일파가 주도하는 수구파는 개화의 흐름이 중국의 질서 중심에서 크게 벗어남을 달가워하지 않았다. 당시 수구파는 역관(譯官)인 오경석(吳慶錫), 의관(醫官)인 유대치(劉大致, 鴻基) 등을 통해 청국에 유입된 서구 문물을 받아들이며, 「한성순보」의 제작진도 중국어 역관을 등장시켰다. 개화파의 정치 야망과 더불어 일본을 통한 문물의 유입론과 수구파의 청국을 통한 서구 문물의 입수라는 명목론이 서로 부응하면서 「한성순보(漢城旬報)」[78]라는 산물이 생겨났다. 통리아문의 하부 기관인 통리아문에서 「한성순보」를 발행했는데, 당시 통리아문은 새로운 문물을 받아들임으로써 나라를 날로 혁신하며, 백성을 교화하여 나라를 안정케 하는 의무를 지닌 부서였다. 그렇다면 신문은 세계 각국 근사와 과학기술이 포함되었고, 여전히 국왕중심의 체제유지에 목적을 두고 있었다.

이런 목적을 위해 관리의 봉급은 통리아문이 담당하고, 그 외 일체의 비

---

77) 이규태, 상게서, p. 38 재인용.

용은 한성부가 맡아서 처리하게 했다. 그러나 신문은 처음부터 난관에 부딪쳤다. 한성판윤 박영효가 광주유수(廣州留守)로 좌천되어 잠시 동안 신문발행에 장애를 받았다.

곧 통리아문의 독판인 수구파 민영목(閔泳穆), 박영효와 동행하여 3차 수신사로 일본에 갔던 총재 김만식, 그리고 하급 무인 출신 자녀 강위(姜瑋)를 포함한 중인 출신 역관이 「한성순보」 창간에 참가했다.

순보서(旬報序[79]), 1883년 10월 31일)는 중국의 고사를 인용하며 시작된다. 우(禹)의 구정(九鼎)과 주(周)의 관리(官吏)에 관해서 약점을 언급하면서, 조정(朝廷)의 뜻에 따라 통리아문(統理衙門)박문국을 설치하고 관리를 두어 기관지 「한성순보」를 발간한다는 뜻을 밝혔다. 당시 통리아문의 기관지는 곧 정부의 기관지를 의미한다. 그러나 통리아문 직속인 박문국의 「한성순보」이지만 그 내용은 개화파의 사상을 집결시키며, 선전하는 기구임에 틀림없었다. 이 기구는 개화의 특수한 목적을 수행하는 조직이었다.

순보서는 신문 발간의 목적이 견문을 넓히고, 여러 가지 의문점을 풀어주고, 상리(商利)에도 도움을 주는 데 있다고 하였다. 순보서는 또 신문이 진보의 문화와 전반적인 개혁에 동참하기보다 세계 실정에 관한 정보를 제공함으로써 사람들의 올바른 정세 판단에 도움을 주길 바라고 있음을 밝혔다. 구체적으로 「한성순보」는 국내관보(國內官報)란에 칙유〔勅諭, 임금

---

78) 「한성순보」는 1883년 10월 31일 창간되어 약 1년간 발행되다, 갑신정변(甲申政變)이 일어난 다음해 10월 17일(양력 12월 4일) 폐간되었다. 발행장소는 황금정(黃金町) 2정목(지금의 서울시 중구 을지로 2가 168 경성헌병대 관사자리)이었다(유석재. '오인환 교수 신문사 사옥 터를 찾아', 「조선일보」, 2008. 5월 6일). 통리아문(統理衙門)〔1882년 12월 4일 통리교섭통상사무아문(統理交涉通商事務衙門)으로 변경〕의 박문국(博文局)에서 출간되었는데 당시 초대 총재는 통리아문독판의 민영목(閔泳穆), 부총재에는 한성판윤 김만식(漢城判尹金晩植), 주사 혹은 사사(司事)에는 고영철(高永喆) · 강위(姜瑋) · 장박(張博) · 여규형(呂圭亨) · 오용묵(吳容默) · 추백엽(秋栢燁) · 주우남(朱雨南) · 박영선(朴永善) · 현영운(玄映運) · 정만조(鄭萬朝) · 오세창(吳世昌) 등 관리가 참가했다(정진석, 『한국언론사』, 나남, 1990, pp. 41~42).

79) 「한성순보」, 1883. 10. 31.

이 몸소 타이른 말씀, 혹은 그것을 적은 포고문(布告文)] 및 의정부 이하 각부의 계상(啓狀), 국내사보(國內私報)란에 사회면 기사, 각국근사(各國近事)란에 외신과 정치 기사, 시직탐보(市直探報)란에 물가 시세, 더불어 논설(論說)과 '집록(集錄)'[80)]란 등을 개설하여 당시 사회상을 반영했다. 그러나 관이 주관하여 발행되는 신문이라는 한계로 인해 국내 사보의 주요 기사거리가 되는 민중의 애환은 단지 잡기(雜記)에 그칠 수밖에 없었다. 개인에게는 흥미꺼리가 될 수 있는 사회면이 뉴스의 중심 이슈가 될 수 없었던 이유는, 「한성순보」가 지닌 관보(官報)[81)]의 속성과 더불어 개화진취(開化進取), 민중계몽(民衆啓蒙)의 유교적 시대정신을 우선적으로 반영했기 때문이다. 여기서 민중의 계발(啓發)과 교도(敎導) 기능의 우선은 「한성순보」가 관보와 다를 바가 없었음을 잘 표명하고 있다. 그러나 「한성순보」는 관보의 답보적 기능에서 한걸음 벗어나 개화 진취 사상을 담은 독특한 성격의 선전적 기능을 담당했다.

개화파의 우세가 고조해가던 차에 갑신정변이 일어났다. 물론 갑신정변은 1884년 12월 4일 우정국(郵政局) 개연식(開宴式) 때 일어났는데, 이 개연식은 최초의 통신혁명이었다. 그 혁명은 조선시대 파발(擺撥)제도를 혁신하고, 현대식 우편제도와 전신(電信)을 받을 준비를 한 것이다.

그 준비 작업은 그해 10월 1일(음력) 우정총국(郵政總局)이 생겨, 현대식 우체제도(郵遞制度)가 개시되었고, 우정규칙(郵政規則), 한성시내 우정왕복개설규법(郵政往復開設規法), 경인(京仁) 간 왕복규법(往復規法) 등이 제정 발포로 완료되었다.[82)] 그러나 갑신정변으로 통신혁명은 1895년

---

80) 집론은 각국근사(各國近事) 중 사사 문제가 아닌 피처 또는 논문에 해당하는 것을 실었다(최준, 『한국신문사』, 서울: 일조각, p. 18).

81) '화병범죄(華兵犯罪)'의 보도가 1884년 1월 30일자 게재되자 청의 북양대신(北洋大臣) 이홍장(李鴻章)은 관보로서의 「한성순보」에 대해 항의했다(최준, 상게서, p. 19); 화병범죄는 종로 광통교(廣通橋) 옆 최택영(崔宅英)씨의 약방에 청병이 약을 사러 왔다가 약포주의 자제를 발포, 살해하고 도주한 사건이다. 이에 한성주둔 청병영(淸兵營)에서는 박문국과 「한성순보」에 항의하고, 청정부에서도 조선정부에 정식으로 송부하였다.

6월 1일 신식 우체제도가 시행된 시기로 미뤄졌다.

한편 개화파의 도움으로 발행이 가능했던 「한성순보」는 갑신정변과 더불어 운명을 다했다. 청과 그들을 추종하는 세력으로부터 자주 독립을 갈망했던 개화당(독립당)의 의도가 꺾인 셈이었다. 갑신정변이 실패하면서 박문국은 일본 앞잡이들의 소굴이라 하여 소실되고 말았다. 개화파의 젊은 김옥균 · 박영효 · 서광범(徐光範) · 서재필(徐載弼) · 홍영식(洪英植) · 윤치호(尹致昊) 등과 더불어 일본에서 온 정상각오랑(井上角五郎)은 타국으로 피신했다. 즉 개화파에 의해 일어난 갑신정변은 3일 천하에 종지부를 찍음과 동시에 「한성순보」도 폐간되었다. 그러나 '개화 진취' '민중 계몽' '국가 발전'의 사상은 개화파의 몰락과 박문국의 소멸에도 불구하고 이미 사회 구석구석에 스며들어 있었다. 이후 서구와 일본의 개입은 노골화되었으며, 상품 생산의 발달로 사상(私商)이 발달하기 시작했다. 관상(官商)과 사상(私商)에 의한 상거래의 증가는 금속 화폐가 부족할 정도로 활발해졌다. 동학과 민중의 목소리가 점점 거세지고 '경국제민(經國濟民)'의 정책을 펴려는 재야(在野) 지식인의 목소리가 드높아갔다. 그들은 정책적 대안을 제기하면서 복잡한 형식의 상소문(上疏文)보다 간단한 차자(箚子) 형식의 글을 선호했다.

유길준(兪吉濬, 1856~1914)이 정의한 '개화(開化)'[83]가 "인간의 모든 사회 현상이 지극히 좋고, 지극히 아름다운 지경에까지 발전하는 것"[84]이

---

82) 최준, 상게서, p. 45.

83) 유길준은 최초의 일본과 미국 유학생이었다. 그는 일본에서 당대 최고의 문명개화론자였던 복택유길(福澤諭吉)의 지도를 받았고, 미국에서는 진화론을 주장한 생물학자 모스(Edward Stlvester Morse)의 지도를 받았다(이광린, 『한국개화사상연구』(서울: 일조각, 1981), pp. 257~9). 유길준은 동경대 초빙교수로 모스를 만났다. 그는 일본에서 귀국하여 『경쟁론(競爭論』을 집필했고, 미국에서 수학한 후 『서유견문(西遊見聞)』 책을 집필했다. 그는 진화론의 흡수한 10년 뒤 1890년 동학란, 갑오경쟁을 맞이했다. 그는 인간사회의 약육강식(弱肉强食), 적자생존(適者生存) 원리를 목격한 것이다. 그의 개화론은 다름이 아닌, 진화론에 기초를 두고 있음을 알 수 있다. 사회가 미개(未開)→반개(半開)→문명(文明)으로 진화한다는 것이다.

라고 한다면, 조정에서 봐도 급진 개화파의 '미운 오리새끼들'이 문제였지 개화 자체가 문제될 것은 없었다. 개화를 적극적으로 권장하는 개화파의 후원자도 여전히 존재했다. 여행을 통하여 다진 국내외의 정황을 잘 아는 강위와 그 제자로 북경에 열세 번이나 다녀온 오경석은 당시 조정을 움직이는 실력자였다. 당시 중국에는 서양의 자유 사상이 활발하게 도입되었다. 청나라의 주도적 사상가 엄부(嚴復)는 영국 에딘버러 대학에 1876~1879년 유학 후, 헉슬리(Thomas Huxley)의 Evolution and Ethics〔천연론(天演論)〕, 스미스(Adam Smith)의 An Inquiry into the Nature and Causes of the Wealth on Nations, 스펜스(Herbert Spencer)의 The Study of Sociology〔군학이언(群學肄言)〕, 그리고 John Stuart Mill의 On Liberty 등을 중국에 소개하였다. 더욱이 1859년 출판된 밀의 『자유론』은 『군기권계론(群己權界論)』, 즉 집단과 개인 사이의 권력의 한계에 관한 글로 번역되었다.[85] 당시 주류의 개화사상은 진화론이었는데 그 주요 단어는 물경천택〔物競天擇, 적자생존(適者生存)〕, 우승열패〔優勝劣敗, 생존경쟁(生存競爭)〕 등이었다.[86]

한편 박지원(朴趾源)의 손자 박규수(朴珪壽) · 오경석(吳慶錫) · 유대치(劉大致) · 김홍집(金弘集) · 김옥균(金玉均) · 박영효(朴泳孝) · 유길준(兪吉濬) 등과 개화사상에 동참한 온건 개화파 김윤식(金允植, 1835~1922)이 신문을 다시 발행할 것을 종용했다.

김윤식을 포함한 어윤중(魚允中) · 김홍집(金弘集) · 박정양(朴定陽) · 김만식(金晩植) · 장박(張博) 등 온건 개화파의 속성은 청국으로부터의 완전 독립을 지지하지 않았다.[87] 그러나 중국을 중화(中華)로, 조선을 소화(小

84) 이광린, 상게서, p. 80.

85) 황필용, "서양의 영향: 자유의 시련", 2003년도 한국사회학회 후기 사회학대회(서울: 한국사회학회 2003, p. 2.

86) 이광린, 상게서, p. 263.

87) 이완재(李完宰), 『초기개화사상연구』(서울: 민족문화사, 1989), p. 168.

華)로 여기는 발상에 대한 거부감은 상존했다. 수구파의 '중체서용론(中體西用論)'의 주장은 어딘가 거부감이 있어 개화파는 '동도서기론(東道西器論)'이란 말로 대신했다. 개화파는 고정 관념에 사로잡힌 수구파의 힘보다는 더욱 신선한 재야 세력, 농민층, 부녀자들에 다가갈 구실을 찾고 있었다. 그들은 성종(成宗) 이후 영남학파들이 갈망했던 대간(臺諫) 자리와 같은 역할을 당시 「한성주보」에서 기대했다.

박문국의 소실로 조정이 인쇄의 어려움에 처해 있을 때, 강위는 자신과 연관된, 인쇄 시설을 갖춘 광인사(廣印社)를 소개했다. 학문으로 걸출한 장박과 순보의 핵심 인물 오용묵 · 김기준 · 오세창 등이 또 다른 신문의 제작을 준비하고 있었다.

2) 온건 개화파의 「한성주보(漢城周報)」

「한성주보(漢城周報)」[88]는 주보서(周報序)[89]에 다음과 같이 발행 이유를 기록했다.

"사람의 정(情)은 보는 바에 따라 옮겨감이 참으로 심한 것이로다. 과거 순보가 간행되지 않았을 적에는 불편한 것을 모르고 지냈더니, 순보가 간행되다가 중단되니 겨우 틔었던 이목(耳目)이 다시 어두워지는 것 같다"고 하며 모든 사람들이 간행을 바라고 폐간을 바라지 않았다.[90]

---

88) 「한성주보」는 1886년 1월 25일 창간되어, 1888년 6월 6일 폐간되었다. 이 신문은 현재 종로구 경운동의 서울경운학교 부근이었다(유석재.'오인환 교수 신문사 사옥 터를 찾아', 「조선일보」, 2008. 5월 6일). 「한성순보」가 10일 만에 발간되는 신문이었다면, 「한성주보」는 일주일에 한 번씩 발간되었다. 문체는 초기에는 강위(姜瑋)의 건의로 국한문 혼용, 혹은 한문 전용이었다 (윤주영(尹胄榮), 『한국신문사설선집』 1, 서울: 방일영문화재단, p. 98). 관련자는 총재로는 김윤식(金允植), 부총재 정헌시(鄭憲時), 주필에 장박(張博), 주사(主事)와 사사급(司事級)은 오용묵(吳容默) · 김기준(金基駿) · 오세창(吳世昌) · 김명윤(李命倫) · 주상목(奏尙穆) · 이혁의(李赫儀) · 권문섭(權文燮) · 정만교(鄭萬敎) · 이홍래(李鴻來) 등이었다(정진석(鄭晋錫), 『한국현대언론사론』, 서울: 전예원, 1992, p. 41).

89) 「한성주보」, 1886. 1. 25.

90) 윤주영, 상게서, p. 99.

부연해서 설명하면 주보서의 복간 의도를 위로는 성의로 받아들였고, 아래로는 여론에 따른 것으로 밝혔다. 그때 여론을 걸러내는 매체로서의 국원(局員)의 직분과 의무를 주보서에서 공론화했는데, 그 구체적 내용은 국원들이 일을 부지런히 하여 충군애민의 도를 발휘할 것을 바랐고, 국원이 국무(局務)에 부족하고 바르지 못한 것을 깨우쳐주길 국외인(局外人)에게 바랐다.

주보서는 상의하달과 하의상달, 여론 조성 기능, 그리고 조직으로서의 언론 등 현대 언론 기능과 별다를 바 없는 주장을 폈다. 즉 주보서는 인간 유기체의 뇌 기능과 같이 신문의 기능이 사회의 중추적 기능을 담당할 뿐 아니라, 전문화된 조직력이 공적 의사결정 과정을 떠받치도록 선진화된 신문관을 표방했다. 주보서(周報序)의 세계관은 '성상(聖上)'으로 시작함으로써 순보서에 기재된 것과는 달리, 중국의 질서로부터 일단 멀리 벗어나 있음을 가시화했다. 그리고 국정을 기록하고, 외보를 번역하여 백성을 교화하고, 외모(外侮)를 막고, 전쟁을 없애는 데 그 목적을 두었다.[91] 더욱이 주보서는 관직이 없는 사람의 투고는 그 내용과 관계없이 별본(別本)으로 출간할 것을 약속했다.

강위의 건의에 따라 기존 관보와 「순보」와는 달리, 「주보」는 국한문을 혼용함으로써 민중들이 신문에 한걸음 다가서는 데 상징적인 일익을 담당했다. 「한성순보」는 한학을 한 특수한 지식인 층을 대상으로 하지만, 「한성주보」는 국한문을 혼용함으로써 민중을 수용하는 신문이었다. '논신문지익(論新聞紙益)'을 보면 사설[92]에서 여론이 구체적으로 언급되어 있다.

> 국민들의 고통을 애써 찾고 막힌 것을 제거함은 물론이고, 국가를 이롭게 하고 백성을 편하게 하는 모든 방법을 다 게재하는 정치가 상리(上理)에 도달하게 함에 있다.[93]

---

91) 「한성주보」에서 제기한 언론의 중심 기능은 환경 감시가 아닌, 또 사회의 각 부분의 연계도 아닌, 그렇다고 오락 기능도 아닌 사회화에 있었다.

92) 「한성주보」, 1886. 9. 27.

종래 '개화 진취' '민중 계몽'과 더불어 「주보」는 상과 하를 연결시키는 언론의 기능을 강조했다. 더욱이 「주보」는 사회 관계의 연결성을 강화하기 위해 주필(主筆)을 두었을 뿐 아니라 사의(私議)란을 설치하여 논설과 주장을 펴며, 집록(集錄)란에는 주로 해설 기사를 실었다. 「한성주보」는 해설 기사, 피처, 논설 등을 유동성 있게 배치시켜 독자에게 선보였지만, 사의를 강화시킴으로써 관에서 운영하는 고유한 기관지 성격과 더불어 정론지 성격을 부각시킨 최초의 신문이었다. 즉 「한성주보」의 사설 '부치국지도 막선어교화(夫治國之道 莫先於敎化)(……)'[94]에서 나라를 통치하는 방법은 교화(敎化)가 제일이고, 교화의 최우선은 학교를 세우는 것이라는 선택적 부각은 신문의 정론성을 부각시킨 하나의 예가 되었다.

「순보」가 막연한 기관지 역할을 했다면, 「주보」는 충군성민(忠君誠民)의 관점에서 개화파의 고유한 색깔을 부분적으로 내기 시작했다. 「주보」는 논신문지익(論新聞紙益)의 사설[95]에서 '바른말로 정밀하게 전달'하는 언론의 여론 조성 기능뿐 아니라 신문의 비판 기능을 논했다.

> 국가 계획에 관련이 있는 모든 것은, 바른말로 정밀하게 전달함을 불사하고 귀에 거슬리는 충고도 꺼리지 않으면서 기필코 실시하게 함으로써 그럭저럭 구차스럽게 하려는 폐단을 없애게 한다.[96]

「한성순보」가 외국 문물의 소개를 번역 수준에서 머물렀다면, 혹은 상소의 내용을 의견 없이 게재하였다면, 「한성주보」는 외국 문물에 대한 비판적 '論'을 첨부했으며, 사회 제도의 개선까지 논하는 적극성을 보여 나름의 색깔을 나타내는 초기의 정론지였다.

---

93) 윤주영, 상게서, p. 139.

94) 「한성주보」, 1886. 1. 25.

95) 「한성주보」, 1886. 9. 27.

96) 윤주영, 상게서, p. 142.

「한성순보」에서 핵심 역할을 했던 정상각오랑(井上角五郎)의 경우, 「주보」에서는 그 위치와 역할을 축소시켜 '번역과 편집'에 국한시켰다.[97] 다시 말해 그의 직위에 대해 제한을 가한 것은 외국의 개화사상의 비판적 접근이란 의미를 지니고 있었다.

「한성주보」는 국내기사(國內記事), 사보(私報), 외보(外報), 사의(私議), 집록(集錄) 등의 난을 개설함으로써 국내 기사의 항목을 늘리는 한편, '신보론(新報論)'의 사설[98]에서 시사(時事)의 중요성을 역설함으로써 관보와 「주보」를 분리시킬 것을 원했다. 동사설은 민보(民報)로서의 「주보」가 민의 풍속을 관찰하고, 그것을 채집(採集)하도록 했다. 그러나 동사설에서 신문의 국가 발전의 공적 기능에 대해 진술하면서 사적인 것은 철저히 배격했다.

「한성주보」는 관보 성격을 띠면서도 자유 의사에 의한 양반 구독자를 상대로 보급하기 시작한 최초의 신문이다.[99] 「주보」가 내세운 성상(聖上)을 중심으로 한 질서관은 결국 「순보」와는 달리 외국 문물의 번역을 줄이는 대신 국내 기사에 더욱 관심을 갖게 했다. 그러나 기관지 성격을 지닌 「한성주보」는 정론지로 나갈 수 있는 체제적 한계를 지니고 있었다. 이러한 「주보」의 입장에서 정론지의 논의의 대상이 될 수 있는 부분은 교환 경제의 활성화, 교육 제도의 활성화 방안, 그리고 여타 사회 제도, 조직의 활성화 방안에 따른 개화관에 의한 정책적 논의와 대안에 머물 수밖에 없었다. 갑신정변으로 인한 개화에 대한 불신과 그로 인해 맺어진 '천진조약(天津條約)'은 당시 조정 내에 외국 문물에 대한 회의를 싹트게 했다. 미처 준비되지 않은 상태에서 외국 문물을 받아들인 당시로서는 「주보」의 정체성에 얽매여 더 이상 발전을 기할 수 없었다. 「한성주보」 사설 '부교민지도(夫教民

97) 채백, 상게 논문, p. 82.

98) 「한성주보」, 1886. 8. 16.

99) 이규태, 상게서, p. 42.

之道) (······)'[100]에서 기술을 창의성과 모방으로 나누고, 창의성에 역점을 두면서 과거 외국 문물의 단순 번역에 대해서도 회의를 표했다. 번역 중심에 의한 학문 도입과 이론을 중심으로 한 지식 습득의 한계점을 동시에 깨달은 것이다. 그러나 「한성주보」의 정론적 성격을 기존의 유교 사상과 개화파의 사상에 병존시킬 수는 없었다. 개화파의 기관지로서의 「한성주보」는 기존 유교의 합의 영역을 합법적인 논쟁의 영역으로 끌어올리는 데 필요한 제도적 뒷받침을 할 내외적 여력이 부족했다. 그렇다면 개화파의 개화사상은 '일탈의 영역'으로 간주할 수밖에 없다.

「한성주보」는 1887년 12월 23일부터 순한문으로 체제를 변화시킴으로써 발전에 쐐기를 박았다. 순한문의 「한성주보」는 조선의 왕을 중심으로 한 세계관의 복고적 의미를 지닐 뿐 아니라, 민중의 정치 현실 참여에 제동을 거는 의미를 지녔다. 「한성주보」의 독점적 위치와 관리의 매너리즘, 비판을 받아들이길 거부하는 수구파의 속성은 결국 「한성주보」의 관보화를 가속화시켰다. 개화파의 사상적 맥락을 제공하는 「한성주보」가 위정척사파와의 대립을 완화시키기 위한 출구로서 결국 통리아문의 기관지로서의 역할이 강화되었으나, 반면에 개화파의 정론지로서의 기능은 축소되었다. 개화파는 조직력을 결함으로써 위정척사파의 요구에 부응하지 않을 수 없었다.

「한성주보」의 정부 기관지화는 1861년 이후 동학사상이 민중 종교로 자리잡음을 거부하는 맥락이었다. 시대 상황적으로도 「한성주보」를 보조하는 조선 왕조는 당시 힘의 한계를 느낄 때였다. 일본은 1887년 8월 9일 「한성주보」에 실린 '표민경비관련 기사(漂民經費關聯 記事)'에 대해 항의했다.[101] 일본은 1887년 12월 28일 개정 '신문지조례'를 발표하고, 신문을 통제하는 일환으로 지방 장관에 발행 정지권과 인쇄기 몰수 조항을 부여

---

100) 「한성주보」, 1886. 2. 1.

101) 계훈모(桂勳模) 편, 『한국언론연표(1881~1945)』(서울: 관훈클럽신영연구기금, 1988), p. 5.

했다. 민중의 여론에 대한 자신감과 그리고 왕을 중심으로 한 질서에 조선 정부는 한계를 경험한 것이다. 순한문의 「주보」 체제는 중국으로 복귀하는 복고적 형세를 나타내었다.

「한성주보」 발행에 필요한 인원이 1887과 1888년 사이 24명에서 30명으로 늘어남에 따라[102] 재정 부담 또한 늘어났다. 더욱이 「한성주보」 발행의 주된 장애 요소로 신문의 정체성 문제가 더욱 심각하게 대두되었다. 위정척사파는 모든 현상을 정치로만 풀려고 노력했다. 유교(儒敎)의 요체가 인간관계, 즉 정치(政治)이듯 주보의 세계관도 정치화되어갔다. 유림과 관리들의 세계관은 변화 없이 지식인 중심, 유교 관계에서만 모든 삶의 의미를 부여했다. 더 이상 개화의 기능을 담당할 수 없었던 「한성주보」는 1888년 6월 6일 구식 문물을 폐지하는 조항에 따라 박문국의 폐지와 함께 폐간되었다.

한반도 내에서 「한성순보」와 「한성주보」만이 독점적 위치를 차지한 것은 아니었다. 日本인이 발간하는 신문이 조선내 거주하는 일본인과 조선인 독자들에게 선보이기 시작했다. 「조선신보(朝鮮新報)」[103]는 「한성순보」 창간 약 2년 전, 재부산항일본인상법회의소(在釜山港日本人商法會議所)(1879년 8월 조직)가 부산(釜山) 일인 상업 지역에서 창간되었다. 「조선신보(朝鮮新報)」는 책자 형태로 순간으로 발행되었으며, 일문과 한문을 사용하였고 극히 일부 기사의 경우 국문을 사용하였다. 일인은 한국인들의 반일 감정을 완화시키고 자신들의 상업적 이익을 유지하기 위해 신문을 창간한 것이다.[104]

---

102) 정진석, 상게서(1990), p. 54.

103) 「조선신보」는 부산 일본인 상법회의소(1879. 8 창설)에 의해 1881년 12월 10일 창간되었는데, 그 설립 취지와 목적은 경제적 이익과 상권 확보를 위한 것이었다. 이 신문은 뒷면에 극히 제한적으로 한글을 사용했으며, 조선인 관리가 상당수 구독했다(채백, 상게 논문, pp. 94~100).

104) 박용규, 「구한말 일본의 침략과 언론」, 『한말언론과 근대성의 재조명』(한국언론학회, 1998), p. 91.

1892년 7월 11일 부산에서 부산상업회의소 회두 신무부(釜山商業會議所 會頭 神茂夫) 등 구주 웅본현인(九州 熊本縣人) 중심으로 「부산상황(釜山商況)」이 창간되었다. 이 신문은 1894년 「조선시보(朝鮮時報)」로 개제하여 경제뿐 아니라, 정치 기사까지로 확대하여 일제까지 계속 발행하였다.

인천(仁川)에서도 마찬가지 현상이 벌어졌는데, 제물상보사(濟物商報社)가 1889년 1월 「인천경성격주상보(仁川京城隔週商報)」를 창간하였다. 이 신문은 1891년 9월 「조선순보(朝鮮旬報)」로 개제(改題)되었다가 이내 곧 「조선신보(朝鮮新報)」로 명칭을 변경시켰다. 또한 1894년 12월 「신조선(新朝鮮)」이 창간됨으로써 인천의 일본 상권을 중심으로 몇 개의 신문이 과점 상태에서 서로 경쟁했다. 이들은 주로 일본 외무성(外務省)의 기밀보조금(機密補助金)으로 운영되었는데, 그 중 「조선신보」는 야적(野的) 성향을 나타내기도 하여 1894년 7월 23일 일본 정부의 발매 금지에 맞서 호외를 발행하기도 했다.

부산 · 인천과 더불어 목포에서도 1898년 8월 일일 신문 「목포신보(木浦新報)」가 창간되었다. 「대판조일신문(大阪朝日新聞)」이 1894년 8월에 국내에 유입되는가 하면, 외국인이 국내에서 한글판 신문을 내기까지 했다. 이들 신문은 상업이 발전된 지역과 교역에 관심을 가진 인사들에게 설득력 있는 신문이었음은 당연했다. 서울에도 마찬가지 현상이 벌어졌는데, 「한성신보(漢城新報)」(1895. 2. 17 창간)가 아다치겐죠(安達謙臟)의 지도 하에 「독립신문」이 창간되기 약 1년 2개월 전 일본 외무성의 보조금 1,200원, 매월 보조비 130원으로 창간되었다. 막강한 재력으로 정보를 제공할 수 있었던 「한성신보」의 국내 지방 관리와 상인들의 구독자 수는 급속히 늘어갔다.[105] 정치 문제까지 취급하는 「한성신보」는 조선인들이 급변하는 상황에서 제대로 판단할 수 있도록 정보원 구실을 했다.

---

105) 「한성신보」의 독자 수는 을미사변 전에 조선인 400명과 일인 174명 등 574명이었던 것이, 사변 후에는 조선인 450명과 일인 186명 합계 636명으로 꾸준히 증가되었다(채백, 상게논문, p. 203 재인용).

국내의 일본인이 발간하는 신문들은 편집과 내용의 상호 교류를 통해 국내 독자층을 공유하는 공존의 길을 모색하고 있었다. 이런 가운데 「한성신보」는 1895년 1월 23일 국문판을 창간하고, 그 후 「독립신문」의 창간을 환영하는 글을 신문에 게재하기도 했다. 이 같은 일인 신문을 통하여 조선의 관리와 지식인들은 신문의 기능과 역할, 신문의 독특성도 감지했음이 당연하다. 그러므로 이런 맥락에서 본다면 지금까지 지나치게 강조되어온 「독립신문」의 연구에 대한 그 의미가 희석될 수밖에 없다.

「조선신보」는 신문의 뒷면에 조선어판을 발행했는데, 그 주요 내용을 살펴보면 상권 확보에 초점이 맞춰진 경제 신문이었다. 그렇다면 신문의 경쟁에 적자생존의 원리가 작동되었음은 당연했다. 이런 현상은 부산뿐 아니라 인천에서도 벌어졌으며, 그들은 경제적 결사체를 형성하면서 서로 경쟁했다. 그러나 국내에 유입되는 일본 신문과 국내에서 발행되는 일본 신문이 일본 외무성의 보조에 의존했음을 감안할 때, 이들 결사체도 일본 사회의 지배 원리를 받을 수밖에 없다.

당시 일본 사회는 '군사형 사회'로서 그 특징은 중앙 집권적 성격을 가지며, 지도자가 정치적 통제를 강행했다. 군사형 사회에서 사병과 하사관의 의지는 철저하게 유보되고 장교가 그들의 의지를 대리한다. 개인의 유기체가 중추 신경을 중심으로 움직이듯, 군사형 사회에서도 한곳으로 권력이 집중되게 마련이다. 군사형 사회에서 사회 내 구성원들의 협동은 강제적 협동일 수밖에 없다. 그러나 일본이 택한 군사형 사회는 전통 사회의 군사형 사회와는 달리 정치적으로 통제를 가하는 대신, 경제적으로는 얼마간의 자치성을 부여하는 형태였다.

국내에 유입되는 신문은 궁극적으로 일본 외무성의 도움을 받음으로써 기관지적 성격을 지녔지만, 경제적으로는 자치성을 어느 정도 부여받았던 결사체(voluntary association)였다. 상인을 위한 과점 상태에서 발행하는 경제지 성격의 신문들은 생존을 위한 경제적 환경의 감시(surveillance) 기능을 부각시킬 수밖에 없었다. 더욱이 수적으로 열세인 일인 신문들의 한국 땅에서의 생존 투쟁은 서구 언론의 환경 감시 기능과 맥을 같이한다. 즉 신문에는 독자의 생존을 지켜줄 뿐 아니라 자신의 생존 전략을 계속 유지해야 하는 당위성이 존재했다. 그 과정에서 초기에는 군사형 사회가 갖는 중앙 통제의 원리가 작동했고, 점차 변방부터 자치의 요구가 일어났다. 그러나 정치적 통제라는 일본 군사형 사회의 고유한 속성 때문에 초기 신문은 정치적 기관지적 역할을 수행할 수밖에 없었다.

신문은 자신의 생존 원리와 지배 원리에 영향을 받게 마련이다. 초기의 언론은 환경 감시 기능과 더불어 당파성 신문의 성격을 지닌다. 그러나 교화의 언론 기능은 환경 감시, 생존을 위한 수단으로서의 역할, 세상 잡사의 논의, 무차별적인 독자 선택으로 인해 신문의 정론지적 색깔은 희석된다. 신문의 정론지적 성격은 내용의 범위뿐 아니라 독자의 구독 범위를 한정시킴으로써 그 색깔을 유지해갈 수 있다. 색깔이 희석된 신문은 상대 경쟁지와 유리한 상황에서 게임을 즐기게 된다. 당시 경쟁지가 전무한 상황에서 일인들은 기관지 · 정론지 · 상업지 등의 색깔을 동시에 구가하고 있었다. 그러나 일인들은 조선인에게 전국지는 말할 것도 없거니와 한 개의 지방지도 허용하지 않았다.

몇 개의 일본인 지방 신문들은 항구 도시를 중심으로 공존하면서 중앙과 망을 형성하고 있었다. 상대적 가치를 중시했던 국내 지식인층은 시대적 맥락에 편승해서 일본 신문에서 필요한 정보를 취하며, 우리 신문의 필요성을 미처 인식하지 못했을 가능성과 더불어 우리 신문의 미래를 적용시켜 보는 계기가 되기도 했을 것이다.

일본 사회는 군사형 사회였지만 산업형의 논리를 일찍 도입했다. 그들은 개인의 자발성, 협동, 계약, 경제적 자율성 같은 서구 자본주의 원리에 대해 서둘러 보조를 맞췄으며 신문 산업과 그 관련 시설에도 관심을 보였다. 조선도 이에 발맞추어 우정총국(郵征總局)이 1884년 10월 1일 문을 열어 근대식 우체제도(郵遞制度)를 완성시켰다. 갑신정변은 1884년 12월 4일 우정국 행사일을 기해 일어났으나 결국 실패하고, 급진 개화파인 서재필(徐載弼)은 일본을 거쳐 미국으로 피신했다. 급진 개화파 박영효(朴泳孝)는 미국에 피신한 서재필에게 귀국을 권유했다. 조국에 봉사하기로 결심하고 귀국한 서재필에게 다가간 유길준은 신문업의 미래에 관해서 논했다.[106)]

당시 일본은 청일전쟁 이후 군국기무처(軍國機務處)가 조선 정부에 갑오경장[107)](甲午更張, 1차 1894 7월~12월, 2차 1894년 12월~1895년 7월, 3차 1895년 7월 ~10월)을 실시하도록 강요했다. 군국기무처는 왕권을 제약하기 위해 국가 사무와 왕실 사무를 분리하여, 궁내부(宮內府)를 설치했다.

또한 그 해 11월 21일에는 김홍집(金弘集) 내각을 구성하도록 명했다. 김홍집(內閣總理大臣) · 박영효(朴泳孝, 內務) · 서광범(徐光範, 法務) · 조의연(趙義淵, 軍務) 등으로 내각을 출범시켰다. 특명전권공사 일본 내무대신(內務大臣) 정상형(井上馨)은 일본은행으로부터 3백만 원의 차관을 알선하고, 조선의 갑오개혁을 실시토록 하였다.

유길준은 김홍집 내각에서 내각총서(內閣總書)를 지냈으며, 1896년 당시 내부대신(內部大臣)에 재임하고 있었다. 유길준은 서재필을 신문 발행에 참가하도록 종용했지만 신문 관련 법규에 의해 실행되지 못했다. 1895년 윤 5월 26일 국내 우체국 규정 칙령 제124조의 제19항에 의하면 신문의 발행은 '농상공부(農商工部)에서 발행 인가'를 얻도록 규정했다.[108)] 이 규정에 따라 일본 정부는 김홍집 내각이 1894년 7월 27일 발행한 「관보

---

106) 이광린, 상게서(1981), p. 162.

107) 갑오경장의 개혁은 「대전회통」, 「육전조례」와 같은 조선의 법령과 일본의 신식법전과 같은 각 국의 통례를 참고하여 근대 법치 국가의 내각 제도를 마련하려고 하였다(김영모, 「일제하 한인지배층 연구」, 고헌, 2009, p. 32). 전통적인 국왕의 인사권, 재정권, 군사권이 약화되고, 의정부와 육조(8아문)에 권력이 집중되었다. 또한 대간 및 상소 제도가 폐지됨으로 말미암아 국민의 참정권도 약화되었다. 사실 우리나라의 관료적 권위주의는 이때부터 강화되었다(p. 32).

108) 최준, 상게서, p. 46.

(官報)」에 만족하길 바랐을 것이다. 그러나 고종의 아관파천(俄館播遷, 建陽 원년, 1896년 2월 11일)으로 조정은 중요한 '전환기'[109]를 맞이했다. 민비를 잃은 고종은 위압적인 김홍집 내각의 갑오개혁에 종말을 선언하고, 1897년 10월 13일 光武 원년 경운궁(慶運宮, 德壽宮)에서 '대한제국(大韓帝國)'[110]을 성립시켰다. 급진 개화파(黨)인 서재필이 활동할 수 있는 정국을 맞게 된 것이다. 양반 세력을 혁파하고, 사회에 실용적 학문, 천부 인권 사상, 법치주의론 등을 심을 수 있는 기회가 온 것이다.[111] 개화사상의 뿌리를 미국에 둔 일본식 개화를 서재필은 오래 전부터 꿈꿔왔다.

3) 서재필(徐載弼)의 「독립신문」

청일전쟁(1894~1895년) 이후 조선 지식인은 중국의 엄부(嚴復), 양계초(梁啓超)뿐 아니라 일본의 후쿠자와 유기치(福澤諭吉)의 자유사상에 심취하였다. 유길준은 『서유견문(西遊見聞)』에서 천부인권과 만민평등을 지지하고 입헌군주제를 제안하고 있다.[112] 그는 "전 국민에게 다 같이 커다

---

109) 갑신정변(1884년 12월 4일)으로 결국 일본과 청간에 천진조약(天津條約)이 체결되었다. 조선의 운명은 일본과 청에 의해 좌지우지하게 되었다. 아래로 파고든 일본 상권은 조선의 민심을 꺾어놓았으며, 위로는 김홍집(金弘集) 내각을 조각하여 갑오개혁(甲午更張)을 실시했다. 궁핍한 농민은 동학혁명(東學革命, 1894년 2월)을 일으켰으며, 구원을 요청받은 청국과 일본은 청일전쟁(1894년 7월)을 발발시켰다. 승리감을 얻은 일본은 급기야 명성황후(明成皇后) 시해 사건(1895년 10월)을 저지르면서 조선에서의 기득권을 획득했다.

110) 우리나라의 이름을 '대한'으로 정한 것은 1897년이다. '국왕'을 '황제'로 부르기로 하고, '조선'이란 나라의 이름을 '대한'으로 바꾼 것이다(한시준, 「창간 89특집, 임정수립 90주년-3.1운동에서 임시정부까지」, 「조선일보」. 2009년 3월 18일; 이를 대한제국이라고 한다. 대한제국은 '대한'이란 나라에 황제가 주권을 갖는다는 뜻이다. 3.1 운동 이후, 위정척사사상에 기반을 둔 의병계열은 대한제국을 부활시키자고 했고, 개화사사에 기반을 둔 세력은 국민이 주권을 갖는 나라를 세우자고 했다. 앞의 것을 복벽주의(復辟主義), 뒤의 것을 공화주의(共和主義)라고 한다.

111) 이광린, 상게서(1981), p. 137.

112) 황필용, "서양의 영향: 자유의 시련", 2002년도 한국사회학회 후기 사회학대회, 한국사회학회, 2002, 12월 12. p. 4.

란 이익을 줄 만한 일이 있더라도, 한 사람의 사유물을 해치게 되면 감히 시행할 수가 없다"라는 재산권의 절대성을 강조하였다.[113)]

자유 개화사상은 서재필에게 더욱 강화되었다. 미국 시민권을 가진 제이슨(Philip Jaisohn)[114)]은 개화를 "만사를 실상대로, 그리고 공정하고, 정직하게 생각하며, 행동하는 것이다"[115)]라고 규정했다. 구체적인 실생활의 개혁이 「독닙신문」[116)](「독닙신문」의 제호를 1896년 5월 2일부터 「독립신문」으로 개칭)에 게재되기 시작했다. 「독립신문」에서 독립이란 황제 폐하

113) 유길준, 『서유견문(西遊見聞)』, 허경진 옮김, 한양출판사, pp. 112~131.

114) 서재필(徐載弼, 1864~1951)은 전라남도 동복군〔同福郡, 지금 보성군(寶城郡)〕 문덕면 가천리(文德面 可川里)에서 서광언(徐光彦)의 4형제 중 둘째로 태어났다. 그는 5촌 당숙인 서광하(徐光夏)에게 양자로 입양되었다. 그의 과거 합격 방문(捞文)에는 "유학 서재필 계해생(幼學 徐載弼 癸亥生)(1863) 부광하 생부광언 본대구거경(父光夏 生父光彦 本大邱 居京)"으로 기록되어 있다. 그는 7세 때 상경하여, 양모의 외숙인 김성근(金聲根)의 사숙(私塾)에서 『천자문(千字文)』, 『동몽선습(童蒙先習)』, 『사기(史記)』, 『사서(四書)』, 『삼경(三經)』 등을 읽었다. 그 당시 서재필은 김옥균(金玉均) · 박영효(朴泳孝) · 홍영식(洪英植) · 서광범(徐光範) 등을 만났다(신복룡, 「서재필의 생애와 활동」, 『서재필과 그 시대』, 서울: 서재필 기념회, 2003). 서재필은 19세가 되던 1882년 중궁전(閔妃)의 병후 쾌차한 것을 축하하는 알성시(謁聖試)에서 문과의 병과(丙科)에 합격하였다. 그리고 일본으로 건너가 1883년 5월 게이오의숙(慶應義塾)에서 서양 기초 학문을 익힌 뒤, 일본의 육군 도야마(戶山) 학교에 입학했다. 재정적 어려움으로 1884년 6월 8일 한국에 돌아왔으나, 곧 갑신정변(甲申政變, 1884년 12월 4일)으로 서재필은 1885년 4월 하순 미국 선적 차이나호(China)를 타고, 요코하마를 거쳐 샌프란시스코에 도착하였다. 서재필은 해리 힐맨 고등학교(Harry Hillman Academy)를 우수한 성적으로 졸업하고, 육군 군의 총감부 도서관장 존 빌링스(John Billings)의 도움으로, 그 도서관에 근무하게 되었다. 도서관에서 익힌 의학 실력으로 서재필은 컬럼비안(Columbian Medical College, 현 George Washington)에서 1892년 3월 학사학위를 취득했다. 그는 1890년 미국 시민권을 획득하였으며, 미국에서 연구원, 개업의를 거쳤다. 그리고 서재필은 본처 光山 김씨가 1886년 1월 12일 비명횡사 후, 1894년 6월 20일 조지 암스트롱(미국 철도 우편국 창설자)의 딸인 무리엘 암스트롱(Muriel Armstrong)과 재혼하였다.
국내에서 제2차 김홍집(金弘集) 내각(1894.12~1895.7)에서, 사면령이 이뤄지기 시작했다. 1895년 10월경 미국에 온 박영효가 서재필에게 귀국과 입각을 권유하였다. 그는 1896년 1월 초(12월 말 설도 존재)부인과 함께 귀국하여, 배재학당 교장 아펜젤러(H.G. Appenzeller)의 집에 유숙하였다.

115) 이광린, 상게서(1981), p. 137.

의 주권을 절대 신성시하는, 외세로부터의 독립을 말하는 것이었다. 또한 독립은 지금까지 종주국 행세를 해오던 청국의 예속으로부터의 독립을 의미하기도 했다. 조선 정부는 1896년 1월 1일부터 서력(西曆)의 태양력(太陽曆)을 사용하였다.

독립은 개화의 모태요, 개화보다는 선결되어야 할 과제였다. 즉 정치적 자주성을 위해 주체성을 주입하는 것이 「독립신문」의 역할이었다.[117] 「독립신문」은 생활 개혁에서 시작하나 제도 개혁, 계발 변화라는 목적성을 처음부터 분명히 띠고 있었다. 법을 통한 사회 개혁을 시도한 셈이다.

> 죠션 인민들이 츙신과 역젹이라 ᄒᆞᆫ 거ᄉᆞᆯ 분명히 몰오ᄂᆞᆫ고로 우리가 오날 간단히 무엇시 역젹이며 무엇시 츙신인줄을 말ᄒᆞ노라 사ᄅᆞᆷ이 츙신이 되랴면 그 나라 법률을 직히ᄂᆞᆫ거시 츙신이요 법률을 직히지 아니ᄒᆞᄂᆞᆫ거시 역젹이라 정부에셔 법률을 믄드러 (……)[118]

지금까지 양반들은 구습에 젖어 백성을 임의로 다스렸을 뿐 아니라 칙령의 어김을 예사로이 했다. 「독립신문」은 구습에서 벗어나 백성이 개화에 적

---

116) 「독닙신문」은 1896년 4월 7일 창간되어 1899년 12월 4일 폐간되었다. 이 신문은 중구 정동 34번지 5호에 '독립신문 터'(배재학당 안)에서 발행되었다. 미국 시민권을 가진 서재필(徐載弼)이 박정양(朴定陽) 내각으로부터 국고 5,000원을 보조받아 정동 미국공사관 뒤에 정부 소유의 빈집에서, 일본 오오사까(大阪)에서 구입한 인쇄기로 1주 3회(화 · 목 · 토)간으로 시작되었다. 「독닙신문」의 제작진은 시작 당시 8명으로 4면을 제작하였다. 그 후 주요 가담자는 서재필 · 윤치호 · 주시경 · 손승용 등으로 알려졌다. 서재필은 자서전에서 기자 손주사(孫主事)는 상점과 시장을 돌아다니며, 물가시세를 조사하였고, 또한 기자는 관청에서 서임사령(叙任辭令), 관청의 행사를 취재하여 게재하였다. 그리고 그 외 논설은 서재필 자신이 집필했다고 밝혔다(金道泰, 『서재필 박사 자서전』, 서울: 을유문화사, 1972, p. 246). 주필은 1896년 4월부터 서재필, 1898년 5월부터 윤치호(尹致昊), 1899년 1월부터는 아펜젤러(Appenzeller), 1899년 6월에는 엠벌리(Emberly) 등이 승계했다. 「독립신문」은 1897년 1월 5일 "The Independent"를 분리하여 영문판을 발간했다. 「독닙신문」은 처음 3백 부를 인쇄하였으나, 나중에는 3천 부까지 발행하였다.

117) 이규태, 상게서, p. 44.

118) 「독립신문」, 1896. 4. 11.

극 동참할 것을 주장했다.

> ᄇᆡᆨ셩의 직무가 다른 것이 아니라 다ᄆᆞᆫ 안져 정부를 시비ᄒᆞᄂᆞᆫᄃᆡ 근치ᄂᆞᆫ 것이 아니라 만일 정부에셔 나라에 ᄒᆡ로은 일을 ᄒᆞ거드면 기어히 그런 일을 못ᄒᆞ도록 ᄒᆞᄂᆞᆫ 것이 ᄇᆡᆨ셩의 직분이요.[119]

또한 「독립신문」은 개화에 소극적이었던 당시의 정부를 비판하기도 했다.

> 외국 신문지들에 말ᄒᆞ기를 지금 죠션 ᄂᆡ각이 ᄀᆡ화 ᄂᆡ각인지 완고당 ᄂᆡ각인지 문제가 만히 잇기로 (……)[120]

자신의 개화당 내각을 옹호하는 「독립신문」은 주관적 · 사변적 논조를 펴며, 잡보와 관보를 아울러 게재했다. 독립의 초석인 황제의 절대 신성권을 위한 필법으로 황제 폐하, 임금, 군주 같은 고종 황제의 제위를 쓰게 될 때는 항상 줄을 새로 바꿔 다른 글의 밑에 있지 않게 하였다. 그러나 「독립신문」은 입헌 군주제의 독립 국가와 평등한 민권 사상을 기틀로 개화 의식을 고취하는 데 급진적이고 투쟁적인 성향을 보였다. 즉 「독립신문」은 「한성순보」에서는 볼 수 없었던, 「한성주보」에서는 일정한 부분에 한정시켰던 비판 기능을 한층 강화시킨 고유 색깔을 지닌 정론지였다. 유길준 같은 온건 개화파의 도움으로 창간된 「독립신문」이 관보 수준의 신문을 완전히 탈피하기는 무리였다. 「독립신문」은 점진적 개혁과 더불어 실학(實學)의 범위 안에서 제도의 개선을 모색했다. 즉 「독립신문」은 위정척사파와 개화파의 논쟁거리 수준에서 크게 벗어나지 못했다. 설령 서재필의 「독립신문」의 논조가 비판적이었더라도, 조직적 힘이 뒤따르지 못한 「독립신문」의 논조

119) 「독립신문」, 1898. 1. 11.

120) 「독립신문」, 1896. 7. 2.

는 머리만을 가진 사변적 개화파의 사고에 머물 수밖에 없었다. 경제적 환경 감시 기능을 강화시켜 고정 독자를 확보하는 방법도 「독립신문」이 취할 수 있는 하나의 방법이었다. 「독립신문」은 '폭로 저널리즘', 문체의 간결성, 풍자적 표현으로 독자에게 다가섰다. 사회 개혁, 사회봉사, 진보주의적 색채를 띠고 독자에게 흥미를 유발시켰다.

「독립신문」은 자유 민권사상 뿐 아니라 과학 · 기술 사상의 유입에 관심을 가졌다.[121] 또한 이 신문은 '사실(정보)'를 바탕으로 취재하여 작성된 기사를 지면에 반영시켰다.

「독립신문」은 국내에 있는 일본 신문의 형태와 유사하게 일정한 보조금 지원과 정치적 통제를 받으면서, 오히려 상업적 성격이 두드러진 신문을 창간한 셈이었다. 「독립신문」은 창간호 사설에서 우리 조선 속에 있는 내외국 인민에게 우리 주의를 미리 말씀하기 위해서 「독립신문」을 낸다는 취지를 밝혔다. 본 사설은 자신의 '주의'를 객관성으로 규정했다.

> 우리는 첫ᄌᆡ 편벽되지 아니ᄒᆞᆫ고로 무슴 당에도 상관이 없고 샹하귀쳔을 달니 ᄃᆡ접 아니ᄒᆞ고 모도 죠션사ᄅᆞᆷ으로만 알고 죠션만 위ᄒᆞ며 공평이 인민의게 말ᄒᆞᆯ터 인ᄃᆡ 우리가 셔울 ᄇᆡᆨ셩만 위ᄒᆞᆯ게 아니라 죠션젼국인민을 위ᄒᆞ여 무슴일이든지 ᄃᆡ언ᄒᆞ여 주랴홈 (……)[122]

객관적 입장은 평등 사상, 천부 인권 사상, 형평성의 원리, 객관 보도 등 여러 가지 사상을 내포하고 있다. 평등 사상과 천부 인권 사상, 자유민권사상은 동학사상과 맥락을 같이 했다. 투크만(G. Tuchman)은 조직적 관점에서 객관성이란, 비판으로부터 조직의 제작물을 방어해주는 역할을 하는 하나의 의식(ritual)이라고 주장했다.[123] 그러나 당시 객관적 입장의 유지

---

121) 조맹기, "서재필의 과학 · 기술사상, 『한국언론인물사상사』, 나남, 2006, p. 24.

122) 「독립신문」, 1896. 4. 7.

123) Gaye Tuchman, Making News; 박홍수 옮김, 『메이킹 뉴스』(서울: 나남, 1995), p. 265.

는 「독립신문」의 저항 기능을 포함하고 있었다. 조선의 계급의 불평등 상황에서 이러한 언급은 「독립신문」이 「한성순보」와 「한성주보」에서 쉽게 찾아볼 수 없는 독특성을 지녔음을 알게 해준다.

「독립신문」의 기본 입장은 평등 사상, 정보 제공, 비판 기능 등으로 창간호 사설에서 다음과 같이 논했다.

> 우리가 이 신문출판하기는 취리ᄒᆞ랴는게 아닌고로 갑슬 헐허도록 ᄒᆞ엿고 모도 언문으로 쓰기는 남녀 샹하귀쳔이 모도 보게홈이요. 또 귀졀을 떼여 쓰기는 알어보기 쉽도록 홈이라 우리는 바른 ᄃᆡ로만 신문을 홀터인고로 졍부 관원이라도 잘못 ᄒᆞ는이 잇스면 우리가 말홀터이요 탐관오리들을 알면 세샹에 그 사ᄅᆞᆷ의 ᄒᆡᆼ젹을 폐일터이요.

좀더 부연한다면 여기서의 평등사상은 서구와 같이 결국 국가 또는 사회를 개인들의 권리를 보장받기 위한 계약의 결과물로 간주하는 것과 맥락을 같이 한다. 더욱이 "국문으로만 쓰기는 남녀 상하귀천이 모도 보게 홈이요"라고 한 것은, 궁극적으로 민족 정체성 모색으로 이어짐으로써 타국과 분리시키는 결정적 기여를 한 것이다.

「독립신문」은 국문으로 글쓰기를 함으로써 인민에게 더욱 쉽게 다가감을 염두에 두었다. 더욱이 독립신문은 독자란까지 확대했다. 독립신문이 창간호 보터 독자 투고를 적극적으로 권유하여 독자들의 많은 참여가 있었으며 독립신문 입장에서는 당시의 제작 여건에서 좋은 기사 거리를 손쉽게 얻으면서도 명분도 있는 좋은 방법이었기 때문이다.[124)]

독자 투고 내용 중에 투고자의 신분이 확실하게 드러나고 그 내용이 분명하고 조리가 있으면 대부분 기사화했던 것으로 보인다. 특히 「독립신문」은 죄수가 투고한 내용도 지면에 소개되고 있고, 1899년 3월 15일과 16일자 주상호의 투고 4건과 1899년 7월 1일에는 배재학당 학생의 편지가 소개

---

124) 채백, "「독립신문」 독자 투고의 현황과 특성에 관한 연구," 『언론과 사회』 3집, 1994, p. 41.

되고 있다.[125]

더욱이 사회적 · 기술적 상황은 독립신문을 더욱 발전하게 했다. 1895년 6월 근대적 우편 사업이 재개되어 1896년 6월까지는 경부선과 경의선, 경원선 그리고 호남선을 잇는 기간 선로가 완성되었으며 1898년 4월 6일 사이에는 전국적인 우편망이 일단락되어 우편 사업이 전국으로 확대되었다.[126] 따라서 독립신문의 독자 투고는 국내의 경우 이러한 우편망 이용해 이루어졌다.

한편 창간사에서 다른 쪽에 영문으로 기록함은 외국 인민이 조선 사정을 자세히 모른 채, 즉 혹시 편벽된 말만 듣고 조선을 잘못 생각할까봐 실제 사정을 알게 하고자 하여 영문으로 기록한다는 말을 아울러 밝혔다. 즉 조선인에게는 동질성이며, 외국인에게는 이질성에 바탕을 둔 객관적 정보 제공이다.

「독립신문」을 급진적인 사회 개혁을 시도한 개화파의 산물로 보면서 그 역사적 의의에 지금까지의 연구가 집중되지만, 정론성을 연구의 대상으로 삼을 때 「독립신문」에 대한 기존 각도와는 차별화된다.

「한성주보」의 책임자이고 온건 개화파인 김윤식은 전술했듯이 '동도서기론'으로 개화의 실체를 인식하고 서구의 제도를 통해 사회 개혁을 시도했다. 서재필의 「독립신문」도 이러한 범주에서 크게 벗어나지 않았다. 온건파와 급진파는 개화 속도의 차이가 있을 뿐 같은 차원에서 사회 개혁을 논했다. 그러나 서재필은 과거 가졌던 유교적 사고에 별로 관심이 없어보였다. 오히려 '의견'을 뒤로한 채, '사실'을 더욱 선호한 것처럼 보였다.

'사회적 사실'이 객관적 자료로서 중요성을 지니게 된다. 개인은 역할을 중심으로 결집하고, 사회 제도를 형성한다. 그 바탕 위에서 국가를 형성한다. 그러나 사회 제도로서의 「독립신문」은 '독립성'이란 측면에서 문

---

125) 채백, 『독립신문 연구』, 한나래. 2006, p. 154.

126) 채백, 상게서(2006), p. 169.

제가 따랐다. 미국식 상업신문에는 독립성은 있어도 정론지 성격은 희석되었다.

일반론적으로 정론지 성격을 규명할 때 주체가 반드시 규정되어야 하지만, 「독립신문」에서는 주체 규명에 차질이 생겼다. 「독립신문」에서 언급되는 '우리'라는 주체는 모호했다. 유길준이 「독립신문」을 설립할 때 도와줬으므로 온건 개화파가 '우리'일 수 있었다. 그리고 황제가 건물을 사급(賜給)했으니 「독립신문」의 주체일 수 있었다. 사회 제도로서의 정부가 '우리'일 수 있었다. 개화파의 교육 기구인 배재(培材)학당 구내에서 자리를 잡았던 점에 비추어 그 일당이 우리일 수 있었다. 미국 시민권자인 제이슨 자신과 몇 안 되는 편집진이 우리일 수도 있었다.

「독립신문」의 기능을 1) 정보 제공, 2) 비평 기능, 3) 공론 조성 기능, 4) 교육 계몽 기능 등[127]으로 열거하나, 이는 미국 언론 제도의 기능을 복사한 것에 불과하다. 주체가 모호한 언론은 비판 기능의 수행 자체에 문제가 따른다.

3. 정론지의 정립

1) 윤치호(尹致昊)의 「독립신문」

어떤 대상을 두고 비판을 할 때 비판의 목적과 방향이 형성된다. 비판의 목적과 방향이 존재하지 않거나, 주체가 없더라도, 구성원들이 토론을 통해 비판한 내용을 실었을 때 당연히 신문은 정론성을 가질 수 있다. 토론을 위한 주요 사회 단체 중 하나가 독립협회[128]였다. 여기서의 '회(會)'는 당시 전통과 유교적 관점에서 보면 정치적 성격을 띤 당파(黨派)로 간주할 수 있다.

---

127) 김영희, 「뎨국신문에 관한 일연구(一硏究)」, 서울대학교 석사학위논문, 1977, pp. 40~46.

사회 단체적 · 정치적 색깔을 띠고 있는 독립협회는 개화사상의 전파와 그 사상을 사회 운동 차원으로 승화시킬 「독립신문」이란 기관지를 갖게 되었고, 이는 정부가 직접 발행한 「한성순보」와 「한성주보」의 성격과는 달랐다.

독립협회는 1896년 7월 2일 정치 단체로서 안경수(安駉壽) · 이완용(李完用) · 김가진(金嘉鎭) · 이윤용(李允用) · 김종한(金宗漢) · 권재형(權在衡) · 고영희(高永喜) · 민상호(閔商鎬) · 김채연(金采淵) · 이상재(李商在) · 현흥택(玄興澤) · 김각현(金珏鉉) · 이근호(李根浩) · 남궁억(南宮檍) 등 14명의 발기로[129] 창립되었다. 서재필은 발기를 건의한 장본인이었지만 발기인에 포함되지 않았다. 독립협회는 유길준 등 갑오경쟁(甲午更張)의 건양협회(建陽協會), 윤치호(尹致昊)[130]와 이상재 등 외교계 인사들로서 조직된 정동구락부(貞洞俱樂部), 그리고 남궁억(南宮檍) 등 실무급 인사들로 구성되었다.[131] 그러나 독립협회는 회원을 개방적으로 모집하여 신흥시민층, 성장한 농민층, 새로이 형성된 광산업자, 해방된 천민층까지 포함시

128) 독립협회는 1896년 7월 11일 서재필이 중심이 되어 결성된 관민 합동의 사교 단체인데, 창립 목적은 충군애민(忠君愛民)과 자주독립(自主獨立)이었다(최준, 상게서, p. 57). 건물은 모화관(慕華館)이던 것을 독립회관으로 고쳐 사용하였다. 초대 회장에 안경수(安駉壽), 위원장에 이완용(李完用)이었고, 그 임기가 완료된 다음에는 1898년 2월 27일 회장에 이완용, 부회장에 윤치호(尹致昊)가 추대되었다. 그러나 이완용은 전라북도 관찰사로 천거됨으로써 윤치호가 대리 회장 역할을 했다. 사회 개혁을 주장한 독립협회는 1896년 11월 30일 기관지 「대죠선독립협회회보」를 발간하였으며, 매주 일요일에 국가 정책에 대한 토론회 · 연설회를 개최했다. 그리고 그 사상을 자주독립 불편불의 왈독립 중심화합 군격단결(自主自由, 不便不倚, 曰獨立 衆心和合 群力團結)〔정교(鄭喬), 『한국계년사(韓國季年史)』, 상권(上卷), p. 146〕로 집약하면서, 이상재(李商在) · 남궁억(南宮檍) · 유맹(劉猛) 등 신진 소장학자가 대거 참여하여, 1898년 10월 만민공동회(萬民公同會)를 개최하자 관리들은 탈퇴하였다.

129) 이광린, 상게서(1981), p. 126. 계

130) 윤치호는 중촌정직(中村正直)이 운영한 도전사(同人社)에 입학했다.

131) 이기백(李基白), 『한국사신론(韓國史新論)』(서울: 일조각, 1986), p. 358: 독립협회는 열거한 외 한규설(韓圭卨) 등의 개화파 무관, 근대식 주식회사를 경영하는 인사, 천민 신분으로부터 해방된 시민, 동학의 농민층 등이 참여한 광범위한 시민 단체이다.

켰다.[132]

정부의 관료들이 깊이 관련된 조직이었으므로 그 조직망의 전국적 확산은 순조로웠다. 공주지회(公州支會)를 필두로 대구 및 평양지회를 설치하며, 도지회(道支會)를 구성하는 전국망이 형성되었다. 초창기는 관료들이 주도하였지만 독립협회가 일반 대중의 장이 되면서 과격성을 띠게 되자, 관리는 협회에서 소극적일 수밖에 없었다. 그 구체적 사실은 「독립신문」의 사설에 그 편린이 나타났다.

> 10월 28일 독립협회에서 발긔 ᄒᆞ고 죵로 네거리로 대쇼 관민 공동회를 열엇ᄂᆞᆫᄃᆡ 정부 제공은 죵ᄅᆡ 오지 아니 ᄒᆞᄂᆞᆫ 고로 필경은 본회 회원 즁과 각쳐에서 오신 대쇼 관민 즁 춍ᄃᆡ위원 합16인을 션명 ᄒᆞ야 정부로 보ᄂᆡᆺ더니 참정 박뎡양 찬정 리죵건 량씨 뿐 와서 이차(離次) ᄀᆡ회ᄒᆞᆫ 말만ᄒᆞ고 도로 갓다ᄂᆞᆫ지라.[133]

그 대신 독립협회의 성격상 서양의 자유민권사상을 주창했던 인사 중 서재필 · 윤치호 · 이상재 등이 여기서 주도권을 잡게 되었다. 그리고 남궁억(南宮檍) · 정교(鄭喬) 등 '동도서기론'으로부터 파생된 유교의 혁신파가 광범위하게 참여했다.[134] 그들의 공존은 서구 시민 사상과 '동도서기론'의 기본 틀 안에서 이뤄졌다. 독립협회의 주목적은 민족의 발전과 관습 · 법률 · 종교 및 기타 외국의 여러 관련된 사정에 관한 문제를 토론하기 위한 것이었다.[135]

관민 합동으로 이뤄진 독립협회는 초기 제한된 범위 내에서 정부의 시책을 국민들에게 해설하여, 심지어 지방의 의병을 회유하도록 돕는 기능까지

---

132) 신용하, 『독립협회연구』(서울: 일조각, 1976), p. 587.

133) 「독립신문」, 1898. 11. 1.

134) 이기백, 상게서, p. 358.

135) 김영희, 상게 논문(1977), p. 44 재인용.

수행했다.[136] 독립협회의 회원과 참가자들은 제정(帝政)러시아의 본격적인 남하 정책에 대한 우려를 표명하는 온건한 입장을 취하며, 외세의 침략으로부터 보호하기 위해 영문판 "The Independent"를 발행했다.

관리들의 사교 단체적 성격을 지녔던 독립협회는 토론의 내용을 확장시키며 민중을 영입하게 되자, 협회의 기존 성격에 변화가 오기 시작했다. 자유민권사상은 발아하기 시작했다. 1898년 제1회 만민공동회의 회장으로 시전상인이었던 현덕호가 피선된 것은 조선 후기 이후 엄격한 신분구조가 해체되었다.[137] 「독립신문」에 의한 민층의 각성과 새로운 인식이 생겨났다.

'「독립신문」의 사명의 사설'[138]에서 인민은 신문의 긴요한 것을 알고 있음을 논했다. 당초에는 별 생각 없이 신문을 구입했으나, 차차 인민은 신문 없는 세상에 살지 못함을 깨닫게 되었다. 「독립신문」은 인민의 일상생활을 보호해주었으며, 의리 있고, 충심 있고, 학문 있게 하는 등불의 역할을 한 것이다. 당시 합법적 토론의 영역을 넓힐 힘조차 없는 무능한 정부에 비해, 독립협회의 목소리는 날로 그 강도를 높여갔다. 목소리의 강도에 따라 「독립신문」의 시기별 경향도 달라졌다.[139] 「독립신문」은 창간으로부터 독립협회가 창설된 시기까지는 정론적 성격을 한정시켜 국민 계몽의 성격을 지녔다. 「독립신문」의 성격은 모호했으며, 발행 주체인 '우리'도 불분명했다. 창립 후 곧 윤치호는 서재필에게 독립협회의 방향을 구국을 위한 사회개혁으로 할 것을 종용했다.[140]

사회 개혁을 위한 정치적 성격을 띤 독립협회는 독립문 · 독립공원 · 독립관 건립 운동을 일으켰다. 독립협회 운동이 가열되는 것을 감지한 정부는

---

136) 정진석, 상게서(1990), p. 159.

137) 김영희, 『한국사회의 미디어 출현과 수용: 1880~1980』, 커뮤니케이션 북스, 2009, p. 28.

138) 「독립신문」, 1898. 4. 6.

139) 정진석, 상게서(1990), pp. 159~160.

140) 채백, 상게 논문, p. 136.

1898년 5월 14일에 서재필을 미국으로 내보내고, 1898년 5월 11일 윤치호(尹致昊, 1865~1946)에게 「독립신문」을 인계시켰다. 「독립신문」을 인계받은 윤치호는 당시 주필 및 논설위원이었으며, 「독립신문」의 명의는 H. G. Appenzeller로 되어 있었다.

윤치호는 1898년 6월 21일부터 논설란을 폐지하고, 설령 논설을 기재하는 경우도 구체적 제목을 명시하고 있었다. 논설은 유동적 성격을 지녔지만, 그 방향은 자주 · 평등 · '민권 사상'[141]으로 삼고 이를 확산시켰다. 윤치호는 지면 개혁을 단행하여 1898년 7월 1일부터 「독립신문」을 일간지화했다. 정기 구독료가 종전과 같은 상황에서 신문을 발행함으로써 「독립신문」의 비용이 두 배로 들어간 셈이었으며, 기사 양도 많아졌다. 1898년의 7월과 9월 사이에 논설 · 잡보 · 광고 등 전체 기사의 70% 정도가 독립협회 관련 기사로 채워졌다.[142] 당시 독립협회의 세밀한 움직임까지 「독립신문」에 게재되었다. 논설은 독립협회 상소, 독립협회 선언 등으로 채워졌으며, 광고까지 독립협회의 것이었다. 사회 제도로서의 독립협회는 정부와 분리 작업이 가능했다.

> 지금 대한 정부와 독립협회와 잠시 반대된 모양으로 셔로 의심ᄒᆞ고 셔로 두려워ᄒᆞ야 언어간 일지라도 피ᄎᆞ에 정론 시비가 만ᄒᆞ니 우리 ᄉᆡᆼ각에는 졍부만 올타ᄒᆞ는것도 아니요 협회만 올타 ᄒᆞ는것도 아니라.[143]

그리고 정부의 기능이 잘 운영될 수 있도록 직간할 직무를 논했다.

141) 민권이 무엇인가—신문과 교육으로 동포의 문견믄 넓히 ᄒᆞ며 우리 분외의 권리는 불ᄋᆞ지도 말고 대 황뎨 폐하ᄭᅴ셔 ᄒᆞ신 양법미규나 잘 시힝되도록 관민이 일심ᄒᆞ면 ᄌᆞ연 총명과 교육이 느는ᄃᆡ로 민권이 ᄎᆞᄎᆞ 확장이 되야(「독립신문」, 1898. 7. 9).

142) 김복수, 「독립신문의 경영」, 『언론과 사회』 14, 1996 겨울, p. 63.

143) 「독립신문」, 1898. 8. 8.

셩상의 하늘 ᄀᆞᆺᄒᆞ신 은혜를 두루 입ᄋᆞᆯ지니 대신네들은 그 지식과 그 ᄌᆡ료에 다ᄆᆞᆫ 직간 ᄒᆞᄂᆞᆫ 담력ᄆᆞᆫ 더 ᄒᆞ엿스면 국사에 다ᄒᆡᆼᄒᆞ겟도다.[144)]

즉 제도의 활성화와 신문의 비판 기능의 합당성을 논한 셈이다. 그리고 「독립신문」은 다른 신문과 차별성을 두었다. 「한성주보」에서의 교화가 언론의 주기능이었다면, 환경의 감시 기능을 통하여 정보를 제공함이 「독립신문」에서의 언론의 역할이었다. 그러나 환경 감시 기능은 생존을 위한 것이라기보다 정치적 현실에 관심을 가진 내용이었다.

정부관원이라도 잘못 ᄒᆞᄂᆞᆫ이 잇스면 우리가 말ᄒᆞᆯ터이요 탐관오리들을 알면 셰샹에 그 사ᄅᆞᆷ의 ᄒᆡᆼ젹을 폐일터이요 ᄉᆞᄉᆞ ᄇᆡᆨ셩이라도 무법ᄒᆞᆫ 일ᄒᆞᄂᆞᆫ 사ᄅᆞᆷ은 우리가 차저 신문에 셜명ᄒᆞᆯ터이옴.[145)]

그러나 독립협회가 잘 조직화되었다면 그 논설과 기사는 명료하고, 그 범위가 한정될 수 있었다. 독립협회가 인원 확충에 급급했던 상황에서 그 내용은 산만해졌고, 주의주장은 각양각색일 수밖에 없었다. 독립협회 이전의 「독립신문」은 채방인(探訪人)의 기사를 기재원(記載員)이 정리함으로써 기사의 정론적 성격을 부분적으로 부각시킬 수 있었으며, 전반적인 개혁 사상을 여론을 통하여 활성화시킨 정론지였다. 그러나 독립협회에서 다루는 소재가 다양해지면서 정론적 성격이 희석되어갔다. 이때의 언론은 생존하기 위한 도구로서의 환경 감시 기능과 정보 제공이라는 측면으로 봐야 한다. 더욱이 「독립신문」은 초기 잡보, 외보의 기사 등 사건 중심의 보도를 게재했다는 점에서 여론을 선도하는 계몽지로서 성격보다 정보 제공에 국한된 기능을 한 셈이다.[146)]

144) 「독립신문」, 1898. 8. 12.

145) 「독립신문」, 1896. 4. 7.

146) 추광영 · 강명구, 「구한말 한국신문에 있어 뉴스의 성격에 관한 연구」, 『신문학보』 24, 한국언론학회, p. 68.

언론의 정보 제공 기능의 강조라는 측면에서 민생의 생활과 관계된 사회면 기사가 당연히 부각되었다. 세상의 일을 상세하게 보도하고, 그리고 그것에 비판을 가했다. 「한성순보」와 「한성주보」에서 경시했던 사적인 측면을 「독립신문」이 이를 공적으로 전환시키는 특수한 역할을 담당한 셈이었다. 이런 「독립신문」의 독특성으로 "3년 6개월 동안 사설 건수 6백 80건 중에서 1백 80건을 게재해 사회의 구석구석을 비판"[147]할 수 있었다.

윤치호의 「독립신문」은 고삐 풀린 정론지였다. 윤치호는 관민공동회의 일에 관심을 표했으며, 독립협회가 반년 간 「대조선독립협회회보(大朝鮮獨立協會會報)」라는 기관지를 발간했지만, 성급한 독립협회 구성원은 「독립신문」을 통해 자신의 주장을 펼 뿐 아니라 토론회를 개최하고, 그리고 사회 여론을 형성했다. 또한 독립협회는 「뎨국신문」, 「황성신문」 등을 통해 자신의 활동 내용을 선전했다. 독립협회는 종로광장(鐘路廣場)에서 관민공동회(官民共同會)를 개최했다. 그리고 1898년 11월 3일부터는 외곽 단체인 만민공동회(萬民共同會)를 개최하여, 곧 윤시병(尹始炳)을 회장으로 선출했다. 관(官)과 민(民)이 합하여 민중이 스스로 '헌의(獻議) 6조'를 통과시켰다. 그러나 관민공동회가 황제 대신 대통령을 옹립하여 공화 정치를 시도하는 발언 등으로까지 그 토론 내용을 확산시키자, 고종(高宗)은 1898년 11월 14일 독립협회 간부 이상재(李商在) 등 17명을 조선시대의 기본법인 대명률(大明律)의 잡범편 조례(雜犯篇 條例)에 의해 검거하였고, 관련 민간 단체를 해산했다.[148] 그 주동자 가운데 한 사람이었던 윤치호는 덕원감리 겸 부윤을 명받아 원산으로 떠남으로써 「독립신문」도 그 기능이 유명무실해졌다.

「독립신문」은 윤치호가 떠난 후에도 만민공동회의 정당성을 인정하며, 공동회를 위한 상소문을 신문 사설에 게재했다. 또한 서울의 본회가 해산

147) 윤주영, 상게서, pp. 162~165.

148) 최준, 상게서, p. 68.

되었지만 음성적으로 그 활동을 계속했다.[149] 독립협회 해산 후 「독립신문」은 재정의 어려움이 따르게 되자 구독료, 광고, 출판 인쇄업, 문구 판매업에까지 사업을 확장했다.[150] 이에 따라 「독립신문」의 색깔은 희석되었으며, 발행 의미도 유명무실하게 되었다.

독립협회의 실질적 기관지 「독립신문」이 창간된 지 1년 후 1897년 4월 1일 언더우드(Underwood)에 의해 「그리스도신문」이, 1897년 2월 2일 H. G. Appenzeller에 의해 「죠선크리스도인 회보」가 창간되었다. 그들은 선교 목적이었지만 「독립신문」, 「한성신보」 등이 각축전을 벌이고 있는 동안 발간되었다. 이 후 1898년은 「협성회회보」, 「믹일신문」, 「뎨국신문」, 「황성신문」 등 국내 신문이 뒤따랐다. 그리고 1898년 10월 20일 독립협회가 맹렬히 활동하는 시기에 신문사 친목회가 조직되었다. 독립신문사 · 믹일신문사 · 제국신문사 · 황성신문사 등의 기재원들이 하나의 신분으로 자리를 잡는 계기가 되었다. 당시 하나의 신문은 조직이 위약하지만 신문사 집단으로서는 사회 변동 세력으로 충분한 힘을 발휘할 수 있었다. 그 구체적 과정은 「협성회회보」, 「믹일신문」, 「뎨국신문」, 「황성신문」 등의 정론지 성격의 발전과 소멸 과정에서 잘 나타나 있다.

4. 정론지의 와해

1) 급진 개화파의 「믹일신문」

독립협회가 전인민을 상대로 하는 사회 · 정치 단체라면 협성회(協成會)[151]는 학생 단체를 모체로 시작했다. 이 단체는 그 목적을 「협성회회보」 제1호의 논설에 다음과 같이 설명했다.

149) 이기백, 상게서, p. 358.

150) 김복수, 상게 논문, p. 64.

우리회는 곳 문학으로 모힌회라 서로 권면ᄒᆞ야 학문을 힘쓰고 유익ᄒᆞᆫ 일이 잇스면 서로 권ᄒᆞ고 허물이 잇스면 서로 경칙ᄒᆞ야 동창지의를 친밀ᄒᆞ게 직혀 일심으로 공부ᄒᆞ야... 그런고로 회즁에셔 의론ᄒᆞ고 ᄆᆡ월에 긔ᄎᆞ식 회보를 발간ᄒᆞ야 우리의 목뎍을 젼국 동포의게 광포ᄒᆞᄂᆞᆫ 것이 (⋯⋯)[152]

「협성회회보」 제1호의 논설은 인재 양성과 면학을 장려하는 데 그치지 않고, 일반 독자를 상대함으로써 사회를 비판하는 논설을 게재하고, 사회의 중요한 문제를 해설하였다.[153] 협성회의 토론 내용은 당시 서구 교육을 받았던 급진 개화파 인사들의 개화관과 일맥상통했으며, 서재필 같은 급진 개화파 인사들은 실제 토론에 참석하기도 했다.

미공사관원(美公館員)은 활판(活版)을 제공하기도 하고,[154] 아펜젤러는 1898년 이후 배재학당 지하실에 인쇄 시설을 갖추어 그들의 토론 내용을 신문에 게재했을 뿐 아니라, 당면 문제를 신문 지면에 싣기도 했다. 정치적 변동기에 형성된 학생회 단체가 정치적 색깔을 지니게 됨은 당연했으며 토론의 성격 · 의미 · 방향 등은 당시 협성회가 갖고 있었던 정치적 성격을 잘 반영했다. 그러므로 협성회가 발간한 「협성회회보」는 한국 언론사의 정론적 성격을 논할 때 결정적 기여를 한다. 더욱이 「협성회회보」는 독립협회가 활성화될 무렵에서 서재필의 도미(1898. 5. 14) 사이에 발행되었던

---

151) 협성회(회장 梁弘黙)는 1898년 1월 1일 결성한 배재학당(培材學堂)의 학생 단체이다. 학생 200여 명으로 조직된 이 회는 순한글 주간 신문(토요일 발행)인 「협성회회보(協成會會報)」를 발행했으나, 이 회보는 14호를 발행하고 「ᄆᆡ일신문」(1898. 4. 9)이 창간되면서 폐간된다. 그 핵심 관련자는 양홍묵(梁弘黙) · 유영석(柳永錫) · 이승만(李承晩)이었다. 본래 「협성회회보」는 교육과 토론을 주로 한 것이었으나, 그 논조는 호를 거듭함에 따라 점차로 과격해졌다(최준, 「한국신문사」, 일조각, 1993, p.71). 이것이 수구파의 책동으로 14호를 낸 후 마침내 고종의 내명으로 폐간되었다(배재학당은 개교 초기 50명의 관비생을 입학시키고, 매월 은화 1냥을 보조받았다).

152) 「협성회회보」, 1898. 1. 1.

153) 윤주영, 상게서, p. 453.

154) 윤주영, 상게서, p. 453.

주간 신문이라는 점에서 그 정론적 가능성을 모색할 수 있다.

협성회가 배재학당 내에서 조직된 학생 단체이며 학교 설립자 아펜젤러가 「독립신문」의 사장직을 맡았던 점에 비추어, 협성회와 「독립신문」은 모종의 관계가 있었음을 알 수 있다.

「협성회회보」는 1898년 4월 9일부터 「미일신문」으로 개제(改題)하고 최초의 일간 신문을 발간했다. 「미일신문」[155)]은 1898년 4월 9일자 창간호 사설에 발간 목적을 서술했다.

> 일쥬일에 흔번식 나는 것을 기다리기에 미우 지리흔지라... 오늘붓터 미일신문을 닉는디 닉 외국 시셰형편과 국민에 유죠흔말과 실젹흔 소문을 만히 긔직 홀터이니 목젹도 극히 즁대 흐거니와 우리 회원이 일심 이국흐는 지극흔 츙셩의 간담을 합흐여 이 신문샹에 드러닉노라.

「협성회회보」와 같은 성격으로 「미일신문」을 발행함을 그 창간 논설에 밝혔다. 창간을 주도했던 유영석(柳永錫)은 창간 동기를 다음과 같이 표현했다.

> 우리 백성들은 압제와 토색과 외국의 참혹한 짓밟힘에 거의 죽을 지경에 이르렀다. 그래도 대언하여줄 사람이 없다. 지금 우리나라에는 신문이 둘이 있다. 하나는 독립신문이고 또 하나는 일본이 하는 한성신보이다. 이 둘 다 격일간이다. 그래서 우리는 일간 신문을 하나 시작해야 하겠다.[156)]

「미일신문」은 창간호 사설에서 독특한 우리나라 신문임을 강조하고 「독

---

155) 대한제국의 최초 일간지 「미일신문」은 1898년 4월 9일에 창간했는데 양홍묵(梁弘黙) 사장, 이승만(李承晩) 주필로 사옥을 동대문 안 싸전 도가(都家)로 옮겨 발행한 순국문 신문이었다. 그 참여자는 양홍묵(梁弘黙) · 이승만(李承晩) · 유맹(劉猛) · 최정식(崔正植) · 유영석(柳永錫) 등이었다.

156) 윤주영, 상게서, p. 469.

립신문」과 「한성신보」를 외국 신문으로 규정했다.

> 두셰가지 교즁신문이 잇스나 실샹은 다 외국사룸에 쥬장ᄒᆞᄂᆞᆫ ᄇᆡ요 실노히 우리나라 사룸이 ᄌᆞ쥬ᄒᆞ여 ᄂᆡᄂᆞᆫ 것은 다만 경셩신문과 우리신문 두가지 ᄲᅮᆫ인ᄃᆡ (……)

대한제국, 대한제국민을 위한 신문으로서의 「ᄆᆡ일신문」은 세 가지 구체적 목적을 사설에서 서술했다.

> 신문이라 ᄒᆞᄂᆞᆫ 것이 나라에 크게 관계가 되ᄂᆞᆫ 것이 세가지 목젹이 잇스니 첫ᄌᆡ 학문이오 둘ᄌᆡ 경계오 셋ᄌᆡ 합심이라 지금 우리 나라에 국셰와 민졍이 곤궁 위급ᄒᆞ매 급히 별반 방칙을 마련ᄒᆞ여 됴야 신민이 동심합력 ᄒᆞ여 외교 ᄂᆡ치샹에 일신히 ᄯᅥᆯ쳐 나ᄂᆞᆫ ᄀᆡ샹이 잇고야 후일 지탕ᄒᆞᆯ ᄇᆞ라이 잇슬터이지 (……)[157]

정론지로서의 「ᄆᆡ일신문」은 구체적 목적을 학문에 두었다. 여기서의 교육은 유교적 교육이 아니라 요즘 언론의 기능 중 정보 전달과 그 결과 사회화에 해당한다. 당시로서는 신문의 교육 기능은 위정척사파의 삼강오륜(三綱五倫)의 입장과는 크게 다른 것이다. 그렇다면 결국 신문의 색깔이 분명히 나타난 셈이다. 사회의 경계는 서구식 환경의 감시 기능으로 볼 수 있으며, 합심은 사회적 연결을 도모하는 언론의 기능과 다를 바가 없다. 또한 「ᄆᆡ일신문」의 덕목으로, 공개적으로, 평등하게 함으로써 법강과 경계가 바로 서도록 원했다.

> 신문이 ᄒᆞᆫ 두사룸을 위ᄒᆞ여 죵요ᄒᆞᆫ 구석에서 감안히 보라ᄂᆞᆫ 것이 아니라 셰상에 드러 ᄂᆡ놋코 널리 젼ᄒᆞ기로 쥬장이니 그여러 사룸들을 다 고르게 위ᄒᆞ잔즉 말이 공평ᄒᆞᆯ수 밧게 없ᄂᆞᆫ지라 공평ᄒᆞᆫ 말이 셰상에 ᄒᆡᆼ하면 그결실은 필경 법강과 경계가 발니셜지니 (……)

---

157) 「ᄆᆡ일신문」, 1898, 4. 12.

협성회의 성격과 달리 「믹일신문」은 초창기부터 정체성의 확립에 이의가 제기되었다. 배재학당으로부터 발행 장소를 달리함으로써 「믹일신문」은 배재학당과는 기본적으로 거리를 두게 되었다. 이 신문의 창간호 사설은 「독립신문」을 외국 사람이 내는 신문으로 규정함으로써 서재필의 「독립신문」의 존재를 경시하는 경향을 보였다. 더욱이 아펜젤러가 세운 배재학당으로부터 「믹일신문」은 독립하기를 원했을 뿐 아니라, 발간 당시 서재필이 국내에 체류(서재필의 도미 시기는 1898년 5월)하고 있음을 의식하지 않았다.

「믹일신문」의 이러한 논조는 이승만(1875~1965)의 행로와 관련이 있었다. 1898년 4월 9일 창간한 후 유영석이 사장에 취임하자 곧 「믹일신문」은 러시아의 국토 매입 사건과 프랑스의 철도 부설권에 관한 이권을 요구한 외교 문서의 폭로 사건으로 위기에 처했다. 그러나 정부, 일본, 배재학당, 더욱이 산만하게 집합된 독립협회 등 그 어느 누구도 「믹일신문」의 편이 아니었다. 대한제국이 합법적 영역 구축에 뒤따라야 하는 재정 상태가 충실하지 못했으며, 「믹일신문」 역시 외부 세력에 대항할 수 있는 내적 인원과 재정이 절대 부족했다. 「믹일신문」의 직간접적인 문제와 더불어 협성회 회장이 「믹일신문」 사장이라는 관행에 따라 5월 21일 당시 23세로 협성회 회장직을 맡고 있던 이승만이 사장직에 취임했다. 그러나 신분과 반상제도(班常制度)가 지배하는 당시로서 능력 위주의 인사가 뿌리 내리기에는 역부족이었다. 협성회는 곧 특별회를 열어 이승만을 몰아내고 양홍묵을 다시 사장으로 앉혔다.[158)]

배재학당에서 이사해 나온 「믹일신문」은 변화의 조짐을 보였다. 우선 일간으로 생존하는 데는 얼마간의 자본이 소요되었다. 당시 독립협회의 일로 신문업은 특수를 내렸다. 「독립신문」은 사설[159)]에서와 같이 초기의 신문

158) 김민환, 『한국언론사』(서울: 사회비평사, 1996), p. 124.

159) 「믹일신문」, 1898. 4. 12.

이 긴요한 것을 깨닫지 못했던 사람도 차차 신문이 없어서는 세상이 컴컴하고 견딜 수가 없게 됨을 실감해갔다. 당 사설의 논조와 같이 신문은 약자를 보호하고, 의리 있고, 충심 있고, 학문토록 하는 기능을 했다면 신문은 당시 불확실한 사회에 인민의 주의를 집중시키는 인기 있는 품목이었음은 틀림없다. 인민은 위해 창간사에서도 신문의 '경계'의 중요성을 부각시켰다. 그러나 조직력이 뒤따라야 가능한 현장 기사의 충실을 위한 재력과 인원이 뒤따르지 못했다. 설상가상으로 일간으로 발행하는 「미일신문」은 「독립신문」과 경쟁하지 않을 수 없었다. 그리고 1895년 2월 창간한 日人 신문 「한성신보(漢城新報)」와 1898년 3월 2일 창간한 「경성신문」[160]과도 한정된 독자를 두고 경쟁해야 했다.

사장직에 재취임한 양홍묵은 고본제〔股本制, 주식제(株式制)〕를 도입하여 회사를 다시 조직했다. 그러나 유영석과 최정식이 비회원 김백년과 함께 경영권을 빼앗으려 시도하자 협성회는 통상회를 개최하여 유영석과 최정식, 그리고 이승만을 제명시켰다.[161] 유영석은 이문사(以文社)와 자신이 가져온 새로운 활판과 사옥을 차지해버렸다. 협성회는 자본 관계로 소속원의 분리를 가져왔으며, 배재학당이 직접적으로 도움을 줄 수 없는 협성회는 더 이상 강력한 사회 단체일 수 없었다. 다른 한편으로 「미일신문」은 배재학당이란 사회 단체를 포기하고 다른 가능성을 모색한 셈이다. 즉 「미일신문」은 교육 기구로서의, 정론지로서의 색깔을 포기하고 기업으로서의 언론으로 변모할 수밖에 없었다. 그러나 기업, 사회 및 종교 단체가 확고하지 않았던 당시로서는 구독료 · 주식료 · 광고 · 기부금에 의해서 신문사를 운영할 수밖에 없었다.

재정에 어려움을 겪었던, 그리고 사상 정리의 난관으로 전전하던 「미일

160) 「경성신문」은 1898년 3월 2일 윤치호의 노력으로 창간되었으며, 인가 청원서에서 아국상무(我國商務)가 흥왕(興旺)하기를 위하여 물건의 시직(市直)과 인민의 소문소견을 기재(記載)하고자 한다(계훈모 편, 상게서, p. 17)라고 규정했다.

161) 김민환, 상게서, p. 124 재인용.

신문」은 결국 1899년 4월 30일 278호로 폐간되었다. 「미일신문」의 인쇄 시설은 「미일신문」의 판권을 인수한 상무회사(商務會社)[162]로 넘어갔으며, 상무회사는 1899년 4월 15일 격일간지 「상무총보(商務總報)」를 발간했다. 「상무총보」는 황국협회(皇國協會)의 보부상(褓負商)들이 1899년 1월 22일 창간한 「시사총보(時事叢報)」[163]와 맥을 같이했다. 그러나 당시 정론지가 득세하는 시대적 분위기에서 어용 색깔을 지닌, 독립협회와 관민공동회를 적대했던 상인들의 신문을 인민들이 구독했을 리 만무했다. 이들 신문은 곧 역사 속으로 매몰되고 말았다.

2) 정체성 위기의 「제국신문(帝國新聞)」

사상의 정리로 갈등했던 협성회는 일부 회원들은 「뎨국신문」 창간에 협력했다. 「뎨국신문」[164]의 구성진은 배재학당 · 개명관리 · 이문사(以文社)

162) 상무회사는 황국협회의 보부상(褓負商)들이 모인 단체이며, 「상무총보」는 길영수(吉永洙) · 나유석(羅裕錫) 등이 맡았다. 이 신문은 1899년 4월 15일 창간된 우리나라 최초의 경제 일간지였다(박정규, 「상무총보, 대한상무신보에 대한 역사적 고찰」, 『언론과학연구』 제3권 2호, p. 155). 「매일신문」이 사내 분규로 정간되자 인쇄 시설과 부대 자료를 인수하여 중서 니동(中署 泥洞)(진골)에서 발간하였다. 또한 이 신문은 교역의 증진과 상도의 정립에 관심을 가졌으나 1899년 5월 폐간되었다.

163) 「시사총보」는 정부의 기관지로서, 1899년 1월 22일 홍중섭(洪中燮) 사주 겸 편집인인 장지연(張志淵) 주필로 시작하였다. 장지연은 사례소 내부주사(史禮所, 內部主事)의 관직을 청산하고, 「시사총보」에서 언론인 생활을 시작하였다(권영민, 「진단학보」 55, 1982). 「시사총보」는 1899년 8월 17일까지 100호를 발행한 후, 그해 11월경 광문사(廣文社)에 인쇄 시설을 넘겼다. 광문사는 그 시설로 정다산(丁茶山)의 『목민심서(牧民心書)』, 『흠흠신서(欽欽新書)』 등을 출간했다.

164) 「뎨국신문」은 1898년 8월 10일 창간되어 1910년 3월 31일까지 발행되었다. 본 제호는 1903년 7월 7일 「제국신문(帝國新聞)」으로 변경되기까지 사용했다. 이 신문은 태평로 2가 남쪽 끝 신한은행 건물 근처에서 발행했다. 창간에는 이종일(李種一) · 이종면(李種冕) · 이종문(李種文) · 이승만(李承晩) · 장효근(張孝根) · 염중모(廉仲模) · 심상익(沈相翊) · 김익승(金益昇) 등이 관여했다(김영희, 「뎨국신문에 관한 일 연구」, 서울대학교 석사논문, 1977, pp. 32~39). 초대 사장은 내부주사 및 중추원 의관을 지낸 이종일이었으며, 2대는 군부참서관(軍部參書官)을 지낸 최강(崔岡)이었다. 최강(1903. 1. 5.~1903. 6. 14)이 잠시 맡았지만 곧 3대에 이종일에게 다시 넘겨졌다.

관련자 등 다수가 포함되어 있었으나 이종일(李種一, 1858~1925)과 이승만 · 정운복(鄭雲復) 등이 독립협회 일을 겸임함으로써 독립협회와 일정하게 연관되어 있었다. 주시경(周時經) · 이효신(金孝臣) · 김두현(金斗鉉) 등 독립협회 소속 인사들이 「데국신문」 운영에 참가했다. 더욱이 논설은 이승만[165]이 집필함으로써 여전히 협성회의 사상이 투영될 수밖에 없었다.

「데국신문」의 재정은 유지들이 모인 합자회사(合資會社)의 형태를 유지하기는 했으나 이종일[166] · 이종문 · 이종면 · 김익승(金益昇) · 심상익(沈相翊) 등 이문사 출신이 참여함으로써 출판사가 신문의 내용, 재정 및 운영 일체를 담당한 셈이다. 「데국신문」은 몇 사람의 신학문을 접한 지식인과 사업을 하는 출판인이 협동하여 발행하는 상업신문이었으며, 독자층은 중류 이하의 대중과 부녀자였다.

「데국신문」의 이승만은 1898년 11월 독립협회 측의 중추원의관선거(中樞院議官選擧)에서 중추원의관(中樞院議官)으로 선출되었다. 당시 이승만은 1898년 3월 10일 독립협회가 주최한 만민공동회의 연사로 나섬으로써 정치활동을 본격적으로 시작했다.[167] 이날 만민공동회는 한국 정부가 러시아에 이양한 이권의 취소, 러시아 고문관 파면, 한러은행 해체 등을 요구하였다. 또한 그는 1899년 1월 박영효 쿠데타음모사건에 연루되어 투옥되어 6년여 감옥 생활을 하게 되었다. 또한 그는 형무소에서 홉스의 '만인의 만인에 대한 투쟁'에 의거해 『독립정신』(1904)을 집필했다.[168]

---

165) 이승만은 「데국신문」 초기 주필을 맡았다. 독립협회 사건으로 투옥되자 옥중에서도 논설을 작성했으나, 출옥 후 민영환(閔泳煥)의 주선으로 1904년 11월에 도미했다.

166) 이종일(1858~1925)은 어려서 한문학을 수행한 유생으로서, 1882년 사신(使臣)으로 일본에 다녀와 정삼품(正三品)의 위계를 받은 사람이다. 그는 「데국신문」 발행에 중추적 역할을 하였으며, 그의 사상과 신문관은 「데국신문」 논조 그 자체이다(김영희, 상게 논문, 1977, p. 38).

167) 정용욱, "홍보, 선전, 독재자의 이미지 관리", 서울대학교 국제문제연구소 편, 『이승만과 제1 공화국』, 논형, 2007, p. 55.

168) 정용욱, 상게서, p. 56.

이승만은 24세부터 29세까지 5년 7개월간 감옥생활을 한 뒤 1904년 8월 9일 석방돼 잠시 「제국신문」의 주필을 맡았다가 그해 11월 4일에 국으로 유학을 떠났다.[169]

옥중에서도 일인 신문 「한성신보(漢城新報)」와 활발한 논쟁을 벌이기도 했다.[170] 즉 독립협회의 정론지 역할을 했던 「뎨국신문」은 일본의 기관지를 맹렬히 공격한 것이다. 독립협회의 목적이 독립임을 간주할 때 일본의 조선 침략상은 당연히 공격의 대상이 되었다.

「뎨국신문」은 당시 독립의 당위성을 합법적으로 끌어들일 수 있는 수단이었다. 그러나 논쟁이 벌어질 때, 이를 뒷받침할 재력이 없다면 논쟁은 결국 일탈로 갈 수밖에 없다. 초기 관의 고급 관료가 주도하던 독립협회 운영이, 민중의 대거 참여로 인한 관리 탈퇴와 함께 합법적 영역으로 승화시킬 재력의 미비로 인해 난관에 봉착하게 되자, 황제(皇帝)는 이를 곧 일탈로 처리했다.

「뎨국신문」은 창간사(1898. 8. 10)와 아울러 연이어 세 번에 걸쳐 신문의 창간 취지를 고백 내용으로 처리하여 다뤘는데, 「뎨국신문」의 의미를 다음과 같이 서술했다.

> 뎨국신문이라 ᄒᆞᄂᆞᆫ 쁫슨 곳 이 신문이 우리 대황뎨 폐하의 당당ᄒᆞᆫ 대한국 ᄇᆡᆨ셩의게 속ᄒᆞᆫ 신문이라 ᄒᆞᆷ이니 쁫시 또ᄒᆞᆫ 즁대ᄒᆞ도다··· 특별히 뎨국 두 글ᄌᆞ로 신문 졔목을 숨아 황샹 폐하의 지극ᄒᆞ신 공덕을 찬양ᄒᆞ며 우리 신문의 무궁히 경축ᄒᆞᄂᆞᆫ 뜻을 낫하ᄂᆡ노라.

그리고 「뎨국신문」의 창간호는 지면 구성과 신문의 기능에 관해 자세히 밝히고 있다.

---

169) 강준만, 『한국 대중매체사』, 인물과 사상사, 2007, pp. 116~7.

170) 정진석, 상게서(1990), p. 167.

우리도 ᄯᅩᄒᆞᆫ 슌국문으로 박일 터인ᄃᆡ 론셜과 관보와 잡보와 외국 통신과 뎐보와 광고등 여러 가지를 ᄂᆡ여 학문샹에 유죠ᄒᆞᆯ만ᄒᆞᆫ 말이며 시국에 진젹ᄒᆞᆫ 소문을 드러 등직ᄒᆞ려ᄂᆞᆫ바 본샤쥬의인즉 신문을 아모됴록 널리 전파ᄒᆞ여 국가 ᄀᆡ명에 만문분지일이라도 도움이 될가ᄒᆞ야 (……)

「뎨국신문」은 보도 기능보다 지도 기능과 지식 개발에 관심을 가져 학문상에 유익한 말을 실어 국가 개명에 이바지하고자 했다. 「뎨국신문」은 구체적 목적을 사설에서 논했다.

본샤 목젹이 아모됴록 우리 나라에셔 ᄒᆡᆼᄒᆞᄂᆞᆫ 법률과 풍속을 곳쳐 ᄀᆡ명에 나아가기를 쥬쟝 삼ᄂᆞᆫ바ᄂᆞᆫ (……) 법률과 경계가 업셔지면 필경 강ᄒᆞ고 권력잇ᄂᆞᆫ자 임의 ᄃᆡ로 ᄒᆞᆯ터이니 강ᄒᆞ고 권력잇ᄂᆞᆫ 임의ᄃᆡ로 ᄒᆞᆯ디경이면 그해ᄂᆞᆫ 누가 밧ᄂᆞ뇨 (……) 우리ᄂᆞᆫ 불가불 몸을 도라보지 안어야 ᄒᆞᆯ터이오 몸을 도라보지 아니ᄒᆞ면 모진 의론이 셰상에 셜터이오 모진 의론이 셰상에 셔ᄂᆞᆫ 날은 법률과 경계가 나셜터이니 법률과 경계가 나션즉 아모리 강ᄒᆞ고 권력잇ᄂᆞᆫ 자라도 욕심ᄃᆡ로 ᄒᆡᆼᄒᆞ지 못하고 아모리 잔약ᄒᆞᆫ 자라도 무리ᄒᆞᆫ 압졔ᄂᆞᆫ 밧지안코 다만 법률 안에서 경계ᄃᆡ로만 ᄒᆡᆼᄒᆞᆯ터인즉 (……)[171]

그리고 「뎨국신문」의 사설은 실력 양성론을 주장했다.

ᄌᆞ유라 ᄒᆞᄂᆞᆫ 거슨 사ᄅᆞᆷ이 졔슈죡을 가지고 긔거와 운동을 졔ᄆᆞᄋᆞᆷᄃᆡ로 ᄒᆞ야 ᄂᆞᆷ의게 졔어ᄒᆞᆷ을 밧지안ᄂᆞᆫ 거시오 압졔라 ᄒᆞᄂᆞᆫ거슨 졔 몸과 졔 ᄯᅳᆺ슬 가지고도 ᄂᆞᆷ의게 눌녀셔 ᄒᆞ고 십ᄒᆞᆫ 노릇슬 임의ᄃᆡ로 못ᄒᆞᄂᆞᆫ 거시니 능히 일신샹 ᄌᆞ유를 직히ᄂᆞᆫ쟈ᄂᆞᆫ 가히 ᄉᆞ지가 구비ᄒᆞ야 온젼ᄒᆞᆫ 사ᄅᆞᆷ이라 [중략] 온젼ᄒᆞᆫ 사ᄅᆞᆷ 노릇들을 ᄒᆞ고 십것던 외국 사ᄅᆞᆷ의 인졍과 학문을 좀 ᄇᆡ화 ᄌᆞ유권 직힐 만ᄒᆞᆫ ᄇᆡᆨ셩들이 되여봅시다.[172]

---

171) 「뎨국신문」, 1898. 8. 13.

172) 「뎨국신문」, 1898. 8. 17.

결국 독립협회를 구성했던 하나의 세력이 설립한 「뎨국신문」은 국가 발전과 국권 수호를 위해 인민의 실력 양성론을 주장했다. 그것은 정치적인 색채와 사회 계도적인 내용보다, 신교육이 우선되어야 함을 논한 것이다. 그러나 다른 한편으로 「뎨국신문」은 이문사와 정부의 도움을 받고 합자 회사로 운영되었지만, 여전히 재정적으로 위약했다.

「뎨국신문」은 당시 정체적 위기를 일찍 경험했다. 중하층을 독자로 하는 「뎨국신문」의 필요성은 인정하지만 '위정척사파'의 입장에서 볼 때 「뎨국신문」은 일종의 이단일 수밖에 없었다. 신문의 독자 투고를 늘리면서 신문은 산만해졌다. 사장인 이종일과 옥중에 있는 이승만이 논설을 작성했지만, 여전히 '논설 기자의 부족'[173]은 채워질 수 없었다. 정체성의 위기에 처한 「뎨국신문」은 제호까지 「제국신문(帝國新聞)」으로 변경시켰다.

「뎨국신문」의 전신인 「믹일신문」은 민의 집단력을 강조하며, 백성의 힘을 믿어왔다.[174] 일제의 군사형 사회에 대항할 수 있는 것은 민의 숫자에 의한 응집력으로 어느 것보다 설득력이 있었다. 「뎨국신문」은 약한 나라가 강한 나라로부터 권리를 찾는 힘은 군사력에 있지 않고 민론에 있다고 역설했다.[175] 신문을 통한 인민의 교화는 곧 그들을 자유롭게 하는 첩경일 것이다. 그러나 사회 · 기업 단체가 허약한 당시로서는 신문 산업의 재정적인 면에 도움이 되지 못했다.

'동도서기론'의 '도'는 일반 민중이 습득하기 쉽지 않은 원리였다. 이를 교화하는 방법도 「뎨국신문」이 취할 수 있는 하나의 방법이었다. 그러나 급진 개화파는 자연 법칙에 의해 지배되는 사회를 사회 법칙에 의해 지배되도록 권장하고 있었다. 급진 개화파는 도를 통한 개혁 방법보다 법으로 다스리고, 인민을 평등하게 만들 수 있기를 원했다. 인민이 사회에 자발적으로 참여하여 자유노동을 구가하며, 그들은 다른 사람과의 계약으로 관계를

---

173) 최기영, 『대한제국시기 신문연구』(서울: 일조각, 1991), p. 41.

174) 「믹일신문」, 1898. 4. 12.

175) 「뎨국신문」, 1902. 9. 12.

유지한다. 그럼으로써 인민 개개인은 하나의 물체(things)로 간주될 수 있다. 개인의 사고는 객관화할 수 있으며, 객관화된 개인은 결사체를 유지할 수 있으며, 그런 결사체는 국가를 형성한다. 각 개인과 결사체는 철저한 분업의 원리에 의해 서로의 자치와 상호 의존을 경험하게 된다. 이때 '사회의 신경 체제'(the social nervous system)로서의 언론은 객관 보도라는 명목 아래, 혹은 '물질적 상징'(material symbols)으로 서로를 연결시킬 수 있다. 비판 · 폭로 · 선정성을 통해 인민과 사회 조직을 사회 체계 안으로 끌어들일 수 있다. 언론사는 조직을 강화시켜 자체의 힘으로 사회를 통합시킬 수 있는 한편, 사회 단체의 기관지로서 언론의 고유 기능을 수행할 수도 있다. 그러나 「뎨국신문」은 양자 중 어느 하나도 택할 수 없는 것이 당시의 입장이었다.

유학과 서구 학문을 접한 이종일은 '동도'의 입장에서 '서기론'을 받아들이는 입장을 택했다. 일본의 군사형 사회는 지식인들의 사회 비판을 수용하기보다, 그 규제에 관심을 가졌다.[176] 자발성이 없는 사회에서 「뎨국신문」이 중하층의 독자를 확보하기란 쉽지 않았다. 「뎨국신문」이 문벌 타파, 미신 타파, 단발, 양력 사용, 위생, 의복 개량, 인신 매매 금지, 사치 중지, 개가(改嫁), 남녀 교제, 여성 교육 등 풍속 개량에 관심을 갖고,[177] 인민을 교화하기 시작하자, 이는 당시 위정척사파에게 많은 반감을 불러일으켰다. 설상가상으로 1903년 7월 7일 「제국신문」의 제호 변경은 독자의 정체성마저 포기한 결과를 가져왔다.

그러나 「제국신문」은 친일단체 일진회를 비판(1904년 10월 7일)하여, '일본의 군사상 및 치안 상 방해가 되었다'는 이유로 3주일간 정간당하고, 10월 31일 정간을 풀었으나, 재정난으로 휴간하였다, 11월 9일에야 속간을 한다. 그 후에도 이종일 사장은 고초, 신문은 정간 등 역사를 반복했다.

176) 최기영, 상게서, p. 245.

177) 최기영, 상게서, p. 51.

3) 개신 유학자의 「황성신문(皇城新聞)」

배재학당 출신을 중심으로 한 인사들이 초창기 「데국신문」을 운영하였다면, 「황성신문(皇城新聞)」[178]은 독립협회의 기관지 구실을 담당했을 뿐 아니라 유교 혁신의 대변지였다.[179] 「황성신문」은 전신인 「대한황성신문」의 주요 인사 이상재(李商在)·윤치호(尹致昊)·남궁억(南宮檍)·강화석(姜華錫)·장지연(張志淵) 등이 직간접으로 관여했다.[180] 남궁억·나수연은 직접 독립협회에 참여했으며, 윤치호는 「황성서문」의 전신인 「경성신문」의 사장이었다.

「황성신문」은 독립협회와 밀접하게 관련되어 있었으며, 그 운영에는 유학자들이 대거 참여했다. 이 신문의 창간사 일부를 소개하면 다음과 같다.

> ...대황제 폐하(大皇帝 陛下)께서 갑오 중흥(甲午中興)의 기회를 맞아 자주독립(自主獨立)의 기초를 확정하고, 모든 것을 일신(一新)하는 혁신 정령(革新 政令)을 반포하였다. 이 때 특별히 기자와 성인인 남겨 전한 문자와, 선왕(先王)이 창조한 문자를 함께 쓰게 하기 위해 공사(公私) 문체(文體)를 국·한문으로 섞어서 쓰도록 칙교(勅敎)를 내리었다. 이를 받들어 백규(百揆=내각 총리(內閣 總理)가 백관(百官)을 이끌고 바쁘게 행하니, 요즘의 관보(官報)나 각 부(府)·군(郡)의 훈령(訓令)과 지령(指令)과 각 군(郡)의 청원서(請願書)와 보고서(報告書)

---

178) 「황성신문」은 「京城新聞」[윤치호(尹致昊)가 1898년 3월 2일 창간, 수, 토 주 2회 발간], '대한제국'의 국호에 따라 「대한황성신문」(1898년 4월 6일)으로 제호를 변경해오다가 결국 「황성신문(皇城新聞)」으로 1898년 9월 5일에 발간되었다. 새로운 「대한황성신문」 운영진은 "우리나라 자주 독립한 후에 세계 각국에서 우리나라 사람도 신문하는 줄을 알게 함이라"라고 개제 이유를 밝혔다(최준, 상게서, p. 74; 대한황성신문 1898년 4월 6일). 「황성신문」은 남궁억(南宮檍, 사장)·나수연(羅壽淵, 총무원) 등이 운영을 맡았으며, 이 신문의 제작에 참여한 인사는 박은식(朴殷植)·유근(柳瑾)·장지연(張志淵)·남궁억(南宮薰)·신채호(申采浩)·김상천(金相天)·최창식(崔昌植) 등이다. 1900년 1월 5일부터 Reuter의 기사를 게재하기도 했다(윤주영, 상게서, p. 803).

179) 이기백, 상게서, p. 389.

180) 이광린, 「「황성신문」연구」, 『동방학지(東方學志)』 53, 1986. 12. p. 11.

따위가 그것이다. 오늘날 본사(本社)도 신문(新聞)을 확장하는데 먼저 국 · 한문으로 섞어서 쓰기로 한 것은 온전히 대황제 폐하의 성칙(聖勅)을 준수하기 위함이다....

한학자 장지연이 「황성신문」의 주필직과 2대 사장직(1902. 8~1905. 11)을 맡았다. 그와 같이 논설을 기고했던 유근도 한학자였다. '동도서기론자(東道西器論者)'의 후예라는 점에서 토착화된 서구화를 시도했다. 개신유학자(改新儒學者)는 실학의 '실사구시(實事求是)'의 바탕 위에 '이용후생(利用厚生)'을 신문 사설에 용해시켰다.

국(國)은 민(民)이 아니면 불성(不成)하고 민(民)은 국(國)이 아니면 불생(不生)하ᄂᆞ니 이럼으로 국(國)은 민(民)을 무애(撫愛)하고 민(民)은 국(國)을 보호하ᄂᆞ니 (······) 백성(百姓)은 족(足)하자하면 상무(商務)가 곳 당금급무(當今急務)라 고(故)로 태서각국(泰西各國)에ᄂᆞᆫ 전(專)혀 상리(商利)를 확장(擴張)하야 기수출(其輸出)하ᄂᆞᆫ 물품(物品)이 만억(萬億)은 계하ᄂᆞᆫᄃᆡ (······) 재목(材木)의 대소(大小)와 곡직(曲直)을 분간(分揀)ᄒᆞ야 동량(棟梁)에 용(用)ᄒᆞᆯ 자(者)ᄂᆞᆫ 동량(棟梁)에 용(用)ᄒᆞ고 연추(椽樞)에 용(用)ᄒᆞᆯ 자(者)ᄂᆞᆫ 연목구(椽木區)에 용(用)ᄒᆞ고.[181]

직능에 대한 언급은 「황성신문」의 창간호 사설에서 같은 맥락으로 논했다.

부정부(夫政府)의 용인(用人)은 장씨(匠氏)의 용재(用材)ᄒᆞᆷ과 동(同)ᄒᆞ여 각기용처(各其用處)에 적의(適宜)ᄒᆞᆷ을 취(取)ᄒᆞᄂᆞ니 하자(何者)오 장씨(匠氏)가 사옥(舍屋)을 경영(經營) ᄒᆞᆯᄉᆡ 몬져 승묵(繩墨)과 준측(準尺)을 지(持)ᄒᆞ고 (······)[182]

181) 「황성신문」, 1898. 9. 9.

182) 「황성신문」, 1898. 9. 5.

또한 「황성신문」은 개화사상에 따른 적십자 · 병균 · 세력권 등의 소재까지 신문에 소개함으로써 문호 개방에 적극적이었다.[183] 개화사상 보도에 적극적인 「황성신문」 '아국(我國)의 서책(書冊)이 (……)'의 사설[184]은 교섭 통상에 관한 각국의 현행 세칙에 보도를 「관보(官報)」보다 독자가 많은 「황성신문」에 게재하기를 원했다.

「황성신문」은 신문의 활자도 국한문을 혼용했을 뿐 아니라 내용과 독자층도 선택했다. 이들은 전통을 긍정적으로 수용했을 뿐 아니라 서구의 영향을 취사선택했다.[185] 「황성신문」의 실무진은 중견 관리의 경험자였으므로 정부의 의도가 잘 반영될 수 있는 여지가 있었다. 더욱이 「황성신문」은 「한성순보」 때의 미숙한 개화관과는 달리 안정된 변화 체제에 돌입해 있었으며, 오합지중(烏合之衆) 형식으로 모였던 독립협회를 재조직하는 시멘트 역할을 할 수 있었다.

독립협회의 기관지 역할을 한 「황성신문」이었지만 남궁억 · 장지연 · 유근을 중심으로 한 온건 개화파에 의해 운영됨으로써, 급진 개화파인 서재필 · 이승만 등과는 거리를 둘 수 있었다. 「황성신문」의 색깔은 정부 측에 더욱 가깝다고 볼 수 있다. '황성'이란 이름과 더불어 위치한 장소는 중서 등청방 황토현(中署 澄淸坊 黃土峴) 제23통 7호 전 우순청(前 右巡廳)의 건물이었다.[186] 즉 황성신문사는 지금의 광화문 네거리 '고종황제 즉위 40년 칭경 기념비전' 에 위치한, 정부 소유의 건물을 빌어서 정부의 후광을 엎고 시작한 신문이다. 그렇다면 관련 인사, 제호, 그리고 장소에 의거해 「황성신문」을 「한성순보」와 「한성주보」가 발전적 방향으로 진화한 신문으로 봐도 무방하다. 그러나 관리가 신문 제작에 참여하는 후자와는 달리 전자는

---

183) 윤주영, 상게서, p. 803.

184) 「황성신문」, 1898. 1. 14.

185) 신용하, 『독립협회와 만민공동회』(서울: 한국일보사, 1975), p. 69.

186) 이광린, 상게서(1986), p. 16: 여기서 우순청은 순무사(巡撫使)의 임시 군영을 가리킨다.

순수 민간인이 제작했다. 또한 「황성신문」은 주로 고금제(股金制, 합자회사)·구독료·광고·정부 보조금 등에 의해 운영됨으로써 전적으로 정부에 의존하는 것은 아니었다. 그러나 구체적 상황이 획기적으로 개선되지 않는 당시의 상황에서는 신문의 형태를 예전의 근본적인 골격 그대로 답습한 것이었다.

「황성신문」은 타협은유(妥協隱喩)의 정신으로 완고한 독자층을 상대로 양반 세력을 개화의 장으로 끌어들이는 역할을 했다.[187] 「뎨국신문」이 중하층민과 부녀자를 중심으로 불안정한 운영을 했다면, 「황성신문」은 중산층 이상의 안정적 독자를 확보했다. 더욱이 「독립신문」이 1899년 12월 4일 폐간되어 「뎨국신문」과 「황성신문」 두 신문만이 남게 되면서 더 많은 안정적 독자를 확보할 수 있었다.

「황성신문」의 사설[188]에서 신문사를 창간한 목적이 이익도취(利益徒取)함이 아니라 인민 개명에 있음을 분명히 했다.

> 신문사(新聞社)를 창설(創設)ᄒᆞᆫ 목적(目的)은 본보 제일호 2호(本報第一號 二號)에 약유설명(略有說明)ᄒᆞ엿거니와 실(實)노 인민개명(人民開明)ᄒᆞ기를 주의(注意)ᄒᆞᆷ이오 이익도취(利益徒取)ᄒᆞᆷ은 아니라.

또한 신문은 관리의 기우를 공격하고, 궁극적으로 신문의 비판 기능에 대해 논했다.

> 황성 종남산하(皇城 終南山下)에 일사(一士)가 유(有)ᄒᆞ니 자호(自號)를 상원자(想遠子)오 북악산하(北岳山下)에 일사(一士)가 유(有)ᄒᆞ니 자호(自號)를 기우생(寄遇生)이라 (……) 기우생 왈정부(寄遇生 曰政府)란 자(者)난 국가(國家)의 추기(樞機)라 기국(其國)의 치란(治亂)이 기인(其人)의 합심불합심(合心

187) 이규태, 상게서, p. 51.

188) 「황성신문」, 1898. 10. 19.

不合心)에 재(在)ᄒᆞᄂᆞ니 만일 합심(合心)치 못ᄒᆞ면 수관갈(雖管葛)이 병시(幷時)ᄒᆞ나 엇지 기정(其政)의 불란(不亂)ᄒᆞ기를 망(望)ᄒᆞ리오 금일정부제공(今日政府諸公)이 혹정치상(或政治上)에 유의(有意)치아님은 아니로ᄃᆡ 일인(一人)이 일사(一事)를 논(論)ᄒᆞ면 기타(其他)ᄂᆞᆫ 취중(醉中)에 시(視)ᄒᆞ고 몽중(夢中)에 언(語)ᄒᆞ다가 추후(追後)로 각기이론(各其異論)을 작ᄒᆞ야 (……)[189]

신문이 국론을 분열시킨다는 이유로 신문을 불신하는 관리의 모습을 「황성신문」에서 논했다.

「황성신문」이 독립적인 신문사 운영에는 문제가 따랐다. 2대 사장 장지연이 신문사를 운영하던 1904년에는 찬무원(贊務員)이 13명이었다.[190] 조직 분화도 되지 않은 상황에서, 10명 내외의 기자로 전체 사회를 취재 영역으로 삼기에는 역부족이었다. 개인을 행위자로 사회 내에서 허용할 때 그 취재의 영역은 확산되며, 그들이 모인 사회단체는 늘어날 수밖에 없었다. 그들의 개인적 가치관과 그들의 시속적 습관을 통합할 수 있는 언론의 기능은 확산되었다. 그러나 개인과 단체를 객관화시켜줄 수 있는 기술이 뒷받침되지 않았다. 현실을 객관적으로 그려낼 수 있는 신문사의 기술과 조직의 관행도 정립되지 않았던 때였다. 논설을 쓰기 위해 비상임 촉탁 논설 기자와 일반 기자를 채용했을 가능성도 있다. 논설이 당시 신문의 주장이자 정신이었음을 고려할 때, 그 정신 또한 비상근 논설 기자, 탐방(探訪) 기자에 의해 확고하지 않게 반영되었다.

기자 개인에게도 문제가 있었을 것이다. 10시경에 의관을 갖추고 출근하여 통신과 관보를 열람하고, 잡보를 만들었다.[191] 사(社)의 전속이 아닌 탐방기자(探訪記者)가 사건 현장의 내용, 공적 기관의 간행물, 회의장의 상황, 도서관의 문헌 등으로부터 취재한 기사거리를 제공하면, 기재원

189) 「황성신문」, 1898. 10. 17.

190) 정진석, 『인물한국언론사』(서울: 나남, 1995), p. 78.

191) 김규환, 「한말언론계잡담」, 『신문평론』, 1964. 4, p. 14.

(記載員)이 그 기사를 정서(淨書)하거나 재작성했다. 당시 이런 편집국의 편제는 현재의 인터뷰를 통해 직접적으로 얻는 생동감 있는 정보를 결할 수 있었다. 정보는 자신의 '고정관념'의 틀에 의한 공허한 사변적 이야기 형식으로 작성되었다. 잡보의 이러한 취급 관행은 현재적 의미에서 사회면 기사와 논설을 별반 차이가 없이 하나의 방향으로 흐르게 했다. 하나의 정론적(政論的) 방향이 설정되면 그와 같은 경향에 따라 논설과 잡보가 같은 논조로 일관성을 유지할 수 있었다. 당시 사회단체가 활성화되지 않아 잡보의 내용은 정치 일변도일 수 있었다.

「황성신문」 편집진의 구성상 뉴스에 기초한 개화사상이 지면에 직접적으로 나타나지 않았다.[192] 첨예한 문제를 「황성신문」이 다룰 수 있는 입장도 아니었다. 국한문 혼용의 형태를 취한 「황성신문」의 자세에서 보듯이 「황성신문」은 보수층과 인민에 대해 중도적 입장을 취했다. 즉 「황성신문」이 양반 계층을 혁파하고 사회 개혁에 앞장서기에는 한계를 지녔다.

당시 양반 계층에게 영향을 준 중국의 량 치차오(梁啓超)는 "자유가 단순히 집단으로부터 독립적인 개체의 자율성을 의미하지 않는다. 여기서 '자유'란 개인의 자유가 아니라 집단의 자유를 말했다.[193] 또한 량 치차오는 개인을 '일군지아(一群之我)'와 '일신지아(一身之我)'를 분리시켜 양아(兩我)를 논했다. 후자가 '소아(小我)'라면 전자는 '대아(大我)'이다. 대아는 국가, 공의 개념을 대변했다. 그 결과 반드시 일군의 사람이 늘 나아가 몸을 굽혀 군에 따르고 소아를 버리고 대아를 지켜야 하며, 여기에서 타(他)를 아끼고 타(他)를 이롭게 하는 의(義)가 가장 중요하다."라고 했다.[194]

---

192) 「대한매일신보」에 이르러 비로소 현장 뉴스를 기초한 주요 관심사를 논설의 주제에 실었다고 봤다(유재천(劉載天), 「대한매일신보의 논설분석」, 이광린, 『대한매일신보연구』, 서울: 서강대학교 인문과학연구소, 1986, p. 95).

193) 양계초(梁啓超), 「新民說 · 論自由」 『點校』 제1집, p. 575; "자유운자, 단체지자유, 비개인지자유야(自由云者, 團體之自由, 非個人之自由也)"라고 했다; 백지운(白池雲), "근대성 담론을 통한 양계초 계몽사상 재고찰", 2003, 연세대학교, p. 88).

한편 「황성신문」은 국가의 대변지였다. 당시 이 신문은 재정면에서도, 양반 계층을 독자로 하여 그들로부터 구독료를 받아낼 수 있었을 뿐 아니라, 1903년 황제(皇帝)로부터 50兩을 하사받았으며, 7월 18일 내부(內部)로 하여금 훈령(訓令)을 내려 전국 각도의 적체된 신문 구독료를 납부케 하였다.[195] 그러나 이 신문은 1903년 2월 5일자 '크게 소리 지르면 붓을 던진다.'라고 논설을 작성할 정도로 재정이 어려웠다.

그리고 1904년 1월 러시아와 일본 간에 전운이 감돌자, 일본의 한국 침략을 세계에 알리기 위하여 영자 신문을 간행하도록 하는 한편, 국민 여론을 환기시키기 위해 신문에 황제는 큰 관심을 표명하며, 황성신문사에게 사옥을 하사(下賜)했다.[196]

그러나 대한제국 정부의 간헐적 도움은 일본 외무성의 기밀 보조로 발행하는 「한성신보(漢城新報)」와는 체제와 정보의 양과 질 면에서 차이가 있었다. 더욱이 독립협회를 해산시킨 황제와 정부 관리가 그 단체의 기관지였던 「황성신문」에게 적극성을 보이진 않았음은 당연했다. 군사 경찰 훈령이 내려진 1904년부터는 말할 것도 없으며, 일본인들은 경찰을 배치시켜 기사 작성을 감시했다. 즉 대한제국과 일본 정부에서 신문은 성가신 존재였다. 이 상황에서 신문의 의견과 일치하는 논설을 작성하기에는 한계가 있었다.

그러나 장지연은 유근과 함께 1950년 을사늑약(乙巳勒約)[197] 체결되자 '일제의 국권찬탈'을 폭로하는 「시일야방성대곡(是日也放聲大哭)」을 「황성신문」에 게재했다. 그는 인동(仁同), 호는 위암(韋庵)·숭양산인(嵩陽山人)이다. 장용상(張龍相)의 아들로 태어나 상주 출신 장석봉(張錫鳳)의 문하에서 수학하였다.[198]

장지연은 이등방문이 동양평화의 조약을 파기한 것에 대한 분노를 서술

---

194) 백지운, 상게 논문, p. 136.

195) 이광린, 상게 논문(1986), p. 22.

196) 이광린, 상게 논문(1986), p. 23.

했다. 그리고 '저 개 돼지만도 못한 소위 우리 정부의 대신이란 자들이 사사로운 영화를 바라 머뭇거리고 으름장에 겁먹어 떨면서 매국의 역적됨'을 비판했다. 끝으로 "이 원통하고 분하도다. 남의 노예된 이천만 동포여 살 것인가 죽을 것인가. 단군 기자 이래 사천년을 이어온 국민 정신은 하룻밤에 갑자기 없어지고 말 것인가. 원통하고 또 원통하도다. 동포여 동포여."라고 했다.[199)]

「황성신문」에 이어 「대한매일신보」는 1905년 11월 21일 「황성의무(皇城義務)」에서 "과연 일본 순사들이 찾아와서 사장 장지연 씨를 잡아 가고 이 신문을 청간 조치하였다. 아 슬프도다. 황성 기자는 단지 이 신문사의 의무를 잃지 않았을 뿐만 아니라 실로 대한 전국 사회 신민의 대표가 되어 광명정직한 의리를 세계에 발현하였도다."라고 했다.[200)]

장지연은 그 사건으로 잡혀가 64일 만에 출옥한 후, 1906년 6월 25일 「조양보」의 편집원으로 잠시 머물렀다. 그 후 장지연은 나수연, 김상범(金相範), 윤치호, 윤효정(尹孝定), 임병항(任炳恒) 등과 더불어 1906년 8월 '대한자강회'를 결성하고 교육진흥과 산업발달, 사회교풍과 같은 민족계몽 운동에 나섰다.[201)] 그 후 그는 1908년 블라디보스토크로 망명

---

197) 을사조약은 1905년 11월 17일 맺어진, 을사늑약(乙巳勒約), 혹은 제2차 한일협약이다. 이토 히로부미(伊藤博文)는 1905년 2월 9일 한성에 나타났다. 그는 고종을 알현한 후 15일 일본공사 하야시 곤스케(林權助)를 시켜 전문 5조로 된 조약문을 내놓았다. 이것은 한제국의 외교권을 일본외무성에서 관할하고 한국을 보호한다는 것이며 통감부(統監府)를 두어 외교에 관한 사항을 통합이 관리한다는 것이다(최준, 『신보판-한국신문사』, 1993, p. 113). 이것이 이른바 5 조약(條約), 혹은 일사보호조약이란 것이다. 한규설(韓圭卨) 참정대신을 비롯한 각 각료들은 이에 반대하였으나, 이토 히로부미는 하세가와 요시미치(長谷川好道) 일본군사령관과 더불어 일본군사력으로 강압하여 일방적으로 이 조약을 채결하였다.

198) 이연, "황성신문과 장지연의 '시일야방성대곡'", 서정우 편, 『한국언론 100년사』, 한국언론인연합회, 2006, p. 305.

199) 장지연, 유근, 「시일야방성대곡」, 「황성신문」, 11월 20일, 서정우 편, 상게서, p. 311.

200) 서정우 편, 상게서, p. 315.

201) 조맹기, "국사(國士) 언론인 장지연", 『한국언론인물사상사』, 2006, p. 96.

을 시도했고, 「해조신문」(1908년 2월), 그리고 최초의 지방신문 「경남일보(慶南日報)」(1909년 10월 15일 창간)의 주필이 되었다. 한편 대체로 「황성신문」은 그날의 주요 관심사를 다루거나, 시국과 관련된 기사를 다룰 때 사회적 상황을 고려하지 않을 수 없었다. 신문의 사회적 기능은 그 사회의 제도와 분리시켜 설명할 수 없다.

유교적 문화에서 객관 보도는 역부족이었으며, 상업신문이 득세하여 신문끼리 서로 경쟁하는 상황에서 정론지는 쉽지 않았다. 일본의 군사형 사회는 일정한 경제적 부분에 한해서 자유를 허용하는 상황이었으므로, 신문은 부분적인 경제적 자유를 누렸을 뿐이다. 그러나 대한제국의 인민은 경제적 자유보다 전통의 유지와 정치적 독립이 더욱 절실했다. 「황성신문」은 이러한 시대적 요구에 부응하여, 실학의 전통 유지와 온건 개화파가 갖는 파당성을 적극 내세웠다.

「황성신문」의 정론적 성격은 '사관사필(史官史筆)'의 정신을 계승한다는 사설[202]에서 그 편린을 살펴볼 수 있다.

> 논설논설(論說論說)하니 논설(論說)이 무엇신고 성쇄(盛衰)를 논설(論說)함이오 사정(邪正)을 논설(論說)함이오 현우(賢愚)를 논설함이니 차외(此外)에 천(千)기 만서라도 기대지(基大旨)는 권선징악(勸善懲惡)하는데 불과하되 직진기사(直陳其事)도하고 위곡풍유(委曲風諭)도하고 견경생정(見景生情)도하여 그 세도풍화(世道風化)를 비익(裨益)하도록 함이라.

더욱이 사정(邪正)을 가려내어 잘하는 것을 권하며, 잘못된 것을 비판하는 언론의 비판 기능을 활성화시켰다. 또한 「황성신문」은 '공시공비(公是公非)'를 신문의 계몽적 입장에서 권장하며, 이런 신문의 구독은 국민됨의 직분을 다하는 것으로 규정했다.

---

202) 「황성신문」, 1899. 2. 24.

신문구람(新聞購覽)하시는 유지군자(有志君子)의 인인권면(人人勸勉)하는 성의(誠意)가 무ᄒᆞ면 니고자용(泥古自用)하는 폐(幣)를 전회(轉回)키 난(難)하니 차권면(此勸勉)하는 도(道)는 명예(名譽)를 취(取)함이 아니라 인(人)이 기국(其國)에 생(生)ᄒᆞᆷ의 기국(其國)의 인민(人民)된 직임(職責)을 담(擔)하엿슨 즉[203]

일본의 군사형 사회는 부분적 경제적 자유를 허용했지만, 당시 급진 개화파의 무분별한 서구 문화의 유입과 함께 오히려 인민을 혼란하게 했다. 「황성신문」은 이러한 상황에 대해 애국적 · 계급적 · 사상적 편견을 표명했으며, 이는 지금 신문이 역사성을 거부하는 정신과는 상반된다. 당시 「황성신문」은 1903년 1월 23일부터 3월 27일까지 고전의 소개를 위한 책 수집 광고를 게재했다. 문호 개방 후 가치 체계가 혼돈되어 있음을 감지한 「황성신문」은 사대사상(事大思想)에 젖은 양반, 유생들에게 한국 혼을 불어넣기 위해서 책 수집을 시작했다.[204] 온건 개화파의 정론지적 성격을 부각시키기 위해, 동양 사상을 현실과 접목시킨 실학자 다산 정약용(實學者 茶山 丁若鏞)의 저작물을 소개함으로써 '실사구시' 정신을 확산시켰다. 「황성신문」의 주필이었던 장지연과 박은식(朴殷植)은 다산 사상의 전파에 적극적이었다.[205] 「황성신문」의 사설에는 한국의 역사 · 지리 · 제도 등이 소개되기도 했다. 당시 종교는 더 이상 지배 사상일 수 없었으나, 고전과 지명의 언어는 문화 동질성을 나타낼 수 있는 중요한 도구로 작용하여 민족을 엮는 이음쇠 역할을 했다. 「황성신문」은 동질성과 이질성 사이의 정론적 관점에서 자타를 분리시켰다. 그러나 사상이 도구적 사고와 연결될 때 그 사상은 비로소 빛을 발하게 된다. 즉 재정적 뒷받침, 전문적인 인적 구성, 조직적 훈련 등이 뒤따라야 신문도 융성해질 수 있다. 그러나 당시 「황성신문」은 정론성과 사회적 상황 요소가 괴리되어 있었으며, 생존을 위한 환경 감시

203) 「황성신문」, 1899. 1. 12.

204) 이광린, 상게 논문(1986), p. 33.

205) 이광린, 상게 논문(1995), p. 38.

기능이 활성화되지 못했다. 당시 다른 신문과 마찬가지로 「황성신문」도 상황 논리와는 거리감이 있는 논설로 일관했다.

일본은 군사형 사회의 완성을 위해 매진했다. 「황성신문」의 사장 남궁억과 총무원 라수연은 정치 문제를 다룬 기사로, 1902년 5월 7일 경무청에 구속된 지 약 3개월 후인 8월 3일과 6일에 각각 풀려났다.[206] 사장과 총무원이 풀려난 후 장지연이 그해 8월 31일 사원 총회에서 사장으로 선출되었다. 그 당시 「황성신문」은 경영난에 봉착해 있었다. 더욱이 탁지부(度支部)는 지금까지 사용해왔던 순무청(巡撫廳)의 「황성신문」 건물을 인계할 것을 종용했다.[207] 정부는 더 이상 통제력을 상실하였으며, 일본인의 강압적 통제는 독립협회 이후 사회단체를 거의 허용하지 않았다. 반면에 신문은 스스로 지탱할 수 있는 조직력조차 갖추지 못했다.

4) 저항지의 「대한매일신보(大韓每日申報)」

수요가 증가함으로써 외국에서 발행하는 신문 · 잡지가 국내에 유입하기 시작하였다. 1896년 2월 15일 東京 유학생들이 만든 최초의 국문 잡지 『대조선일본유학생친목회회보(大朝鮮日本留学生親睦會會報)』를 발간하였다. 그 회원들은 귀국하여 대한구락부(大韓俱樂部)라는 단체를 결성하고, 1907년 4월 10일부터 월간 『대한구락(大韓俱樂)』(발행인, 이두연(李斗淵))를 발행하였다. 대한구락부는 고종 퇴위를 반대하는 항일 구국 운동에 앞장서기도 하였다.[208] 최남선(崔南善) 1908년 11월 1일 『소년(少年)』, 1912년 8월 15일 한글전용 소년 잡지 『붉은 저고리』, 1913년 9월 5일 『아이들보이』, 1914년 10월 1일 종합 잡지 『청춘(青春)』을 창간하였다.

---

206) 정진석, 상게서(1995), p. 81.

207) 이광린, 상게서, p. 19.

208) 차배근, 『개화기일본유학생들의 언론출판활동연구(1884~98)』(서울: 서울대출판부, 2000), p. 2.

한편 연해주 해삼위(沿海州 海蔘威, 블라디보스토크)에서 발행하는 일간 순국문 「해죠신문」은 1908년 2월 26일(종간 1908년 8월 11일) 최봉준(崔鳳俊) 사장, 장지연 주필에 의해 창간되었다. 이 신문은 '일반 국민의 보통 지식을 계발하며, 국권을 회복하야 독립을 완전케 할 목적'으로 창간하였다.[209] 주필 장지연의 「해죠신문」은 미주 · 동경 유학생들까지 관심을 가졌으며, 원산 · 인천 · 평양 등지에 지사를 설치하고, 배포망을 넓혔다. 그러나 「해죠신문」은 일본의 압박과 재정 능력 부족으로 정기 발행을 중지하였다. 그 후 「대동공보(大東共報)」(1908, 11. 18), 「대양보(大洋報)」(1911), 「권업보(勸業報, 1912)」 등으로 그 명맥을 유지하였다.

한편 미국 샌프란시스코의 공립협회〔共立協會, 총회장 안창호(安昌浩)〕의 기관지로 순국문 월 2회의 「공립신보(共立新報)」가 1905년 11월 20일(종간 1909. 1. 27) 창간하였다. 이 신문은 민족정신의 고취와 국권 회복 · 자주 독립 실현을 표방하였으며, 국내 사정에 큰 관심을 가졌다.[210]

국내에서도 외국인이 「조선크리스도회보」, 「그리스도신문」 등을 발행하였다. 선교사들은 교육 · 의료 · 출판 · 보건 · 사회사업 등을 주로 담당했는데[211], 신문을 발행하는 것은 그들의 주요 사업이었다.

「조선크리스도회보」("The Christian Advocate")는 1897년 2월 2일 미국 감리교의 아펜젤러(H. G. Appenzeller)가 한글 전용의 주간 신문을 창간하였다. 그는 1885년 내한하여, 1887년 배재학당, 1890년 종로서점을 설립하였다. 또한 아펜젤러는 1895년 코리안 「리포지터리」("The Korean Repository")를 창간하였으며, 서재필 이후의 「독립신문」에 관여하였다. 1896년 국호를 광무 대한제국(光武 大韓帝國)으로 개명하자, 12월 1일자부터 「조선크리스도회보」를 「대한크리스도인 회보」로 그 명칭을 변화시

209) 방상훈, 『한국신문통감(韓國新聞通鑑)』(서울: 조선일보사, 2001), p. 135.

210) 방상훈, 상게서, p. 128.

211) 최준, 상게서, p. 43.

켜, 성서 이야기, 교회, 사회 소식, 광고 등을 게재하였다.

「그리스도신문」("The Christian News")은 장로교파의 언더우드(Underwood)에 의해서 1897년 4월 1일 창간하였다. 이 신문은 성서 외에서도 서구의 과학기술을 소개였으며, 석판(石版) 사진을 게재하였다. 그리고 1905년 7월 1일 장로교 · 감리교파가 통합하여 「그리스도신문」("The Christian News")을 발행하였다.

한편 국내는 당시 상황과 맞물려 외국인이 발행하는 전문 일간 신문이 나타나기 시작하였다. 英 · 日 양국은 러시아의 남하 운동을 견제하는 영일동맹(英日同盟)을 1902년 1월 14일 체결했다. 영국은 청에 있어서의 이권을 일본으로부터 승인받고, 그 대신에 한국에 있어서의 특수 이익을 승인하였다. 영국과 일본 양국은 일국이 제3국과 교전하는 경우에 이를 원조할 것을 약속하였다.

영국의 힘을 빌려 일본은 러시아에 대해 강경책을 폈다.[212] 즉 일본은 러시아에 대하여 만주(滿洲)로부터, 철병할 것과, 한국에서 일본의 지위를 승인할 것을 요구하였다. 1904년 2월 9일 일본은 인천에 정박중인 러시아 군함과 여순항(旅順港)을 선제 공격하고, 선전포고를 하였다. 전쟁은 계속되었고, 일본은 경의(京義) · 경부(京釜) 두 철도 시설권을 박탈, 통신망을 강점, 항공권을 획득, 그리고 황무지 개척권(荒蕪地 開拓權) 등을 대한제국에 요구하였다. 2월 23일 일본은 일방적으로 한일의정서(日韓議定書)를 강요하였고, 러시아 침입을 위한 병참기지(兵站基地)로 삼았다. 더욱이 한일협정서〔韓日協定書, 제1차 한일협약(韓日協約), 1904년 8월〕를 체결하여, 재정고문 메가다(自賀田種太郞), 외교고문 미국인 스티븐스(Stevens), 경무청의 환산중준(丸山重俊) 고문 등이 파견되었다.

한편 일본군 사령관 하세가와 요시미치(長谷川 好道)는 민간 신문의 사전 검열제를 실시하고 언론 · 집회 · 결사의 자유를 제한하였다. 검열에 걸

---

212) 최준(崔埈), 상게서(1993), p. 92.

린 활자를 엎어놓고 인쇄하면, 신문 지면은 '벽돌'이 놓은 것처럼 보였다. '벽돌신문'이 인쇄된 것이다. 그리고 대한제국에 1904년 2월 한일 의정서를 강요하였다. 일본이 한국의 독립과 영토의 보전을 확보할 것을 규정하였다. 본 의정서에 의해, 대한제국 정부는 일본의 시정 개선의 충고를 받아드리며, 제3국이나 내란에 의해 한국 황제(皇帝)의 안녕과 보전이 위험해질 경우, 일본이 필요한 조치를 취하도록 하였다.

노일(露日)전쟁이 급박해지자 대한제국 정부는 국외 중립을 선언하였다. 일본군의 탄압을 피하기 위해 1904년 7월 18일 국영판으로 「대한매일신보(大韓每日申報)」[213]를 창간하였다. 「만세보」와 「대한민보」가 따랐다. 친일파 일진회 이용구, 송병준은 그 기관지 「국민신보」(1906년 1월 창간),

---

213) 「대한매일신보」는 1904년 7월 18일부터 북서 수진방 전동(北署 壽進坊 磚洞) 영국인 설필립 집(현재 종로구 수송동 연합뉴스 건물 일부와 삼성생명 일부에 걸친 곳)에서, 베설(Ernest T. Bethell, 1872~1909)에 의해 창간되었다. 배설은 "The London Daily Chronicle"의 임시 특파원이었다(최준, 상게서, p. 97).
베설은 영국의 항구 도시 브리소톨에서 태어났다. 브리스톨에서 Merchant Ventures School을 졸업하고, 1888년 일본의 고베(神戶)에서 무역업에 종사하다, 베설의 동생과 Bethell Brothers의 무역회사를 차려 운영하였다. 일본 사카이(堺)에서 러그(rug)회사를 차려, 성업중이었으나, 일본인의 방해로 실패로 돌아갔다. 그리고 1904년 3월 10일 "The London Daily Chronicle"의 특파원으로 한국에 오게 되었다. 그는 낙천적이고, 음악 · 스포츠를 좋아했다. 베설은 양기탁(梁起鐸)(1871~1938)과 접촉하면서 1904년 7월 18일 한글판 「대한매일신보」와 영문판 "The Korea Daily News"를 한 · 영 합판회사(韓 · 英合辨會社) 형식으로 창간하였다(정진석, 「민족언론의 본산 '대한매일신보'」, 김상웅 엮음, 『구국 언론 대한매일신보』, 서울: 대한매일신보사, 1998, p. 15). 당시 주필은 박은식(朴殷植), 그 후 신채호(申采浩) 등이 담당하였다. 탐보원(探報員)은 최익(崔益) · 임치정(林蚩正) · 옥관빈(玉觀彬) · 변일(卞一) · 장도빈(張道斌), 그리고 영업직에 양기탁 · 임치정 · 안태국(安泰國) 등이 담당하였다. 그외 이갑(李甲) · 안창호(安昌浩) 등이 필진으로 참가하였다.
「대한매일신보」는 자체 인쇄 시설 미비, 항일 논조로 1905년 3월 10일부터 5개월간에 휴간에 들어갔다. 1905년 8월 11일 국한문 혼용 「대한매일신보」와 "The Korea Daily News"로 분리, 발행하였다. 그리고 1907년 5월 23일부터 국한문판 · 영문판 · 한글판 등 3종이 발행되었다.
배설에 관한 재판이 진행되는 동안 1908년 5월 27일부터 신보의 발행인은 배설에서 만함(A. W. Marnham)으로 변경되었으며, 1910년 5월 21일 통감부가 인수하여 이승용(李承龍)이 맡도록 하였다.

이완용 내각의 기관지 「대한신문」(1907년 7월 창간)을 발행했다.

한편 「대한매일신보」는 한국인의 민족 의지를 세계에 알리고, 또한 외세의 침략 사실을 국민에게 전파하기 위해, 고종의 황제의 내탕금(內帑金)과 이용익(李容翊) · 민영환(閔英煥) 등의 자금 지원으로 발간되었다.[214] 「대한매일신보」의 창간 정신은 '항일 민족 정신 고취'와 '국권 수호'이었다. 초기 신문은 외부 시설을 이용하여, 6면으로 영문이 4면, 순한글이 2면을 발행하였다. 이 신문 발행은 배설이 맡음으로써, 영 · 일 동맹 하에 치외법권의 특혜를 누릴 수 있었다. 즉 취재와 보도 및 논설을 포함한 일체의 언론에 일본의 간섭을 배제하였다. 「대한매일신보」는 통감부와 헌병대의 검열로부터 자유로웠다.

민족 지사들은 이 신문을 근거지로 삼았다. 일본의 황무지 개간권의 반대, 의병의 무장 투쟁, 애국계몽운동, 그리고 대구 서상돈(徐相敦) · 김광제(金光濟, 1907년 2월 16일 시작) 등이 시작한 '국채보상운동'[215] 등 시기와 같이 보조를 맞추었다. 「대한매일신보」사 안에 '국채보상지원금총합소'를 개설하고 보상금 모금에 앞장섰다. 한편 황무지 개간권은 조선인 개인이 경작하지 않는 땅을 일본이 50년간 경작하고, 50년이 지난 뒤에도 그 기간을 연장케 하였다. 조선 국토의 절반이 일본의 수중에 넘어가게 생겼다(정진석, 1998, p. 18).

---

214) 김삼웅, 상게서, p. 31.

215) 국채보상운동(國債報償運動)은 1904년 8월 22일 1차 한일협약을 맺고 고문정치를 시작한때부터 그 기원을 찾을 수 있다(이기백, 상게서, p. 365). 제정고문 메가다 다네다로(目賀田種太郎)는 2년 동안 조선에 1천 3백만 원 부채를 지웠다. 당시 조선은 세출 부족액이 연간 77만여 원이었다. 조선정부는 도저히 청산할 수 없는 부채를 진 것이다. 대구 광문사(廣文社)의 서상돈(徐相敦) 부사장, 김광제(金光濟) 사장 등 16명은 1907년 2월 16일 "우리 2천만 동포가 담배를 석 달간 끊고 그 대금으로 한 사람이 매달 20전씩 거두어 1천 3백만 원을 모아 이로써 국채를 보상하자"라는 국채보상운동에 참여하였다. 당시 「황성신문」(1907년 2월 25일자)은 "꿈인가 생시인가 하늘이 내린 것인가. 시대가 그렇게 한 것인가. 구름 안개가 걷힌 것인가 강물이 터진 것인가.. 장하도다 이 소식이여 신기하다. 이 소식이여"라는 감탄의 논설을 게재했다.

논설의 필봉 강도를 높여감으로써, 일본의 순검(巡檢)은 주필 박은식(朴殷植)을 검거하였다. 베델은 신문의 모든 책임은 발행인인 사장에 있다고 항의하여 주필을 석방시켰다(최준, 상게서, p. 99). 일본은 통제의 고삐를 늦추지 않았다. 일본계 국문판지가 1904년 3월 10일 「대한일보(大韓日報)」, 그리고 「대동신보」, 「동양일보」, 「중앙일보」, 1907년 7월 인천에서 「조선일일신문(朝鮮日日新聞)」 등이 창간되었다.

「황성신문」의 장지연(張志淵)은 1905년 11월 17일 '을사조약'으로 한국의 외교권을 박탈하자, 11월 20일 「시일야방성대곡(是日也放聲大哭)」으로 정간당하자, 「대한매일신보」는 그 내용을 일본의 "Japan Chronicle"에 게재하고 국제 여론을 환기시켰다. 한편 양기탁(梁起鐸) 소개로 신채호 주필 기자가 채용되면서, 강한 민족주의 성향을 띠기 시작하였다.

독립협회의 자주 · 민권 · 자강 운동은 「대한매일신보」에서 계속되었다. 이 신문은 일제의 식민지 정책에 대해 신랄한 비판하고, 애국적 논설을 통해 저항의 민족의식을 고취하였다. 「대한매일신보」는 당시 조선 반도 전역으로 전개되고 있던 애국계몽운동에 불을 지폈다.[216)]

광무 원년(光武, 1906년) 이후 대한자강회(大韓自强會)를 위시하여 각종의 학회 활동과 신문, 잡지들의 출판 활동, 3천여 개에 달하는 각종 학교의 설립을 통한 교육 운동 등이 전개되었다. 민족 대중의 가슴속에 자유와 평등에 대한 근대적인 대중의 이념을 심어주었다. 대한자강회가 주동이 되었다.

한편 고종(高宗)은 1907년 6월말 을사조약(乙巳條約)이 무효임을 알리기 위해, 네덜란드의 헤이그(海牙)에 이준(李儁) · 이상설(李相卨) · 이위종(李瑋鍾) 등을 파견하였으나, 이 사실은 안 일본은 고종을 퇴위(退位)코자 하였다. 대한자강회는 이에 대한 반대 운동을 벌였다. 「대한매일신보」는 황제의 퇴위에 대하여 7월 18~19일 양일간에 호외를 내고, 사실을 선동하

---

216) 김삼웅(金三雄), 상게서, p. 79.

였다. '할복자살'극은 신문에 오보로 연출되었다. 위협을 느낀 일본은 구한국 군대를 해산하고, 곳곳에 의병이 일어났고, 「대한매일신보」는 그 사건을 보도하였다. 총감독 양기탁, 총서기 이동휘(李東輝), 재무 전덕기(全德基), 집행 안창호(安昌浩) · 이동녕(李東寧) · 이갑(李甲) · 이동열(柳東說), 그리고 「대한매일신보」의 간부 옥관빈(玉觀彬) · 임치정(林蚩正) 등이 1907년 4월 '비밀정치단체' 신민회(新民會)를 조직하여, 항일운동을 전개하였다. 신민회는 '서우학회, '서북학회'의 정신을 이어 받았다.

신민회는 양기탁, 박은식, 신채호 등이 주동이 되었으며, 본부를 「대한매일신보」 안에 두고 언론인 · 군인 · 산업인 등을 참가시켰다. 또한 신민회는 지방의 도(道) · 군(郡) · 반(班) 단위까지 점조직 형태로 연락망을 지니고 있었다. 그들은 산업 발전을 위해 도자기회사(陶磁器會社), 대구 · 평양에 태극서점(太極書館)을 차려 운영하였다. 1910년 신민회는 데라우치(寺內總督) 암살미수 사건으로 105인이 기소되어, 참가자는 모진 고문을 받기도 했다.

한편 1904년 8월 한국인이 발행하는 신문에 대해서는 사전 검열을 실시하였다. 해아밀사사건(海牙密事事件)으로 고종을 폐위시킨 후 일제는 1907년 7월 24일 한일신협약을 체결토록 하고, 차관정치(次官政治)를 실시하였다. 그 협약에 따라 한국 군대를 해산하고, '광무신문지법(光武新聞紙法)'[217]을 공포하였다. 며칠 후 7월 27일 '보안법(保安法)'을 반포하였다. 한편 일본은 배설 추방을 위해 영국 정부와 외교 교섭을 벌였으나 실패하였다. 그러나 1907년 10월 14일 영국 총영사 코번(Henry Cockburn)이 재판장이 되어, 배설은 실증법 위반으로 6개월 근신 판결을 받았으나 계속해서 일본의 침략을 폭로하였다. 1908년 6월 15일 제2차 공판이 계속되었으며, 5월 27일부터 발행인은 만함(Alfred Weekly Marnham)으로 넘어갔다.

일본은 1908년 7월 국채보상 기성회의 간사인 양기탁을 보상금 횡령의 누명을 씌워 구속한 것이다. 횡령 혐의로 양기탁을 구속하였다. 양기탁은 영국 정부의 외교 노력으로 양기탁은 무죄를 받았으나, 국채보상 기성회는 더 이상 작동할 수 없었다. 양기탁 · 임치정 · 옥관빈은 신민회 운동에 참가하였다.

독자는 늘어났고, 1907년 5월 23일, 부녀자 · 서민층을 위해 한글판 대한매일을 발행하기 시작하였다. 판매 부수는 독립신문이 고작 3,000부에 머물렀으나, "1908년 5월 국문 · 국한문 · 영문의 각 판을 합쳐 13,256부를 발행하였다"(최준, 1993, p. 101).

217) '광무신문지법(光武新聞紙法)'은 1907년 7월 27일자 「관보(官報)」에 법률 제1호로 게재됨으로써 알려졌다. 7월 24일자로 반포된 '신문지법'은 부칙 3개조를 포함하여, 모두 38개조로 구성되었다(최기영, 상게서, pp. 266~269). 제1조, 신문지를 발행코자 하는 자는 발행지를 관할하는 관찰사(觀察使)〔경성(京城)에 在하야는 경무사(警務使)〕를 경유하야 내부대신(內部大臣)에게 청원하야 허가를 수(受)함이 가(可)홈, 제2조, 전조의 청원서에는 재개(在開)사항을 기재함이 가홈-제호, 기사의 종류, 발행의 시기, 발행소 급 인쇄소, 발행인, 편집인 급 인쇄인의 성품 거주 연령, 제3조, 발행인 편집인 급 인쇄인은 연령 20세 이상의 남자로 국내에 거주하는 자에 한홈, 제4조, 발행은 보증금으로 금3백환(圜)을 청원서에 첨부하야 內部에 납부함이 가함. 보증금은 확실한 은행의 임치금(任寘金)증서로서 대납함을 득함 (……) 제11조, 황실의 존엄을 모독(冒瀆)하거나, 국헌(國憲)을 문란(紊亂)하거나, 혹 국제교의를 저해할 사항을 기재함을 부득함 (……) 제21조, 내부대신(內部大臣)은 신문지가 안녕질서를 방해하거나 풍속을 괴란(壞亂)하는 자로 인하는 시(時)는 기발매반포(其發賣頒布)를 금지하야, 차를 압수하며, 또는 발행을 정지 혹 금지함을 득함.

'광무신문지법'은 「대한매일신보」와 외국에서 발행하여 국내로 유입된 샌프란시스코의 「공립신보」, 하와이의 「신죠신문」, 연해주 해삼위(沿海州 海蔘威)의 「해죠신문」 등 외국인의 명의로 발행되는 신문에 대한 규제를 언급하지 않았다. 그러나 법령을 개정하여 「구한국관보(舊韓國官報)」 1908년 4월 29일자에 고시, 첨가하였다. '광무신문지법' 제34조, 외국에서 발행한 국문 혹 국한문 또는 한문의 신문지와 또는 외국인이 국내에서 발행한 국문 혹 국한문 또는 한문의 신문지로 치안을 방해하며 또는 풍속을 괴란함으로 인하는 시는 내부대신은 해신문지(該新聞紙)를 내국에서 발매반포함을 금지하고 해신문지를 압수함을 득함. 제35조, 제34조의 금지를 위반하야 신문지를 발매 반포한 내국인은 3백환 이내 벌금을 처함, 제36조 내국인이 제34조를 의하야 발매반포를 금지된 사(事)를 지(知)하고 해신문지를 수송하며 또는 배포한 자는 50환 이내 벌금에 처함.

5. 정론지의 생성과 소멸

일본의 군사형 사회의 통제는 시간이 갈수록 그 강도가 심해졌다. 일본과 대한제국 정부는 정론지가 발전할 수 있는 환경에 제동을 걸어왔다. 정론지로서의 굳건한 조직을 갖지 못하도록 법으로써 규제했다. 언론 통제에 관한 1875년 신문 조례, 그리고 1887년과 1897년에 이루어진 두 차례의 개정안은 전술했듯이 조선에 직간접적으로 영향을 주었다. 1887년 조례 개정의 주요 사항은 신문 설립의 신고제이다. '신문지, 잡지 또는 문서도서에 관한 건'〔칙령(勅令) 제46호〕은 1891년 5월 16일 발동되었는데, 그 내용은 내부대신(內部大臣)이 외교상에 관한 기사의 초안을 검열할 의무가 있다. 또한 신문지 조례 제22조는 1894년 6월 7일 동학당 사건 이후 군기에 관한 것은 신문에 게재하지 못하도록 했다.

경무청(警務廳)은 1894년 '관제직장(官制職掌)'을 제정하여 신문, 잡지의 통제 근거로 삼았으며[218] 1895년 5월 26일 우체국 규정을 제정하여 농상공부에 허가하도록 강압했다. 또한 독립협회를 옹호하는 「독립신문」, 「미일신문」, 「황성신문」, 「데국신문」을 폐간시킬 논의를 했으나 실패했다.[219] 그러나 정부는 1900년 1월 칙령(勅令) 제6호로 우체국 규정을 개정하여 신문, 잡지 등의 소관 업무를 농상공부 대신 내부(內部)에서 맡도록 명했다. 일본은 1904년 군사 경찰 훈령을 발동하여 신문에 압력을 가해왔으며, 더욱이 병력을 통해 한일의정서를 1904년 2월 성립시키고, 청으로부터 조선의 독립과 영토의 보전을 확보할 것을 규정하였다.[220] 일본은 이 목적을 위해 정치적 · 군사적 사용을 합법화시키고, 1904년 8월에는 한일협정서(韓日協定書)를 체결하여 한국은 일본인 재정 · 외교 고문을 의무

218) 김민환, 상게서, p. 179.

219) 계훈모 편, 상게서, p. 27.

220) 이기백, 상게서, p. 364.

고용하도록 합법화했으며, 더욱이 1905년 11월 조선의 외교권을 강탈하는 을사조약(乙巳條約)을 체결하기에 이르렀다. 을사조약은 대한제국의 왕제(皇帝) 밑에 1명의 통감(統監)을 두도록 명하고 있어, 그의 동의 없이는 황제 단독으로 외교 문제를 처리할 수 없게 했다. 이 조약이 체결되자 「황성신문(皇城新聞)」의 주필 장지연은 '사전 검열도 받지 않은 채'[221] '시일야방성대곡(是日也放聲大哭)'[222]을 게재했다. 치외법권을 가졌던 영국인 소유의 「대한매일신보」는 「황성신문」에 동조하였다.

사회단체[223]는 정치 단체 · 학교 단체 · 종교 단체 · 기업 단체 등을 들 수 있으나, 「독립신문」, 「미일신문」, 「뎨국신문」, 「황성신문」, 「대한매일신보」 등이 득세하던 당시 기업 단체의 역할을 미미한 상태였다. 종교 단체 역시 와해된 유교 단체와 일부 기독교가 발아하던 과정이었으며, 학교 단체도 성장 과정에 있었다. 독립협회의 활동으로 된서리를 맞은 정치 단체는 더욱 활동하기가 어려운 상황이었다. 사회단체의 도움을 받지 않았던 언론들이 정론지로서의 성장 가능성은 부분적일 수밖에 없었다. 풍전등화

---

221) 박홍서(朴鴻緖), 「배설(裵說)씨 묘비개수경위」, 『신문평론』, 1964. 4. p. 16.

222) 「황성신문」, 1905. 11. 20; 장지연은 동 20일 상호 5시 한양골 동사옥에서 일인순경에게 체포되어 경무청에 구인(拘因)되었고, 동시에 인쇄기계와 활자케이스를 강제 봉인(封印)당하였다. '치안방해'라는 이유로 경무청에 구속 된 후 한제국의 대명율 잡범편(大明律 雜犯篇)에 의하여 태형(笞刑)을 받은 후 그 이듬해인 1906년 1월 24일 석방되었다(최준, 상게서(1993), p. 119).

223) 당시 사회 단체는 극소수였다. 독립협회를 제외한 보안회(保安會)는 1904년 송수만(宋秀萬) 등의 주동으로 일본의 황무지 개척권의 반대에 성공했다. 그 후에 이 조직은 이상설(李相卨) 회장으로 하는 협동회(協同會)로 발전되었으나, 일본의 방해로 해산되었다(이기백, 상게서, p. 387). 그리고 독립협회 계통의 인사들이 1904년 공진회(共進會)를 세웠는데, 이들은 1905년 헌정연구회(憲政硏究會)로 발전 · 조직하여 제왕과 정부도 법에 따를 것을 종용했으나, 정부와 일본의 반대로 합법적 단체로 성장할 수 없었다. 정치 단체의 불가능으로 교육과 산업의 진흥을 위한 문화 단체가 생겨났는데 헌정연구회를 이은 대한자강회(大韓自强會)가 1906년 생겨났다. 이 단체는 당시 고종에 대한 퇴위 압력이 가해지자 이에 반대하는 운동을 전개하다 강제 해산되고, 그 후 대한협회(大韓協會)라는 이름으로 문화 운동을 계속했다. 한편 「대한매일신보」가 주축이 되어 1907년 4월에 설립한 신민회는 구한국 군대 해산, 의병의 봉기에 발을 맞춰 저항 운동을 벌였다.

의 상황에 놓인 대한제국 역시 정론지의 활성화에는 도움이 되지 못했다.

군사형 사회가 고착화되어가는 과정에서 「황성신문」이 신문으로서 기능을 수행하면서 독립협회의 기관지 역할을 했던 1898년말까지 그 역할과 색깔이 분명했다. 그렇다고 「황성신문」의 경우 일관적인 사상이 없었던 것은 아니다. 개신유학자(改新儒學者)가 참가한 「황성신문」은 실학의 실사구시(實事求是) 정신에 충실했다. 이 신문의 전신인 「경성신문」은 상행위를 긍정적으로 평가하며 권장했다. 서구 사상을 선택적으로 수용하는 '동도서기론'에 관심을 가졌다. 서구 문명의 유입에 대해 개방적이면서도 실학의 범주 안에서 사회를 개혁하도록 권장했다. 「황성신문」은 일정한 정론적 성향, 그리고 한정된 내용, 원하는 독자 등을 선택했다. 탐방 기자를 비상근으로 고용함으로써 차별성을 두며 신문의 색깔을 조정했다. '인민개명(人民開明)'의 목표를 수행하기 위한 「황성신문」의 역할은 때로는 보수적, 때로는 사변적으로 현실과 타협함으로써 군사형 사회에서 크게 궤도 수정을 할 필요성을 느끼지 못했다. 그러나 「뎨국신문」은 상황이 전혀 달랐다. 하층민을 독자로 하는 「뎨국신문」으로서는 「믹일신문」의 기능을 답습한 환경감시(경계)는 필요 불가결한 요소였지만, 군사형 사회에서 국가 개명뿐 아니라 정보 제공, 여론 형성 기능 수행에는 적지 않은 난관이 뒤따랐다. 사회단체와 이익 단체가 발아하지 못한 상황에서 하층민을 독자로 하는 신문의 생존은 거의 불가능했을 것이다. 결국 「뎨국신문」이 「협성회회보」와 「믹일신문」의 전통을 이어받았지만, 그 기능을 수행하지 못하는 정체성 위기를 맞았다. 즉 「협성회회보」의 고유 색깔이었던 급진 개화파 전통의 흐름을 차단되었다.

「뎨국신문」 정신의 근간은 윤치호의 「독립신문」에서 비롯된다. 독립협회의 도움으로 민중과 밀착되고 민중의 지지를 받았던 민중의 신문이 다름 아닌 윤치호의 「독립신문」이었다. 이것은 급진 개화파 사상의 완성되었으며, 서구 시민사회의 지배 원리와 동학사상이 접목되어 나타난 것이었다. 서구의 사회 제도 형태로서 독립협회와 그 정론지가 확립된 것이다. 이는 유교를 축으로 할 때 동떨어진 급진 서구 시민사상이었으나, 독립협회도 엄밀한 의미에서 유교적 측면을 완전히 배제하지 않은 정치 단체였으며, 이러한 한계 내에서 정론지로서의 역할을 수행했다. 그러나 이런 윤치호의 「독립신문」도 서재필의 「독립신문」의 '인민의 개화진취(開明進步)'의 역할이 없었다면 불가능한 일이었다. 또한 서재필의 「독립신문」의 운영 원리가 「한성신보」와 「조선신보」의 영향을 전혀 받지 않았다고는 할 수 없을 것이다.

급진 개화파는 위정척사파(衛正斥邪派)의 존재와 동떨어진 것은 아니다. 위정척사파가 淸과의 관계 정립에서 출발했다면, 급진개화파(急進開化派)는 서구 시민사회와 그에 따른 신문의 기능과 관련을 맺고 있어서, 근본적으로 양자가 의미상의 '사대주의(事大主義)'에 충실했다고 볼 수 있다. 온건개화파(穩健開化派)는 그 틈의 자리를 메웠으며, '개화 진취'를 주창한 「한성주보」는 온건 개화파를 활성화시키는 도구가 되었다. 「한성주보」는 구체적 내용뿐만 아니라 한정된 독자를 선택했다. 淸을 거부하지 않으면서 또한 서구 시민사회의 원리도 경시하지 않았다. 그리고 초기 독립신문, 뎨국신문, 황성신문과 달리 조직력을 확보한 신문이었다. 「독립신문」의 민간인 탐보원, 기자 대신에 「한성주보」는 관리가 그 역할을 담당했으나 전반적 사회 상황이 달라지지 않은 상태에서 관리와 비관리로 구분하는 것을 별 의미가 없다. 신문의 보급망은 관리를 중심으로 배포되어 관료가 맡고 있는 우편을 통해 보급되었다면, 결국 제작자가 관리이든 비관리이든 그것은 큰 의미를 주질 못했다. 그러나 「한성주보」에 비해 「한성순보」는 외국 문화를 단순히 받아들이는 통리아문의 기관지에 불과했다. 즉 위정척사파와 개화파 사이에서 고유한 색깔 없이 발행되는 무의미한 관보 수준을 벗어나지 못했다.

초기 정론지의 생성과 소멸 과정에서 정치적 색채를 뚜렷이 보였던 신문은 「한성주보」와 윤치호의 「독립신문」, 「협성회회보」, 「미일신문」, 「황성신문」, 「대한매일신보」 등에서 그 편린을 찾을 수 있다. 외교권을 상실한

1905년 이후 「대한매일신보」, 「만세보」와 「경향신문」 등이 정론지로서의 가능성을 보여주기는 했지만, 독자성이 없는 국가에서 정론지로서의 가능성 탐색은 무의미할 뿐이었다. 정론지에서의 정체성은 어느 것보다 중요한 요소였다.

참고문헌

강준만, 『한국 대중매체사』, 인물과 사상사, 2007, pp. 116~7.

계훈모(桂勳模), 『한국언론연표』 1(서울: 관훈클럽신영연구기금, 1988).

국사편찬위원회 편, 『수신사기록(修信使記錄)』(한국사총서 제9권)(서울: 국사편찬위원회, 1958).

권영민, 『진단학보』 55, 1982.

김규환, 「한말 언론계 잡감」, 『신문평론』, 1964. 4, pp. 10~12.

김도태(金道泰), 『서재필 박사 자서전』(을유문화사, 1972).

김민환, 『한국언론사』(서울: 사회비평사, 1996).

김복수, 「독립신문의 경영」, 『언론과 사회』 14, 1996 겨울, p. 63.

김삼웅(金三雄), 「「대한매일신보」를 빛낸 인물들」, 김삼웅 엮음, 『구국 언론 대한매일신보』(서울: 대한매일신보사, 1998), p. 79.

김영모(金泳謨), 『한국사회계층연구』(서울: 일조각, 1982).

김영모, 「일제하 한인지배층 연구」(서울: 고헌, 2009).

김영희, 「황성신문 관련인물의 언론사상」, '94한국언론학회 가을철 정기학술발표회 2(서울: 사단법인 한국언론학회, 1994. 11. 17).

______, 「데국신문에 관한 일연구(一硏究)」, 서울대학교 석사논문, 1977.

______, 『한국사회의 미디어 출현과 수용: 1880~1980』, 커뮤니케이션 북스, 2009, p. 28.

김용호(金容浩), 「한성순보에 관한 문화적 해석」, 『언론문화연구』 6, 서강대학교 언론문화연구소, 1988. 9. 1.

______, 랜덤하우스, 『영한대사전』, 시사영어사, 1993, p. 1678.

박용규, 「구한말 일본의 침략과 언론」, 『한말언론과 근대성의 재조명』(한국언론학회, 1998), p. 91.

박정규, "조선왕조시대의 전근대적 신문에 관한 연구", 서울대학교, 1982.

______, 「상무총보, 대한상무신보에 대한 역사적 고찰」, 『언론과학연구』 제3권 2호, p. 155.

박홍서(朴鴻緖), 「배설(裵說)씨 묘비새수경위」, 『신문평론』, 1964. 4. p. 16.

방상훈, 『한국신문통람(韓國新聞通鑑)』(서울: 조선일보사, 2001), p. 135.

백지운(白池雲), "근대성 담론을 통한 양계초(梁啓超) 계몽사상(啓蒙思想) 재고찰", 연세대학교, 2003.

신복룡, 「서재필의 생애와 활동」, 권오기, 『서재필과 그 시대』(서울: 서재필기념회, 2003).

신용하(愼鏞廈), 「19세기말 한국인의 사상과 고뇌」, 독립협회연구, 『정경연구』 165(서울: 일조각, 1976), p. 11.

______, 『독립협회와 만민공동회』(서울: 한국일보사, 1975).

______, 『독립협회연구』(서울: 일조각, 1976), p. 587.

양계초(梁啓超), 「新民說 · 論自由」 『點校』 제1집, p.575.

유길준, 『서유견문(西遊見聞)』, 허경진 옮김, 『서유견문』(서울: 한양출판사, 1995).

유석재, '오인환 교수 신문사 사옥 터를 찾아', 「조선일보」, 2008. 5월 6일

유재천(劉載天), 「대한매일신보의 논설분석」, 이광린, 『대한매일신보연구』(서울: 서강대학교 인문과학연구소, 1986), p. 95.

유훈(劉勳), 「독립신문에 타나난 언론자유 개념의 성격에 관한 연구」, 고려대학교 석사논문, 1994. 12.

윤주영(尹胄榮), 『한국신문사설선집』 1(서울: 방일영문화재단, 1995).

이광린(李光麟), 「황성신문 연구」, 『동방학지(東方學志)』 53, 연세대학교 국학연구원, 1986. 12.

______, 『초기개화사상연구』(서울: 민족문화사, 1989).

______, 『한국개화사상연구』(서울: 일조각, 1981).

이규태(李圭泰), 「근대신문에의 개화」, 『한국의 언론』 1(서울: 문화공보부, 1968), p. 38.

이석호, 「한국 근대언론에 이어진 전통적 언론현상에 관한 연구」, 연세대학교 석사논문, 1993. 12.

이연, "황성신문과 장지연의 '시일야방성대곡'", 서정우 편, 『한국언론 100년사』, 한국언론인연합회, 2006, p.305.

이우성 · 강만길, 『한국의 역사인식』 상(서울: 창작과비평사, 1976).

장지연, 유근, 「시일야방성대곡」, 「황성신문」, 11월 20일, 서정우 편, 상게서, p. 311.

이기백(李基白), 『한국사 신론』(서울: 일조각, 1986).

이완재(李完宰), 『초기개화사상연구』(서울: 민족문화사, 1989).

이해창(李海暢), 『한국신문사연구』(서울: 성문각, 1983).

정교(鄭喬), 『한국계년사(韓國季年史)』 상권(上卷), p. 146.

정대철(鄭大澈), 「황성신문에 관한 연구」, 『한양대 사회과학논총』 12, 1993, pp. 341~370.

정용욱, "홍보, 선전, 독재자의 이미지 관리", 서울대학교 국제문제연구소 편, 『이승만과 제1 공화국』, 논형, 2007, p. 55.

정진석(鄭晋錫), 『한국언론사』(서울: 나남, 1990).

______, 『한국현대언론사론』(서울: 전예원, 1992).

______, 『인물한국언론사』(서울: 나남, 1995).

______, 「민족언론의 본산 '대한매일신보'」, 김상웅 엮음, 『구국 언론 대한매일신보』(서울: 대한매일신보사, 1998).

조맹기, "서재필의 과학 · 기술사상", 『한국언론인물사상사』, 나남, 2006, p. 24.

______, "국사(國士) 언론인 장지연", 『한국언론인물사상사』, 2006, p. 96.

차배근, 『개화기일본유학생들의 언론출판활동연구』 1(서울: 서울대학교 출판부, 2000).

채백, 「한국 근대신문 형성과정에 있어서 일본의 역할에 관한 연구」, 서울대학교 대학원 박사, 1990. 8, p. 70.

______, “「독립신문」 독자 투고의 현황과 특성에 관한 연구”, 『언론과 사회』 3집, 1994, p. 41.

______, 『독립신문연구』, 한나래, 2006, p. 154.

최기영, 『대한제국시기 신문연구』(서울: 일조각, 1991).

최준(崔俊), 「한성순보와 독립신문」, 『신문과 방송』 146, 1983. 2, pp. 30~36.

______, 「배설과 대한매일신보」, 『신문평론』, 1964. 4, p. 6~9.

______, 『한국신문사』(서울: 일조각, 1993).

최정태(崔貞泰), 『한국의 관보(官報)』, 아세아문화사, 1992.

추광영 · 강명구, 「구한말 한국신문에 있어 뉴스의 성격에 관해 연구」, 『신문학보』 24, 한국언론학회, p. 68.

한글학회, 『우리말 큰사전』, 서울: 어문각, 1992, p. 3657.

한시준, 「창간 89특집, 임정수립 90주년-3·1운동에서 임시정부까지」, 「조선일보」. 2009년 3월 18일

황필용, 「서양의 영향: 자유의 시련」, 2003년도 한국사회학회 후기 사회학대회(서울: 한국사회학회, 2002. 12. 12).

Gaye Tuchman, Making News, 박흥수 역, 『메이킹 뉴스』(서울: 나남, 1995).

「독립신문」, 1896. 4. 16.

「한성순보」, 1883. 10. 31.

「한성주보」, 1886. 1월 25일.

「한성주보」, 1886. 2. 1.

「한성주보」, 1886. 8월 16일.

「한성주보」, 1886. 9. 27.

「독립신문」, 1896. 4. 11.

「독립신문」, 1896. 4. 7.

「독립신문」, 1896. 7. 2.

「독립신문」, 1898, 1. 11.

「독립신문」, 1898, 7. 9.

「독립신문」, 1898, 8.8.

「독립신문」, 1898, 11.1.

「협성회회보」, 1898. 1. 1.

「믹일신문」, 1898, 4. 12.

「뎨국신문」, 1898. 8. 13.

「뎨국신문」, 1898. 8. 17.

「뎨국신문」, 1902. 9. 12.

「황성신문」, 1898. 1. 14.

「황성신문」, 1898. 9. 5.

「황성신문」, 1898. 9. 9.

「황성신문」, 1898. 10. 19.

제 3 장
신문에 나타난 일제시대의 문화정치(1920~1940)

1. 문화정치의 시대적 상황

'3·1운동'[224]이 일어난 1919년 조선은 역사의 새 장을 열었다. 고종의 승하(昇遐)로 조선의 군주제는 막을 내리고, 중국의 상하이에서는 공화국 형태의 '임시정부'[225]가 그해 4월 11일 출범했다. 새로운 정부는 왕조 중심의 전통적 가치를 대체하는 새로운 가치를 부각시켜야 할 당위성에 직면

224) 남시욱, 「동아일보의 창간」, 『한국언론 100년사(1)』(서울: 한국언론 인연합회), p. 520. 3·1운동의 규모는 1919년 3월에서 5월 사이에 시위 참가자가 200만명, 사망자가 7,500명, 부상자가 1만 5,000명, 체포된 인원이 5만명에 이르는 대규모 시위였다.

225) 임시정부는 국호(國號)를 대한민국으로 정했다(이한우, 「조선일보 인수해 혁신시킨 신석우, 임시정부 때는 '대한민국' 국호 정해」, 「조선일보」, 2010년 1월 8일). 1919년 4월 10일 밤 10시 중국 상하이 프랑스 조계 내 김신부로(金神父路)에 있는 현순(玄楯)의 집에 이동녕 이시영 등 독립운동가 29명이 모여 망명 임시정부 수립을 위한 임시의정원(국회)을 구성했다. 그 자리에서 일본 유학생 출신 26살 청년 신석우(申錫雨)가 먼저 "'대한(大韓)'이 어떠냐"고 발의했다. 더불어 공화제에 해당하는 '민국(民國)'을 덧붙여 국호를 '대한민국'으로 하자고 제안했다. 의정원 의원 다수가 신석우의 제안에 공감하면서 임시정부의 국호는 대한민국으로 결정됐다.
대한민국 임시정부는 국가와 정부, 두 가지 뜻을 담고 있다(한시준, 창간 89특집 임정수립 90주년-3·1운동에서 임시정부까지」, 「조선일보」, 2009년 3월 18일). 국가가 성립되기 위해서는 국민 · 주권 · 영토의 세 요소가 필요하다. 임시정부는 1919년 9월 공포한 헌법에서 '대한민국은 대한인민으로 조직함'(제1조), '대한민국의 주권은 대한인민 전체에 있음'(제2조), '대한민국의 강토는 구한제국의 판도로 정함'(제3조)이라고 하여 세 요소를 갖추어 놓았다.

하게 되었다. 전통 사회에서의 주체 세력은 역사의 뒤안길로 사라진 반면, 청년 · 노동자 · 여성 · 학생 등과 같은 근대적 범주의 새로운 세대가 등장했다. 새로운 시대는 새것을 요구한 것이다.

서구 열강의 침략이 감행되던 19세기말 대한제국(大韓帝國)은 민족과 민권의 향상을 내세우며 인민을 주권자로 가정하였지만, 당시는 입헌군주제 하의 정체였다. 새 시대를 맞이한 공화정의 조선은 진정한 민권을 바탕으로 한 민족국가 건설이 최상의 과제였다. 윌슨(Woodrow Wilson)이 표방했던 '민족자결주의'는 상하이 임시정부가 건설하고자 했던 이상이었다. 민족국가는 개인의 자유 · 정의 · 평등을 중심으로 하나의 단위로 묶여지는 결속체였다. 국가는 국민을 대표하고, 국가를 중심으로 다른 국가와의 적자생존 경쟁을 염원했다. 즉 개인의 주체성, 그리고 세계 속의 주체성을 지닌 민족국가의 건설은 당시 개인적 · 국가적 과제였다. 여기서 민족적 자주 의식과 역사 의식을 가진 민족주의(民族主義)가 정신적 지주로 등장한다.

그렇지만 상하이 임시정부 외에는 공화국 건설과 함께 움트는 민족주의 정신을 발할 수 있는 조직이 거의 없었던 당시, 언론이 그 기능을 대리했다. 민족 · 민권의 향상, 언론 · 출판 · 집회 · 결사 등의 자유가 언론을 통해 구가되었다. 즉 일본 제국주의 시대의 언론은 정부를 대리하는 언론공화국을 형성하고 있었다.

「도쿄아사히신문(東京朝日新聞)」은 1919년 4월 5일 사설에서 "'소란의 유력한 원인은 아(我) 총독 정치의 결함에 있다.'라고 지적하고 한국 통치의 '개혁'을 주장했다."라고 한다. 또한 「오사카아사히신문(大阪朝日新聞)」은 "현대의 식민 정책은 옛날과 달리 무단(武斷)으로 시종할 것이 아니라 교화(教化)를 주안으로 한 문화 정책(文化政策)으로 달성해야 한다. 강압적인 방법은 가장 졸렬한 수단이다."라고 기술했다.[226] 일본 국내 여론에 힘입어 「동아일보」, 「조선일보」, 「시사신문」, 그리고 「개벽」 등 민족주

226) 남시욱, 상게논문, p. 521.

의 신문과 잡지가 지하로부터 부각되었다. 조선 총독부(總督府)는 1920년 1월 6일, 3개의 일간지를 허가했다. 3대 총독 사이토(齊藤實)는 "「동아일보」는 조선 민족의 뱃속에서 끓어오르는 가스를 배출시키는 굴뚝이야, 가스를 배출시키지 않으면 쌓이고 쌓여서 끝내는 폭발하게 된다"[227]며 허가의 당위성을 설명했다.

1919년 8월 12일 부임한 사이토 그동안 헌병에서 맡아온 치안을 일반 경찰이 담당케 하는 한편, '문화정치'[228]를 표방했다. 실제적으로 점령군 사령관으로서 사이토는 궁극적으로 '정신적 토벌'에 근거한 문화정치에 관심을 가졌을 것이다. 강압보다는 회유와 권유를 통해 조선인을 동화시키고, 결국 민족 독립성의 근거를 말살하려는 의도가 당연히 담겨 있었을 것이다. 그러나 조선은 상하이 임시정부를 주축으로 하는 독립운동 · 자치운동을 통해 공화국으로서의 독립성을 되찾자는 의미로 '문화정치'를 해석했다. 이렇듯 양자 간의 서로 다른 의미의 문화정치의 개념으로부터 일제시대의 조선 역사가 시작되었다.

상하이 임시정부는 1919년 4월 10, 11일 법계(法界) 김신부로(金神父路)에서 29명의 의원이 출석하여 임시의정원을 구성하고 제1회 회의에서 대한민국이라는 국호와 함께 관제를 결의하고 국무원을 선거함과 동시에 '임시헌장'[229]을 선포함으로써 대한민국임시정부의 출범을 보게 되었으며

---

227) 김상만(金相万), 『동아일보사사』 1권(1920~1945)(서울: 동아일보사, 1975), p. 78 재인용.

228) 「동아일보」가 염원하는 사이토(齊藤實) 총독의 문화정치는 사내(寺內) 총독의 무단정치(武斷政治)와는 달리 자유의 승인 여하에 재하는 것을 의연히 고집하는 동시에 제등 씨가 사내 씨의 전철을 답 아니하려거든 모름지기 조선인의 철저한 자유와 권리를 인정하고 그 소위 문화정치의 종국을 결(結)하기를 바랐다(「총독정치의 제도적 비판」[사설], 「동아일보」, 1922년 1월 13일). 또한 사이토 총독은 9월 10일 "총칼로 지배하려는 것은 그 순간의 효과밖에 없다. 남을 지배하려면 철학과 종교, 교육, 문화를 앞장 세워서 정신을 지배해야 한다. 이 땅의 어린이들을 일본인으로 교육하겠다. 황은(皇恩)에 감읍하도록 조선민중에게 온정을 베풀어야 한다. 그들을 세뇌시켜야 한다. 이것이 나의 문화 정책이다."라는 발언을 했다(남시욱, 상게논문, p. 523).

이는 4월 13일 내외에 선포되었다.[230)]

또한 동년 9월 11일 발표된 통합임시정부의 신헌법(新憲法, 제8조)에 대한민국의 인민은 법률 범위 내에서 ① 신교의 자유, ② 재산의 소유와 영업의 자유, ③ 언론, 저작, 출판, 집회, 결사의 자유, ④ 서신비밀의 자유, ⑤ 거주이전의 자유를 향유 등 한다하여 국민의 기본적인 제반 자유를 보장하고 민주공화체제를 채택하였다.[231)]

한편 1919년 3월 상하이 고려교민친목회에서 선전기관으로 「오등(吾等)의 소식」[주필 김홍서(金弘敍)]이란 등사판 인쇄물을 발간했다.[232)] 그러나 곧 안창호가 건의하여 「독립(獨立)」[233)]독립을 창간했다. 그 신문에서 문화정치의 정체성을 밝히는데, 창간사는 다음과 같다.

> 전국민이 일심이 되고 일체가 되어 견고하고 통일잇는 대단결을 작함은 재력보다도 병력보다도 우리사업의 기초요 생명이니 차를 득하면 성하고 부득하면 패하리로다. 그러면 차를 득하는 방법이 하에 재하뇨. 건전한 언론기관이 유하야 동일한 주의를 고취하고 동일한 문제를 제창하며 개인과 개인 단체와 단체의 간에 입하야 그 의사를 소통케함에 재하도다.[234)]

상하이 임시정부가 정치력, 문화의 정체성에 관심을 집중시켰다. 한편 국내에서 신문을 통한 문화운동(文化運動)이 정치운동보다 우선시되었다.[235)] 여기서 문화운동은 민중 생활의 향상과 민족의 실력(물질과 정신

---

229) 임시헌장(臨時憲章)의 내용은 제1조 대한민국은 민주공화제(民主共和制)로 함, 제2조 대한민국은 임시정부가 임시의정원(臨時議政院)의 결의에 의하여 차(此)를 통치함, 제3조 대한민국의 인민은 남녀귀천 급(及) 빈부의 계급이 무하고 일절 평등함, 제4조 대한민국의 인민은 신교, 언론, 저작, 출판, 결사, 집회, 서적, 주소 이전, 신체 급 소유의 자유를 향유함 등이다(국회도서관, 『대한민국 임시정부 의정원문서』, 서울, 1974, p. 3).

230) 이연복(李延馥), 『대한민국 임시정부 30년사』(서울: 국학자료원, 1999), p. 18.

231) 이연복, 상게서, p. 318.

232) 이연복, 상게서, p. 319.

쌍방)의 충실을 기했다. 「독립(신문)」에 게재되었던 "민족 개조론"[236)]에서 '개조'는 민족성과 민족 생활에 한하며, 문화운동은 정치적 색채를 띠지 않는 사상운동 · 계몽운동으로 규정했다. 더욱이 문화적 방법에 의한 독립운동은 정사(政事) 개혁을 비롯하여 경제 · 교육 · 체육 등 각 방면에 걸친 민족정신 진흥 운동이다.[237)]

당시 문화운동으로부터 경향을 달리하는, 즉 독립 문제를 도외시하는 사회 혁명적 운동으로서는 '청년 사상의 신경향'을 들 수 있다. 그렇다면 문화적 독립운동과 사회 혁명적 운동은 동일한 선상, 혹은 이질적 노선이 동시에 존재하지만, 본고에서 다룬 일제시대 3대 신문에 나타난 문화운동은

---

233) 「독립」〔사장겸 주필, 이광수(李光洙), 경리 이영렬(李英烈)〕은 1919년 8월 21일 상해 프랑스 조계 늑로(勒路) 동익리(同益里)에서 창간한 신문으로, 한 면이 가로 27cm, 세로 39cm 크기의 타블로이드판 형태이며, 국 · 한문 혼용으로 세로쓰기를 하고 있다. 「독립」은 창간사에서 "민족사상 내지는 독립사상을 고취시키고 민심을 통일하며 우리 국민 스스로 보도기관을 운영하여 사정(事情)과 사상을 우리의 입으로 알리는 역할을 자임하고 있다"라는 발간 취지를 밝혔다(『경향신문』, 2005년 8월 10일).

그리고 「독립」의 5대 사명을 "1) 사상 고취와 민심 통일, 2) 보도 기관으로서의 역할, 3) 여론의 환기, 4) 신학술과 신사상 소개, 5) 신국민의 육성" 등으로 밝혔다〔윤주영(尹胄榮), 『한국신문사설선집』, 서울: 방일영문화재단, 1995, p. 419〕.

지면구성은 1면에는 사설 국무원령 시무감언(時務感言), 시사만평 등, 2면에는 의정원의 동정, 독립군의 활동, 해외교포들의 동정, 구미각국의 약소민족에 대한 정치활동 등, 3면에는 본국소식, 한국과 일본 등, 4면에는 독립운동 일지, 논문, 문예란 등까지 두고 있었다(이연복, 상게서, p. 327).

「독립」은 창간 직후에는 주2~3회로 발간되었으나, 20년대 들어 자금난으로 한달에 한 두 번 발행되기도 했다. 그 제호는 창간 당시 「독립(獨立)」, 그리고 「독립신문」(1919년 10월 25일), 「독립」(1924년 1월 1일) 등으로 불렸으나, 1925년 11월 11일 제189호로 폐간되었다. 또한 그 후 이광수, 이영렬이 변절하여 귀국(1921. 4) 한 후, 몇 번 정 · 복간을 거듭하다, 1943년 6월 1일 중문판 「독립신문(獨立新聞)」이 발간되어, 1945년 7월 20일까지 발행하였다. 결국 「독립신문」은 총 205호를 발행하였다(이연복, 상게서, p. 326).

234) 「독립」, 1919년 8월 21일(창간호).

235) 「독립운동의 문화적 가치」, 「독립신문」, 1920년 4월 22일.

236) 이광수(李光洙), 「민족개조론」, 『개벽』 통권 23호, 1922년 5월, p. 72.

237) 황성모, 「일제하 지식인의 사회사」, 『한국의 사회와 문화』 11집(경기도: 정신문화연구원, 1990), pp. 222~223.

총독부 점령군 사령관과 그 비판(批判), 대항으로서의 문화 · 사회 개혁을 주된 내용으로 함으로써 한쪽은 문화정치이며, 그 이면에는 민족주의 운동의 실체와 관련을 맺는다.

사이토(齊藤實) 총독이 문화정치를 내세우고 부임했지만 인민으로부터 호응은 얻지 못했다. 그가 서울로 부임하던 1919년 9월 2일 남대문역에서 강우규(姜宇奎) 의사에 의해 폭탄 환영을 받았으나, 운 좋게도 생명을 건질 수 있었다. 그는 '(······) 행정, 사법사무 각반에 걸쳐 개선'을 명하는데, 그중 언론에 관한 셋째 조항은 "언론 · 집회 · 출판 등에 대하여는 질서와 공안 유지에 무방한 한, 상당히 고려를 가하여 민의의 창달을 기하여야 한다"[238]며 그의 문화정치를 표방했다. 즉 조선인에게 어느 정도의 언론 자유를 허용한다는 방침 하에 3개 일간 신문이 허용된 것이다.

언론(言論) 3사가 허용되었다고 언론 자유가 보장된 것은 아니었다. 1907년 7월 24일 제정된 '광무신문지법'[239]은 '국헌의 문란'과 '안녕질서의 방해', '풍속의 괴란' 등의 사항을 규정하여 언론 자유를 제한하고 있었다. 즉 조선의 독립을 주장하거나 안녕과 질서를 방해하는 노동쟁의, 동맹휴학, 사회주의 및 민주주의의 일방적 제의, 합병에 관한 기사 등에 대해서는 철저히 통제했다. 일제는 이들 기사를 조선 총독부 경무국 도서과에서 전담토록 하는 한편, 발매 및 반포 금지의 권능을 관할 경찰서장에게까지 부여하였다.

일본은 1925년 자국에 반포한 '치안유지법'을 한국에도 적용했다.[240] 이 법은 공산주의 색출과 관련된 것인데, 제1조에서 "국체(國體), 또는 정

---

238) 김상만, 상게서, p. 65.

239) '광무신문지법' 제11조는 황실의 존엄을 모독하거나 국헌을 문란하거나 혹 국제교의를 저해한 사항을 기재함을 부득함, 그리고 제12조는 내부대신은 신문지가 안녕질서를 방해하거나 풍속을 괴란하는 자로 인하는 시는 기발매반포를 금지하야 차를 압수하며 또는 발행을 정지 혹은 금지함을 득함을 규정했다.

240) 법률 제46호〔치안유지법(治安維持法)〕가 1925년 4월 공포되고 한국에 적용된다는 '칙령(勅令)'이 동 5년에 내려졌다.

체(政體)를 변혁하고 또는 사유재산 제도를 부인하는 것을 목적으로 결사(結社)를 조직하거나, 그 점을 알고 거기에 가입한 자는 10년 이하의 징역 또는 금고에 처함"이라고 규정했다. 다시 본법은 1928년 국체의 변혁과 사유재산 제도 부인의 조항을 분리시켜, 국체 변혁 조항에는 사형까지 규정할 수 있도록 하였다.[241]

개인의 자유와 민족국가를 형성하기 위한 방해 조항 외에 1910년 12월 제령 제10호로 공포된 '범죄기결예(犯罪旣決例)'는 일본인에게 재판을 받을 권리를 부여했지만, 조선인에게는 행정관에 의해 형벌을 받게 했다.[242] 즉 조선 총독(전통적으로 육 · 해군의 고참 대장이 임명됨)은 사법 · 행정 · 입법의 권한을 장악하고 법률 대신 명령으로 조선인을 다스렸다. 총독이 다스리는 군사형 사회는 사회의 단위가 강압적 힘에 의해서 결합되며, 사회의 협동도 강제적으로 가능하다.[243] 사병의 의지가 장교에게 위임된 군사형 사회였다. 인간 유기체가 중추신경에 의해 움직이듯, 군사형 사회의 사적 · 공적 거래는 정부의 의지에 의해 지배되었다. 조선 총독이 지배하는 군사형 사회는 국제적 제국주의를 탈피할 수 없었으며, 국제적 열강과의 상호 관계에서 조선인의 정치적 · 경제적 종속을 강요했다.[244]

본 저서는 군사형 사회에서 허용한 문화정치, 그리고 3대 신문에 나타난 문화정치, 그리고 그 이면에 나타난 언론공화국과 민족주의를 규명한다. 즉 「동아일보」, 「조선일보」, 그리고 「시사신문」(「조선중앙일보」 포함)의 3대 신문이 활동하였던 1920년부터 1940년까지 정치적 지배 체제, 경제적 침투, 문화적 침식 등의 과정에서 문화정치의 실체와 언론공화국의 형성

241) 황성모, 상게서, p. 211.

242) 야마베 겐타로, 이현희 옮김, 『일제강점하의 한국근대사』(서울: 삼광출판사, 1998), p. 28.

243) Rebert L., Carneiro, The Evolution of Society: Selection from Herbert Spencer's Principles of Sociology(Chicago: The University of Chicago Press, 1967), pp. 58~59.

244) 김운태(金雲泰), 「일제 식민통치체제의 확립」, 『한국의 사회와 문화』 11집(경기도: 한국정신문화연구원, 199), p. 4.

과정을 규명한다. 더욱이 문화정치를 표방한 1920년 초기부터 말기까지 문화적 · 정신적 면에서 일본인들이 조선에 대한 식민지 지배를 합리화하기 위하여 이데올로기를 조작하는 과정을 포함시킴과 동시에 대항 언론으로서의 민족주의 발아와 사회주의 성향을 논할 수 있다. 신문에 나타난 사회주의 경향을 규명함으로써 민족주의 안에 사회주의를 어떻게 접목시킬 것인가도 확대시켜 논할 수 있다. 그러나 본고의 범위를 한정시키기 위해 언론의 기능 규명에 역점을 둔다.

본고의 쟁점적 문젯거리의 규명과는 달리 최민지(崔民之, 1983, p. 86)는 제등(齊藤) 총독의 문화정치의 결과로 허용된 3개 신문이 "민중들을 일제에 대한 적극적인 투쟁과 반항의 길이 아니라 생활에 충실하게 함으로써 윤택한 삶을 즐기는 소시민적 생활에 안주시키려는 문화정치의 의도를 대변할 뿐 아니라, 조선 문화를 황폐케 한 원인으로 민족성의 고루와 민족성의 결함을 강조함"으로 규정했다. 그는 대정실업친목회에 의해 만들어진 「조선일보」를 친일지로 매도했다. 본 저자도 조선일보사의 일제시대의 경향에 대해 최민지와 동감한다. 1931년 이후 한민족의 주체 의식을 빼앗고, 동화 정책, 주권 침탈, 민족 생존권 박탈 등에 앞장선 민족 언론에 대한 부정적 시각은 당연하다. 그러나 신문의 성향을 하나로 단정하기에는 논조의 스타일이 너무 다양하다. 더욱이 전통 사회에서의 '삼강오륜(三綱五倫)'의 전통적 지도 윤리가 주축을 이뤘던 민족주의 관점을 발아시킨 민족 언론의 실체를 규명하는 작업은 3대 언론의 비판적 관점의 부각보다 우선되어야 한다. 문화정치 이후 분단의 아픔을 경험한 조선으로서는 일제시대의 실상에 대한 심도 있는 논의가 요구된다. 현실적으로도 IMF체제를 경험하고 있는 한국 언론으로서는 일제의 문화정치 하에서의 언론공화국의 실체를 규명할 필요성이 절실하다. 본고는 문화정치의 실체를 규명하고, 시대적 맥락에서 사회운동과 더불어 민족주의의 실체를 규명하기로 한다. 사상적으로 보면 문화정치는 민족주의 발아로 보이지만 경제적으로는 사회주의 운동과 맞물린다.

외부적 요인뿐 아니라 내부 조직적 측면에서도 현대 사회 조직의 관료화로 인해 기자의 활동 범위가 조직과 출입처 주변으로 한정되었다. 사회부는 검찰과 교육부 주변에서 크게 벗어나지 못했으며, 일선 경찰 기자도 줄어들자 사회부 무용론까지 대두되었다. 일제의 군사형 사회에서 경찰 기자의 활동이 돋보였던 것과는 대조를 이룬다. 언론공화국은 개인의 사생활을 도외시했던 전통으로부터 벗어나 현장감 있는 기사 작성에 역점을 두었으며, 그 실체의 전통이 최근까지 이어져왔다. 그러나 외국과의 관계가 빈번해지고, 더구나 IMF체제에 직면한 현실에서 사회부 기능이 축소되고 있음은 마땅히 숙고되어야 한다.

본 저서는 해석적 방법으로 1920년에서 1940년까지 이뤄졌던 문화정치의 실체를 규명하며, 문화정치의 산물인 언론 공화국의 출현과 도전에 관해서 논한다. 아울러 언론공화국 이후에 나타난 또 다른 일본식 문화정치를 논한다. 시대 구분을 할 때 1920년부터 신간회가 해산되던 시기인 1931년까지는 일정한 독자를 가진 신문이 문화정치 · 민족주의를 표방하는 대표적 기관이다. 그러나 1931년 이후는 일본식 문화주의가 득세하는 시기에서 그 현상을 해석한다.

2. 문화정치의 산물인 언론공화국의 출현

1920년대 조선의 민중은 각성이 미비하며, 문화의 진전 또한 아직 초보단계에 머물러 있었다. 이같이 구태에서 벗어나 신생활에 임해야 할 때 세 개의 신문사가 총독부로부터 허가를 얻었다. 「조선일보」, 「동아일보」, 「시사신문」 3가지 신문이었다. 그리고 1922년 9월 12일 총독부는 「개벽(이두성, 李斗星)」, 「신천지(백대진, 白大鎭)」, 「신생활(박희도, 朴熙道)」 등 4개 잡지와 주간 신문 「동명(최남선, 崔南善)」의 발행을 허가했다.[245] 이들 잡지

245) 정진석, 「극비-조선총독부의 언론 검열과 탄압」, 커뮤니케이션 북스, 2009, p. 155.

는 정치, 경제문제를 취급함으로써 신문지법의 제재를 받았고, 300원 보증금도 납부해야 했다. 그 중 「신생활」은 '개조와 혁신'을 내걸고, 주지(主旨)로 ① 신생활을 제창함, ② 평민문화의 건설을 제창함, ③ 자유사상을 고취함 등을 주창했다. 이 잡지는 1922년 11월호와 12월호 러시아혁명 기념 특집으로 총독부로부터 사법처분을 받게 되었다. 그 일로 사장 박희도와 인쇄인 노기정(盧基禎), 주간 김명식(金明植), 기자 유진희(兪鎭熙) 등이 수감되었다.[246] 이 잡지는 1923년 1월 8일 폐간되었는데, 당시 경무국장 마루야마(丸山鶴吉)는 "신생활이 이래 사회주의를 선전하며 그뿐만 아니라 과격사상을 선동적으로 쓰기 까닭에.."라고 했다.[247]

한편 「조선일보(朝鮮日報)」[248] 초대 편집국장에 대정실업친목회의 중견인 최강(崔岡, 창간 5개월 만에 물러남)이 임명됨으로써 일본인은 「조선일보」가 실업 신문이 되기를 기대했다.[249] 창간호는 배대판(倍大版) 16(당시 4면 발행)면을 발행, 그리고 경제지로 자임했다. 제3면에서는 "「조선(朝鮮) 현하(現下)의 공업상태」라는 기획기사를 통해 '조선의 공업을 말하면 종래 이를 천시했을지언정 장려하지 않아 수요를 따라가지 못한다.'며 조선 땅의 제조업 생산 기반이 취약한 상태에서 일본 제품들이 대량으로 수입되는 현실을 짚어내고 있다."고 했다.[250] 그러나 경제지로서 「조선일보」

---

246) 정진석, 상게서, p.157.

247) 「동아일보」, 1923년 1월 10일; 정진석, 상게서, p. 158.

248) 「조선일보(朝鮮日報)」는 친일 경제 단체 대정실업친목회(大正實業親睦會)의 36인의 발기인에 의해 경성부 관철동 249번지에서 창간되었다. 사장 조진태(趙鎭泰), 부사장 겸 발행인 예종석(芮宗錫), 인쇄인 서만순(徐晩淳), 편집국장 최강(崔岡) 등 편집진 15명과 사원 전체 40~70명 정도로 시작했다(방상훈, 『조선일보 70년사 I』, 서울: 조선일보사, 1990, p. 70). 「조선일보」는 3월 5일 창간하여 제2호 7일, 제3호 9일 격일간을 낸 것으로 추정되나 허가 요건만 맞추고 곧 휴간에 들어간다(창간호는 남아 있지 않음). 「조선일보」의 朝刊 4면의 지면 구성을 살펴보면 다음과 같다. 제1면은 사설 · 논설 · 논평 등, 제2면은 총독부 기사 · 외신 · 경제 · 물가 · 인사 · 단평, 제3면은 사회 · 가정, 제4면은 문예와 지방 단신, 연재소설 등이었다. 초기 실업 신문을 표방했으나 반일 엘리트가 편집진을 주동함으로써 곧 민족지로 탈바꿈한다. 점차 사설의 논조가 강해지며 압수 · 정간이 빈번히 일어났다.

249) 방상훈, 상게서, p. 70.

는 3·1운동의 벅찬 감격을 떠올리기에는 역부족이었다.

한편 친일적 논조의 「시사신문」[251]은 곧 종간되었다(「시사신문」에 대한 자료는 남아 있지 않음). 그러나 총독부의 틈새를 공략한 조선일보사는 1919년 10월 신문 발행의 취지를 '신문명 진보의 주의를 선전하랴함'이라고 정했다.

> 우리는 빨리 진보하여야 할지라. 윤리, 도덕도 진보하여야 하고, 풍속, 제도도 진보하여야 하고, 교육, 학예도 진보하여야 하고, 산업 경제도 진보하여야하고, 일절의 신문명이 진보하여야 할지라. 그러면 우리는 이 주의의 선전이 잇서야하리로다.[252]

그들의 논리는 '신일본주의(新日本主義)' 논조의 매일신보와 맥을 같이 한다. 즉, 마음이 같고 사업이 동일하고 학식이 동일하면 모든 일이 자연히 동일하여 동일한 국민이 될 수 있으며, 일선민(日鮮民)이 속마음을 털어놓고 지식을 교환하며 사업을 함께 하여 국리민복(國利民福)이 무한히 증진되는 상태가 된다고 보았다. 그리고 이러한 한 상태가 되기 위해서는 일본왕 중심의 신일본주의가 관철되어야 한다고 주장했다.[253]

---

250) 김명환, 「'조선일보 창간호' 3 · 4 · 13 · 14면 발견」, 「조선일보」, 2010년 3월 5일.

251) 신일본주의를 표방한 국민협회의 민원식(閔元植)이 그 발행인이었다. 그러나 시사신문사의 친일적 논조는 3·1운동으로 흥분된 독자에게 설득력 있는 신문일 수 없었다. 민원식은 곧 일본에서 피살되고, 신문은 곧 종간되었다. 총독부는 시사신문사 대신 최남선(崔南善)에게 「시대일보」의 발행을 허가해 1924년 3월 31일 창간했다. 그러나 단명으로 끝난 시대일보사를 1926년 11월 15일 이상협(李相協)이 판권을 사들여 「중외일보」로 신문의 제호를 변경시켰다. 중외일보사는 경영난으로 1932년 9월 2일 종간 후, 노찬성(金贊成)에게 넘어가 노정일(盧正一) 사장 체제의 「중앙일보」로 발행되었다. 1933년 2월 16일 여운형(呂運亨) 사장 체제의 중앙일보사는 「조선중앙일보」로 제호를 변경시켰으나, 1936년 9월 4일 손기정의 일장기 사건으로 자진 휴간에 들어갔다(김민환, 『한국언론사』, 서울: 사회비평사, p. 212).

252) 방상훈, 상게서, p. 68.

한편 건실한 재정과 3·1운동의 후광을 업었던 동아일보사는 저항 의식을 대변하는 민족주의 신문으로 새 시대를 열어갔다. 「동아일보(東亞日報)」[254]는 민주적 운영의 설립 취지서를 다음과 같이 밝혔다.

> 국가적 생활과 사회적 생활을 물론하고, 만반생활을 영행(營行)함에 그 기초조건을 성하는 자는 반드시 그를 구성하는 인민의 집합체라 하노니, 그러므로 그 발달을 도(圖)함에는 또한 민의를 충분히 표현케 하야써 그 창달을 기치 아니치못할지라, 하물며 민주적 기운이 도천(滔天)의 세를 가지고 천하의 인심을 좌우하며 장차 세계를 신 기초 위에 개조하여 아름다운 새 문명을 산출코자 하는 차시에 재함이리오.[255]

아울러 장덕수(張德秀)가 작성한 세 가지 주지(主旨)를 앞세웠는데, 1) 조선 민중의 표현 기관으로 자임하노라, 2) 민주주의를 지지하노라, 3) 문화주의를 제창하노라 등이 그 내용이었다. 여기서 「동아일보」의 社是[256]는 문화주의로서의 민족주의를 표하고 있다.

---

253) 조성운, "1910년대 일제의 동화정책과 『매일신보』", 수요역사연구회 편, 『일제의 식민지 지배정책과 매일신보 1910년대』, 두리미디어, 2005, p. 17.

254) 「동아일보(東亞日報)」는 발기인 대표 경성방직(京城紡織)의 김성수(金性洙), 사장 박영효(朴泳孝), 편집국장 이상협(李相協) 등으로 1920년 4월 1일 경성부 화동에서 시작했다. 동아일보사는 당시 젊은 청년 신문으로 주간인 당시 26세 장덕수(張德秀,) 28세 편집국장 이상협(李相協)(「매일신보(每日申報)」 출신으로 신문 실무의 귀재) 등이었다.

255) 김상만, 상게서, p. 91.

256) "첫째, 조선민중의 표현기관은 사회적 정치적 경제적 소수 특정계급의 기관이 아니라 단일적 전체로 본 2천만 민중의 기관으로 자임한 즉 그의 의사와 사상과 기도와 운동을 여실히 표현하며 보도하기를 기하노라. 둘째, 민주주의는 국체니 정체니 형식적 표준이 아니라 곧 인류생활의 일대원리요 정신이니 강력을 배척하고 인격에 고유한 권리의무를 주창함이라. (……) 그 내용이 국내정치에 처하야는 자유주의요, 국제정치에 처하야는 연맹주의요, 사회상황에 처하야는 평등주의요, 경제조직에 처하야는 노동 본위의 협조주의를 지칭했다. 마지막으로 셋째인 문화주의는 개인이나 사회의 생활내용을 충실히 하며, 풍부히 함이니 곧 부의 증진과 정치의 완성과 도덕의 순수와 종교의 풍성과 과학의 발달과 철학 예술의 심원오묘라"라고 규정했다(「東亞日報」, 1920년 4월 1일).

사이토(齋藤實) 총독의 '문화정치'[257] 개념에서 볼 수 있듯이, 신문은 문화와 관련될 때 역사와 분리될 수 없다. 「동아일보」 논설은 "정치는 역사를 떠나서 논평할 수 없고 역사는 정치를 떠나서 설명하기 어렵다"고 전제하고, "역사는 과거의 정치요, 정치는 현재의 역사이기 때문이다"[258]라고 풀이했다. 그러므로 조선 통치를 논평하면 조선 민족의 심리를 해부하지 않으면 안 되었고, 조선 민족의 심리를 해부하려고 하면 역대의 사실을 精考하고자 했다.

역사적 왕의 존재에 대한 기사로 인해 「조선일보」는 처음으로 압수를 당했다. 즉 법적 발행 기간을 맞추기 위해 처음 몇 회 발간 후 장기 휴간을 맞았던 조선일보사는 1920년 4월 28일 제4호를 발간했다. 그러나 李왕세자 이은(李垠)과 혼약이 있었던 민(閔)규수가 일본의 정략 결혼 정책에 의해 파혼당하고 혼약의 반지가 되돌려진 박석고개 민규수댁 탐방 기사를 게재함으로써 총독부에 의해 압수를 당했다. 또한 「동아일보」는 제사(祭祀)에 관한 사설인 1920년 9월 10일의 「제사와 우상숭배」, 9월 24·25일 「제사문제를 재론하노라」로 인해 제1차 무기 정간을 당했다.[259] 그중 특히 9월 24일 사설에서는 다음과 같은 내용들을 담고 있었다. 각 개인은 종교의 자유를 가지며, 각자의 양심에 따라 종교를 가진다. 왕위에 부재하면서 작예(作禮)할 수 없다는 일본인들의 논리를 받아들일 수 없음을 천명했다. 더욱이 우리의 제사는 죽은 이에게 산 사람과 동일한 의미에서 예를 바치는 것이지 제사 행위가 우상일 수 없다는 논조를 폈다. 조선의 제사와 다른 일정한 국교의 교리에 의한 예법을 전 사회에 강제한다면 이는 더욱 문제가 되

257) 한편으로는 총독부의 전략으로서, 다른 한편으로는 신문의 전략으로 문화정치를 논할 수 있다. 본고는 후자의 경우 민족주의의 실현으로 표현한다.

258) 「동아일보」, 1921년 11월 14일.

259) 동아일보사는 일차 정간으로 약 3개월의 휴간 후 1921년 2월 21일에 김성수가 株를 인수하면서 속간할 수 있었다. 그러나 당시 김성수는 일제의 경제 순환권의 영향권에 깊숙이 들어가 있었다(최민지, 「한말-일제하 민족과 언론」, 『언론과 사회』, 서울: 민중사, 1983, p. 88).

지 않을 수 없다는 내용이었다.

총독부가 신문에 강압을 가해 민족주의 발로의 기운을 꺾음과 동시에, 일제는 외교 문제에도 민감하게 대응했다. 조선 총독부는 '광무신문지법' 제11조(제21조도 관련)에서 '국제교의(國際交誼)'를 저해한 사항을 규정하고 있다. 「조선일보」는 1920년 8월 27일 「자연의 화」라는 제목의 사설에서, 미국 의원단 일행의 내한을 맞아 조선인이 기뻐하는 것은 가뭄 끝의 비와 갈증 끝에 물을 얻는 것과도 다를 바 없음의 논조를 보임으로써 제1차 정간을 당했다. 이어 조선일보사는 정간이 해제된 이틀 뒤 9월 5일 「우열(愚劣)한 총독부 당국은 하고로 우리 일보에 정간을 명하였나뇨」라는 분노에 찬 사설로 인해 총독부로부터 제2차 정간을 당했다.

「동아일보」가 창간호 논설에서 뜻했던 "조선강산(朝鮮江山)으로 하여곰 문화의 낙원으로 되게함"의 실현은 신문의 압수, 정간을 되풀이하면서 난관에 부딪쳤다. 「동아일보」는 총독부의 언론 탄압을 적극적으로 해석하기 시작했다. 문화정치(文化政治)와 무단정치의 차이를 피상적으로 자유의 존재에 두기보다 근본적으로 덕정주의(德政主義)로 풀이했다.[260] 즉 문화정치는 문화의 발달을 최고 목적으로 삼음으로써 이는 곧 인문의 발달이며, 인민의 생활의 향상, 행복을 추구한다[261]라고 규정했다. 물론 인민의 복지와 행복은 자유를 바탕으로 한다라는 단서를 붙이고 있다.[262]

의사 표현의 자유가 인간의 행복을 가져온다면 문화정치를 표방한 총독이 치안 방해와 국권의 분리를 빌미로 인민의 자유를 침해함으로써 민중에 대한 도덕적 임무를 미수행함은 규탄의 대상이 될 수밖에 없었다.[263] 집회·출판, 신교, 거주 이전의 3대 인민의 공권은 16세기 종교개혁, 18세기 불국혁명(프랑스혁명) 등으로 쟁취한 근대 문화의 산물로 당연히 허용되어야

260) 「총독정치의 제도적 비판(3)」, 「동아일보」, 1922년 1월 13일.

261) 「총독정치의 제도적 비판(1)」, 「동아일보」, 1922년 1월 11일.

262) 「반동정치」, 「동아일보」, 1920년 8월 3일.

263) 「언론자유에 철저하라」, 「동아일보」, 1922년 1월 17일.

함을 당시 언론은 강변했다.[264] 이 공권의 보장은 자유의 허용이요, 생명의 본질을 확인하는 것이었다. 이들 공권을 통해 인민은 적극적으로 국가에 보호를 요구하며, 소극적으로 자유권의 강제와 명령에 불복할 수 있다. 궁극적으로 국가는 공공의 이익을 위하여 행동하는 한편, 공공의 이익은 개인의 이익을 수용했다.

당시 언론은 인생의 존재가 생이요, 생활의 형식이 의식주이며, 의식주의 기초가 재물이요, 재물의 원천은 경제로 본 것이다. 「조선일보」는 경제를 살리기 위해 직물을 장려하며, 토산품을 개발하며, 무역을 강화시키기 위해 실업계의 실지(實地)를 가지도록 권장했다.[265] 「동아일보」는 경제가 인생 생활의 원근이요 도덕이다[266]라고 규정했다. 즉 경제가 발달한 사회에서만 생활의 안정이 있으며, 생활의 행복이 있으며, 도덕과 예절이 바로 설 수 있다라고 이 신문은 규정한 것이다.

「동아일보」는 문화 국가 건설의 핵심 사상을 국민 교육의 진작에 두고 각 인민의 사회적 각성과 생활 의식 개혁을 추구했다.[267] 젊은 편집자들은 1920년 5월 4일부터 9일까지 사설 「조선부노(朝鮮父老)에게 고(告)함」에서 전통적 사고를 부정하고 현대의 신사고를 찬양했다. 현대 문화는 생활 의식을 띠지 아니한 것이 없으며, '민족적 감정'도 생활 의식을 토대로 하는 신문화의 변용으로만 가능하다는 전제이다. 과거 생활상의 인습 제도를 타파하는 한편, 개인 차원에서 자연계를 개척하고, 노동력을 가하여 현대 생활에 적응할 만한 가치 있는 생활을 영위하며, 민족적 차원에서 민족적 감정을 생활 의식과 연결하여 인민이 생활에 충실을 기할 수 있기를 염원했다.

민족 감정을 생활 의식으로 연결시키는 다른 방법은 언어의 계발이다.

---

264) 「인민의 3대공권을 논하노라」, 「동아일보」, 1922년 3월 15일.

265) 「실업(實業)의 실지」, 「조선일보」, 1920년 3월 7일.

266) 「조선실업가에게 고함」, 「동아일보」, 1920년 7월 13일.

267) 「문화건설의 핵심적 사상」, 「동아일보」, 1922년 10월 4일.

1차 세계대전 후 전쟁의 가능성은 점점 희박해져가는 반면, 경제상의 경쟁이 점차 치열해져가는 상황에서 언어의 중요성이 더욱 부각되었다. 경제전쟁이 궁극적으로 언어 · 지식 · 과학의 경쟁임을 고려할 때, 언어의 심도 있는 발달이 절실히 요구되었다. 그러나 언어는 일조일석에 계발되는 것이 아니라 문화 풍속 · 습관 · 도덕 · 인정 등과 더불어 발달된다.[268) 조선인은 독특한 언어를 갖고 있어 그 언어를 바탕으로 도덕 · 습관 · 풍속 · 예술 · 과학 등을 발달시켰다. 당시 언론은 언어의 발달에 의해 생활이 윤택하게 되며, 조선인의 정체성이 유지된다고 봤다. 각 개인은 자신의 언어를 바탕으로 자기의 정신을 발전시킨다. 언어를 통해 개인은 자기의 정신을 수양하며, 일시라도 자기 정신을 수습(收拾)치 아니하면 몰정신으로 여겼다.

> 개인의 자가 정신을 결한 조선은 금수(錦繡)와 같은 강산을 황폐화시키고, 2천만의 민중은 자유 없는 속에 비애를 참지 못하고 있다. 그 속에 모 인은 스스로 몸을 희생으로 바쳐 국가와 사회를 구제하고, 모모 제현은 철창 내에서 검은 머리가 파뿌리로 변하는 지경에도 있도다. 그럼에도 일방의 현상은 자동차에 기생을 태워 각 요리점에서 주야의 가림 벗는 유흥을 일삼는다.[269)]

평민 사회의 건설은 먼저 생활의 자립자영으로부터 비롯한다. 각 개인은 경제상의 주체가 되어 타인의 약탈을 방지하며, 직업 평등이 전제되어야 한다. 경제적 주체로서 일치단결하지 않은 조선의 미래는 암담했다. 「동아일보」는 그 가능성을 일부 독립군의 활동에서 찾았다. 1920년 6월 홍범도(洪範圖)부대의 봉오동(鳳梧洞)전투와 더불어, 9월의 김좌진(金佐鎭)부대의 청산리(靑山里)전투에서 독립군이 승리를 거두었음에 상기된 동아일보사는 장덕준(張德俊) 기자를 훈춘에 파견하지만 제 일보 송신 후 돌아오지 않아 순직 기자 일호가 되었다. 다른 가능성을 「동아일보」는 단결에서 찾

268) 「조선인의 교육용어를 일본어로 강제함을 폐하라(2)」, 「동아일보」, 1920년 4월 12일.
269) 「현대와 인생」, 「조선일보」, 1920년 6월 1일.

았으며, 단결을 찬양했다.

> 단결아 아름답도다. 그 이름이여. 단결아 너는 문화를 생하고 광명을 득하고 승리를 박하도다. 약한자의 힘이요, 탐한 자의 방패로다.[270]

개인의 삶의 표현인 노동은 타자본주의 국가에서는 능력 위주의 생존 경쟁에 입각해야 하건만 조선 사회는 그 신성한 인생의 능력을 묵살하고 있다.[271] 더욱이 인생의 생존권을 유지하는 최소한도의 경쟁도 능력주의로부터 배제되었으며, 총독부와 자본의 전횡은 신성한 인생의 능력을 무시했다. 조선인의 산업 정책은 조선인 본위로 실시되어야 하는데, 당시 조선은 자본이 결핍하여 영업에 어려움을 겪고 있었다. 경제의 궁핍에 따라 언어의 황폐화와 혼란도 가중되었다.

사회가 언어를 통한 상호 작용의 조직체이지만, 이 시기의 어휘와 문법은 불완전하여 정치와 경제가 후진성을 면치 못하였다. 그뿐 아니라 허술한 언어 능력으로 문화 운동의 가능성마저도 박탈함으로써 조선인의 삶의 방향을 왜곡했다.

당시 조선은 정치의 주체가 권력 계급이지 민중 자체가 아니었다. 자유국에서 정치가 불완전할지라도 그 정치 단체는 민중을 위한 민중의 조직체가 되어야 한다는 기본을 잊고 있었다. 민중이 그 자유의사로 단체 생활의 향방을 정하는 정치를 직접 좌우하고, 그 결정에 의하여 단체의 기관이 행동을 정한다는 원칙도 도외시했다.[272]

총독부는 인선에도 몇 번의 실패를 거듭하고 결국 굶주린 자가 먹을 것

---

270) 「청년회 연합에 대하여」, 「동아일보」, 1920년 7월 9일.

271) 「생존경쟁과 능력주의」, 「조선일보」, 1921년 5월 18일: 지금까지 조선일보사의 창사 초기 논조에 대해 친일적 경향, '신문명 진보주의'로만 규정했다. 그렇다면 사회주의적 경향을 지닌 1924년 신석우(申錫雨) 체제의 등장이 우연이었는지에 대한 규명이 아울러 필요하다. 만약 이 논의가 진전된다면 과거, 미래의 문화정치가 부분적으로 규명될 수 있다.

272) 「총독정치의 제도적 비판(2)」, 「동아일보」, 1922년 1월 12일.

을 가리지 않는 실태를 연출함과 동시에 우리 전 민족을 무시하는 행동을 감행했다.[273] 이제부터는 일본 전체의 진의도 일층 명백하게 추측할 수 있으며, 총독 정치의 완전한 실패도 장담할 수 있다. 문화주의는 그 어떠해도 상관없으나 중대하게 신중히 처리해야 할 문제에 대해서도 무원칙인 이상 그 밖의 일은 새삼 논할 필요 없이 사이토의 사직을 권고했다.

동아일보사 김성수 · 송진우는 1923년 봄부터 천도교 최린(崔麟) · 이광수(李光洙) · 최원순(崔元淳) · 조만식(曺晩植) 등 15명이 참석하는 연정회(硏政會)를 조직하고, "지금 정세 하에서는 직접적인 독립 운동은 불가능하다"[274]라는 결론을 내렸다. 연정회의 논조는 이광수의 1924년 1월 2일부터 5회에 걸친 "민족적 경륜"에서 나타났다. 이광수는 일본을 부인하는 무장 항일 노선의 무모함을 지적하면서, 일본의 주권 아래 법률(제국법률)이 허하는 범위 안에서 정치, 교육, 산업 등 3대 정책을 확립하고, 그 결사체를 조직할 것을 권고했다. 소작쟁의와 청년 단체들의 움직임이 활발했던 당시 이광수의 논조는 시대 분위기에 역행했을 뿐 아니라 지탄의 대상이 되었다. 「동아일보」는 분위기를 일신하기 위해 사회 운동의 기사에 집중했다. 사실 보도에 근거한 동아일보사의 논조는 총독부조차도 막을 수 없었다. 치안권을 가진 경무국장(警務局長)은 박춘금(朴春琴)의 노동상애회(勞動相愛會) 등 친일 단체를 결성하고 동아일보사에 압력을 가하기 시작했다. 당시 동아일보사의 해외동포위문(海外同胞慰問) 모금 3천원(당시 쌀 한가마니 5원 정도)을 박춘금 자신의 사업비로 유용할 것을 제안하는 식도원(食道園) 사건이 벌어졌다. 동아일보사의 이런 일련의 사건으로 인해 다수의 젊은 기자들은 조선일보사로 자리를 옮겼다.

1923년 일본전보통신사(日本電報通信社)와 제국통신사(帝國通信社)가 각기 서울에서 영업을 하기 시작했다.[275] 뉴스망이 확장되어 뉴스 공급이

---

273) 「조선총독 제등씨에게 사직을 권고함」, 「조선일보」, 1922년 6월 18일.

274) 최민지, 상게서, p. 91.

원활해졌다. 또한 각 신문의 사회면 「단평란(短評欄)」이 활성화되어, 동아일보 사회면의 '휴지통' 조선일보 사회면의 '자명종', 중외일보의 '거미줄', 매일신보 '붓방아' 등이 등장하여, 신문의 경쟁을 부추겼다.

한편 조선일보사는 1924년 9월 13일 송병준(宋秉畯)에서 신석우(申錫雨) 체제[276]로 바뀌면서 지면과 사상의 변화가 일어났다. 동아일보사로부터 이상협 · 김동성 · 홍증식 등이 입사했으며, 연이어 이상협 · 김동성의 소개로 우익계 민태원 · 유광렬(柳光烈) · 김형원 등이 함께 했다. 한편 홍증식의 소개로 좌익계 논설반의 김준연(金俊淵), 신일용(辛日鎔), 사회부의 박헌영(朴憲永), 임원근(林元根), 김단야(金丹冶), 지방부의 홍남표(洪南杓) 등이었다.

당시 안재홍 주필이 쓴 「조선일보 신사명(新使命)-천하민중에 신명(申明)함」에서 다음과 같이 '민주공화주의 사상'[277]을 언급했다.

> 조선인으로서 딱 당한 문제를 떼어버리고 별로히 세계의 문제가 잇을 수 업다. 사람은 자기에게 당면한 문제를 해결할 사명과 밋 책임을 마튼 것이오...오인은 밋노라. 천하의 진리는 일부 인의 독창으로써 귀함이 아니오. 천하의 긴급 사는 일이인의 참신한 제창으로써 그 기교함을 자랑할 수 업는 바이다. 오인은 이제

275) 최준, 상게서, p. 244.

276) 신석우(1894~1953)는 일본 와세다대학 정경과를 나와 상하이(上海)에 동제사(同濟社)라는 독립운동단체에서 활동한 자로서, 조선 왕조말에 경무사(警務士, 오늘날 서울경찰청장)를 지낸 대지주 신태휴(申泰休)의 아들이다. 신석우 체제는 사장 이상재(李商在), 부사장 신석우(申錫雨), 발행인 겸 편집인 김동성(金東成), 주필 안재홍(安在鴻), 고문에 이상협(李相協), 인쇄인 김형원(金炯元), 편집국장 민태원(閔泰瑗), 영업국장 홍증식(洪璔植), 공장장 최선익(崔善益) 등으로 이루어졌다(방상훈, 상게서, p. 123). 혁신조선일보는 1924년 11월 23일부터 조간 2면, 석간 4면을 발행하는 최초의 조석간제였고, 당시 발행부수가 4만부 정도였다. 신석우는 1931년 7월 조선일보 사장은 안재홍에 물러 주고 상하이로 떠났다. 그는 광복 후 귀국해 초대 주(駐)자유중국 대사를 지냈고, 1953년 세상을 떠났다(이한우, 「조선일보」, 2010년 1월 8일).

277) 조맹기, "민세 안재홍의 '민주공화국' 사상-그의 언론 활동을 중심으로", 『언론과 법』 제9권 2호, 2010년 12월, pp. 289~317.

개인아로서 민족아로서 사회아로서 인류아로서 가장 침핍(侵逼과 억압과 모독과 유린이 업시 그의 권위와 존엄과 안전과 행복의 온갖 권리와 기회를 평등적으로 향수하여야 할 것이오. 그리하야 종족과 계급과 성과의 차별이 업시 모든 경제적 평등의 안전한 기초를 보장하여야 할 것이오···오인은 다만 최선한 노력-영원한 정전(征戰)이 잇슬 뿐이다(「조선일보」, 1924년 11월 1일; 방상훈,「조선일보 70년사」, 1권 pp.130~132).

한편 이들 좌익계는 서울청년회, 화요회, 북풍회 등에 참여했으며, 지면에 좌경화를 부추겼다. 그들은 「통영의 무산자여 단결하라」(1924년 10월 19일자), 「레닌회견 인상기」(1925년 1월 27일자), 「사상단체 조선해방동맹」(4월 12일자), 「돌연 적기(赤旗)를 뒤흔들고 무산자 만세를 고창(高唱)(4월 20일)」 등 기사를 게재했다.[278)]

한편 1924년 7월에 지면을 쇄신하면서 사설 · 논설 · 학설 등 장편 기획물을 다루던 1면을 뉴스란으로, 10월 3일에는 경제 · 산업의 2면을 사회면으로 부각시켰다. 사회 현실을 직시하는 현실적 분위기는 사회부를 강화시키기에 충분했다.

3. 언론공화국의 도전

조선일보사는 「조선일보의 신사명」에서, '조선인은 개인아(個人我)로서 민족아(民族我)로서 인류아(人類我)로서 가장 침핍과 억압과 모독과 유린이 없이 권위와 존엄과 안전과 행복의 온갖 권리와 기회를 평등적으로 향수(享受)하여야 할 것이며, 종족과 계급과 성과의 차별이 없이 모든 경제적 평등의 안전한 기초를 보장하여야 할 것'을 다짐했다. 이를 위해 20세기 오늘날 조선인이 된 우리는 무엇보다도 먼저 우리가 당면한 현재의 문제를 해

278) 이한우, 「박헌영 등 사회주의 성향 기자들 입사(入社)...1년 만에 대부분 떠나」, 「조선일보」, 2010년 1월 8일.

결하지 아니하면 아니 될 숙명에 놓여 있음을 강조했다. 조선일보사는 억압과 착취의 사회를 향해 일전의 불사를 선언한 것이었다.

당시 기업으로서의 신문은 복잡한 속사정을 지녔다. 동아일보사는 일본인 기업의 대리점 광고를 1921년부터 시작하였지만 1923년 일본 광고가 홍수를 이루면서 1923년 9월 오사카 · 도쿄 등으로부터 직접 광고 수주에 열을 올렸다. 조선일보사 역시 광고로부터 완전히 독립적일 수는 없었으나, 신석우 체제에서 시대의 흐름을 바꿈으로써 사회 운동을 통한 '문화정치'에서 능동적 실마리를 찾은 것이다.

조선일보사의 지면 쇄신과 조 · 석간제에 힘입어 언론계의 내적 각오와 외적 분위기는 사회운동의 방향으로 이끌려가고 있었다. 언론인 사회운동은 1921년 11월 27일 결성된 범언론단체 무명회(無名會)의 문화 보급의 촉진, 언론 자유의 신장, 여론의 선도, 회원의 명예, 그들의 권리의 옹호 및 회원 상호간의 친목 도모 등으로부터 시작되었다. 남대문 근처 식도원(食道園)에서 조선일보 편집국장 선우일(鮮于日)의 사회로 시작한 48인의 언론인 모임을 시작으로, 1924년 11월 19일 청량리 밖 영도사(永導寺)에서 사회부 기자 20명이 참여한 철필구락부(鐵筆俱樂部)가 결성되었다.

철필구락부 · 무명회, 그리고 전위기자동맹(少壯신문기자) 등은 1925년 4월 16일 조선기자대회(朝鮮記者大會)를 개최했는데, 여기에 모두 31개 언론 단체에서 언론인 7백 명이 참가했다.[279] 대회 의장은 이상재(李商在), 부의장 안재홍(安在鴻), 그리고 최선익(崔善益) · 최국현(崔國鉉) 등이 참가하여 언론에 대한 법규 개정, 언론 · 집회 · 결사의 자유 등의 결의문을 발표했다.[280] 전조선교육협회가 1924년 6월 30일 전국기자대회를 위한 바람잡이로 언론과 집회 탄압에 대해 강변했다.

> 언론은 생존의 표현이요, 집회는 그 충동이다. 우리의 생명이 여기에 있고 우리

279) 방상훈, 상게서, p. 140.

의 향상이 여기에 있다. 만일 우리의 언론과 집회를 압박하는 것도 있다 하면 그 것은 곧 우리의 생존권을 박해하는 것이다. 현하의 조선총독부 당국은 직접으로 우리의 언론을 압박하며 집회를 억제한다.[281]

사이토 총독의 문화정치가 생존을 위한 정치라면 언론 · 집회의 자유는 허용됨이 당연하다. 그러나 당시의 언론 · 집회 · 결사의 자유는 소련의 사회주의와 심정적으로 부분적 교감이 있음을 알 수 있다. 조선일보사는 1925년 2월 20일 김준연(金俊淵), 동아일보사는 동년 2월 21일 이관용(李灌鎔) 등을 경쟁적으로 모스크바 특파원으로 보냈다. 소련 영사관이 서울에 개설되자 외교를 통한 민족 주체성의 확립에 관심을 가졌다. 1924년 6월 17일 모스크바에서 개최된 코민테른 5차 대회의 "조선에 대중 운동이 뿌리를 내리고 있다"는 보고는 퍽 고무적인 예였다. 「조선일보」는 신일용(辛日鎔)이 집필한 1925년 9월 8일자 「조선과 노국과의 정치적 관계」를 게재함으로써 제3차 정간을 당하고 만다. 정간의 법적 근거는 「치안유지법」의 사유재산 제도의 부인이었다.[282] 2차 정간 후 최국현(崔國鉉) · 방한민(方漢旻) 등 3명의 배일 기자를 해고함으로써 총독부와 타협을 했듯, 3차에서도 같은 성향의 17명의 기자를 해고함으로써 정간이 해제되었다.[283] 말하자면 총독부는 사전 · 사후 검열, 그리고 기자 해고 등을 통해 자신들

---

280) 전조선기자대회 결의문- 의안(全朝鮮記者大會 決議文- 議案) 제1부, 1. 우리는 친목과 협동(協同)을 공고히 하야 언론(言論)의 권위(權威)를 발휘하기를 기(期)함, 1. 신문(新聞) 및 기타(其他) 출판물에 관(關)한 현행법규(現行法規)의 근본적 개신(改新)을 기(期)함, 1. 언론집회(言論集會) 및 결사(結社)의 자유(自由)를 구속(拘束)하는 일절 법규의 철폐를 기(期)함이며, 의안(議案) 제2부, 1. 동척(東拓)을 위시하야 현하 조선인 생활근저를 침식하는 각 방면의 죄상(罪狀)을 적발하야 대중의 각성을 촉(促)함, 1. 대중운동의 적극적 발전을 촉성하기를 도(圖)함(방상훈, 상게서, p. 141).

281) 방상훈, 상게서, p. 103.

282) 조선출판경찰 개요. (……) 극단적으로 조선 정치에 대한 불평불만을 부채질했을 뿐만 아니라 제국의 국체급 사유재산 제도를 부인하고 그 목적을 이루는 실행 수단으로써 적로(赤露)의 혁명운동의 방법에 의해 현상을 타파 (……)(방상훈, 상게서, p. 146).

283) 최민지, 상게서, pp. 86~92.

의 뜻대로 신문의 논조를 유도해나갔다.

정간이 해제된 조선일보사였지만 제1차 조선공산당 사건(1925년 11월 25일)이 신의주(新義州)에서 발생함으로써 일간지의 사회주의자는 전원 색출되었다.[284] 조선의 사회주의적 민족주의 사상은 지하 · 지상으로 빈번히 교차하며 발전해나갔다.

1920년 이후 언론통제부서는 경무국 고등경찰과(高等警察課)에서 담당했으나, 1926년 5월 도서과(圖書課)를 신설하여 신문, 잡지, 출판, 음반, 연극, 영화를 포괄하는 언론과 문화 전반의 광범한 통제를 실시하였다.[285]

미곡 증산 운동을 위해 1926년 토지 개량 사업이 시작되었다. 전통의 상징이었던 순종황제(純宗皇帝)가 서거하고(장례식 6월 10일), 새로운 시대를 맞은 조선일보사는 민족주의 단일 전선 기구인 '신간회(新幹會)'[286]가 1927년 2월 15일 창설되자 사장 이상재(李商在, 회장), 부사장 신석우, 발행인 안재홍 등으로 하여금 참가토록 했다. 상하이 임시정부의 법통을 신간회, 조선일보사가 대리한 셈이었다. 신간회는 당시 일제를 옹호하는 우경적 사상, 기회주의를 원초적으로 배척했다.[287] 전진적(前進的) · 단계적

284) 방상훈, 상게서, p. 155.

285) 정진석, 상게서, 2009, p. 6.

286) 신간회는 1927년 2월 15일 창립된 단체로서 주요 구성원은 이상재(李商在) · 조병옥(趙炳玉) · 안재홍(安在鴻) · 홍명희(洪命熹) · 허헌(許憲) 등이다. 『시대평론(時代評論)』의 창간호에서 홍명희는 신간회의 사명을 "우리의 민족적 운동으로 그 길로 그르치지 않고 나가게 하는 것은 곧 우리들이 당연히 노력할 일이다. (……) 그럼으로 우리들은 우리의 경우가 허락하는 대로 과학적 조직—일시적이 아니요 계속적인, 또는 개인적이 아니요 단체적인—행동으로 노력하여야 할 것이니 새로 발기된 신간회의 사명이 여기 있을 것이다"(방상훈, 상게서, p. 186, 재인용)라고 규정했다. 그러나 당시 조선의 민중운동은 경제적 방면에서 진행하면 사회주의적 운동, 정치적 방면으로 진행하면 민족주의 운동이었다.

신간회 창립 당시 ① 우리는 정치적 경제적 각성을 촉진함, ② 우리는 단결을 견고히 함, ③ 우리는 기회주의를 일체 부인함 등 3대 강령을 규약으로 채택했다(이한우, 「조선일보 지국이 '신간회' 거점 역할, 「조선일보」 2010년 1월 12일). 그 후 1930년이 되면서 전국에 140여개의 지회와 4만명에 이르는 정예 회원을 확보했다.

287) 「신간회의 창립준비」, 「조선일보」, 1927년 1월 20일.

(段階的) 방법에 의한 민족주의 좌익 전선을 구축하고 단결을 공고히 하고 주의와 정견을 중추로 하고자 했다. 가능한 많은 인민을 신간회에 참여시키는 것이 그들의 목적이었다. 언론을 통한 신간회 운동의 활성화는 언론 공화국의 실체와 관련을 맺고 있었다. 언론은 인민 개개인의 폭넓은 의견을 제외시키고 극소수의 의사를 반영할 때 언론의 사명을 상실하게 됨을 상기시켰다. 언론을 통한 문화정치도 대다수 인민을 제외시킬 때 성공할 수 없음을 당시 언론인은 감지했다. 소수의 편견과 그 사고의 전도에 의해 일방향으로 여론을 호도하는 것을 언론은 경계했다.[288] 조선의 언론은 파시즘이 이 땅에 출현함을 지극히 두려워했다. 파시즘은 반대 세력을 몰아내고, 탄압 아래 민족주의적 색채만을 강화시키게 된다. 언론을 떠나서 독행하는 정치는 폭력을 조장하기 쉽고, 전제 군주, 군사형 사회로 이행됨이 명약관화했기 때문이었다. 그러므로 언론의 존중은 곧 문화를 사랑하는 결과물로 여겼다.[289]

총독부가 지리(至理)를 무시하고 고압 자세를 취하면 그 궤도를 이탈하게 마련이었다. 언론과 사상을 존중하고, 과격한 자이면 조화하도록 바랐던 당시 언론인의 정치관은 정치가 여론화하며, 여론이 정치화한 시대에만 민중의 생활과 안전을 보장한다는 신념을 갖고 있었다. 여론을 무시한 국가의 정치는 멸망을 초래할 뿐이라고 단정했다.

언론과 군사적 사회를 지향하는 총독 사이에는 갈등이 항존했다. 군사적 원리를 준수하는 총독부와는 달리 조선의 입장은 편협된 민족주의를 탈피하여 전인민의 생활을 존중하는 과학적이고 창조적 문화 발전을 이루고자 했다.[290] 자유와 창조는 문화의 생명체이기도 했다. 경직되고, 의존적이며, 당파성과 편협성에 기초한 주관주의적 민족주의보다 유연하고 독립

---

288) 「언론기관과 일반의 여론」, 「조선일보」, 1923년 8월 7일.

289) 「언론과 문화의 관계」, 「동아일보」, 1928년 1월 27일.

290) 「역사가의 태도」, 「조선일보」, 1929년 7월 16일.

적이고 창조적이며, 보편성과 객관성을 지닌 민족주의를 당시 언론은 염원했다. 그러나 강자는 보편성·세계성을 강조하지만 약자는 특수성을 바탕으로 한 민족주의를 전략적 무기로 사용할 수밖에 없었다. 민족주의는 타국가에 대해 배타성을 지녀야 하고, 자국의 우월감을 선전해야 하는 당위성을 지녔다. 군사형 사회가 장교 중심이라면 언론공화국인 조선은 사병의 의사를 존중할 수밖에 없었다. 공정한 여론의 형성은 언론공화국의 이상이었다. 그러나 총독부의 집권 의지와 다른 지방 제도를 개선하도록 조력하는 것이 당시 언론의 의무였다. '조선 민중의 표현하는 기관'을 기치로 걸었던 동아일보사는 사실 보도에 충실하며, 비판의 자유를 확장시키며, 자유와 창의가 있는 사회로 이전함에 동조자를 구했다. 언론인들은 문화가 발달한 곳에 언론이 존중되며, 문화가 유치하면 언론을 학대한다는 논조를 폈다.

동아일보사는 현실 타파를 위해 1) 민주적 사상의 확립과 훈련, 2) 자립자조적 정신, 3) 민족적 자조 사상을 토대로 하여 일대의 단결을 작함 등을 강조했다.[291] 약자를 단결시키는 것이 당시 언론의 사명이었다.

신간회의 결성에 조력한 조선일보사는 단결은 곧 약자의 무기임을 강조했다. 직업을 통해 인격적 향상의 기회를 박탈당한 노동자, 취업의 기회조차도 갖지 못한 학생에게는 단체를 통한 단결이 그들 약자의 무기임이 당연했다. 신간회의 민족주의는 좌익 경향을 노골적으로 나타내며, 운동의 중추적 기능을 담당하기에 이르렀다.

1924년 이후 줄곧, 특히 신간회 결성을 계기로 사회운동의 활기를 불러일으켜온 조선일보사였지만, 1928년 난징의 국민정부 장개석(張介石)에 동조하면서 또 한번의 시련을 겪는다. 즉 1928년 5월 9일 「제남(濟南) 사건의 벽상관(壁上觀)」[292]을 게재함으로써 133일간의 4차 정간을 당했다. 조선일보사는 속간사에서 앞으로, 신문사의 방향을 제시했다.

291) 「신국면을 타개하자」, 「동아일보」, 1929년 2월 17일.

> 우리는 이 압흐로 주의에 주의르 더하야 우리 일보로 활동을 계속케하되 논평은 엄정히 하야 편견적 감정에 흘으지 안토록하며, 보도는 충실히하야 인습적 선택에 억매지 안토록 할 것이니, 설사 일시 우리의 붓이 펴이지 못하야 민중의 기망을 만족케 하지 못하더라도 우리 일보는 마츰내 조선인의 심장과 조선민족의 생활표현물이 되어야 할 것이다. 우리 일보는 마츰내 조선인의 심장과 조선민중의 생활표현물이 되어야 할 것이다.[293)]

정간 후 1929년 조선일보사는 1) 신문의 활자 개량을 하고, 2) 전국의 13개 주요 도시에 상주 기자를 배치했다. 즉 도시 중심에서 벗어나 취재 영역의 광역화 등 체제 변혁을 실시한 것이다. 생활개신(生活改新)운동을 벌이는 한편, 조선가요협회를 창립하고 건전가요의 민중화에 앞장섰다. 또한 협동조합, 문맹퇴치 운동 등에도 참가했다.

조선일보사는 당시 동아일보사, 그리고 「중외일보(中外日報)」(1926. 11. 15~1931. 9. 2)와 단평란 '팔면봉(八面鋒)', '횡설수설(橫說竪說)', '반사경(反射鏡)' 등의 사회 비평으로 날카롭게 대결했다. 매일신보도 '만물상(萬物相)'으로 맞섰다.

더욱이 동아일보사 · 조선일보사를 두루 거친 새로운 이상협 체제의 중외일보사는 현실을 비판하면서 무기 정간을 당했다. 논설에서 중국인의 배일(排日)을 국권 회복의 시대 사조에 의거한 애국심의 발로로 규정함으로써 조선인에게 애국심의 향배를 간접적으로 시사하는 한편, 침체 국면의 조선인들은 인간의 존엄과 가치를 상실한 채 심혼(心魂) · 정력(精力) · 신성(神聖)이 깃들어 있지 않은 속화의 직업화에 몰두하고 있다고 현실을 비판했다.[294)] 총독부는 무기 정간 이유를 현실을 개탄하는 불순 동기라고 간

---

292) 「조선일보」가 「갑중내각(甲中內閣)의 대모험(大冒險)」으로 게재한 사설에서 발생되었는데, 중국과 일본의 제남(濟南) 무력 충돌을 비판하는 글이었다. 이 사건에서 일본은 중국을 침략할 구실을 찾았다.

293) 방상훈, 상게서, p. 203.

294) 「직업화(職業化)와 추화(醜化)」, 「중외일보」, 1928년 12월 6일.

주했다.

조선일보사는 사회 비평의 성향에 민감했다. 조선일보사 신석우 사장은 대공황의 조짐이 한반도를 엄습하자, 1927년 7월부터 '창작(創作)'이라는 이름으로 연재기사인 픽션 형식의 기사 스타일을 선보였다.[295] 당시 서구에서 유행했던 공항기의 비관적인 삶의 모습을 그린 형태였다. 사실을 근거로 한 하층 계층의 삶의 양식을 고백 형식의, 즉 르포르타주 식 폭로 저널리즘으로 선보였다. 「국경 순사의 독백」, 「동양의 괴사건」, 「현정치의 폐해의 제 조건」 등이 이런 유형에 속했다.

장개석(張介石)이 1928년 7월 난징에 국민정부를 세우자 일본으로서는 위협이 아닐 수 없었다. 서구 자본주의를 받아들여 승전가를 불러왔던 일본이었지만, 서구가 대공황을 맞게 됨으로써 대량 생산 체제는 더 이상 상품 시장을 확보할 수 없는 문제에 부딪치고 말았다. 그런데다 난징 정부마저 일본의 팽창을 저지하는 형국이 벌어진 것이다. 이 같은 상황에서 조선의 군사형 사회는 더욱 적극적인 사회 변혁을 시도했다. 총독부는 '내선융화(內鮮融和)'를 위해 중등교육의 선일인공학화(鮮日人共學化)를 기획하며, 공학 실시와 군사 교련을 함께 하도록 했다. 이는 조선인의 민족문화를 말살하고, 조선인 본위 교육을 자제케 하는 결과를 초래했다. 그러나 대공황의 여파로 조선의 농촌은 피폐해진 농민은 만주, 일본, 국내 대도시로 몰리기 시작했다. 제국주의적 자본주의가 교차되는 순간이었다. 만주로 이주한 조선 농민은 일본인들의 책략에 말려들어 대리전에 희생되기도 했다.[296] 그 실례가 1931년 7월 3일 장춘 근교 만보산 삼성보(萬寶山 三城堡)의 수로(水路)공사로 인해 조선 농민과 중국 농민 사이에 일어난 대립이다. 억눌린 감정을 추스리지 못한 조선인은 중국과의 감정이 격화되자 신문도 앞을 다투어 보도했다. 동아일보사는 서범석(徐範錫) 특파원을 현장

---

295) 방상훈, 상게서, p. 175.

296) 김상만, 상게서, p. 314.

으로 보내 진상 규명과 양국간의 화해에 나섰다. 이러한 화해의 무드와는 관계없이 일본은 1931년 9월 18일 만주사변(滿洲事變)을 일으켰다. 일본은 1932년 3월 청(淸)의 황제 부의(溥儀)을 앞세워 만주국을 건설했다. 국제 연맹은 린턴경(卿)을 현지로 파견, 실사를 바탕으로 1933년 2월 일본에게 만주국의 취소를 권장했으나, 일본은 그해 3월 국제 연맹을 탈퇴했다. 만주국을 식민지 시장으로 확보한 일본은 1937년 중일전쟁(中日戰爭)시 이곳을 병참기지(兵站基地)로 삼았다.

조선은 일본의 상품, 노동, 자본 시장이었다. 이러한 일본의 적극적 식민지 정책에 대항해서 일어난 1929년 11월 4일 광주학생운동으로 인해 총독부는 일간지의 활자 크기까지 꼬투리를 잡았다.[297] 신간회(新幹會)도 1931년 5월 해산되었으나, 김구(金九)는 1930년 봄 '한인애국단'을 조직했으며, 만주와 상하이를 기점으로 독립군 활동을 폈다.

조선총독부는 신문 길들이기도 빼놓지 않았다. 빌라즈(미국의 *The Nation* 誌)가 1930년 4월 16일 동아일보사의 10주년 기념사를 위해「조선의 현상 하에 귀지의 사명은 중하다」라는 제하에서 "군국주의에 항의하여 소수 민족의 자유와 각 인민의 생활양식의 자유를 견고히 지켜왔다"[298]라고 전제하고, 이러한 논조를 계속 유지하도록 권하는 글을 보내왔다. 이 글이 빌미가 되어 동아일보사는 4개월간 정간을 당한 뒤 9월 1일에 복간했다. 이는 동아일보사가 1926년 3월 3·1운동 기념일에 모스크바의 국제농민조합 본부의「조선 농민들에게」를 게재함에 따라 주필 송진우(宋鎭禹), 발행인 김철중(金鐵中)이 구속되면서 2차 무기정간을 당하지만 4년 만에 3차 무기정간을 맞은 것이다.

일본의 강압적인 정책에 대항하는 일부 지식인들은 러시아 바쿠닌의 무정부주의 사상에 심취하였으며, 일본으로부터 잠입한 이혁(李革) 등은 '흑

297) 방상훈, 상게서, p. 224.

298) 김상만, 상게서, p. 301.

색청년회(黑色青年會)'와 '경성자아인연맹(京城自我人聯盟)' 등을 조직하여 기관지 『흑선풍(黑旋風)』을 발행할 계획도 세웠다. 그러나 아나키즘은 곧 총독부의 감시로 자취를 감추었다. 신사회의 건설에 대한 노력은 역사의 뒤안길에 파묻혔지만, 사회 내에서는 지금까지의 자유를 바탕으로 창의성 있는 민족주의와는 다른 개념의 민족문화 운동이 사회에 선보이기 시작했다. 즉 1931년 '조선어연구회'가 '조선어학회'로 개칭되었으며, 1933년 11월에는 한글맞춤법 통일안을 내놓았다.

신문은 민족문화 운동에 앞장섰다. 동아일보사는 '조선의 노래'를 공모하고 이충무공 유적 보존 운동, 권율(權慄)장군 사당중창, 그리고 하계학생농촌계몽 운동의 '브나로드'[299] 등 민족문화 운동을 선도했다. 이에 맞서 총독부는 각 도청 소재지의 일문(日文) 일간지를 중심으로 일인의 우월성을 선전했다.[300]

4. 언론공화국의 민족문화운동

우가키(宇垣一成) 총독의 전체주의적 성격이 한반도를 엄습했지만, 제국주의적 '세계화'로 자본의 축적이 한반도로 유입되었다.[301] 동아일보사의 1927년 9월 8일 도쿄 및 오사카의 지부 결성을 기점으로 언론은 국제 정세 파악에 주력하며, 국내의 취약한 광고 산업에 대한 광고 취급 경쟁에 가

---

299) 브나로드(V narod!: 민중 속으로!) 운동은 1870년 러시아에서 발생한 것으로, 나로드니체스토보(人民主義)주의자들이 전개한 운동이다. 조선에서는 30년대 심훈(沈熏)의 '그날이 오면'이 상징적으로 표현되었으며, 『상록수(常綠樹)』에서 청년 인텔리겐치아의 실천면을 묘사하고 있다(황성모, 상게서, p. 247). 이 운동은 '동아일보'에서 1931년부터 1934년까지 4 차례에 걸쳐 학생들의 여름철 농촌계몽운동으로 실시되었으며, 당시 편집국장 이광수가 '흙'의 연재로 불을 지폈다. 계몽주의자는 소설 뿐 아니라 계몽운동, 문맹퇴치, '색의단발', '농사개량', '소비절약', '금주금연' 등을 내용으로 하는 강연, 좌담 등의 선전사업을 벌렸다(리용필, 『조선신문100년사』, 나남, 1993, p. 114).

300) 김상만, 상게서, p. 226.

세했다. 1931년 이후 조선에 일본 재벌의 영토 확장이 빈번해짐과 동시에 국내 '매판 자본가'도 자본을 축적해갔다. 「동아일보」, 「조선일보」, 「조선중앙일보」는 광고의 영향력으로부터 완전히 독립적일 수 없었다. 전체주의적 조선총독부는 기사 삭제나 압수를 더욱 강화시켰다. 신문은 경무국 도서과의 일개 사무관에 의해 좌지우지당했다. 각 신문사의 사장도 도서과의 사무관 앞에서는 아무런 권위를 내세울 수 없었다.[302] 검열 방침도 일정한 기준 없이 저들의 사정과 형편에 따라 일방적으로 통고했다. 당시 신문은 수동적 반항의 형태로 검열에 의해 삭제된 자국을 남기기 위해 벽돌 신문을 발행하며, 압수된 기사를 호외 형식을 빌려 발행하기도 했다.

1930년대는 20년대와 달리 전통의 가치가 새롭게 부각되는 시대였으므로 신문은 사회에 만연한 개인과 집단에 대한 불신을 쇄신해야 할 필요성을 절감했다.[303] 민족주의는 1920년대의 전반적인 사회 분위기가 근대성을 추구함으로써 일어나는 것이었다면, 1930년대 인위적 근대성이란 전통성과 배치되는 것으로 인식되었다. 개인과 민족의 개념이 다시 정립되는 시기였다. 사회 내 노동자 · 여성 · 학생들의 문제가 사회에 새로운 범주로 적극적으로 부각되기 시작했다.

광주학생운동 이후 총독부는 일본 학생과 한국 학생을 차별하기 시작했다.[304] 당국의 학생에 대한 편파적 태도에 조병옥(趙炳玉) · 안재홍 · 송진

301) 만주사변 이후 한국에서는 일제의 식민 시장의 개척, 대륙 침략을 위한 군수품, 혹은 군수품 원료를 생산하는 공업을 발전시켰다〔정진상, 「일제하 한국인 자본의 존재 형태와 성격」, 상게서(『한국의 사회와 문화』 11집), pp. 133~177〕. 그러나 1925년 이후 평양에서는 메리야스 같은 노동 집약형 토착 산업이 성행했다. 소자본으로 가능했던 메리야스 산업은 결국 국내 자본간의 경쟁이 심해졌으며, 대공황과 더불어 노동쟁의가 발생했을 때 중국 저임금 노동자를 투입하거나, 일본 경찰의 힘에 의해서 쟁의를 진정시킬 수 있었다. 경제 시민혁명을 거치지 않은 조선 자본주의의 하나의 단면일 수 있다(정진상, 상게서, 동면).

302) 방상훈, 상게서, p. 319.

303) 황성모, 상게서, p. 193.

304) 방상훈, 상게서, p. 259.

우 · 이시목(李時睦)(「중외일보」) 등은 규탄 대회를 계획했다. 신간회의 조병옥은 출감 후 연희전문으로부터 조선일보사 전무로 직장을 옮겼다. 즉 신간회의 해산으로 신간회의 정신은 사회주의 지하운동으로, 언론사로 이전되었다.

사회운동의 적극성은 「조선중앙일보(朝鮮中央日報)」[305)]에서 그 편린을 찾을 수 있다. 「조선중앙일보」의 1933년 9년 25일 사설 「입도차압(立稻差押)의 소동(騷動)」에서 자본을 중심삼은 세상에서는 현재와 같은 상황이 의당 예측되었을 것이나, 개인의 채무 이행도 인간 생활의 유지 이후에 있어야 한다는 논조를 폈다. 자본에 대한 고발로 사회 문제가 빈번히 일어났으나 언론의 대처는 소극적일 수밖에 없었다.

문화정치 · 민족주의운동 · 언론공화국의 영향력은 약화되어갔다. 그러나 언론은 밀려드는 광고로 호황을 맞게 되었다. 신문사간에 독자를 끌기 위한 경쟁은 적정 수위를 넘었다. 동아일보사는 1932년 11월 21일부터 조 · 석간 8면제를, 1933년 9월 10부터는 조 · 석간 10면제를 실시했다. 1924년 조 · 석간제 실시가 독립의 가능성과 사상적 동요에 의한 사회의 요구에서 비롯되었다면, 1930년대 초반의 조 · 석간제는 신문사간의 광고 경쟁과 관련되었다. 1924년 부분적으로 일제의 광고가 득세했지만, 1931년 이후 일본인의 만주 침략을 위한 전쟁 준비로 과거와는 비교가 되지 않을 정도로 광고 물량이 늘어났다.

광산주 방응모(方應謨)는 1933년 3월 22일 조선일보사를 인수하여 시대에 걸맞게 '사시(社是)'[306)]를 정하고, 언론의 기능에 교육 기능을 부각시

---

305) 「조선중앙일보(朝鮮中央日報)」는 1933년 2월 상하이에서 체포되어 국내에 돌아온 여운형(呂運亨) 사장에 의해서 「中央日報」의 제호를 바꾸어 발행된 것이다. 1934년 주식회사로 발족시키고, 윤희중(尹希重)이 경영에 참여했다. 1936년 성락헌(成樂憲)이 참여하여 「동아일보」, 「조선일보」와 더불어 조석간 12면을 발행했다. 1936년 8월 9일 베를린올림픽에서 손기정(孫基禎) 선수의 일장기를 말소한 사진을 실었고, 「동아일보」가 일장기 말소 사건으로 8월 29일 무기정간을 당하자 9월 4일부터 자진 휴간에 들어갔다가 자진 폐간했다(김주영, 상게서, p. 1045).

켰다.[307] 물론 기업인이 신문 경영에 참여함으로써 신문의 기업화, 상업화는 피할 수 없는 현실이었다.

신문의 교육 기능의 강화를 위해 편집국장 관장 하에 있던 논설부 또는 논설반을 주필제 하에 두고 논설과 사설 기자를 두었다. 방응모의 조선일보사 창립 취지서는 사회 · 문화적 의의를 강조한 것이었다.

> 현대 사회에 있어서 여론의 수립, 민중 이익의 옹호, 사회적 협동의 실천, 기타 일반 사회적 향상을 위하여 신문의 사명이 중차대한 것은 췌론을 불요하는 바다. 더구나 현단계의 조선사회에 있어서 민간 신문의 특수적 역할은 그 사회적, 문화적 의의를 배가하고 있다. (······)[308]

그는 「취임에 임하여」를 발표하면서 문화에 관해 언급했다.

> 현대에 있어서 신문의 사명은 중대한 바 있다. (······) 정치, 경제, 사회 등 각 방면의 사건을 유누(遺漏) 없이 신속 보도하여 민중의 안목이 되는 것은 물론이거니와 나아가서는 문화의 보급 발전에 공헌하며 민중 권익의 옹호 신장에 노력하는 등 그 공기로서의 본분은 막대하다.[309]

즉 문화를 민중 권익의 옹호와 같은 맥락으로 간주했다. 독자의 참여를

---

306) 「조선일보」가 지금 사용하고 있는 사시는 1933년 4월 제정한 ① 정의옹호(正義擁護), ② 문화건설(文化建設), ③ 산업발전(產業發展), ④ 불편부당(不偏不黨) 등이다. 즉 ① 정의옹호는 민족지로서 민족의 정의, ② 「조선일보」의 중립지적 성격은 신석우(申錫雨)의 좌파 신문 분리, ③ 문화건설은 민족문화의 발굴 보존 및 문화 실력의 양성, ④ 산업 장려는 자생적 경제력을 키우기 위해 먼저 경제의 기틀을 마련 등이다(방상훈, 상게서, p. 275).

307) 지금 조선에서 어떤 사업이 가장 필요하고 또한 급무냐? 이것을 생각할 때에 교육이라는 자답을 얻었습니다. 그런데 신문은 과연 보편적이요 현실적이요 사회적인 점에서 가장 큰 교육의 기관이외다(방상훈, 상게서, p. 274).

308) 방상훈, 상게서, p. 268.

309) 방상훈, 상게서, p. 270.

유도하며, 학예부(學藝部)를 신설하여 그 안에 가정란과 어린이란도 관장케 했다.[310] 뉴스의 일상생활과의 호흡을 위해 인천 · 평양 · 신의주 · 대구 · 함흥 등 5대 도시에 특파원을 상주시켰다. 신문 지면에 외신 · 교양 · 학예 · 소설 등을 과감하게 등장시켜, 독자들에게 민족문화의 계몽을 시도했다.

민족문화 운동은 신문의 좌파 · 민족주의운동(신간회)이 소실된 상황에서 일어나 제한적일 수밖에 없었다. 그러나 조선일보사는 초창기 문화정치로 시작했던 1920년대초, 민족주의운동의 1920년대 말과 같은 차원에서 생활 의식을 철저히 하는 생활 실천 운동으로 민족문화운동의 실체를 언급했다.[311] 가족 본위의 전통적 사고에서 벗어나 새로운 사회, 공동, 사회적 도덕 등 합리적 생활을 기본으로 하여 자아를 현실에서 발견하며, 생활양식보다 생산 방법을 앞세우며, 연문학(軟文學)보다도 기타 모든 자연과학을 앞세우도록 했다. 즉 사위(事爲)에서도 생활 중심 및 생존 본위에 필수적인 것에 관심을 두도록 동 사설은 권장했다.

독자들이 바라는 당시 신문상은 "사회적 가치 있는 기사", "신속히 보도하고", "공정히 비판하여", "민중 지식 개발의 지도자로서", "세대를 각성시키고", "조선 민족의 문화 발전에 공헌하는 바가 있도록", "근본정신까지 혁신한", "농촌 생활 개선의 지도자", "근로 대중의 정당한 이익을 위한 전위", "종래의 주의주장을 고수하라"[312] 등으로 묘사되었다. 그러나 「조선일보」는 신문을 우인(友人), 말동무, 심부름꾼[313] 등으로 표현했다.

최민지는 언론의 이런 보도 태도를 '소시민적 생활의 안주'로 간주하고 비판했다. 그러나 「동아일보」의 민족문화운동은 '지도자적 입장'에서 더욱 적극적이었다. 동아일보사가 1926년 이후 벌여온 복고풍의 문화 운동의

---

310) 방상훈, 상게서, p. 277.

311) 「오늘날 조선인」, 「조선일보」, 1933년 4월 27일.

312) 「본보에 대한 기대와 희망을 읽고」, 「조선일보」, 1933년 5월 6일.

313) 「신문과 독자」, 「조선일보」, 1933년 11월 3일.

지원, 단군입론, 백두산 캠페인, 소설 이순신 등의 민족문화운동과 더불어 혁신적인 '농민 속으로'란 구호를 걸고 계몽, 문맹 타파, 국문 보급, 학생 계몽대, 학생 강연대, 학생 기자대, 봉사정신 함양대회 등을 결성했다. 해당 운동의 기금도 자기 부담, 동리 유지, 지방 단체, 교회, 신문 지사 등에 의해 충당했다.[314] 「조선일보」, 「동아일보」에 앞서서 「조선중앙일보」는 인본주의적 마르크스 경향을 짙게 띠고서 문화정치의 이념을 강화했다.

> 채무자의 사정에 구애하는 자는 자본가로서의 비운을 면치 못한다는 것이 자본가의 불이(不易) 구도사경(教道使經)으로 되어 있으니 인간을 중심 삼지 못하고 자본을 중심으로 삼은 세상에서는 오히려 의당한 바이라고도 말할 수 있을 것이다. 그러나 자본을 중심 삼은 것이 벌서 근본적으로 불가한 바이어니와 책무의 이행도 인간의 생활의 유지 이후에 있어야 할 바이다.[315]

조선일보사는 방응모의 등장과 함께 조선중앙일보사, 동아일보사와 함께 출판을 통한 민족문화운동에 앞장섰다. 동아일보사는 『신동아(新東亞)』(1931. 11), 『신가정(新家庭)』(1933. 1)을 창간하는 한편, 조선중앙일보사는 『중앙』, 『소년중앙』(1933. 1), 조선일보사는 『조광(朝光)』(1935. 11), 『여성』(1936. 4), 『소년』(1937. 4), 『유년』(1937. 9) 등을 창간하였다(동아일보사 · 조선일보사 · 조선중앙일보사의 잡지는 일장기 사건 이후 『조광』만 남고 나머지는 폐간). 일간지의 잡지들은 광고 물량의 증가로 가능했으나 광고 물량의 무리한 확보를 위해 1935년 6월에 「동아일보」, 「조선일보」는 상호 비방으로 이어졌으며, 결국 방응모의 개인적 문제와 동아일보사가 운영하는 중앙학교의 비리 폭로전까지 겹쳐 극한적 대립 상황에 놓였다. 일본 자본가의 광고 유치를 위해 각 신문사는 설전을 벌였다. 언론공화국에서 독자의 영역 다툼은 과다할 수밖에 없었다. 이들 공격전의 틈바구니

314) 김상만, 상게서, p. 338.

315) 「입도(立稻)차압의 소동」, 「조선중앙일보」, 1933년 9월 25일.

에서 몇몇 군소 잡지는 원고란 · 종이란 · 필자란 · 자본란 등으로 도산하기 일쑤였다. 그러나 일간지의 잡지도 1920년대 『개벽(開闢)』이 '신문지법'에 의해 검열을 받았던 때와는 달리, '출판법'에 의해 검열을 받음으로써 납본 후 검열을 받았던 사후 검열이 아니라 사전 검열(교정쇄소)로 출판의 제약을 감수해야 했다.

신문의 문화혁명 열기는 일제의 강압에 의해 차츰 꺾여갔다. 1935년 4월 1일 조선총독부 경무국은 '비상시(非常時)'를 구실로 재향군인의 회원과 청년 단원에 대해 경찰 투입 훈련을 시켰다. 조선일보사가 여름방학을 기해 실시한 문자 보급 운동에 대해 총독부는 "학생들의 민족주의 선양 운동으로 변질되어 있다"[316]고 유권 해석을 내렸다. 총독부는 조선인에 대해 노골적인 강압 정치를 폈다.

1935년부터 조선인에게 군사 교육을 실시하고, 신사참배를 강요했다. 총독부 학무국에 사상계를 설치하고 교육자들의 사상을 취착하도록 하며, 1937년 조선인의 일어 사용을 강요했다. 일제는 1936년 5월 6일 총독을 미나미 지로(南次郎)로 교체시킨 후 언론 탄압의 사슬을 더욱 조아갔다.

그는 내선일체(內鮮一體)를 앞세우고, 조선을 '대륙전진병참기지'로 만들어갔다. 미나미 지로는 조선내부에 저항의식을 뽑아 내려는 정지작업을 시작한 것이다.

경무국 도서과에서 신문지법과 출판법의 잣대로 모든 기사를 재단하기 시작했다. 미나미 지로에 이어 고이소(小磯國昭), 아베(阿部信行) 등의 총독이 뒤를 이었다.

억압된 언론의 민족문화운동은 엉뚱하게 번져 일간지 3사는 무기정간을 당했다. 즉 억압된 정서적 · 정감적 · 열광적 민족문화운동은 일장기 말소 사건[317]으로 번지게 되었으며, 그 결과 일제에 의해 동아일보사와 더불어 조선일보사 · 조선중앙일보사가 그 희생물이 되었다.

---

316) 방상훈, 상게서, p. 293.

일제는 1938년 5월 국가 총동원법을 제정하고 노동자 · 농민 · 청년들을 회유 · 동화하도록 노력하며, 한국 관리 등용에 열을 올렸다. 지주 부르주아를 앞세워 언론 · 문화 · 경제 활동을 활성화하도록 지원했다. 그러나 총독부는 물자 절약 차원에서 그해 8월 신문 용지, 잉크, 기타 자재의 공급을 억제했다. 1939년 9월 서구에서는 제2차 세계대전의 전운이 감돌자 일제는 조선의 '황민화(皇民化)', '민족말살정책('民族抹殺政策)'의 선전에 광분했다. 그들은 '후방안정화' 정책을 발표하고, 조선민족 고유의 성명제를 폐지하는 조선민사령(朝鮮民事令)을 1939년 11월 개정했다. 일본식 씨명제(氏名制), 창씨개명(創氏改名)이 본격화된 것이다.

문화정치의 조급한 완성을 위해 일제의 정책에 위배되는 개인 · 단체, 그리고 언론에 압력을 가하였다. 일제는 우선 폐간을 위한 주요 대상을 한글로 발행을 하는 동아일보사·조선일보사로 잡고 신문 용지 배급제, 경리부정, 독립 자금 전달 등을 통해 간접적 압력을 가했다. 결국 일제는 자진 폐간 형식을 빌려 1940년 8월 10일 「동아일보」를 폐간했다.[318] 동아일보사의 김한주(金漢周)는 폐간사에서 당시 신문의 기능을 다음과 같이 표현했다.

> 무릇 보도기관으로서의 사명이 결코 새로운 뉴스의 제공에만 그치지 않고 일보 나아가서 변전(變轉)하는 시류에 처하여 능히 엄연한 비판적 태도와 부동의 지도

317) 1936년 8월 독일 베를린에서 제11회 올림픽대회가 개최되었는데 독일의 히틀러는 1935년 3월 베르사유조약의 군사상 사항을 일방적으로 폐기하고는 재군비를 선언하고 올림픽 행사에서 홍보적 노력을 기울였다. 조선은 마라톤 · 축구 · 농구 · 권투 등에 일본 선수단원의 일원으로 참가했다. 마라톤의 손기정(孫基禎) · 남승용(南昇龍)이 참가하였으며, 손 선수는 마라톤으로 월계관을 쓰게 되었다. 손 선수의 유니폼에 일장기를 말소한 사진을 1936년 8월 29일자 「동아일보」, 그리고 『신동아(新東亞)』에 게재함으로써 '일장기 말소 사건'이 벌어졌다. 열광하는 국민들의 덕분으로 체육부 이길용(李吉用), 조사부 이상범(李象範) 기자가 구속되고, 동아일보사는 이 사건으로 4차 정간을 당했으며, 『신동아』, 『신가정』은 폐간되었다.

318) 김상만, 상게서, p. 388.

적 입장을 견지함에 있음은 주지의 사실이다. 그러나 이 같은 의의는 특히 과거 조선에 있어서 더욱 광범하였음을 볼 수 있으니 그것은 극도로 뒤진 이 땅의 문화적 수준에서 귀결되는 필연적 사실이었다.[319]

5. 신문에 나타난 일제시대의 문화정치

인민은 문화정치의 산물인 언론 3사로부터 사이토(齊藤) 총독의 '덕치주의'의 발현을 기대했으나 개인의 표현의 자유는 여전히 제약되었다. 언론·출판·집회·결사의 자유는 걸음마 단계에 머물렀다. 개인의 일상생활은 주관적이며, 창의적이지 못했다. 1930년대 초 조선어와 일본어를 이해하는 인민의 숫자는 25% 수준에 불과했으므로, 당시 언론이 제시한 윤리적 대본이었던 정신적 생명인 사랑, 인간 생명의 본질인 자유, 각인 존재의 진리인 평등 등 세 가지 요소는 인민 깊숙이 파고들어갈 여지가 없었다.

'분(分)에 안(安)하고 명(命)은 명(明)함'이란 명제는 사이토 총독의 재임 동안 걸음마 단계를 벗어나지 못했다. 총독의 정치력에 인민과 언론은 끌려 다녔으며, 자본가의 금력 앞에 복종했다. 개인이 단체를 조직하고, 호흡할 수 있는 단체 행동권은 극도로 제약되었다. 인민의 '항산(恒産) 없이 항심(恒心) 없다'는 표현은 당시 개인과 조직의 원리에도 적용되었다.

'무항산 무항심((無恒産 無恒心)'에는 부박(浮薄)과 방랑(放浪)이 사회를 엄습했다. 사회의 생활 상태가 불건전하고, 사회의 생산력이 발전하지 못하면 문화 발전은 걸음마 단계를 탈피할 수 없으며, 사회 의식이 발전된 후에야 사회 도덕이 이뤄질 수 있었던 것이 당시의 현실이었다. 그러나 극소수의 인민을 제외한 절대 다수는 현실에 소극적으로 대처했으며, 비판적이었다. 사회에는 사주쟁이·경읽기·굿·풍수 등이 난무했다. 용기·결심·인내의 청년 문화는 서구의 르네상스적 문화를 일궈내지 못했다. 서구를

319) 김상만, 상게서, p. 389.

접하고 반세기가 지나 조선인이 세계인의 일부가 되었건만 생활 의식은 여전히 현실과 동떨어져 있었다. 생활 중심, 생활 본위가 문화정치의 실체란 현실을 망각했다. 1930년대 초 영웅적 지도자는 지하에 숨어들었으며, 신간회 해산 이후 다져진 정신적 단결은 조선의 현실과 동떨어져 갔다. 「조선일보」는 뉴스 제공자, 활발한 토론의 장으로서의 역할을 강조했으나, 더 이상 대중의 선생, 보호자 됨을 포기하고 '말동무', '우인'으로 신문과 독자를 규정했다.[320] 동아일보사가 복고풍의 민족문화운동, 혁신풍의 문화정치운동 등을 시도하는 한편, 조선중앙일보사는 인본주의적 마르크시즘에 전념했지만 초기의 문화운동의 실체는 아니었다. 최민지(崔民之)는 당시 언론을 '소시민적 안주'로 매도했다. 신문은 문화정치의 기치를 건 초기 언론공화국의 위상을 포기한 것이었다.

문화정치를 집요하게 정의하려던 「동아일보」는 전세계의 민족 단위로 이루어지는 생존 경쟁에서 조선인은 자신 · 도덕 · 체력 · 부 · 집단력을 상실했다고 강변했다.[321] 세계인의 일부로서 문화정치의 실체인 생존 의식, 생존 경쟁에 실패한 조선의 현실을 개탄했다. 인민의 생존 의식의 최대 집단은 당연히 민족이다. 개인이 하나의 사회를 형성했으며, 일민족이 일국가 단위가 되어 민족간에 경쟁을 하는 것이 1930년대 당시 상황이었다. 즉 조선 인민의 생존 의식의 결핍은 결국 조선 민족의 민족주의 의식의 결여와 연관 지을 수 있다. 1930년대 조선의 언론은 언론공화국의 위상을 포기함으로써 인민의 문화적 · 경제적 · 도덕적 의식은 더욱 황폐해져갔다. 사회와 각 부분의 분화는 이뤄졌으나 서로의 연결고리가 부재했다. 문화정치를 표방한 언론공화국은 개인의 삶의 질, 경제력, 경쟁력, 조직력, 운동력 등을 기반으로 문화정치, 민족문화, 민족의 경쟁력 등으로까지 승화시켜주는 원동력을 상실했다. 조선은 더 이상 희망이 없는 초라한 일본의 식민

320) 「신문과 독자」, 「조선일보」, 1933년 11월 3일.

321) 「생존경쟁과 민족」, 「동아일보」, 1932년 9월 8일.

지로 골을 깊이 파고 있었다. 언론공화국의 '비대해가는 조직'[322)]으로서의 언론기관은 인민 의식의 조직화를 방관했다. 분리된 인민 의식으로부터 3·1운동의 열기를 다시 기대할 수는 없었다.

「조선중앙일보」는 문화정치 운동이 자치를 감춘 1933년초 조선의 봄을 간곡히 염원하는 사설을 게재했다.

> 봄은 왓지마는 그왓다는 봄은 강산에 온 것이오 인간에게 사회에 온 것은 아닌 듯 하다. 일부에 화창미와 행락미가 보이지 않는 것은 아니나 그것은 전체와는 확실히 분리된 행락에 불과한 것이니 봄은 환락의 봄인 동시에 오뇌의 봄인 것을 누구도 부인하지 못할 것이다.[323)]

「조선중앙일보」는 또한 사회 개혁의 대안을 제시하지 않은 인본주의적 마르크스 세계관에 몰두했다. 군사형 사회의 군국주의 경향이 점차 그 강도를 더해가고 있었던 때에 언론공화국의 활동은 위축될 수밖에 없었다. 문화정치의 사범, 독립운동당원, 신간회 구성원, 공산주의자, 무정부주의자 등으로 사상에 관한 사건을 총체적으로 지휘했던 종로경찰서는 1943년 총독부의 '1도 1사 원칙'에 따라 매일신보사만을 허용함으로써 붐비던 기자실은 냉기를 더했다. 그 이후 언론사의 사회부는 문화정치를 표방하고 삶의 현장을 누비던 과거의 경험을 뒤로 한 채 일본 통신사 기사의 번역에 전적으로 의존하게 되었다.

---

322) 동아일보사는 74명의 인원으로 시작했으나 폐간 당시에는 215명이었다. 조선일보사의 경우 편집국원이 15명으로 시작했으나 폐간 당시 편집진만도 105명에 달했다(동아일보사·조선일보사의 사사).

323) 「봄의 양면상」, 「조선중앙일보」, 1933년 4월 3일.

참고문헌

국회도서관, 『대한민국 임시정부 의정원문서』, 서울, 1974, p. 3.

김명환, 「'조선일보 창간호' 3 · 4 · 13 · 14면 발견」, 「조선일보」, 2010년 3월 5일.

김민환, 『한국언론사』(서울: 사회비평사, 1997).

김상만(金相万), 『동아일보사사 1권』(1920~1945)(서울: 동아일보사, 1975).

김운태(金雲泰), 「일제 식민통치체제의 확립」, 『일제 한국의 사회와 문화』 11집(경기도: 한국정신문화연구원, 1990), pp. 1~58.

김을한(金乙漢), 『사건(事件)과 기자(記者)』(서울: 신대한출판부, 1960).

남시욱,「동아일보의 창간」,『한국언론 100년사(1)』, 서울: 한국언론 인연합회, p. 520.

리용필, 『조선신문100년사』, 나남, 1993, p. 114.

방상훈(方相勳), 『조선일보 70년사 I』(서울: 조선일보사, 1990).

야마베 겐타로, 이현희 옮김, 『일제강점하의 한국근대사』(서울: 삼광출판사, 1998).

윤주영(尹胄榮), 『한국신문사설선집』 3~6권(서울: 방일영문화재단, 1995~1997).

이광수(李光洙), 「민족개조론」, 『개벽』, 통권 23호, 1922년 5월.

이연복(李延馥),『대한민국 임시정부 30년사』(서울: 국학자료원, 1999), p. 18.

이한우, 「조선일보 지국이 '신간회' 거점 역할...순식간에 전국적 조직으로」, 「조선일보」, 2010년 1월 12일.

______, 「조선일보」, 2010년 1월 8일.

정진상, 「일제하 한국인자본의 존재 형태와 성격」, 『한국의 사회와 문화』 11집, pp. 133~177.

정진석, 「극비-조선총독부의 언론 검열과 탄압」, 커뮤니케이션 북스, 2009, p. 155.

조맹기, "민세 안재홍의 '민주공화국' 사상-그의 언론 활동을 중심으로", 『언론과 법』 제9권 2호, 2010년 12월, pp.289~317.

조성운, "1910년대 일제의 동화정책과 『매일신보』", 수요역사연구회 편, 『일제의 식민지 지배정책과 매일신보 1910년대』, 두리미디어, 2005, p. 17.

최민지(崔民之), 「한말-일제하 민족과 언론」, 『사회와 언론』(서울: 민중사, 1983).

한시준, 「창간 89특집 임정수립 90주년-3 · 1운동에서 임시정부까지」, 「조선일보」, 2009년 3월 18일.

황성모, 「일제하 지식인의 사회사」, 『일제 한국의 사회와 문화』 11집(경기도: 정신문화연구원, 1990), p. 211.

Rebert L., Carneiro, The Evolution of Society: Selection from Herbert Spencer's Principles of Sociology(Chicago: The University of Chicago Press, 1967), pp. 58~59.

『독립』, 1919년 8월 21일(창간호).

「독립운동의 문화적 가치」, 「독립신문」, 1920년 4월 22일.

「창간사」, 「동아일보(東亞日報)」, 1920년 4월 1일.

「조선인의 교육용어를 일본어로 강제함을 폐하라(2)」, 「동아일보」, 1920년 4월 12일.

「조선인의 교육용어를 일본어로 강제함을 폐하라(2)」, 「동아일보」, 1920년 4월 12일.

「현대와 인생」, 「조선일보」, 1920년 6월 1일.

「청년회 연합에 대하여」, 「동아일보」, 1920년 7월 9일.

「조선실업가에게 고함」, 「동아일보」, 1920년 7월 13일.

「반동정치」, 「동아일보」, 1920년 8월 3일.

「생존경쟁과 능력주의」, 「조선일보」, 1921년 5월 18일.

「동아일보」, 1921년 11월 14일.

「총독정치의 제도적 비판(1)」, 「동아일보」, 1922년 1월 11일.

「총독정치의 제도적 비판(2)」, 「동아일보」, 1922년 1월 12일.

「총독정치의 제도적 비판(3)」, 「동아일보」, 1922년 1월 13일.

「언론자유에 철저하라」, 「동아일보」, 1922년 1월 17일.

「인민의 3대공권을 논하노라」, 「동아일보」, 1922년 3월 15일.

「문화건설의 핵심적 사상」, 「동아일보」, 1922년 10월 4일.
「언론과 문화의 관계」, 「동아일보」, 1928년 1월 27일.
「신국면을 타개하자」, 「동아일보」, 1929년 2월 17일.
「생존경쟁과 민족」, 「동아일보」, 1932년 9월 8일.
「실업(實業)의 실지」, 「조선일보」, 1920년 3월 7일.
「현대와 인생」, 「조선일보」,1920년 6월 1일.
「생존경쟁과 능력주의」, 「조선일보」, 1921년 5월 18일.
「조선총독 제등씨에게 사직을 권고함」, 「조선일보」, 1922년 6월 18일.
「언론기관과 일반의 여론」, 「조선일보」, 1923년 8월 7일.
「조선일보 신사명-천하민중에 신명(申明)함」, 「조선일보」, 1924년 11월 1일.
「신간회의 창립준비」, 「조선일보」, 1927년 1월 20일.
「역사가의 태도」, 「조선일보」, 1929년 7월 16일.
「오늘날 조선인」, 「조선일보」, 1933년 4월 27일.
「본보에 대한 기대와 희망을 읽고」, 「조선일보」, 1933년 5월 6일.
「신문과 독자」, 「조선일보」, 1933년 11월 3일.
이한우, 「조선일보 인수해 혁신시킨 신석우-임시정부 때는 '대한민국' 국호(國號) 정해」, 2010년 1월 8일.
이한우, 「박헌영 등 사회주의 성향 기자들 입사(入社)..1년 만에 대부분 떠나」, 「조선일보」, 2010년 1월 8일.
「직업화(職業化)와 추화(醜化)」, 「중외일보」, 1928년 12월 6일.
「봄의 양면상」, 「조선중앙일보」, 1933년 4월 3일.
「입도(立稻)차압의 소동」, 「조선중앙일보」, 1933년 9월 25일.

제 4 장
일제시대의 사회 구조와 사회주의 언론 (1920~1945)

1. 언론을 통한 평등 사상의 추구

프랑스혁명의 산물인 자유와 평등은 사회주의에서든 자본주의에서든 중요한 요소이다. 자유의 개념과 더불어 평등의 개념은 시대에 따라 천차만별의 뜻을 지닐 수 있는 상대적 개념이다. '개화기'의 평등이란 신분의 평등, 즉 반상 제도, 노비 제도, 남녀간의 차별, 직업의 차별, 교육 기회의 차별 등의 철폐를 나열하지만, 민주주의와 자본주의를 택하고 있는 우리의 현재 입장에서는 인간의 '존엄성', '기회 균등', 결과의 평등 등으로 설명할 수 있다. 그러나 이러한 잣대가 집단주의적 사회를 규정하는 평등의 개념[324]으로는 부족하다.

여기서 다루는 평등은 1920~1945년에 러시아 · 일본 등지에서 영향을 받아 시작된 사회주의에서 추구하는 평등 개념이다. 당시 평등 개념은 초창기에는 의미론적으로만 사용되다가, 다음 단계에서는 태도의 변화에 관심을 가지며, 마지막 단계에 이르러서는 평등의 실천적 차원에서 다뤄질 수가 있다. 여기서의 평등은 무산자인 노동자와 농민이 동맹군을 형성하고, 결국 수적으로 다수를 차지하는 무산자와 그들을 지도자로 하는 사회건설과 관련시킬 수 있다. 이런 평등을 추진해가는 과정에서 언론은 도구적 역할을 수행한다. 본서는 이 같은 언론의 도구적 역할에 특히 관심을 갖도록 한다.

일제는 1920년 '신문지법'에 의해 「조선일보」, 「동아일보」, 「시사신문」, 『개벽』 등 몇 개의 자본주의 언론을 허가한다. 신문은 여타 기업의 성격과 같이 자본주의의 논리에 의해 경제적 이익을 취하지만, 언론은 공익성을 도외시할 수 없으며, 신문을 통하여 개인의 자유를 보장할 뿐 아니라 사회 구성원 사이에 공유의 범위를 확장시킨다.

쉐플(Albert Schaeffle)은 언론을 '사회의 신경'(The Nerves of Society)의 역할을 한다고 봤다.[325] 개인은 외부 자극을 감각으로 받아들여 심적 자극을 일으킨다. 개인의 감각은 개인의 생존 조건과 밀접하다. 개인은 사회 현상을 언론이란 매개체를 통해 지각한다. 언론은 사회 현상을 정확하게 보도함으로써 사회적 감각 형성의 기능을 하며, 개인을 사회적 개인으로 인도하는데 도움을 준다. 신문은 주로 보도 기능을 통해 여론을 형성하고, 잡지는 의견 · 논평 · 평론을 주무기로 사회의 여론을 조직화한다.

공익성을 뒤로 한 채 기업에 충실한 언론은 종종 비난의 대상이 되곤 한다. 일제하에서 지식인은 언론이 민중의 의식과 방향을 제시하기를 원했다.

---

324) 『조선말대사전』(평양: 사회과학출판사, 1992, p. 797)은 평등을 "주요 자격, 권리, 지위, 의무 등으로부터 차별이 없는 것으로 정의한다. 한편 『정치학대사전』(서울: 박영사, 1984, p. 1641)은 사회주의 사회에서의 평등을 "시민 계급의 정치적 · 법률적 평등의 한계를 넘어서 사회적 · 경제적 평등이 실현되어야 한다고 전제하고, 불평등은 계급 사회를 지향하므로 그 사회를 철폐할 때에만 평등이 보장된다"고 본다. 또한 『마르크스 사상사전』(임석진 엮음, 서울: 청아출판사, 1988, pp. 578~579)은 평등을 "능력에 따라 일하고, 일한 만큼 가져간다"라는 맥락으로 사용하는데, 그 사회에서는 인민들에게 물질적 생활을 충분히 보장해주고, 더 이상의 권력과 권위의 위계질서들이 존재하지 않도록 한다. 사회주의 완성 정도는 사회에 따라서 차이가 생김으로써 상황적 요소를 가미하지 않을 수 없다.

325) Hanno Hardt, Social Theories of the Press(California: Sage Publications, Inc., 1979), p. 41.

조선의 신문이여! 스사로의 목표를 가즈라! 그리고 스사로의 기치를 세우라! 그리하야 민중으로 하야금 좀더 굿세인 의식을 갓게하는 동시에 그나갈 바를 찻게 하라!··· 조선의 민중은 민중의 머리는 아즉까지도 스사로 나아갈 진로를 찾지 못하고 헤매이고 있다. 여기에 신문기자로서의 한편 중대한 책임이 있는 것이다.[326)]

그러나 당시 언론은 기업적 판로 확장을 위해 병적인 사회적 감각 형성을 일삼았다. 황태욱(黃泰旭)은 1935년 2천만 조선 민족이란 이름을 팔아 이익을 챙기려는 당시 신문들을 자신의 부친의 사체를 챙기는 행위에 비유한다.

어떤 부호가 계집을 몃씩어더서 자식을 여럿을 나코죽엇다. 그후 그자식들이 모다 들고 이러나서 각기 그 애비사체를 가져가려고 쟁탈하다. 구린내나고 썩은내나는 사체를 무엇이고와서 그러케 차지하려는가? 효심이 지극한 효자들인가? 아니다. 그것은 그 애비의 사체를 마트면 수백만원 유산이 제것이 되리라고 생각한때문이다. 이러케 내애비이니 네애비이니하고 사체를 가운데노코 다투다가 한자식이 부억에 들어가 식도를 들고 나오면서 자-그럴것없이 사체를 반씩가르자.[327)]

언론의 상업적 성공은 언론의 자율성을 포기하고, 자본의 도구가 됨을 의미한다. 그때 언론은 자본을 바탕으로 또 다른 특권을 얻게 되는데, 언론은 지배적 권력을 발휘하고 정치적 · 경제적 · 지적 권력을 결합시켜 사회적 초인으로서 능력을 발휘한다. 당시 XY生이란 필명으로 상해 임시 정부의 지방별 싸움, 자기편에 끌어들이려는 무산자 운동, 그리고 '신문 정부'를 비난한다.[328)]

---

326) 유완희(柳完熙), 「조선의 신문과 민중」, 『조선지광』, 1928년 1월, pp. 40~41.

327) 황태욱(黃泰旭), 「조선민간신문계총평」, 『개벽』, 1935년 3월, p. 21.

328) XY生, 「현하신문잡지에 대한 비판」, 『개벽』, 1925년 11월, pp. 46~56.

신문은 자본주의적 보도 기능과 더불어 자유 사상, 인본주의 사상, 계몽주의 사상 등을 통한 여론 형성의 기능을 수행했다. 일제시대의 인민은 이러한 자본주의 요소와 더불어, 제국주의와 자본주의 사회 구조에 대항 사상으로서 러시아와 일본에서 수입된 사회주의에 심취해 있었다. 그리고 그 사상을 북한의 사회주의 건설에 이용했으며, 이는 박헌영(朴憲永)이 주도하는 '경성콤'[329]의 정책 목표에서 잘 나타난다. 光州 벽돌 공장에서 해방과 더불어 나타난 박헌영은 1945년 8월 19일 조선공산당 재건준비위원회의 '공산당 강령'을 발표한다.

> 1. 조선공산당은 조선의 노동자 · 농민 · 도시 빈민 · 병사 · 인텔리겐치아 등 일반 근로 인민의 정치적 · 경제적 · 사회적 이익을 옹호하여 그들 생활의 급진적 개선을 위하여 투쟁한다.
> 2. 조선 민족의 완전한 해방과 모든 봉건적 잔재를 일소하고 자유 발전의 길을 열어주기 위하여 끝까지 투쟁한다.
> 3. 조선 인민의 이익을 존중하는 혁명적 민주주의 인민 정부를 확립하기 위하여 싸운다.
> 4. 프롤레타리아트의 독재를 통하여 조선 노동 계급의 완전 해방으로써 착취와 압박이 없고 계급이 없는 공산주의 사회 건설을 최후의 목적으로 하는 인류사적 임무를 주장한다.[330]

박헌영의 조선공산당 재건준비위원회는 계급적 · 봉건적 해방을 통해서 자유롭고, 주체적인 '프롤레타리아 독재'를 근간으로 하는 사회주의 국

---

329) 경성콤그룹을 본서에서는 토착 사회주의로 규정한다. 「조선일보」 기자 출신 박헌영이 주도한 이 집단은 1939~1941년에 활동했으며, 그들은 기관지로 『코뮤니스트』를 발간한다. 『코뮤니스트』는 '원산'의 사회주의자들이 주로 1939년대 이용한 『노동자신문』과 쌍벽을 이룬다(김창순(金昌順) · 김준엽(金俊燁), 『한국공산주의운동사 5』, 서울: 청계연구소, 1986), p. 384; 신주백, 「1930년대 국내 사회주의자들의 민족해방운동론」, 『역사비평』 1990년 봄, pp. 36~37).

330) 「해방일보」, 1945. 9. 19.

가 건설을 목표로 했으나 확고한 기반 구축에 실패한다. 그 자리를 현재의 북한 정권이 차지하는데, 북한은 1946년 '임시 인민위원회'를 조직해 민주개혁을 시작하고, 이 조직을 후에 '인민위원회'로 개칭한 다음 사회주의 혁명을 일으킨다.

'프롤레타리아 독재'를 표방한 북한은 사회 구조와 조직을 강화하고, 힘의 논리에 따른 무산유직정책(無産有職政策)을 추진시킨다. 대중들에게 정부의 사회적 · 정치적 정책 목표를 달성하기 위한 도구로서 언론을 조직하고, 작동하며, 통제하기 시작했다. 언론은 인민 대중에게 당의 의도를 제때에 정확히 알려주고, 그들을 당 정책 방향으로 인도하며, 당의 주의에 광범한 대중을 묶어서 혁명 투쟁을 잘해나갈 수 있게 한다. 당과 대중을 연결시키는 도구, 중재자로서의 신문을 레닌은 "집단적 선전자일 뿐 아니라 집단적 선동자이며 집단적 조직자라고 표현하며 언론의 뚜렷한 당성, 계급성, 인민성을 강조한다."[331] 즉 신문은 근로 대중, 노동자, 농민, 혁명적 지식인이 레닌주의와 김일성주의 지식으로 무장하게 하는 특별한 교육 목적을 담당한다.

구체적으로 선전은 하나의 단순한 관념을 다수의 사람에게 확산시킨다. 그리고 선동의 도구로서 신문은 농업의 모든 계획의 성공 여부, 대중 운동의 활성화, 생산력 증강, 물자 절약, 목표 기간 내의 계획 달성에 관한 모든 정보를 제공한다. 신문의 선동 기능은 '대중 속의 작업', '대중과의 작업'을 담당하여 대중의 행위를 유발하고, 행위 변화를 일으키기도 한다. 그러므로 신문은 노동자의 현장에서의 작업 신문, 노동자 · 농민의 경험 기술을 전수하는 신문, 행정적 위계 조직의 작용을 조직화하는 신문, 혹은 당생활에서 당의 지령을 전담하는 신문 등으로 나뉘어 도구로서의 역할을 충실히 수행한다. 이런 신문은 결국 민족해방운동과 노동운동의 사회주의 건설을 위해 필요불가결한 도구이다.

---

331) 김영주 · 이범수 엮음, 『북한 언론의 이론과 실천』(서울: 나남, 1991), p. 18.

사회주의 국가의 언론은 당 관료와 당의 견해를 따르며, 당 관리의 지성에 따른다. 그들의 기본 입장은 『3.1월간』의 1939년 3월호의 조국광복회 창립 선언의 평등 정신에 잘 나타나 있다.

> (……) 재산이 있는 자는 금전을 내고, 량식이 있는 자는 량식을 내고, 글이 능한 자는 글로써, 말 잘하는 자는 말로써, 힘있는 자는 힘으로써 각각 자기의 지능에 따라서 모두 반일 사업에 유리하게 협력한다.[332)]

사회주의 언론은 면대면과 대인 커뮤니케이션 형태를 최대한 살려 조직화된 포럼(forums) 형식을 나타낸다.[333)] 언론인의 업무 수행을 현실과 밀착시켜 때로는 전문 언론인이 아닌 주재원이 신문 제작에 참여한다. 당의 정책 내용에 대한 주재원의 즉각적 피드백뿐 아니라 작업 현실, 경제 생활, 정치적 경험, 또한 그의 주변의 성공과 실패담이 신문에 실린다. 주재원은 정부 고용인 · 노동자 · 선생 · 군인 · 농부 등 다양한 부류의 사람들로 이루어진다. 그들의 생활상을 보여줌으로써 독자에게 감동적이며, 생생하며, 영감이 있는 질이 풍부한 교육적 내용을 전할 수 있다. 이를 기사화하기 위해 전문적 특파원은 이들 주재원과 대부분의 시간을 보낸다.[334)] 기사화된 내용은 전체 인민들에게 배포되어 인민의 독보회 · 윤독회의 교재가 된다.

사회주의 국가의 진화론적 성숙기에 들어서면, 실제 평등이 인민의 자유를 보장해준다. 그러나 법학자 한스 켈젠(H. Kelsen)은 자유와 평등의 관계는 공존 관계가 아니라 적대 관계라고 규정한다. 완벽한 평등도 자유가 허용되지 않을 때 경직되고, 또 다른 권력의 구조에 가려지게 마련이다. 그리고 평등의 개념도 기회 균등, 결과의 평등, 개인의 존엄성 등을 논할 때 각 개념 사이에 갈등이 있게 마련이며, 그렇다면 결과적으로 평등의 개념

332) 리용필, 상게서, p. 165.

333) Charles R. Wright, Mass Communication(New York:Random House, 1986), p. 39.

334) Charles R. Wright, op. cit., p. 41.

도 상대적 일 수밖에 없다. 평등과 자유 가운데 평등만이 강조된 북한 사회에 비추어볼 때, 더욱이 자유를 담보시키고 '상대적 평등'을 추구하는 데는 반드시 문제가 따를 수밖에 없다. 이런 논리를 언론에 적용시킨다면, 평등을 담보로 사회 구조를 형성하는 과정에서 언론이 도구화될 때 언론의 의식적 방향 제시와, 사회적 감각의 형성 및 여론 형성 기능에 문제가 따른다. 황태욱이 언론의 상업화로 사회 구조의 경직화를 가속화하는 도구로서의 언론을 거부했듯이, 북한의 '프롤레타리아 독재'를 실현하기 위한 당의 도구로서의 경직된 언론도 바람직할 수 없다.

2. 본문의 구조, 방법, 그리고 쟁점

사회주의 운동에서 사용하는 매체를 사회 구조와 관련시켜볼 때, 1920년에 앞서서 권력을 바탕으로 한 일본 제국주의가 형성되지만 3·1운동과 더불어 일제는 조선인에게 부분적 자유를 허용한다. 즉 일본인과 마찬가지로 한국인에게도 자유 기업과 러시아에서 형성된 사회주의 사상을 탐독할 수 있는 자유를 허용한 것이다. 이때 언론 기업의 등장과 아울러 '사상의 자유시장' 원리가 부분적으로 도입된다. 신문과 잡지의 출판이 허용되고, 신문은 일본 제국주의에 대해 정면으로 도전하는 민족주의, 또한 자본주의에 대항하는 사회주의 사상을 발표할 수도 있게 된다. 1925년 조선공산당 창당과 1927년 신간회(新幹會) 창설은 사회주의와 민족주의를 허용한 대표적 예이다. 그러나 곧 1925년 '치안 유지법'을 발표하여 사회주의와 민족주의 사상에 탄압을 가한다. 두 사상에 대한 신문 게재가 제약을 받자 사회주의 운동의 도구는 신문으로부터 잡지로 바뀐다. 그렇지만 독점 자본주의 구축과 더불어 제국주의를 표방하는 1931년 만주사변 이후, 일제는 '신문지법'으로 잡지도 간행할 수 없게 하고, '출판법'에 의해 잡지를 묶어버린다.

1931년을 기점으로 조선에 독점 자본주의 구조가 본격화된다. 경공업으로부터 중화학 공업으로 사회 체제가 형성되면서 공장에서는 노동자의 숫자가 많아지고, 다른 한편으로 토지 및 소작인 제도가 자본주의 메커니즘으로 구조적 이전이 진행된다. 노동 현장에서 사회 변동의 주체 세력인 노동자의 계급의식이 싹트기 시작한다. 이때 공장과 농장에서는 무산 유직자의 '프롤레타리아 독재'를 이념으로 하는 토착 사회주의가 발아된다. 이를 대표하는 대항 언론(권력과 자본의 사회 구조가 경직화되었을 때 나타나는 비판 언론의 형태이며, 이는 빈번히 노동운동의 도구로 이용된다)이 싹트며, 언론 기업 내부에서도 기자 및 언론 기업에 대한 자아 비판 정신이 싹트기 시작한다. 사회는 자본주의적 사회 구조와 프롤레타리아 독재의 사회주의 구조로 대결되는데, 사회주의 구조는 조선의 자본주의적 사회 구조가 경직화되면서 변동의 요인으로 작용한다.

자본주의 원리에 따라 언론은 보도 중심으로 상업성에 치중한 정보를 인민에게 제공했으며, 사회 구조를 고착화시키는 도구로서 역할을 한다. 한편 권력과 자본에 대한 대항 언론은 사회운동의 도구로 사용된다. 그러나 대항 언론도 초기의 인물 중심에서 조직 중심으로, 구조 변화의 도구로서의 역할을 한다. 결국 이런 사상은 1945년 해방까지 역사의 큰 흐름으로 대별할 수 있는데, 본서는 대항 언론의 잣대를 평등 추구로 잡는다. 즉 권력과 자본의 시대적 흐름 속에서 권력을 통한 신분의 불평등과, 자본을 통한 부의 불평등에 대한 대항 언론이 본서에서 다루고자 하는 논제이다.

본서는 언론을 제국주의 · 자본주의 · 사회주의 등 사회 구조와 관련시켜 '해석학적'으로 논한다. 즉 어떤 정책적 대안을 제시하기보다 당시의 사회 구조와 사회주의 언론의 현상을 묘사하고 해석한다. 이런 영역은 언론사상사의 범주에 속하며, 이와 관련된 주요 서적과 논문은 유재천(1990) · 노병성(1993) · 박용구(1994) 등의 것이 있다. 이들은 신문을 중심으로 사회주의 경향을 다룬다. 그리고 조선 사회주의 일반에 관해 서대숙(1985)은 정치구조사적 측면에서 논한다. 김준엽(金俊燁)과 김창순(金昌順, 1986)은 한국 사회주의 기원에 관하여, 스칼라피노와 이정식(1986)은 공산주의 운동사적 측면에서 논한다. 그 외에도 김동규(1984) · 윤정란(1990) · 신주백

(1990) · 최홍준(1993) 등에 의해 사회운동에 관한 유사한 논문들이 출간됐다.

본서와 관련해서 쟁점이 될 수 있는 문헌은 서대숙(1985)과 신주백(1990)이다. 서대숙은 1930년 이후 외래의 사회주의가 노동 현장에까지 깊게 침투할 수 없었다고 주장하지만, 신주백은 '전국적 정치 신문'의 '전위당'의 역할을 강조함으로써 외래 사회주의 경향이 지역 노동자들에게 침투했음을 보여준다. 본인은 근본적으로 신주백의 논조에 동의하나 일제의 검거 소동으로 상부 조직이 취약한 상태에서 하부 조직의 완벽함은 조선의 당시 문화적 요인으로 볼 때 기대할 수 없는 상황이다. 그리고 '환경 감시'를 주무기로 하는 언론의 성격상 '토착' 사회주의 성향도 도외시할 수 없다. 더욱이 노동 현장의 신문 · 삐라 · 선전문 · 포스터 · 벽보 · 격문 등의 매체는 노동 현장에서 실천의 측면이 강했을 때 설득력이 있다.

본서는 사회 구조와 변동의 실체인 대항 언론에 관심을 집중한다. 언론의 기능을 논하면서 기본 맥락은 사회 구조와 조직이 언론의 형태를 결정짓기도 하는 한편, 아울러 언론이 사회 구조와 조직을 결정지을 수도 있다는 입장을 취한다.

본서는 일제시대의 사회 구조와 사회주의 언론을 해석하는 데 몇 가지 순서를 밟도록 한다. 우선 일제시대의 사회 구조는 1920~1945년의 권력 구조와 자본주의 논리에 관한 것이며, 그리고 사회주의 언론은 이런 구조의 변동 요인으로 작용한다. 사회주의 언론은 신문 · 잡지 · 팸플릿 · 격문 등에서 사회주의적 경향을 지닌 언론을 일컫는다. 여기서 사회주의 단체와 언론의 상관관계를 살펴보면, 사회주의 단체는 반드시 도구적 언론을 필요로 하고, 또한 1930년대 이후에 나타나는 현상으로 언론이 사회주의 단체를 유지시키는 골격을 제공하기도 한다. 본서의 관점에 따라서 1) 일제시대 사회주의 형성과 신문 매체(기관지), 2) 주로 잡지 매체를 통한 사회주의 운동의 여론화와 조직화, 3) 팸플릿을 통한 일제하의 대항 언론, 4) 그리고 마지막으로 결론과 아울러 현실적 입장에서 문화적 가치 실현을 위한 도구로서의 언론 등을 논한다.

3. 일제시대 사회주의 형성과 신문 매체(기관지)

일제시대 한국의 사회주의는 마르크스와 레닌을 신봉하는 이르크츠크파, 상해파, 일본의 후쿠모도(福本)파, 서울파 등 갖가지 파벌로 이뤄졌다. 각 파는 마르크스, 레닌의 평등 사상을 축으로 각각의 다른 주의주장을 편다. 조선의 입장에서 보면 이러한 이론들이 신문과 잡지를 통한 외국 문화의 이식이다. 그러나 초기와는 달리 잡지 · 팸플릿을 중심으로 확대되는 후기 사회주의는, 수입된 이론의 습득보다 구체적 실천을 강조함으로써 토착화하기 시작했다.

볼셰비즘은 1918~1920년에 본격적인 동진을 시도하는데, 일제(日帝)를 피해 북으로 간 한인 노동자와 농민들에게 전파되었다.[335] 만주와 러시아 연안에는 1870년 기근으로 이주한, 또 하바로브스크에는 1900년 강제 이주된 한인들이 자리잡고 있었다. 그들의 일부는 조선의 국적을 포기하지 않고 한인으로 남아 있어, 1910년 한일 합방으로 조선으로부터의 대탈출을 시도한 노동자 · 농민 · 지식인들과 동맹할 수 있는 연대감을 구축한다. 이를 감지한 러시아는 조선인을 위한 유화 정책을 펴는데, 그 예로 러시아인은 블라디보스토크에서 발행되는 영향력 있는 「권업보(勸業報)」[336]에 관심을 갖는다.[337] 그리고 러시아는 1910년 블라디보스토크에서 '대한국민의회'에 가담하고 있는 이동휘(李東輝)에게 재정적 · 사회적 지원을 약속한다.[338]

---

335) 서대숙, 『한국공산주의 운동사 연구』(서울: 화다출판사, 1985), p. 19.

336) 「권업보」는 '근업회'에서 발간하는 신문인데, 이것은 경제생활 문제와 정치(반일) 문제를 결부시키는 진보 성향의 신문이다. 근업회는 1912년 이동휘 · 이상설(李相卨)씨가 관여한 조직이었으나 1914년에 해체된다.

337) 서대숙, 상게서, p. 20.

338) 서대숙, 상게서, p. 22.

그후 이동휘는 직간접적으로 소련의 도움(코민테른[339] 으로부터)을 받으면서 상해로 떠난다. 그후 '상해'[340] 임시정부에 참여하며 수상까지 지낸 이동휘는 임정 간부회에서 자신의 주의주장을 펼 출판 사업을 요구한다.[341] 이동휘는 사회주의 서적, 『공산당 선언』을 번역하는 데 가담할 뿐 아니라, 『공산』, 『신생활』, 『대한독립』, 『서광』, 『효종』, 『투보』 등 여섯 가지 신문 및 잡지 사업에 참여한다. 이동휘는 코민테른의 입장에 따라 계급 없는 사회를 목표로 조선인, 조선 신문에게 마르크스 사상을 주입시키는 데 주력한다. 평등한 계급 없는 사회 건설이라는 그의 사상은 무산자인 노동자 · 농민 대중에게 설득력 있는 선전 · 선동술이 되었다. 당시 「동아일보」는 러시아혁명을 이렇게 묘사한다.

> 불국혁명은 정치상의 자유와 평등을 실현하기를 목적으로 하였으나 로국혁명은 경제적 자유와 평등이 무하면 정치의 자유와 평등은 공허한 일편형식에 불과한 것이라하여 사회혁명을 기도한 것이로다.[342]

경제적 자유와 평등을 바탕으로 사회주의 건설을 위해 「동아일보」는

---

339) 코민테른은 제1차 회의를 1919년 3월 26일까지 모스크바에서 갖는다. 이 회의는 제3 국제 공산당(일명 제3인터내셔널)으로 통하는데, 인터내셔널은 유럽과 미국에 관심을 집중시킨다면, 코민테른은 아시아를 포함하여 세계의 각 지역에 회원을 확대한다. 창립 대회에서 논의된 안건은 유럽의 계급 투쟁과 아시아의 식민지 민족의 해방 투쟁에 관한 것이다. 그러나 유럽에서의 볼셰비키혁명은 실패하고, 서수동진주의(西守東漸主義)로 동양부를 확산시킨다. 이런 경향 하에 제2차 대회가 열린 1920년 7월 28일 모스크바 회의에서 레닌이 약소 피압박 민족의 해방 투쟁에 대한 지원을 강조하자, 이에 한국의 박은식(朴殷植) · 이광수(李光洙) 등 한국의 지식인은 기대를 건다(김준엽 · 김창순, 상게서(1), pp. 147~149).

340) 상해에서는 당시 언론 · 출판을 통한 사회주의 운동이 활발하였다. 안병찬 · 김만겸 등은 『공산』, 『화요보』를 발간하고, 이동휘 그룹의 『거화』, 『신생활』 등에 참여함으로써 노동자와 농민들이 자유롭게 사상 논쟁에 참여할 수 있었다(서대숙, 상게서, p. 57).

341) 서대숙, 상게서, p. 26.

342) 「동아일보」, 1920. 6. 20.

'프롤레타리아 독재'를 정통성으로 앞세운 사회주의 성격을 다음과 같이 논한다.

> 약자와 강자를 균등처지에서 자유로 경쟁케함은 일견 공평무사한 듯하나 실은 불연하니 약자를 보호하고 그 권리를 신장케 함이 당연하니, 이 사회주의 발전한 所以라 (……) 절대 개인의 자유를 제한하여서 사회감독과 지배하에서 각인에게 평등케 함이오. 심지어는 노동자로서의 국가경영과 산업관리를 주장하기까지 하였으니 천하의 대문제 노동자의 발흥이라.[343]

절대 다수가 가난한 농민과 일부 노동자 · 지식인 등 사회주의를 기도한 조선인에게 러시아의 경제적 평등과 프롤레타리아 독재라는 사회주의 사상은 충분히 매력적이었다. 당시 국내 상황을 「동아일보」는 이렇게 표현한다.

> (……) 조선은 아직도 타국과 같이 자본의 집중으로 인하여 빈부의 간격이 심하지 아니하다 云할지나, 연(然)이나 조선인 전체가 빈한에 침륜되어 있으므로 과격주의와 공명할 요소가 풍부히 있음이오, 조선인은 정치상이나 경제상으로 자유에 갈뇌되어 있는 고로 역시 과격파의 공명하는 요소가 풍성하다.[344]

즉 자본주의 요소가 심화되지 않았으며 경제적으로 빈부 격차가 심하지도, 자본주의적 요소가 발달되지도 않았으나 1920년 조선 인민은 일제의 정치적 권력으로 자유를 원했으며, 3·1운동의 여진을 경험하고 있었다. 「동아일보」에 입사한 20세 젊은 기자와 논설진은 위에 인용한 사설들에서 보듯 '심정적' 사회주의에 동조했다.

1920년 이전의 조선의 상황은 러시아혁명의 '우렁찬 봄소식'을 들려주

343) 「동아일보」, 1920. 4. 3.

344) 「동아일보」, 1920. 5. 12.

지 못했을 뿐 아니라 사회주의를 수용할 기회를 갖지 못한다. 일제는 '광무지법'(1907)과 그 개정법을 제정하여 일반 경찰 · 헌병 · 고등 경찰 · 사상 경찰 등을 통해 국내 및 외국인에 의해서 발행되는, 혹은 외국에서 유입되는 언론 출판물을 예외 없이 통제했다. 더욱이 사회주의 사상과 관련해서 '치안 유지법'[345](1925년)을 발표했으며, 1928년 여름부터 사상 탄압을 전담하는 고등 경찰을 배치했다. 그리고 각 재판소에 사상 검사를 배치한다. 또한 '불온문서 임시취체법'(1936), '조선사상범 보호관찰령'(1937) 등으로 황실의 존엄 손상과 더불어 사회주의 사상의 전파에 대해 철저히 통제한다. 그 외 언론에 관련된 법률로 '보안법'(1908), '출판법'(1909) 등이 있었다. 더욱이 1940년에는 하루 한 건씩 인민을 통제하는 총독부 부령이 설치된다.[346]

1920년 당시까지 「매일신보」, 「경성일보」, 그리고 그 외 어느 신문이나 출판물에도 마르크스 · 레닌주의 혁명 이론은 소개되지 못했다.[347] 언론에서의 사회주의 언급은 「동아일보」, 「조선일보」, 「시사신문」, 그리고 신문지법에 의해서 사후 검열을 받던 『개벽(開闢)』 등이 본격적으로 활성화된 1920년 이후부터이다.

이들 신문과 잡지는 3 · 1운동 후 조선 민족운동에 대한 대책을 구상한 나머지, 식민 통치에 지장을 주지 않는 범위 내에서 출판 및 결사의 자유를 허용한 총독부의 회유책에 따라 허가된 언론이다. 일인의 기본 정책은 친일파를 형성 · 보호 · 우대에 관심을 갖는다. 친일파에게 「시사신문」과 「조선일보」를 허용하고, 민족주의자에게 「동아일보」를 허용한다. '일제시대

345) 치안 유지법은 1925년 제정한 것인데, 동법은 무정부주의자와 공산주의를 취체(取締)하기 위한 법령이다. 총독부는 이 법을 강화시켜 1928년에는 '최고형 10년'을 '최고형 사형'까지 가능하게 했다.

346) 김철수, 「일제식민지 시대 치안관계법규의 형성과 적용에 관한 연구」, 『한국사회학』, 1995년 봄, vol 29, p. 110.

347) 서대숙은 마르크스 · 레닌 이론이 본격적으로 수용되기 시작한 때를 3 · 1운동 이후로 잡는다(서대숙, 상게서, p. 64).

신문'[348]의 정황을 설명한 개벽지의 XY生 필자는 광고에 혈안이 된 당시의 신문을 힐난하면서 자유 사상, 인도주의 사상과 사회주의 사상으로 일별할 수 있다고 규정한다.[349] 그에 의하면 「동아일보」는 부르주아 자유주의 사상과 민족주의를 내세우는 반면, 「조선일보」는 인본주의 및 사회주의적 색깔을 띤다. 그리고 그 후 생긴 「시대일보」는 다양한 시대물뿐 아니라 사회주의적 급진성을 띤다고 서술한다. 한편 잡지인 『개벽』은 이론적 지도의 기능, 연구 소개, 계몽적 운동, 시의성을 가미한 다량의 자유주의와 인도주의 · 사회주의 경향을 띤다고 규정한다. 그러나 대체로 조선의 언론은 十字가두로 봉건 · 자본주의, 그리고 사회주의가 혼재한다는 논리를 편다.[350] 이러한 사상의 혼재 상태는 언론에서 보도 기능보다 펴고자 하는 사상의 주입에 주력하는 경향을 두드러지게 한다.

서구 자본주의에 바탕을 둔 언론이지만, 사회 상황은 부르주아 언론을 발전시킬 수 있는 상황이 갖추어져 있지 못했다. 일본을 통한 서구 자본주의 유입은 이식된 경제 체제를 형성케 함으로써, 조선인은 이에 기계적이고 수동적으로 대처할 수밖에 없었다. 인민은 자본주의에 대한 체험적 · 철학적 · 경제적 기반뿐 아니라 자본주의를 지탱하는 합리적 계산, 약속, 계약 등의 습관도 갖지 못했다. 그렇다고 전통을 구성하는 축적된 경험에 의한 자본주의도 아니었다. 수공업 기술과 업무의 전문화 · 세분화되지 않은

348) 일제시대 신문의 지면 배치를 보면 당시 사회의 단면을 볼 수 있다. 4면을 기준으로 할 때 1면을 정치면 기사, 2면을 사회면 기사, 3면을 문화면 기사, 4면을 경제면 기사로 할애한다. 그렇다면 총독부 기사를 우선적으로 처리한다면 정치부의 위상은 떨어질 수밖에 없다. 그것에 비해서 사회운동과 관련된 사회면 기사 취급은 각별했으며, 사회부에는 운동란의 처리 전담 기자가 있어, 그들이 호외도 많이 취급한다. 그러나 대부분의 신문은 자금난에 봉착한 경우가 많아지면서 상대적으로 후기에는 경제란이 부각된다. 당시 정치적.경제적 색깔 논쟁으로 경영진이 바뀌면 편집국의 기자까지 물갈이함으로써 기자의 신분 보장이 문제되곤 했다[복단봉인(牧丹峯人), 「신문편집이면비화」, 『개벽』 1935년 3월, p. 89~95].

349) XY生, 상계 논문, pp. 48~50.

350) XY生, 상계 논문, p. 50.

조선의 자본주의는 대부분의 조직이 일본을 중심으로 결성되어 있었을 뿐, 주변으로서의 국내 조직들은 여전히 고립된 상태로 존재했다.

일제하의 지식인들은 친일파를 제외하고는 학문을 할 수 있는 기회와 직장을 가질 수 있는 기회가 크게 제한되어 직업인으로서 신문 · 잡지사에 몰려들었다. 당시 지식인 집단은 2·8 동경 유학생 지도자들의 YMCA 모임과, 학생들과 협력한 천도교 손병희가 인도하는 국내 지식인 모임이 대표적이다. 3·1운동 후 집결된 힘은 여진을 통해 사회 내에 확산되기 시작한다. 민족주의적 지식인은 '토산장려론 운동', '민립대학 운동', '금주금연 운동' 등을 전개해 가내 공업, 소공업의 생산에 기반을 둔 소생산자 중심의 자급자족을 주장한다. 그들의 일부는 '실력 양성론'으로 서구 자유주의적 민족운동을 장래의 희망으로 한다. 좀발트(W. Sombart)는 "자본주의 형성기에 기업 조직이 자본주의를 만들며, 발전된 자본주의의 단계에서는 자본이 기업가를 만든다"라는 말은 '실력 양성론자'들에게 설득력이 있었다. 어떻든 그들은 자본주의 사상, 정신, 조직이 외세에 의존하지 않고 토착적으로 발아되기를 원했다. 그들은 외세에 의존한 자본주의가 부와 신분의 불평등을 가져올 것으로 예상한 것이다.

다른 한쪽의 지식인들은 1920년 6월 10일 조선공산당의 조직과 코민테른 2차 대회를 준비하기 위해 집결한다. 그들은 사회주의 혁명당을 고려공산당이라고 규정하고, 급진 자유주의자(개량 민족주의자)들과 동조한다.[351] 당시 좌파 지식인의 당면 과제는 무엇보다도 식민지 해방운동이었다. 대부분의 농민이 빈곤하고, 산업이 아직 발달하지 못한 상황에서 혁명 주체 세력으로 노동자를 동원해야 한다는 마르크스의 논리는 조선에 적용될 수 없었다. 이런 여건 하에서 신문과 출판의 선전 활동을 통해 연합할 수 있는 소부르주아 지식인과 학생들은 코민테른 2차 회의로 말미암아 민족해방운동과 사회주의 운동을 일체화시킬 수 있는 계기를 만들었다.[352]

351) 배성용(裵成龍), 「조선사회운동의 사적 고찰」, 『개벽』 1926년 3월, vol. 76, p. 29.

코민테른 2차 대회 때 제기된 한국 문제는 민족 식민지 문제, 경제 상황, 청년 운동, 혁명 운동, 그리고 조선공산당의 다양한 파벌 등에 관한 당면 문제였다.[353] 당시 레닌은 "억압받고 종속당하며 평등의 권리를 갖지 못한 민족과 억압하고 착취하며 완전한 권리를 갖고 있는 민족을 명확히 구별할 것"을 발표하고, 덧붙여 피압박 민족해방운동의 초기 단계를 '부르주아 민주주의적 해방운동'으로 규정함으로써 민족주의와 동조하는 사회주의를 원조한다고 밝힌다. 즉 식민지로부터의 독립이 곧 사회주의 건설의 초기 단계로 본 것이다. 젊은 지식인을 상대로 '심정적' 사회주의를 펴는 러시아는 민족주의 의식을 이용하지 않을 수 없었을 것이다. 결과적으로 보면 레닌은 부르주아가 착취 민족주의자인데, '공산주의 독자성'과 '엄격한 국제주의'를 접어둔 채, 코민테른 2차 회의 테제의 원안을 수정하여 '개혁적 부르주아지와 함께 식민 제국주의 투쟁'을 한다고 밝힌다.[354]

사회주의자는 미래의 프롤레타리아 분자들을 결집하고, 교육시켜 사회주의 국가 건설을 하고자 한다. 사회주의자들은 1921년 흥농회에 침투하여 소책자 10여 종을 출판할 것을 독려한다.[355] 노농회는 1922년 기관지 『노농성(勞農聲)』을 발간한다. 노동자를 위해 1920년 4월 전국적 성격의 인쇄공 · 이발사 · 전차 운전사 · 재봉사 등의 노동자들이 참석한 '조선노동공제회'[356]를 조직하고 『공제(共濟, 1920~1921)』라는 '문화적 성격'의 기관지를 발행한다(『노동』은 총독부에 의해 불허된다). 『공제』는 창간호에

---

352) 서대숙, 상게서, p. 40.

353) 서대숙, 상게서, p. 40.

354) 최창남, 「중국혁명에 대한 스탈린, 트로츠키 논쟁」, 『역사비평』 1987년 가을, pp. 275~277.

355) 권희영(權熙英), 「고려공산당연구(1921~1922)」, 『한국사학』 13(서울: 한국정신문화연구원, 1993), p. 248.

356) 조선노동공제회는 1920년 4월 11일 조직한 것인데, 여기에 참가 인원은 3만여 명에 달한다. 이 조직은 공산주의자 차금봉(車今奉)에 의해 주로 주도되었으나, 나중에는 민족 개량주의자 김성수 · 장덕수에게로 실권이 넘어간다.

서 노동의 중요성을 다음과 같이 논한다.

> 우주란 하오, 노동뿐이로다. 노동이 아니고는 우주가 우주될 가치가 무한 것이니 서양 어느 학자는 말하기를 우주는 물로 되었다 하였도다. 그러나 나는 주저치 안코 대성으로 우주는 노동으로 되었다고 단언하겠노라.[357]

그러나 1922년 조선노동공제회는 해산되고, 이 조직은 조선노동연맹으로 개편되고 사회주의 경향을 확산시킨다.

1920년대 초 새로 등장한 일간지들은 신사상을 갈구하고 있었다.[358] 이러한 사상적 욕구로 인해 사회주의 지식인은 이르크츠크의 기관지인 『적기(赤旗)』, 상해의 이르크츠크파가 발행하는 『공산』, 『화요보』보다 국내에서 인기가 있는 『개벽』, 『조선지광, 1922~1932』(조선지광사는 『신단계(新階段)』이란 사회주의적 잡지를 1932~1933년 출간하기도 한다),[359] 『신천지』, 『신생활, 1922~1923』 등을 이용하여 사회주의 이론을 소개할 수 있었다.[360]

결국, 한국에 적용된 사회주의 성향은 마르크스 원론과는 달리, 부르주아와 같이 민족해방 투쟁을 전개하는 것이어서 당장 문제가 따를 수밖에 없었다. 이 문제는 중국의 공산당과 국민당 사이의 국공 연합에서 다시 제기된다. 1923년 트로츠키(Leon Trotsky)와 스탈린 간의 논쟁에서, 트로츠키는 프롤레타리아트의 조직적 자주성의 견지야말로 계급 투쟁에 대처하는

---

357) 조성돈(趙誠惇), 「노동만능론」, 『공제』 1920년 창간호, p. 13.

358) 서대숙, 상게서, p. 72.

359) 『조선지광(朝鮮之光)』은 1922년 주간으로 창간되었다가 곧 월간으로 바뀐다. 창간 후 4년간 『개벽』과 더불어 사회주의에 지면을 많이 할애하며 활동하다, 1926년 『개벽』이 발금된 이후는 신문지법에 의한 유일한 잡지(신문지법에 의한 잡지만이 정치 · 시사 평론을 할 수 있음)로 사회주의 문화, 정치, 문예 방면에 많은 기여가 있었다. 집필자는 이관구, 주요한, 유광열, 김준연, 조명희, 이기영 등 주로 사회주의 성향을 지닌 사람들만을 필자로 선택한다〔이종수(李鍾洙), 「조선잡지발달사」, 『조광』 1936년 2월, vol. 14, pp. 128~129〕.

360) 서대숙, 상게서, p. 110.

계급 정당의 절대적 요구임을 강력히 주장한다.[361] 즉 트로츠키는 "각성된 노동자 계급에 대한 직접적이고 독자적인 지도를 위해 투쟁하는 것이어야 한다"고 사회주의 혁명론을 언급한다. 그는 또한 혁명적 소부르주아 혼자서는 혁명 정책의 주요 노선을 결정하지 못 한다[362]고 단언한다. 소부르주아 의식은 당시 상해의 이르크츠크파의 고려공산당 여운형(呂運亨)[363]에게서 잘 나타난다. 그는 가는 곳마다 자신이 공산주의 운동에 가담하게 된 이유를 설명하는데, 프롤레타리아 계급 투쟁을 목적으로 한 것이 아니라 한국 독립운동의 편의상 소비에트 정부와 제휴하는 것이 필요하기 때문이었다고 진술한다.[364] 이런 각성된 지식인의 못마땅함이 노정되지만 레닌과 함께 스탈린도 '부르주아 민주주의 혁명'을 과도기적 성격으로 '반제 민족해방혁명'으로만 규정한다. 더욱이 초기 중국 공산당도 조선에서 농민혁명이 사회주의 혁명으로 이행할 것으로 보지 않았다. 그렇다면 노동 대중의 약체성, 계급 투쟁의 미발달 상태에서 평등을 바탕으로 한 '프롤레타리아트와 농민의 민주주의적 독재'를 어떻게 성취할 수 있을 것인가. 단지 소비에트화의 준비를 위해 스탈린은 조선과 중국에 혁명적 농민 위원회, 노동조합, 대중 단체를 지원할 뿐 당시로서는 뚜렷한 대안이 없었다.

마르크스 · 레닌의 언론관에서 볼 때 조선의 반제 민족해방운동은 농민 · 소지주 · 수공업자 · 소상인 등 잡다한 인텔리겐치아에 의해 이루어졌다. 그리고 그들의 생활양식은 종파적 · 봉건적 이데올로기에서 완전하게 독립하지 못했다.[365] 마르크스 · 레닌주의 관점에서 보는 신문의 역사가 노동운동의 역사와 불가분의 관계가 있음을 주지할 때, 조선의 반제 민족해방

361) 최창남, 상게 논문, p. 282.

362) 최창남, 상게 논문, p. 283.

363) 여운형은 기독교인이며 민족주의 독립운동가였는데도, 상해에 파견되어 있는 코민테른의 극동 부장 보이친스키의 권고로 고려공산당에 입당한다. 그리고 여운형은 당의 출판부위원이라는 책임을 맡았다(김창순 · 김준협, 상게서(1), p. 157).

364) 김창순 · 김준엽, 상게서, pp. 177~181.

365) 최창익, 상게 논문, p. 281.

혁명에서의 사회주의는 초보 단계의 한계를 벗어나지 못한다.

1922년 여러 명의 공산주의자들이 형평운동 · 노농운동 · 청년운동 · 여성운동 · 학생운동 등을 주도하면서 최초의 사회주의 사상 단체인 무산자동지회를 조직한다. 이 조직은 다시 이영(李英)이 주도하는 '무산자동맹회'[366]로 개칭되고 『무산자(無産者)』란 기관지를 발간한다(그러나 검열로 인해 창간호 발간이 금지됨). 그들은 나중에 서울 청년회, 서울파로 알려지며 상해파 이동휘와 협력한다. 그들은 1922년 『신생활』 잡지를 운영하는데 필요한 자금을 이르크츠크 상해파로부터 지원받는데, 이런 노력이 서울파 사회주의자 김명식(金明植) · 정백(鄭栢) · 이성태(李星泰) 등 소위 서울파 '바람몰이적'(노동 현장의 계급의식으로 무장하지 않은 자) 사회주의자들을 길러내는 온상이 된다.[367]

이르크츠크에서 파견한 김재봉(金在鳳)은 1923년 '신사상연구회'를 주도하며 「조선일보」, 「시대일보」 등 많은 세포 조직을 갖는다. 당시 세포 조직의 확산은 핵심 인물이 당에 가입하면, 그 인물에 연계된 직급이 낮은 노동자들까지 이어지는 관례를 형성했다. 신문의 경우 인쇄공, 신문 배달수, 이외의 근로자들이 사회주의 운동에 동참했다.[368] 또한 신문 기자와 지국장이 되는 일도 어떤 사상적 단체의 배경에 의하기도 했다.

1924년 6월 17일에서 7월 8일까지 모스크바에서 개최되었던 코민테른 5차 대회에서 일본대표 편산잠(片山潛)은, 조선에 대중운동이 뿌리를 내리고 있다고 전제하고, 1923년 이래 프롤레타리아적 농민 및 프롤레타리아

366) 무산자 동맹은 1922년 최초의 사회주의 단체로 무산 계급의 생존권 기초, 여성 해방 운동, 경제적으로 완전한 해방, 무산자의 계급의식 형성 등의 확립 등을 목표로 한다(TY生, 「사회운동단체의 현황」, 『개벽』 vol. 76, 1926년 3월, p. 46).

367) 권희영, 상게 논문, p. 248.

368) 신백우(申伯雨)는 노동공제회의 『공제』에서 1920~1921년에 일년 동안 기자 생활을 했으며, 1924년 9월 조선일보사로 자리를 옮긴 기자 출신이다. 그는 조선노동총동맹의 전신인 조선노동연맹의 지도 역할을 담당한다. 그는 팸플릿들의 매체를 통해 무산자의 지식을 향상시키는 무산자 해방운동을 주창한다(권희영, 「조선공산당 성립과 코민테른(1923~1925)」, 『한국사학』 13(경기도: 정신문화연구원, 1993), p. 181.

노동자 동맹 등의 연합이 조직화 과정에 있다고 지적했다.[369] 종래 조선의 사회주의 운동은 주로 국외의 지식인에 의해 지도되었고, 코민테른은 시베리아에 거주하는 조선인에게 많은 관심을 나타내고 있었기 때문에 왜곡된 사회주의 운동이라고 주장했다.

사회주의 논리에 의하면 현대 사회는 자본과 노동에서 문제가 발생한다고 본다. 두 집단의 관계로 무산자는 물질적 착취와 학대를 받으며, 기계적 노예로 된다. 노동자는 자본주의가 심화되면 생명의 박탈권까지 빼앗긴다. 이로부터의 탈피는 자본가 계급을 타파하고 모든 자본을 평등하게 분배하거나, 사회가 공유하는 것이 이상적일 것이다.

평등의 쟁취를 위한 노력은 계속된다. 김재봉(金在鳳)과 조봉암(曺奉岩)의 '신사상연구회'는 마르크스 탄생일을 기념하기 위해 화요회(火曜會)를 발족시키고 농민·노동자들에게 조직을 확산한다. 신사상의 사고는 노동 단체, 독서회, 신문사 등의 세포 조직을 통해 이데올로기로서 언론에 소개된다.[370] 소련의 *Pravda, Bolshevik* 등과 일본의 『사상운동』, 『측후대』 등의 잡지가 사회주의자들에 의해 국내에 소개된다. 당시 일본에는 의회정치를 구가했으며 출판·문예운동·사회주의 운동을 위한 언론 자유가 형성되었다. 이런 상황에서 사카에 도시히코(堺利彦) 같은 사회주의 학자는 국내에서 직접 순회 강연을 하기도 했다.

당시 설득력 있는 잡지 중 몇 권은 한글판 이르크츠크의 『적기』, 하바로브스크의 『선봉』 등이었다. 김재봉은 일본이 허용한 '표현의 자유'를 이용하여, 당시 발행되는 수많은 잡지에 접근한다.[371] 1923년 이후 「시대일보」의 홍남표(洪南杓), 「조선일보」의 김재봉(金在鳳)을 통한 세포 조직으로 사회주의 이념을 확산시킨다. 더욱이 사회주의자들은 『신흥청년』 같은

369) 권희영, 상게 논문, p. 199.

370) 서대숙, 상게서, p. 73.

371) 서대숙, 상게서, p. 74.

사회주의 계열의 잡지뿐 아니라 1920년 출간한 『개벽』, 그리고 1922년 출간한 『조선지광』, 『신천지』(1923년 폐간), 『신생활』(1923년 폐간) 등의 부르주아 잡지에까지도 특권 계급을 부정하고 평등을 보장하는 논조의 글을 기고한다. 특히 『신생활』은 1) 신생활을 제창하고, 2) 평민 문화의 건설을 제공하며, 3) 자유 사상을 고취한다 등,[372] '개조와 혁신'의 기치를 내걸고 사회주의적 경향을 옹호한다.

「조선일보」는 1922~1923년에 밀려드는 사회주의 사조에 발맞추어, 1925년 기자 단체인 무명회와 '전조선 기자 대회'[373] 연차 및 창립총회를 연다. 당시 언론 기관에 소속되어 있는 격렬 공산주의자의 숫자가 적지 않았다.[374] 더욱이 「조선일보」는 9월 8일자 사설에 "조선과 로국과의 정치적 관계"를 게재할 만큼 사회주의 수용에 적극적이었다. 「조선일보」는 1924년 이상재가 사장으로 취임함으로써 「동아일보」 논설진의 김준연(金俊淵) · 신일용(辛日鎔), 사회부의 박헌영(朴憲永) · 임원근(林元根) · 김단야(金丹冶), 지방부 홍남표(洪南杓) 등이 「조선일보」로 이동했다.[375]

언론인 단체와 더불어 조선노농총동맹과 조선청년총동맹이 결성되고, 곧 1924년 조선노농총동맹(朝鮮勞農總同盟)이 창단식을 갖는다. 「조선일보」는 이때의 소감을 다음과 같이 묘사한다.

> 지나간 17일부터 금일까지 5일간을 亘하여 전조선노동단체의 대표는 유누(遺漏) 업시모혓다. 그리하여 만장일치의 의견으로서 일대의 단결이 성립되엿다. 아-이것은 조선노동운동의 영원히 기억할 날이다. 조선의 무산대중이 단결한 날이다.

---

372) 정진석, 『한국언론사』(서울: 나남, 1990), p. 474.

373) 전조선 기자 대회는 1925년 4월 15일 전국에서 온 463명의 기자가 참가한 대규모 대회로, 의장과 부의장으로 「조선일보」의 이상재(李商在)와 안재홍(安在鴻)이 선출된다.

374) Robert A. Scalapino & Chong-Sik Lee, Communism in Korea; 한홍구 옮김, 『한국공산주의운동사』(1)(서울: 돌베개, 1986), p. 115.

375) 정진석, 상게서, p. 463.

이 노농총동맹이라는 힘잇는 기발을 날이고 노농총동맹이라는 엄숙한 진영을 정돈하고 노농동맹이라는 찬란한 장을 단 무산대중이 전사의 향하는 곳에는 자유로운 해방이 잇슬것을 우리는 밋는다.[376)]

각 단체들이 연이어 결성된 후 1925년 4월 12일 '조선공산당[377)] 창당 대회'를 갖는다. 1923년경 조선의 사회 운동은 사상 · 노농 · 청년 운동이 연합하지 못했으나, 여기서의 사회주의 운동은 지방대회, 전국대회 성격을 띤다[378)] 사회주의 무게 축이 소수 지식인에게서 노농연합과 소작자 운동 같은 다수 민중에게로 넘어가며, 이 연합 조직은 '무산자 민족해방운동'으로 사유 재산까지 거부하기에 이른다. 사회주의 이론을 받아들인 지 약 5년 만에 토착 사회주의가 곳곳에서 심취하기 시작한 셈이다. 민중이 사회주의를 민족적 · 민주적 평등 국가와 일치시키자, 이에 당황한 총독부는 '치안유지법'을 발동하여 무정부주의자 · 공산주의자들을 색출하기 시작한다.

조선공산당(조공)은 '프롤레타리아 혁명'과 '계급 없는 사회 실현'을 목표로 한다. 그리고 김재봉을 중심으로 한 20~30대의 젊은이들로 전국망을 형성하는데, 그들은 상해와 러시아에서 사회주의 훈련을 받은 사람들이다.[379)] 조공을 이끌던 김재봉은 곧 체포되고, 「조선일보」 진주 지국장

---

376) 「조선일보」, 1924. 4. 21.

377) 조선공산당은 1925년 4월 17일 화요파가 중심이 되어 창건된다. 뒤이어 고려공산청년동맹이 조직된다. 1925년 '신의주 사건'을 계기로 제1차 조공이 파괴되고, 제2차 조공은 6 · 10 만세 사건을 계기로 검거, 붕괴되었다. 1 · 2차 당 대회를 치르는 동안 화요파가 약화되고, 1926년 일월회와 서울파의 일부를 포괄하는 소위 엠엘파가 중심이 되어 3차 공산당을 결성한다(1928년 2월 27~28일). 특히 제3차 조공은 무산 계급 운동의 전국적 통일을 내걸며 노동 계급의 전위당을 주장한다. 그러나 곧 엠엘당도 검거, 붕괴되었다. 그해 3월에 제4차 조공이 조직되었으나(1928년 3월 중순), 곧 조선공산당은 해체된다. 그러나 1929년 2월 길림성에서 '조선공산당 재건설준비위원회'를 조직하고 『볼셰비키』라는 기관지를 발행한다(김창순 · 김준엽, 상게서(5), pp. 284~404; 신주백, 「1930년대 국내 사회주의자들의 민족해방운동론」, 『역사비평』 1990년 봄, pp. 16~59).

378) 배성용(裵成龍), 상게 논문, p. 30.

379) 서대숙, 상게서, pp. 77~78.

인 姜達永에게로 조공의 권한이 넘어간다. 강달영은 당의 기관지 발행을 뒤로 미룬 채 『조선지광』에 의존한다.[380] 『조선지광』은 사회운동의 정당성을 논한다.

> 사람에게 만일 그 집회의 자유가 없었다면 인간은 마침내 그 사회적 생활의 원리를 알지 못하였을 것이요. 따라서 그 사회적 생활을 형성치 못하였을 뿐 아니라 그 생을 유지 발전시키지 못하였을 것이다.[381]

제2차 조선공산당 사건 이후 사회주의적 무산자 계급 운동은 학생, 청년 중심의 독서회를 가질 뿐 선전 활동을 할 매체를 확보하지 못하던 터라 잡지 간행물에 크게 의존한다.[382] 그들은 상해와 러시아에서 들여온 삐라를 『신민』, 『개벽』, 『신여성』 등에 삽입하여 독자에게 전달한다.[383] 강달영을 중심으로 한 '제2차 조공대회'[384]는 1926년 6월 10일 조선의 마지막 왕 순종의 서거 날을 기점으로 또 다른 3·1운동을 시도하지만 실패하고 주요 간부들은 체포된다. 이 같은 화요파가 거세되는 제2차 당 사건에도 불구하고 '무산 계급 의식'은 확산된다. 제2차 당 사건으로 사회주의 주요 요인들은 잠적하나, 서울파의 비주류와 일본에서 돌아온 2진 공산주의자가 등장한다. 북풍회를 계승하고 안광천(安光泉)이 주도하는 '일월회(一月會)'는 1926년 11월 15일 정우회 선언을 한다. 후쿠모도 가츠오(福本和夫)의 후쿠모토주의(福本主義)에 영향을 받은 이들은, 조선에서의 사회주의 투쟁을 경제 투쟁으로부터 정치 투쟁화하는 방향 전환을 모색한다. 그리고 일

---

380) 서대숙, 상게서, p. 82.

381) 유완희(柳完熙), 상게 논문, p. 46.

382) 배성용, 상게 논문, p. 29.

383) 서대숙, 상게서, p. 84.

384) 제2차 대회의 격문은 1) 식민지 민족은 누구나 무산자이다, 2) 민족 해방이 계급 해방이다, 3) 정치 해방이 곧 경제 해방이다(Robert A. Scalapino, Chong-sik Lee, 상게서, p. 131).

월회의 김준연(金俊淵)[385] · 한위건(韓偉健) 등을 주축으로 상해파의 김철수, 서울파의 소장파 등이 주축이 되어 마르크스-레닌파를 창설한다. 이를 제3차 당이라고 하지만, 도중에 실패하고 그 잔당이 제4차 당 대회를 준비한다. 이때부터는 기관지를 신문에서 잡지로 바꾼다. 당시 기관지는 '7종'[386]인데, 조선에서 발간되는 『조선지광(朝鮮之光)』, 일본에서 발간되는 『대중신문(大衆新聞)』, 『현단계(現階段)』, 『청년조선(靑年朝鮮)』, 동경에서 발간되는 『신흥과학(新興科學)』, 그리고 만주에서 발간되는 『혁명(革命)』, 『불꽃』 등이다.

4. 사회주의 운동의 여론화 · 조직화

한편 1927년 1월 14일 사회주의에 대항하는 '개량 민족주의자'인 김성수와 천도교의 최린 등이 동참하는 신간회[387]가 발족된다. 신간회는 노동자와 농민 조합을 목적의식적으로 정치 투쟁과 연결시키려는 사회주의 계열과 조합주의적 경제 투쟁을 중심으로 한 민족주의 계열과의 합작이었다. 신간회는 오합지졸적 성격을 띠고 있었으나, 창립 2주년을 맞는 1929년에는 366개 지회(支會)와 76,939명의 회원을 거느린 커다란 조직이었으므로,[388] 신간회를 통한 사회주의 운동은 절호의 기회였다. 당시 도시에는 토지를 떠난 농민과 수공업자가 홍수같이 모여 있었으며, 인텔리겐치아는 노동 공제회 등 노동 단체를 통해 끊임없이 무산자의 계급 의식 형성을 굳

---

385) 김준연은 독일에서 돌아와 당시 「조선일보」 논설반에서 근무한다. 제3차 당에서는 선전부장직을 맡았다.

386) 김창순 · 김준엽, 상게서(3), p. 295.

387) 1927년 2월 15일 YMCA에서 창립 대회를 개최하는데, 그 강령은 1) 우리는 정치적 · 경제적 각성을 촉구함, 2) 우리는 단결을 공고히 함, 3) 우리는 기회주의를 일절부인함 등이다.

388) Robert A. Scalapino & Chong-Sik Lee, Communism in Korea; 한홍구 옮김, 상게서(서울: 돌베개, 1987), p. 167.

혀 가고 있었다. 1920년대초 시작한 민족주의자의 물산장려운동은, 사회주의와 성격을 달리하는 민족 부르주아지의 운동이지만 공업 발전을 위한 기틀을 마련한 것이었다.[389)]

이 기회를 포착한 마르크스-레닌파(ML파)는 신간회 장악을 시도한다. 신간회는 안재홍(安在鴻) · 신석우(申錫雨) · 이상재(李商在) 등이 장악하고 있는 가운데 사회주의자들의 헤게모니 운동이 계속된다. 사회주의 사상은 신간회와 동조함으로써 노동자 · 농민에게 깊게 침투할 수 있었으며, 코민테른은 조공이 신간회를 장악하도록 권장한다.[390)] 이 정책으로 인해 조공은 인텔리겐치아로부터 공장과 농민 단체 속으로 그 세력을 뻗어간다. 인민은 기존에 갖고 있던 사회주의에 대한 반성과 아울러 태도의 변화 단계를 경험하게 된다. 당시 지방 지도자들은 약간의 교육을 받았으나 현실적으로 학업이나, 가난, 건강 등 갖가지 이유로 자신의 뜻을 펴지 못한 계층이었으므로,[391)] 무산자 계급의식을 확산시키기 위한 교양, 훈련의 집중적인 대상이 된다.

당시 사회주의 운동과 더불어 발생한 '카프의 문예운동'[392)]과, 1931년부터 시작되는 문자 보급을 위한 '브나로드 운동'은 사회주의 운동을 확산시키는 계기가 된다. 더욱이 조직으로서의 카프는 조선 프롤레타리아 예술연맹의 문예운동을 시작으로 1927년 예술운동으로 확산된다. 그러나 그들은 '카프'에 의해 통제받지만 통일된 조직을 갖고 있지는 못했다.[393)] 카프

---

389) 권승덕(權承悳), 「민족운동과 사회운동」, 『혜성』 1931년 7월, pp. 53~54.

390) 서대숙, 상게서, pp. 94~96.

391) Robert A. Scalapino & Chong-Sik Lee, 상게서, p. 168.

392) 카프의 문예운동은 조선공산당이 결성되던 해인 1925년 8월 시작된다. 카프 결성 이전의 경향은 소설의 주인공을 막연하게 가난한 사람이라는 의미의 무산자 계급으로서 등장시켜, 사회의 구조적인 모순을 단순하게 빈부 갈등 혹은 개인적인 저항으로 보여주지만, 카프 결성 이후 경향은 주인공이 노동자, 농민, 도시 빈민 등으로 구체화되어 나타난다(서울대학교 · 연세대학교 국문학과 대학원 연합 연구 발표문, 「1920년대 신경향파 문학의 재평가」, 『역사비평』 1988년 가을, p. 213).

의 동인들은 프롤레타리아 계급의식을 폭로 예술의 노동 대중잡지인 『군기(群旗)』에, 그 후에는 『집단』에 게재한다. 더욱이 『조선지광』에는 카프 회원으로 사회주의적 집필자만 허용하며, 『무산자』 등을 통해서 각 언론사별로 조직적으로 예술운동으로 확산된다.

하나의 또 다른 사회주의적 평등 운동은 '형평운동(衡平運動)'[394]이다. 형평 운동의 사상적 특징은 다음과 같이 논할 수 있다.

1) 전통적 사회 관습에 대한 반전통적 변혁의 시도—대등적 통합 사회로의 변혁 추구.
2) 식민지 차별화에 대한 연대적 변혁의 시도—불평등 사회 구조에 대한 평등성 추구.
3) 관념적 사상에 대한 구체적 생활 실천화의 시도—반관념적인 실천성의 사상 추구.[395]

형평 운동은 신분에 관한 평등, 불평등에 대한 반감, 계급적 평등주의에 관심을 둘 뿐 아니라 이들의 생활 실천화를 위한 측면이 부각된다. 노동운동, 소작 쟁의 운동이 사회주의를 외부로부터 끌어들인 운동이라면, 이것은 내부로부터의 자생적 운동인데 1928년 4월 제5회 형평사 전국 대회 이후는 사회주의 사상이 본격적으로 침투된다.[396] 그들은 노동공제회(진주

393) 홍효민(洪曉民), 「조선 프롤레타리아 문화 운동의 신전개」, 『삼천리』 1933년 4월, pp. 587~589.

394) 형평 운동은 1923년 4월 24일 진주 청년회관에서 '형평사 발기인 대회'를 갖고 전북 이리, 전북 김제, 대구지사, 대전, 부산, 경북 예천, 강원도, 서울 등지의 변두리에서부터 중앙으로 확산된다. 1924년에는 『형평(衡平)』이란 기관지를 내고, 1932년에는 『정진(正進)』을 발간한다. 이 운동은 백정들의 신분적 평등에 근거를 두고, 그들의 비인격적 대우에 반대하는 운동을 편다(진덕규, 「형평운동의 사상사적 인식」, 형평운동 70주년 기념사업회 엮음, 『형평운동의 재인식』, 서울: 솔, 1993, pp. 11~30).

395) 진덕규, 상게 논문, p. 17.

396) 진덕규, 상게 논문, pp. 19~29.

에서는 1922년 창립) 같은 진보적 사회주의 인사들에게 지원을 받는다.

이런 사회운동들과 일간 신문 및 잡지들을 통한 사회주의 운동, 그리고 그들의 운동을 뒷받침하는 노동운동은 결국 일제의 탄압으로 실패하고 지하의 대항 언론을 통한 사회운동과 노동운동으로 평등 추구의 방향을 전환하게 된다. 사회주의 운동은 무산자이지만 작업장과 농촌 현장에서 현직을 갖고 있는 노동자들이 주도한다. 이런 역사적 흐름과는 관계없이 과거의 '전위대'로서의 사회주의 운동은 계속된다. 차금봉은 일본 사회주의 총국으로부터 인쇄물을 대량 준비하여 노동 공제회 재창설을 기도하고, 한위건은 신간회에 조공의 침투를 재건한다. 그들은 인텔리겐치아의 완충 세력으로 학생운동에 몰두한다. 1928년 9월 조선공산당은 코민테른에 정식 가입하지만, 1928년 3월 중순 제4차 당 대회 계획은 무위로 끝나고 만다.

조선공산당 제3차 및 제4차 대회는 노동조합과 농민조합의 중요성을 강조하기 시작한다.[397] 1930년 프로핀테른(코민테른 외곽 조직의 하나)으로부터 '9월 테제', 즉 "조선의 혁명적 노동조합 운동의 임무에 관한 테제"를 지시받는다. 1931년 '조선공산당 재건설준비위원회'를 '조선좌익노동조합 전국평의회'로 명칭을 변경하고 사회주의자들은 공장의 동맹 파업을 유도한다.[398] 당시 노동자의 집결지로 평양에서는 고무, 양말, 전매 분야, 서울에서는 금속, 화학, 섬유, 일반 사용인 노동, 출판, 원산, 함흥, 흥남 등에서는 철도, 화학, 금속, 자유노동자, 목재 등의 기업이 들어서고 노동운동의 본산이 된다. 당시 남부에는 주목할 만한 운동 조직이 거의 없었다.[399]

혁명적 노동조합은 직업별 노조를 산업별 · 지역별로 나누고 합동 노동 활동을 청년부 · 여성부 · 정치부, 그리고 미조직 공장에 침투하여 산업별 조합을 조직한다.

---

397) 신주백, 상게 논문, p. 20.

398) 김창순 · 김준엽, 상게서(5), p. 307.

399) 신주백, 상게 논문, p. 39.

1929년 원산 총파업에서 보듯 노동운동의 급진화가 이뤄지고 노동 계급 의식은 성장하지만, 혁명적 노동자 대중은 극소수였다.[400] 그러나 노동자 · 농민 · 소시민 · 인텔리겐치아 · 민족 부르주아지의 제국주의 타도의 방향은 동일했다.

코민테른 6차 대회(1928년 12월 10일)는 '12월 테제'[401]를 발표하고 조공의 문제를 지적한다. 그해 김일성의 주창으로, 1928년 1월 15일 무송에서 사회주의 선진사상 보급전파의 『새날』이 창되고, 이어 당조직의 『볼쉐위크』, 농민동맹의 『농우』등이 창간되었다.[402]

한편 코민테른은 프티부르주아 지식인 중심의 조공을 힐난하고 농민과 노동자 중심의 조공을 촉구한다. 그 지식인들은 러시아 · 중국 · 일본에서 온 '매판적' 인텔리겐치아와 접촉했으며, 매판적 지식인은 무관심한 노동자 · 농민의 계급의식 구축의 실패로 조선을 떠난다. 일제의 출판물에 대한 검열은 사회주의적 도구로서의 언론 역할을 차단시켰다. 『조선지광』, 『개벽』 등 일부 언론이 사회주의 건설을 위한 여론화 · 조직화 · 형식화의 역할을 수행했는데, 독자가 소부르주아지인 점을 고려한다면, 언론을 통해 소작인에게 반소작인에 대한 적대적 계급의식을 심어 민족혁명운동으로 이끌어감에는 한계가 따른다. 농민은 계급의식이나 집단력과 건설력이 부족할 뿐 아니라 그들의 속성상 보수적 성향까지 지니고 있었다. 그러나 사회주의 운동은 농촌마다 도시마다 사회주의를 열렬히 선전하고, 세포를 조직하고, 사회적으로 혜택받지 못한 사람들의 이익을 옹호함으로써 대중을 일

400) 신주백, 상게 논문, p. 28.

401) 12월 테제의 주요 안건은 식민지 조선이 일제를 위한 원료 생산 및 공산품 소비, 특히 쌀의 공급지로서의 역할 수행을 강요당한다고 규정한다. 실천 강령으로 프롤레타리아트 및 농민의 민주적 지도, 노동자 · 농민의 정부, 자산과 국유지의 농민에 대한 무상 분배, 토지 혁명, 노동조합 및 노동 단체에서 공인한 8시간 노동제, 남녀 보수의 평등 조건, 노동보호(산업 재해 방지), 일본인 노동자와 평등 조건, 소작료의 제한, 농산물 강제 가격 폐지, 봉건적 전제 금지 법령 공포 등을 택한다.

402) 리용필, 상게서, pp. 138~141.

깨우는 데 자극을 주었다.

'신간회의 해소' 과정에서 사회주의 운동을 회고하면서 이인(李仁)은 "신간회는 농업과 공장 노동자들과 관계가 없는 소부르주아지가 지도력을 가졌으며, 지도자는 영웅적 야심에 몰두하여 실천력이 부족하다"[403]고 혹평한다. 그리고 XYZ는 "앞으로의 운동 조직은 합법조직으로서는 신간회나 그 밖의 조직을 능가할 수 없으며, 그러한 조직을 당국은 허락하지도 않는다"[404]고 규정하고, 신간회 해소 이후 사회주의가 노동자 · 농민의 기반인 생활 현장에서 실천을 통해 대중운동으로 활성화되길 바랐다.

5. 팸플릿을 통한 일제하의 대항 언론

1931년 만주사변 이후 경공업에서 중화학공업으로 공업 형태가 바뀌고 토지와 식량, 그리고 원료는 교환 논리에 지배를 받게 된다. 산업 혁명론과 병참 기지화론이 대두되면서 소비재로부터 생산재 산업으로 이전된다. 일제는 조선으로부터 원료를 얻거나 가공하기보다 값싼 노동력 이용에 치중한다. 기술자와 숙련공이 늘어나면서 노동자에 대해 제국주의적 권력의 논리와 자본을 중심으로 한 힘의 논리가 권력으로서 작동하게 된다. 레닌의 식민지 문제에 관한 원안에서 "억압받고 종속되며 평등의 권리를 갖지 못한 민족과, 억압하고 착취하며 완전한 권리를 갖고 있는 민족을 구별하라"는 논리는 다른 말로 조선의 상황에서는 마르크스 이론도 적용할 수 없다는 것이다. 이런 상황에서 자본과 권력의 지배 논리가 엄습해온 것이다.

일제는 사상과 사회운동의 통제 일환으로 사회주의 기사를 언론에 게재할 수 없게 한다. 신문지법에 의해 사후 검열만 받던 시사 잡지들은 출판법의 사전 · 사후 검열을 받는 형태를 취하기 시작한다. 조선공산당 협의

403) 이인(李仁), 「무엇보다 경제운동」, 『혜성』 1931년 7월, p. 6.

404) XYZ, 「지하와 부문적으로」, 『혜성』 1931년 7월, p. 8.

회 기관지 『봉화』와 『코뮤니스트』, 그리고 노동계급사(勞動階級社)의 『노동계급』, 무산자사(無産者社)의 『무산자』 등 좌익 출판물을 발간했지만 그 영향력은 미미했다. 조공은 더 이상 통일 전선을 이룰 수 없었으며, 소련의 영향력도 조선에 그다지 강렬하게 미치지 못했다. 소련이 지도할 수 있는 일본도 아니었으며, 중국 공산당도 소련의 간여 없이도 조선에 상해파를 온존시킬 수 있었다. 1935년 7월 스탈린은 코민테른 제7차 대회에서 '반파쇼 인민 전선'과 '반제민족해방 통일전선'을 발표하여 조선에 적용시키려고 했지만, 이것을 받아들일 국내 사회주의 조직이 취약했다.

소련의 영향력을 멀리하고 조선 내에서는 『비판(批判)』(1930~1936) 등이 발행되어, 신문의 비판을 포함한 제국주의와 자본주의 논리에 일격을 가하고, 비판 문화를 형성하며 비대한 민족 언론의 조직을 비판하기 시작한다. 일본 사회주의자는 국내, 혹은 일본에서 제작한 비판적 노동 관계 잡지인 『무산자(無産者) 팸플릿』, 『현단계』, 『노동운동』, 『대중신문』, 『공장』, 『문예전선』 등을 근로 대중에게 선보인다.

독점자본주의에 진입한 일본은 식민지 지배를 강화시키고 노동자·농민에 대한 착취의 고삐를 늦추지 않는다. 사회주의 운동은 지하로 들어갈 수밖에 없는 상황이었다. 일본은 정치적으로는 제국주의, 경제적으로는 자본주의를 농업과 공업 부분에 본격적으로 실시한다. 농업을 자본주의화시킬 뿐 아니라 산업 자본을 금융 자본과 연결시킨다. 자본주의적 생산 과정으로 토지, 생산물의 상품화, 토지의 자본화, 농업노동자가 등장하고 독점자본주의자는 농민을 토지로부터 분리시키고, 신분적 종속에서 해산시킨다. 사회 분업이 강화되면서 현대적 공장과 전근대적 가내 공업, 대기업과 중소기업 등 불평등이 심화된다.

상공업이 취약하고, 교육의 보급이 보편화되지 않은 사회 여건 하에서 신문, 잡지 분야에서도 자본에 의한 지배가 확산된다. 그러나 1931년 만주사변 이후 한국 땅에 중공업이 육성되고, 일본 자본주의의 영향을 받아 독점 자본주의가 형성된다. 이런 현상에 순응하여 신문의 상업화가 가속화된다.[405] 신문은 논평과 주의주장보다 보도에 치중하고, 보도는 대중의 호기심 자극에 관심을 갖게 된다. 지사와 지국은 상인에게 의존하게 되고, 주의주장의 문화는 사라지게 된다. 대판(大阪)의 상공업자는 신문 보도에까지 자신의 입장을 주입시키려고 한다.[406]

조선 신문들은 광고와 기사로 지면을 팔기 시작했으며, 기자는 신문을 파는 한편 신문은 그들이 고유하게 갖고 있는 영향력까지 대판(大阪)의 상공업자에게 팔았다.

언론을 도구로 하는 바람몰이식 사회주의는 농촌과 더불어 노동자에게 프롤레타리아 계급을 형성시켰다. 공장과 농촌의 작업 현장에서 무산자 계급은 세포 조직으로 얽혀진다. 도시의 세계와 기술적 환경으로부터 언어, 규율, 손놀림 등 모든 것을 동시에 배우도록 강요받은 노동자의 의식은 사회주의적 혁명 전략으로 인도된다. 코민테른은 1929년 원산 총파업 이후 노동조합운동의 정책을 바꾼다.[407] '9월 테제'의 전략에 따라 혁명적 노동조합을 1) 산업별로 개편 가능한 기존의 직업별 노조를 산업별로 개편하고, 2) 산업별로 개편될 수 없는 지역 합동 노조는 조합 내에 청년부 · 여성부 · 정치부를 두어 미조직 노동자를 흡수하고 강화시키는 방향, 3) 미조직 공장에 침투하여 산업별 조합을 건설하는 경향을 나타내기 시작한다. 각 공장에는 '공장위원회'가 건립되고, 작은 규모에는 '자치회'가 설립된다. 한편 농민은 소작인 조합, 합법적 농민조합, 혁명적 농민조합에 흡수된다. 심지어 '농민위원회'도 구성된다. 그러나 실제 조선에서는 '공장위원회', '농민위원회'와 같은 조직이 전체적으로 활성화되지 못한다.[408]

혁명적 노동조합 건설 수단에는 기관지 등의 각종 출판물, 독서회, 야학 등이 뒤따른다.[409] 사상 무기를 위한 신문, 출판물의 역할 없이는 선진 사

---

405) 김경재(金璟載), 「조선신문의 대중적 비판」, 『개벽』 1935년 2월, pp. 22~26.

406) 김경재, 상게 논문, pp. 22~26.

407) 신주백, 상게 논문, p. 28.

408) 신주백, 상게 논문, pp. 29~31.

상의 보급과 부르주아 반동 사상의 공세와 악영향으로부터 대중을 분리시킬 수도 없으며, 혁명 조직들의 정규화된 대중적인 정치 사업을 선전할 수도 없다.

이때 무산자 계급 지도자는 팸플릿식 언론(대항 언론)을 사용한다. 3·1운동 11주년을 맞아 흥분된 대중을 자극시키기 위해 모스크바로부터 자금을 받아 격문을 제작하기도 한다.[410] 격문의 제작도 상해 같은 곳에서 인쇄해서 국내로 가져오거나, 경계가 심한 경성보다 인천 같은 지방 도시를 택한다.

1931년 부산에서 공장사(工場社)와 김태영(金台榮)이 주도하는 국제 적색 노동조합 조선 지부에서 『공장』, 『노동자』라는 팸플릿식 신문을 발간한다. 더욱이 이들 팸플릿식 신문은 코민테른의 '반제통일전선(反帝統一戰線)'이라는 세계 전략적 차원을 수용한다.[411] 즉 소련은 '개량 민족주의자'까지 포섭하는 한편, 바람몰이적 사회주의로 대항 언론에 침투한다. 당시 제국주의 권력과 자본주의의 힘의 논리에 기생하면서 100여 명이 소속된 거대 언론에 대항한 '작은 매체'를 통해 사회주의 이론이 확산된다.

제2, 3차 태평양 노동조합 사건(1930년 12월~1933년 6월)을 주도한 『무산자신문(勞動者新聞)』은 경성에서 출간되어 전국 노동자에게 배포된다. 이 신문은 자본가에 대한 착취를 비판하는 한편, 공장 안에서의 일인과 조선인 간의 불평등을 시정할 것을 요구한다.[412]

『노동자신문』은 구체적으로 공장에서 일인을 우대하고, 한국 노동자들의 연락망을 파괴하고, 노동자의 혁명적 진출을 저지하는 일인에 대항한

---

409) 신주백, 상게 논문, p. 28.

410) 김창순 · 김준엽, 상게서(5), p. 370.

411) 김경일(金炅一), 「일제하 고무 노동자의 상태와 노동운동」, 한국사회사연구회 엮음, 『일제하의 사회운동』(서울: 문학과지성사, 1987), p. 141.

412) 『노동자신문(勞動者新聞)』, 제1호, 한홍구(韓洪九) · 이재화(李在華), 『한국민족해방운동사자료총서』 4(서울: 경원문화사), p. 325~334.

다. 이 신문은 기성 사회 단체들의 맹목적인 사회운동을 거부한다.[413)]

『노동자신문』 외에는 원산에서의 혁명적 노조 사건(1933년 9월~1935년 초)의 『노동자의 기(旗)』, 신의주에서의 비합법 노조 사건(1931년)의 『공장신문』, 해주에서의 혁명적 노조 사건(1931년~1932년 5월)의 『노동신문』, 여수에서의 혁명적 노조 준비회 사건(1932년 7월~1933년말)의 『적기』, 교육 노동조합에서의 부산 건설협의회 사건(1932년 7월~1933년 10월)의 『노동자』 등이 있다.[414)] 그리고 산업별 노동조합 부산 건설 협의회는 노동자의 의식 교양 수단으로 1933년 『붉은 항구』를 부산의 방직, 고무 공장 등에 배포한다.[415)] 또한 강릉 지역에서 조선공산당 재건운동(1932년 11월~1933년 10월)이 일어나는데, 이를 위해 『정치교육뉴스』를 발간한다.[416)] 노동자들은 공장에서 독서회를 통하여 사상적 성장을 이룩하며, 독서회를 중심으로 사상적 훈련회를 갖는다. 그리고 독서회는 기관지로 신문과 팸플릿 제작에 관심을 갖는다.

농민 분야에서는 좌익계와 천도교에서 주도하는 조선농민사(朝鮮農民社)[417)]가 1935년에 발간한 『조선농민』과 『농민』 등이 사회 비판적 색채를 짙게 띠고 있다. 『농민』은 전권적 지주 계급을 비판한다.

> 지주의 임의 아닌 것이 잇엇는가-소작료를 올릴랴면 올리고 소작권을 떼라면 떼고 하는것이 왼통 지주의 임의이었다. 재래의 소작관행에 잇어 어대 손톱만큼이나마 소작인의 권리와 의사가 섞인것이 있는가.[418)]

---

413) 한홍구 · 이재화, 상게서, pp. 325~334.

414) 신주백, 상게 논문, p. 29.

415) 김경일(金炅一), 상게서, p. 145.

416) 최홍준(崔洪俊), 「1930년대 강릉지역 조선공산당 재건운동연구」, 국민대학교 대학원 석사학위논문, 1993, p. 34.

417) 조선농민사는 출판 성격을 벗어나 전국적인 조직을 갖춘 농민 단체로 순회 강연, 교육, 야학 등 다양한 농민운동을 전개한다〔김동규(金東奎), 「일제하 언론과 농민운동에 관한 연구」, 서강대학교 대학원 석사학위논문, 1984, p. 84〕.

『농민』은 다른 잡지 매체와 같이 사회운동의 요인을 발표하고, 여론화·조직화·형식화했다. 잡지뿐 아니라 '노동자 교육 과정', '조선의 혁명적 노동조합의 임무' 등과 같은 격문을 공장에 배포한다. 노동쟁의 건수가 늘어나면서 과거의 비전체적·비구체적·비대중적 노동운동에서 탈피해 전체적·구체적· 대중적 운동으로 확산된다. 작업장 내부의 숙련에 따른 연대, 지역별 연대 등이 활성화된다. 그리고 지역별로 동정 파업을 시도하면서 외부에서의 조직을 통한 사회주의적 지도와 지원이 뒤따른다.

노동자의 계급 교양과 경제적 문제를 언급하며, '인간은 행동이 먼저고 언어가 후에다'라는 구호가 나붙는다. 여공이나 하급 노동자들에게 바람몰이적 사회주의가 득세하게 된다.

노동운동을 살펴보면 1929년 1월에 원산 연합 노동조합을 일으킨 원산 노동자 파업, 그해 함경남도 고원에서 동양척식회사에 항의, 대구 토지개발회사에 항의, 1930년 평안북도 용천 불이농장(不二農場)과 다천농장에 소작쟁의로 인한 테러 사건 등이다. 그 외 함남의 신흥탄광, 평양의 고무 및 양말 공장(1932), 흥남제련소(1934) 등으로 지역별로 쟁의 행위가 일어났다. 그러나 이러한 노동운동은 사회주의자들이 일반 노동자들 속으로 파고들지 못했으며,[419] 서로가 밀접한 관계에 있지 않은 단적인 예로, 때로는 조선노동연맹회에 속한 '직공조합위'가 탈퇴하기도 하는 사태가 빈번히 일어난다.

현실적으로 노동운동 당사자인 각 개인들은 조직 안에서 생활 환경 개선의 차원에서 현실 비판과 아울러 상호 부조의 정신, 친목과 단결을 위한 계급의식을 고취시킨다. 엄밀하게 말하면 그들은 소속 집단을 통해서 우선적으로 계급의식을 고취시키기 때문에, 그 조직 밖에 연계된 정치적 동원이 쉽게 이루어지지 않는다. 그러나 조선의 사회주의 운동은 빈번히 밖에서

418) 백세명(白世明), 「조선농민운동의 회고와 전망」, 『농민』 vol. 4, 1933년 3월, p. 4.

419) 서대숙, 상게서, p. 134.

발단이 되어 공장 안으로 들어온다. 사회주의 운동을 주동하는 지도자가 자신들의 강한 의지를 가질 때 노동자 · 농민의 자유는 빈번히 묵살되고, 단체의 힘만을 강조하게 된다. 이런 힘은 장래 또 다른 불평등을 배태시킨다.

서대숙의 각 집단별로 '토착적' 사회 운동과는 달리, 신주백의 주장은 사회주의가 어느 정도 전국적 전위 조직을 갖고 있다고 본다. 신주백은 이들의 활동을 '전국적 정치 신문'(전정신)의 몫이라고 규정한다.[420] 전국적 정치 신문은 조선 '전위당'의 산파역이고, 또한 부단히 이를 보충하는 기관이다. 정치 신문은 통일적 원칙을 제공하고, 분산된 조직을 일관성 있게 연결한다. 배포망이 기본적으로 당의 뼈대이며 '전정신'은 하향적 건설 과정을 밟아간다.

'작은 매체'인 팸플릿 신문은 작은 조직 안에서 제작되어 독점 자본주의 조직 안으로 들어간다. 무기명의 기사가 태반이며, 일부 신문은 발행지도 명확하지 않다. 단지 조직의 일원으로서 신문을 발행하며, 언론 집단(적은 숫자로도 무관함)은 당시 정치 집단과 같이 반드시 지도자를 필요로 하지 않는다. 집단의 이념 자체가 생동하도록 언론의 도구적 역할 수행이 이루어질 때, 언로는 항상 열려 있다. 집단의 정론지로서의 신문은 보도와 평론을 통해 내적 통합을 다지고, 학습과 정치 사업을 담당하고, 공장과 농장에 모범적 사례들을 제때에 반영하여 대중 교양에 도움을 준다. 작은 매체의 도움으로 원산 그룹을 중심으로 한 함경도, 경성의 토착 공산주의자들이 형성되었으며, 박헌영이 주도하는 경성콤 그룹이 두각을 나타내기 시작한다. 더욱이 경성콤의 많은 가담자는 조선공산청년동맹의 젊은 지식인이나, 혹은 신참 사회주의자가 다수였다.[421] 노동자들은 사물을 직접적 · 총체적인 경험을 바탕으로 사회주의 운동을 시도한다. 그러나 '심정적' 사회주의에 익숙한 노동자들은 검거 열풍이 불 때 쉽게 전향해버린다.

---

420) 신주백, 상게 논문, p. 33.

421) 경성콤의 피검자는 1942~1943년 사이에 불기소, 기소유예, 보석, 집행유예 등으로 풀려난 신참자들이었다(김창순 · 김준엽, 상게서(5), pp. 384~385).

1939년 일본이 중국을 강타하면서 러시아와 중국으로부터 지원받는 사회주의 세력은 약화될 수밖에 없었다.

경성콤그룹은 대총인쇄소, 조선인쇄주식회사, 신문사 공장 같은 곳을 통해 격문과 기관지의 인쇄를 시도한다.[422] 기존의 언론사인「조선일보」,「동아일보」가 1940년 폐간당한다. 1941년 한글로 발표할 수 있는 잡지는 극소수였으며 신규 잡지도 허용하지 않았다. 대동아 전쟁, 일제의 문화 말살 정책, 황민화 정책으로 언론 환경은 험악해지기 시작했다. 노동력을 가진 남녀는 광산이나 공장으로 강제 동원되며, 1944년 전문 학교 이상 학생들에게는 학도병으로, 다른 일반인에게는 징용을 강행한다.

북한은 조국광복회 기관지 월간『3·1월간』을 1936년 12월 1일 발행하였고, 조선인민혁명군의 기관지 서광이 1937년 5월 3일 창간하였다.[423] 한편 민족주의와 사회주의 색채를 띤 몇 안 되는 잡지 중『삼천리(三千里)』(1929년 창간)는 1942년『대동아(大東亞)』로, 조선일보사의『조광(朝光)』(1935년 창간) 정도가 명맥을 유지했을 뿐, 사회주의 운동은 지상 언론으로부터 기의 사라진다. 그러나 '자본주의적 공장, 농장, 그리고 언론은 사회주의를 위한 학교이다'는 명백한 진리일 수 있었다.

6. 문화적 가치 실현을 위한 언론

마르크스는 사회주의를 자본주의가 독점화 단계에 들어갈 때 공장 내부로부터 진화론적으로 일어나는 현상이라고 본다. 자본주의 노동력은 신분과 땅으로부터 해방된 곳에서 노동자로부터 확보한다. 자본주의는 현물적 물품 교환에서부터 화폐 교환 형태가 형성되며, 자본주의적 생산 과정으로 토지, 노동 수단, 생산물의 상품화와 구매 과정을 거친다. 봉건적 영세 경

422) 김창순 · 김준엽, 상게서, p. 385.

423) 리용필, 상게서, p. 176.

영은 자본주의 메커니즘 속으로 진입한다. 이를 뒷받침하는 언론은 평론과 사상보다 객관적 정보의 유통을 원활하게 하며 조직과 조직을 연결시키며, 그런 자본주의적 요소를 사회화시키는 데 도움을 준다. 자본주의 사회는 필히 자본가 계급과 노동자 계급이 생겨나고, 그리고 그 중간에 있는 중소업자 · 지식인(당시는 민족주의적 지식인)들과 같은 중간 계급이 형성된다. 그러나 독점 자본주의가 형성되면 무산 유직의 사람들이 대량으로 등장한다.

마르크스는 독점 자본주의 상황에서 중간 계급은 프롤레타리아화한다고 가정하며, '오리엔탈리즘'을 아예 여기서 제외시켰지만, 현실은 반드시 그렇지 않다. 교육의 기회가 확대되면서 중산층의 봉급 생활자 · 교육가 · 저술가 · 의사 · 신문잡지 기자 · 임금 노동자 · 중소공업자 · 하급 관리 등 중간 계급이 폭넓게 형성된다. 그들은 화폐적 보수를 받음으로써 타 계급에 기생할 수 있다. 그들은 생활상의 불안, 경제상의 불안, 지위의 불확실, 신분의 불확실 등의 위협을 받기도 한다. 그러나 마르크스가 예견하지 못한 무산 유직의 사람을 통한 평등 사회도 얼마든지 가능하다. 삶의 질의 근거를 중시하며 양보다 질에 의해 노동을 평가하고, 관용과 명예에 의해 사람을 평가하는 사회가 가능하다면, 유직의 인민도 얼마든지 부를 비교적 평등하게 보유하는 중간 계급 사회를 형성할 수 있다. 그들의 부는 개인의 동기 유발을 용이하게 하며, 생활의 불안전으로부터 발생하는 불안감을 줄여줄 수도 있다. 언론이 제때에 정확한 정보와 논평으로 그들을 옳은 길로 인도할 수 있으며, 그들을 서로 엮어줄 수 있다.

그러나 1920부터 1940년대의 무산 유직의 인민들은 그런 자주인이 되지 못하였으며, 일제는 조선인으로부터 주체적으로 일할 수 있는 무산 유직자를 양산해내지 않았다. 1931년 전까지 농촌에는 소작인이 태반이었으며, 도시에서는 조선인을 하급 노동자로 고용하고, 여성 노동과 18세 미만의 노동자를 단순직에 고용했다. 1930년대 이후 기술자와 숙련공이 늘어나지만, 핵심 기술은 일본인이 갖고 있어 그들은 자발적 노동자가 아닌 수동적 노동자들에 불과했다.

이런 노동 관계에서 현실 직시 사회주의가 아닌 바람몰이의 수동적 사회주의가 부분적으로 능동적 사회주의로 발아하기도 한다. 초기 단계 사회주의 운동은「조선일보」,「동아일보」,「시대일보」등 일간 신문을 주축으로 하고, 아울러 잡지를 통해 이뤄졌다. 둘째 단계는 극소수 내용의 신문과 대부분의 잡지를 통해서 사회주의가 영글어진다. 그리고 세 번째 단계인 1931년 이후 검열이 강화되며, 독점 자본주의도 심화된다. 조선공산당의 기관지인『조선지광』, 그리고 그 후신인『신계단』에 의존하며, 부르주아 독자를 상대한다. 그러나 1936년 '불온문서 임시취체법'의 제정으로 유사한 기관지는 지하로 숨어든다. 다른 한편으로 1931년부터 원산을 기점으로 팸플릿 신문은 공장, 철도국 등에 뿌려진다. 국제 사회주의 지원 없이 독자적으로 제작되며,[424] 사회주의의 지도자는 검거되지만 신문은 공장 안으로 침투된다. 핵심 지도자가 검거되거나 행동에 제약을 받는 상황에서 신문 필자는, 마르크스 · 레닌식 사회주의 이론으로 무장하기보다 자신의 현실적 투쟁 경험으로부터 발생하는 이론과 실천을 주무기로 논술할 수밖에 없다. 그들의 논조도 임금 인상, 노동 시간 단축, 인종 차별 문제, 항일 문제 등을 게재함으로써 '원론적' 사회주의 이론은 아니었다. 이런 유인물은 조직 대중의 사상 · 교양 사업의 자료로 사용된다.[425] 팸플릿 신문이 사회주의 당의 역할과 조직을 대신하며, 신문 배급 조직이 곧 이 사회주의 조직이 된다. 그 시기는 큰 신문보다 오히려 대항 신문, 노동 관련 신문, 격문, 벽보 등을 통하여 평등을 추구하는 집약적 토착 사회주의가 발아된다. 더욱이 노동 현장의 신문, 삐라, 선전문, 포스터와 같은 출판물은 노동자 삶의 실천 내용을 게재한 특징을 지니고 있으며, 밖에서 발아한 바람몰이식 사회주의 운동이 아니라 안에서 발생하여 밖으로까지 확산되는 성격을

---

424) 임경석,「원산지역의 혁명적 노동조합 운동(1936~1938년)」,『일제하 사회주의 운동사』(사상신서 147)(서울: 한길사, 1992), p. 357.

425) 임경석, 상게 논문, p. 357.

지니기도 한다. '공장 속으로', '전인민 속으로'의 구호로 원산으로부터 함흥, 그리고 전국으로 파급된다. 다른 한편으로 팸플릿 신문은 소자본으로 인쇄할 수 있는 매체여서, 사적 이익에 얽매이지 않고 최대한의 공익성과 '나눔의 장'을 확장시킬 수 있었다. 이런 매체는 선동성과 강렬한 호소성, 발간의 기동성과 간편성, 그리고 보급의 간편성으로 사회주의적 계급성을 고취시키기 위한 적극적인 도구가 되었다. 즉 표현의 자유의 결핍, 수입과 실제 수입과의 괴리, 사회적 필요와 수단 간의 괴리, 수입의 불규칙성, 미래의 보증에 대한 불확실성, 고용에 대한 신분상의 불확실성을 폭로하는 도구로서의 언론의 역할이 행해졌다. 이런 인쇄물은 농촌과 노동 현장의 인민들에게 배포된다. 이런 미디어의 성격상 하드 뉴스보다는 평론을 중시 여기며, 심지어 대중 언론의 사회면까지도 평론식의 기사를 작성하듯 주의 주장들로 가득 차 있어 '사회의 신경'으로서의 언론으로 사회 내에서 제 역할을 담당한다. 이런 신문, 출판물이 없으면 사회주의자는 그 사상의 보급뿐 아니라 부르주아 반동 사상의 공세와 그 악영향으로부터 대중을 떼어낼 수도 없다고 본다. 언론의 조력 없이는 혁명 조직들의 정규화된 대중적인 정치 선전도 불가능하다.[426] 민족주의자인 장준하(張俊河)는 1944년 중국 중앙군관학교 임시 분교 광복군반에서 훈련 도중 『등불』, 『등대(祭壇)』이란 잡지를 낼 당시를 회고한다. 잡지를 출판하는 데 참여했던 사람들은 자기 전공에 따라서 원고를 쓰고, 거기에 시 · 소설 · 생활 수기 등을 손으로 써서 등사판을 이용하여 수백 부씩 찍어냈던 것이다. 이 잡지의 출간 목적을 그는 "독립 운동과 선배들의 단결과 행동 통일"로 규정한다.[427]

평등의 목표를 추구하는 토착 사회주의는 경제적인 문제뿐 아니라 사회적 · 정치적 조건과 같이 싹튼다. 그러나 신분적 평등을 포함한 토착 사회주의 운동은 1930년대부터 부분적으로 일어나기 시작하고, 오히려 1935년

---

426) 리용필, 상게서, p. 188.

427) 정진석, 『한국현대언론사론』(서울: 전예원, 1992), pp. 201~202.

이후에 더욱 활성화된다. 토착 사회주의는 『노동자신문』과 같은 팸플릿 언론을 통해 더욱 가속화된다. 노동 현장과 관련하여 발행하는 신문 외에 일본 반제 동맹 기관지 『반제신문(反帝新聞)』(1932년 창간), 일본 적색구원회가 발행하는 『구원신문(救援新聞)』(1934년 한글판 발행), 조선공산당 재건 경성 준비 그룹의 『적기(赤旗)』(1936년 창간) 등이 있었다. 사회주의가 있는 곳은 반드시 기관지가 존재했다. 그리고 기관지의 이념적 · 도구적 언론 활동을 통해 독점 자본주의의 경직화된 사회 구조 안에 사회주의자들의 계급의식을 확산시켜나갔다.

문화적 성격의 노동공제회의 기관지 『공제』에 기고한 조성돈(趙誠惇)은, 당시 조선의 사회주의는 지식 운동과 자본가 계급을 위한 것이었음을 실토한다.[428] 자본주의 사회에서 자산가로의 노동자가 노동 현장에서 자신의 삶의 질을 인정받지 못하고, 그 대신 축적된 과거의 노동의 결과에 매몰되어 개인은 사회적 물건, 혹은 비사회적 개인으로 취급받는다. 이를 거부하는 사회주의 운동이 진화론적으로 싹튼다. 이런 사회주의 기본 원리는 조선의 현실과 일치하지 않았다. 또한 조선의 강연회, 신문 발행, 잡지 간행, 서적 출판 등은 식자나 유산 계급을 위한 것이지 노동자 계급의 입장이 되지 못했다. 그렇다면 조선의 사회주의 운동은 유직의 노동자 · 농민들 누구에게나 자신의 생명 존중, 자기 특유의 개성, 자기 표현의 기회 등을 부여할 수 있는 자아 실현의 문화적 가치로부터 시작됐어야만 했다. 이런 운동은 일본과 러시아의 외세에 의존할 성질의 것이 아니다. 유직의 의식을 지닌 중간 계급이 빈곤한 조선에 러시아는 그들의 편의, 혹은 필요에 따라 사회주의 운동을 선전 · 선동 · 조직화한다. 다른 한편으로 일본은 전략적 차원에서 사회주의 운동을 허용하기도 하면서, 다른 한편으로 지속적이며, 집요하게 사회주의 언론 운동을 탄압한다.

개인의 삶의 질을 바탕으로 한 문화적 가치 증진은 외세가 아닌 자신들만

428) 조성돈, 상게 논문, pp. 13~20.

이 추구할 수 있는 고유한 것으로 정신적 · 신분적 · 물질적 평등 의식을 통해 사회적 조건을 개선할 때에만 가능하다.

참고문헌

최승덕(權承悳), 「민족운동과 사회운동」, 『혜성』 1931년 7월, pp. 52~55.

권희영(權熙英), 「조선공산당 성립과 코민테른(1923~1925)」, 『한국사학』 13 (경기도: 한국정신문화연구원, 1993).

———, 「고려공산당연구(1921~1922)」, 『한국사학』13(경기도: 한국정신문화연구원, 1993), p. 248.

김경일(金炅一), 「일제하 고무 노동자의 상태와 노동운동」, 한국사회사연구회 엮음, 『일제하의 사회운동』(서울: 문학과지성사, 1987).

김경재, 「조선신문의 대중적 비판」, 『개벽』 1935년 2월, pp. 22~26.

김남식, 「한국공산주의운동사 연구를 위한 전제」, 『역사비평』 1988년 여름.

김동규(金東奎), 「일제하 언론과 농민운동에 관한 연구」, 서강대학교 대학원 석사학위논문, 1984, p. 84.

김동춘, 「1920년대 학생운동과 맑스주의」, 『역사비평』 1989년 가을, pp. 172~195.

김성수, 「1920년대초 독립운동의 제문제」, 『한국사학』 14(경기도: 한국정신문화연구원, 1994).

김영주 · 이범수 엮음, 『북한 언론의 이론과 실천』(서울: 나남, 1991), p. 18.

김준엽(金俊燁) · 이창순(李昌順) 공저, 『한국공산주의운동사』 1, 2, 3(서울: 청계연구소, 1986).

김철수, 「일제식민지 시대 치안관계법규의 형성과 적용에 관한 연구」, 『한국사회학』 vol. 20, 1995년 봄, pp. 105~145.

노병성, 「일제하 언론의 좌익사상연구」, 『언론문화연구』 11(서울: 서강대학교 언론문화연구소, 1993), pp. 397~419.

리용필, 『조선 신문 100년사』(서울: 나남, 1993), p. 188.

박성수(朴成壽), 「1920년대초 독립운동의 제문제」, 『한국사학』 14(경기도: 한국정신문화연구원, 1994).

박용구, 「일제하 좌파 언론인에 관한 연구」, 사단법인 한국언론학회, 『'94 한국언론학회 가을철 정기학술발표회 II』, 한국언론학회, 1994, pp. 89~107.

배성용(裵成龍), 「조선사회운동의 사적 고찰」, 『개벽』 vol. 176, 1926년 3월, pp. 22~32.

배성준, 「1930년대 일제의 '조선공업화'론 비판」, 『역사비평』 1995년 봄, pp. 134~145.

백세명(白世明), 「조선농민운동의 회고와 전망」, 『농민』 1933년 3월, p. 4.

———, 「중산계급의 장래」, 『개벽』 vol. 66, 1926년 2월, pp. 19~33.

목단봉인(牧丹峯人), 「신문편집이면비화」, 『개벽』 1935년 3월, p. 89~95.

서대숙, The Koreans Communist Movement; 현대사연구회 옮김, 『한국공산주의 운동사 연구』(서울: 화다, 1985).

서울대학교 · 연세대학교 국문학과대학원 연합 연구발표문, 「1920년대 신경향파 문학의 재평가」, 『역사비평』 1988년 가을.

신주백, 「1930년대 국내 사회주의자들의 민족해방운동론」, 『역사비평』 1990년 봄, pp. 16~59.

안병욱 외, 「북한에서는 우리 역사를 어떻게 보는가」, 『역사비평』 1988년 겨울, pp. 5~47.

오동석, 「한국 근현대사에 나타난 언론통제법의 본질과 실상」, 『역사비평』 1988년 겨울, pp. 290~310.

오미일, 「1930년대 사회주의자들의 사회 성격 논쟁」, 『역사비평』 1990년 봄, pp. 218~251.

우동수, 「1920년대말~30년대 한국 사회주의자들의 신국가 건설론에 관한 연구」, 『한국사연구』 vol. 72, 1991년 3월, pp. 81~121.

유완희(柳完熙), 「조선의 신문과 민중」, 『조선지광』 1928년 1월, pp. 40~41.

유재천, 『한국 언론과 이데올로기』(서울: 문학과지성사, 1990).

윤석수, 「조선공산당과 6 · 10 항일시위운동」, 『역사비평』 1989년 봄, pp. 96~117.

윤정란, 「식민지하 제사(製絲)공업 노동자의 상태와 운동」, 숭실대학교 대학원 석사학위논문, 1990, p. 46.

XYZ, 「지하와 부문적으로」, 『혜성』 1931년 7월, p. 8.

XY生, 「현하신문잡지에 대한 비판」, 『개벽』 1935년 3월, p. 21.

이돈화(李敦化), 「조선 신문의 특수성과 그 공과」, 『개벽』 1935년 3월, pp. 28~42.

이 연, 「일제하의 조선중앙정보위원회의 역할」, 『언론학논선』 13(서울: 서강대학교 언론문화연구소, 1993).

이인(李仁), 「무엇보다 경제운동」, 『혜성』 1931년 7월, p. 6.

이종수, 「조선잡지발달사」, 『조광』 vol. 14, 1936년 12월, pp. 122~136.

이창훈, 「러시아의 극동침략정책과 조선」, 『역사비평』 1988년 겨울, pp. 120~149.

이춘원, 「민족개조론」, 『개벽』 1922년 5월, pp. 18~72.

자료, 「조선공산당선언」, 『불꽃』 1926년 9월.

자료 발굴, 「조선공산당선언」, 『역사비평』 1992년 겨울, pp. 349~361.

임경석, 「원산지역의 혁명적 노동조합 운동(1936~1938년)」, 『일제하 사회주의 운동사』(사상신서 147)(서울: 한길사, 1992), p. 357.

임석진 엮음, 서울: 청아출판사, 1988, pp. 578~579

정진석(鄭晋錫), 『한국언론사』(서울: 나남, 1990).

———, 『한국현대언론사론』(서울: 전예원, 1992), p. 201.

조성돈(趙誠惇), 「노동만능론」, 『공제』 1920년 창간호, p. 13.

진덕규, 「형평운동의 사상사적 인식」, 형평운동 70주년기념사업회 엮음, 『형평운동의 재인식』(서울: 솔, 1993), pp. 11~30.

차상찬, 「조선신문발달사」, 『개벽』 1935년 2월, pp. 2~20.

TY生, 「사회운동단체의 현황」, 『개벽』 vol. 76, 1926년 3월, p. 46.

최민지(崔民之), 「한말-일제하 민족과 언론」, 『언론과 사회』(서울: 민중사, 1983).

최창남, 「중국혁명에 대한 스탈린, 트로츠키 논쟁」, 『역사비평』 1987년 가을, pp. 271~304.

최홍준(崔洪俊), 「1930년대 강릉지역 조선공산당 재건운동연구」, 국민대학교 대학원석사학위논문, 1993, p. 34.

한홍구(韓洪九) · 이재화(李在華) 엮음, 『한국민족해방운동사 자료총서』 vol. 4, 5, 6(서울: 경원문화사, 1988).

홍효민(洪曉民), 「조선 프롤레타리아 문화운동의 신전개」, 『삼천리』 1933년 4월, p. 587~589.

황태욱(黃泰旭), 「조선민간신문계 총평」, 『개벽』 1935년 3월, p. 21.

Pierre Bourdieu, Travail et travailleurs en Algenie(Paris: Les Editions de Minuit, 1977); 최종철 옮김, 『자본주의의 아비투스』(서울: 동문선, 1995).

Hanno Hardt, Social Theories of the Press(California: Sage Publications, Inc., 1979).

Robert A. Scalapino & Chong-Sik Lee, Communism in Korea; 한홍구 옮김, 『한국공산주의 운동사』 1, 2, 3(서울: 돌베개, 1986).

Charles R. Wright, Mass Communication(New York: Random House, 1986).

「동아일보」, 1920. 4. 3.

「동아일보」, 1920. 5. 12.

「동아일보」, 1920. 6. 20.

「해방일보」, 1945. 9. 19.

제 5 장
정론지(政論紙)와 '신문윤리강령' (1945~1961)

1. '신문윤리강령'과 '신문윤리실천요강'의 현실적 문제

현대의 인류는 지구촌(global village)을 형성하면서 세계 곳곳에서 일어나는 경이적 사실들을 이용하며 즐긴다. 첨단의 커뮤니케이션 기술이 지구촌 구석구석을 누비고 있다.

그러나 개인은 신뢰가 없는 사회, 진정한 커뮤니케이션이 단절된 사회에 격리되어 있다. 수없이 많은 정보들이 민중들에게 제공되나 진솔한 대화를 위한 도구가 되지 못하며, 그들의 뜻이 직접적으로 미디어를 통해 전달되지도 않는다. 권력 기구를 출입하는 기자의 수는 늘어나지만 시민이 즐기고, 필요를 충족시키는 지역 단체, 사회 단체, 혹은 직업 단체들에 대한 언론의 관심도는 상대적으로 낮다. 미디어는 민중들과 거리가 있는 독점적 기업들에 의해 지배되어가고, 민중과의 틈새는 더욱 벌어져 가고 있다. 1996년 여름 「중앙일보」와 「조선일보」간에 벌어진 판매 경쟁은 여러 신문이 합세하면서 지면 전쟁을 방불케 했다. 「한겨레신문」의 논조에 의하면 '재벌 언론'과 '언론 재벌'의 한판 대결로 묘사된다. 그러나 '역사는 우연성보다 필연성의 연속이다'라고 볼 때, 이런 지면 전쟁은 결코 돌발적인 것이라 볼 수 없다.

언론은 개인과 개인, 개인과 사회, 국가와 국가 간의 신속하고 정확한 보도와 평론을 제공한다. 언론은 개인으로 하여금 만족, 통제, 정체성을 가질 수 있게 하고, 개인들 사이에 진솔한 대화가 이뤄져 사회적 공통성과 문화를 창출하게 한다. 박치우는 「한성일보(漢城日報)」의 「민족과 문화」[429]라는 칼럼에서 문화를 초역사적인 민족의 결부로만 인식하려는 그릇된 사관에서 벗어나, 우수한 외래 문화를 흡수하고 종합함으로써 고유한 문화를 새로이 창조하기를 소망했다. 이렇듯 문화 창조를 위해 언론은 여론의 지도자, 반영자, 사회적 목탁 등의 역할을 부여받는다.

사회 내에서 커뮤니케이션 단절 현상은 언론인 개인의 문제와 더불어 언론이 사회를 다루는 시각과 무관하지 않다. 언론인 개인이 "어떻게 행위하여야 하는가"하는 주체적 · 내적 · 자율적 자아에 대하여 관심을 갖지 못했을 때, 공동체의 구성원이 사회적 존재 양식(문화 양식)에 대해 보편성을 갖지 못했을 때, 그 구성원은 커뮤니케이션 단절 현상을 경험하게 된다. 이런 현상은 사회의 구성원인 개인과 집단이 '어떻게 행위해야 하는지'에 대한 확고한 의식의 사회화에 문제가 생긴 탓으로 돌릴 수 있다.

베버(Max Weber)는 현대 사회의 운영 원리를 '목적 합리성'에 그 근거를 두고 윤리문제(倫理問題)를 찾는데, 순자(荀子)도 역시 같은 문제에 직면한다. 순자형(荀子型) 윤리는 '예(禮)'를 사회적 · 기능적 측면에서 이뤄지는 것으로 보고, 곧 기능적 사회 통합을 그 예로 간주했다.[430] 사회적 체계를 형성시키는 습관을 사회가 개인에게 전해주고 교육하면 윤리 문제는 쉽게 풀려간다. 개인은 객관적 사실의 바탕에서 행동하며, 철저히 효율성에 근거하고, 직업에 충실하길 바란다. 즉 '천인지분(天人之分)'이며, '분이정(分已定)'이며, '분즉화(分則和)'의 원리가 작동한다. 사람과 하늘은 고유한 영역으로 갈라져 있어 안정하며, 개인의 정신이 분리되어 습관화되

429) 「한성일보(漢城日報)」, 1946. 2. 26.

430) 김형효(金炯孝), 『맹자(孟子)와 순자(荀子)의 철학사상』(서울: 삼지원, 1990), p. 131.

어 있으면 안정하며, 더불어 사는 사람들도 같은 원리를 가지면 안정하다라는 논리이다. 사회는 누구에게도 적용할 수 있는 법을 정하고, 그 원리에 따라 합리적으로 질서를 유지토록 한다. 이를 언론에 적용시켜보면 언론은 전문 영역으로서 직업윤리를 공고히 하며, 사회에서 용납될 수 있는 객관적 정보를 유통시킴으로써 사회 내의 다양성을 일궈내고 커뮤니케이션의 활성화를 촉진시킨다.

맹자(孟子)는 순자형의 윤리론에 대해 이견을 제기한다. 천(天)과 인(人)이 합하고, '人'은 인간관계를 통해서 예(禮)를 습득하고, '예의 습득은 곧 타인의 공경이다.'[431] 예의 인간관계가 형성될 때 사회 제도가 바로 서며, 사회 내에 왜곡 없는 커뮤니케이션이 활성화된다. 맹자형의 윤리 개념은 종교(천), 사회의 윤리, 개인의 윤리, 더 나아가 법이 함께 갈 때 사회윤리가 완성된다는 개념을 피력한다. 즉 맹자형의 사회 윤리는 사회 제도적으로 제약된 한 분야의 인위적 윤리만으로는 바로잡을 수 없는, 말하자면 커뮤니케이션이 활성화될 수 없다는 논조를 편다. 타인에게 자신의 뜻을 전할 때 개인은 객관적 사실을 주장하기보다, 인위적 수사학이나 설득술에 의존하기보다, 자신의 품성을 바탕으로 주관적 의미를 전달한다.

맹자는 '천작(天爵)'과 '인작(人爵)'을 구분해서 설명하는데, 천작은 하늘의 뜻과 나의 내면적 의지가 합일하여 직을 얻는 것을 말하며, 인작은 내면적 의지만을 고집하면서 직위를 얻는 것을 일컫는다.[432] 천작으로 얻는 천이(天吏)는 인간의 마음속에 실존하는 보편의 실체인 '의(義)'에 따라 행동한다. 즉 개인의 직업은 의무정신을 바탕으로 직분에 충실할 때 천작은 쉽게 얻게 되며, 그 바른 길은 사회 내에서의 커뮤니케이션을 활성화시킨다.

의를 바탕으로 행해지는 정치를 맹자는 '왕조정치(王道政治)'로 규정하

431) 김문해(金文海) 역해, 『孟子』(서울: 일신서적, 1991), p. 233.

432) 김형효, 상게서, p. 159.

고, 정치를 '정치(正治)'로 규정함이 그에게 더욱 설득력 있다. 인간 현실의 심리적 사고의 계발에 적극적이며, 대화를 통해 한쪽으로 기울지 않고 정치를 하도록 한다. 맹자의 논조는 베버의 '가치 합리성'과 그 맥을 같이 한다. 인간의 가치는 삶의 궁극적 목표이며, 이는 하늘의 운행 원리와 다를 수 없다.

맹자의 정치 개념은 인간관계에서 출발하는데, 자신의 수신(修身)은 '효제충신학(孝悌忠信學)'으로 발전된다. 아버지와 아들, 왕과 신하, 남편과 아내, 늙은이와 젊은이의 관계, 친구들 간의 관계(유교적 인간관계)에서 의무를 다하는 것이 맹자의 예관(禮觀)으로 의무 관계를 부자의 관계에서 사회로 확산한다.

> 효자의 지극한 것으로는 어버이를 존경하는 것보다 더 큰 것이 없고, 어버이를 존경하는 것이 지극함은 천하를 가지고 봉양하는 것보다 더 지극한 것이 없다. 『시경』에 일컫기를 영원히 효도하도다. 효야말로 곧 이 세상의 대법이다.[433]

맹자는 서로 예를 중시하고 인간 자체의 성적(聖的) 요소를 존중함으로써 인간관계가 서로 가정(家庭)에 거주하는 것과 같이 편안함을 느낀다. 그러나 맹자의 인작론(人爵論)으로 가능한 윤리의 실천은 가까이 있는 사람에게 실천되어 그 사람들과 집약적 커뮤니케이션이 이뤄지며, 그에 따른 갈등도 노출된다. 같은 맥락에서 부모에 대한 효의 개념은 부친에 대한 성스러움과 더불어, 인간 개인의 가부장적 권위를 인정하는 결과를 가져온다. 즉 가부장은 자신의 권력이 미치는 한도까지 절대권을 지배 영역에 두며, 이 지도자의 내면적 의지의 합일적 바탕으로 질서를 주며, 혼돈한 사회를 순치시킨다.

사회 질서 안에서 전체 문화를 통한, 혹은 법의 지배 형태로 유지되도록

433) 김문해, 상게서, p. 252.

바라는 순자형 윤리와는 달리 맹자 철학의 실천은 차별성을 두는데, 맹자는 하늘(종교), 사회, 개인, 그리고 실제 왕도 정치가 실천되는 인간관계 등에 관심을 갖는다.

순자와 맹자 윤리관의 구별을 한국 전통 사회의 윤리를 규정하는 틀로서 사용할 수 있다. 더욱이 본고는 윤리강령과 그 실천요강의 윤리적 성격을 규정할 목적으로 1957년과 1961년 각각 제정된 합리적 사고, 객관 보도를 위한 '신문윤리강령'과 '신문윤리실천요강'을 순자(荀子)의 직위를 통한 사회 기능적 세계관과 비교하며, 1996년 제정된 가치적 사고, 대화식 보도의 '한국신문윤리강령'을 맹자의 직분과 의무 정신을 통한 사회 통합적 세계관과 비교, 분석한다.

각 언론사는 '옴부즈만' 제도, 독자란, 자율 심의, 신문윤리위원회 등 언론 윤리를 자율적으로 보호할 장치가 현존함에도 불구하고 한국신문협회·한국신문편집인협회·한국기자협회 등 언론인 3단체가 연명하여 한 목소리로 제도적 차원에서 윤리강령과 그 실천요강을 발표했다. 즉 언론인 3단체가 주관적 사고의 계발, 옹호, 당파성을 부분적으로 인정함으로써 사회 내 커뮤니케이션을 활성화하겠다는 맹자형 '한국신문윤리강령' 및 '신문윤리실천요강'의 개정안을 1996년 4월 7일 발표한 셈이다. 그 의미는 과거를 청산하고, 신문의 역할에 대한 새 장을 펼칠 청사진을 제시한 셈이다. 말하자면 이 '한국신문윤리강령'과 그 '신문윤리실천요강'의 개정안은 한국신문편집인협회가 1957년 4월 7일 제정한 '신문윤리강령'과 1961년 7월 30일 추가로 채택한 '신문윤리실천요강' 내용을 새롭게 한 의미를 지닌다.

윤리강령의 실체를 역사적으로 일별하면, 언론 3단체가 1996년 4월 7일 발표한 '한국신문윤리강령'에서의 '보도와 평론의 원칙'은 다음과 같다.

> 우리 언론인들은 사실의 전모를 정확하게, 객관적으로, 공정하게 보도할 것을 다짐한다. 우리는 또한 진실을 바탕으로 공정하고 바르게 평론할 것을 다짐하며,

사회의 다양한 의견을 폭 넓게 수용함으로써 건전한 여론 형성에 기여할 것을 결의 한다.[434)]

이같이 규정함으로써 보도를 공정하고, 객관적으로 하며, 평론은 공정하고 용기 있게 개진하길 바란다. 그리고 새로운 윤리관은 객관 보도와 더불어 개인의 사명감, 궁극적으로 사회내의 커뮤니케이션 활성화에 관심을 둔다. 그러나 이 원칙도 인위적 객관 보도와 그에 따른 직업인으로서의 언론인의 '사회 책임론'의 범주에서 벗어나지 못한다. 객관 보도는 언론인의 품성에 기초하기보다 인위적 형식에 의한 보도 방식이다. 인위적 형식은 자칫 개인의 윤리적 사고를 억제시키며, '正'의 원리의 추구에 왜곡을 가져올 수 있다. 객관 보도에 따른 사회 책임도 사회 내 커뮤니케이션에 전혀 도움을 주지 않는 인위적 의무에 머무를 수 있다. 말하자면 본 윤리강령은 전술한 사회 내 커뮤니케이션의 단절 현상을 해결하기에는 미흡하다. 구체적으로 실천요강에서 '보도 준칙'과 '평론의 원칙'을 분리시켜 설명하는데 '신문윤리실천요강'의 제3조 '보도 준칙'은 이렇다.

보도 기사(해설 기사 포함)는 사실의 전모를 충실하게 전달함을 원칙으로 하며, 출처 및 내용을 정확히 확인해야 한다. 또한 기자는 사회 정의와 공익을 실현하기 위해 진실을 적극적으로 추적, 보도해야 한다. (……) (보도 기사의 사실과 의견 구분)기자는 사실과 의견을 명확히 구분하여 보도 기사를 작성해야 한다. 또한 기자는 편견이나 이기적 동기로 보도 기사를 고르거나 작성해서는 안 된다.[435)]

즉 충실한 전문적 직업 정신으로 사회 정의와 공익적 차원에서 객관적으로 보도하길 바란다. 그러나 자신의 주의주장을 밝힐 것을 옹호하는 '신문

---

434) 김옥조, 『신문과 방송』 305, 한국언론연구원, 1996. 5, p. 10.

435) 김옥조, 상게서, p. 12.

윤리실천요강' 제8조의 '평론의 원칙'은 다음과 같다.

> 평론은 진실을 근거로 의견을 공정하고 용기 있게 표명하되 균형과 절제를 잃지 말아야 하며, 특히 고의적 편파와 왜곡을 경계해야 한다. 또한 평론은 정치적 입장을 자유로이 표현할 수 있으며, 논쟁적 문제에 대해 다양한 공중의 의견을 폭넓게 수용하여 건전한 여론 형성을 위해 노력해야 한다. (……) (논설의 정론성)사설은 소속 언론사의 정론적 입장을 대변해야 하며, 특히 언론사의 상업적 이익이나 특정 단체와 종파의 이권을 대변해서는 안 된다. (……) (정치적 평론의 자유)사설 등 평론은 실정법을 위반하지 않는 한 특정 정당 또는 특정 후보자에 대한 지지 또는 반대를 표명하는 등 언론사의 정치적 입장을 자유로이 표현할 수 있다. (……) 반론의 기회를 주도록 한다.[436)]

이로써 개정된 실천요강은 공정하고 진실된 평론을 원하며, 평론은 논쟁적 문제에 대해 다양한 공중의 의견을 폭넓게 수용하며, 필자의 주장을 밝힐 수 있도록 한다. 그리고 독자에게는 적절한 해명과 반론의 기회를 부여하고 있어 적극적 대화 커뮤니케이션을 수용하며, 주장을 확실히 하며, 당파성도 공개적으로 포용할 수 있도록 권장한다. 그러나 '평론의 원칙'도 '객관화'의 범주에서 크게 벗어나지 못했으며, 적극적 의미의 정론지 성격과 대화 커뮤니케이션에는 미흡하다. 이 '평론의 원칙'은 논평자에게 수사학(rhetoric)의 기술적 기법을 강조했지만, 신뢰의 기풍(ethos)에 의한 커뮤니케이션을 배려하지 않는다. 맹자는 '자기의 주장'(恒心)을 갖는 것을 찬양하지만(예: '어버이의 섬김', 心志), 마음을 떠나게 하는 것(放心)에 대해 경계한다. 수사학은 개인의 방심 상태의 허점을 포착하여 설득한다. 언론사의 긴 역사적 맥락으로 볼 때, 보도와 평론의 객관화(to objectify) 태도를 특히 강화하는 시기가 있었다. 즉 객관화의 강요는 객관화가 사물이나 사건이 처해 있는 모습 그대로, 객관적인 것(to be objective)이 아니

---

436) 김옥조, 상게서, pp. 14~15.

라 거짓되고 이데올로기화한 내용이 실제적인 것처럼 위장될 때 빈번히 등장했다. 객관 보도와 평론이 공정성 · 형평성 · 진실성을 나타내는 것처럼 보이지만 이데올로기화한 객관화는 정의를 밝히는 자체를 방해할 수 있다. 이런 객관성을 툭크만(Gaye Tuchman)은 '전략적 의례'(strategic ritual)라는 냉소적 표현을 쓴다. 이번 윤리강령은 이 같은 과거에 대한 반성도 포함하고 있다고 전제하고, 본고는 한국 언론사의 보도의 객관주의 과정과 윤리강령과 그 실천요강의 관계를 살펴본다.

순자형으로 규정할 수 있는 과거의 윤리강령을 구체적으로 살펴보면, 1957년 4월 7일 제정되어 일부 수정을 거쳐 지금까지 시행해왔던 '신문윤리강령'[437)]의 제3조 '보도와 평론의 태도'[438)]는 다음과 같다.

> 보도는 사실의 신속 충실한 전달을 생명으로 하며, 따라서 출처 및 내용에 있어 보도의 가치가 확증될 수 있는 것에 한하여야 한다. 평론은 독립 불기의 소신을 공정 대담하게 표현하며, 특히 진실에서 고의로 이탈하려는 편파를 경계해야 한다. 보도 및 평론은 그 능력이 미치는 한 철저와 정확을 기하여 공중에 대한 성실을 저버리지 말아야 하며, 중대한 오보가 있을 때는 이를 정정하여야 한다.

---

437) 신문윤리강령은 한국신문편집인협회가 「독립신문」창간 61주년인 1957년 4월 7일 한국의 '신문윤리강령'을 제정, 그리고 1961년 '신문윤리실천요강'을 발표하여 1996년 4월 7일까지 시행했다. 본 윤리강령은 언론 자유의 확보와 신문인들의 품위 및 지위 향상을 위해, 당시 「조선일보」 부사장이며 주필이었던 홍종인(洪鍾仁)과 당 논설위원인 천관우(千寬宇), 그리고 「한국일보」 외신부장인 최병우(崔秉宇)가 모여 대책을 논의한 후 전국의 신문, 통신의 편집부장 이상 48명이 서명함으로써 발효되었다. 본 협회는 명동시립극장에서 창립총회를 열고 초대 회장에 이관구(李寬求)를 선출했다. 당시 시대적 상황으로 언론을 통제하는 '국정보호임시조치법', 李대통령에 대한 경고 결의안의 주동자로서 장택상(張澤相) 의원의 징계 동의안 사건, 장면(張勉) 부통령 피습 사건 등 일련의 정치적 사건이 일어났는데, 본 협회는 이들 사건에 대처하기 위한 성격을 지녔다(오소백, 「자유당 치하의 언론」, 『한국의 언론』 제1집, 서울: 문화공보부, 1968, pp. 251~253; 방상훈(方相勳), 『조선일보 70년사』, 서울: 조선일보사, 1990, p. 486).

438) 서정우(徐正宇) · 차배근(車培根) · 최창섭(崔昌燮), 『언론통제이론』(서울: 법문사, 1993), pp. 403~406.

이 가운데 “사실의 신속 충실한 전달”, “보도의 가치가 확증될 수 있는”, “보도와 평론은 철저와 정확” 등의 표현은 보도와 평론의 객관성을 강조한 대목이다. 인간의 필요 · 목적 · 관심 등을 직선적으로 표현할 때는 이런 보도 태도가 문제되지 않는다. 그러나 이런 보도와 평론의 태도는 현존하는 세계를 지나치게 강조하거나, 사실의 부분적 해석에만 치우칠 수 있다. 이는 맹자형의 대화 커뮤니케이션의 강조와는 달리 순자형의 기술적 묘사의 형태이다. 사건의 숨어 있는 이유, 다른 사람과의 관계, 인간 행위들의 총합을 그려내기에는 불가능한 보도와 평론의 태도이다. 이런 객관 보도는 1961년 8월 3일 제정되어 지금까지 실시되어 왔던 ‘신문윤리실천요강’의 ‘보도와 평론의 태도’에서 강화되었다.

> 보도는 평론과 엄격히 분리되어야 하며, 집필자의 이름을 밝힘이 없이 개인의 의견을 보도에 삽입할 수 없다. (……) 또 비공식이나 사적인 담론은 그것이 공공의 이익에 절대적으로 필요하지 않는 한 보도해서는 안 된다. 사실은 부분만이 아니라 그 전모와 그 의미를 포괄적으로 보도해야 한다. 특히 사실의 요약과 표제에 있어서도 사실이 왜곡되어서는 안 된다. (……) 사실과 다르거나 부정확한 보도를 했을 때에는 스스로 즉각적으로 이를 완전히 정정해야 하다.[439)]

즉 ‘보도와 평론의 분리’, ‘개인 의견의 금지’, ‘사적 담론의 보도 제한’ 등은 객관 보도의 전형이라고 할 수 있다. 더욱이 5 · 16 군사정부는 뉴스원에 대한 기자의 접촉을 금지함으로써 평론의 범위를 제한시켰다.

본 저서는 윤리강령과 그 실천요강의 보도와 평론 부분을 규명하기 위하여 해방 후(1945년)로부터 군사정부가 들어선 1961년까지를 서술한다. 아울러 보도와 평론 부분에서 가장 관심거리가 될 수 있는 ‘신문의 당파성’, ‘정론지’에 관심을 집중시키며, 결국 당파성 신문의 종말은 윤리강령의 제정과 시대적 맥락을 같이 한다는 명제를 풀어간다. 즉 본 윤리강령은 당파

---

439) 서정우 · 차배근 · 최창섭, 상게서, pp. 403~406.

성 신문을 운영할 수 없는 취약점을 갖고 있다. 따라서 여기서는 이러한 명제의 의미를 부각시키고, 그 성격을 규정하기 위해서 순자와 맹자의 세계관을 윤리강령과 그 실천요강에 비교한다. 이런 방법은 베버의 '해석학'에서도 사용되고 있다. 역사의 긴 과정의 지배 원리, 삶의 양식, 문화와 종교를 '해석'함으로써 문화의 정체성과 그 진행 방향을 거시적으로 추적할 수 있다. 이를 베버는 '유교적 인간관계'(전통 종교)로부터 '합리화의 과정'(rationalization, disenchantment)으로 묘사한다. 즉 인간 사고의 정형화, 과학 보도의 전문화, 기사의 형식화, 수습기자 제도의 정규화, 신문 관리의 기업화, 그리고 윤리의 개인화와 문서화 등이 합리화의 길을 걸으며 당파성 신문의 논리는 공정성이라는 테두리 속에 묶이게 되었다. 유교적 천작(天爵)의 권능을 가진 지도력도 인작(人爵)에 의한 권위주의적 지배에 머물며, 지도자는 직위로부터 발생하는 힘을 사용하기보다 법의 힘을 빌려 지배력을 행사한다.

2. 해방 후 정론지의 선명성

해방과 더불어 언론 · 집회 · 결사의 자유가 보장되고, 그에 따른 인작(人爵)에 의한 권위주의적 주장이 난무하게 된다. 언론들은 제각기 자신의 이데올로기 주입에만 몰두하였으며, 한가하게 보도 · 논평 · 평론하던 기자의 여유로움을 즐기던 시대와는 달리 황폐한 인간에게 흥미를 끌 수 있는 시장성 정보만이 사회를 뒤덮는다. 무분별한 의견 표출을 담고 있는 전단 · 벽보 · 포스터가 길거리에 나붙기 시작했다. 의견 표출이 난무한 가운데 대표적인 우파와 좌파 신문이 하나씩 등장하는데, 좌파 신문인 조선공산당의 기관지 「해방일보」와 조선인민공화국의 협조지 「조선인민보(朝鮮人民報)」가 대표적이다.

일제시대 사상의 통제에 관한 '치안 유지법' 등 법률은 1920년 중반기에 성행했던 사회주의 운동을 지하로 몰았다. 당시 사회주의 명맥을 유지해왔던 박헌영(朴憲永)마저 광주 벽돌공장으로 도피함으로써 그 명맥이 끊어지는 것 같았으나, 해방과 더불어 이데올로기로 다시 살아났다.

조선공산당은 박헌영과 「조선중앙일보」를 오랜 동안 운영해왔던 여운형(呂運亨)이 조선인민공화국을 주도하게 되었다. 「조선인민보」는 1945년 9월 8일 창간되었다. 한편 「해방일보」는 1945년 9월 19일 창간호를 발행하면서, '조선공산당 중앙위원회 기관지'임을 밝혔다. 그 후 북조선에서는 조선노동당이 10월 10일(13일까지) 창립되었고, 그날 평양에서는 '조선공산당 서북 5도 당책임자 및 열성자 대회'를 열었다. 이 대회에서 '조선공산당 북조선분국'이 생겨나, 김일성 북한체제가 발아했다. 한편 북조선에서는 소련군정의 언론정책에 따라 「정로」 1945년 10월 17일 창간되었다. 정로는 소련공산당의 선전, 선동지침에 따라 제작되었으며, '신문과 방송은 혁명의 총알'이라는 목표 하에 발행되었다.[440)]

「정로」는 창간사에서 "조선 프로레타리아의 전위당은 당내 군중은 물론, 당 외 로동자, 농민과 일반 인민을 교양하며 훈련하며 조직하지 않아서는 안 된다. 당 기관지는 군중의 조직자이며 선전자이다. 북조선공산당 중앙조직위원회는 이 사명을 다하기 위하여 기관지 「정로」를 창간한다. 기관지 「정로」는 그 사명을 다할 것이다."라고 했다.[441)] 정로는 격일간지(1946년 초), 그해 1월 26일(일간), 그리고 1946년 9월 1일부터 제호를 「로동신문」으로 바꾸었다.

한편 남한에서 발행된 「해방일보」는 뉴스를 다루는 신문이라기보다 당 강령을 발표하는 지면, 당 강령이 곧 사시(社是)인 신문으로 기사는 길고, 선동적이었으며 일제 말기 성행했던 좌파 '팸플릿 신문'을 답습했다. 더욱이 「해방일보」는 1945년 9월 25일 '당과 볼셰비키 규율의 강철 같은 통제에 복종하자'라는 기사를 실어 언론이 당을 위한 도구임을 잘 나타냈다.

---

440) 김국후, 『평양의 소련군정』, 한울, 2008, p. 123.

441) 리용필, 상게서(1993), p. 208.

「해방일보」는 대표자가 나타나지 않은 기관지임을 강조하나, 1946년 2월 23일부터 편집인 겸 발행 인쇄인 권오직(權五稷)을 등장시켰다가, 다시 주필을 권오직으로 하고, 발행인 겸 인쇄인을 김계호(金啓鎬)로 지명함으로써 명명상 조직 중심에서 인간 중심으로 이전함을 알 수 있다. 대표자의 순서에서도 주필 다음으로 발행인 겸 인쇄인을 둠으로써 정론지(政論紙)로서의 성격을 대변한다. 그러나 「해방일보」는 곧 대중의 흥미를 돋우는 장편소설 「강철」을 싣기도 하며, 기사 양의 다원화를 시도했다.

「해방일보」는 1946년 5월 18일 '조선공산당의 위조지폐 인쇄' 죄목으로 군정청으로부터 발행정지 처분을 받았다. 이에 분개한 좌파진영은 철도총파업(1946년 9월 24일), 출판노조총파업(1948년 26일)을 단행했다. 그러나 곧 사회분위기가 일정한 부분 정리되자, 1947년 이승만의 '독립우선론'과 김구의 '통일우선론'이 갈등을 불러왔다.

한편 「해방일보」의 정간 후 1947년 6월 19일 '남조선 노동당'[442] 중앙위원회에서 「노력인민」 창간호를 발행하나, 남로당 당수 허헌(許憲)이 1947년 8월 11일 검거되면서 다시 정간되었다. 미군정은 공산주의를 분법화 선언을 한 것이다.

또 하나의 좌파지로서 조선인민공화국의 협조지 「조선인민보」는 「경성일보」에 근무했던 김정도(金正道), 고재두(高在斗) 등 좌익계가 1945년 9월 8일 창간했다. 백담(白潭)은 당시 「조선인민보」를 "여자의 붉은 치마처럼 색채가 농후하다"[443]고 평했다. 「조선인민보」의 초기 사설은 일방적인 내용만을 전하며, 뉴스와 가십도 정론적 성격에 알맞은 내용만으로 가

---

442) 남북으로 갈라져 있는 공산당을 유지하기 위해, 북쪽은 김일성(金日成)의 공산당과 김두봉(金枓奉)의 신민당이 합친 북조선노동당을 건설하고, 남쪽의 남조선 노동당은 공산당의 박헌영(朴憲永), 인민당의 여운형(呂運亨), 신민당의 백남운(白南雲)이 합당하여 허헌(許憲)이 위원장을 맡았다. 그러나 허헌에 대한 불만 세력인 여운형 등은 사회노동당(곧 근로인민당으로 개칭)에 참가하지만 1947년 7월 19일 암살로 분파는 좌절했다(방상훈, 『조선일보 70년사』, 서울: 조선일보사, 1990, p. 486).

443) 백담(白潭), 「인민보의 위기」, 『신천지』, 1946. 5, pp. 70~71.

득 채웠다. 국내 뉴스는 민전(民戰, 민주주의 민족전선) 쪽으로 기울어져 있었으며, 심지어 외신도 좌익에 유리한 뉴스만을 취급했다. 인민(人民)·민전(民戰)·공산(共産)·정강(政綱)·전평(全評) 등의 단어로 지면을 채우며, 때로는 부총(婦總) 같은 단체의 성명이나 정강·발표·담화 등을 게재했다. 「해방일보」와 더불어 「조선인민보」는 사회주의의 이데올로기적 색깔을 분명히 나타낸다. 「조선인민보」는 다양성을 목표로 하는 문화면에서도 중앙인민위원회·공산당·민전·전농·민청 동맹 등의 활동을 소개하여, 오락·여가 선용 같은 기사는 전혀 게재하지 않았다. 그들의 문화 정책은 "일제 잔재를 없애고, 자유를 법적으로 확립하고, 문화 생존의 자유를 정치적으로 확립한다"[444]에 머무른다. 즉 문화면도 다분히 정치적 권리의 표현으로 간주했다. 이 논리에 의하면 당연히 자당의 주장은 모두 옳았고, 타당의 논리는 모두 부당했다. 상대편 주장은 모두 틀렸기에 사회가 혼란되고 의견 불통일의 책임은 당연히 상대편이라는 논리이다. 자기편은 애국자요 혁명가였으며 상대편은 반동분자일 뿐이다. 이를 강변하는 「조선인민보」는 조선인민공화국의 협조지(기관지)일 뿐이다. 각 파당의 좌파 신문 종사자들은 1945년 10월 '조선신문기자회' 조직을 결성했다. 그러나 미군정의 공산주의 불법화 선언과 1947년 8월 우파 '조선신문기자협회'가 결성되면서, 좌측 정파적 목적 활동은 수난을 당했다.

한편 「조선인민보」는 여운형·박헌영·김일성을 찬양했지만 이승만(李承晩)과 김구(金九)에게는 동조하지 않았다. 당시 '엄정 중립'이란 그들에게 설득력이 없는 말이었다. 민족의 위기를 극복하는 정통주의의 격전장을 만드는 데 관심을 둔 지사적 언론인에게, 중립적 주장을 편다는 것은 당시 상황으로 볼 때 쉬운 일은 아니었다. 그러나 「자유신문」, 「서울신문」, 「현대일보」, 「중앙신문」, 「조선일보」 등은 당파성을 띠지 않은 비교적 중립적 신문이었다. 정파적 속성을 나타내지 않는 상업적 신문은 밖으로 '엄정 중

444) 임화(林和), 「민전의 신정부설계민주적 문화정책」, 「조선인민보」, 1945. 12. 22.

립'을 표방했다. 맹자는 이익 충돌, 이기심, 이욕심으로 사로잡힌 利에 밝은 인간을 소인(小人)으로 간주했지만, 맹자도 자신의성(性)에 따라 직업을 선택하고 의무정신에 따라 봉사하고, 그 직으로 생을 꾸려가는 가치 지향형의 인간의 상업 행위를 마땅히 인정했다. 더욱이 순자는 외면적 사회의 세계에 관심을 가졌는데,[445] 그의 논리에 의하면 꿀벌과 같은 곤충의 본능은 조직적 · 기계적 · 분업적이어서 서로 다투지 않고 평화적으로 삶을 영위할 수 있다. 즉 언론인의 직업윤리를 강화하고, 기업으로서의 신문은 사회적 안정을 가져올 수 있다. 설령 언론인, 언론 기업이 이기심을 가지고 있더라도 '합리적 관리'는 국민에게 도움을 줄 수 있다는 순자의 역설이다.

엄밀히 「자유신문」[446]의 중립 자유란 "그날 그날의 주요 사건 중심"에 관심을 가짐으로써 기회주의와 상통하는 '선택의 자유'로 간주할 수 있다. 「자유신문」의 주필은 일제시대 「매일신보」의 정진석(鄭鎭石)이었기에, 신문의 색깔에 관한 한 회색주의로 낙인찍힐 수밖에 없었다.[447]

「서울신문」[448]과 「현대일보」는 일당일파에 기울어지지 않고 보도에 공정하고 적확(的確)을 기하려고 노력했지만, 주장과 편집은 당시 상황으로 볼 때 좌우로 흔들릴 수 있는 위험은 언제나 존재했다. 김형수(金亨洙)가 발행하는 「중앙신문(中央新聞)」의 실권자는 당시 재벌이었던 최창학(崔昌學)이었으며 김형수는 허수아비에 불과했다.[449] 이런 현상은 당시 신문 운영이 곧 사회적 영향력이라는 단적인 예시가 될 수 있다. 그러나 기업으로 투자한 「중앙신문」이지만 정치적 영향을 피할 수가 없었다.[450]

---

445) 김형효, 상게서, p. 62.

446) 「자유신문」은 1945년 10월 5일 창간되었는데, 그 신문의 사시는 1) 민족통일 정권 수립을 위한 공기가 되기를 원한다, 2) 민족 진로의 지침이 되기를 원한다, 3) 대중의 문화적 신생활 건설을 위한 제반 활동을 기한다 등이다. 한편 「자유신문」은 1945년 10월 25일자 정치 지도자상을 "정치적 지도자라 하는 것은 민족의 권위를 스스로 담당하는 사람이라야 할 것이다. 그 권위를 민족의 하부로서 솟아오르는 강력하고도 광범한 것이 아니면 안 될 것이다"라고 규정했다.

447) ㄱㄴㄷ生, 「자유신문-자유의 성격」, 『신천지』, 1946. 4, pp. 21~22.

당시 대표적 중립 신문은「조선일보」(朝鮮日報, 1945. 11. 23 복간)였다. 「조선일보」는 사시에서 '정의 옹호'와 '엄정 중립' 등을 신문의 사명으로 간주했다.[451]

전자는 비록 주의와 강령이 다른 당끼리라도 독립 달성을 위해서는 서로 제휴하고 서로 협상한다는 의미를 지닌다. 이때 개인 자유는 상대적 자유가 될 수 있으며, 이상적 지도자는 주견을 세우려는 의지보다 타협 절충하길 바랐다.

후자는 그 과정에서 신문이 문자 그대로 엄정 중립적 태도를 취하겠다는 의미를 지닌다. 실제「조선일보」는 좌우의 색깔 논쟁이 격렬했던 1947년 5월 20일부터 9월 11일까지 사설 · 논평 · 단평 없는 신문을 발행했다. 엄정 중립적 태도는 '시시비비주의'라는 그럴듯한 논조이지만, 이러저러한 문제들을 다루다보면 지면이 산만해질 수밖에 없다. 더욱이 좌도 우도 아닌 신문(「조선일보」는 실제 우파적 속성을 지님)은 당시로서는 양쪽으로 적대적이었으며,[452] 불편부당의 결과로 주의주장을 뚜렷이 할 수 없었으며, 보편 타당성 있는 해설과 주장만을 고집함으로써 논조의 통일성이 없고, 기

---

448) 『매일신보』는「아널드 장관에게 충고함」의 기사로 11월 20일 정간처분을 당한 후, 1945년 11월 22일 혁신 '속간호'『서울신문』을 발간했다. 민족대표 33인 중 한사람이었던 오세창(吳世)昌 사장, 이관구(李寬求) 주필, 공기문(洪起文) 편집국장, 신간회 부회장을 지낸 권동진(權東鎭), 그리고 홍명희(洪命憙) 고문 등이 참가 하였다.『서울신문』은 신간회의 좌 · 우합작적 성격을 지녔다(이경형,『서울신문 100년사』, 서울신문사, p. 295).

이승만 정권은 1949년 5월 3일 "정부 내부의 의사를 독자의 추측으로 기사를 게재함으로써 민심을 소동시켰다...."는 이유로 동 신문을 정간시켰다. 그 당시 어긴 법은 '광무신문지법'과 '미군정법령' 제88호였다. 그후 1949년 6월 21일『서울신문』은 정부 기관지로 속간되었다(차재영,「한국 정부의 수립과 현대 언론의 정착」,『광복과 한국 언론의 형성』, 2005. 8. 30, p. 129).

449) PQ生,「중앙신문의 내부」,『신천지』, 1946. 5, pp. 72~73.

450) 송건호(宋建鎬),「한국현대언론사론」, 한국기독교사회문제연구원 편,『언론과 사회』(서울: 민중사, 1983), p. 172.

451)「조선일보」의 당시 사시는 일제시대 폐간 때 사용하던 것을 그대로 사용하였는데 '정의(正義) 옹호', '문화 건설', '산업 발전', '불편 부당' 등으로 구성되어 있다.

사는 단편적이었으며, 사건의 조각 보도에 의해 편집이 산만했다. 그리고 당시 「조선일보」는 책임 없는 외신에 지나치게 의존하는 갖가지 약점을 지녔으나, 1946년 4월 당시 편집 고문인 노련한 김형원(金炯元)과 편집국장 이건혁(李健赫) 등의 역할에 의해 당시 특유의 날카롭고 강한 색채를 지니고 있었다.[453)]

「매일신보」가 「서울신문」으로 제호를 변경시키고, 그 첫날 타블로이드 판형 2면이 같은 신문사에서 발행되었다. 그 날은 중국에 망명 중이던 대한민국 임시정부 김구(金九) 주석을 비롯, 14명이 환국일이었다.

「조선일보」는 복간 당시 9명의 편집 담당 직원(업무 12, 공무 11명)이 있어 한 사람의 영향력이 클 수밖에 없었다. 유명 기자는 자유롭게 이 신문, 저 신문을 행보하면서 신문에 활력을 불어넣었다. 명성을 가진 기자와 그 추종자들은 직속 부장, 편집국의 편집 방침에 대한 이견 등의 이유로 신문사를 여기저기 옮겨 다녔다.

그들은 학력과 신문사 경력보다 개인의 능력에 따라 시대를 조망할 줄 아는 문장력을 지닌 논객들이었다. 그들의 영웅적 기상과 지사적 성격이 신문사 기풍을 세우는 데 한몫을 담당했다. 일제시대 문장가와 소설가가 신문사에 많이 입사함에 따라 지사적 기풍을 가질 수 있었으며, 해방 후 그들이 주필 · 논설위원 · 부장직을 두루 맡았다.

논객들의 주관적 의지를 무한정 지면에 반영시킬 수는 없다. 「해방일보」와 「조선인민보」가 그렇듯 「동아일보」도 기자의 주관에 따라 글을 쓸 수 없는 정론지의 한계가 있었다. 각 정당은 어떤 사회층의 이익을 대표하여 새로운 국가 건설이 그들의 목표라면, 그에 따른 정론지는 당의 강령과 정책에 따라야 한다. 설령 신문이 '불편 부당'의 정책을 취한다고 하더라도 경

452) 당시 좌파 신문을 지지하는 청년들은 우파 신문에 침투하여 활자를 뒤엎고, 우파지를 지지하는 청년들은 좌파지에 가서 난동을 부렸다. 중립지인 「조선일보」는 양쪽으로부터 난동을 당했다(東田生, 「조선일보」, 『신천지』 1[4], 1946. 4, pp. 20~21).

453) 동전생(東田生), 상게서, p. 20~21.

쟁 체제하에서 독점적 뉴스원 확보를 위해 부분적인 정론지로서의 정책을 펼 수밖에 없었다. 다른 한편으로 아버지와 아들, 왕과 신하, 남편과 아내, 늙은이와 젊은이의 관계, 친구들간의 관계 등 유교적 요체를 중시하는 문화에서 어떤 신문이 어떤 집단 또는 개인과 관계를 유지한다는 것은 지극히 당연하다. 「해방일보」와 「조선인민보」가 사회주의 계열의 신문이었다면, 「조선일보」와 「동아일보」는 그 반대 계열의 신문이었다. 방응모(方應謨) 당시 조선일보사 사장이 김구와 관계를 맺음으로써 「조선일보」의 정론지화가 구체화되듯이, 어느 하나의 정치 세력이 생기면 거기에 몇 개 신문이 따라서 생겼다.

해방과 더불어 복간한 「동아일보(東亞日報)」, 1945. 12. 1 복간)는 일제시대의 사시를 그대로 유지하여 복고적 사고의 일면을 보여준다.[454] 당시 「동아일보」의 복간과 더불어 한국민주당 창당에 전 동아일보사 사장인 송진우(宋鎭禹)가 참가했다. 동아일보사 사옥을 한국민주당이 태동하기 위한 국민대회준비회에서 사용했다. 창당과 더불어 한국민주당은 이승만 정권을 태동시키며, 「동아일보」는 언론의 정보원을 통해 李정권에게 대중의 신뢰를 주었다.

李정권이 들어서면서 「동아일보」는 기존의 한민당 계열의 조각 서열에서 밀려났다는 이유로 이 정권과의 관계가 간헐적으로 소원했으나, 김성수(金性洙)가 부통령이 됨으로써 다시 가까워졌다. 이런 밀월 관계는 김성수가 사망함(1955. 2. 18)으로써 다시 냉각기로 들어갔다.

우파의 「동아일보」는 어떤 전통에 의해서 한국민주당의 기관지 역할을 한 것일까. 「한성순보」, 「한성주보」, 「독립신문」, 「대한매일신보」, 그리고 일제시대의 「조선일보」, 「동아일보」, 「조선중앙일보」 등 많은 신문들이 특정한 당파성에 독립성을 유지해왔다. 그렇다면 우파의 기관지 역할을 자처한 「동아일보」, 심지어 엄정 중립을 주장했던 「조선일보」까지 자기의 당파

---

454) 「동아일보」의 사시는 1) 민족의 표현 기관으로 자임하노라, 2) 민주주의를 지지하노라, 3) 문화주의를 제창하노라 등이다.

성에 관심을 가진 것은 「해방일보」와 「조선인민보」의 사회주의 기관지 성격으로부터 그 가능성을 습득했으리라 추측할 수 있다.

좌파 신문이 선진 사회주의로부터 영향을 받았다면, 우파 신문의 기관지적 성격은 또 다른 측면에서 불교(儒教)와 무관할 수 없다. 일제시대의 통치 수단은 강한 권력과 법인데, 그 법을 집행한 것은 일본인이고 조선인은 정책 결정에 중요한 역할을 할 수 없는 하급 관료에 불과했다. 그렇다면 조선인이 정책 결정을 담당할 수 있었던 때는 조선 왕조, 대한제국 시대 이후 해방과 더불어 가능했다. 유교는 원래 도덕적 · 윤리적 · 종교적 성격을 지니며 이런 원리를 의례 · 예식 · 제례 등을 통해 강화시켰다. '유교적 인간관계'는 '성상근(性相近)'의 원리를 습득하도록 도와주며, 달리 말하면 성의 속성을 일깨워줄 수 있다. 그 결과 폐쇄적 '유교적 인간관계'를 맹자는 거부하지만 실천적 차원에서 서로 가까워지며, 이는 쉽게 파당적 성격을 형성한다. 변동기 사회에서 집단의 구성원은 이런 파당적 응집력을 발동하여 변화의 충격을 줄일 수 있었다. 유교의 관계는 개인보다 위의 파당적 관계 속에서 자신의 입장이 나타났다. 맹자를 정신주의자로 규정한다면[455] 이들 관계 속에서 유교적 정신주의가 작동할 수밖에 없다.

자신의 성을 아는 사람이 군자이면, 유교적 사고에서 군자 중심으로 질서가 형성된다. 군자의 마음이 天을 감동시키지만, 질서의 개념에서 볼 때 천이 인간의 인식보다 앞선다.[456] 같은 원리로 인간관계에서도 상하의 위계질서가 형성되게 마련인데, 정부 관료제는 왕(지도자)을 중심으로 이런 질서가 형성되었다. 즉 왕은 인간의 사회생활에 질서와 법도와 예절을 가져오는 경영 관리자이다. 그의 권위는 성(聖)의 요소를 지니나, '性'을 추구하는 노력은 '습상원(習相遠)'의 원리에 의해 서로 멀어진다. 왕은 군자이기보다 주변 사람과 더불어 생활하는 동안 멀리 있는 사람과 거리를 두게 되는 습관을 일상화시키며, '왕도 정치' 대신 혼탁한 인작에 의한 권위주의

---

455) 김형효, 상게서, pp. 57~62.

456) 김형효, 상게서, p. 101.

적 세속 정치를 일삼는다.

왕은 절차에 의하여 관리를 임명하며, 그 관료에 임명받은 사람은 신분 집단(status)으로 행정 관리, 법의 집행, 그리고 종교적 성격의 특권까지 부여받는다.[457)] 그들은 독점적으로 주의주장의 정보를 통제 · 관리하며, 위의 질서의 직책을 중심으로, 또한 서울이라는 지역을 중심으로 질서가 형성된다. 언론은 이런 메커니즘의 굴레에 속하지 아니하고는 정치 지도자와 정치적 정보를 공유할 수 없다. 정치 지도자가 갖고 있는 정치적 정보를 기자는 출입처를 통해 얻게 된다. 그 결과 기자의 정보원인 출입처는 빈번히 경쟁 입찰 이상의 쟁탈전이 벌어지곤 했으며, 출입처 기자들이 이권의 앞잡이로 이용되기도 했다.

정보를 결한 언론은 민중에 가까이 다가갈 수 없는 한계를 갖고 있다. 이를 터득한 권위주의적 지도자는 기자에게 독점적으로 정보를 제공해줬으며, 신문은 그들에게 정통성을 제공하기도 했다. 신문과 정치인 사이에 자연스럽게 거래가 이루어짐으로써 신문의 정론지적 성격이 형성되었다. 더욱이 광고가 적었던 당시 신문들은 정치 단체와 정치가로부터 재정 지원을 받을 수밖에 없었다. 그러나 유교 전통에서 정치적 주장에 비해 경제적 주장은 제한적일 수밖에 없다. 전통 사회에서 관리의 신분 보증은 부(富)라기보다 유교의 관계성으로부터 왔다. 말하자면 부에 관심을 갖는 계층은 관직에 관심이 있는 양반이라기보다 조세를 거둬들이는 아전 계층이다. 계산의 정밀성, 합리적 사고, 그리고 직업의 전문성은 아전 계층에서 더욱 절실하게 공감할 수 있다. 계산을 통한 가치 관계는 중립으로 나타날 수 있지만, 인간관계에서 중립적이란 것은 유교 전통에서 흔하지 않다. 이를 간파한 안덕근(安德根)은 당시 신문에서 엄정 중립은 상품 신문 이외는 있을 수 없다고 강변한다.[458)]

---

457) Gregory Henderson, Korea-The Politics of the Vortex(Massachusetts: Harvard University Press, 1968), pp. 25~26.

458) 안덕근(安德根), 「조선신문론」, 『신세대(新世代)』, 1946. 7, pp. 27~31.

해방 당시 절대적 카리스마는 존재하지 않았고, 질서는 변형된 가족의 형태인 소집단이 군웅 할거하는 시기였으므로 유교적 관점에서 새로운 절대왕의 권한을 가진 행정수반도 없었다. 그 대신 해방(1945년 8월 24일 현재)과 더불어 정치적 색깔을 띤 50여 개의 사회단체들이 등록을 하는데,[459] 각 집단의 구성원은 그 구성원 안에서 자유를 누리며, '어떻게 행위해야 하는지'의 윤리 문제도 자신이 소속한 영역에만 국한시켰다. 집단의 자유와 윤리가 사회에까지 확산해가는 데는 한계가 있었고, 커뮤니케이션의 활성화도 각 집단의 테두리를 벗어날 수 없었다. 집단 안에서 정치를 인간관계의 표현으로 간주할 때 유학에 익숙한 지식인은 외적 집단간의 관계도 정치에 의해 그 실마리를 풀려고 했음이 당연했다.

3. 미군정기의 좌파 정론지 소멸

미군정의 아놀드(General Arnold)는 한국 사회가 다양하고, 강한 소집단들이 서로 경쟁하길 원했다.[460] 미국식 부르주아 민주주의는 개인의 자유, 책임, 양식의 윤리 의식을 바탕으로 하며, 서로 타협하며 협상한다. 개인은 남에게 피해를 주지 않으면서 자유와 양심의 자유를 누리며, 자기가 한 일에 대하여 책임을 진다. 그리고 민주주의는 습성의 차이로 일어나는 분쟁을 객관적 법의 잣대로 해결한다.

서울에 진주한 하지(John R. Hodge) 미 육군 제24군 단장은 1945년 9월 12일 소속 사단인 제7보병 사단장 아놀드 소장을 군정 장관에 임명하고, 자유 방임의 제도적 언론 정책을 발표했다. 미군정은 1945년 10월 9일 군정 법령 제11호를 제정·공포하여, 식민통치 시대의 '치안 유지법'과 '출판법' 등을 폐기처분했다.[461] 그리고 군정청은 1945년 10월 29일 군정 법령

459) G. Henderson, op. cit., p. 131.

460) G. Henderson, ibid., pp. 130~131.

제19호, 즉 언론 출판을 규제하는 '등록법'을 공포하였는데 제5조의 내용은 다음과 같다.

> 언론 자유, 출판 자유를 유지, 보장하고 불법 또는 파괴 목적에 빠지지 않게 하기 위해 (……) 서적, 소책자, 신문 또는 기타 서적의 인쇄에 종사하는 기관은 등록하라. (……)[462]

이 '등록법'은 언론사가 객관적 등록을 함으로써 언론사를 제도권 안으로 들어오게 하며, 다른 한편으로 이 제도권은 정파적 내용의 신문 성격을 위축하는 결과를 가져왔다. 미국은 전통적으로 정파적 신문을 인정하지 않으며, 사회 체계(social systems)의 부분으로 상업 언론을 허용했다. 그러한 언론의 위상은 단지 다른 체계의 일부분에 불과했다.

미군정의 언론 정책은 순자의 사회 정책적 차원과 비교해볼 수 있다. 순자는 도(道)를 행함의 근본으로 삼았다면 법을 사회공학적 측면에서 국가의 근본을 만드는 것으로 간주했다.[463] 순자는 사회가 구분이 없으면 다툼이 생기고, 다툼 다음으로 혼란이 옴을 예견한다. 객관적인 법의 잣대로 국가를 다스린 미군정은 좌와 우의 중립적 태도를 취하면서 좌파 신문인 「해방일보」를 정간하고, 극우파인 「대동신문」도 3주간 정간 처분했다. 중도 우파인 김규식(金奎植)을 군정(軍政)에 끌어들이고, 중도 좌파인 여운형도 제도권 안으로 끌어들였다. 중도파인 안재홍(安在鴻, 한성일보 사장)을 1947년 2월 9일 민정 장관으로 임명했다. 그러나 중산층이 부재한 나라에서 중도파 입장을 내세우는 신문은 당시 이단일 수밖에 없었다. 당시 조직 자체의 힘으로 홀로서기가 가능한 '언론 재벌', '재벌 언론'이 존재하지 않았던 시기에 중도파 신문의 재정적 지원은 쉽지 않았다. 김구의 민족주의

---

461) 송건호, 상게서, p. 128.

462) 송건호, 상게서, pp. 140~141.

463) 김형효, 상게서, p. 130.

노선을 따르는 신문이 좌파와 우파의 틈바구니에서 생존할 수 있는 돌파구일 수 있었다.

미군정이 중도파를 중심으로 나라를 지배하는 의도는, 당시 유교적 문화 상황으로는 미군정 외에는 지도자도 없다는 것으로 해석할 수 있으며, 또 다른 측면은 미군정은 중요한 의사 결정에 대한 책임을 회피하겠다는 일면을 보여준다. 그러나 그때의 사정은 긴박했다. 일제로부터의 해방과 더불어 북에는 중공업, 남쪽에는 경공업 중심의 산업체가 남아 있었다. 일제는 1931년부터 한국에 산업을 발전시키기는 했지만, 원자재와 중간재는 일본으로부터 수입하고 그에 필요한 산업만 육성했다. 인구는 도시에 집중되었고, 일상생활은 궁핍했으며, 그로 인한 인플레와 파업은 계속되었다. '건준(建準, 건국준비위원회)'의 여운형은 연합군이 오기 전에 민족 대표 기관을 설치하려 했지만 실패로 돌아가고, 결국 미군정이 들어서게 되었다. 중도파 군정은 중도파 언론 정책에서 보듯이 정보, 능력 및 의도도 없는 것으로 비쳤지만 곧 미군정은 소련을 봉쇄했고, 미국식 자본주의(美國式民主主義), 자본주의(資本主義)를 남한에 이식하여 이데올로기화했으며, 그 방향으로 홍보도 했다.[464)]

미군정은 군정법 제11호를 필두로 '법'[465)]으로 언론을 통제하기에 이른다. 즉 한국민에 대한 정보를 입수하는 단계로 미군정은 종전의 언론 통치법인 '광무신문지법(光武新聞紙法, 1907년 제정)'[466)]의 허가제를 등록제로 바꾼 셈이다.

미군정은 1946년 5월 29일 미군정법령 제88호 '신문 및 정기 간행물 허

---

464) 김복수(金福壽), 「미군정 언론정책의 발전과정과 성격」, 『언론학보』 11, 한양대학교 언론문화연구소, 1991, p. 155.

465) 당시 한국에서의 법은 일제가 독일 · 프랑스 등의 법을 그대로 모방해온 것으로 연구 가치도 없지만, 당시로서는 두 가지 의미를 지닌다. 즉 한국민에게 법은 강력한 유교 왕조가 백성을 통치하기 위한 수단으로 사용한 것에 불과했다. 헨더슨(G. Henderson)은 미군정은 한국 통치를 과거의 중국식, 일본 식민지 통치 구조 형태를 그대로 답습한 것에 불과하다는 견해를 폈다(G. Henderson, op. cit., p. 235). 다른 한편으로는 미군정이 한국민에게 자기들과 같이 '법에 의한 통치'(legal domination)를 시도한 것이다.

가에 관한 건'을 발표함으로써 언론 통제를 강화시켰다. 그 법령 제1조와 제4조의 내용은 대략 다음과 같다.

> 제1조는 신문 및 정기 간행물을 허가 없이 간행함은 불법이다. 제4조는 허가 취소 또는 정지에 관해서, 가) 허가 신청서에 허위 또는 오해를 일으킬 신고 또는 유루(遺漏)가 있을 시 (······) 다) 법률에 위반이 있을 시 등을 규정하고 있다. '법률의 위반'은 군정을 비방하고 반대하거나, 군정이 생각하는 사회 질서를 교란하는 행위, 민중의 복리에 위배되는 행위는 일체 허용하기를 거부한다.[467)]

이같이 광무신문지법 제21조의 법령이 전제되었다.[468)] 강화된 미군정 법령 제88호에 의해 그들의 미국식 민주주의에 동조하는 신문은 지원하고, 반면 이에 반대하는 신문에는 통제를 가하였다.

미군정의 입법 의원은 '신문 기타 정기 간행물법안'의 전문 11조를 1947년 9월 19일 다시 발표함으로써 언론법을 더욱 강화시켰다. 본법의 제2조와 제6조를 살펴보자.

> 제2조는 허가 없이 신문 기타 정기 간행물을 인쇄, 발행, 배포, 판매 또는 판매 권유, 우송, 전시, 진열하지 못함을 규정한다. 그리고 제6조는 범죄 또는 국가의 법률 질서의 파괴를 선동하거나 기타 허위 게재를 유포하여 민심을 현혹케 한 때 (······)[469)]

---

466) '광무신문지법'은 1907년 7월 24일 제정된 법령으로 모두 38개 조항으로 되어 있다. 그 조항 중 제11조는 황실의 존엄을 모독하거나 국헌을 문란하거나 혹은 국제 교의를 저해할 사항은 게재함을 부득함. 제21조는 내부 대신은 신문지가 안녕 질서를 방해하거나 풍속을 괴란하는 자로 인하는 시는 기 발매반포를 금지하야 차를 압수하며 또는 정지 혹은 금지함을 득함〔최기영(崔起榮), 『대한제국시기 신문연구』 서울: 일조각, 1991, pp. 267~268〕.

467) 김복수, 상게서, p. 23.

468) 송건호, 상게서, p. 164.

469) 송건호, 상게서, pp. 165~166.

이 법의 의미는 '광무신문지법'과 법을 가장한 파당적 성격의 신문을 강도 높게 규제하는 법 정신이 법령으로 실현되었다. 각계에서 이법의 폐기 내지 수정을 주장하고 나섰을 때, 한민당의 대변지인 「동아일보」만이 이 법을 시의에 알맞은 법으로 적극 지지했다.

> (……) 조국 재건을 방해하는 현실이 있는 이상, 이 현실을 시정하기 위하여 언론 자유의 진실한 운영을 위하여 적절한 신문지법을 제정하는 것은 신성한 의무일 것이다.[470)]

그러나 '신문 기타 정기간행물법안'은 성공하지 못했다. 한편 정치적으로 모스크바에서 1945년 2차 세계대전의 전후 처리가 협의되고, 한국 문제는 신탁통치(信託統治)로 이어진다. 1945년 12월 27일 모스크바에서 열린 미국 영국 소련 3개국 외무장관회의(삼상회의)에서 4대 연합국인 미국 영국 중국 소련에 의한 한반도 신탁통치안이 채택되었다. 3상회의에서 합의한 3항의 '공동위원회는 조선 임시정부를 참가시키고 조선민주주의 제 단체를 영입하여 조선인민의 정치적 · 경제적 · 사회적 진보와 민주주의적 자치발전 또는 독립국가의 확립을 원조 · 협력하는 여러 방안을 논한다.'라고 했다.[471)]

1945년 12월 26일자 UP 통신 기사 'May Grant Korea Freedom'에서 미국의 번스 국무장관이 "소련의 신탁통치안을 반대하고 한국의 즉시 독립을 주장하라는 훈령을 받고 러시아로 떠났다"라는 기사를 국내 신문들은 전재했다.[472)]

실제로는 미국의 태도와 달랐다. 1945년 10월부터 지금까지 좌우익은

---

470) 「동아일보」, 1947. 9. 27.

471) 조맹기, "좌 · 우 최전선에서의 성재 이관구-신탁통치(후견제)를 중심으로", 『현대 커뮤니케이션 사상사』, 나남, 2009, p. 389.

472) 「동아일보」, 2005. 12. 29

반탁이었으나, 소련의 찬탁 결정으로 좌익은 찬탁에 동조하기 시작했다. 소련이 '3상회의 결정에 반대하는 세력은 후에 대한민국 임시정부 수립에 참여할 수 없다.'라고 함으로써 좌익은 1946년 1월 2일을 기점으로 찬탁으로 돌아섰다.

신탁통치 문제를 구체적으로 협의하기 위한 미소 공동 위원회가 1946년 3월 서울에서 열렸다. 각 정론지의 신문들은 이데올로기화한 좌우의 색깔에 따라 신탁통치 찬반에 편승했다. 반탁지는 우익 신문이었던 「동아일보」, 「조선일보」, 「대동신문」, 「대한독립신문」, 「민중신문」, 「민주일보」 등이며, 찬탁지는 좌익 신문이었던 「조선인민보」, 「독립신문」, 「중외신문」, 「현대일보」, 「중앙신문」, 「서울신문」 등이었다.[473] 각 신문들은 광고로 도움을 직접적으로 받거나, 혹은 다른 도움을 간접적으로 받는 정치 사회 세력과의 관계에 따라 신탁통치에 대한 입장을 정리했다. 좌파 신문은 탁치 반대자를 미국의 앞잡이, 친일파, 파시스트 독재, 국수주의자로, 우파 신문은 탁치 찬성자를 소련의 앞잡이, 민족 분열자, 좌익 극렬 분자로 각각 몰았다. 심지어 중립을 유지하던 「조선일보」도 색깔을 내기 시작했다. 방응모(方應謀) 조선일보사 사장은 1946년 1월 4일 연두 소감에서 "인민공화국을 반대하나 인정한다"[474]고 함으로써 우파에 기울어졌음을 알 수 있었다. 그리고 미국과 소련을 외세로 규정하고, 미소 양편은 조선의 식민지화를 획책한다는 비난의 논조를 보이지만 이는 「조선일보」의 입장이라기보다 당시 강경한 민족주의자인 金九의 정책 노선이었다. 당시 언론은 자신의 고유 색깔에 따라 악의로 서로를 비방하며, 허위 사실을 유포하기 시작했다. 적만 넘어뜨리면 자파는 승리할 수 있다는 '성즉군왕 패즉역적(成則君王 敗則逆賊)'에 집착하기에 이른다. 선동과 음모의 와중에 정론지 언론은

---

473) 오소백, 「자유당 치하의 언론」, 『한국의 언론』 제1집(서울: 문화공보부, 1968), pp. 329~336.

474) 문종대, 「미군정기 신문의 이데올로기 구조화 과정에 관한 연구」, 서강대학교 석사학위 논문, 1988, p. 29.

1) 정당으로부터 직접 재정적인 지원 아래 신문을 창간하여 처음부터 정당 기관지 구실을 한 경우, 2) 사재를 투자하기는 했으나 처음부터 어느 정당을 지지한 경우, 3) 신문 사업을 하나의 기업으로 알고 투자한 경우[475] 등으로 색깔을 나타내기 시작했다. 그리고 당시 기자들의 성향을 분석해봐도 1) 처음부터 어느 정당의 당원 내지 비밀 당원으로 기자가 된 경우, 2) 특정 정당원은 아니나 특정 이데올로기의 지지자로서 여론 지도자로 자처한 경우, 3) 정당, 사회 단체에 매수되어 움직이는 경우 등으로 나눠졌다.

미군정 당국의 언론 정책이 특히 대공면에서 단호하기는 했으나, 단속은 아랑곳없이 좌파 세력은 언론계를 필두로 한 문화계 · 출판계에까지 손을 뻗쳐 출판 노조가 전에 없이 강력해졌다.[476] 자신의 이념에 따라 국가는 건설되어야 하고, 국토는 반드시 통일되어야 한다는 논리가 지배했다. 1948년 남로당과 북로당이 서로 호응하여 2 · 7 구국 투쟁을 벌였으며, 그리고 데모대는 진주 · 밀양 · 제주 등지에서 5 · 10선거가 불가능하도록 선동했다. 이 와중에 사회주의에 대한 국민적 내성을 기르거나, 유교 전통의 보존에는 전혀 관심을 갖지 않은 채, 미군정은 국가를 전복시키거나 미국의 기본 이념에 배치되는 언론 자유는 허용하지 않았다.[477]

4. 李승만 정권하의 정론지 소멸

미군정청은 자문기관이었던 남조선 대한국민대표 민주의원과 입법의원을 선정했다.[478] 민주의원은 1946년 2월 14일 주한 미군사령관 하지중장이 자문기구로서 과도정부수립을 촉진하기 위한 것이었다. 한편 민주의원

475) 송건호, 상게서, p. 171.

476) 송건호, 상게서, p. 172.

477) 조용만(趙容萬), 「한국에 있어서의 언론자유」, 『신천지』, 1953. 6, p. 46.

478) 김영모, 상게서(2009), p. 35.

이 미군정에 비협조적이고, 또 우익 중심의 자문기관이라서 미군정은 김규식 등 중간파를 중심으로 한 입법의원을 구성했다. 미 군정장관이 임명한 45명의 관선의원과 간접선거에 의한 45명의 민선의원을 선출했다. 남조선 과도정부는 안재홍(安在鴻)을 민정광관에 임명하고, 해방정국을 이끌어갔다.

미군정에서 이승만 정권[479]으로 권력 이양이 이루어지면서, 李정권은 1948년 8월 15일 이후 제도적 법에 의한 통치보다 '성(聖)'의 속성에 의한 법을 집행하기 시작했다. 이는 정도전(鄭道傳)이 조선 왕조를 건립할 때의 통치 이념인 왕이 법을 주장하는 정신과 맥을 같이한다. 왕은 '유교적 인간관계'에 질서를 부여하는 실체이다. 왕은 지위를 확보한 다음, 집단 내의 모든 의사소통이나 상호 작용이 자기중심으로 이루어지도록 조정하여 집단의 초점이 됨으로써, 그 주변에 파당의 형태로 사람을 모이게 한다. 이승만은 입법의 비토권 · 비상대권을 가졌다. 그는 지역 조직의 취약성이 있었지만 강한 경찰권을 갖고 있었으며,[480] 제헌 국회의 형식을 통해서 정부통령의 간접 선거에 의해 1948년 8월 15일 취임했다. 당선 직후 1948년 6월 7일 첫 기자 회견에서 이승만은 언론계에서는 당파를 조장하는 언론을 펴지 말고 건설적인 언론을 펼 것을 권장했다.[481] 곧이어 남한 단독 정부 거부의 체제 외적 당파성을 지녔다는 이유[즉 '국시국책(國是國策)'의 위반 이유]로 「제일신문」, 「조선중앙일보」, 「세계일보」 등 진보 계열의 신문들이 1948년 8월 15일 정간 처분되었다.

---

479) 이승만 정권은 신문을 통한 리더십의 잠재력을 일찍부터 깨닫고 있었으며, 이 잠재력을 적극적으로 추구해야 한다는 것을 감지하고 있었다(이병국, 『대통령과 언론』, 서울: 나남, 1987, p. 28).

480) 李정권은 권력의 기반으로 성장했다. 그 이유는 여러 가지가 있겠으나 그 중 경제적 기반이 약한 데서 오는 사회 혼란에서 주요인을 뚜렷이 찾을 수 있다(G. Henderson, op. cit., p. 331). 외국 원조에 의해 국가 계획, 생산 증대, 직업 전문화를 이룩함으로써 정치 안정을 누릴 수 있던 북한은 남한의 사회 현실과는 판이하게 달랐다.

481) 「경향신문」, 1948. 6. 8.

그러나 이승만 정권은 언론자유의 기본맥락을 유지했다. 그는 1945년 8월 15일 시정연설(施政演說)에서 "국민이나 정부는 항상 주의해서 개인의 언론 · 집회 · 종교 · 결사 · 사상 등의 자유를 극력 보호해야 될 것입니다."[482]라고 선포했다. 그리고 제헌국회(制憲國會)의 헌법 제13조는 "모든 국민은 법률에 의하지 아니하고는 언론 · 출판 · 집회 · 결사의 자유를 제한받지 아니한다."라고 규정했다.

이승만 정권은 친일분자 처벌에 나섰다. 국회에서 1948년 8월 17일 '반민족행위처벌법'을 통과시키고, 그 법에 따라 구성된 반민특위는 1949년 1월부터 본격적으로 활동을 시작했다.[483] 이승만 정권은 좌파척결과 친일청산으로 정통성확보를 위한 교두보를 만든 것이다.

이승만은 공산주의를 '원래 자유롭게 되기를 원하는 인간의 본성을 거역해 가며 국민을 지배하려는 사상체계'라고 간주하고 이 이념을 따르는 정치는 반드시 실패할 것이라고 장담했다. 또한 그는 소련과 연대하는 것이 바로 공산주의 사상을 받아들여 한국을 노예국화하는 것이라고 주장하며, 오직 미국의 '성의 있는 원조'에 기대야 한다고 주장했다.[484]

한편 李정권이 신문의 당파성을 인정하지 않은 상황에서 정론지(政論紙)는 서서히 정론지(正論紙)로 변모해갔다. 신문은 정론적 입장에서 정부에 비판을 가하기 시작했다. 정부는 1948년 12월 1일에 좌파세력, 친북세력, 비판세력 등을 제압하기 위해, '국가보안법'을 공포하였다. '광무신문지법'과 '미군정법령 88호'가 여전히 작동한 상태에서 '국가보안법'이 공포된 것이다.

---

482) 우남전기(雩南傳記) 편찬회, 『우남노선(雩南路線)』, 서울: 명세당(明世堂), 1960, p. 110.

483) 이한우, 「'친일청산' 여론을 주도하다」, 「조선일보」 2010년 2월 16일. 이 법은 당초 공소시효를 2년으로 잡았으나, 미군정 3년 동안 정부 구석구석에 자리잡은 친일파의 반발과 건국 사업을 우선시한 이승만 대통령의 방침 등으로 반민특위의 활동은 1949년 8월 31일로 당겨졌다.

484) 정병준, 『우남 이승만 연구』(서울: 역사비평사, 2005), p. 111; 정용욱, 상게서, p. 59.

이 정권은 언론을 통제하기 위해, 사전 사후 검열, 기사 삭제, 신문 압수, 정간, 폐간을 계속했다. 대통령을 비롯한 고위공직자는 언론에 직접 자신이 작성한 원고의 게재를 요구하거나, 자신의 비위에 거슬리는 기사의 게재중지를 요구했다.[485)]

이 정권은 항상 기자에게 '훈화적 태도'[486)]를 유지했고, 법률을 통해 언론은 통제하고자 했다. 같은 맥락에서 이 정권은 1952년 3월 「신문 정기 간행물법안」을 국회에 제출하였다. 그러나 야당과 언론의 반대에 부딪치면서 법안은 폐기처분되었다.

한편 언론 통제 법안의 국회통과 실패와는 달리, 1952년 대통령을 선출하도록 되어 있는 법을 고쳐, 대통령 직선제와 상하 양원제의 '발췌개헌안(拔萃改憲案)'[487)]을 국회에 통과시켰다. 그리고 다시 1954년 국무총리제 폐지와 대통령 중임제(초대 대통령에 한하여)를 골자로 한 이른바 '사사오입(四捨五入)'[488)] 이론을 도입하여 개헌안을 성사시켰다.

---

485) 차재영, 「한국 정부의 수립과 현대 언론의 정착」, 『광복과 한국 언론의 형성』, 한국언론학회 언론사분과연구회, 2005. 8. 30. p. 135.

486) 훈화적 태도는 인터뷰에서 일면을 볼 수 있었다. 李 대통령 그 분이 우리를 만나면 늘 강조하는 것이 있어요. '언론인은 지사야, 나라를 위해 글을 쓰고 생각해야 해....' 그 분은 신문의 중요성을 잘 이해하고 있었고 언론기관을 통해 여론을 이끌어 나 갈 줄 알고 있었어요(유건호 인터뷰, 1985, 12. 28/이병국, 「대통령과 언론」 1987, p. 29). 李 대통령은 기자나 언론을 대등한 입장에서 설득하려 하기보다는 한 자리 위에서 훈화적인 태도를 보인 것이다.

487) 발췌개헌안은 1952년 7월 4일 국회를 통과하였다. 이승만 정권은 1952년 5월 25일 임시수도 부산과 그 주변에 계엄령을 선포하고, 비판적 국회의원 12명을 용공 혐의로 구속했다. 5 · 26 정치 파동이 벌어진 것이다. 야당이 주도한 국회에서 초대와는 달리, 대통령 직선제 개헌을 시도하였으나, 무산되었다. 이승만 정권은 땃벌떼, 백골단, 민중자결단 등 폭력 조직배를 동원하여, 관제 데모를 일으켜, 국회 해산을 요구하였다(고종석, 「부산 정치파동」, 「한국일보」, 2004. 5. 25). 전 부통령이었던 김성수를 비롯하여, 정치 지도자 81명이 6월 20일 부산의 국제구락부에 모여 '입법부 수호 및 반독재 호헌 구국 선언'을 하려 하자, 이 정권은 다시 폭력배들을 동원해 회장을 난장판으로 만들었다. 장택상을 중심으로 정부의 대통령 직선제 개헌안과 국회의 내각책임제 개헌안을 기초로, 발췌개헌안이 국회를 통과하였다.

미군정 후 집권당인 초기의 한민당 조직 기반은 토착 친일 세력으로,[489] 상부의 일부 인사를 제외하고는 그 주변의 동조 세력과 함께 대개가 황민화 식민 정책에 봉사했던 친일파였다. 당시 지도층은 이념적 · 경제적 · 사회적 기반이 취약하며, 산업의 소유나 토지의 기반이 부실한 '뿌리 없는 집단'이었으므로,[490] 기존의 친일파 인재를 중심으로 파당적 정책 노선을 폈다.

미군정 바로 직후 한민당의 이승만은 「동아일보」를 정책의 정론지로, 김구는 「조선일보」를, 안재홍은 「한성일보」를, 가톨릭계는 「경향신문」을 통해 각 조직의 당파성을 과시했다. 그리고 조병옥(趙炳玉) 미군정 경무부장이 1948년 8월 9일 '광무신문지법'이 폐기되지 않았음을 천명함으로써, 그 법은 정부 수립 이후 계속 적용되었다. 전술했던 광무신문지법 조항 중 황민에게 봉사하는 법 조항이 몇 가지 포함되어 있으며, 李정권은 그에 버금가는 언론 정책 7개 항을 발표했다.[491]

> 1) 대한민국의 국시, 국책을 위반하는 기사, 2) 정부를 모독하는 기사, 3) 공산당과 이북 괴뢰 정권을 인정 내지 비호하는 기사, 4) 허위의 사실을 날조, 선동하는 기사, 5) 우방과의 국교를 저해하고 국위를 손상하는 기사, 6) 자극적인 논조나 보도로서 민심을 격앙 소란케 하는 외에 민심에 나쁜 영향을 미치는 기사, 7) 국가의 기밀을 누설하는 기사.

---

488) 1954년 9월 8일 제안이 있었고, 11월 27일 표결에서 국회의원 재적의원이 203명이므로 136명이 찬성이 필요했다. 11월 27일 국회에서 표결을 강행했으나, 재적 203명 가운데 찬성이 135표, 반대가 60표, 기권이 7표였다. 헌법 개정에 필요한 정족수 한 명이 모자랐다. 이 법안은 정당한 절차에 따라 부결이 선포되었다. 그러나 2/3선을 정확히 산술한다면 135석과 1/3석인데 자연인은 나눌 수 없으므로 2/3 이상은 135석 이상이라는 황당무계한 이론이 당시 여당 내부(주창자 이익홍 의원)에게 제기되었다 이에 11월 29일의 표결에서 가결을 선포하는 비상식적인 일이 발행하였다(이완범, "한국 정권교체의 국제정치, 서울대학교 국제문제연구소 편, 상게서, p. 150). 결국 이승만 대통령의 3선 연임이 사사오입 개헌으로 가능하게 되었다.

489) 송건호, 상게서, p. 184.

490) G. Henderson, op. cit., p. 310.

491) 송건호, op. cit., p. 179.

각 단어의 의미로 보아 보도의 주관성, 신문의 정부 외적 당파성과 논조를 더 이상 용납하지 않겠다는 의지를 포함하고 있다. 李정권은 한민당의 정론지 역할을 했던 「동아일보」와의 관계를 마감하는데 당시 「동아일보」의 간부진은 李정권이 개각 구성에 참여시켜주지 않았다는 이유로[492] 그들과 소원한 관계를 유지했다. 李정권은 정론지(政論紙)의 필요성을 절감하고, 「서울신문」을 1949년 5월 3일 정간 처분하는데, 그 이유로 미군정 법령 제88호 제5항의 위반을 들었다.[493] 그 후 복간된 「서울신문」은 공보처(처장 김동성)의 감독 지시를 받는 사실상 정부 기관지로서의 당파성을 지니게 되었다.

당시 공보처는 국무총리 소속으로 법령의 공포, 정보, 선전, 통계, 인쇄, 출판과 저작권에 관한 사무를 담당하였다. 실제로 공보처는 고유의 업무인 홍보, 선전, 통계 사업 외에 연론 · 출판 통제 뿐 아니라, 방송 · 연극 · 영화 등 대중문화 분야에 문예계 통제도 담당하였다.[494]

李정권이 이런 강경 언론 정책을 내세우는 데는 충분한 근거가 있었다. 李정권의 출범 이후 대구 · 제주 · 여수 · 거창 등에서 민중 폭동이 수없이 발생했다. 몇 차례의 농지 개혁과 땅 보유의 상한선 제한은 더욱 영세 농민의 생활을 압박했다. 더욱이 미국으로부터의 잉여 농산물의 무상 유입은 농민들의 삶을 더욱 어렵게 했다. 지방에서의 잇따른 농민 항쟁은 군의 육성을 부추겼으며, 다른 한편으로 독재의 강도를 높이게 했다.

李정권은 언론 통제의 강도를 높여 1948년 9월 이후부터 1949년 5월까지의 기간에 7개 신문사와 1개 통신사가 문을 닫았는가 하면,[495] 기자는 구속되었고 편집자는 신문사를 떠났다. 그러나 정부 통제에 대한 언론계의

492) 송건호, 상게서, p. 183.

493) 송건호, 상게서, p. 182.

494) 정요욱, "홍보, 선전, 독재자의 이미지 관리", 서울대학교 국제문제연구소 편, 『이승만과 제1 공화국』, 논형, 2007, pp. 25~26.

495) G. Henderson, Ibid., p. 163.

반발도 만만치 않았다. 전쟁이 일어난 1950년 10월 8일 당시 공보처장 김활란(金活蘭)은 '일간신문 정비계획'[496]을 발표했으나 언론의 반발로 무산되었다.

'신문 정기 간행물법안'이 1952년 3월에 국회에 제출되었으나 부결되었고, '광무신문지법'도 국회에서 1953년 3월 19일 정식으로 폐기되었다. 그러나 李정권은 언론 통제의 고삐를 늦추지 않았다. 1953년 '신문조치안'을 통해 언론 통제를 시도하나 언론계의 반대로 곧 좌절된다.

신문은 점차 자신의 입장을 정리하고 친여와 야당지로 갈린다. 당시 「서울신문」 통계에 의하면,[497] 1952년 1월부터 1953년 3월까지 정부의 시책에 대해서 불만, 반대 및 불리한 것을 게재하는 기사나 논평의 경우 「경향신문」 152건, 「동아일보」 191건, 「조선일보」 173건, 「서울신문」 134건이었다. 다른 한편으로 찬성 · 협조 · 지지를 하는 기사나 논평은 「경향신문」 73건, 「동아일보」 12건, 「조선일보」 100건, 「서울신문」 346건 등으로 「서울신문」이 여당 편에서, 「경향신문」과 「동아일보」가 야당 편에서 정론적 입장을 폈음을 알 수 있다.

정론적 신문의 입장과 무관하게 李정권은 언론을 단속할 목적으로 1955년 12월 '출판물에 관한 임시 조치법'을 다시 마련했다. 그 법 조항 제15조는 다음과 같다.

> 간행물에 국가 안보를 문란케 하는 선동적인 사항이 있거나, 민심을 혹란하기 위한 허위 또는 왜곡된 사항을 기재하거나, 법률에 저촉되는 사항을 기재하였을 때

---

496) 이 계획의 내용은 1) 책임자 및 종업원은 사상이 건실한 자로서 신문의 질적 향상을 도모할 수 있는 수완과 역량을 지니며 열의가 있어야 할 것, 2) 재산 능력이 신문 경영에 충분할 것, 3) 공장 및 기타 설비를 자기 소유 혹은 관리하는 자로서 신문 발행에 지장이 없어야 할 것 등이다(주동황, 「한국정부의 언론정책이 신문산업의 변천에 미친 영향에 관한 일고찰」, 서울대학교 박사학위논문, 1992), p. 33.

497) 조용만, 상게서, p. 41.

에는 공보처장은 그것이 정기 간행물인 경우에는 그 허가를 취소하거나 발행을 정지시킬 수 있다.[498]

李 대통령은 취임해서 최초의 18개월간은 일주일에 한 번 내외 신문기자와 정례 기자회견을 가졌고, 6 · 25가 일어나기 전까지 주례 기자회견을 가졌다. 그러나 '출판물에 관한 임시 조치법안' 상황은 그 전과는 전혀 다른 적대적 태도였다.

이 법안은 국회에서 통과되지 못했지만 이에 대해 정부 기관지 「서울신문」은 1955년 11월 1일자 사설에서 "정부 비판의 한계성"으로, 한편 「경향신문」은 1955년 11월 13일자 사설에서 "언론 제한의 역행 망상을 완봉하자" 등으로 전혀 다른 색깔을 보였다. 한편 가톨릭계 「경향신문」은 야당 부통령 장면(張勉)의 등장으로 정론지화(政論紙化)하는 계기가 되었다.

정부는 1956년 가을 다시 언론 통제의 목적으로 '국정보호 임시조치법안'을 마련했다.

동법안은 간행물에 허위 사실을 게재하여 개인, 법인, 기타 단체의 성실성 또는 명예를 훼손할 때 집필자, 편집자를 벌하며, 또 이러한 것을 누차 게재하였을 때는 대통령령으로 그 발행을 중지한다는 규제를 포함시켰다.[499]

이 법안도 국회에서 가결되지 못했지만, 신문의 당파성에 대한 결정적 영향을 주는 조항이 포함된 민의원, 참의원 의원선거법안과 동시행령이 1958년 1월 25일 통과되었다. 이 법안에는 언론에 대한 제한 조항이 있었다.

제72조에는 누구든지 후보자를 당선 또는 낙선시킬 목적으로 신문, 통신, 잡지 기타 간행물의 경영자, 또는 편집자에 금품 향응, 기타 이익을 제공하거나 제공

498) 오소백, 상게서, p. 244.

499) 오소백, 상게서, p. 252.

할 약속 또는 申入을 하거나 선거에 관한, 보도, 기타 평론을 게재할 수 없다. 제167조에는 누구든지 연설, 신문, 잡지, 벽보, 선전문, 기타 여하한 방법을 불구하고 당선하거나 당선되지 못하게 할 목적으로 후보자의 신분, 직업 또는 경력에 관하여 허위의 사항을 공표하거나 공표하게 한 자는 3년 이하의 징역, 금고 또는 30만환 이하의 벌금에 처한다.[500)]

또한 민의원·참의원 선거에 언론 제한 조항과 더불어 '보안법' 개정을 그해 12월 19일 통과시켰는데, 그 제17조와 제22조에 언론 통제 조항이 포함되어 있었다.

제17조 1) (······) 결사, 집단 또는 단체의 지령을 받고 그 목적한 사항의 실행을 단속, 협의, 선동 또는 선전하거나 기타의 방법으로 관여한 자는 10년 이상의 징역에 처한다. (······) 2) (······) 결사, 집단, 단체 또는 적을 이롭게 할 목적으로 그 목적한 사항의 실행을 협력, 선동 또는 선전한 자도 전항의 형과 같다. (······) 제22조 1)과 2) (······) 결사, 집단 또는 단체를 위하여 또는 그 지령을 받고 집회하거나 문서, 녹음반, 도시, 기타 표현을 반포하여 공연히 헌법상의 기관(대통령, 국회의장, 대법원장)에 대한 명예를 훼손한 자는 10년 이하의 징역에 처한다.[501)]

보안법은 간첩의 개념을 확대시켰으며, 허위 사실 또는 왜곡된 사실의 유포를 막는다는 미명 아래 실질적으로 언론 자유의 억압을 시도했다. 이러한 시도에 깔려 있는 의도는 지금까지 언론이 취해온 정론지 성격을 말살하는 정책이었다.

李승만마저도 법의 지배를 내세우게 되는 계기가 있었다. 1959년 2월 4일 「경향신문」 편집국장 강영수(姜永壽)에 대한 수사가 이뤄지고, 이는

500) 오소백, 상게서, p. 255.

501) 신문편집인협회, 『신문편집인협회 30년사』(서울: 신문편집인협회, 1987), p. 55.

「경향신문」 폐간으로까지 이어진다. '여적(餘滴)'이란 칼럼에 당시 국회의원인 주요한(朱耀翰)의 "다수의 폭정"[502]이 게재된 사실에 대해 정부는 '미군정 법령 제88호 제4조'로 맞섰다. 「경향신문」의 구체적 죄목은 출판물에 의한 명예 훼손죄와 내란 선동죄였다. 출판물에 의한 명예 훼손죄는 1953년 공포된 '형법(刑法)' 제309조에 의거한 것이다.

> 사람을 비방할 목적으로 신문, 잡지 또는 라디오, 기타 출판물에 의하여 제307조 제1항의 죄를 범한 자는 3년 이하의 징역이나 금고 또는 2만 5천 원 이하의 벌금에 처한다.[503]

李승만은 1959년 5월 6일 각의에서 담당으로부터 「경향신문」 폐간에 관한 보고를 듣고 "법대로 할 것이며, 앞으로도 일을 법대로 처리해야 한다"[504]라고 당부함으로써, 지금까지 "내가(인간) 법이다"라는 인식의 전환을 가져왔다.

법을 통한 「경향신문」의 폐간은 잠재적 기능으로 당파성 신문의 종말을 고하는 계기가 되었다. 「경향신문」은 당시 집권당인 자유당이 「경향신문」에 대해 행정 처분을 하기로 사전에 꾸며놓은 음모의 덫에 걸려들은 것이었다.[505] 자유당 후기 李승만은 통제 능력을 상실한 상태였고, 유교적 파당성을 연상케 하는 측근들에 의해 정치가 좌지우지되고 있는 형편이었는데, 「경향신문」 폐간의 경우도 자유당 몇 명의 당무위원과 전성천(全聖天) 공보

---

502) "다수의 폭정"은 "인민이 성숙되어 있어서 인민 스스로 행동할 수 없다는 것을 전제하고 있다. 인민이 성숙되지 못하고 또 그 미성숙 자체를 이용하여 가장된 다수가 출현한다면 그 다수는 두말없이 폭정이라고 할 수밖에 없다"는 허멘스 교수의 논문을 인용한 글이다(Ferdinand A. Hermens, "The Tyranny of the Majority", Social Research, Spring 1958, pp. 37~52).

503) 오소백, 상게서, p. 270.

504) 오소백, 상게서, p. 304.

505) 오소백, 상게서, p. 310.

실장, 홍진기(洪璡基) 법무장관 등이 이 사건에 동참했다. 당시 정부와 자유당 간부는 민주당의 신파와 관련이 깊고 집권당에 대해 비판적이었던 신문을 없애려고 계획하고 있었다.[506)]

「경향신문」의 논설진 가운데는 당시 민주당 신파의 간부급 인사도 있었으며, 「경향신문」을 이들의 본부로 간주하였다.[507)] 신파의 주역인 당시 부통령 장면(張勉)은 1959년 1월 5일 '보안법(保安法, 1958년 12월 24일 2·4 보안법 날치기 통과)' 반대를 논의하기 위해 자신의 공관에 민주당 최고 위원과 주요 간부들을 소집했다. 부통령이 정부의 정책에 대항한다는 사실을 알게 된 李대통령은 장면뿐 아니라 그를 지지하는 「경향신문」도 받아들일 수 없었다.

「경향신문」 폐간의 법적 근거가 되었던 것은 미군정법 제88호 제4조 제1항[508)]이었는데, 이 논리에 의하면 신문과 정기 간행물에 대한 발행 허가는 정부의 소관이어서, 결국 취소 권한 또한 정부의 수중에 있으므로 야당 신문의 당파성은 계속 용납하지 않음을 의미한다. 다른 한편으로 유교적 신분에 의한 시배의 형태에서 언론법 조항을 강조함으로써, 사람에 의한 통치로부터 법에 의한 통치로 형태를 전환시킨 셈이다. 법의 지배는 다른 한편으로 대통령의 성(聖)의 지도자임을 거부하는 이율배반적 성격을 드러내기도 한다.

5. '신문윤리강령'과 '신문윤리실천요강'

미군정의 제도적 차원과 더불어, 언론의 외적 변화뿐만 아니라 언론 내부에서도 일련의 전환기를 겪고 있었다. 지금까지 사주(社主)가 특정인을

506) 정진석, 상게서(1992), p. 331.

507) 이병국, 상게서, p. 61.

508) 본법은 허가된 정기 간행물도 "ㄱ) 허가 신청서에 허위 또는 오해를 일으킨 신고 또는 태만이 있을 때, (……) ㄷ) 법률 위반이 있을 때에는 취소 또는 정지 처분을 할 수 있다."

기자로 채용함으로써 담당 기자에게 신분(status)을 부여했다. 사주는 지사적 주의주장과 열정, 통찰력, 그리고 문장력을 가진 언론인을 물색했다. 그 당시 기자는 사상가 · 철학자 · 비평가로 모든 지식을 망라한 인물들이었다. 그러나 각 신문사에 수습 기자제가 도입됨으로써 신문의 인적 사항에 큰 변화가 왔으며, 새로운 제도에 의한 신문 기자 채용은 보상(rewards) 개념에 의한 신분제를 정착시켰다. 즉 「서울신문」이 1953년, 「한국일보」와 「조선일보」[509)]가 1954년, 「경향신문」이 1957년에 공채 1기를 모집함으로써, 기자는 종래의 집단적 자유와 윤리에 기초하기보다 개인적 자유와 더불어 책임을 수반하는 위치에 놓이게 된다.

순자의 '분이정(分已定)'의 원리가 관리 문화로 작동하게 되는데, 이 문화는 외부와의 벽을 쌓는 것이었다. 편집국도 편집 · 공무 · 업무를 분리시키며 편집부 · 경제부 · 외신부 · 정치부 · 체육부 · 문화부 · 사진부 · 교정부 등으로 분화되었다. 오종식(吳宗植)이 1955년 당시 내 이름 석자면 5만 명의 독자가 왔다 갔다한다[510)]라는 영웅적 기질은 전설상의 이야깃거리로 도태되었다. 당시 신문은 누가 글을 쓰는가에 따라 독자층이 옮겨가는 시대였다. 이 같은 문화의 소멸에 불만을 토로한 장기영(張基榮)은 1961년 50년대를 회상하면서 과거 20대의 주필, 20대의 편집국장이 있었음을 상기시켰다.[511)] 그러나 초기 단계의 공채는 서구식 저널리스트 과정의 교육을 받은 전문인이 아니라, 조선시대의 관리 충원과 같이 일반적 관료를 모집했다. 분화된 조직을 위한 기자 교육이 이루어지지 못했으므로 조직은 여전히 미분화되었고, 유교적 상하의 종속과 도제적 관계가 신문사 문화를

---

509) 조선일보는 1930년 4월 3일 첫 공채 시험을 치렀다(이한수, 「'몬로주의' '콤민테른' '이성계'를 설명하시오」. 『조선일보』, 2010년 1월 29일). 1936년 3월 치른 공채시험은 상식 · 작문 · 구술시험 등으로 치렀다. 특히 상식은 정치 · 경제 · 사회 · 역사 · 국제문제 등 다양한 문제가 출제됐다.

510) 장재국(張在國), 『한국일보 40년사』(서울: 한국일보사, 1994), p. 141.

511) 장기영(張基榮), 「20대의 편집국장을 대망한다」, 『신문연구』 2(1), 1961 봄, p. 82.

형성했다. 그러나 대체로 신문사의 수습 기자제는 1950년대 직업을 통한 신분의 부여, 직업을 통한 보상의 개념을 널리 확산시키는 계기가 되었다.

기자들이 신분을 강화시키는 정서는 '관훈클럽'[512]이 대변하였다. 한편 언론 전문직에 따른 신분 개념은 '한국편집인협회'[513]가 작성한 윤리강령에서 나타나는데 동 협회는 1957년 '신문 기타 정기 간행물법에 관한 건', '신문 및 정기 간행물 허가에 관한 건', '출판물에 관한 임시 조치법' 등 일

---

512) 관훈클럽은 1955년 미국정부 초청으로 노스웨스턴대 메딜 신문학원의 오리엔테이션 6주간, 실무 3개월 과정에서 그 구상이 시작되었다(박권상, "50년전 관훈클럽 출범을 회고한다.", 『관훈저널』 102호, 2007 봄, p. 19). 박권상, 노희엽, 조세형(평화신문), 진철수(AP통신), 박중희(코리아타임스), 김인호(합동통신) 등은 1956년 3월 말 귀국했다. 귀국한 달 뒤인 1956년 4월 30일 관훈동 84-2번지 박권상 하숙집에서 미국에 다녀온 6명과 최병우(코리아타임스), 이시호(로이터통신), 임방형(합동통신사), 정인양(합동통신)이 합류했다. 그들은 1956년 4월부터 '자유언론, 자유민주주의 건설에 뭔가 해야겠다.'는 공통가치의 틀 속에 9개월 동안 한 달에 두 번씩 연구 · 토론 모임을 가졌다. 연구모임을 가지며 어느 정도 자신감이 생겼고, 그러한 자신감이 관훈클럽 공식 발족의 밑바탕이 되었다(p. 20). 2~3년 차 올챙이 기자 10명으로 출범한 관훈클럽은 현재(2007), 897명의 회원을 참가시켰다.

513) 한국신문편집인협회는 1957년 4월 1일 서울 북창동 공보관실에서 발기위원회를 개최하고, 이관구(李寬求) 사회로 열린 이 회의에서는 신문윤리강(안)과 편집인협회규약(안)을 검토하고, 별도로 구성된 소위원회에 자구수정을 일임키로 했다.(나항윤(羅恒潤), 『한국신문윤리30년』, 1994, 83쪽) 회의 참석자는 고제경(高濟經), 고흥상(高興祥), 김광섭(金光涉), 김봉진(金奉鎭), 남상일(南相一), 박홍서(朴鴻緖), 석보(石輔), 설국환(薛國煥), 성인기(成仁基), 심정섭(沈貞燮), 원경수(元瓊洙), 이관구(李寬求), 임근수(林根洙), 정인준(鄭寅俊), 천관우(千寬宇), 최병우(崔秉宇), 홍종인(洪鍾仁) 등 17명이다. 그들은 1957년 4월 7일 오후 7시 공보관 강당에서 독립신문 창간 61주년 기념식 및 제1회 신문주간대회에서 선포하고, 한국신문편집인협회 창립총회를 개최하였다.

본 회의 창립목적은 국내 일간신문 · 통신사 편집관계 간부 및 방송사 관련 간부들의 협동단체로서 한국 언론인들에 부가된 중대한 사명을 달성하는데 필요한 다음을 주요사업으로 삼았다. ▶ 언로자유의 수호와 그 신장에 필요한 사업, ▶ 언론인들의 품위를 향상하고, 그 지위를 강화하는데 필요한 공통과정의 연구와 업무에 관계된 정보의 상호교환, ▶ 신문 · 통신 및 방송의 공동이익을 위하여 국내 언론계의 힘을 합일시키는데 도움이 되는 사업, ▶ 회원 간의 친목과 단합의 증진 등이다. 즉, 본 협회는 신문인의 사회적 사명을 지각하고, 신문의 윤리를 바로잡으며, 신문인의 권리를 굳게 지키고자 전국의 신문, 통신의 편집인을 중심으로 조직화되었으며, 그들이 작성한 '윤리강령'에는 자유, 책임, 보도의 한계, 평론의 태도, 독립, 정확, 성실, 관용, 품격 등 9개 항이 들어 있었다(한국신문협회, 『한국신문협회 20년』, 서울: 한국신문협회, 1982, p. 171).

련의 신문 탄압에 맞서서, 정치적으로는 '사사오입' 개헌에 대한 불만이 고조되는 시점에서, 이익흥(李益興) 내무장관과 김종원(金宗元) 치안국장이 '장면 저격 사건'으로 불신임을 받는 정치적 와중에서 발족되었다. 이는 언론 자유의 확보와 신문인들의 품위 및 지위 향상을 위해[514] 달성된 신문의 전문가 집단이었다. 그들은 언론 자유의 보장과 자신들의 직업적 권익과 계속성에 관심을 가졌다.

> 1) 언론의 자유를 보장하고 그 민주주의적 창달에 도움이 될 수 있는 사업에 협동한다, 2) 신문들의 품위를 향상하고 그 지위를 강화하기 위하여 공통된 문제를 연구하고 상호 전달 분야에 관한 정보를 교환한다.[515]

직업으로서의 언론은 항상 전문직에 관심을 두었는데, 신문의 당파성이 여전하여 집단적 자유와 윤리가 관행으로 남아 있던 당시, 개인적 자유와 윤리를 바탕으로 한 새로운 윤리강령의 제정은 획기적인 사건이었다.

언론은 그 속성상 공기(公器)의 기능을 지님으로써, 그 윤리를 규정할 때 직업상의 윤리와 아울러 그 사회의 종교와 사회윤리, 그리고 법 등을 고려하게 된다. 언론인의 직업윤리는 맹자의 철학과 다를 바가 없다. 그는 "자신의 일에 임하면서 정성이 지극한 데 움직이지 않는 사람이 없으며 성실치 아니한데 남을 움직일 수 없다"[516]라고 함으로써 의무 개념에서 권리가 발생하는 개인의 윤리 측면을 강조한다. 직분 관계에서도 맹자는 "임금이 애써 임금의 도리를 다하고 신하가 애써 신하의 도리를 다한다"[517]로 자신의 직업윤리 개념을 편다. 즉 언론인의 직업윤리를 논함에 있어서 수용자의

514) 오소백, 상게서, p. 253.

515) 나머지 2개 조항은 3) 신문, 통신의 공동 이익을 위한 노력에서 국내 언론계의 분산된 힘을 합일시키는 모든 사업을 방조(幇助)한다, 4) 회원간의 친목과 단합을 도모한다(오소백, 상게서, p. 253) 등이다.

516) 김문해 역해, 상게서, p. 199.

517) 김문해 역해, 상게서, p. 188.

커뮤니케이션 활성화라는 목적 달성에도 불구하고 기술적 '수사학'을 구사할 때 사회내의 커뮤니케이션의 단절, 혹은 수용자의 선택 제한 등을 가져올 수 있다. 당파성이 성행했던 당시로서 맹자의 논리는 신문의 사명, 기자 개인의 윤리와 맥을 같이 한다. 그러나 원론적 전통과는 달리 인작에 의한 권위주의 문화에서는 언론인의 개인적 윤리, 직업윤리가 문제시되었다. 1954년 당시 윤리 문제를 논한 우승규(禹昇圭)도 1) 신문은 거짓말을 잘한다, 2) 사적 행동을 폭로하기 좋아한다, 3) 기사 자체가 진실성을 잃고 횡설수설한다[518) 등으로, 문제되는 범위를 서구식 개인 윤리와 직업윤리에서 찾고 있다.

언론 자유는 사실 왜곡, 저속한 표현, 선정성, 오보와 허위 보도 등의 역작용에 대한 부담감을 안고 있다. 언론인의 '책임'(responsibility) 의식은 이러한 부담감을 해소시켜준다. 사회 책임을 지닌 기자는 사실 · 의견 · 논쟁을 공정하게 보도함으로써 독자가 판단하도록 도와준다. 그러나 공정이라는 테두리 속에 안주할 때는 중요한 사안을 공정 · 객관성의 미명 아래 무시하거나, 권력에 대한 지속적인 도전을 시도하지 않는 오류를 범할 수 있다.

언론 윤리가 사회 윤리적 측면과 맥을 달리할 수 없음에도 불구하고, '신문윤리강령'이 직업윤리와 함께 객관 보도를 강화할 때는 적극적 의미에서의 책무(accountability)를 수용할 수 없다.

'신문윤리강령'의 제3조 '보도와 평론의 태도'는 전술했듯이, 객관 보도를 존중하면서 정론지적 성격을 극소화하는 결과를 잉태했으며, 소극적 책임론에 머물렀다. 윤리강령을 제정하고 난 후 신문 주간의 표어를 '공정성실(公正誠實)'로 사용함으로써 공정한 보도, 객관 보도를 더욱 부각시킨다. 이는 당시 시대적 맥락으로 볼 때 정론지의 상황을 포기하고, 시대 상황을 수동적 입장으로 받아들이는 언론인의 태도와 관련을 맺고 있다. 당

518) 우승규, 「신문 윤리에 대한 편상(片想)」, 『사상계』 7, 1954. 12, p. 118.

시 그 강령을 작성하는 데 결정적 역할을 한 천관우(千寬宇)[519]는 의견의 배제, 균형, 정확성을 기하는 객관 보도에 관심을 갖는다. 윤리강령을 발표했을 당시 관훈클럽에 참여했던 젊은 기자들은 미국 연수를 통해 서구 언론을 직접 경험할 수 있었던 시기였으며, 윤리강령의 '보도와 평론의 태도'에서 나타나는 사회적 책임, 보도와 평론의 분리, 신문의 당파성(partisanship)의 금지 등[520]은 전문직을 바탕으로 한 미국의 신문 윤리강령과 다를 바가 없다.

천관우는 윤리강령을 발표한 직후 "매스 커뮤니케이션의 한국적 과제"란 제목으로 「조선일보」에 세 차례에 걸친 칼럼을 통해 그의 객관 보도의 옹호에 대한 편린을 잘 보여주고 있다. 즉 "의식적 왜곡에서 오는 심리적 폭력, 목적적 전달, 이데올로기 강요, 대중 조작을 위한 정치 선전" 등을 경계하며, "뉴스의 형식이 실물을 어떻게 정확하게 재생할 수 있는가" 등에 관심을 가졌다.[521] 천관우는 아울러 내셔널리즘의 경향보다 합리적 분석 및 여론 형성을 선호했다.

천관우의 객관적 · 합리적 사고는 그의 지도자론에서도 잘 나타난다.

> 매스컴이 (……) 지도자의 카리스마적 성격을 강조하여 민중의 주체적인 정치 참여를 결과적으로 저해하는 경향이 있고 (……) 정부가 매스컴을 비정치적인 민중을 정치적으로 동원하는 비합리적 수단으로 구사하는 경향 같은 후진성을 지닌다.[522]

그의 논조는 언론이 지도자의 카리스마적 속성을 경계해야 하고, 통치자

---

519) 방상훈, 상게서, p. 620 ; 천관우는 1952년 미국 미네소타 대학원에서 운영하는 신문학 연수 과정에 참가했다.

520) 서정우 · 차배근 · 최창섭, 『언론통제이론』(서울: 법문사, 1993), pp. 403~406.

521) 천관우, 「매스 커뮤니케이션의 한국적 과제」, 「조선일보」, 1957. 4. 13.

522) 방상훈, 상게서, p. 620, 재인용.

를 권력의 관리자로 국한시켰다. 통치의 근거를 법에 의한 합리적 민주주의에 둠으로써 기존의 지도자의 권력을 법 안으로, 신성한 정치 권력자가 세속적, 합리적인 법의 지배 안에 머무르길 원했다. 그때 언론이 비판 정신으로 여론을 매개하는 완충 역할을 해야 한다고 주장했다.[523)]

'신문편집인협회'가 작성한 '신문윤리강령'이 전적으로 당파성 신문을 약화시키는 데 결정적 기여를 하지는 않았다. 객관 보도를 강화시킬 수 있는 또 다른 형태는 당시 유행했던 전도(顚倒) '피라미드'형(the inverted pyramid type)의 기사 작성이었다. 윤리강령이 발표된 당시(1956~1957년) 국내에 전도 피라미드형 기사 작성에 관심이 집중되었는데,[524)] 이 방법은 기자의 주관적 관점에서 사건을 작성하기보다 누가, 언제, 어디서, 무엇을, 왜, 어떻게 등의 요소를 찾아내어 기술하는 방법이었다. 이 방법에 의하면 언론에 나타난 돌발적이고, 진행 중인, 이미 일어난 단편적인 사건들이 의도되거나, 의도되지 않는 갖가지 사건의 복잡한 상황을 묘사하기에는 역부족이지만, 단순히 일어난 행위와 사건을 보도하기에는 적절한 방법이다. 전도 피라미드형에 따라 기자는 자신의 주관을 멀리하고, 사적 증거를 제시하고, 분류하여 진술한다. 이때의 뉴스는 '사회적 사실'들이 나열되어 질서를 형성한다. 정보는 이 질서를 향해 작동하도록 하는 방향 제시에 불과하다. 그러나 전도 피라미드형 기사 작성은 사실의 규정에 역점을 둠으로써 순자형에 가깝다. 기자 자신의 내면적 심성을 다른 사람에게 전달하지 않음으로써 기자가 독자에게 자율적인 동의를 얻어낼 필요도 없다.

표현 방식도 표제 · 리드 · 본문 등을 보여 중요한 내용을 즉각 인지할 수 있도록 효율적 방법을 도입한다. 전도 피라미드형의 기술 방법은 AP, UP 같은 서구 통신사에서 일찍이 사용한 것이며, 「독립신문」의 잡보란과 영자판에도 익히 사용한 방법이었다. 그러나 정론지를 고수하는 당시의 상황

523) 「조선일보」, 1957. 4. 14.

524) 조세형(趙世衡), 「전도피라미드형의 폐단」, 『신문연구』 4(1), 1963 여름, p. 40.

에서는 환영받지 못했다. 만약 신문의 정론지적 사고를 줄인다면 출입처를 통한 간접 취재, 객관적 사실의 전달 등을 위해 전도 피라미드형을 사용할 수 있었다. 그러나 해방 이후 좌파와 우파가 유언비어 유포를 일삼는 분위기에서는 어울리지 않는 방법이었으며 지사적, 혹은 지도성의 논설 작성에는 도움이 되지 않는 것이었다. 그러나 미시적 사건 기사를 기술하는 방법이나, 다른 한편으로 고참 기자들의 속성인 강자에게는 무력하여 타협하고, 부하에게 가혹한 인작에 의한 권위주의 문화에 젖어 있는 분위기를 쇄신하기 위해 수습을 막 거친 20~30대 젊은 기자에게는 전도 피라미드형의 방법이 지극히 매력적이었다. 그러나 전도 피라미드형의 고유한 형식은 대화 커뮤니케이션에 적절하지 않으며, 정론지적 성격의 글에는 더욱 설득력이 없다. 전통적으로 한국 신문은 '역대식(歷代式) 기사법'에 의존했는데, 정확한 내용과 분위기를 전하는 데 쉽게 사용할 수 있었다. 뉴스가 의견을 줄이고 상품성 기사를 우선으로 하여 뉴스를 자극적 정보로 간주할 때 전도 피라미드형이 적절하지만, 당성(黨性)을 전할 때는 역대식 기사법이 훨씬 자유롭다. 이 형식은 대중에게 감동적 사고를 하게 하고, 행동하게 할 수 있다. 정통 역대식 기사법은 교육적 내용에는 적절하더라도 범죄 · 섹스 · 스포츠 · 재정 등의 인간 흥미에는 기본적으로 적절하지 않다. 헤드라인이나 광고로 독자를 유혹하는 것과 대중을 정치에 참여시키는 형태는 같을 수 없다. 데드라인과 헤드라인으로 승부를 거는 현대 상업지에게 역대식 기사법은 전혀 도움이 되지 못한다.

인작에 의한 권위주의가 배어 있는 문화에서 기자가 시시비비를 공정하게 보도하고, 책임을 지는 행위는 모험이 뒤따른다. 신문편집인협회의 1957년 '신문윤리강령'의 객관 보도 강조는 민주주의 의사 과정의 복잡성을 단순화하고, 공적 이해를 감소시키는 데 결정적 역할을 했다.

전도 피라미드형의 적용과 함께 과학에 대한 관심과 사고가 언론으로 이식된다. 과학의 도입은 부정적 측면에서 현실 도피의 방편이 되었지만, 긍적적인 시각에서 볼 때 모든 사실을 '유교적 인간관계'(정치 관계)로 풀었던 과거와는 달리, 과학기술에 관심을 가짐으로써 사회 체제 내의 사회 분화를 시도했다. 「한국일보」[525)]는 1958년 3월 1일 과학부 신설을 검토함으로써 한국신문사에 획기적 기여를 했다.[526)] 다른 신문의 과학부 신설은 「연합신문」(59년), 「조선일보」(64년), 「중앙일보」(65년), 「경향신문」(67년), 「서울신문」(68), 「동아일보」(69년) 순으로 이어지는데,[527)] 과학부의 기사는 정밀성 · 정확성 · 전문성 등 '가치 중립적' 관리 문화의 특성을 갖고 있었다.

과학부의 탄생은 과거의 대기자적 속성으로부터 기능적 전문기자상을 제시하는 계기가 되었다. 초기 「한국일보」는 대학교수를 자유 기고가 형식으로 위촉해서 주제에 따라 적절한 전문가가 해설을 하도록 시도했다.[528)] 그러나 곧 서광운(徐光云)을 과학부 부장으로 임명함으로써 「한국일보」는 과학 뉴스, 과학 해설, 과학 상식을 독자들에게 선보여, 새로운 전문 영역과 오락을 모색할 수 있는 가능성을 개척했다.

–전문 기자의 등장과 더불어 신문사 안에서는 증면 경쟁이 가열되었다. 「조선일보」가 5 · 15 정부통령 선거를 계기로 1956년 4월 1일부터 발행 부수를 늘리자, 「경향신문」은 1957년 7월부터 각각 조간 2면 석간 4면의 6면제로 바꾸었다. 1958년에 「서울신문」의 종전의 석간 6면제로부터 조석간

---

525) 「한국일보」는 한국은행 부총재 출신 장기영(張基榮)에 의해 1954년 6월 9일 창간되었다. 그는 1952년 4월 「조선일보」고용사장이었으나, 1954년 4월 이 신문을 퇴사하고, 그 해 5월 25일 「태양신문」을 인수하여, 신문을 발행하다, 제호를 바꿔, 6월 9일 「한국일보」를 창간한 것이다. 「한국일보」는 발행 · 편집 · 인쇄인 겸 사장 장기영, 주필 오종식(吳宗植), 편집국장 전홍진(全弘鎭), 공무국장 김완식(金完植) 등으로 출발하였다. 「한국일보」는 사시로 '춘추필법(春秋筆法)의 정신', '정정당당(正正堂堂)한 보도', '불편부당(不偏不黨)의 자세' 등으로 출발하였다(장재구,『한국일보 50년사』, 2004, 한국일보사). 이 신문은 읽을 거리기사를 개발하고, 사설란에 두 가지 사설을 게재하기 시작했다.

526) 과학에 대한 관심은 소련의 1955년 8월 26일, 대륙간탄도유도탄(ICBM)의 발사, 1957년 10월 4일 세계 최초의 인공위성 스푸트니크 1호의 발사, 그리고 미국의 1958년 1월 31일 인공위성 익스플로러 1호 발사 등으로부터 유래했다(장재국, 상게서, p. 173).

527) 장재국, 상게서, p. 173.

528) 장재국, 상게서, p. 172.

8면제를 시발로 각 신문의 지면 경쟁은 더욱 과열되었다. 신문은 비대해졌으며, 기능 분화는 회사 내 자매지의 증가로 이어졌다. 신문사의 자매지 확산은 인사 이동의 활발한 흐름을 낳게 하여 관리 문화를 정착시키는 데 결정적 기여를 했다.

신문의 관리화는 더 이상 이데올로기의 영향에 따라 색깔을 유지하던 시기의 정론지가 아니었다. 일제 시대의 친일지라는 색깔 논쟁에 일부 신문은 더 이상 노예가 될 필요가 없어졌다. 해방 후 활발하던 정론지적 성격은 '객관 보도'라는 미명하에 꼬리를 감추었으며, 당시 인기 없던 상업 신문은 고도의 수사학을 동원하여 독자에게로 다가섰다. 신문의 사시(社是)는 무력화하고, 신문의 정론지적 이데올로기는 약화되기 시작했다.

정론지의 성격이 각색되고, 관리 문화 안으로 포섭하게 되는 획기적 계기는 5·16 군사혁명이었다. 군사 정부는 5·16 이후 '사이비 언론인 및 언론기관 정화를 명분'으로 1961년 5월 23일 최고회의 포고령 제11호를 발표하였는데, 그 제1조는 "1) 신문을 발행하려는 자는 신문 제작에 소요되는 제반 인쇄 시설을 완비한 자에 한한다."[529]라는 규정을 두었다.[530] 그리고 계엄을 선포한 군사 정부는 기자는 일체의 뉴스원에 직접 접하지 못하도록 했다. 군사 정부는 일부 신문을 육성시키기 위해 인쇄용지의 쿼터제를 도입했으며, 경영상 필요한 자금도 융자해주었으며, 다른 한편으로 기자의 보수를 올려주기를 독려했다. 즉 신문은 일정한 자산을 가진 자만이 발행할 수 있게 되었으며, 출입처의 직접 접근을 제약함으로써 언론을 군사관료제의 원리로 작동하게 했다. 신문의 보도는 곧 정부의 발표문이었으며, 평론의 의미는 약화되었다.

혼란스러웠던 군사 정부 바로 직후인 1961년 8월 3일 전술한 '보도와 평론의 태도'를 명기한 신문편집인협회의 '신문윤리실천요강'이 발표되었다.

---

529) 송건호, 상게서, p. 222.

530) 송건호, 상게서, p. 222.

6. 커뮤니케이션 활성화로서의 윤리강령

'신문윤리실천요강'과 더불어 당파성 신문은 더 이상 존재할 수 없었다. 즉 당의 정책을 개발, 발전, 계획, 그리고 계속성을 유지시켰던 당파성 신문의 역할이 불가능하게 되었다. 신문의 색깔은 점점 희석되어갔으며, 신문을 통한 당 정책의 표방이 순조롭지 못하게 되었다. 집권당은 언론의 비판 기능을 사전에 봉쇄하며 부패의 길로 치닫는 동안, 야당은 정책 계발과 홍보를 위한 매체를 몰수당함으로써 장기적 정책 계발의 부재함을 폭로식 인기 전략으로 메울 수밖에 없었다. 이러한 여건 하에서 언론은 '폭로 저널리즘'[531]이 체질화되었으며, 인간 희생양이 신문의 상품화를 위한 도구가 되었다. 신문은 폭로성 '냄비 언론'을 양산했다. 그러나 당파성을 포기한 신문은 여러 독자층을 포용할 수 있어 판매 부수를 늘일 수 있었으며, 광고주를 쉽게 끌어들일 수 있었다. 신문의 색깔은 희석되고, 각 신문들의 차별성은 점점 약화되었다. 신문이 당파성을 상실하면서 독자는 대중으로 취급받기 시작했으며, 대중문화가 사회를 임습했다.

해방 후 사회 혼란과 더불어 언론이 난립할 때마다 언론법의 중요성이 재부각되었다. 선정적이고 부정확한 정보들이 난립했을 때, 李정권은 언론법 강화의 필요성을 절감했다. 李정권은 유교적 인간관계에 의지하지 아니하고 법으로 언론을 통제하는 동안 언론은 수차례에 걸쳐 정부의 의도에 비판을 가했다. '신문윤리강령'은 정부 통제의 강도가 심한 李정권 말기에 태어난다. 언론은 객관 보도로 사회를 분화시키며, 분화된 집단을 결속시

---

531) 폭로 저널리즘의 기자는 황색 저널리스트(yellow journalists)와 문자 그대로 폭로성 기자(muckrakers)로 구분할 수 있는데, 전자는 악과 범죄, 추문 등의 내용을 이념적 의미 없이 선정성에 관심을 가진다. 한 예로 「연합신문」이 1953년 전후로 정국은(鄭國殷)에 의한 '정계야화'의 상설란 설치를 들 수 있는데, 이 난은 인작에 의한 권위주의적 속성을 가진 정치인의 공 · 사생활 이면을 흥미 본위로 폭로했다. 그러나 당파성 신문의 폭로성 기자는 당의 정치 이념 차원에서 정치인의 권력 추구 욕망을 파헤친다. '유교적 인간관계'를 근본으로 하는 문화에서 양자의 희생양은 바로 인간 자체이다.

키는 기능을 담당했다.

신문지상에 '재벌 언론'과 '언론 재벌'의 문제가 대두된다. 이 문제와 더불어 언론 자체 내뿐 아니라 사회 내에서 신뢰와 커뮤니케이션 활성화에 대한 회의가 일기 시작했다. 순자는 '습상원(習相遠)'의 인간 속성으로부터 사회 체제 내에 필요한 개인으로 '길들이기'를 예(禮)로 간주했으며, 사회 기능적 측면에서 전문화와 법의 지배 등을 통한 사회 재편을 시도했다. 베버는 개인과 조직의 '책임윤리(責任倫理)'로 기능의 완성을 표방했다. 그러나 순자형의 기능의 분화가 사회 내의 신뢰를 확산시킬 수 없었으며, 객관보도에 관심을 가진 윤리강령과 그 실천요강에도 문제가 따랐다. 그렇다면 맹자형의 의무 정신을 바탕으로 직분에 충실함이 더욱 설득력이 있다. 베버는 개인의 궁극적 삶의 목표의 '신념윤리(信念倫理)'에 관심을 가졌다. 즉 직업 윤리강령보다 기자 개인의 성품(ethos)으로 타인의 동기 · 감정 · 사고와 공감할 수 있다. 언론인이라는 직위가 '보상(覇道)'의 개념에 지나치게 충실한다면, 사회 내 커뮤니케이션의 활성화라는 본연의 역할 수행이 난관에 부딪친다. 직위의 중요성을 갈파한 순자형의 원리를 도외시하지 않지만, 맹자형의 의무 정신을 살려 대화 커뮤니케이션 형태를 계속한다. 유교의 근본 원리가 인접한 개인간의 인간관계에 의해 실천된다면, 큰 조직은 소집단으로 분류하고, 그 집단 구성원이 각 팀으로 신문의 정신적 색깔을 결정한다. 신문 색깔의 다양함은 독자의 다양함을 원천적으로 소화해낼 수 있다. 그러나 신문의 현실은 인작에 의한 권위주의 속성의 거품적 집단 원리의 순치만이 우선적으로 자리매김을 함으로써 바람직한 유교 문화를 계승해오지 못하고 있다.

당파성 신문의 계승 · 발전이 지속되었더라면, 언론의 측면에서는 조직 비대화에 따른 원기능의 상실, 개인적 측면에서는 문화가 단절된 왜곡적 커뮤니케이션을 경험하지 않아도 되었을 것이다. '신문윤리강령'과 '신문윤리실천요강'의 제정은 언론인에게 사건의 선택, 평가, 해석할 자유를 제약함으로써 오히려 언론인을 위축시켰으며, 논쟁적 문제, 사회 비판을 제외시킴으로써 사회의 경직성의 완화에 역기능으로 작용하고 있다. 편집 · 논설 · 해설 · 논평의 기능이 강하게 반영되지 않음으로써 지면은 산만해지고, 정론지의 성격은 희석되었다.

맹자에 의하면 "인간의 본성은 소용돌이쳐 흐르는 물과 같아서 물길을 동쪽으로 내면 동쪽으로 흐르고 서쪽으로 내면 서쪽으로 흐른다." 마찬가지로 윤리강령과 그 실천요강이 언론의 직업윤리에만 치중되어 있다면, 사회 내의 커뮤니케이션 활성화 문제가 공백을 이룸은 당연한 이치이다. '재벌 언론'과 '언론 재벌'에 대한 문제는 과거의 윤리강령과 그 실천요강이 잉태한 하나의 잠재적 기능의 부산물이다. 1996년에 개정된 '한국신문윤리강령'과 '신문윤리실천요강'의 대화커뮤니케이션의 적극적 수용과 제한적 당파성의 허용은 과거의 반성으로 볼 수 있다.

맹자는 의무정신에 근거한 직분의 개념에 역점을 두었다. 여기서 얻는 개인의 직위는 천작(天爵)에 근거하며, 이런 직업들이 모인 사회는 인위적 윤리보다 하늘, 사회, 개인, 개인의 직업 등이 서로 자연스럽게 어우러진 자연적 윤리로 지배된다. 언론을 통한 커뮤니케이션의 활성화는 다름 아닌 자연적 윤리가 사회로 확산될 때에만 가능하다.

참고문헌

ㄱㄴㄷ生, 「자유신문: 자유의 성격」, 『신천지』, 1946. 4, pp. 21~22.

「경향신문」, 1948. 6. 8.

고종석, 「부산 정치파동」, 「한국일보」, 2004. 5. 25.

기자협회, 「새 신문윤리강령」, 『기자협회보』, 1996. 4. 6.

김광섭(金光涉), 「신문검열의 변천」, 『신동아』 복간 1, 1964. 9, pp. 54~62.

김국후, 『평양의 소련군정』, 한울, 2008, p. 123.

김남식(金南植) · 이정식(李庭植) · 한홍구(韓洪九) 엮음, 『한국현대사 자료총서』(1~5)(1945~1948)(서울: 돌베개, 1986).

김문해 역해(金文海 譯解), 『맹자(孟子)』(서울: 일신서적, 1991).

김복수(金福壽), 「미군정 언론정책의 발전과정과 성격」, 『언론학보』 11, 한양대학교 언론문화연구소, 1991, pp. 145~185.

김상만(金相万), 『동아일보사사』(II)(1945~1960)(서울: 동아일보사, 1978).

김옥조, 『신문과 방송』 305, 한국언론연구원, 1996. 5, p. 10.

김형효(金炯孝), 『맹자(孟子)와 순자(荀子)의 철학사상』(서울: 삼지원, 1990).

______, 「'맹자적인 것'과 '순자적인 것'」, 『정신문화연구』 16(2), 1993. 6, pp. 23~46.

나항윤(羅恒潤), 『한국신문윤리30년』(서울: 한국신문윤리위원회,1994).

남시욱(南時旭), 「한국신문기사스타일 변천사」, 『신문연구』 3(1), 1962 봄, pp. 100~113.

「동아일보」, 1947. 9. 27.

동전생(東田生), 「조선일보」, 『신천지』, 1946. 4, pp. 20~21.

문종대, 「미군정기 신문의 이데올로기 구조화과정에 관한 연구」, 서강대학교 석사학위논문, 1988.

박권상, "50년전 관훈클럽 출범을 회고한다.", 『관훈저널』 102호, 2007 봄, p. 19.

백 담, 「인민보의 위기」, 『신천지』, 1946. 5, pp. 70~71.

방상훈(方相勳), 『조선일보 70년사』(서울: 조선일보사, 1990), p. 486.

서정우(徐正宇) · 차배근(車培根) · 최창섭(崔昌燮), 『언론통제이론』(서울: 법문사, 1993), pp. 403~406.

송건호(宋建鎬), 「한국현대언론사론」, 한국기독교사회문제연구원 엮음, 『언론과 사회』(서울: 민중사, 1983).

______, 「논조와 체제」, 『신사조(新思潮)』 1(10), 1962, pp. 74~63.

신문편집인협회, 『신문편집인협회 30년사』(서울: 신문편집인협회, 1987).

안덕근, 「조선신문론」, 『신세대』, 1946. 7, pp. 27~31.

오소백(吳蘇白), 「자유당 치하의 언론」, 『한국의 언론』 제1집(서울: 문화공보부, 1968), pp. 329~336.

오기영,「언론과 정치」,『신천지』, 1947. 1, pp. 15~24.

우남전기(雩南傳記) 편찬회,『우남노선(雩南路線)』, 서울: 명세당(明世堂), 1960, p. 110.

우승규,「신문윤리에 대한 편상」,『사상계』7, 1954. 12, p. 118.

유선영,「객관주의 100년의 형식화 과정」,『언론과 사회』10, 1995 겨울호, pp. 86~128.

유광열,「언론자유의 한계」,『신천지』, 1953. 6, pp. 44~49.

이경형,『서울신문 100년사』(서울: 서울신문사, 1904).

이기백(李基白),『한국사 신론』(서울: 일조각, 1986).

이병국(李秉國),『대통령과 언론』(서울: 나남, 1987).

이완범, "한국 정권교체의 국제정치, 서울대학교 국제문제연구소 편, 상게서, p. 150

이한수,「'몬로주의' '콤민테른' '이성계'를 설명하시오」.『조선일보』, 2010년 1월 29일

이한우,「'친일청산' 여론을 주도하다」,「조선일보」2010년 2월 16일.

임화(林和),「민전의 신정부 설계: 민주직 문화정책」,「조선인민보」, 1945. 12. 22.

장기영(張基榮),「20대의 편집국장을 대망한다」,『신문연구』2(1), 1961 봄, p. 82.

장재구,『한국일보 50년사』, 2004, 한국일보사.

장재국(張在國),『한국일보 40년사』(서울: 한국일보사, 1994), p. 141.

정만교(鄭晩教),「정부수립 및 6 · 25동란」,『한국의 언론』제1집(서울: 문화공보부, 1968), pp. 183~230.

정병준,『우남 이승만 연구』(서울: 역사비평사, 2005), p. 111; 정용욱, 상게서, p. 59.

정요욱, "홍보, 선전, 독재자의 이미지 관리", 서울대학교 국제문제연구소 편,『이승만과 제1 공화국』, 논형, 2007, pp. 25~26.

조맹기, "좌 · 우 최전선에서의 성재 이관구-신탁통치(후견제)를 중심으로",『현대 커뮤니케이션 사상사』, 나남, 2009, p. 389.

조세형(趙世衡), 「전도 피라미드형의 폐단」, 『신문연구』 4(1), 1963 여름, pp. 40~48.

______, 「신문의 책임」, 『신문연구』 2(1), 1961 봄, pp. 5~15.

조용만(趙容萬), 「한국에 있어서의 언론자유」, 『신천지』, 1953. 6, pp. 38~43.

주동황(朱東晃), 「한국정부의 언론정책이 신문 산업의 변천에 미친 영향에 관한 일 고찰」, 서울대학교 박사학위논문, 1992.

주식회사 경향신문 문화방송, 『문화경향사사』(서울: 주식회사 문화경향, 1976).

정진석(鄭晋錫), 『한국현대언론사』(서울: 전예원, 1992).

차재영, 「주한 미점령군의 선전활동 연구」, 『언론과 사회』, 1994 가을, pp. 29~52.

차재영, 「한국 정부의 수립과 현대 언론의 정착」, 『광복과 한국 언론의 형성』, 한국언론학회 언론사분과연구회, 2005. 8. 30, p. 129.

천관우(千寬宇), 「매스 커뮤니케이션의 한국적 과제」, 「조선일보」, 1943. 4. 13.

최기영(崔起榮), 『대한제국시기 신문연구』(서울: 일조각, 1991), pp. 267~268.

최대림(崔大林) 역해, 『순자(荀子)』(서울: 홍신문화사, 1993).

최세경, 「혁명전과 혁명후」, 『신사조(新思潮)』 1(10), 1962. 11, pp. 55~67.

최일남, 「문화면의 기능과 과제」, 『신문연구』 3(1), 1962. 1.

최준(崔埈), 「한국 신문해방 20년사」 3, 『신문연구』 7(2), 1966 겨울, pp. 167~197.

PQ生, 「중앙신문의 내부」, 『신천지』, 1946. 5, pp. 72~73.

한국신문편집인협회, 『신문편집인협회 30년사』(서울: 한국신문편집인협회, 1987).

한국신문협회, 『한국신문협회 20년』, 서울: 한국신문협회, 1982, p. 171).

「한성일보」, 1946. 2. 26.

Belsey, Andrew and Chadwick, Ruth, "Ethics and Politics of the Media", in Andrew Belsey(ed.), Ethical Issues in Journalism(New York: Routledge, 1992).

Henderson, Gregory, Korea-The Politics of the Vortex(Massachusetts: Harvard University Press, 1968).

Hermens, Ferdinand, "The Tyranny of the Majority," Social Research, Spring

1958, pp. 37~52.

Kim, Kyun, "The American Struggle for Korean Minds: U. S. Cultural Policy and Occupied Korea", University of Wisconsin-Madison, 1995.

Knowlton, Steven R. and Parsons, Patrick, The Journalist's Moral Compass(Connecticut: Westport, 1995).

제 6 장
권력, 자본, 그리고 언론 노조를 통한 한국 언론사의 이해(1960~1988)
— 언론의 민주적 관료제

1. 언론의 민주화

민주화를 위한 6·29선언은 사회 각 분야에 큰 변화를 가져왔다. 언론 분야에서는 각 언론사별로 노동조합이 설립되었으며, 더불어 1988년 11월에는 전국언론노동조합연맹(言勞聯)[532]의 창립을 보게 되었다. 언노련의 제1차 대의원 대회에서 채택한 창립 선언문은 "언론 자유의 완벽한 실천을 통해 사회의 민주화에 이바지하는 것"을 우선 목표로 규정하였으며, 조직 안에서는 "보도 및 논평의 의사 결정 과정을 민주화할 것"으로 규정하였다.

선언문에서 언노련은 스스로를 노동자 계급운동의 '전위적 단체'로 규정하지만, 현실적으로 이들의 목표는 벽에 부딪친다. 언론 노동자는 정치 권력과 자본으로부터 해방을 공약했지만, '신분 집단'으로서 자신의 기득권을 포기하지는 않았다. 언노련 창립 이후 상업적 원리에 의해 운영되는 신

532) 1988년 11월 26일 전국 41개 언론 노조 1만 3,000명을 대표하는 122명의 대의원들이 프레스센터 20층에서 전국언론노동조합연맹 창립총회를 열고 위원장에 권영길(權永吉)을 선출했다(언론노동조합연맹, 「특보」, 1988. 11. 26).

문은 부수 확장 경쟁의 소용돌이 속에서 지면이 늘어남에 따라 노동 강도는 심화되었다. 공영 방송과 민영 방송 체제의 경쟁 상황에서 언노련의 계급의식의 활성화는 문제에 봉착하게 된다. 각 신문과 방송사의 임금 체계도 고르지 못하며, 사이비 언론까지 득세하는 판이었다. 각 지방의 군소 언론은 생활에 필요한 기본급마저도 지불하지 못하는 형편이었다. '신분 집단'으로서 그들에게 적절한 교육과 재교육의 기회를 부여하지 않음으로써 현실의 개선책도 부족하다. 그렇다고 현실적으로 서울 소재의 신문사의 주재원이 각 지역에 배치되어 있지도 못한 실정이다. 서울 소재의 신문사는 지역과 영역에 전문 기자들을 배치시켜 조직적인 취재가 이루어지도록 해야 하나, 지역망의 체계적 형성이 미비하여 각 신문사의 강점 영역의 부각이 미흡하다. 군부 · 신군부 정권은 빈번히 사이비 기자란 명목으로 중앙 언론사의 지방 주재기자의 설치를 허용하지 않음으로써, 중앙 언론사는 큰 사건이 생길 때마다 전문적 지식이 없는 기자를 각 지역에 특파하는 실정이다. 각 지방의 대다수 언론은 건설업, 부동산업, 지방 유지 등이 신문업과 방송업을 소유하고 있어 언론의 이권 개입이 상존한다. 언론에 협력하지 않는 인사에게 언론은 폭로전을 내세우며 맞선다. 민선 지역 단체장은 정보 노출을 꺼리며, 더욱이 언론에 그다지 관심을 보이지 않는다. 폐쇄된 지역 단체가 지닌 정보의 허점은 대개가 언론의 폭로물의 대상이 되며, 그때 중앙 언론과 지역 언론은 폐쇄된 지방 조직의 비리를 폭로할 적절한 시기를 기다린다.

언노련은 지금의 언론 관련 문제와 더불어 사회민주주의를 돕는 노동운동의 전위적 단체로 규정할 수 있다. 언론에서의 민주주의는 다름 아닌 지역과 영역을 초월한 커뮤니케이션의 활성화이다. 언론의 환경의 감시 기능과 사회 제도를 연결시키는 언론의 주요 기능도 결국 커뮤니케이션의 활성화와 관련을 맺고 있다. 언론은 수용자의 알권리를 충족시켜 그들에게 정신적 · 육체적 해방을 가져다준다. 언론은 커뮤니티 구성원에게 같은 정보를 제공함으로써 문화 공동체를 형성케 하며, 공론의 장을 만들어 공감의 정도를 넓혀준다. 공동체 형성을 위한 언론의 기능은 환경의 감시로 폭로 언론을 일삼기보다, 참여자로서 현실에 참여하여 사회 문제를 풀어갈 때 가능하다.

민주주의 하에서 언론의 기능이 커뮤니케이션의 활성화라면, 사회민주주의 개념으로부터 사회는 서로의 이익을 공평하게 나누도록 도와주는 기능을 한다. 부와 이익을 공평하게 나눠가질 때 커뮤니케이션이 활성화되며, 서로 참여함으로써 집단의식이 창출되며, 노동 생산성 또한 높아진다. 생산성이 올라가면 잉여가치의 배분 문제가 다시 대두된다. 착취의 정보가 높아지면 커뮤니케이션이 단절되며, 많은 숫자의 노동자는 '대자적' 계급의식을 형성한다. 가진 자와 못 가진 자는 서로 왜곡된 커뮤니케이션을 일삼는다. 그때 언론 노동조합과 언노련은 노동운동의 전위적 단체가 될 수 있다. 즉 안으로의 민주화와 더불어 언노련은 사회 전체의 노동 운동을 이끄는 견인차 역할을 할 수 있다.

언노련이 갖고 있는 '사회 민주화'를 위한 문제의 실마리를 관료주의적 속성을 이용함으로써 풀어나갈 수 있다. 언론 관료제는 환경의 감시 자체를 엄격히 시도함으로써 커뮤니케이션 활성화에 도움을 준다. 교육과 그들의 전문직 기능을 통해서 언론은 환경 감시를 시도하며, 사회의 조직 밖에 있는 민중들을 조직 안으로 끌어들여 제도화(制度化)하도록 도와줄 수 있다. 언론은 개인의 사유 재산에 근거한 잉여가치를 공적 가치로 전환시키는 노력을 강화시킬 수 있으며, 사회 내에 일어나는 잉여가치를 정당하게 분배하도록 도와줄 수 있다. 언론은 출입처를 조정하여 학교, 종교 단체, 노동 단체, 환경 단체 등 사회 단체로부터 집단적 · 감정적 성격을 지닌 여론을 수렴할 수 있다. 또한 여론을 통해 통제하려는 세력을 사전에 차단하여 합리적 사고로 사회를 끌어갈 수 있는 힘이 있다.

각 언론사의 노동조합과 언노련은 언론인을 노동자로 규정함으로써 자신들의 운신의 폭을 좁혀간다. 언론사를 통해 살펴보면 언론인을 계급으로 규정하기보다 신분 집단으로 규정함이 더욱 설득력 있다. 신분 집단은 '생활의 형태'(a style of life)[533]의 독특성을 지닌다. 이 구성원은 신분 집단의 독특한 신분의 질적인 풍속, 명예를 즐긴다. 신분 집단은 안에서의 충격뿐 아니라 외부에서 오는 물질적 · 감정적 · 갈등적 요소를 흡수할 수 있다. 이 집단은 다른 집단이 쉽게 흉내 낼 수 없는 터부가 존재하며, 이들은 도제에 가까운 독특한 교육 제도, 훈련 방식, 기능 등을 지니고 있다.

언론 노동조합의 결성과 더불어 신분적 권력 관계는 계급적 경제 관계로 전환되었다. 언론인 개개인은 삶의 질에 도움을 주는 '사용가치'보다, 타인의 삶과 비교를 가능케 하는 '교환가치'에 몰두한다. 노동조합 운동이 가열할수록 계급적 관계가 가속화할 조짐을 보이고 있다. 이때 삶의 양식인 문화 등도 시장 관계로만 규정하려고 한다. 이러한 제반 여건은 언론 산업을 계급적 관계로 풀이할 충분한 근거를 제공하고 있다. 노동 집약적 산업인 언론이 점차 더 많은 관리와 전문가를 요구하게 됨으로써 관료는 비대화되게 마련이다. 비대화된 관료제는 조직 안에서 통제 메커니즘을 통해 언론인을 착취하려고 하며, 조직 자체도 힘의 관성에 의해 군소업자에게 피해를 주며, 외부 조직의 커뮤니케이션을 차단한다. 관료의 타성에 젖어든 언론인은 정감적 · 심정적 · 경험적 · 집단적 성격의 의견과 여론을 받아들이길 거부한다. 그러나 언론 관료제는 기술적 우위를 점하면서 시대의 변화에 따라 기자를 정예화하며, 교육과 인사 정책을 통해 관리 기구를 계속적으로 정화(purification)시켜왔다.

사주는 자본을 통해 언론을 통제하기에 이른다. 언론 소유주는 편집 · 인사 · 관리권까지 장악하며 상업 언론을 운영해왔으며, 소유 구조를 사적인 형태로 운영하면서 공적인 요소를 제외시켰다. 또한 정치 권력과 동조하면서 권력을 나누는 과정에 참여하여, 그 권력을 자본으로 이전시켰다. 언론의 소유주와 정치 권력은 언론인이 속한 신분 집단을 계급으로 이전시키면

---

533) Gerth, H. H. and Mills, C. Wright, From Max Weber(New York: Oxford University Press, 1946), p. 191.

서 노동조합과 언노련을 결성할 수 있는 빌미를 줬다. 본서는 언노련의 '사회 민주화' 정책을 잉태한 언론사 관료제의 자본 축적 과정과, 여론을 차단했던 언론의 시대적 상황을 해석한다. 즉 언노련이 탄생하기 전의 허정(許政) · 장면(張勉) · 박정희(朴正熙) · 전두환(全斗煥) 등의 정권으로부터 언론과 정치권력의 공생 관계를 기술할 것이다. 이 과정에서 본 저서는 언론사 관료제의 형성 과정과 언론인의 신분적 속성의 형성 과정을 중점적으로 풀이한다. 언론사의 관료제는 결국 언론 노동조합, 언노련 등을 창출했다. 본서는 이 시대적 맥락을 서술하며, 아울러 언노련의 운동 방향을 '민주적 관료제'로 제시한다. 그러나 본 연구는 정책적 대안을 제시하기보다 현실을 묘사하고, 역사적 사실들의 의미를 풀이한다.

이 연구는 베버(Max Weber)의 관료제를 풀이하는 해석학적 방법(Verstehen)을 원용한다. 즉 군부의 등장과 더불어 언론인의 신분 제도 형성의 의미를 해석하는 한편, 신군부의 등장으로 언론인의 계급적 속성이 지니는 의미를 파악한다. 후자가 관료제의 형태를 표방한다면, 전자는 관료 문화의 형태를 지닌다.

본 저서는 각 시대를 축으로 언론사에서 현저한 현상으로 나타났던 행위자의 의도적 활동과 더불어, 사실과 사회적 구조 등으로부터 발생하는 사회 문화적 규칙들을 해석한다. 관리 기구의 작동 원리는 법과 문서에 의존하나 '알브로(M. Albrow)의 해석'[534]처럼 본서는 당시 사회 상황, 규범, 규칙, 관습, 조직적 관행 등 행위자를 강압하는 요소들도 포함시킨다. 이런 요소들은 어떤 특정한 요소만을 우위성에 두지 않으며, 현저한 현상이 출현한다고 하더라도 이런 현상들은 단지 현저히 일어날 확률에 불과하다.

각 시대의 구체적인 사회 현실에서 두드러졌던 조직적 · 사회적 · 문화적 · 역사적 의미를 풀이할 때, 필자의 주관적 해석이 객관성을 획득할 수 없

534) M. Albrow, "Legal Positivism and Bourgeois Materialism: Max Weber's View of the Sociology of Law", British Journal of Law and Society, vol. 2, 1975, p. 17.

을 가능성은 언제나 존재한다. 그러나 본 저서는 개인과 조직의 합리적 목적 행위(rational purposive action)에 주안점을 두고 그 행위의 목적과 동기에 관심을 갖는다. 본 저서와 같은 방법의 연구는 베버의 관료제 연구자들인 C. W. Mills and H. H. Gerth(1956), Edward Shils(1973), M. Albrow (1975), Paul Walton(1976), Irving M. Zeitlin(1985), G. H. Mueller(1986) 등에서 볼 수 있다. 이들은 관념론과 유물론 양자를 오가면서 사회 현실을 해석하였으며, 관료제와 법의 성격을 규정할 때 사회 정치적 요인을 포함시켰다.

관료제적(법적) 성격을 역사적 맥락에서 규정한 베버주의자들과 달리, 국내에서 주동황(1992)은 정부의 언론 정책이 신문 산업에 미친 영향을, 김해식(1994)은 한국 언론이 자본주의로 제도화하는 데 영향을 미친 역사적 · 구조적 요인들을 밝혔다. 그러나 본 저서는 주동황과 김해식의 언론 기업의 자본 축적 과정에 관한 관심에 공감하면서, 베버주의적 입장에서 권력·자본·관료제도 등의 의미를 해석하는 데 관심을 갖는다.

2. 관리 문화의 형성

허정(許政) 과도정부의 국회는 1960년 6월 16일 내각책임제 개헌안을 통과시켰다. 국회는 참의원과 민의원으로 구성하도록 입법화하였으며 대통령과 국무총리를 국회에서 선출하도록 했다. 그리고 과도정부는 신문 · 출판에 대한 규제를 완화했다. 이때 언론은 상당한 자유를 누렸으며, 언론사는 우후죽순처럼 생겨났다. 자유당 말기 이승만정권의 부정부패가 극에 달했을 때 언론의 폭로 저널리즘은 주효했다. 언론의 폭로성 기사는 수용자를 매료시켜 민중의 정치의식을 고조시켰다. 하루하루 일어나는 부정선거 고발 뉴스는 수용자들에게 큰 관심거리가 되기에 충분했으며, 기자가 흥분할 때 국민은 환호했다. 집단적 행위로부터 발생하는 여론의 힘을 빌려 언론은 득세했다. 신문의 소유주와 정치 지도자의 의도에 따라 여론의 행방은 바뀌었다. 언론의 발행 부수가 치솟는 동안 수용자는 현재형 인간으로 순치되기 시작했다. 시대의 충격은 신문에 반영되었으며, 흥분한 수용자는 현실적 인간형으로 깊이 사고하기보다 신문을 읽으면서 자신의 미래를 설계했다. 그럴수록 신문은 비판의 강도를 높여서 수용자를 사로잡았다. 민중에 힘입어 정권을 잡은 허정은 1960년 7월 1일 법률 제553호 '신문 및 정당 등의 등록에 관한 법률'을 공포했다. 국무원 사무처의 등록만으로도 활동이 가능한 상황에서 언론과 기자들은 마음껏 자유를 누렸다. 밖으로 승리감을 얻은 '4·19기자들'은 안으로의 처우 개선을 위해 언론 출판 노조운동을 전개하기 시작했다. 부산 · 대구에서 시작한 언론 노조운동에 서울의 「연합신문」, 「자유신문」, 「평화신문」 등이 뒤따랐다. 그러나 일단 정권을 장악한 장면은 1960년 12월 5일 신문사 및 통신사 등 39개 사와 각종 정기 간행물 146개를 폐간했다.[535] 시설도 없이 간판만 내걸고 언론 행위를 하는 사이비 언론에게 일침을 가한 셈이다.

그 와중에 일본 거류민단 조용수(趙鏞壽)는 「민족일보」[536]를 창간하고는 혁신적 언론인 송지영(宋志英) · 윤길중(尹吉重) 등을 영입했다. 당시 민중의 힘에 비해 위약한 관리 기구 하의 내각은 사상적 자유를 허용하지 않았다. 허정 내각을 승계한 장면(張勉) 내각이 등장했다. 1960년 7월 29일 실시된 총선에서 민주당 출신이 대거 당선되었다. 선거결과 윤보선 의원(민주당 구파) 은 대통령, 국무총리는 장면 의원(신파)이 선출되었다. 정권을 잡은 장면 국무총리는 진보적 색깔을 띠기 시작한 「민족일보」를 서울신문사 내의 공무국에서 제작하기를 거부했다.[537]

535) 송건호, 「한국현대 언론사론」, 한국기독교사회연구소 편, 『언론과 사회』(서울: 민중사, 1983), p. 218.

536) 『민족일보(民族日報)』(1961. 2. 13 창간)는 사시로 "민족의 진로를 지지하며 부정부패를 고발하며 근로 대중의 권익을 옹호하며 양단된 조국의 비애를 호소한다"를 제시했다(송건호, 상게서, p. 219).

537) 송건호, 상게서, p. 220.

'4 · 19기자들'의 속성과 정신은 허약한 내각을 더욱 좌절하게 했다. '데모 금지법'과 '반공법'으로 사태를 진정시키려 했으나, 장면 정권은 끝내 실패하고 관료 문화의 원리에 충실했던 군 관료가 등장했다. 군 관료는 마르크스(Karl Marx)가 언급했던 '동양의 전제주의'(Oriental Despotism)의 강압적 중앙 집권의 성격을 지녔지만 강제적 노동력을 사용하지는 않았다. 자유노동을 허용하고, 화폐 경제를 활성화시켰으며, 자본을 권력 안으로 끌어들였다. 물론 군 관료는 경제 테크노크라트의 힘을 빌려 관료 문화와 법을 형성 · 제정하지만, 자유 선택을 통해 효율성 · 합리성을 추구하는 관리 지배의 순수형은 아니다.

1961년 5월 16일 새벽 5시에 군사혁명위원회는 장도영 의장(육군 참모총장)의 명의로 중앙방송국을 통하여 학명공약을 발표하고 전국에 비상계엄령을 선포했다.[538] 그 후 박정희(朴正熙) 소장은 국가원수이고 군 통수권자인 대통령의 동의를 받아 군사혁명을 성공시켰다.

군 관료 기구는 국가 이익과 국가 안보의 미명 아래 감정적 여론을 제약할 수 있는 충분한 특성을 지녔다. 전통적 의례 · 관습 · 규범의 종교적 특성을 규칙 · 규율 · 법과 문서로 대치시켰다. 박정희 군사 정권은 국가 지상주의의 '관념 철학'을 바탕으로 자신의 지배 형태를 '행정적 민주주의'[539]로 규정하였다. 그는 1962년 6월, 언론에 관한 소신을 "1) 언론 자유와 책임, 2) 언론인의 품위와 자질, 3) 언론 기업의 건전성, 4) 신문 체제의 혁신, 5) 언론 정화" 등 5개 항[540]으로 집약했다. 한편 신문협회가 정리한 통합적 성격은 1) 국가이익의 추구가 언론의 일차적인 기능인 동시에 궁극적인 목적이라야 하고, 2) 이를 위해 언론은 지도적 기능을 수행해야 하며, 3) 언론의 자유보다는 책임을 더 강조하는 내용이었다."라고 했다.[541]

---

538) 김영모, 상게서, p.111.

539) 이병국, 『대통령과 언론』(서울: 나남, 1987), p. 120.

540) 송건호, 상게서, p. 180.

그 중 신문 체제의 혁신으로는 다음과 같이 규정했다.

> 보도 편중의 현 신문 체제에서 탈피하고 대중 계몽과 교육을 위해 대폭 증면, 편집함으로써 신문 체제의 일대 혁신을 기하며 조 · 석간 겸 발행의 경향을 조절하여 조간지, 석간지의 전문지 육성을 기함으로써 신문 증면과 더불어 내용의 충실을 기한다.[542)]

군사 정권의 기본 언론 정책은 혁명 당시부터 시작되었다. 군사혁명위원회는 1961년 5월 16일 위원회령(즉, 布告令) 제1호를 발표하여 국민의 언론에 관한 기본권을 제약시켰다. 제1호의 3조는 그 예였다.

> 언론, 출판, 보도 등은 사전 검열을 받으라. 이에 대해서는 치안 확보상 유해로운 시사 해설, 만화, 사설, 논설, 사진 등으로 본혁명에 관련하여 선동, 왜곡, 과장, 비판하는 내용을 공개하여서는 안 된다. 본 혁명에 관련된 일체 기사는 사전에 검열을 받으며 외국 통신의 전재도 이에 준한다.[543)]

군사혁명위원회는 당파성 신문과 더불어 신문의 해설 · 논설 · 논평 기사는 '공공 안녕 질서의 유지'라는 명목으로 기자가 뉴스원에 직접 접촉하는 것을 금지시켰다. 곧이어 동년 5월 20일 군사혁명위원회는 '사이비 언론 기관의 정리 조치'를 위한 국가재건 최고회의(군사혁명위원회를 개칭) 포고 제11호를 발표했는데, 그 제1, 2조는 다음과 같다.

> 제1조, 신문을 발행하려는 자는 신문 제작에 소요되는 제반 인쇄 시설을 완비한 자에 한함. 제2조, 통신을 발행하려는 자는 통신 발행에 필요한 송수신 시설을 구비하여야 함.[544)]

---

541) 한국신문협회, 『신문협회 20년』, 1982, pp. 69~7; 최준, 상게서, p. 409.

542) 이병국, 상게서, p. 141.

543) 이병국, 상게서, p. 118.

신문의 효율성과 경제성을 포함시키고 등록 사항을 위한 인쇄물은 등록 취소를 명함과 함께 신규 등록은 허가하지 않았다.

군사혁명위원회는 신문 · 통신의 정비를 단행하여, 일간지(중앙 49사, 지방 27사), 주간지(중앙 324사, 지방 129사), 통신(중앙 241, 지방 64사), 계 834사가 폐쇄되었다. 잔여 신문 된 신문 · 통신은 중앙 · 지방 합해서 일간지 39사, 주간지 32사, 통신 11사 등으로 계 82사로 대폭 정비되었다.[545]

한편 당시 공보부는 '기자 출입 및 취재 절차'를 각 사에 전달하였는데, 그 내용은 정부의 업무 수행에 지장을 초래하지 않는 한도 내에서 기자 취재 활동에 편의를 도모하였다.[546] 즉, 정부 출입 및 취재 협조는 1) 정부 각 부처장이 발행한 출입 기자증 소지자, 2) 기타 각 부처장의 필요에 따라 허용된 자만을 허용했다. 정부는 언론통제를 강화할 목적으로, 그해 12월 8일 포고령 제1호를 개정하여 '특정범죄처벌에 관한 임시특별법'을 설치하고, '허위 사실 유포죄'를 신설하였다.

타율규제에 맞시 편집인협회, '발행인협회'[547], 통신협회 등은 언론의 자율 기구 명목으로 1961년 9월 12일 '한국신문 윤리위원회'를 발족시키고, 그 해 8월 3일 채택한 「한국신문윤리위원회 회칙」과 「신문윤리실천요강」을 승인했다.

박정권은 자율규제를 찬동하였지만, 언론의 계몽, 해설, 교양 등 중심의 지도성을 강조했다. 당시 박정권이 가졌던 언론관은 다음의 글에서 잘 나타난다.

> 한국의 논설은 무조건 비판적이고 반항적이라고 불만을 토로했다. 논설을 쓰는

---

544) 이병국, 상게서, p. 119.

545) 최석채(崔錫采), 『반골 언론인 최석채』(서울: 성균관대학교 출판부, 2003), p. 189.

546) 최석채, 상게서, p. 190.

사람들이 한국의 현실과 여론의 소재를 파악하지 못하고, 다만 탁상에서 자기가 가진 의견과 선입견에서 논리를 전개한다.[548)]

뉴스원으로의 접근과 사이비 주재기자의 취재를 금지하는 일종의 조치는 그 잠재적 기능을 논설에 반영시켰다. 더욱이 계몽 중심의 기사와 논설은 건조한 문장을 없애고, PR 효과를 얻기 위해 빈번히 사건을 극화시킨다. 진실을 보도할 때 정확성은 필연적이다. 그러나 사실을 중심으로 한 기사와 논설은 사건의 전체 상황을 묘사할 수 없다. 직접 취재가 부분적으로 허용되지만, 다른 신문과 경쟁적 상황에서 사건의 이해를 증가시킬 기법을 개발하게 된다. 군사 정권 하에서의 언론은 시간과 공간의 제약으로, 혹은 종합적 상황의 취재의 난점으로 사건을 극화시킬 수밖에 없었다. 기자의 독특한 믿음과 기대에 따라 다큐멘터리 기법을 이용하여 선택적 사실

---

547) (일간신문)발행인협회는 1957년 창립되었으나, 5 · 16이후 '한국신문발행인협회로 명칭을 변경시키고, 신문협회 창립은 1962년 10월 13일을 창립일로 결정했다.(장대환, 한국신문협회 2008.「한국신문협회 50년사」, 한국신문협회. p. 83) 신문회에서 열린 창립총회는 16개 회원사 가운데 15개(한국일보 장기영 불참) 사가 참석하였다. 기존의 이사장제를 폐지하고 윤번제로 '책임이사'(이사장)를 두기로 했으며, 첫 책임이사에 이준구(경향신문)를 선출했다. 이사는 김상만(동아일보), 김남중(전남일보), 황용주(부산일보), 방일영 (조선일보)이었고, 감사는 양순직(서울신문), 김동성(코리언 리퍼블릭)이 선출되었다. 그 외 시방신문 발행인들이 참여했다. 발행인협회는 정관에서 그 목적을 ① 신문경영에 도움이 될 수 있는 일에 협조, ② 신문발간에 필요한 시설 및 원자재의 알선 및 공동구입, ③ 신문발간에 필요한 통신 수송 등의 알선 및 공동시설, ④ 신문지대 광고게재료 등 신문업무에 필요한 조정, ⑤ 회원사간의 친목을 꾀하여 신문인의 품격을 향상하고 건전한 신문경영을 위한 공익적 문제의 연구, ⑥ 신문경영에 필요한 자료의 수집과 상호간 전문분야에 관한 정보의 교환, ⑦ 유공신문인에 대한 표창, ⑧ 기타 신문발전에 필요한 일체의 사업 등이었다.(장대환, p. 85)

신문협회는 1966년 10월 발행인 협회는 명칭을 한국신문협회로 바꾸었다. 이사장을 회장으로 바뀌었다. 신문발행인협회 출범 당시 최대 과제는 ① 신문용지난의 타개, ② 회원사 운영자금의 융자 알선, ③ 신문의 증면 등이었다(장대환, p. 85). 협회창립당시(1962년) 일간신문들의 발행면수는 하루 8면, 주 48면이었다. 신문용지 문제는 전주제지, 세대제지 등 국내 제지업체가 본격 가동된 1970년대까지 계속되었다.

548) 이병국, 상게서, p. 124.

을 극화시키거나 오락화시켰다. 사회의 제반적인 윤리 문제는 뒤로 한 채, KBS TV의 1961년 12월 31일 개국과 더불어 TV에서 사용하는 기법인 사건의 행위자와 극적인 장면을 부각시키는 형태를 신문도 답습한다. 그러나 이런 설득 방법은 계몽을 효율적으로 할 수는 있으나 공중의 건강과 안정에 위협을 줄 수 있다.

박정권의 언론 정책은 잠재적 기능으로 PR의 창의성을 발휘하게 하는 한편, 계획성을 동시에 부각시킨다. 신문 구조 개혁의 일환으로 1962년 7월 31일 '언론 정책 시행 기준'을 발표하고 신문의 단간제(單刊制)를 권장했다. 기존 신문은 조간 8면, 석간 4면으로 하루에 12면을 독자에게 선보였다. 그러나 단간제 이후 한 신문이 8면밖에 낼 수 없게 됨으로써, 신문은 조간과 석간으로 분리되었다. 5공 정권에 들어와 12면을 허용(1981년)하게 되기까지 계속되었던 8면의 지면 제한은 신문의 엄청난 구조 변화를 초래했다. 신문의 기사 양뿐 아니라 속보성도 줄어들었다. 각 신문은 일요일 발행 주간 신문을 발행하게 함으로써 신문의 잡지화 경향이 두드러졌다. 신문은 또 정부가 추진하고 있는 경제 계획에 대한 기획 해설 기사를 게재해야 했다.

박정권은 신규 신문을 허용하지 않음으로써 신문의 과점 상태를 유지하고, 경쟁의 피해를 줄일 수 있게 했다. 진보계 「민족일보」의 조용수 사장을 사형에 처하고, 다른 굴지의 신문들은 상호 협의 하에 경쟁을 제한하는 카르텔, 일종의 불공정 거래 행위를 정부는 묵인했다. 더욱이 일부 신문사에 대해서는 낮은 이자율 적용으로 은행 융자를 도와주며, 신문 제작에 소요되는 제반 인쇄 시설을 구비하도록 도와주며, 신문 용지 수입의 관세 인하, 쿼터제를 인정하여 언론을 기업으로 육성하도록 길을 터줬다. 즉 정치 권력이 언론의 사유 재산화를 막고, 언론을 정치 권력과 공조 체제를 유지할 수 있는 이윤 추구 기관으로 육성한 셈이다. 재정적 건실함을 갖춘 기업은 관리 기구의 운영을 위해 지방판을 늘리기 시작했으며 수습기자 채용을 서둘렀다. 「조선일보」의 경우 1961년 3기 수습기자 7명, 1962년 4기 6명,

1963면 5기 5명을 채용했다.[549] 더욱이 「한국일보」는 1962년 13기 19명, 1962년 14기 7명, 1963년 15명, 그리고 16기 30명 등 수습기자를 대량 채용했다.[550]

당시 기자는 사회 변동에 영향을 미치는 지식인층으로 기술자와 화이트칼라 노동자와 같은 속성을 지니지만, 계속적으로 교육을 받아 자신의 계층적 직위를 상승시키기보다, 시간의 흐름에 따라 도제식으로 자신의 업무능력을 증진시켰다. 언론인은 '생활양식'을 같이하며, 동일한 명예를 누렸다. 관리 기구 안에서의 기자는 약간의 교육 · 훈련 · 재산 등에 의해서 평가받기도 했지만 그것보다 '신분 집단'[551]의 속성인 신분적 정체성으로 인해 다른 고용의 기회를 제공받기도 했다.

당시 신문은 기업으로 성장한 것만이 아니었다. 박정권은 "한국의 민주주의는 국회의원과 신문 기자만을 위해 있다"[552]고 규정하지만, 자신의 '행정적 민주주의' 아래에 그들을 두었다. 당시 언론의 환경 감시 기능은 민중의 민도가 낮고, 경제 단체와 사회 단체가 취약했기 때문에 정상적일 수 없었다. 정부는 권력과 자본의 출처를 움켜쥐고 있었다. 자본주의 경제체제의 도입 하에 기자는 사회 체제 안으로 끌어들여져 계급, 신분 집단, 정치적 정당들을 형성하지만 그들은 자본을 나누기보다 권력 분배에 참여했다. 당시 언론은 정부의 요구에 따라 공기적 · 지도적으로 기능을 수행할 뿐이었다. 신문은 정치 권력과 밀착되어 있었기에, 결과적으로 환경 감시 자체가 권력을 나누는 과정에 불과했다.

박정권은 1963년 군정을 다시 4년간 연장한다는 발표와 함께, 이에 따른 소요를 막기 위해[553] 언론 통제법인 '헌법 부칙 개정안과 비상 사태 수습을

549) 방상훈, 『조선일보 70년사』(서울: 조선일보사, 1990), p. 2249.

550) 장재국, 『한국일보 40년사』(서울: 한국일보사, 1994), p. 829.

551) Zeitlin, Irving M., "Max Weber's Sociolog of Law", University of Toronto Law Journal, vol. 35, 1985, pp. 206~210.

552) 이병국, 상게서, p. 124.

위한 임시 조치법'을 발동시켰다. 박정권이 1964년 제3공화국 출범 선언과 더불어 한일 회담을 성사시키자, 재야 정치인과 학생들은 거리로 뛰쳐나왔다. 지금까지 억눌려왔던 자유의 목소리가 한꺼번에 폭발한 셈이었다. 신문의 날을 맞이한 언론계는 신문의 독립을 선언하고 1) 모든 권력으로부터의 독립, 2) 정당, 종교 단체 또는 다른 단체로부터의 압력 배제, 3) 이런 독립은 국가와 사회를 위한 것이라고 규정했다.[554] 그러나 신문의 독립과는 관계없이 6월 3일 박정권은 비상 계엄령을 선포하고 언론에 다시 압력을 가했다.

박정권은 '공안보장법'과 '언론윤리위원회법'[555]을 1964년 국회에 통과시켰다. 언론은 자치적으로 언론인 행위의 윤리적 코드, 자문위원회, 그리고 독자에게 봉사하기 위한 제도의 설치를 강제했다.

윤리를 논할 때 언론의 정당성을 확보하기 위해 소유 문제를 제기함도 당연하다. 주식회사의 경우 주식을 민중들에게 공개적으로 매각하며, 자신의 재정 상태를 공개함으로써 사회로부터 용인받을 수 있는 공기업이 될 수 있다. 이때 자신의 이익을 공개적으로 취할 수 있으며, 이것은 사회 복지와 밀접히 연관되어 있다. 공개 주식을 통해 자신의 제도적 가치를 민중으로부터 인정받으며, 아울러 자신의 가치를 보장받는다.

언론 기업은 사회로부터 자유와 책임을 동시에 부여받으며, 언론인도 자체 통제 기구의 원활한 활동을 통해 사회 책임을 수행할 수 있다. 당시 언

---

553) 송건호, 상게서, p. 227.

554) 이병국, 상게서, p. 228.

555) 언론윤리위원회 법안은 전문 20개로 구성되어 있었는데, 그 중 1) 윤리 상설 기구로 심의회를 두고, 2) 심의회는 문제된 언론 보도 내용을 판정한다는 것을 주요 내용으로 하고 있었다. 언론의 정간권을 지닌 심의회는 이 판정에 불복하는 발행인에게 3년 이하의 징역, 정부가 언론의 창간, 폐간을 임의로 할 것을 명했다(안재희, 『기자협회 삼십년사』, 서울: 한국기자협회, 1994, p. 182). 정부는 언론윤리위원회의 소집에 반대한 5개 사에 대해 1) 정부 기관의 5개지 구독 금지, 2) 신문 용지 가격의 차별 대우, 3) 광고 의뢰 금지 및 압력, 5) 은행 융자의 제한 및 기대출금 회수, 6) 취재 편의 제한 등의 조치를 단행했다(안재희, 상게서, p. 185).

론인은 '언론윤리위원회법'에 비교적 자유로울 수 있었지만 언론 경영자는 그렇지 못했다. 정부의 완강한 태도에 서울신문사 · 한국일보사 · 일요신문사 · 문화방송사 · 동화통신사 등이 굴복하는 한편, 발행인협회도 여기에 동조했다.[556] 발행인들과는 달리 비교적 목소리를 낼 수 있는 기자들은 1964년 8월 17일 신문 · 통신 · 방송 등 19개 社 대표로 '기자협회'[557]를 탄생시켰다. 당시 기자는 정부 부처에 비교적 많이 주재하고 있었는데, 정부의 주요 부처인 중앙청 · 국회 · 내무부 · 상공부 등 4개 부처의 출입 기자단이 기자협회 발족의 모체가 되었다.[558] 대다수 분회 회원들은 자사 경영주의 입김 속에서 자신의 행동을 자제했으나, 국회 출입 기자는 한 신문사에서 서너 명이 파견되어 10개 분과에서 취재함으로써 집단적 힘을 통해 비교적 자유로웠다. 국회의 특수성과 전문 지식의 필요성으로 출입 기자들은 삼삼오오로 연구 모임을 형성하고, 이들의 집단적 힘이 결국 기자협회를 창설하는 원동력이 되었다.[559]

언론사 내의 기자, 편집인, 그리고 경영자는 분리되기 시작했다. 과거 지사적 언론인과는 달리 언론사는 수습기자를 모집하여 그들에게만 중요 직책을 맡겼다. 과거의 지사적 언론은 관료제 형식을 도입시킴으로써 활동 범위를 좁혀갈 수밖에 없었다. 언론인은 무기력해지고, 경영자는 관리 기구의 힘에 의해 더욱 강해지며, 정부의 도움도 그들에게 큰 힘이 되어주었다. 그러나 언론의 경영이 점차 부각되면서 언론은 기자, 편집인, 그리고 경영자가 서로 힘겨루기에 몰두했다. 기자들의 집단인 기자협회는 1966년 국제기자연맹(IFJ)에 가입과 동시에 가능한 단기간 안에 전국 규모의 기자

---

556) 송건호, 상게서, p. 231.

557) 기자 협회는 강령으로 1) 조국의 민주 발전과 언론인의 자질 향상, 2) 언론 자유를 침해하는 압제와의 투쟁, 3) 친목과 권익 옹호, 4) 국제적 유대 강화 등을 채택했다(송건호, 상게서, p. 230).

558) 안재희, 상게서, pp. 158~175.

559) 안재희, 상게서, p. 160.

노조로 전환할 것을 약속했다.[560] 노조의 형성은 다른 한편으로 역사적 특성으로 잉태된 신분 집단의 특권보다 같은 삶의 기회, 경제적 기회, 노동 시장에서 형성되는 일반적 특성의 '사회 계급'[561]을 택한 셈이다.

3. 의존적 관리 기구

발행인들은 1964년 '언론윤리위원회법' 파동 이후 기자를 철저히 간섭하기 시작했다.[562] 편집인협회 주최로 열린 1969년 11월 29일 제6회 매스컴 관계 세미나에서 박권상(朴權相)은 "한국 언론 기관을 공익 기관이라기보다 정치적 · 경제적 사유물"[563]로 간주했다. 언론기관 종사자들은 부와 명예를 권력으로 환원할 수 있음을 보여줬다. 권력을 나누는 과정에 참여한 언론 기업은 엄청난 성장을 가져왔다.[564] 그러는 동안 언론인의 상하 위계질서가 성립되고, 기자는 자기 자신들끼리 경쟁하는 샐러리맨화를 면치 못했다. 그러나 신문 기업이 언론의 기능을 독점한 것은 아니다. 신문 기업은 KBS TV와 상업 방송인 동양 TV(1964년 12월 7일 개국)와 함께 광고 시장을 두고 경쟁해야 했다. 자신의 탐미적 자율과 예술적 시장 전략을 내세운 독창적 기업이 아닌, 이익을 추구하는 언론 기업의 대열이 형성되었다. 언론 기업이 이익을 추구한다는 명목 하에 자신의 고정 관념을 취재 활동에 적용시켰을 때, 언론의 공익성에도 문제가 될 뿐 아니라 기자의 취재 환경

---

560) 「기자협회보」, 1966. 6. 15.

561) Zeitlin, Irving M., op. cit., pp. 206~210.

562) 최석채, 「신문은 편집인의 손에서 떠났다」, 「기자협회보」, 1968. 12. 27.

563) 송건호, 상게서, p. 256.

564) 한국 경제가 1960년대 경제 성장을 기록하는 동안 언론의 성장률은 20%에 달했으며, 판매 부수의 성장은 63년 102만 부로부터 65년 142만 부, 67년 205만 부, 69년 280만 부를 기록했다. 신문 제작에 참여하는 편집기자의 인원은 64년 1천 5백 95명, 71년 3천 3백 99명이었으며, 주재기자는 66년 7백 44명, 71년 1천 6백 3명 등이었다(송건호, 상게서, pp. 256~257).

에도 문제가 따를 수 있었다.

기자 채용은 전문 지식과 기능에 의존하기보다 유교적 전통에서 관료들을 선발하는 방식을 취했다. 취재원을 확보하는 데 필요한 전문 지식을 교육시키지도 않았으며, 목적을 위한 수단의 합리화도 기자에게 익숙지 않았다. 1960년대 중반부터 각 신문사는 1면 편집을 유연하게 하는 종합 편집을 시도했으나, 관리 기구 하에서 전문 기자가 허용되지 않았던 시점에서 단지 피상적 시도에 머무르고 말았다. 당시 언론인은 의사나 변호사 같은 실제적 직업 코드와 사시(社是)를 중심으로 한 조직 코드를 적용하지 않았다. 실천에 약한 언론인은 당연히 정확성 · 객관성 · 공평성 · 신뢰성 등에 문제가 생길 수 있었다. 그러나 그것들보다 직감에 의한 취재 방식이 민도가 낮은 민중에게, 그들이 쉽게 매료되는 여론에 다가가는 하나의 해결책일 수 있었다.

기자의 취재는 내외적 요인에 따라 상황을 판단하는 비합리적 육감(intuition)을 사용할 수 있다. 비합리적 상황 인식을 통해 가능한 육감은 비의도적일 수 있으며, 정신적인 것이 아닌 신체적인 외부 자극에 의해 경험적으로 형성될 수 있다.[565] 육감의 관점에서 볼 때, 기회주의와 분파주의가 빈번히 득세한 한국적 집단 문화가 언제나 득세함으로써 정치적 타락, 선거부정, 권력과 금력의 부정부패의 온상을 취재하는 데 적절할 수 있다. 그러나 폐쇄된 한국적 상황에서 언론인이 취재원을 접할 때, 전문성이 결여된 기자는 정치 문제는 폭력이 무서워서 취재하지 못하고, 사회 문제는 돈에 탐닉하면서 눈감아주는 결과를 초래했다.

탐욕적인 상황으로부터 탈피하는 하나의 방안으로 특수한 목적에 의해 출입하는 경우를 제외하고, 출입처를 2~3년에 한번씩 교체했다. 잦은 출입처의 교체는 비전문가적 기자를 양산했으며, 언론인은 전문 지식보다 육

565) Jung, G. Carl, Man and His Symbols, J. G. Ferguson Publishing Co., 1964; 이원기 옮김, 『인간과 상징』(서울: 열린책들, 1996), p. 61.

감에 의한 취재를 할 수밖에 없었다. 직관의 남용은 막연한 만족감에 도취될 수는 있어도, 지식의 축적과 정신적인 상황 이해의 확실한 기초를 무너지게 한다. 그러나 직관은 사실에 대한 정확한 지식이나 논리적 고리로 환원시킬 때 직관은 얼마든지 좋은 도구일 수 있으며, 감정적 여론을 제도권 안으로 끌어들이는 데 기여를 할 수 있다.

흄(David Hume)은 자연주의적 입장에서 인간의 본능을 부각시켰다.[566] 육감은 이기적 인간상의 반영과 동시에 동정이 교차되어 일어난다고 여겼다. 파인애플을 먹어보지 않으면 그 맛을 알 수 없듯이, 흄에 의하면 인간에게는 이성보다 감각 · 인상 · 인지 등이 더욱 가치가 있다. 융(G. Carl Jung)도 예술가는 무의식적 · 본능적 심성으로부터 작품성을 도출하더라도 그 작품은 자연 법칙에 순종하는 것이라고 여겼다.[567] 즉 자연 법칙과 인간 마음의 법칙을 동일시한 것이다. 본능적 감각의 경험 세계는 융화되어 경험과 결합하며, 그리고 이 경험은 기존의 관습과 전통이 함께 어우러짐으로써 합리적으로 행동화한다. 이 과정은 가능성의 집합, 혹은 픽션으로 이어질 수 있다.[568] 능동적 인간은 강하게 들어오는 외부의 자극의 집합들을 자신의 정신적 이미지로 고착시킨다. 기자는 프로그램을 제작하는 PD와 같이 다큐드라마(docudrama) 형식을 빌려 자신의 육감을 정리한다. 사건의 작중 인물의 행위를 자세하게 묘사하며, 사건의 스릴 넘치는 장면에 초점을 맞춘다. 신문의 상업성의 목적을 실현시키기 위해 언론은 사건 주인공의 범죄 행위를 부각시키거나 극화시켜 보도한다.

박정권의 언론 통제로 천편일률적으로 제작되는 조간과 석간 신문은 중복된 문장까지 게재했다. 당면한 고정관념으로부터 탈출하기 위해 당시 사회 윤리적으로 받아들일 수 없는 선부른 탐방 기사가 등장했다. 한국일보

566) Altschull, J. Herbert, From Milton to McLuhan(New York: Longman, 1990), p. 63.

567) Jung, G. Carl, op. cit., p. 265.

568) Altschull, J. Herbert, op. cit., p. 60.

사는 1964년 9월 27일 『주간한국』을 발행하여 재미있고, 새로운 기획, 해설 논쟁, 오락 등을 선보였다. 『주간한국』은 심지어 일간지가 외면하는 연예 기사를 과감히 수용하는[569] 한편, 「일간스포츠」, 「소년한국일보」, 『주간여성』까지 가세시켰다. 동아일보사도 뒤질세라 『신동아』, 『여성동아』를 복간했으며, 상업신문을 표방하는 「신아일보」와 「중앙일보」(1965. 9. 22 창간)가 1965년 선보였다. 『신동아』, 『월간중앙』, 『사상계』, 『정경연구』 등은 월간지 시장을 위해 한판 승부수를 겨누었다. 연이어 1968년 『주간조선』, 『주간중앙』, 『선데이서울』, 『주간경향』 등이 가세했다. KBS TV와 TBC TV 등도 1967년부터 드라마 경쟁을 벌이는 동안, 1969년에는 MBC TV까지 선정적인 오락 프로그램에 뛰어들었다. 기자는 기사의 오류와 프라이버시 침해와 같은 치명적인 과오에도 둔감해졌다. 마치 권력자가 힘을 휘두르듯 기자는 권력 기구로서 수용자에게 다가섰다.

자의식이 결여된 수동적 기자는 정치 지도자와 언론사주의 상업성에 노예가 되거나, 이에 준한 여론에 몰두했다. 집단적 행위이며, 감정적 정감의 성격을 지닌 여론을 조성하려는 정치적 · 경제적 실권자는 빈번히 부정적 편견, 무의식, 콤플렉스를 홍보했다. 이러한 권위에 수동적으로 뒤따르는 기자를 천관우(千寬宇)는 사이비 자율과 사이비 협조 정신에 몰두하는 기자[570]라고 일침을 가했다. 그 기사를 접한 민중은 전염성을 지닌 허위의식에 빈번히 매료될 수밖에 없었다.

타인에게 자신의 뜻을 관철하려는 의도를 지닌 정치 권력자는 '언론윤리위원회법 파동'을 겪고 난 후 언론 경영자와 편집인과의 대화를 모색했다.[571] 박정권은 지금까지 특혜로 도와준 의존적 언론들이라는 고정관념을 버리고, 언론과 협력의 자세를 유지한다. 당시 정부는 한 · 일회담과 월

569) 김해식, 『한국언론의 사회학』(서울: 나남, 1994), p. 242.

570) 천관우, 「신년유감」, 「기자협회보」, 1969. 1. 10.

571) 송건호, 상게서, p. 246.

남 파병이 결정되고 경제적 안정을 눈앞에 두었다. 그리고 사회 안정도 되찾는 듯했으나 이는 순간적이었으며, 박정권은 곧 1969년 3선 개헌 작업에 몰두했다. 「조선일보」, 「동아일보」, 동아방송 등에 대한 테러 사건이 1965년 8월 이후 계속적으로 일어났고, 야당 성향을 지녔던 경향신문사를 1967년에 경매 처분했다.

제11회 신문의 날을 맞은 1967년 4월 7일 언론은 "국민의 알 권리를 지키자"는 자성의 목소리를 표어로 내걸었다. 더불어 1969년 4월 제13회 신문 주간은 '신문의 자주'를 언론인들의 행동 목표로 삼았다. 수용자의 권리와 이를 위한 정치권으로부터 독립은 신문이 공익 기관임을 천명하는 자성의 목소리였다. 그러나 1960년대말 이미 한국 언론은 공익을 뒤로 한 채 이익 추구를 위한 사기업의 형태로 경쟁하는 상태에 놓여 있었다. 언론사는 사업 확장, 자매지 숫자 증가, 독자 증가, 관료 문화의 도입 등 개인 기업적 성격을 어느 때보다도 부각시켰던 시기였다. 기자는 자신의 이념적 성향과는 관계없이 샐러리맨으로서 봉급의 액수에 따라 옮겨다녔던 시기였나. 출입처 분할을 봐도 개인들의 이기주의가 뻥배한 사석 관료 문화의 원리가 작동할 때였다. 즉 편집국 안의 사회부는 국방부와 내무 행정을, 정치부는 자신의 고유 영역 외 내무 행정 가운데 중요한 중앙청을, 그리고 경제부에서 담당해야 할 생활 경제는 사회부에서 담당하게 되었다. 견고한 정치 권력과 경제적 이익이 우선되는 출입처 분할이었다. 이러한 출입처 분할은 뉴스의 획일성을 피할 수 없게 했다.[572)]

언론이 공기업의 형태로 전환하려면 집단적 · 감정적 여론을 받아들일 수 있는 기자 배치, 기자 교육, 조직 구조, 소유 구조 등이 구비되어 있어야 한다. 당시로서는 '국민의 알 권리를 지키자'란 언론인의 목소리는 단지 구호에 불과했다. '『신동아』 사건'은 박정권이 장악해왔던 언론사와 보도 관행의 약점이었다. 동아일보사의 『신동아』는 1968년 11월호에 지금까

---

572) 홍유선 외, 『한국신문협회 20년』(서울: 한국신문협회, 1982), p. 92.

지 언론사가 특혜를 받아온 '차관'[573]에 관해서 폭로성 사실로 특집을 엮었다. 박정권은 차관의 특집과 더불어 『신동아』 10월호의 북한과 중소 분쟁 기사를 문제삼았다. 정부의 압력에 굴복한 신문사 사주는 개인 기업의 관행에 따라 주필 등 간부 3명을 퇴사시켰다. 신문사 사주의 조치를 지켜봤던 당시 편집인협회 회장 최석채(崔錫采)는 "신문사의 정화 방법으로 언론 노조의 결성과 신문사의 주식을 사원들이 가져야 한다"[574]는 말을 남겼다. 이는 공기업으로서 견고한 관리 기구를 유연케 하는 하나의 방안일 수 있었다. 노조 결성과 사원 지주제는 '신문의 자주'를 사수할 수 있는 확실한 방법이었을 것이다.

최석채의 온건적 체제 개혁과는 달리 함석헌(咸錫憲)은 1967년 1월 『사상계』에 '언론의 게릴라전'을 주창했다. 그러나 박정권의 권력, 자금, 기술 등을 우위로 하는 관리 기구의 힘을 당할 여타의 조직은 당시로서는 존재하지 않았다. 3선 개헌은 박정권의 의도대로 1969년 무난히 치러지고, 박정희는 1971년 3선 대통령에 당선되었다. 신문의 관리화는 가속화되고, 신문사의 고속 윤전기 숫자는 불어났으며, 사옥은 근대식으로 지어졌다. 편집 중심의 언론사 체제와는 달리 기업 중심 체제로 경영 전략을 구사하기 시작했다. 언론사는 기능적 관리가 득세함에 따라 데스크의 권위가 상승하였으며, 취재 영역과 조직의 관행이 정형화되었다. 사원간의 위계질서가 확립됨으로써 기자의 자유 영역이 제한되며, 이에 따라 언론인의 샐러리맨화는 피할 수 없었다.[575] 민중은 3선의 대통령에 대한 불만을 '언론 화형식'의 형식으로 언론에게 화살을 겨누었다. 언론에 대한 냉대는 동아일보사

---

573) 차관이 윤전기 도입, 건물 증축 등을 위해 언론사에 직접 유입된 경우도 있다. 그러나 대부분 자본이 취약했던 당시, 언론사는 은행으로부터 자금을 융자받을 수 있었는데, 은행의 대주주인 정부는 차관에 의존했다(이현구, 「정부의 언론통제와 신문산업의 변화」, 서강대학교 언론대학원 석사학위논문, pp. 24~30).

574) 송건호, 상게서, p. 255.

575) 송건호, 상게서, p. 257.

의 젊은 기자들을 부추겨 '언론 수호 선언'[576]을 감행케 했다. 「한국일보」, 「조선일보」, 「대한일보」, 「중앙일보」, 「매일신문」, 동양방송 등이 '언론 수호 선언'에 동참하는데, 더욱이 조선일보사의 주동자는 1969년 입사한 제12기 수습기자들이었다.[577] 학생과 민중, 정부 권력자 양쪽으로부터 압력을 받은 샌드위치 언론은 돌출구를 찾지 못한 채, 기자협회는 각 신문사의 언론 수호 선언을 '언론 자유 수호 행동 강령'으로 발표한다. 기협은 "기사를 취재 보도함에 있어 진실을 진실대로 기사화할 것"을 선언하고, 그해 신문주간 표어를 '신문인의 단결'로 정했다.

개개인의 탁월한 능력을 내세우고 자신의 조직에 대한 타조직과의 차별성을 주장하며, 노동조합은 천한 행동이라던 과거의 고정관념을 언론인은 타파했다. 언론은 환경 감시 기능과 그 부조리를 행동으로 옮겨 해결할 수 있는 양면성을 지녔다. 당시 시대를 지배했던 강압적 정치 권력과 각 신문사의 물질 추구 경향은 언론인의 집단적 행동을 가능케 했다.

언론사가 경영 관리 체제로 전환함으로써 경영자 위주로 통제가 이뤄진다면, 당연히 경영자가 앞장서서 문제를 해결해야 했나. 그러나 당시 박정권은 다원주의 체제로 이행하기 위한 소유권을 경영자에게 부여하지 않았다. 언론 소유주가 받은 차관의 공세, 인쇄용지의 쿼터제, 과점 상태로 언론사의 보호, 세제 혜택 등 어떤 것도 박정권의 경제적 수혜가 아니라고 볼 수 없었다. 의존적 관료제에서 득세하는 소유주가 박정권으로부터 자유로울 수는 없었다. 박정권은 국가 이익과 국가 안보를 앞세워 1971년 12월 8일 자유의 일부도 유보할 수 있다는 논조를 폈다. 「동아일보」는 사설을 통해 반박했지만, 박정권은 주필 이동욱(李東旭)과 전 주필 千寬宇를 사임하

576) 「동아일보」 기자 일동의 명의로 3개 항의 결의문을 채택했는데 1) 기자적 양심에 따라 사실을 진실대로 자유롭게 보도한다, 2) 우리는 외부로부터 직접, 간접으로 가해지는 부당한 압력을 일치단결하여 배격한다, 3) 우리는 우리의 명예를 걸고 기관원의 빈번한 사내 출입을 거부한다(송건호, 상게서, p. 262).

577) 방상훈, 상게서, p. 963.

도록 강요했다.[578] 문공부는 12월 17일 '사이비 기자'의 색출을 빌미로 한국신문협회로 하여금 언론 자유에 관한 내용을 발표하게 했다.[579]

국가 이익과 국가 안보를 앞세운 유신의 박정권은 1972년 프레스 카드 실시로 신문 기자의 자격, 취재 자격까지 결정했다. 정부로부터 프레스 카드를 발급받은 기자 수는 신문 · 방송 · 통신 등 모두 통틀어 1972년 2월 10일 당시 3,975명이었으며, '사이비 기자'로 언론계를 떠난 언론인도 1,063명이었다.[580] 정부는 3월 7일 '정부 출입 기자 대책'을 발표하고, 각 부처의 기자실과 출입 기자의 숫자를 줄였다. 박정권은 1973년 국회의원에 출마할 수 있는 특권을 언론인에게 부여했으며, 정부 12개 부처에 대변인 제도가 신설되어 언론인이 대폭 기용되었다.

대변인 제도가 확립됨에 따라 관급 기사 양이 많아지고, 일선 언론사에 출입하는 기관원은 기사의 보도 여부와 크기, 제목까지 통제했다.[581] 관급 기사는 기사 마감 시각이 임박할 때 출입 기자단 전부를 동석시킨 후 발표하는 것이 상례여서, 오보가 허다할 수밖에 없었다. 행정부는 또한 공적 행사에 기자의 숫자를 줄여 '정보풀제'를 운용하도록 권장했다. 더욱이 1974년 1월 8일 내린 긴급조치 제1호는 유신 헌법에 대한 비판을 금지할 목적이었으며, 1975년 5월 13일 발표한 긴급조치 9호는 '헌법 논의 금지'의 목적으로 명분상으로는 언론이 유언비어를 유포하거나 사실을 왜곡하지 못하도록 하는 것이었다. 당시 기자는 특종도 모험이 따랐지만 낙종도 두려움의 대상이 되었다.

---

578) 송건호, 상게서, p. 263.

579) 그 내용은 1) 지사, 지국 보급소의 명칭 통일, 새로운 설치 규제, 2) 지방 주재 기자의 인원 제한(주재기자는 일간 종합지 상한 45명, 특수 일간지 15명), 3) 보급과 취재 업무의 분리, 4) 기자의 보수는 대폭 개선한다, 5) 기자는 정부가 발급하는 프레스 카드를 소지하게 한다(송건호, 상게서, p. 265).

580) 안재희, 상게서, p. 207.

581) 심재택, 「노예의 사슬을 끊고」, 안재희, 상게서, pp. 202~203.

동아일보사 편집국, 방송국, 출판국 200여 명은 1974년 10월 24일 '자유 언론 실천 선언'[582]에 참여했다.[583] 밑으로부터 시작한 정치 개혁 운동은 논설위원들까지 동참하여 전사회 운동으로 확산되었다. 「동아일보」는 1974년 3월 7일 '전국 노조 동아일보 지부'를 결성하려고 했으나 실패하였으며, 그후 1974년 12월 10일 한국일보사는 출판 노조 「한국일보」 지부를 결성했다.[584] '인사 불만과 저임금을 개선한다'[585]는 이유에서 비교적 열악한 분위기에 있는 「한국일보」가 앞장선 것이다. 그러나 전술했듯 언론 기업의 발전이 전적으로 사유 재산에 의존하지 않았으므로, 노사간의 갈등도 계급 갈등이라기보다 궁극적으로는 권력과의 갈등으로 이어졌다. 당시 이창숙(李昌淑) 노조위원장도 경영진과 편집 간부와 대결하기보다 서로 좋은 신문을 만들기 위해 노조를 결성했다[586]고 밝혔다.

출입처는 정부의 기구가 주종을 이룬다는 사고에서 벗어나기 시작했다. 신민당 · 천주교정의구현사제단 · 민주수호국민협의회 · 한국기독교회협의회 · 학생 등 사회 단체 등에 기자 출입이 잦아졌다. 이에 따라 정치 기사 대신 점차 사회 문제와 관련된 기사가 늘어났다. 1974년 12월 10일 「동아일보」 광고 탄압 사태로 기업 광고의 지면에 사회 단체와 수용자가 게재되기 시작했다. 정치 권력으로부터 이전된 언론의 환경 감시 기능이 발동되고, 언론사 내부의 민주화를 위한 노력이 시작되었다. 엄정 중립을 사시로 표방하는 「조선일보」는, 1974년 12월초 全在球 의원의 유신헌법 체제를 일

582) '자유 언론 실천 선언'에서 해임된 동아일보사 사원은 49명, 무기정직 85명 등 모두 134명이었으며, 조선일보사 사원은 파면 32명, 무기정직 1명 등 모두 33명이었다(이부영, 「70년대 한국사회와 언론」, 한국기독교 사회연구소 편, 『언론과 사회』, 서울: 민중사, 1983, p. 330).

583) 송건호, 상게서, p. 269.

584) 동아일보사와 한국일보사의 노동조합 설립 신고는 발기한 임원이 해직된 상태라는 이유로 서울시가 반려했다(이부영, 상게서, p. 312).

585) 안재희, 상게서, p. 389.

586) 이창숙, 「노조 설립은 자연적 순리」, 「기자협회보」, 1974. 12. 20.

방적으로 옹호한 「허점을 보이지 말자」란 글을 게재했다. 정부 여당의 한쪽 주장만을 일방적으로 게재함에 불만을 품은 백기범(白基範) · 신홍범(愼洪範) 기자가 편집진에 반발하자, 조선일보사는 위계질서를 문란케 한다는 이유로 기자 두 명을 해고했다.[587)]

「조선일보」의 두 기자 해고를 발단으로 1975년 봄 편집권 독립에 대한 논쟁이 활발해졌다. 당시 편집권 독립은 소유주뿐만 아니라 정치 권력으로부터 독립의 내용을 포함하고 있었다.[588)] 정부에 대한 기자들의 강성 목소리가 팽배한 동안 언론사는 경제 논리로 맞서지 않을 수 없었다. 경제 논리가 강했던 사회 상황에 따라 「동아일보」는 계속해서 관리 정책을 펼쳐나갔다. 동아일보사는 1974년 3월 5일 언론인 30명의 인사 이동 때 기자 3명을 방송국 프로듀서와 업무 사원으로, 또 프로듀서를 기자로 발령하는 사건이 일어났다.[589)]

언론인의 신분 변경은 언론사가 기업화하면서 일어난 현상이었다. 자매지의 증가로 기자를 주간지 · 월간지 등으로 이동시키는 파격적 인사는 정치적 갈등이 있을 때 사용하는 충격 요법이며, 신분 집단의 독특한 자율성을 빼앗는 징표이다. 한국일보사의 급료, 인사 복무 규정, 전보 승진 등 노동 문제는 순수 경제 논리에 속했다. 노동조합의 결성은 경제 논리에 대항한 노동자의 의식화 · 조직화를 위해 출발하여 결국 전국으로 확산되어 기자협회로 비화했다. 언론사의 상황을 감지한 기자협회는 변론에 나섰으며, 이에 불만을 품은 박정권은 1975년 3월 10일 신문 · 통신 등의 등록에 관한 법률 제3조 "법정 시설 기준을 갖추지 못했다"고 「기자협회보」를 폐간했다. 결국 노조의 운동은 정치 논리로 비화했다.

중립을 주장했던 「조선일보」는 1973년 상반기 국내 정치의 기사 양을 줄이고, 객관적인 외신과 경제 기사로 대체했다.[590)] 신문의 정치 기사를 신

587) 송건호, 상게서, p. 273.

588) 송건호, 상게서, pp. 273~274.

589) 이부영, 상게서, p. 305.

퇴하지 않는 당시의 시대적 상황을 감지한 박정권은, 국내 정치 기자 대신 외국 기자들을 상대로 자신을 홍보하게 했다. 외신은 늘어났으며, 필터링도 거치지 않은 외신까지 더하여 독자에게 선보였다. 정치 기사가 규격화되며, 논설까지 규격화되기 시작했다. 당시 한 조사에 의하면 해설형·비판형 사설이 적었던 반면 건의형·칭찬형의 사설이 주종을 이뤘다.[591] 사설조차 박정권의 계몽적·계도적 기능을 벗어나지 못함으로써, 신문은 사실상 사회의 각 정당과 사회 단체의 연결 고리 기능을 상실했다. 신문의 실상을 인지한 독자의 신문에 대한 신뢰도는 날로 저하되어갔다.

권력 기구로서 한걸음 물러선 언론은 기존의 뉴스 가치를 변경시켜 개방적 태도를 취할 수 있었다. 독자에게 다가가 차분한 이성적 판단의 흥미 있는 내용을 선보일 수 있는 영역을 찾았다. 그러나 다분히 경제 논리에 충실한 상황에서는 비정치적 분야의 뉴스 가치에 관심을 집중시킴으로써, 복잡한 현대인의 관심을 끌기 위해 흥미 기사에 몰두했다. 정치와 분리시켜 관리적인 측면에서 보면 동아일보사에서 1973년 3월에 일어났던 '연판장 사건'[592]은 신문의 잡지화 경향과 맥을 같이했다. 그 내용 중 '합리적인 인사이동'에 관한 것은 당시 자매지가 유난히 많았던 한국일보사 등에서 적절히 사용한 방법이었다. 즉 편집국 기자를 다른 자매지로, 자매지를 편집국으로 인사 조치했다. 신문과 주간지는 서로 영향을 주고받으며, 신문의 잡지화 경향은 더욱 뚜렷하게 나타났다.

신문의 상업성은 60년대와 다른 경향으로 발전했다. 제22회 신문의 날 1978년 표어로 '독자에게 봉사하는 신문'을 채택하였지만, 결과적으로 탈

---

590) 방상훈, 상게서, p. 1026.

591) 본 조사는 「동아일보」와 「조선일보」의 1979년 9월 1일에서 10월 31일까지를 분석 대상으로 삼았다(홍유선, 상게서, p. 122).

592) '연판장 사건'은 1973년 3월 정치부 기자 안성열(安聖悅)을 중심으로 이뤄졌는데, 그 주요 내용은 1) 신문 지면의 쇄신, 2) 합리적인 인사 이동, 3) 근무 연한에 맞는 봉급 조정이었다(이부영, 상게서, p. 305).

정치화한, 생활 정보지로서의 신문이 선보이게 된다. 신문의 구독권은 안방 주인에게 달려 있다는 논리에서 생활과학란 · 여성란 · 가정란 · 건강란이 증가하게 되었다. 그러나 당시 언론의 속성상 여성 문제도 사회 구조 내에서의 여성의 지위 향상과 여성의 해방과는 무관한 것들만 다루었다.

신문은 건전한 교양과 생활 방식을 소개하는 지적 서비스 산업에 머물렀다. '정의 옹호'를 社是로 내세운 조선일보사이지만 문화 사설, 과학 사설을 독자에게 선보였다.[593] 독자가 참여하는 신문을 위해 정치면까지 연성화하며, 공화당 국회의원 후보자 공천 신청에 둘러싼 정치 화제를 가십으로 처리하기 시작했다. 이후 정치적 가십은 오랫동안 고정란으로 자리를 잡았다.[594]

신문의 기업화 · 관료화에 반발하며 1978년 6월 7일 중앙 매스컴(「중앙일보」, 동양방송) 종사자들이 집단 행동을 시도했다. 삼성그룹으로부터 경영의 분리, 협업 중심 체제의 구축, 인사 고과 제도의 철폐, 급여의 현실 등을 구호로 채택했다.[595] 그 중 편집 및 제작의 자율성과 이를 위한 편집권과 경영의 분리가 주요 이슈였다. 경향신문사도 1979년 6월 16일자 1면 기사 「전환기의 농촌: 선진 농업 한국 발돋음하다」에 반발한 기자들은 6월 19일 편집권 독립을 주장하며 언론정도(言論正道) 구현에 앞장설 것을 다짐했다.[596]

언론사 내의 민주적 참여는 사회 참여와 구별해서 논할 수 없다. 그해 제23회 신문의 날 표어는 '독자가 참여하는 신문'으로 규정했는데, 각계각층 국민 대중의 건실한 의사와 욕구를 더욱 솔직하게 전할 것을 다짐했다. 판매 경쟁의 기본 조건을 충족시키기 위해 특색 있는 신문을 실천하려고 했

593) 방상훈, 상게서, p. 1273.

594) 방상훈, 상게서, p. 1292.

595) 이부영, 상게서, p. 337.

596) 이부영, 상게서, p. 339.

다. 그러나 '독자가 참여하는 신문'의 역할은 언론의 노동자적 성격을 함께 부각시키기 마련이므로, 지식 산업의 노동자와 다른 노동자의 연대감을 심어주었다. 당시 공업 구조로 보아도 2차 산업이 득세하고 있어서 노동자의 숫자와 힘이 어느 때보다 강했다. 노동자의 힘은 사회 변동의 잠재력을 지니고 있었다. YH사에서 여공들의 파업이 시작되었으며, 정부가 벌인 이념 논쟁은 도시 산업 선교회였다.

경제 논리는 노동자들에게 복지를 가져다주는 데는 미흡했으며, 노동운동의 이념 앞에 속수무책이었다. 10·26 사태로 언론은 봇물처럼 터진 정신적 자유를 누리기 시작했다. 제24회 신문 주간을 맞은 언론은 '언론의 자유와 책임'을 표어로 내걸었다. 조선일보사는 새해 초부터 월간부·주간부·출판부를 합쳐 출판국을 독립시켰으며, '일요일 아침의 대화'로 뉴스 인물에 따라 대담을 나누는 지면을 할애했다. 대화의 활성화는 감정적 여론을 언론사 안으로 끌어들이는 결과를 낳았다. 언론은 문단속을 위해 상호 인격을 존중하며, 인격에 바탕을 둔 팀워크를 강조했다.[597)]

4. 관료제의 정립

10·26 사태 이후 감정적 여론의 폭발은 교련 반대, 학원 민주화, 자율화, '舍北 사태' 등을 가져왔으며, 체제 내에서 사회 변동을 수용할 수 없다고 판단한 신군부는 광주 사태를 경험하면서도 새로운 체제를 준비했다. 정통성과 도덕성을 결여한 신군부는 경제 논리를 적용시켜 언론에게 엄청난 혜택을 부여했다. 「조선일보」, 「동아일보」, 「중앙일보」, 「한국일보」 등 4대 신문의 1980~1987년 동안 총매출액의 증가는 858억 5천만 원에서 2,795억 4천만 원으로 무려 3.26배나 증가되었다.[598)]

---

597) 장재국, 상게서, p. 377.

598) 이현구(李顯求), 「정부의 언론통제와 신문산업의 변화」, 서강대학교 언론대학원, 1994, p. 87.

'신군부'[599]는 국가보위비상대책위원회를 결성하고 저항 언론인 해직, 언론 기구 통폐합, '언론기본법' 제정, 홍보 조정실 신설 및 보도 지침 등을 발표했다.

언론인 대량해직은 1980년 두 차례에 걸쳐 단행되었다. 그 중 하나는 1980년 7월 29, 31일에 각 언론사별로 진행된 언론인 강제 해직이었고 다른 하나는 12월 언론사 통폐합에 뒤따른 대량 해직이었다. 전자의 경우 신문협회, 방송협회, 통신협회 등 3개 단체가 '언론자율정화 및 언론인의 자질향상에 관한 결의문'을 발표한 5일 후인 8월 2일부터 전국 37개 언론사에서 단행됐다.[600]

한편 '언론기본법'은 1980년 12월 19일 제정한 것인데, 언론의 설립을 등록제로 하되 언론이 공적 책임을 반복하여 현저하게 위반할 때 등록을 취소할 수 있도록 명했다. 제도적으로 특정인이 신문 · 방송의 과점을 금지하며, 모든 민간 방송을 공영 체제로 전환했다. 중앙지의 과점 체제를 유지시키며, 각 지역별로 1도 1사 독점 체제를 유지토록 했다. 신군부는 1985년 6월 「스포츠서울」의 등록 허가를 제외하고는 단 한 건의 일간지도 신규로 허가하지 않았다. 신군부는 홍보 조정실을 1981년 1월 9일 설치하고 통제 관리 언론을 확고히 했는데,[601] 이 기구는 언론이 기자를 출입처에 주재시킨다는 가정 하에 성립된 것이다. 물론 출입처가 행정 편의적 취재 활동,

599) 신군부는 '언론창달계획'을 발표하고, '언론 통 · 폐합'을 단행했다. 이 계획은 전국 64개 언론사를 신문사 14개, 방송사 3개, 통신사 1개 등 18개로 강제 통 · 폐합하고, 언론인 1000명이 해직시켰다(이로사, 「신군부 언론통폐합, 강제해직 국가에 책임」, 「경향신문」, 2010년 1월 8일). 진실화해위(진실 · 화해를 위한 과거사정리위원회)는 2010년 1월 7일 "80년 3월 전두환 당시 보안사령관 중심의 신군부는 집권에 장애가 될 수 있는 언론을 조정, 통제하는 '언론대책반 K-공작계획' 등을 세운 것으로 조사됐다. 이어 4월부터 각 언론사의 친정부 성향, 특정 정치인과의 친소관계, 비리여부 등을 조사해 통 · 폐합 대상 언론사를 선정했다. 보안사 요구에 불응하면 경영상 위해를 가하겠다고 협박하고 보안사 사무실 등으로 언론사 사주를 소환, 포기각서 제출을 강요하기도 했다. 모두 아무런 법적 근거가 없는 임의집행이었다(이로사, 상게 기사).

600) 주동황, 김해식, 박용규, 「한국언론사의 이해」, 1997, p. 167.

통제 목적, 정책 홍보 차원, 카르텔 형성 차원 등을 내포했다면 언론의 입장은 출입처를 통해서 새로운 정보를 수집하려는 의도가 맞물려 있다. 그러나 관료 기구의 속성은 내부 문제를 공개하지 않음으로써, 출입처를 통한 언론 활동은 정부의 정책에 끌려갈 수밖에 없다.

신군부의 정책에 따라 칼라 TV 방송이 1980년 12월 1일자로 방영됨으로써 칼라 TV형 인간을 만들어내는 초석이 되었다. 1981년부터 신문도 오랜 동안 묶여 있던 지면 수가 증면되어 8면에서 12면으로 늘어났다. 신문을 조간과 석간으로 분리시켰는데, 조간은 「서울신문」, 「조선일보」, 「한국일보」, 「한국경제신문」으로 하며, 석간은 「경향신문」, 「동아일보」, 「중앙일보」, 「매일경제신문」 등으로 정리하였다. 정부는 독자에게 정정 보도 청구권(언기법 제6조)을 허용했으며, 이를 중재할 언론중재위원회를 발족했다. 그해 언론 주간의 표어는 '공기(公器)로서의 신뢰 회복'으로 정했다.

全정권은 朴정권과 언론 정책에서 근본적으로 차별성을 나타내는데, 후자의 경우 신문업의 공익성을 주창하지만 사유 재산을 전제로 논리를 전개시켰다. 일부분을 제외한 대부분 신문 기업은 확고한 사유 재산을 바탕으로 언론의 경영을 주도함으로써, 정치 권력 부분 이외의 영역에는 관료 문화를 받아들일 수 있었다. 언론 기업은 기술을 우위로, 효율성을 얻을 수 있는 양적 경영을 할 수 있었으며 기업에 이익이 되는 기사와 소재를 선택할 수 있었다. 언론 기업은 사유 재산을 축적시키기 위해 관리 제도를 도입하게 되며, 이는 장래 노조 결성을 부채질하는 계기가 되었다.

조선일보사는 1981년 2월 5일 경영 합리화 3대 원칙을 발표하였으며, 앞으로는 1) 국단위 경영을 강화하고, 인사 고과제를 확대하며, 정년을 낮

---

601) 홍보 조정실은 언론 통폐합, 언기법 등으로 언론을 장악하고 난 후 문공부 내에 홍보조정실을 신설, 운영함으로써 언론 통제의 창구를 공식화했다(안재희, 상게서, p. 262). 과거 문공부 내 보도 담당관실과 홍보 조사 연구소는 폐지되었다. 각 정보기관의 언론 통제 업무도 홍보조정실로 수렴되었으며, 이 기구의 공식 업무는 정부가 외교, 안보 등 국가 이익과 직결된 사안 또는 사회 안정과 유지를 위한 시책 등을 폈다. 1985년 10월 11일 홍보정책실로 그 명칭을 변경시켰지만 1987년 12월 폐지되었다(안재희, 상게서, p. 262).

추되 우수 사원에겐 재계약제를 실시한다[602]고 발표했다. 관리 체제의 특징은 일률성, 단일성, 안일성, 특색 상실 등을 유도할 수 있다. 관리 체제의 원리가 편집 쪽으로 기울어질 때 기자는 자율성의 제약을 경험하게 되며, 특종보다 낙종을 무서워하며, 창의적 기사보다 모방을 일삼는다. 자신의 전문성과 의무 정신을 살리기보다는 데스크, 편집국장, 주필과 사장에게 아첨을 일삼는다. 경영자의 비위를 맞추기 위해 기자는 읽히는 생활 정보, 현실 도피성 오락물, 감각적 내용들로 독자들을 설득, 홍보했다.

축적된 자본은 사주를 배불리며, 자신의 신분적 정체성을 찾지 못한 기자는 언제든지 사주에게 도전장을 내놓을 구실을 찾는다. 그러나 언론인의 숫자를 늘림으로써 관료제의 견고성은 더욱 강해지며, 기자들의 자유와 운신의 폭은 좁아졌다. 자신들은 사주에게 노동 강도와 착취의 정도가 심화된다고 불평하지만, 자신들도 관료제의 관성의 힘으로 다른 사회 구조와 조직에게 피해를 주고 있다.

신군부 하에서 언론은 과거와 달리 독자의 목소리를 반영시키려고 했다. 그러나 독자 투고란은 「경향신문」, 「동아일보」, 「서울신문」, 「조선일보」, 「한국일보」 등 5개 신문사에서 1978년 12월 한 달 동안 61건에 불과했다.[603] 밤을 새워 제작한 신문이지만 기사에 대한 독자의 반응은 기대치 이하였다. 그러나 「동아일보」는 1981년 신년사에서 어떤 사람이 다른 사람의 명령을 따르기보다 대화의 폭을 넓힐 것을 밝혔다. 조선일보사는 독자들의 여론을 분석, 제작하는 '오피니언 매거진' 형식의 『월간조선』을 1980년 3월 15일 창간했다.[604]

독자와 더불어 지면을 채워가기를 원했으며, 독자란도 고발성보다는 흐뭇한 이야기나 경각심을 환기시키는 등의 내용으로 실리곤 했지만, 대체적

---

602) 방상훈, 상게서, p. 1461.

603) 편집부, 「독자투고란 분석」, 『신문과 방송』 99, 1979. 2, p. 40.

604) 방상훈, 상게서, p. 1413.

으로 대화보다는 관리 문화 성격에 머물러 있었다. 지방 주재기자제를 폐지하며, 지역 정보는 연합 통신에 맡겼다. '언론기본법' 제6조의 '정정 보도 청구권'은 언론중재위원회의 관리적 기능을 통해 독자에게 액세스권으로 선사하였지만, 그들의 적극적 의견 개진을 할 수 있는 '반론 보도 청구권'은 오히려 제약했다. 그리고 언론인에게 정보 청구권(제6조)을 허용했지만 '국가 기밀에 위배되지 않은 한'이라는 단서를 붙였으며, 취재원 보호권(8조)을 근본적으로 허용하였지만, '可罰的인 것'은 허용할 수 없다는 단서를 붙였다.

언론기본법은 '언론의 자유와 책임'을 강조하면서, 언론을 사기업이 아니라 공적 기업으로 규정한다.[605] 즉 1980년 11월 한국신문협회에서 규정한 언론의 공적 기능은 나라와 국민 모두의 이익을 증진하는 사회의 공기로서 민족 성원의 번영 및 국가적 성장 발전으로 규정했다.[606]

동아일보사는 80년 4월 17일 「자유 언론을 위한 선언문」을 발표한 후 새 시대의 새 질서를 확립하기 위한 '동아쟁화추진위'를 발족했다.[607] 그러나 당시 자유의 영역은 전술했듯 관리 문화 영역 안에 머물렀으며, 책임도 상업적 속성 속에 매몰되고 말았다. 감각적 내용들로 독자들을 설득, 홍보할 때 상식 · 규율 · 법 등은 공유된 이해로 정립되지 못하고 이데올로기화, 소모성화한다. 이를 이성적으로 규정하고, 발전시키기에는 시간과 노력이 필요하다. 그렇지 않을 경우 개인의 본능과 소비 성향이 높아가고 문화는 전통의 고삐를 잃게 되고, 혼돈된 무질서가 범람하는 사회를 형성한다. 개인을 강제하는 법은 공유된 사회 규범에 근거하기보다 강한 힘의 도움으로만 규정되고 집행된다.

'모세의 법'은 하층 노예를 보호하기 위해 제정했다.[608] 주인의 노예에

605) 방상훈, 상게서, pp. 1455~1459.

606) 장재국, 상게서, p. 369.

607) 김병관, 『동아일보사사』 5권(서울: 동아일보사, 1990), p. 81.

608) Irving M. Zeitlin, op. cit., p. 308.

대한 신체 상해를 금지했으며, 하층민은 부채 탕감을 위해 자신의 처를 재력가에게 양도할 수 없도록 했다. 이 법은 약자를 위한 보호 조치로서 오랜 동안 상식 · 규율 · 법으로서 작동할 수 있었던 반면에, 공유된 의미를 지니지 않았던 '언론기본법'은 곧 위력을 상실하게 마련이었다.

강한 힘을 바탕으로 한 로마는 노예 경제를 활성화시킬 수 있었으나 교환 경제를 활성화시키지는 못했다.[609] 합리적 교환이 가능하며, 화폐가 발전된 곳에는 강한 정치 권력은 사상누각일 수밖에 없었다. 신군부는 유성환(兪成煥) 의원을 1986년 구속하고, 민통련을 강제 해산시켰으며, 야당의 대통령 직선제 개헌 촉진 국민대회를 원천 봉쇄시켰다. 경색된 정국에 1987년 1월 15일 '임종철(朴鍾哲)군 고문치사 사건'과 '『말』誌 보도 지침 사건', 'KBS 시청료 납부 거부 운동' 등이 연이어 벌어졌다. 동아일보사 편집국과 출판국 소속 1백 32명이 '민주화를 위한 우리의 주장'에 서명했다.[610]

'6 · 29 사태' 이후 언론의 자유는 다시 회복되었다. 주당 신문의 지면 수는 늘어나 여론의 활성화, 스포츠 · 경제 · 지방 뉴스는 확충되었다. 지방 주재기자를 갖지 않았던 신문은 '의령(宜寧) 경찰관 총기 난동 사건', '함안(咸安) 바둑이 사건' 등 무더기 오보 사건을 기록했다. 지방면 취재에 약점을 보완하기 위해 동아일보사는 1987년 9월 1일 편집국 제2사회부를 신설했다.[611]

사회 변동을 신문사 안으로 끌어들이려는 노력은 다각도로 이뤄졌으며, 그들의 목소리를 직접 대변하는「한겨레신문」이 1987년 탄생했다. 외부 사회 운동 덕분에 언론노조가 탄생했다. 1980년대 이후 언론 노조의 출현 가능성은 상존했지만 언론은 노조를 결성하지 못했다. 즉 언론 노조는 '노동

609) Irving M. Zeitlin, op. cit., p. 308.

610) 김병관, 상게서, p. 297.

611) 김병관, 상게서, p. 314.

가치'(the price of labor) 결정 과정에서 심각하게 일어나는 계급 갈등을 경험하지 못한 셈이다.

한국일보사 노동조합은 사회 내에서의 커뮤니케이션 활성화와 노조 설립의 붐을 타고 출현했다.[612] 1987년 10월 29일 종로 2가 YMCA 2층 친교실에서 경영권에 대한 노조의 입장을 발표했다. 관리적 측면에서 언론은 낮은 임금과 열악한 근로 조건을 개선하며, 편집권에 관해 사내 민주화를 통해 올바른 노사 관계를 정립할 것을 다짐했다.

한국일보사에 이어 결성된 각 언론사의 노동조합은 자본주의 체제하에서 언론인도 육체 노동자와 다를 바가 없음을 재천명했다. 언론인은 '신분 집단'으로부터 노동자 계급의 지위를 형성하기를 원했다. 즉 같은 상황의 기회를 공유하는 집단, 경제적 기회와 노동 시장적 상황의 기회를 중요시하는 계급적 성격에 언론인은 찬동했다. 언론인은 신분 집단에 부여되는 명예를 포기하고, 자신의 값어치를 올릴 수 있는 각기 다른 교육의 기회를 갖도록 다짐한 것이다. 기사는 공익성과 윤리적 문제에 관심을 두기보다 수용사의 이익과 관련된 정보(情報)를 제공할 것을 다짐한 것이다. 사회구조를 주요 취재원으로 삼겠다는 선언은 과거 집단의 수장인 지도자, 혹은 개인을 표적의 대상으로 삼았던 취재 양식을 포기한 셈이다. 과거의 부서 중심에서 개인 중심의 취재 방식을 채택하며, 수습 기자제보다 능력에 따라 우선하는 인사 제도를 선호할 것을 결의했다. 부서의 집단의식은 더 이상 필요 없는 구시대의 유물로 취급받게 되었다. 말하자면 신분 집단으로 형성된 질서의 포기 대신 물질적 이익으로 형성된 계급의 질서를 받아들이게 되었다.

한국일보사의 김창렬(金昌悅)은 1986년 사장 취임 인터뷰에서 편집과 경영을 하나로 봤다.[613] 전방으로서의 편집은 창의적 신문 제작에 책임

612) 최해운(崔海雲), 「노조 통해 언론의 참기능 수행할 터」, 「기자협회보」, 1987. 12. 10.

613) 장재국, 상게서, p. 482.

이 있다. 하루하루의 작업이지만, 이 작업이 하루로 끝나지 않고 지속적인 언론 창달을 위해 노력하는 한편, 후자인 경영은 그 후방을 돕는다. 경영은 조직을 활성화하도록 사람을 키우는 인사를 하며, 개인의 능력 발휘를 위해 고른 기회를 주어 성장하도록 촉진한다. 양자가 어우러져 업무를 수행하지만, 후자의 관리는 계산 가능한, 통제할 수 있는 예측 가능한 관리제 원리를 주장한 것이다. 그러나 결과적으로 보면 신문 기업이 법인 조직인 한 중역회 · 이사회 등이 경영 관리자로서 편집권 행사의 주체가 됨은 당연하다.

경영인과 노동자가 양극화하는 기존 노동운동의 전형을 언론도 수용한 셈이다. 신문 산업의 자본 종속이 심화될수록 언론인의 자율성이 축소되며, 사주로부터 편집의 종속성이 심화된다. 노동 집약적 산업인 언론은 당연히 노조가 경영과 인사에 참여해야 한다.[614] 편집권은 편집의 방침 결정, 시행 및 보도와 논평의 적성선 유지 등 편집 제작에 관련된 일체의 권능으로써[615] 정치 권력, 자본, 그리고 내적 통제 등과 끊임없는 마찰을 빚곤 했다. 더욱이 환경 감시 기능과 사회를 연결시키는 기능에 직결되는 것이 편집권이다.

신군부 정권은 지금까지 언론의 공적 기능을 강조했으나 경영, 관리형태로 보면 사적인 기능의 강조점이 드러난다. 즉 대부분 주식회사인 언론은 국가에 세금을 낼 뿐 공기업으로서 면모를 갖추지 않았다. 언론은 주식을 국민에게 공개하지도 않았으며, 사원 주주제를 실시하길 거부했다. 사유 재산을 공익 재산으로 환원하려는 노력이 미흡했다. 사원을 재교육시키고, 사회 교육적 차원에서도 공개적인 언론 재단이 되지 못했다.

언론인은 전통적으로 전위적 지식 산업으로 치열한 경제 구조에서 이겨야 한다는 흥분과 스릴, 보통 사람이 접근하기 어려운 권력 핵심으로의 접

614) 권영길, 「언론자유의 좌표 심포지움」, 『저널리즘』 1988년 가을, pp. 285~310.

615) 「한국일보」, 1988. 7. 13.

근 기회, 자기 성취욕이 보장되는 직업으로 매력을 갖는다. 관리 문화는 언론인의 이와 같은 이점을 미끼로 언론인의 노동 강도를 높인다. 언론인을 기자 · 전문기자 · 차장 · 팀장 · 데스크 · 대기자 등으로 분화시켜 통제의 강도를 높인다. 분화된 조직 안에서 허위의식을 지닌 언론인은 자의식을 바탕으로 전통적 '지식 기사'로서의 역할을 수행한다. 안으로는 위계질서를 완성하고, 선정적 사건 기사로 독자를 끌어들인다. 관리 기구는 밖으로 정치 · 경제 등 권력 기구에 출입처를 중점 배치함으로써 결국 허위의식을 민중에게 전파한다. 민중은 불안정해하고 감각적이며 공유된 여론의 의미를 나누지만 재야 · 종교 · 정당 등 단체들은 사회 구조가 잉태한 이데올로기에 대항한다. 관료 기구가 경직될수록 그 안의 소외된 사회 단체와 '대자적 민중'은 격노하게 된다.

경직된 관리 체제하에 예속되어 있던 언론인들은 1987년 그들의 '지식 기사'적 성격을 뒤로 한 채 노동조합 운동에 참여했다. 노동조합원은 근로조건을 개선하며, 보도의 공정성을 기하며, 사내 민주화를 이룩하려 했으나 노사의 입장이 '편집권 독립'에서 부딪치게 되었다. 편집권을 현행법은 발행인 또는 편집을 위임받은 편집인에게 귀속시켰다. 그러나 노조 측은 편집권을 국민의 알 권리를 충족시키고 올바른 물질적 정보를 제공하며, 민의를 충분히 반영하기 위해 언론인에게 이임된 권리라고 맞섰다. 편집권 독립의 실천은 1988년 7월 11일 「부산일보(釜山日報)」 노사 교섭에서 1) 회사는 편집국장의 인사에 있어 노조의 의견을 최대한 반영한다, 2) 회사와 노조는 편집 제작진의 편집권을 존중한다 등으로 명문화되었다.[616)]

언론사 노조운동은 전국적으로 확산되었다. 언론사 노조위원장들은 1988년 4월 6일 전국언론사 노동조합협의회를 발족시켰으나, 그해 11월 발전적 방향으로 이를 해체하고 전국언론노동조합연맹(언노련)을 탄생시켰다.

---

616) 안재희, 상게서, p. 401.

5. 언론의 민주적 관료제

각 사의 언론 노동조합의 출현이 '노동 가치'에 관한 갈등적 요소에 직접적인 원인이 있지 않듯, 언노련의 출현과 목표 설정도 노동의 '잉여가치'에 대한 논란이 시발점이 된 것은 아니다. 언노련은 '신분 집단'으로서 자신의 기득권을 포기하지 않은 채 참여 민주화를 시도했다. 노동 집약적 언론 산업은 능동적 · 창의적 정신으로 민중을 역사 창출에 참여시킨다. 환경 감시 기능을 통해 언론은 부의 불평등 현상과 갈등적 요소를 제거하고, 민중을 제도권 안으로 끌어들인다. 즉 언노련 정책은 정치적 · 경제적 · 사회적 지도자들에 대항하여 문제가 제기된 여론을 걸러서 입법화시키도록 영향력을 행사한다. 언노련은 여론을 조정하는 지도자가 누구든 강력한 여론의 배경이 있다면 도울 수 있다. 그를 도와 이데올로기에 사로잡혀 입법화된 법이나 제도까지도 무효화시켜 계급 갈등을 일으킨 원인이 되는 법 체제를 전복시킬 수 있다. 그러나 사회 체계든, 그 안의 관료 조직인 언론이든, 그 자체의 효율성, 정밀성, 계산 가능성, 예측성을 고려하지 않을 수 없다. 감정적 · 집단적 여론을 받아들일지라도 언론의 조직화 · 관료화의 근본 체제는 변함이 있을 수 없다. 즉 발전된 문명을 원시 상태로 환원할 것을 원하지 않는 현대인의 심리와 같은 원리이다.

현대 사회의 언론은 노동 집약적 산업일 뿐 아니라 막대한 자본이 소요되는 기업의 형태이다. 기업의 형태에서 공적인 기능의 지속적 수행이 이루어지지 않을 때 언론은 사적 영역에 머무르고, 언론 기업 자체가 계급 갈등의 소용돌이에 휘말리게 된다. 즉 언론은 권력으로써 집단적 · 감정적 여론의 참여를 제한시키고, 독점적 자본과 정치 권력의 편에 서게 된다. 언론은 물질적 사회 구조에 깊게 동참하게 됨으로써 노조 활동을 유발시키고, 결국 사회 내 커뮤니케이션의 활성화라는 언론 본연의 임무를 소홀히 하게 된다.

중세의 영주와 직업 기사는 생산에 참여한 농부로부터, 농업 기술이 획기적으로 변하지 않는 한, 매해 같은 양의 수확에 대한 세금을 받고 그들을 보호해주었다. 농부는 신분 질서를 유지했으며, 그들은 안전의 대가로 영주와 직업 기사에게 복종할 고정된 의무를 지녔다. 커뮤니티의 세속적 카리스마가 나타나 여론을 조직화하고 이 고정된 신분 질서를 혼돈시키지 않는 한 영주, 직업 기사, 그리고 농부들은 같은 질서를 유지했다.

상업이 발달된 해안 지역은 교역량에 따라 영주와 직업 기사는 보수를 달리 받았다. 교역이 발달된 곳에서 영주와 기사는 농촌에서의 신분 관계와는 분리됨으로써 과거에 누렸던 혜택과 특혜를 포기하고, 그 대신 새로운 계급적 질서 하에 새로운 신분적 혜택을 누렸다. 신분 집단은 의례 · 관습 · 관례 등을 바탕으로 커뮤니티의 행동에 영향력을 행사했으며, 사회 계급은 경제적 이익을 바탕으로 같은 계급적 상황에 있는 개인들의 사회적 행위를 부추겼다.

언론도 영주와 직업 기사처럼 신분 집단, 혹은 계급 집단으로 사회 내 커뮤니케이션 활성화를 이룸으로써 그 대가로 언론 기업을 유지시켜왔다. 1960~1970년대 한국 언론이 신분적 속성의 성격을 현저하게 지녔다면, 1980년대 한국 언론은 계급적 속성을 뚜렷하게 지녔다. 이들 언론은 정치 권력이 감지할 수 없는 현대 사회의 의지들을 고정된 틀로 집합시켰다. 힘에 의한 정치 권력을 제도화하도록 도왔으며, 감정적이고 집단적 의견은 제도권 안으로 끌어들이는 '공론장'(public sphere)의 역할을 담당했다.

공론장은 관료제의 원리를 이용한 언론 기업이다. 언론 사주는 비일상적이고 창의적인 기술 혁신과 더불어 기술적 · 계산적 · 통제적 관료제를 언론 경영에 도입했다. 취재망을 효율적으로 운영하기 위해 언론인의 역할을 분화시키며 전문화를 시도했다. 감정적 여론을 수렴할 수 있는 제도적 장치를 마련하여 조직을 유연하게 했다. 사주는 자본주의적 통제와 질서 안에서 자신의 특수한 재능을 발휘하여, 부의 축적을 가져왔다. 사주가 통제 영역을 확장시키고, 노동 강도를 높이자, 언론 노동자의 자치 영역은 축소되었다. 관리제의 속성상 언론사주는 기자들의 자치권을 제한함으로써, 그들에게 책임과 의무를 부가할 수도, 윤리 의식을 강요할 수도 없었다. 언론사주는 공적인 언론의 기능을 뒤로 한 채 사적인 영역에 몰두하면서 언론 노동조합의 계급적 속성을 부각시켰으며, 창출된 언론 노동조합원과 사주와의 대립 양상이 가시화되었다.

현대의 다원주의 사회는 다양한 행위자를 수용한 결과, 그들의 권리를 인정하게 되는 당위성에 직면했다. 박정권의 강한 정치적 통제력에 의한 공법 형식의 국가 재건회의 '포고령'과 '유신 헌법', 전정권의 '언론 기본법' 등과는 달리 개인의 자발적 통제로 인간관계를 규정하는 사법 영역의 언론법을 발전시켜야 할 때가 온 것이다. 민중의 정치적 · 경제적 · 사회적 권리를 찾는 것이 민주화이며, 민주주의는 사회 지도자에게 전권을 부여하지 않는다. 그러나 과거의 타성에 젖은 정치권과 자본의 속성은 주변과의 커뮤니케이션 갭을 좁히려 하지 않는다. 뉴스는 정보 상품의 영역을 배회한다. 언론은 대기업 광고를 선호함으로써 부의 불평등을 부추긴다. 금융실명제 하에서도 언론은 사적 자본으로 남기를 원하며, 자본 축적을 공개하길 거부한다. 이 결과 언론은 정치 권력에 빌미를 잡히고, 노동조합의 계급운동을 유발시키며, 사회 단체를 불러들인다.

비판 여론이 쉽게 형성되는 독특한 분위기를 타파하기 위해 과거와 같이 정치 권력을 끌어들일 수는 없다. 그 대신 감정적 · 집단적 여론을 주도하는 입장에 있는 언론은 환경 감시 기능을 강화하여 민중과 사회 단체의 의지를 제도권 안으로 끌어들여, 서로를 연결시킬 수 있다. 사회 민주화를 위한 운동 단체에 언론은 동참할 수 있다. 언론은 권력과 자본의 홍보를 담당했던 과거의 출입처 제도를 개선해서 지역 단체, 사회 단체, 그리고 독자에게 다가가 그들의 감정적 · 집단적 생활양식을 공론화할 수 있다. 지역 개발보다 환경 보존, 중앙 집권보다 지역 분산, 강자보다 약자의 목소리에 언론은 귀를 기울일 수 있다. 자매지를 활성화하여 독자의 취향에 따라 여론을 수렴할 수 있다. 독자와 사회 단체의 목소리가 신문 편집에 반영될 때 광고 문제는 해결될 수 있다. 언론이 사회의 갖가지 감정적 요구를 받아들일 때, 편집권 독립의 문제가 자연스럽게 대두되고, 신문의 고유한 색깔이 형성된다. 사건의 결과보다 진행 과정을 묘사할 때 신문의 방향과 색깔은 더욱 현저하게 부각된다.

언론은 '일반 의지'를 대변할 수 있는 사건 기사와 더불어 사설과 해설 기능을 확충시켜 사회 전체를 엮어주는 기능을 강화시킨다. 민중의 의견을 대변하는 기자는 독특한 사회 정신을 지면에 반영시킨다. 논설과 해설의 기능이 부각되면 사회 집단과 소집단을 서로 연결시킬 수 있으며, 사건의 의미와 원인을 규명할 수 있다. 또한 노조를 통한 강압적인 편집권 독립의 문제는 인위적이 아닌 자연적으로 해결될 것이다. 아래로부터의 여론 수렴은 편집권의 독립 없이는 무의미하다. 편집국장 인선에서도 감정적 민주제에 의해 편집 담당자를 선출하는 대신, 질적 의견을 수렴할 수 있는 관리제에 의한 선출 방식을 택한다. 언론의 민주적 관료제는 과거의 선정주의적 언론 기업의 구태에서 벗어나 영상 세대의 기호에 맞춰 여론의 행방을 찾는 데 도움을 줄 수 있다.

언론의 기능은 환경 감시를 통해 사회 제도를 연결시키며, 사회화를 통해, 또 오락을 통해 중앙과 주변의 갭을 좁히는 데 있다. 언론은 정보 제공으로 개인에게 해방을, 그리고 집단에게는 문화 공동체를 형성시켜준다. 언론은 정치 권력의 통제력이 미치지 않는 영역을 공론화시킨다. 언론은 민중의 삶의 질을 높여주고, 권력의 창출을 도와주며, 경제적 부의 축적을 도와준다. 언론은 특종상을 두고 신분 집단 안에서 언론인 개인의 카리스마적 속성을 찬양한다. '신분 집단'으로서의 언론 커뮤니티는 독특한 언론 개인의 카리스마가 일으키는 지속적인 긴장의 충격을 완화시키는 데 크게 기여했다. 그러나 언론이 관리 문화 자체에 만족한 나머지 그 문화의 굴레에 예속될 때, 사회 내의 커뮤니케이션은 왜곡되고 단절된다. 그 결과 한국 언론은 신분 집단의 명예를 포기하고 노동조합의 결성을 허용했다. 지금 언론은 시장성, 기술 발전, 경제 발전 등을 강조하면서 유발되는 심각한 계급 갈등의 부담을 안고 있다.

참고문헌

권영길, 「언론자유의 좌표 심포지움」, 『저널리즘』 1988년 가을, pp. 285~310.

김병관, 『동아일보사사』 5권(서울: 동아일보사, 1996).

김해식, 『한국언론의 사회학』(서울: 나남, 1994).

방상훈(方相勳), 『조선일보 70년사』(서울: 조선일보사, 1990).

송건호(宋建鎬), 「한국현대 언론사론」, 한국기독교사회연구소 편, 『언론과 사회』(서울: 민중사, 1983).

안재희, 『기자협회삼십년사』(서울: 한국기자협회, 1994).

언론노동조합연맹, 「특보」, 1988. 11. 26.

주동황(朱東晃), 「한국정부의 언론정책이 신문산업의 발전에 미친 영향에 관한 일고찰」, 서울대학교 박사논문, 1992. 12.

주동황, 김해식, 박용규, 「한국언론사의 이해」, 1997, p. 167.

이로사, 「신군부 언론통폐합, 강제해직 국가에 책임」, 「경향신문」, 2010년 1월 8일.

이병국, 『대통령과 언론』(서울: 나남, 1987).

이부영(李富榮), 「70년대 한국사회와 언론」, 한국기독교 사회연구소 편, 『언론과 사회』(서울: 민중사, 1983).

이원영(李元榮), 『편집기자회 30년사』(서울: 한국편집기자회, 1994).

이창숙, 「노조설립은 자연적 순리」, 「기자협회보」, 1974. 12. 20.

이현구(李顯求), 「정부의 언론통제와 신문산업의 변화」, 서강대학교 언론대학원석사학위논문, 1994.

장대환, 한국신문협회2008. 「한국신문협회 50년사」, 한국신문협회. p. 83.

장재국(張在國), 『한국일보 40년사』(서울: 한국일보, 1994).

천관우, 「기자협회보」, 1969. 1. 10.

최석채, 「신문은 편집인의 손에서 떠났다」, 「기자협회보」, 1968. 12. 27.

최석채(崔錫采), 『반골 언론인 최석채』(서울: 성균관대학교 출판부, 2003).

최해운(崔海雲), 「노조 통해 언론의 참기능 수행할 터」, 「기자협회보」, 1987. 12. 10.

최희봉, 『흄의 철학』(서울: 자작아카데미, 1996).

편집부, 「독자투고란 분석」, 『신문과 방송』 99, 1979. 2, p. 40.

편집자, 「단간제 1년: 독자의 심판」, 『사상계』, 1963. 10, pp. 229~234.

한국신문협회, 『신문협회 20년』, 1982, pp. 69~7; 최준, 상게서, p. 409.

「한국일보」, 1988. 7. 13.

홍유선(洪惟善) 외, 『한국신문협회 20년』(서울: 한국신문협회, 1982).

Albrow, Martin, "Legal Positivism and Bourgeois Materialism: Max Weber's View of the Sociology of Law", *British Journal of Law and Society*, vol. 2, 1975, pp. 14~31.

Altschull, J. Herbert, *From Milton to McLuhan*(New York: Longman, 1990).

Gerth, H. H. and Mills, C. Wright, *From Max Weber*(New York: Oxford University Press, 1946).

Jung, G. Carl, *Man and His Symbols,* J. G. Ferguson Publishing Co., 1964; 이원기 옮김, 『인간과 상징』(서울: 열린책들, 1996).

Mueller, G. H., "Weber and Mommsen: Non-Marxist Materialism", *British Journal of Sociology*, vol. 37, 1986, pp. 1~20.

Shils, Edward, "Charisma, Order and Status", *American Journal of Sociology,* vol. 78, 1973, pp. 20~32.

Zeitlin, Irving M., "Max Weber's Sociology of Law", *University of Toronto Law Journal,* vol. 35, 1985, pp. 183~214.

제 7 장
한국인의 현대사로서의 방송 70년

1. 한국 방송의 실제

한국 근대사의 역동기에서 방송은 신문과 더불어 한국사의 주축을 이루어왔다. 한국 근대사가 치욕의 역사였다면 방송의 발자취도 예외가 아닐 수 없다. 한국인의 심성 깊이 자리잡은 방송 70년은 한국인의 삶 그 자체라 하겠다.

맥루한(Marshall McLuhan)은 미디어와 메시지를 동일시했다. 미디어로부터 송출하는 소리 · 리듬 · 색채 · 제스처 · 언어 · 비언어 등은 곧 메시지이다. 현대인들은 메시지에 의존하여 사고하며, 웃으며, 울며, 심각해 하면서 그들의 삶을 미디어에 예속시켜간다. 미디어가 건전하지 못하면 민중의 정서는 황폐화되고 만다. 1997년에 치른 15대 대통령 선거도 텔레비전의 위력을 유감없이 보여준 경우였지만, 지금 사회 일각에서 보는 방송 미디어에 대한 평가는 그렇게 곱지만은 않다.

텔레비전의 역사는 라디오로부터 시작한다. 말코니(Marconi)는 1899년 상업적 목적으로 무선통신을 발명했다. 그러나 1912년 호화 여객선 타이타닉 호(Titanic) 침몰시, 주파수로 통신하려는 사람들의 통신 혼란으로 인해 사고를 면치 못한 것이 되자, 그해 미국은 라디오 조례(The Radio Act)를 제정하여[617] 정해진 사람에게만 허가하여 영업할 수 있는 특권을 부여했다. 한 방송사가 여러 청취자로부터 이익을 얻으며, 선전하고, 통제하며, 봉사할 수 있게 된 것이다. 대량 생산 체제 하에서 라디오 기술의 발달은 멀리 떨어져 있는 사람에게까지 정보와 경험의 교환을 가능케 했다. 미디어는 기술 발달과 충격적 수사학을 동원함으로써 좀더 많은 시청자와 청취자를 흡수해갔다. 미디어는 위에서 아래로 선전·설득하고자 한다. 리프만(Walter Lippmann)은 '유사환경(擬似環境)'을 만들어내는 미디어에 대하여 언급했다. 그러나 대부분의 수용자는 두 사람 사이에 무선으로 통신을 즐겼던 초기 통신 시대에 대한 애틋한 향수를 지니고 있다.

방송 기술은 짧은 세대(life cycle)를 구가하며 broadcasting으로부터 narrowcasting으로, 대면 커뮤니케이션의 형태를 가능하게 한다. 방송은 지역·직업·성·나이 등에 따라 구체적인 시청자·청취자를 찾아 나선다. 또한 방송 기술이 발전됨에 따라 대인간의 상호교환(interaction)이 늘어나며, 확장된다.

하이데거(Martin Heidegger)는 기술을 어떤 목적을 이루기 위한 수단으로 보거나, 인간 행위 자체로 보았다. 그는 양자가 합쳐진 결과물을 기구·연장·기계 등으로 간주했는데, 이를 라틴어 'Instrumentum'(Einrichtung)으로 묘사했다.[618] 결국 하이데거는 기술을 다름 아닌 '인간 행위', '사고방식' 등으로부터 그 기원을 찾는다. 그렇다면 기술과 문명은 인간 행위의 발전과 별개의 것이 아니다. 기술을 통해 '능숙함으로의 의지'(the will to mastery)를 확장시키기도 하고, 개인의 정체성을 찾으며, 집단의 정체성을 모색한다. 현대 기술은 집단이 하나됨(community, common, communis)을 가능하게 한다.

그러나 기술을 보는 우리의 상황은 착잡하기만 하다. 김영삼(金泳三) 정

617) Croteau, David and Hoynes, William, Media and Society(London: Pine Forge Press, 1997), p. 277.

618) Martin Heidegger, The Question Concerning Technology and Other Essays(New York: Harper and Row Publishers, 1977), pp. 4~5.

부가 한정된 자원을 가진 나라임을 망각한 채 추진한 세계화 정책 하에서 무리하게 투자한 위성, 방송 장비, 프로그램, 그리고 이에 따른 기술 도입은 IMF 체제를 초래하게 된 한 요인이 되었다. 세계 신경 체계(nervous system) 안에 '가상현실'을 통해 한반도를 끌어넣은 셈이다. 가상현실의 IMF 경제 체제는 다른 사회, 문화적 체제로 재편시키는 목적 지향적 의미를 지니는 바, 이 체제는 국가 · 민족 · 개인 · 계급의 정체성 등 모든 부분을 경제 논리로 고착시킨다. 종전과는 다른 기호 및 상징 체계로 경제 체제를 뒷받침한다. IMF로 끌려들어가는 속도가 광속이라면, 경제 논리가 가져올 파장 또한 엄청나다. 정부와 더불어 전국 방송망 · 민방 · 케이블 · 위성방송 등도 경제 논리의 수사학의 최면술에 걸려 있다. 방송 프로그램은 경제 논리로 수용자를 선전, 설득할 것이다. 과거의 경제 논리에 의해 축적되었던 경제력은 개인의 삶의 의미와 국가의 정체성에 맞물리지 않음으로써 결국 거품이 되어버렸다.

본 장은 '귀와 눈의 확장'의 라디오 · 텔레비전의 역사를 통해 '인간 행위'의 의미를 반추한다. 즉 과거 일제시대부터 현재 정권에 이르기까지 방송 정책을 기술 결정론적으로 설명한다. 문화 · 정보 · 오락 등의 매체로서의 라디오, 흑백 TV, FM 라디오, 컬러 TV 등이 어떤 선전, 설득, 수사학의 형태를 띠며 수용자에게 다가갔는지를 규명한다.

방송을 통한 커뮤니케이션은 방송이 중간 매개된 커뮤니케이션 형태로 개인과 개인 간의 커뮤니케이션을 도와준다. 개인간의 직접 커뮤니케이션을 하도록 중간에서 매개 역할을 한다. 방송은 개인의 삶의 의미를 찾도록 정보를 주고, 심리적 위안을 얻도록 오락을 제공한다. 방송은 개인적 주체를 사회적 · 공동체적 · 국가적 주체로 형성케 하여 질서를 형성하도록 도와준다.

경제 결정론적 관점에서 볼 때, 방송의 기능은 상업 방송일 경우 경제 체제의 활성화에 한정된다. 그러나 공영 방송은 재화 및 용역의 유통 구조 활성화에 도움을 줄 뿐 아니라, 그 상품의 유통으로 인해 일어나는 부의 불평등 문제를 해소함에 관심을 갖는다. 경제적 요인과 사회 내의 커뮤니케이션 활성화는 항상 갈등 관계에 있다. 방송이 비대한 관료제일 때는 양자가 더욱 어렵게 꼬인다. 그러나 궁극적으로 사회 내 커뮤니케이션을 활성화시키는 역사 · 국가 · 전통 문화 · 집단 문화 등은 경제력에 우선한다. 양자를 어떻게 균형 있게 분할할 것인지가 본고의 관심이다.

이 글은 정책적 글이 아니라 방송 70년사를 통해 가장 현저했던 매체 현상과 특성을 해석하는 데 주안점을 둔다. 즉 방송의 역사적 맥락으로 방송 기술이 가져올 수 있는 사회 · 문화적 상황에 관해서 논한다. 과거의 방송사에서 다수의 방송이 생성 · 발전 · 소멸을 반복하고 있다. 그중 본 장은 방송사 중 가장 현저했던 KBS사(史)를 중심으로 서술한다.

방송 70년사에 대한 논의에는 강대인(1997) · 조항제(1997) 등이 있다. 강대인은 방송 구조와 권력 구조의 변화에 관심을 두는 한편, 조항제는 미디어 내용(뉴스와 드라마)을 축으로 그 시대적, 사회 상황적 요소를 가미시킨다. 그러나 본고는 정치 권력의 선전 · 홍보 수단으로 사용한 라디오, TV, FM, 컬러 TV 등의 기술적 속성과 그 효과에 관해 논한다. 즉 시간을 축으로 각 매체의 기술이 도입되는 과정에서 외국과의 관계, 국내의 사회 · 문화 · 법 · 경제적 요인, 방송의 운영 형태의 변화 등을 해석하고 설명하며, 아울러 각 기술이 가져오는 사회적 파급 효과를 언급한다. 더욱이 컬러 TV는 기존의 문화, 정보 매체와 더불어 오락 매체화하며, '가상현실'을 창조한다. 본 장은 가상현실의 신드롬 현상에 따른 인간성의 변화 과정에 대한 해석을 집단 문화의 해체 과정의 역사와 동일시한다. 본 장은 방송의 역사적 분석을 통하여 현실적 문제점의 해결의 실마리를 찾고자 하며 그 주요 대상을 KBS 위상과 관련시킨다.

본 장은 방송 기술에 따른 정신적 이념의 실체를 규명한 딜타이(Wilhelm Dilthey), 베버(Max Weber)의 '해석적 이해'(Verstehen)의 방법을 적용한다. 즉 시간을 축으로 각 시대의 현저한 기술적 · 사회 상황적 요소를 해석하고 '사실'의 나열과 의미를 특수성과 보편성의 가능성의 관점에서 설명한다. 더욱이 방송을 이해하는 데 가장 현저한 용어들, 즉 기술, 기술의 이전, 소유, 권력, 법, 문화, 국가, 공영 방송, 국영 방송, 민영 방송 등의 역사적 상황과 의미를 해석한다. 아울러 본 장은 라디오가 가장 현저한 역할을 했던 일제시대와 해방 후를 먼저 언급한다. 그리고 흑백 · 컬러 텔레비전 방송 시대를 언급한 후, 결론으로 한국인의 현대사로서의 방송 70년을 정리한다.

2. 라디오 방송 시대

1) 일제 하의 라디오 매체

소리는 인간 생명체의 조직에서 나온다. 인간과 마찬가지로 자연 · 동물 · 식물 등이 나름대로 소리를 지닌다. 라디오는 소리를 기술적으로 전달하는 도구이다. 리듬을 가진 소리는 인간에게 더욱 설득력을 지닌다. 음악은 리듬을 타고 조화를 이룸으로써 인간의 뇌를 편안하게 해준다. 인간은 누구나 이런 리듬을 가진 음악을 듣기를 좋아하는데, 라디오는 멀리 떨어져 있는 사람에게 이를 가능케 한다. 인쇄 매체가 문자 기호를 사용하듯, 라디오는 소리의 기호를 사용한다. 라디오는 성우 · 아나운서 등을 등장시키고 자연의 음성과 음악의 율동을 대치시켰다. 그들의 기계적 · 통제적 음성을 통해 정보 · 오락을 전한다. 방송은 미드(Gerge H. Mead)가 언급했듯이 '객관적 자아'(me)를 형성하도록 도와준다.

감정적 호소력에 예민한 방송 청취자가 증가함에 따라 사회 구조 내에 방송의 통제 메커니즘이 작동한다. 청취자가 증가할수록 방송 요원의 이성 · 감정 · 윤리 · 정체성, 그리고 직업관은 대중에게 확산된다. 그에 따른 새로운 '감각적' 라디오형, 텔레비전형 퍼스낼리티, 지배 질서가 형성된다. 즉 한국 방송 70년사의 과정을 통해 지배 질서가 고착화되어갔다. 1924년 조선 총독부 체신국에서 라디오 최초 실험방송을 시작했다.[619] 현재 서울의 신세계 백화점 자리에 있던 미쓰코시(三越) 백화점에서 오사카방송(大阪放送)으로부터 송출된 전파를 수신하여 다시 송신했다.

한편「조선일보」는 1925년 4월 서울 수표교 부근의 한옥건물의 사장실에서 시청자에게 공개 시험 방송을 시작했다. 방송에 관심을 가진 당시 11개 단체도 총독부 체신국에 방송 사업 허가 신청을 냈으나, 일본 우정성은 1927년 2월 16일 '경성방송국'(JODK)[620]만을 개국하도록 허가해 주었다. 호출부호는 JODK, 호출명칭은 경성방송국, 출력은 1kw였다. JO는 일본의 호출부호였으며, 4번 째 한국에 있는 방송국이었다.

사단법인인 경성방송국은 총독부의 산하 기관으로 그 설립 목적을 '반도 민중의 문화를 개발하여 복지를 증진시킨다'에 두었다.[621]

일제 지배 하의 경성방송국은 '일본방송협회'[622]와 정부의 통제를 전적으로 받았으며, 보도와 계도의 교양 프로그램으로 일본을 선전하는 기능을 담당했다. 다른 학설도 존재한다. 정진석은 초기 방송이 총독부의 선전과 홍보를 위한 내용 위주가 아니었다. 아침 9시 30분 일기예보로 시작하여 물가의 가격, 주식시세, 연예, 강좌, 음악, 어린이시간 등으로 뉴스는 평일에는 오후 3시 15분에서 5분간, 일요일과 공휴일에는 15분과 저녁에 잠시 편성되었다.[623]

---

619) 강현두, 「JODK 사단법인 경성방송국의 개국」, 서정우 편, 『한국언론 100년사』, 서울: 사단법인 한국언론인연합회, 2006, p. 606.

620) 경성방송국은 1927년 2월 16일 정동(貞洞) 1번지에서 방송을 시작했다. 방송국의 기구는 방송부, 기술부, 총무부, 가입부 등이며, 한국인 직원은 기술과 한국어 프로그램의 일본 유학파 노창성(盧昌成), 무선통신사 한덕봉(韓德奉), 편성 직원 최승일(崔承一), 아나운서 이옥경(李玉慶), 마현경(馬賢慶) 등이었으며, 한국어와 일본어 방송은 1 : 3 정도였다(김재중(金載中), 『한국방송사』, 서울: 한국방송공사편, 1977, p. 19).

621) 김재중, 상게서, 1977, p. 18.

622) 일본의 방송은 1925년 3월 사단법인 동경방송국 개국 후, 오사카, 나고야 방송국이 뒤따랐다. 3개의 상업 방송국은 1926년 8월 사단법인 일본방송협회로 개칭되어, 1951년 9월 민간 방송국인 중부일본방송, 신일본방송 등이 탄생할 때까지 공익 방송을 유지했다(카타오카 토시오, 『방송개론(放送概論)』; 이창근 · 김광수 옮김, 『일본의 방송제도』, 서울: 한울, 1994, p. 32).

방송의 내용은 시대적 상황과 맞물려 편성되었다. 당시 일본 의회와 정부는 의원들을 선거로 선출했다. 토크빌(Alexis de Tocqueville)은 언론의 검열 정도와 대중의 선거권 확대는 서로 연관성이 있다고 봤다.[624] 그러나 당시 선거에 의해서 선출된 일본 정부였지만, 언론은 여전히 정부의 강한 통제에 의해서 지배되고 있었다. 정치인과 관리는 직 · 간접적으로 개인 · 기업 · 언론을 통제했다. 일본 정부는 국가 질서 유지, 혹은 공공질서를 앞세우면서 방송의 허가와 내용을 통제했다. 통제의 사슬에서 전문성을 지닌 주요 전국지의 일부 기자를 제외하고는 취재 활동의 전부를 직 · 간접적으로 통제받는 상황에 놓여 있었다.

선전을 용이하게 하기 위해 언론의 검열 표준(censorship standards)을 정하고 정부는 왕족을 비난하거나, 민주주의를 거부하거나, 법과 국가 안에 특정한 계급을 강조하거나, 테러에 동조하거나, 체제 위협의 가능성에 대해서 철저히 규제했다.[625] 사전 검열을 강화시키고, 방송 뉴스는 제목까지 체신국 검열과에 통고하도록 강화했다.

일본 방송은 경제시황보도(經濟市況報道), 물가 시세, 일기 예보, 공지사항을 방송하고, 한국어 방송은 일본어 방송의 번역물과, 오락물인 창 · 민요 · 동화 · 고담 등을 방송했다. 당시 수신기 보급 현황을 보면 개국 일주일 후인 1927년 2월 22일 라디오 총수 1,440대 중 일본인과 한국인의 보유대수는 각각 1,165대, 275대였다.[626] 그러나 시대의 급변함과 개인에게 다가가는 설득력 있는 매체의 기술적 특성 등으로 한국인의 수신기 보유 대수는 점점 늘어났다.

---

623) 「조사시보(調査時報)」, 1927년 1월; 정진석, "방송 80년, 발전과 명암", 정진석 · 김영희 · 한진만 · 박용규 · 서재길, 『한국방송 80년, 그 역사적 조명』, 나남, 2008, p. 14.

624) Alexis De Tocqueville, Democracy in America(New York: Doubleday and Company Ins., 1969), pp. 180~188.

625) Gregory J. Kasza, The State and the Mass Media in Japan, 1918~1945(Los Angeles: University of California Press, 1988), p. 33.

626) 김재중, 상게서, p. 19.

초기 운영재원은 출자금, 기부금, 가입료, 청취료, 기타 잡수입 등이었다. 출자금은 일본방송협회(NHK)로부터 차입한 30여만 엔으로 그 자금으로 계속 방송국을 운영하는 데는 무리가 따랐다. 재원부족이 심각한 상황이었다.[627)]

만주사변이 일어난 1931년 9월 18일 이후 한반도의 상황은 변했다. 지금까지 '문화주의'를 표방하던 상황과는 달리, 문화주의와 더불어 군국주의적 일본 문화의 주입 시기가 등장한 것이다. 일본은 방송을 군국주의 확장의 '목적을 위한 수단'으로 삼았다. 일본 국내의 격렬한 노동조합 및 좌파 운동은 값싼 노동력에 의한 공업 발전에 제동을 걸었다. 일본 정부는 경공업을 중심으로 공업 단지를 한국에 이전하기 시작했다. 일본은 한국의 노동력을 사용하기에 이르렀으며, 산업 기지로 인구 이동이 증가되었다. 일본은 조선인에게 그들의 공적 질서(public order)로의 유입을 강요했다. 산업 기지로서의 조선에 대한 상품의 시장 개척 등 산적한 문제에도 불구하고 일본은 경성방송을 통해 조선인들의 공적 질서로의 강제적 편입을 우선 과제로 삼았다.

수신료 수입으로 방송을 운영했던 일인들은 수신기 보급에 힘쓰는 한편, 1932년 4월 7일 사단법인 경성방송국을 사단법인 조선방송협회로 법인명을 개칭하고, 조선방송협회는 총독부 체신국의 강력한 통제 하에 두었다.

방송과를 방송부로 승격시켜 체제를 정비하고, 일본어 방송과를 제1과로, 조선어 방송과를 제2과〔과장 윤백남(尹白南)〕로 분리시켰다. 경성방송국은 '심전 개발', '농촌 진흥', '부녀 교육' 등 세 가지 방침으로 조선인을 계도하였다.[628)] 조선인들의 방송 수신기 보유 대수가 증가하자 방송의 위력도 상대적으로 강화되었다. 권력을 뒤로 한 일본의 선전 정책은 군국주의적 문화정책으로 변경되었다. 방송 매체는 일본식 문화 이식의 도구로

---

627) 정진석 · 김영희 · 한진만 · 박용규 · 서재길, 상게서, p.14.

628) 김재중, 상게서, p. 43.

사용되어 일본 제국주의의 영토 확장 목적에 부합하도록 강요당했다. 일제는 방송 내용에 대한 검열의 고삐를 늦추지 않았다. 체신국에는 방송 감독계를 설치하고, 방송 원고를 사전에 감독하고 승인했다. 방송국에서는 감청원을 상주시켜 장비 사용에 대한 통제를 가했다. 또한 방송 내용의 완벽한 통제를 위해 불순한 방송을 방해하는 최후의 조치로 차단기까지 설치했다. 체신국은 '방송심의 기구'를 설치하여 체신국 감독과장, 감독계장, 경무국 보안과장, 도서과장, 사회과장, 해군무관, 사단무관, 경성일보사 사장 등을 참가시켰다.[629]

당시 일본은 방송에 대해 신문과 영화보다 더욱 엄격한 통제를 가했다.[630] 중요한 채널권, 기술, 장비에는 허가 · 면허제를 하도록 강요했다. 방송은 기술적 복합성으로 기술을 통해 통제를 강화할 수 있는 영역이었다. 허가와 면허를 복잡하게 강화할수록 관리 및 통제의 목소리가 방송에 반영되었다. 미국이 상업적 목적으로 방송을 사용한 것과는 달리, 일본은 방송을 통해 국민을 직접 통제하거나 아울러 군사적 기능까지 수행할 수 있다고 판단함으로써, 더욱 권력에 의한 통제의 고삐를 늦추지 않았다. 일본인들은 방송의 독점을 통해 대중의 정치적 자유를 장악할 수 있을 것으로 여겼다.[631] 더욱이 정치인은 대체로 변화를 선호하는 반면, 관리는 보수적 색깔을 띤다는 당시 통념을 염두에 둔다면 관리가 통제하는 방송은 당연히 보수적일 수밖에 없었다.

노동조합과 사회주의 옹호에 대한 허용 불가 방침 하에, 아나운서의 육성으로 방송하는 라디오는 정부의 입장을 되풀이하길 강요당했다. 정부의 입장은 곧 관리의 주의 표명인데, 당시 관리는 기득권을 가진 계층으로 퇴직 후에 정치인으로 변신하기도 했으며, 그들은 군인과도 밀접한 관계를 맺고 있었다. 따지고 보면 그들도 사무라이 후손들이다. 관리는 이익 집단

629) 최동호 외, 『한국방송 70년사』(서울: 한국방송협회 · 한국방송공사, 1997), p. 107.

630) Gregory J. Kasza, op. cit., p. 72.

631) Gregory J. Kasza, op. cit., p. 73.

과 밀접한 관계를 맺고 넓은 망을 형성했다.[632]

관료 엘리트는 라디오를 통해 자신의 주의와 이익을 충실히 선전하며, 그들에 대립되는 견해를 철저히 통제했다. 일본 내각의 정보위원회는 조선중앙정보위원회(1937년 10월 1일 발족)를 통해 방송을 통제했다. 이 위원회의 간사는 방송편성회에 직접 참가했다. 프로그램 내용은 '심의위원회', '편성위원회'를 통해서 통제되었다.

대중 매체인 라디오는 개인이나 작은 공동체에 직접 다가가 그들을 설득하는 힘을 가진 특유의 매체이다. 라디오는 청취자에게 쉽게 다가가 그들을 사로잡는다. 일본은 라디오 방송에 공보적 내용의 뉴스와 드라마를 선보이며, 이를 상업적 목적으로 이용하기도 했다. 일본의 목적은 기본적으로 방송 기술을 통해 조선인을 일본인의 '사회적 객체'로 만드는 데 있었을 뿐, 조선인들을 자의식을 가진 정숙된 이성적 인간에 도달하게 함과는 거리가 멀었다. 같은 맥락에서 식민지 정책을 설득, 선전하기 위한 수단으로 일인의 동맹통신(同盟通信)[633]을 이용하게 했다.

조선방송협회는 1935년 9월 지역 방송망을 확장시키면서 경성중앙방송국으로 개칭했다. 중국으로부터 발사되어 청취되어오는 선전용 라디오의 내용을 차단하며, '대동아공영권(大東亞共營圈)'의 진출을 위한 중계 시설을 갖추기 위해 총독부는 일본방송협회로부터 소요 자금을 빌어 정동방송국을 연주소(演奏所)로 개조하고, 연희(延禧)에 송신소를 강화시켰다. 1937년 1월 10일부터 출력을 50kw로 널려, 남경 · 북경에서 오는 중국어 방송 75kw, 소련에서 발사되는 100kw에 맞섰다.

확장된 방송망을 통해 동맹통신의 내용을 게재하거나 도쿄방송국의 뉴

---

632) Gregory J. Kasza, ibid., pp. 157~167.

633) 동맹통신(the United News Agency)은 외무성과 정보성의 도움으로 1935년 11월 설립되었다. 정보위원회(the information committee)는 내각에 의해서 움직였으며, 외무성, 육군과 해군 등으로부터 재정 지원을 받았다. NHK의 보도 내용도 동맹통신사의 내용과 정부의 관급 기사로 채웠다(Gregory J. Kasza, op. cit., p. 157).

스와 해설을 번역, 송출하거나, 우리 문화를 소개하기도 하고, 육상 · 권투 · 유도 · 럭비 등의 스포츠 게임도 방송했다. 대체로 당시에도 우리 음악의 리듬을 일정 시간 동안 방송하는 것을 허용했지만, 일제의 황민화주의의 '국가 중심주의'와 '금욕주의 문화'를 반영하는 데 불과한 것이었다.

정치적 경향에 민감한 방송은 일본 정치인의 움직임과 직결되어 있었다. 일본은 1932년부터 문화주의를 표방한 정치인과 군인 엘리트 간에 갈등이 생기게 되자, 방송도 문화주의와 군국주의 사고의 양면을 수용했다. 성우 · 아나운서의 음성을 통해 일본식 대중문화를 이식하며, 문화 특성(cultural traits)을 형성해왔다. 일본은 조선인에 대한 방송 교화 프로그램을 강화시키고, 사상 선도에 열을 올렸다. 방송 교화 강좌를 위해 총독부가 직접 강사를 명하기도 했으며, 일본의 명사들을 초청하여 강의를 하기에 이르렀다. 그리고 1936년 1월 총독부 학무국에 사상계를 설치하고, 한국인 교직원에 대한 사상 동향을 감시하기 시작했다. 방송은 1937년부터 군국주의와 황민화주의를 강화시키며, 동원에 따른 선전을 강화했다. 조선 인민에게 시국 인식의 철저성을 강화하도록 하며, '내선일체(內鮮一體)'의 정신을 확산시켰다. 국민정신 총동원연맹 총력방송연구회를 1941년 1월에 신설했다. 그리고 기존의 '방송심의회'도 이 해 12월에 총력방송심의회로 개칭시켰다.

총독부는 1941년 11월 26일 전쟁을 효율적으로 수행하기 위해 정보과를 신설하고, 선전과 홍보를 강화시켰다. 정보 · 보도 · 영화의 3계(係)를 중심으로 ① 여론의 지도 계발(啓發), ② 정보수집 보도 및 선전, ③ 보도 및 계발선전기관의 지도, ④ 내외사정의 조사와 소개 등을 담당하도록 했다.[634] 한편 1940년 6월에는 방송프로그램의 검열을 경무국 도서과에서 받게 했다. 이전까지 방송원고는 경무국 보안과에서, 행정적 감독은 체신국에서 담당했다.

---

634) 「매일신보」, 1941년 11월 27일; 정진석 · 김영희 · 한진만 · 박용규 · 서재길, 2008, p. 34.

더욱이 태평양전쟁이 터지면서 조선군 사령부의 보도부가 막강한 힘을 갖기 시작했다.[635] 1941년 12월 진주만 기습, 대동아전쟁 동안 그 기구들은 선전, 독려방송을 부추겼다.

물론 언론의 홍보 전략은 일시적 현상이 아니었다. 황민화주의에 대한 독려 작업을 하기 위한 방송 개혁을 순차적으로 단행한 것이다. 통제를 위한 수단과 청취료 징수를 위해 부산방송국의 개국(1935년 9월)과 더불어 평양 · 청진 · 이리 · 함흥 · 대구 · 대전 · 춘천 · 목포 · 마산 · 광주 · 해주 · 강릉 · 장전 등으로 방송국을 확장시켰다. 1937년 6월 경성중앙방송국의 직제를 지금까지의 이사장을 회장제로 명칭을 변경시키고, 편성과를 신설했다. 그리고 1939년 9월 제2방송과를 방송부로 승격함과 더불어 노창성(盧昌成)을 부장으로 임명하고, 편성과와 보도과를 두었다. 당시 보도과에서는 한국인을 고용했으나, 일본어 방송을 번역 · 중계하는 일에 한정되었다. 그 밖의 보도는 물가 정보, 일기 예보, 증권 관련 정보가 고작이었다. 보도 업무는 지금의 아나운서의 것과 대동소이했다.

군국주의자들이 운영하는 관료제 하에서 보도를 통한 언론 자유는 '이기적 발상'으로 여겨질 수밖에 없었다. 일본 지식인들이 운영하는 방송국에 한국인은 그들이 필요로 하는 분야의 기능만을 담당하였고, 청취자는 청취료를 납부할 뿐이었다. 한국인이 한정된 기능 외에 행한 능동적 행위는 법적인 문제를 일으켰다. 한 단편적 예로 '단파방송 청취사건'[636]을 들 수 있는데, 이 사건으로 인해 경성중앙방송국의 조직이 개편되었다. 방송국의 제2방송부는 폐지되고, 기획부와 방송부만 남게 되었다. 방송부에는 기획과와 편성과가 있었는데 방송부의 부장과 편성과장을 일본인이 맡았으며, 방송부의 제1, 2보도과 중 제1보도과는 일본인이 담당했다.

일본 방송의 중계 방송 역할이 주요 업무였던 한국의 방송은 1931년 6월 사이토 총독의 문화정치와는 달리 군국주의자 육군 대신 우가키 카즈시게

---

635) 정진석, 상게서(2009), p.6.

(1936년 8월), 해군 출신 미나미(1937년 8월) 총독을 거치면서 군국주의·황민화주의에 익숙하도록 길들여졌다. 방송의 편성·기획·보도 등의 기능은 이러한 역할 수행에 제한되었다.

2) 해방 후 라디오 매체

일본 히로히토 천황은 1945년 8월 15일 연합군에게 무조건 항복을 고함으로써 점령군 사령관이 한반도를 지배하기에 이르렀다. 지배 형태가 바뀌면서 경성중앙방송국의 일본어 제1방송은 1945년 9월 9일자로 자취를 감추었다. 그동안 기획과 편성이 예속된 상태였다가 갑자기 독립된 방송은 혼돈 상태에 빠져들고 말았다. '건국준비위원회'의 일시적 노력은 허사로 끝나고 결국 미군이 방송을 접수했으며, 그들 방식대로 기획과 편성이 뒤따르게 되었다. 조선방송협회는 1945년 9월 15일 선거를 통해 초대 협회장으로 이정섭(李晶燮)과 경성중앙방송국장에 이혜구(李惠求)를 선출했다.

1945년 10월 2일 방송의 직제는 다시 변경되었다. 서울중앙방송국은 편성과, 방송과, 업무과등 3개로 개편했다. 일제시대의 잔재를 부분적으로 수정하여, 통제를 좀 더 쉽게 하기 위한 통폐합 조치였다. 미고문관의 관리하에 조선방송협회와 중앙방송국이 편입되었다.[637]

한편 북한은 평양, 신의주, 청진, 함흥, 원산, 해주, 성진 등지의 방송

---

636) 단파 방송 청취사건은 1942년 12월 25일 미국에서 방송되는「미국의 소리」한국어 단파 방송을 듣던 기술자들이 일본 경찰에 발각되는 사건이 벌어졌다(강현두, 상게서, p. 620). 미국의 소리는 제2차 세계대전 중에 미 전시정보국(Office of War Information) 소속으로, 첫 방송은 1942년 2월 24일에 내보낸 독일어 뉴스 방송이었다(김민환, 『아나운서 임택근』, 나남, 2008, p. 70). 한국어 방송은 8월 29일부터 아나운서 유경상(劉慶商)이 진행했다. 이 방송은 '정확하고 빠른 국제뉴스 공급원 역할'을 담당했다. 방송 청취 사건으로 성기석(成基錫, 방송기술), 송진근(宋珍根, 방송), 홍인범(洪仁範, 편성), 송남현(宋南鉉, 편성), 양제현(楊濟賢, 편성), 이이덕(李二德, 기술), 김동하(金東河, 기술) 등이 무선통신법, 보안법 위반죄로 체포되어 옥고를 치르게 되었다. 총독부는 단파방송 청취 단속을 한층 강화하였고 정보 통제는 더욱 심해졌다.

637) 김재중, 상게서, p. 130.

국을 장악하고, 당중앙위원회 선전선동부에서 직접 방송을 운영하게 된다.[638] 그들은 1945년 10월 14일 김일성이 '조국개선환영 평양시 군중대회'에서 '모든 힘을 새 민주조선 건설을 위하여'라는 연설을 실황 중계한 것으로 방송이 시작을 잡는다.[639]

남한의 미군정은 라디오를 어떤 매체보다, '공보매체', '선전기관'으로 간주하고, 방송을 통제하였다. 초기에는 방송 내용이 고문관의 사전 검열을 받았으나, 사후 검열 체제로 바뀌었다. 방송은 일제시대 말기의 수용자 설득 형태를 답습하여 미군정의 공보 기능을 담당한 것이다.

일제시대의 '관료주의적 방송행정'에 탈피한 조짐도 일어났다. 미군정은 미국의 상업방송 플레임인 '정보'와 '오락' 제공과 더불어 '다원성' 확보에 관심을 가졌다.

방송 내용에는 미국식 민주주의를 준비하기 위한 초석이 되는 정당연설회 · 종교강연회 등이 강화되었다. 각 정당 지도자들이 정치 소신을 밝힐 수 있도록 시간을 허용했다. 그러나 여기서의 방송은 '객관적 자아'(me)의 확신을 위한 강한 통제를 바탕으로 하고 있다. 즉 미국식 민주주의 이념 하에 강한 '인간 행위'의 아시아적 권위주의의 방송 통제 방식을 택하며, 방송의 운영 형태는 상업주의 내용이 주축을 이루고 있었다.

국제 정세에 관련한 방송은 미국의 소리방송(VOA)을 번역하고, 미군정청의 소식을 전했다. 방송 요원도 성우 · 아나운서 · 기술자의 득세보다 취재 능력을 지닌 기자를 부분적으로 등장시키기 시작했다. 즉 방송 매체는

---

638) 강현두, 『북한 매스미디어론』, 나남, 1997, p. 136.

639) 강현두, 상게서, p. 137; 1970년대에 와서야 이 날을 방송절로 제정한 것은 그 즈음에야 주체사상에 입각한 보다 안정적인 체제가 구축되었다는 사실을 의미한다. 그들은 경성방송국 개국에 정통성을 부여하지 않았다. 북한은 1967년 12월 300kw 출력으로 「조선중앙방송국」을 '조선중앙 제 1방송'(300kw)과 '조선중앙 제 2방송'(500kw)으로 분리하여, 제 1방송을 대내방송, 제 2방송은 대외 및 대남 방송을 맡게 했다. 그로부터 5년 뒤인 1972년 11월에는 다시 '조선중앙 제 1방송'은 「조선중앙방송」으로 '조선중앙 제 2방송'은 「평양방송」으로 개칭되었다(북한연구소, 1983; 강현두, 상게서, p. 142).

군국주의식 문화 매체로부터 정보 매체화되었다. 중앙 방송은 폭주하는 정보를 체계화하는 보도와 더불어, 식민지의 뼈아픈 경험으로부터 우리 문화 되찾기에 관심을 가졌다.[640] 음악 · 강연, 그리고 뉴스가 당시 라디오 방송의 주요 내용이었다. 뉴스로는 동맹통신사에 의존하던 일제시대의 관행과는 달리 폭주하는 AP, UPI의 뉴스, 그리고 국내의 조선통신, 합동통신 등의 뉴스가 대부분이었다. 방송국 기자가 직접 취재하고 보도한 내용은 극히 제한된 행태로 가능했다. 당시 활약했던 기자는 우익의 내용을 취재했던 문제안(文濟安)과 좌익의 내용을 담당했던 조동훈(趙東勳) 등이다.

'건국준비위원회'의 결성으로 좌, 우파의 격렬한 논쟁에도 불구하고, 준비되지 않은 방송은 몇 사람의 기자를 통한 현장 취재를 제외하고는 대부분 통신사들의 뉴스를 아나운서를 통해 앵무새같이 반복할 뿐이었다. '원반녹음기(圓盤錄音器)'(1938년 도입)가 있었으나 녹음 시설이 제대로 구비되지 않았던 당시에는 대부분 생방송에 의존할 수밖에 없었다. 즉 면대면의 커뮤니케이션을 활성화시킬 수 있는 라디오의 특성에 따라 방송의 프로그램을 제작한 셈이다. 미군정기에는 현장 방송이 늘어나고, 미국식 사회, 교양, 그리고 흥미, 오락 방송이 빈번해졌다.[641] 직접 취재가 가능해짐으로써 시사 해설, 방송토론회 등 갖가지 미국식 프로그램을 청취자에게 선보였다. 방송의 사회, 교육 프로그램을 극화시킬 장비를 구비하게 되고, 프로듀서를 채용하기에 이른다. 장비가 들어오면 그 장비에 맞춰 '인간 행위를 결정'하고, 미국인의 지시에 따라 모방에 열중했다. 아나운서와 프로듀서가 취재하는 상황에서 정확성을 강조하며, 정론지가 득세하는 상황에서 중립성을 강조했다. 방송은 미국인들의 제작 방식에 따라 1946년 10월 18일 프로그램의 정시제(定時制)를 시작하여 방송 프로그램을 15분 단위로 편성했다.

---

640) 김재중, 상게서, pp. 130~131.

641) 김재중, 상게서, p. 154.

방송은 정해진 이념에 따라 편성 기능과 기획 기능이 활성화되었다. 방송 기술은 내부 조직체에서만 습득할 수 있고, 도제식(craftsman)으로만 전수된다는 선례를 남겼다. 장비에 의한 '능숙함으로의 의지'가 결국 방송업을 가능케 했다. 결과적으로 외국의 장비와 기술을 포함한 정시제 방송으로 인해 편성에 안정을 기할 수는 있었으나, 군관료 하에서 방송인은 고정관념과 무사 안일주의에 빠지게 되고, 계선조직의 결재 과정에서 이념적 요소는 검열에 걸리기 일쑤였다.

기술에 영향을 받는 방송은 곧 미군정청의 한 부서의 하부 기관으로 종속되었다. 체신부 산하 조선방송협회에 기술과 · 연희송신소 · 시험소 등을 남기고, 방송 부서는 공보부 안으로 편입되었다. 군정법 제64호에 의해 공보국을 공보부로 개편하는 한편, 국영 서울중앙방송국(Seoul Korea Key Station of the Korean Broadcasting System)은 1946년 4월 1일부터 기획과(조사계 · 편성계), 연출과(연출계 · 음악계), 방송과(방송계 · 편집계) 등을 설치하여 운영하기 시작했다. 또한 군정법 제71호에 따라 도청 내무국의 공보과에 지방 방송을 관할도록 했다. 미군정은 방송의 정권 홍보 기능과 더불어 편성과 편집 등 관리 기능을 여전히 강화했다.

미군정은 공산당의 선전 활동을 적극적으로 차단했다. '방송국 적화 음모 사건'[642] 이후 미군정 공보부는 1948년 8월 '방송 보도에 관한 규칙'을 발표했다. 이 규칙에 의거하여 방송국은 '방송뉴스 편집요강'(李德根 작성)을 발표했다.

그 내용 중 일부는 1) 뉴스는 객관적인 사실로서 새로운 의미를 가져야 한다, 2) 뉴스는 신속 정확해야 하며 그 편집은 불편부당(不偏不黨) 공평무

642) '방송국 적화 음모 사건'은 1946년 12월에 발생한 것으로, 좌파 성향의 김응환(金應奐) 등이 방송국 직원 20여 명과 같이 송신기, 방송 전파 장애를 일으킨 사건을 비롯해, 1947년 7월 28일 미소공동위원회 촉진 대회에서 소련 측 대표 연설을 왜곡 보도하는 사례가 발생했다고 판단한 미군정은 방송기술자, 아나운서 등 12명을 구속시키고, 7명을 불구속 처리했다(김재중, 상게서, p. 135).

사해야 한다. (……) 4) 아무리 새 의미를 갖는 뉴스일지라도 그것이 사회에 미치는 영향을 고려하여 (……) 5) 보도 자유에도 한계가 있으므로 법률로 금지되었거나 공공 이익을 해치는 것은 보도할 수 없는데 이 점은 조금도 완전한 자유를 저해하는 것이 아니다, 6) 보도 부문은 누가 무엇을 언제 어디서 왜 어떻게 등 요소를 갖추어야 한다.[643]

이 편집 요강은 이들 내용과 공중의 이익과 방송 책임자의 책임을 강조했는데, 지금 미국 상업 방송의 취재 준칙이기도 했다.

1947년 9월 3일 미국 애틀랜틱시에서 개최된 국제무선위원회 회의에서 한국의 독자적 호출 부호인 HL을 배정받아 그날을 방송의 날로 정했다. 최신부에서는 KBS,의 전국 10개 방송국의 호출부호를 지정하여 이해 10월 2일부터 정식으로 사용하도록 했다. 당시 호출부호는 서울중앙방송(HLKA), 부산방송국(HLKB) 등이었다.

미군정은 한국 정부에 행정을 이양할 목적에 따라 1948년 6월 1일 방송국 업무를 다시 조선방송협회로 이관했다. 방송체제는 국영체제에서 벗어나는 것 같았다. 그러나 1948년 8월 6일 조선방송협회는 대한방송협회로 개명했다. 이 협회의 방송 업무는 곧 정부 수립으로 정부 산하 공보처로 이관되었으며(유명무실한 협회는 1956년 해산됨) 공보처장은 김동성(金東成), 방송국장은 이관희(李觀熙)가 맡았다. 방송국은 공보처 산하의 국영이 되었으며, 직원은 공무원이 되었다. 정부는 월, 수, 금요일 주 3차례, 저녁 7시 15분부터 30분까지 방송 시간을 할당하도록 하였으며, 각료들의 발표와 국무회의 내용을 방송하도록 했다. 당시 방송의 주요 목적은 대외 홍보, 반공 의식 고양, 건국의 모습 설명, 그리고 국민 계도 등에 두었다.[644]

이승만(李承晩) 정권은 1948년 6월 7일 국회의장으로서 첫 기자 회견에

---

643) 김재중, 상게서, p. 135.

644) 최동호 외, 상게서, pp. 179~212.

서, 언론계에서 당파를 조장하는 언론을 펴지 말고 건설적인 언론을 지향할 것을 강조했다.[645] 李정권의 권위주의적 속성은 당시 신문기자를 대등한 입장에서 설득하려 하기보다 훈화적인 입장을 보임으로써 국영 방송을 정부의 홍보용으로만 생각하는 태도를 취했다.

관료 조직의 관성에 의해 방송국장 · 차장 · 데스크를 거치면서 뉴스 내용은 난도질당했다. 그러나 정보 매체로서의 방송국은 폭주하는 정보를 처리하기 위해 기자 10명을 충원하여 총인원이 18명에 달했다.[646] 정부 수립 이후 도입된 휴대용 녹음기는 보도의 질을 높이고, 현장감 있는 취재를 가능케 하여 밀실 보도로부터 현장 보도를 강화시킬 수 있었다. 1948년 '건설의 모습'은 녹음 방송으로 현장감 있는 드라마틱한 면을 보여주었다.[647]

미소의 대결로 치닫던 한반도의 상황은 6 · 25전쟁으로 이어졌다. 유엔사령부는 텔레타이프와 선진화된 방송 장비로 세계의 움직임을 국내에 선보였다. 전시 보도는 테이프 녹음기를 통한 현지 르포를 가능하게 했다. 주한미군은 1950년 10월 4일 AFKN 라디오 방송을 실시했다. 전시 체제란 이유로 방송국을 1950년 6월 26일 국방부 정훈국의 관할 하에 두었다.

6월 28일 새벽 2시 30분 육본 명령으로 한강 인도교가 폭파되고 육군 본부가 수원으로 이동했다. 국군 7사단 정면을 파고들어 의정부에 진입했던 북한군은 미아리 고개를 넘어 서울로 진입했다.[648]

관리 기구의 홍보 매체로서의 방송은 6월 27일 아침 6시 "정부가 수원으로 천도했다"는 국무총리서리 비서인 신성모(申性模)의 메모로 정확한 보도를 정정 보도한 경우와 대통령이 대전(大田)에 내려와 있음을 마치 서울에 남아 있는 것처럼 보도한 것 등이다. 즉 방송이 정치인에 의해 좌지우지

---

645) 「경향신문(京鄕新聞)」, 1948. 6. 8.

646) 김재중, 상게서, p. 169.

647) 최동호 외, 상게서, p. 213.

648) 백선엽, 「'전선 사수하라' 명령한 육본, 한강 다리 끊고 수원으로 철수」, 「중앙일보」, 2010년 2월 12일.

된 단적인 예이다. 즉 관리 기구에 의해 충분히 오용될 여지가 있는 방송의 약점을 노출시킨 것이다.

북한군은 1950년 6월 28일 서울을 점령했고, 서울중앙방송은 평양방송의 지국으로 전락하였다. 국군은 9월 28일 서울을 수복했으나, 1951년 1월 4일 중공군의 개입으로 서울을 다시 빼앗기고, 3월 14일 재수복했다. 그 과정에서 최초의 방송기술자 한덕봉(韓德鳳), 시인이자 해방 직후 방송국 업무국장이었던 김억(金億), 방송국장이었던 홍양명(洪陽明), 초대 방송협회장을 지낸 이정섭(李晶燮), 인기 아나서운서 전인국(全仁國)과 윤용로(尹用老), 드라마 연출가였던 윤준섭(尹駿燮) 등이 납북되었다.[649]

한편 정부 수립 이후 6·25전쟁 직전까지 KBS는 공보처의 한 국(局)이었다. 당시 방송국은 방송과, 서무과, 기술과, 경리과, 업무과의 5개 과(課)를 거느렸고, 방송과는 기자, 편성, 아나운서 등을 총괄했다.[650]

1952년 4월 전시에 공보처의 기구를 개편하고 방송국 전체를 공보처 직속으로 하였다. 그러나 1953년 7월 27일 정전협정 이후 방송 제도는 또 한 차례 바뀐다. 대통령령 816호에 의해 방송국을 서울지방방송국과 각 지역 방송, 그리고 정부가 직접 통괄하는 방송관리국을 공보처에 신설한 것이다.

전쟁을 치르면서 국민들은 라디오가 생산해낸 '의사환경(擬似環境)', 혹은 '귀의 확장' 등의 노예가 되었다. 방송의 필요성을 실감한 정부는 국내 뉴스와 더불어 외신 뉴스를 확대했다. 합동통신 · 동양통신이 설립되고, 세계통신사(AP, UP, INS, 로이터) 등과 계약을 체결했다. 텔레타이프를 1955년 4월 1일부터 설치하고, 외신부를 강화시켰다. 현장감 있는 취재를 위해 휴대용 녹음기(아이스케키통 크기)와 녹음테이프를 사용하는 한편, 1956년부터 직접 중계 장비인 가두 방송 차와 이동 방송 차를 구입하여 취

649) 김민환, 상게서, p. 33.

650) 김민환, 상게서, p. 77.

재 현장에 투입시켰다. 지역국과 직통 전화로 연결시킴으로써 속보성을 배가시켰다. 방송의 세계화와 현실 밀착 취재의 보도 체계가 확립된 것이다. 그 결과는 1956년 12월 이후 하루에 뉴스 방송을 11회로 늘렸고, 가장 인기 있는 뉴스 프로그램이 오후 9시로 자리를 잡아갔다.[651)]

'방송관리국'[652)]은 1955년 2월 '정부조직법' 법률 제354호에 의해 공보처가 공보실로 바뀌면서, 직제 상으로 방송은 1년 동안 문교부 소속으로 있게 되었다. 문교부는 출판, 문화, 영화, 방송 업무를 맡았다.

당시 국회는 공보처가 공보 선전만을 전담하도록 한 것이다.[653)] 그러나 정치적 흥정의 산물로 1년간 표류하다 1956년 2월 1일자로 국영방송은 공보실 소속으로 복귀했다.

한편 1955년 연희송신소는 최대출력 100kw, 56년 수원에 100kw의 중파 송신소를 건설했다. 이에 KBS는 1955년 10월 1일부터 2중 방송의 기회를 갖게 되었다. 제1방송은 국내 청취자, 제2방송은 대북 및 해외 방송을 취급했다. 1957년 12월 KBS의 명칭도 서울중앙방송국으로 환원되었다. 아울러 그해 12월 10일 남산 연주소가 준공되있다.

방송인이 속보성에 얽매이게 되면 사고의 폭을 넓히지 못함으로써 정치권력이나, 기술 결정론적 사고에 몰입하게 된다. 방송관리국 산하 방송문화연구소는 1957년 6월 1일부터 외국방송의 정보수집, 국내방송의 분석과 평가, 여론 조사, 청취율 조사, 수신 상태 조사, 모니터를 통한 감청 등을 통해 프로그램의 질적 향상에 관심을 두었다. 1956년 방송연구실은 방송관리국 지도과에서 월간 『방송』, 1958년 『주간방송』 등을 발행하기도 했

651) 김민환, 상게서, p. 88.

652) 방송관리국은 1953년 8월 15일 관리과, 지도과, 시설과 등 3개의 과로 구성되었다. 관리과는 방송 사업에 관한 기획, 조사, 보급의 관장 업무를 맡았으며, 지도과는 방송의 질적 향상을 위한 편성을 지도하는 업무를 관장했다. 그러나 방송 업무는 각 방송국이 자체적으로 업무를 수행했다(최동호 외, 상게서, p. 256).

653) 최동호 외, 상게서, p. 257.

다. 1959년 방송문화연구실은 청취율 조사를 실시하고, 유선방송센터를 설치하고 간단한 앰프 시설과 유선으로 농가에 보급했다. 이 연구실은 최초의 자율적 방송규제기구인 방송윤리위원회 설립(1962년)의 산파역을 맡았다.[654]

정부는 1956년 5월 15일 정·부통령 선거를 마무리하고, 1958년 1월 25일 공보실은 '방송의 일반적 기준에 관한 내규'[655]를 다음과 같이 마련했다.

> 1) 모든 방송은 민주주의 발전에 기여하고 민족문화 향상에 공헌하며 국민의 복지 증진에 이바지하는 것이어야 한다. 2) 방송은 교양, 오락 등 모든 순서를 통해서 자주적 판단을 기르고 독립 정신을 기르는 것이어야 한다. 3) 방송은 국시에 위배되거나 적에게 이로운 것이어서는 안 된다. 4) 방송은 사회의 공기로서 공정성을 잃거나 부정확한 것이어서는 안 된다. 5) 방송은 어떤 순서를 막론하고 가장 과학적이고 합리적이어야 한다. 미신을 조장하거나 긍정하는 내용이어서는 안 된다. 6) 방송은 공공질서를 문란하게 하거나 미풍양속을 해하는 것이어서는 안 된다. 민심을 불안하게 하거나 공포에 빠지게 해서도 안 된다. (……) 8) 방송은 어느 개인이나 특정한 단체를 선전하거나 광고해서는 안 된다. 또는 개인의 인격을 존중하고 명예를 훼손시켜도 안 된다. (……) 13) 마지막으로 방송은 항상 많은 청취자의 뜻을 반영시켜야 한다.

이 내규는 선거 후에도 방송을 여전히 정권 홍보용으로 묶어두고 있음을 보여주고 있다. 그러나 이 내규는 앞으로 '방송법'의 제정과 관련이 있는데, '방송법' 법률 제1535호의 목적은 이 내규의 '민주주의 발전', '민족문화 향상', '국민의 복지 증진' 등의 사회·문화적 개념과 별로 다를 바가 없다.

---

654) 정진석·김영희·한진만·박용규·서재길, 상게서, p. 45.

655) 이 내규가 1960년대 '방송법'과 '방송윤리규정'을 정하는 데 기초가 되었다(김재중, 상게서, p. 269).

한편 정부는 1957년 12월 앰프촌의 시범지역으로 처음 실치된 경기도 광주의 역리 118호 가구의 613명이 스피커를 통해 라디오 방송을 듣게 했다.[656] 중계된 라디오 방송은 문맹자와 적적한 국민들의 마음을 달래기에 충분했다.

민영방송이 등장했다. 국영 방송과 더불어 미국인이 세운 최초의 민간 방송인 HLKY의 기독교방송(CBS)[657]이 "대중에게 기독교적 교양을 심어주고 그리스도의 복음을 널리 선교하며 올바른 도의심을 향상시킬 목적"[658]으로 1954년 12월 15일 개국했다. CBS는 국영 방송의 독점 시장을 파괴시키고, 시청자를 분할하는 데 의욕을 보였다. 그러나 CBS는 국영 방송의 아나운서 조병해(趙炳海) · 이종완(李鐘完) 등을 스카우트해감으로써 방송 요원의 충원은 기존 방송의 방송 요원에 의존하는 바람직하지 못한 선례를 남겼다. 즉 새 방송국의 방송인은 '틀에 맞춤'(enframing)에는 익숙하지만 '드러냄'(revealing)에는 부족한 태도로 새로운 질서를 부르짖고 있었다. CBS 뉴스는 "불편부당 시시비비주의를 견지하며 정확성과 엄정 중립의 이상을 향해 노력한다."는 모토를 내걸고 정보 매체로서의 보도 방송을 시작했다. 정부의 통제 기구로서의 방송을 거부한 셈이다. 초기 CBS는 선교 차원의 교양, 음악 프로그램을 선보이거나 KBS 뉴스의 중개, 정부의

---

656) 김영희, 상게서(2009), p. 228.

657) 기독교방송국은 1954년 4월 2일 설립 허가를 취득했다. 미국인 선교사 Otto E. Decamp(甘義道)는 한국기독교연합회산하음영(音影)위원회(Committee of Mass Communication)를 설치하고 시청각, 영화를 통한 복음을 전파키 위해 이 방송국을 설립했다. 기독교방송국의 후원회는 유명 인사 15명으로 구성됐는데 김활란(金活蘭), 김명선(金鳴善) 등이 참가했다. 이 방송은 미국 시청각위원회 재원으로 가능했으며 1959년부터 1961년까지 대구, 부산, 광주, 이리 등 전국 네트워크사를 실현시켰다(최동호 외, 상게서, pp. 286~289). 또한 CBS는 1962년 1월 1일 '전파관리법'에 의해 외국인 방송법인을 허용할 수 없다는 규정의 제정으로 한국 경영인이 참여하게 되었으며, 1962년부터 광고 방송을 할 수 있게 되었다. CBS는 1970년 5월 1일부터 보도과를 보도부로 격상하여 보도 기능을 활성화했으나, 1980년 '언론기본법'으로 선교 방송만을 담당했다. 1987년 6 · 29선언 후 다시 개정된 '방송법'으로 보도 기능이 부활되었다.

658) 송건호, 「한국 현대 언론사 연구」, 『언론과 사회』(서울: 민중사, 1983), p. 199.

공지 사항 방송, 동화통신사 뉴스 제공, 그리고 각 신문의 기사를 발췌, 방송할 뿐이었다. 그러나 1958년 2월 1일부터 CBS는 독자적인 방송을 시작했다. 방송 프로그램도 15분 단위제를 파기하고 1956년부터 프로그램을 늘이기도, 줄이기도 하는 유동적 편성을 시작했다. 보도 부문에서 방송의 기동성과 속보성을 무기로 일간 신문과 겨루는 전통을 마련했다.

CBS를 의식한 국영 방송은 방송극에 비중을 두기 시작했다. 중앙 방송국은 제한된 자원으로 시청자를 쉽게 매료시킬 수 있는 드라마 프로그램을 선보였다. 1957년 10월 1일 프로그램 개편 후, 20분짜리 일일 연속극, 즉 '청실홍실〔성인극 창작물, 1956년 12월 2일부터 방송, 조남사(趙南史) 작품〕', '꽃피는 시절', '봄이 오면', '로맨스 빠빠', '현해탄은 알고 있다' 등은 드라마 청취자를 제조하는 계기가 되었다. 또한 영화인들은 연속극을 영화화하였다. 드라마의 성공은 영화의 성공과 직결된 시기였다.[659]

이는 현실(reality)에 바탕을 두기보다 극의 형식을 빌려 청취율 증가에 한몫을 했다. 이런 현상은 창의성을 바탕으로 방송하기보다는 한번의 포맷으로 흥미를 끌면 그 프로그램을 확장, 모방하는 근성을 길러내게 했다.

CBS는 라디오극뿐 아니라 방송 음악의 확립에 큰 기여를 했다.[660] 전통 음악과 더불어 클래식 음악의 확산과 보급에 일익을 했다. 또 다른 CBS의 기여는 방송의 보도 기능이었다. 4·19 전후로 CBS는 방송부에 보도과·보도부를 두고 정확, 공정, 신속하게 보도 방송의 활로를 개척함으로써 청취자들에게 방송의 보도 기능의 중요성을 인식시켰다. 4·19가 불을 댕길 때 민영인 HLKU의 부산문화방송[661]은 보도전에 가담했다. 상업 방송인

---

659) 최동호 외, 상게서, pp. 282.

660) 최동호 외, 상게서, p. 290.

661) 부산문화방송은 부산 지역의 사업가·방송기술인 정환옥(鄭煥玉)이 1958년 7월 정부로부터 상업 방송 허가를 얻어 이듬해 4월 15일 최초의 상업 방송을 개국시켰다. 그러나 그해 9월 경영권은 당시 조선견직 주식회사 및 부산일보사 사주인 김지태(金智泰)에게 넘어갔다(최동호 외, 상게서, pp. 291~294). 부산문화방송은 일본상업방송의 침투를 막을 수 있었다.

부산문화방송은 '다채롭고 다양한 방송을 청취자에게 선사한다'란 목표 하에 보도 기능 강화, 녹음 구성에 의한 방송 논평, 스포츠 보도의 확장 등을 방침으로 세우고 방송을 시작했다.[662]

4·19가 전국으로 확산되자 CBS, 부산문화방송은 호기를 맞았다. 부산문화방송은 마산의 의거 현장을 취재하기 위해 '마산사태 취재반'을 편성하여 기동력과 속보성으로 불붙는 취재 경쟁을 벌였다. 이 방송은 마산 앞바다에서 눈에 최루탄이 박힌 김주열(金朱烈)의 시체가 인양되었을 때 이것을 최초로 보도했다.[663]

혁명 열기가 가열되자, 1960년 4월 26일 국영 방송 아나운서실의 28명은 '중립화 선언문'을 발표했다.

1. 방송은 본연의 자세로 돌아가 불편부당 공정성을 유지해야 된다.
2. 우리들은 방송의 중립화를 요구한다.
3. 우리들은 앞으로 공정성을 잃은 일제의 편파적인 방송을 거부한다.[664]

즉 KBS는 정부의 통제로부터 독립하여 4·19 학생의거에 참여한 셈이다. 그러나 고정관념에 사로잡힌 방송인은 중립화 선언에 대해 소극적으로 대처함으로써,[665] 정권을 잡은 민주당 정권은 국영 방송을 명확한 정책의 제시도 없이 마치 민주당의 예속물처럼 운영하였다.[666]

---

662) 최동호 외, 상게서, p. 292.

663) 김민환, 상게서, p. 147.

664) 최동호 외, 상게서, p. 304.

665) 이종남(李鍾南) 의원은 1960년 5월 31일 방송 중립화를 위한 '대한 방송협회 법안'을 국회에 제출했으나, 방송 종사자들은 이를 한국의 새로운 방송 제도를 마련하는 데 걸림돌이 된다고 거부했다(송건호, 상게서, p. 235).

666) 최동호 외, 상게서, p. 305.

3. 텔레비전 방송 시대

1) 흑백 TV 매체

라디오 방송은 1950년대 말에 이르러 전성기를 맞이하고 있었다. 한편 1956년 5월 12일에는 서구의 방송 기술 발전으로 인해 한국 최초의 TV방송국 HLKZ[667]이 가능하게 되었다. 텔레비전 방송은 전자파(빛)를 통해 '감각적 상'을 만들어낸다. 라디오는 '귀의 확장'을 통해 대중에게 다가갔지만, 텔레비전은 '귀와 눈의 확장'을 시청자에게 선보였다. 텔레비전은 '가상현실'을 조직하여 '문화의 특성'(cultural traits)을 창출함으로써 기존 문화와 사회 질서를 파괴하는 힘을 지닌 것이었다. 그리고 그 질서에 따라 개인을 사회화시키며, 생활을 규격화하며, 대중문화를 형성한다. 맥루한이 지적했듯이, 텔레비전은 대중의 생각과 분석을 삼가하게 하는 '쿨' 미디어이다. 이런 사전 지식도 갖추지 못한 채 대한방송은 텔레비전 기술과 문화를 수입 · 모방했다. 이 방송의 편성은 미국의 ABC, CBS, NBC 등 상업 방송의 포맷을 본뜬 것으로 교양 · 연예 · 외화 등을 중심으로 시청자에게 선보였다.[668]

그러나 5·16 군사 쿠데타를 계기로 박정희(朴正熙) 정권은 KBS의 기구를 확장하고, 방송을 통한 정책 홍보에 열을 올렸다. 혁명 공약에 명시된

---

667) HLKZ의 KORCAD-TV는 1956년 5월 12일에 종로2가 동일빌딩에서 개국한 국내 최초의 TV방송국이었다. 한국 RCA 배급사가 세운 이 방송은 초대 사장으로 미국인 조셉 밀러, 그리고 국장에는 황태영(黃泰永)이었다. 그러나 당시 TV수상기, 광고주의 부족 등으로 고전을 면치 못하다, 1957년 5월 6일 개국 1년 만에 한국일보사 장기영(張基榮)에게 양도되었다. 인수를 끝낸 한국일보사는 대한방송(주)(DBC)로 명칭을 변경시켰다. 그해 9월 15일은 주한 미군방송인 AFKN-TV가 개국되고, PX로부터 수상기가 급속히 보급되어 TV 산업에 활로가 보였다. 그러나 대한방송은 1959년 2월 2일 원인 모를 화재로 방송 시설이 소각되었다. AFKN 채널의 할애로 대한방송은 오후 7시부터 하루 30분씩 방영했으나 1960년 4월 AFKN-TV도 원인 모를 화재로 소실되면서 대한방송은 방송 사업을 중단하고 말았다(최동호 외, 상게서, pp. 294~296).

668) 최동호 외, 상게서, p. 296.

이념의 구현, 구악을 일소하고, 국가 재건을 위한 참신한 국민 기풍을 진작하는 내용의 홍보에 관심을 가졌다. 현재의 KBS 공룡화는 그들의 정권 홍보에서 비롯되었다. 국가 재건을 위해 참신한 국민 기풍을 진작시킨다는 이유로 KBS의 해외 방송 채널을 독립시켜 제2라디오 채널로 개국했다. 말하자면 KBS는 몇 개의 채널을 증가시키면서 방송의 공룡화 · 관료화의 길을 걷기 시작한 셈이다. 박정권은 정권 홍보 차원에서 1961년 서울문화방송국(주)[669]을 발족했다. 박정권은 신문에 대해서는 사이비 기자를 홀대하는 명목으로 위협했지만 국영 방송은 우대했다. 때로는 신문을 통제하기 위해 방송을 이용함으로써 신문과 방송은 서로 적대적 입장을 취하기도 했다.

군 관료 원리에 익숙한 박정권은 거대한 조직망을 가진 국영 방송의 라디오, TV를 통해 정권 홍보에 열을 올렸다. 1961년 9월 중순 KBS-TV의 준비를 위해 공보부 방송관리국을 가동했으며, 12월 31일자로 'KBS-TV(HLCK)의 개국'[670]을 가능케 했다. 초창기는 스튜디오의 부재로 거의 외국 프로그램에 의존할 수밖에 없었다. 이듬해 3월에는 중계차를 이용함으로써 프로그램의 활성화에 노움을 주었나. 개국 당시 프로그램은 오락이 38.9%에 달했으며, 그 외에 교양 · 어린이 · 보도 · 스포츠 순이었다.[671]

---

669) 서울문화방송국(MBC)은 김지태에 의해 1961년 12월 2일 개국했다. 김지태는 곧 서울, 부산의 문화방송과 부산일보사를 5 · 16장학회에 기부했다. MBC는 1963년부터 대구, 광주, 대전, 전주 등 도시를 연결하는 네트워크를 형성했다. 1969년 8월 MBC는 서대문구 정동으로 옮겨 TV방송국을 개국했다. 박정권으로부터 받은 혜택과 더불어 전두환 정권의 1980년 11월 30일 언론 통합 당시도 대부분의 주식은 KBS에 귀속되고, 가맹사의 주식 51% 이상을 인수, 지방 조직망을 계열화했다. 1980년 12월 22일 MBC는 TV의 컬러화를 받아들이고 1982년 3월 여의도 스튜디오를 준공했다. 6 · 29선언 후 1988년 12월 KBS 소유 주식 70%는 방송문화진흥회의 특별 법인으로 남게 되었다.

670) 공보부는 장기영(張基榮)의 DBC-TV 9 채널을 회수하고, KORCAD-TV에서 방송부장을 지낸 최창봉(崔彰鳳)을 준비실장으로 영입했다. 한편 중앙정보 부장 김종필(金鍾泌)은 월북인사 황태성(黃泰成, 김종필의 장인 박상희(朴相熙)와 친분)이 남파 간첩활동을 위해 보유한 20만 달러를 빼앗아, 그 돈을 KBS-TV 개국에 쓰게 했다(김민환, 상게서, p. 171). 한편 북한은 '조선중앙텔레비전방송국'을 1963년 3월 3일 개국했다고 한다(강현두, 상게서(1997) p. 153), 그러나 실제 1970년대에 들어서야 북한은 전국적으로 수상기가 보급되면서 중요한 매체로 등장했다.

정부는 KBS-TV의 재정 확충을 위해 1962년 12월 3일 '국영 텔레비전 방송사업 특별회계법'과 국영 텔레비전 방송 사업에 관한 '임시조치법'을 제정했는데, 후자는 기존의 시청료뿐 아니라 KBS-TV의 광고를 허용했다. 당시 TV 매체는 정부의 중화학공업 정책으로 대량 생산한 상품을 소비하도록 돕는 순기능을 담당했다. 그러나 방송 광고는 특정인의 상품 유통 기간을 줄여주는 목적론적 입장을 대변해줌으로써 개인과 개인 사이에 커뮤니케이션의 왜곡을 가져올 수 있었다. 더욱이 광고를 끌기 위한 오락 행위는 고프만(Erving Goffman)이 언급한 '사적 영역'(back stage)을 '공적 영역'(front stage)으로 옮겨오는 결과를 초래한다. 개인의 동기는 확장시킬 수 있었지만 소비문화의 창출과 그에 따른 거품 문화는 피할 수 없었다. 국영 방송은 그 자체가 지니고 있는 공공 정책적 '이미지'에 사적 영역을 삽입시킴으로써 사적 영역의 공적 기능화가 이뤄졌다. 국영 방송이 상업 방송의 새로운 질서를 받아들인 셈이다. 이 문제에 직면한 전통인은 의례·예식·제의 등을 통해 이를 정제할 뿐 아니라 커뮤니티에 의한 책임 의식을 강화했으나, 박정권은 1962년 6월 28일 '언론에 관한 기본 방침'인 1) 언론의 책임 강조, 2) 언론인의 품위와 자질의 향상, 3) 언론 기업의 건전화, 4) 신문 체제의 혁신, 5) 언론 정화 등[672]으로 해결책을 제시할 뿐이었다.

한편 박정권은 방송 통제의 사슬을 더욱더 조여갔다. 박정권은 법률 제924호인 '전파관리법'을 1961년 12월 30일 공포했는데, 그 법의 제6조는 무선국의 허가를 얻고자 하는 자는 대통령이 정하는 바에 의하여 신청서를 체신부 장관에게 제출토록 했다. 동법 시행령 22조는 체신부장관이 위의 여러 가지 방송을 목적으로 하는 무선국의 허가를 할 시에는 공보부장관과 합의하도록 규정했다. 이 법의 제5조는 외국 법인 또는 단체가 방송을 소유할 수 없도록 했다. 이 법에 의해 CBS의 운영권은 한국인 소유로 넘어

671) 최동호 외, 상게서, p. 384.

672) 최동호 외, 상게서, p. 334.

왔다. CBS는 1963년 10월 15일 실시될 대통령 선거의 본격적 채비를 위해 1962년 아나운서실과 보도과를 신설해서 뉴스 방송을 본격화하려고 했지만 '전파관리법'은 이를 저지했다.

박정권은 '방송법' 법률 제1535호를 제정하여 1964년 1월부터 실시케 했는데, 방송법의 총칙은 "방송의 자유를 보장함으로써 국민 문화의 향상과 공공 복지의 증진에 기여함을 목적으로 (……)" (1조)를 규정하고, 총칙 외에 방송윤리위원회 규정,[673] 방송국의 준수 사항 등을 규정했다. 이 준수 사항에는 심의 기구를 두도록 명시했다.

공보부는 1968년 문교부의 문화 행정을 이관 받아 문화공보부로 개편하고 서울중앙방송국 · 서울국제방송국 · 서울텔레비전방송국을 통합 중앙방송국으로 명명했다. 중앙방송국의 기획조사실은 방송 전반에 관한 기획과 조정 및 종합적인 편성 업무를 담당하면서 방송 지침서의 작성, 방송의 조사, 기획 조정, 총체적 캠페인 등을 담당했다.[674]

여타 제반 통제 장치가 마련된 상태에서 당시 개국한 동아방송[675]은 '민

---

673) 방송윤리위원회 규정의 본법 제4조는 "국내의 모든 방송국은 방송의 공공성과 그 질서를 자율적인 방법으로 유지하기 위하여 방송윤리위원회를 조직해야 한다"라고 규정했다. 1964년 8월 '언론윤리위원회법'이 공포(보도 부문은 윤리법 파동으로 무산)됨으로써 이는 자동 폐기됐다. 그러나 1962년 방송윤리위원회가 발족되었고, 모든 방송이 자발적으로 준수해야 할 '방송윤리규정'이 제정되었다(정진석 · 김영희 · 한진만 · 박용규 · 서재길, 상게서, p. 45.

674) 최동호 외, 상게서, p. 342.

675) KHLJ의 동아방송은 민주당 정권기인 1961년 1월 16일 허가, 1963년 4월 25일 오전 5시 30분 개국했다. 개국 당시 6 · 3사태가 일어나 동아방송은 '앵무새'고발적 성격의 방송 칼럼 사건으로 학생 선동죄[앵무새 사건(1964년 6월 3일) 관련자 최창봉(방송부장), 고재언(뉴스실장), 이윤하(편성과장), 조동화(제작과장), 이종구(동아일보 외신부장), 이영효(프로듀스) 등 6명은 반공법과 특정범죄처벌에 관한 임시특례법 등의 위반혐의로 계엄보통군법회의에 구속 송치됐다. 이 사건은 5년에 걸친 법정투쟁 끝에 1969년 7월 서울 고등법원에서 전원 무죄가 확정됐다(정미경, 「동아일보」, 2010년 11월 29일)]로 방송인이 무더기 구속 사태를 경험했으며, 1974년 10월 24일 자유언론 실천선언에 참가했으며, 또한 1975년 1월 동아일보사 광고 해약 사태와 같은 처지에 놓였다. 동아방송은 1980년 '언론기본법'에 의해 KBS에 흡수되었다(송건호, 상게서, pp. 233~239).

중의 소리를 대변'하고, '격조 높은 민족의 방송'을 전제로 인쇄 매체와 전파 매체를 결합했다.[676)]

동아일보는 1963년 신년호에서 동아방송 설립의 필요성을 "정보의 정선(精選)을 위해서는 높은 경륜과 도덕적 안목을 가진 언론의 세련된 평가작업이 요구된다."고 밝혔다.[677)] 김상만 전 동아일보 명예회장은 "'동아일보의 방송화, 방송의 동아일보화에 목표를 뒀다'고 말할 정도로 동아방송은 뉴스와 정보의 올바른 전달에 뿌리를 두고 출발했다."라고 했다.[678)]

동아방송은 정시뉴스를 하루 15회를 내보내며, 건전 · 공정 · 명랑의 품위 유지, 우리말의 보급과 순화, 자유와 정의 편에 서서 방송의 권위와 공신력의 높임 등을 주지했다. 보도 방송의 속보성과 현장감 있는 취재, 아울러 깊이 있는 보도 등을 모토로 시작한 동아방송은 '라디오 조간', '라디오 석간' 등 뉴스 프로그램을 선보였다. 더욱이 동아방송은 '귀로 듣는 신문'을 표방하며 시사 문제에 활력을 더해갔다. 한일 국교 교섭의 굴욕 외교 등 사회 비판, 고발 프로그램을 방송했다. 당시 도입된 첨단 녹음기로 현장감을 살렸으며, 생생한 음성의 녹음을 시도했다.

민방이 동참하는 시점에서 KBS는 중앙방송국과 TV 방송국 보도를 분리시켜 TV 방송국의 기술적 우위를 점했다. 1968년 7월 다시 중앙, 국제, 텔레비전 등 3국이 통합하여 보도실을 보도부로 하는 한편, 1961년 당시 20명이던 기자의 숫자를 1968년에는 78명으로 늘리고, 보도부의 조직도 보도과 · 방송과 · 국제방송과 등 3과로 분리 운영했다. 이 와중에서 인사의 무원칙, 정치 권력의 인사 개입 등으로 방송의 공정성 시비가 끊이질 않았다. 그러나 잇따른 민방의 출현으로 인해 PD, 기자, 아나운서, 기술직 직원들이 대거 이동하는 일이 생겼다.

---

676) 김상기, 『동아일보사사』(서울: 동아일보사, 1985), pp. 140~142.

677) 정미경, 「여기는 동아방송 DBS-뉴스로 첫 전파…방송저널리즘 새 모델」, 「동아일보」, 2010년 11월 29일.

678) 정미경, 상게 기사.

1965년 전후 방송계의 획기적 현상은 FM 방송, 동양방송의 개국이다. 서울 FM 방송과 함께 AFKN-FM(1964년 개국)이 등장했다. AFKN-FM을 모방한 서울FM방송은 1964년 10월 1일부터 12시간(일요일 15시간) 방송을 하면서 음악 75%(클래식 45%, 라이트 30%), 교양 15%, 교육 7%, 보도 3% 등으로 방송 구성을 하였다.[679] FM 방송은 스테레오화 음악과 경음악, 그리고 입체 드라마의 기술을 사용하여 청취자에게 다가감으로써 음악은 리듬의 경쾌함과 자연의 친화력을 바탕으로 흡입력이 강한 젊은 층에게 인기를 끌었다. 음악은 삶을 풍요롭게 할 수 있는 장점도 지녔지만, 외국 문화의 무분별한 유입이라는 문제점을 야기시키면서 자국의 소리 습성과 생활 리듬을 변화시켰다. 결국 현실에 바탕을 두지 않은 무분별한 리듬은 대중간의 동질감과 정체성을 잃게 했다.

서울FM[680]은 군 엘리트와 재벌의 합작품으로 1965년 동양방송이 흡수하여 TBC FM으로 개칭했다. 기존 라디오 서울로 개국(1964년 5월 9일)한 동양방송은 라디오 · FM · 텔레비전 · 신문 등을 모두 거느린 복합 매스컴 회사로 발전했다. 동양방송은 "민간 방송으로서의 상업성과 미디어가 갖는 공공성, 공익성을 조화시키고 균형을 잡는다"는 방침 아래 '즐겁고 보람 있는 방송'을 시도했다.[681] 재력을 가진 새로운 민방의 출현으로 방송 요원이 대량 이동했다. 동양방송은 새로운 장비와 기술로 근무 조건을 개선했으며, VTR 사용으로 녹화 프로그램을 선보였다. 동양방송은 능력 · 성과 위주의 경영 관리를 사원에게 적용했다.

동양방송은 보도와 더불어 연예, 오락, 그리고 광고 방송 등의 프로그

679) 김성호, 『한국방송인물지리지』(서울: 나남, 1997), p. 219.

680) 서울FM방송은 1965년 1월 대표이사 회장에 조응천(曺應天), 대표이사 사장에 정일모(鄭馹模) 등으로 하여 1965년 6월 26일 종로1가 영안빌딩에서 개국식과 함께 정규 방송에 들어갔다. 초기 편성은 음악 75%, 교양 15%, 교육 7%, 보도 3%였으며, 보도는 동화통신과 「신아일보」의 협조를 얻었다. 서울FM방송의 수용자는 젊은 층을 주요 타겟으로 잡았다(김성호, 상게서, pp. 213~219).

681) 사사편찬위원회, 『중앙일보 30년사』(서울: 중앙일보, 1995), p. 122.

램을 시청자에게 선보였다. 상업적 목적을 지닌 TBC는 일상생활에 밀접한 생활 및 교통 정보를 제공하면서 구체적으로 청취자 · 시청자에게 다가갔다. 드라마, 쇼, 외화, 스포츠 중계, 그리고 오락 프로그램을 강화했으며, 재력을 바탕으로 할리우드 외화 수입에 열을 올리며, KBS와 중복 편성을 시도했다.

동양방송은 정치가와 기본 방송국이 사용하는 권력 개념보다 수사학을 통해 대중들을 설득하기 시작했다. 그러나 단지 수사학에 머물 뿐, 구체적 시청자에게 개인의 정체성, 의식, 그리고 집단 의식화를 심어주는, 문화 집단을 형성하기 위한 노력은 아니었다. 대중과 대중 사이를 연결시키는 커뮤니케이션의 기능보다 상업적 목적을 위해 현실을 극화시키고, 수용자에게 자신의 목적을 선전했다. 수용자는 강한 자극과 반응에 의해서 제스처를 갖게 되고, 태도를 형성하고, 행위를 내면화했다. 그 결과 사회적 신드롬이 형성되고, 이 신드롬은 모방을 통해 확대 재생산되었다. 결국 신드롬은 하나의 거품 문화를 형성했다.

동양방송은 1965년 11월에 라디오와 텔레비전을 통합시키고, 1969년 2월 보도부를 보도국으로 승격시켰다. 보도 방송에 주력하며 동아방송과 같이 특종 경쟁에 참여했다. 동양방송사는 전화로 출입처를 연결시키는 기술을 발전시켜 출입처 중심의 취재 구조를 견고하게 했다. 그리고 취재원을 청년층, 장년층, 노인층, 사회 계층적 차원으로 확산시켜 구체적인 타깃을 설정하고 시청자 · 청취자를 겨냥했다.

방송에 적합한 '카메라 초점' 등 보도 프로그램을 개발하는 한편, 주부층을 대상으로 드라마 경쟁에 몰입했다. 1969년 8월 등장한 MBC-TV는 사회 교양 프로그램 등 공익성을 강조하면서 출발한 민방이었지만, 곧 공익에 대한 정확한 개념이 무산되고 기존 방송과 더불어 드라마 경쟁에 합세했다. 민방은 1967~1971년에 전국 16개 도에 지역 민영 방송을 설치한 상태에서 전국 네트워크를 갖고 경쟁하기 시작했다. 정치적 · 문화적 선전에만 익숙해 있던 KBS도 '저급 문화 취향'의 영역에까지 뛰어들어 한국 방송의 새로운 장을 열었으며, 그 결과 '드라마 망국론'에까지 이르게 되었다. 국영 방송 KBS도 '민족 문화 향상'이라는 기본 명제를 뒷전으로 하고 채널의 특성을 파괴하는 데 앞장섰다. 수용자의 일상생활은 거품으로 가득 차게 되었다. 방송이 가상의 현실을 조작하여 선전하기 시작하자, 수용자는 가상의 신분 집단을 만들어 그 집단에 자신을 몰입시켰다. 즉 정가 · 정부 등으로부터 독립한 또 다른 목적 지향적 사회 질서가 재편된 것이다. TV문화는 모방의 수용자를 만들며 이기적 개인, 혹은 개인의 '사회적 객체'화에 열중했을 뿐, '사회적 주체'로서의 개인의 발돋움과 문화 창출은 도외시했다. 개인은 질서 속에 살기보다 환상의 중독 속으로 빠져들었다. TV 3사는 드라마에서 외화로 경쟁에 불꽃을 당겼다. 그러나 정부가 중간 광고를 불허함으로써 외화 경쟁은 한풀 꺾이고, 1970년부터 다시 일일연속극 경쟁이 일어났다. 또 일일연속극은 주간연속극 · 단막극 등으로 그 범위가 확대되었다.

보도 부분에서도 치열한 경쟁이 벌어졌다. KBS, MBC, TBC, 그리고 동아방송들은 각기 자기 매체를 중심으로 보도 경쟁을 벌였다. 1970년 5월 1일 CBS도 보도과를 보도부로 격상시켜 보도 활동을 강화했다. CBS 라디오와 같은 맥락에서 TV에서도 보도전이 확산되었다. 중앙방송국은 1969년 대통령 3선 개헌을 앞두고 전술했듯이 구조를 조정했다. 한편 1970년대 TV방송은 출입처를 정점으로 국내 보도망을, 특파원을 중심으로 국외의 독자적 보도망을 구축하고 경쟁에 돌입했다.

사회적으로 분출된 정치적 열기는 결국 유신정부를 잉태케 했다. 비상국무회의는 1972년 12월 30일 '방송법 개정안'[682] 법률 제2418호를 발표

682) 개정된 방송법의 골자는 1) 각 방송국에 심의실을 두고, 사전에 반드시 프로그램을 심의한 뒤에, 한달에 한번씩 문공부 장관에게 보고해야 하고, 2) 방송윤리위원회를 구성해서 방송된 프로그램을 철저히 심의하고 방송의 질을 높여야 하며, 3) 각 방송국이 방송윤리위원회의 심의 결정을 이행하지 않을 때는 문공부장관에게 그 이행을 위한 시정 명령권을 부여해서 (……) 등이다(정순일, 『한국방송의 어제와 오늘』, 나남, p. 214).

하여 방송윤리위원회를 법적 기관화하는 한편, 방송 프로그램의 '자율적인 사전 심의제'를 채택하도록 권장했다. 이 개정안에 따라 기획, 심의실이 강화되었다. 1964년 언론윤리위원회 파동 이후 사라졌던 방송윤리위원회가 다시 발족되었다. 방송은 기획 · 편성을 강화시킴으로써 문화 매체로서의 복귀를 시도했다. 그리고 '방송공사법 시행령'이 발표되어 국영 방송의 공사화가 이뤄졌다. 국영 방송이 공사화(1973년 3월 3일)함으로써 정부 출자 기업이 된 것이다. 기자들은 공무원에서 공사의 직원이 된 것이다. 당시 폐간한 「대한일보」, 「동화통신」 기자도 그 대열에 합류시켰다. 공영방송 KBS는 민방과 겨루기 위해, 또 방송 발전을 위해 여의도 방송센터 건립 계획(1976년 12월 1일 완공)을 추진하였다.

TBC, MBC와 같이 '한국방송공사법'[683]은 KBS를 경쟁 체제에 돌입할 수 있게 했다. 가시적으로는 방송이 인사의 무원칙, 정치 개입의 상존화로부터 벗어나는 것 같았다. KBS-TV는 뉴스의 색깔을 강화시키기 위해 타 민방과 같이 앵커제를 도입하고, 보도 해설을 강화시켰다. 아나운서가 아닌 기자의 퍼스낼리티가 강화되었다. 방송공사 발족 후 KBS-TV는 기자수를 117명(본사 78명, 지방 39명)으로 늘리고,[684] 같은 해 서울과 지방의 동시 방영을 가능케 했다. 1973년 3월 TV뉴스 담당 PD를 고용하고, 편집 요원을 강화시켰다. 뉴스는 직접성 · 현장성을 중시했을 뿐 아니라 흥미성 · 폭로성도 덧붙였다. 정보 · 오락 매체의 방송 뉴스는 현장감을 살리기 위해 음성 · 음향 · 영상을 합쳤다.

관료제의 경직화를 완화시키기 위해 앵커를 기용하면서 뉴스의 유연성이 높아졌다. 스트레이트 뉴스를 극화시키고, 해설 기사를 강화시켜 뉴스

683) 한국방송공사법의 설립 목적은 "국내외 방송을 효율적으로 실시하고, 전국에 방송의 시청을 가능케 함으로써 방송 문화의 발전과 공공 복지의 향상에 기여한다"라는 내용이며, 그 재원은 "시청료, 전파료, 부대사업 수입, 정부 교부금, 사채 및 차관 등"(정순일, 상게서, p. 211)으로 하였다.

684) 최동호 외, 상게서, p. 523.

의 쇼화를 강화시킬 수 있었다. 기술적으로도 녹음과 특수 카메라의 사용으로 장비의 효율화와 뉴스의 와이드화 · 쇼화가 이뤄졌다. 1970년 이후 MBC의 '뉴스데스크' 와 1972년 'TBC석간(夕刊)'에 뒤따른 조치였다. 그러나 이것은 PD · 기자 · 아나운서 · 기술력을 MBC 등에 빼앗긴 후의 조치다. 이러한 조치에도 불구하고 방송공사는 정치적 색깔을 나타낼 수 없는 한계점을 갖고 있었다. 더욱이 방송공사의 관리 기구는 창의적인 방송 요원을 민방으로 이동하게 한 결과를 낳았으며, 관리 기구의 경직화는 다른 인위적 보도를 극화시키는 결과를 가져왔다.

당시 한국방송공사는 서울신문사와 간접적으로 서로 영향을 공유했지만, 실제적으로 다른 방송의 교차 소유(Cross ownership)에 대한 경쟁력 확보를 위한 노력이기도 했다. 문화방송은 1972년 7월 24일 경향신문사를 흡수 · 통합했다. 동아방송은 동아일보사와, 동양방송은 중앙일보사와 서로 교차 소유 관계를 유지했다.

방송은 1972년 10월 제9회 '방송의 날'에서 "시청자의 알 권리를 충족시키도록 노력한다."는 선언에서 보듯, 1971년 대통령 선거 후 민중의 힘이 상승하기 시작했다. 연이어 동아일보사와 중앙일보사의 '언론 자유 수호 선언문'이 불을 당겼어나, 방송공사는 여전히 정치적 색깔에 위약했다. 정부는 1970년 홍보 조사 담당관을 임명하고, 1971년 홍보조사연구소를 설치하여 과거 중앙정보부의 기능을 각각 맡도록 했다. 당시 상황으로 볼 때 방송공사의 설립 자체도 이어지는 유신 정권을 홍보할 목적과 무관할 수 없었다. 방송공사와 정부의 의도와는 달리 상황은 호전되지 않았으며, 결국 「동아일보」, 「조선일보」 기자들의 무더기 해고 사태가 벌어지고 1975년 5월 13일 긴급조치 9호가 발동되었다.

방송의 정치적 규제는 계속되었다. 문공부는 1976년 4월부터 '방송프로그램 편성 기준'을 정해 시달하고, '윤리위원회'는 1977년 6월부터 '드라마 기준'을 발표했다. 방송공사의 편성권을 직 · 간접적으로 문공부가 가진 셈이었다. 또한 정부는 1974년 3월 '방송법 시행령' 개정, 제10조 3항에 따라 중간 광고를 할 수 없게 규제하는 한편, 좋은 방송 프로그램을 권장하기 위해 1973년부터 '대한민국 방송대상'을 제정함으로써 당근과 채찍의 원리를 동시에 사용했다.

2) 컬러 TV 매체

TV 방송 3사가 흑백 TV로 경쟁을 일삼는 동안 1976년 AFKN은 박정권이 불허해오던 컬러 TV 방송을 국내 시청자에게 선보이고 있었다. 1978년 미국 백악관 특별통상대표부 부대표의 상공부 방문에서 "국내에서도 팔지 않는 컬러 TV 수상기를 남의 나라로 수출하는 것은 국제 상도의에 어긋난다"[685]는 항의와 더불어, 컬러 TV 방영의 당위성이 국내에서 논의되었다. 메이커가 없는 흑백 방송 장비 구입은 난항에 부딪쳐 있었다. 그러나 컬러 시대의 도입은 외국 프로그램의 범람화, 뉴스의 쇼화, 드라마·스포츠 프로그램의 대형화를 부추길 것은 명약관화했으며, 방송공사의 재정 문제가 새로운 쟁점으로 부각될 수밖에 없었다.

'전자산업 육성'을 위해 컬러 TV 조기 도입에 대한 논쟁이 자연스럽게 뜨거워질 때, 1979년 10월 26일 박정권은 종말을 고했다. 공영방송도 공정 방송을 시도할 기회를 갖게 된 것이다. 개헌 공청회가 벌어진 1980년 1월 16일 방송이 위력을 발휘했다. 그리고 연이어 30일부터 3일간 개헌 공청회를 제작, 방영했다. 가열되는 정치 행렬에 공영 방송이 적극적으로 참여한 셈이다. 그러나 5공화국 전두환 정권이 들어섬으로써 다시 공영 방송의 운영과 편성이 정부 측으로 기울어졌다.

신문협회와 방송협회는 1980년 11월 14일 '건전 언론 육성과 창달을 위한 결의문'을 채택, '언론통폐합'[686]('방송의 공영체제 구축 명분') 지지에 참가했다. '국보위'의 언론대책반을 통해 언론 통제를 계획했던 것이다. 그해 12월 31일 全정권은 '신문통신 등의 등록에 관한 법률', '방송법', '언

685) 정순일, 상게서, p. 244.

론윤리위원회법' 등을 폐지하고 단일화된 통합 형태의 법률 제3317호 '언론기본법'을 제정했다. 이 법의 목적은 제1조에서 "국민의 표현의 자유와 알 권리를 보호하고 여론 형성에 관한 언론의 공적 기능을 보장함으로써 인간의 존엄과 가치를 존중하고 공공 복리의 실현에 기여함을 목적으로 한다"라고 규정했다. 언론의 공적 · 공익 기능을 부각시킴으로써, 박정권이 추진한 '국민 문화 향상'보다는 방송의 공영성을 강조한 셈이다. 언론은 개인과 개인 단체의 커뮤니케이션의 활성화를 돕는다는 의도를 담고 있었으며, 또 다른 측면에서 상품의 유통 구조에 언론이 참가하겠다는 의미를 지녔다. 더욱이 후자는 방송을 통해 분배의 정의를 실현하려는 의도를 내포하고 있다. 그 외에 언론의 정보 청구권, 취재원의 비밀 보호를 위한 '진술 거부권', '정정보도 청구권' 등 기존의 법보다 발전된 새로운 내용을 신설함으로써 선진된 형태를 취하는가 하면, 심의 제도를 강화하기 위해 '방송위원회', '방송심의위원회', '방송자문위원회', '언론중재위원회' 등을 설치하여 규제 또한 더욱 강화했다.

'방송윤리위원회'는 '방송심의위원회'로 대치되있다. 그리고 색다른 '정정 보도 청구권'을 허용했는데, 이는 1963년 12월 10일 제정된 '방송법' 제12조의 내용을 확대한 것으로써 '사실적 주장'에 의해 피해를 받는 사람에게 방송을 청구할 수 있는 권한을 부여하는 것이었다. 이 법에 의하면 정정 보도 청구에 의한 분쟁은 민사 소송에 회부하기 전에 반드시 언론중재위원회의 중재를 거치도록 했다.

'언론기본법'은 '정정 보도 청구권'으로 대중 참여의 길을 열었지만 언론에 대해 강한 통제를 구가했다. 전두환(全斗煥) 정권은 보안사령부의 언

686) 언론통폐합으로 방송에 취해진 조치는 1) 신문과 방송의 경영 분리 원칙, 2) 방송의 공영화 등이었다. 전국의 방송사 29개 중 6개(중앙 3개, 지방 3개)가 KBS에 흡수되고, MBC 계열사 21개의 주식 51%를 서울 MBC가 보유하게 되었다. 동아방송, 동양방송, 기독교방송의 뉴스 편집은 KBS로 흡수되고, 기독교 · 극동방송은 광고를 할 수 없는 선교 기능만을 담당하게 했다(최동호 외, 상게서, pp. 614~619).

론대책반을 문공부 산하 '홍보조정실'로 바꿔 가동시켰다. 홍보조정실은 1) 홍보 활동에 관한 조사 연구, 2) 언론기관의 보도 협조 지원에 관한 종합 계획 수립, 3) 신문, 방송, 통신 등의 보도 활동에 관한 협조 지원 등의 업무를 수행했다.[687] 전정권은 강도 높은 통제 하에 1980년 12월 KBS와 1981년 1월 MBC에게 컬러 방송을 허용했다. '언론기본법'은 채널의 전문성을 파괴하고 KBS에게 컬러 TV방송까지 허용했다. KBS는 KBS-1, KBS-2, 그리고 1981년 2월 KBS-3 채널뿐 아니라, 몇 개의 라디오 채널까지 포함하는 거대망을 구축했다. KBS가 여러 채널 하에서 어떻게 전문성을 살릴 수 있을지가 그 당시 관건이었다.

전정권 하에서의 공영 방송은 홍보조정실의 전직 기자들이 작성한 기획에 따라 정권 홍보의 선두에 나섰다. 李정권은 라디오, 朴정권은 흑백 TV, 그리고 全정권은 기존의 방송 기술에다 색상을 덧붙인 컬러 TV를 통해 정권의 홍보 수단으로 삼았다. 수용자는 컬러형의 인간상을 모방해갔다. 그러나 방송은 명목상으로 공영제를 실시한 것인데, 여기서 공영제의 '공'은 사실상 국가라는 의미와 같다.[688] 유신체제 하에서의 KBS의 공사화가 경쟁력을 높이기 위한 기업적 효율성에 있었다면, 공영제는 민간 또는 사적 의미를 아예 없애버린 방송의 국가화[689]였다.

국가화의 의미를 포함하나 사실 공영 방송은 한국광고공사를 통해 수주한 광고를 할 수 있게 함으로써 영업권을 간접적으로 장악하고 있었다. 전

---

687) 이현구, 「정부의 언론통제와 신문산업의 변화」, 서강대학교 언론대학원, 1994, p. 79.

688) 조항제, 「한국의 방송 프로그램에 대한 역사적 고찰(1945~1990): 뉴스와 드라마를 중심으로」, 『한국방송 70년의 평가와 전망』(서울: 커뮤니케이션북스, 1997), p. 74.

689) 조항제는 국가와 정부를 같은 차원에서 논하나 실제는 다르다. 정부는 인위적 정치 권력의 실체이며, 국가는 정치 권력보다는 역사 · 문화적 의미를 지닌다. 국가를 전통적으로 사직(社稷)이라고 일컫는데 '社'는 토지의 신을 의미하며, '稷'은 곡식신의 의미를 지님으로써 종교적 의미를 지닌다. 그 기원은 종교 · 언어 · 문화 · 영토 등의 역사로부터 규명할 수 있다. 더욱이 민족 종교로부터 규명함으로써 국가는 시 · 공간 안에서의 '금욕주의'적 의미를 지닌다.

정권의 공영 방송은 시청료를 징수하면서 동시에 방송 광고를 함으로써 과거와는 다른 성격을 지녔다. 국민 누구에게나 시청료를 받음으로써 공적인 봉사의 임무를 부여받았다. 공영 방송은 국민 개개인의 삶의 의미와 정체성을 찾도록 도와주고, 개개인에게 참여할 수 있는 기회를 부여하였으며, '정정 보도 청구권'까지 주어졌다. 그러나 공영 방송의 명분과 달리 수용자의 적극성이 결여된 상황에서, 정치 권력을 강화하기 위해 정부가 방송을 사용함으로써 과거의 국영, 공사화와 별로 다를 바가 없었다. 그러나 공영 방송은 광고를 허용함으로써 영업을 하게 되고, 시민사회(시장)의 영역으로까지 활동 범위를 확산시키는 결과를 초래했다. 광고를 허용한 공영 방송은 곧 자신의 딜레마에 빠지게 되었다. 독점적 채널을 지닌 공영 방송의 광고 단가는 상당하여 중소기업이나 개인에게는 광고의 기회가 허용되지 못했다. 결국 부를 나누는 과정에 참여하지만 불평등을 조장하는 의미를 지님으로써 공평의 시장 질서를 부여하는 진정한 공영 방송이 될 수 없었다. 공영 방송은 불평등을 조장함으로써 얻은 이익으로 공영 방송의 공룡화를 이루었다. 인위적 관료화, 그리고 비대한 언론은 시청자에게 권위적·선전적 사회화를 조장시킬 수는 있었으나, 커뮤니케이션의 활성화에 이르기에는 역부족이었다.

광고는 물건의 유통 속도를 증가시킴으로써 개인의 부의 축적을 도와준 공영 방송의 수입 중 20%를 공익을 위해 안배한다는 설정 아래, 광고를 통해 개인의 부의 축적을 도와주었다. 그러나 부의 축적이란 목적이 명확할 때 방송은 타 방송과 경쟁을 일삼는다. 이즈음에, 마키아벨리의 목적에 대한 수단론이 대두된다. 공영 방송은 이때 커뮤니케이션의 활성화, 문화적(집단적) · 개인적 정체성에 조력하기보다 개인이 기계 부품화하는 '사회적 객체화' 형성에 조력했다.

공영 방송은 시청률 경쟁이 아니라 수용자에게 최소한의 생존권을 보장하고, 정보를 통해 그들의 삶을 윤택하게 할 의무를 지닌다. 문화 매체로서 방송은 전국민을 하나의 계급화로 동질화시키며 물질적 · 정신적으로 정부와 국민 모두에게 신뢰를 쌓아나가야 한다. 진정한 커뮤니케이션을 통해서 신뢰가 회복된다면, 공영 방송으로서의 제 기능을 담당한 결과라고 할 수 있다.

정통성을 결한 정부와 공영 방송은 공중을 참여시키기보다 분리시키는 데 한몫을 했다. 일제시대 경성방송국은 조선의 수용자를 기계 부품화, 파편화시킨 후 그들의 이데올로기를 주입시켰다. TV의 컬러화는 이를 더욱 부추길 수 있었다. 컬러 방송은 듣는 뉴스에서 보는 뉴스로의 전환점이었다. 방송은 '쿨 미디어'로 말 · 표정 · 행위 · 태도 등의 많은 요소가 언어화한 것이다. 컬러 방송과 더불어 도입된 ENG(Electronic News Gathering)카메라는 방송 기술과 삶의 형태에 엄청난 변화를 가져왔다. 방송인은 방송 장비를 통해서만 프로그램의 완성도를 높일 수 있다는 오류에 빠짐으로써 수동적 인간으로 전락했다.

ENG를 통한 화면의 분리는 시간을 쪼개는 작업이었으며, 공간을 분리 · 확장시키는 형태였다. 공간의 확장과 시간의 분할은 지역 공동체의 의미 상실을 가져오며, 역사성을 도외시하게 한다. 역사성의 부재는 '사회적 주체'의 성립을 방해한다. 크로커(Arthur Kroker)는 실리콘 칩을 장착한 전자 매체는 중심부와 주변부의 개념의 성립을 방해하는 가상현실을 형성한다고 봤다.[690] 즉 기존의 사회 집단, 신분 집단, 계급, 국가 엘리트, 정치 엘리트 등의 질서를 붕괴시킨다. 그리고 분리된 영상에 닮아가는 개인의 기존의 관습, 규범, 삶의 양식 등을 파괴시킨다. 가상현실(hyper-reality)을 창조하는 방송은 기능적 수사학을 과다하게 사용한다. 권력 · 이익 · 이데올로기 등을 주입하려 할 때 직접적으로 권력의 수단을 쓰는 대신 지도자는 수사학을 통해 음악의 리듬, 삶의 양식, 얼굴, 느낌 등으로 수용자의 일상생활을 지배한다. '귀와 눈의 확장'을 통한 감각의 질서가 개인의 생활 세계를 통제하기에 이른다. 영상 기술을 통한 생활 세계의 통제 방식은 일제

690) Arthur Kroker, Technology and The Canadian Mind: Innis, McLuhan, Grant(New York: St. Martin's Press, 1984), p. 129.

시대 방송에서 보는 직접적 권력에 의한 것보다 수사학을 동원한다. 시간을 분리시킴으로써 과거의 질서는 해체되고, 목적론적 관점에서 이를 다시 재편한다.

현장을 조작하는 카메라의 기능에 힘입어 기획, 통제력을 바탕으로 기동성 · 생동감 · 긴장감을 갖춘 프로그램이 시청자에게 다가갔다. 권력자의 특수한 선전 · 홍보 목적이 방송 기술과 프로그램에 침투되었다. 최신 카메라를 통해 뉴스의 와이드화와 쇼화를 부추기며, '뉴스 파노라마' 등 대형 프로그램을 가능케 했다. 간편성과 기동성, 그리고 구성의 짜임새를 주무기로 자연적 현실 보도를 돋보이게 했다. 특별 기획 · 르포 · 현장 취재, 그리고 앵커의 인성을 중심으로 한 주제별 프로그램이 시청자에게 선보였다. 특수 기술과 장비는 심층적 · 자연적, 테마별 방송을 가능케 했다.

정치권력과 함께 한 일방적 통제, 왜곡된 방송은 1986년 1월 KBS 시청료 납부거부운동으로 더욱 가시화되었다. "정부는 언론을 장악할 수도 없고 장악하려고 시도해서도 안 된다"라는 1987년 6 · 29선언으로 문화공보부 산하 홍보조정실의 '보도 지침', 홍보정책실(1985년 10월) 등의 기능은 막을 내렸다.

1987년 11월 10일 국회에서 언론기본법을 폐기하고, 새로운 방송법과 한국방송공사법을 개정되었다. 방송위원회는 1988년 8월 3일 기능이 강화된 모습으로 다시 시작했다. 그 관련단체로 한국방송프로듀서 연합회(1987년 9월 5일), 한국방송학회(1988년 9월 10일) 등이 발족했다. 방송은 외부 상황에 의해 민주화를 쟁취했고, 노조(MBC 1987. 12, KBS 1988. 5)가 결성되어 민주화를 가속화시켰다. 전통 사회의 예의 · 의식 · 제의 등을 통한 사회 정제 수단을 노조가 떠맡은 것이다. 방송은 아이러니컬하게도 권력 기구의 관행을 그대로 지닌 채 더 이상 권력 기구임을 포기했다.

4. 한국인의 현대사로서의 방송 70년

정부는 홍보 조정의 실제적 업무를 방송에 이양했다.[691] 그러나 공영 방송은 기획 · 편집 · 편성 정책의 위기를 맞았다. 정부의 울타리에서 벗어난 공영 방송은 자신의 관리 기구를 보존하고, 사기업의 재화의 선전에 급급한 나머지 시청자의 취향에 매달리게 되었다. 방송 편성의 통제 기능을 통해 공적 영역을 강화했던 과거와는 달리, 방송은 자유로운 사적 영역을 공개적으로 끌어들였다. '필요'의 영역보다 '욕구'의 영역을 활성화시켰다. 사적 영역이 TV 화면을 통해 공적 영역화함으로써 금욕주의 문화가 세속적 문화로 탈바꿈하게 되었다. 과거 정부 정책의 홍보 영역을 수용자의 영역까지 확산시킴으로써, 결국 욕구의 거품 문화 현상이 일어나고 사회에는 신드롬, 중독 현상이 생산 · 재생산되었다. 오락과 정보 매체로서 프로그램의 심층성과 폭로성을 과장했다. '귀와 눈의 확장'을 통한 감각적 송신자, 수용자의 욕구는 현실(reality)을 넘어서 가상의 세계를 꿈꾸게 되었다. 일상생활의 단조로움을 탈출하려는 수용자에게 일상생활을 직시하도록 돕기보다는 현실과 거리가 먼 픽션의 세계를 꿈꾸게 했다. 드라마, 보도의 영역이 같은 차원에서 혼란스럽게 전개됨으로써 보도의 현실성과 윤리성이 모호해지며, 방송은 방향을 잃어갔다.

선진 기술을 바탕으로 줄정권은 방송에 대해 일제시대와 같은 통제를 구가할 수 있었다. 그러나 한 쪽은 금욕주의 문화였으며, 다른 한 쪽은 물질만능주의 대중문화를 구가했다. 공영 방송은 '민족문화 향상'의 공헌이란 대명제를 뒤로 한 채 채널의 특혜 및 장비, 기술, 권력 관계 등의 우위 등을 무기로 삼고 신드롬 생산의 새로운 질서에 앞장섰다.

훈련된 인력과 전문화된 시스템 하에서, 거대 자본을 투입한 외국 프로

---

691) 정부의 홍보 업무는 1987년 12월까지 공보실 산하 홍보협력관이 담당했으며, 1988년 4월까지 문공부의 홍보담당관이 자율 협조 형식에 의해, 1994년 5월 이후 공보처의 종합홍보실이 그 기능을 담당했다(이현구, 상게 논문, p. 83).

그램이 국내 시장의 우위를 점함으로써 현실을 직시하지 않은 가상 세계는 무방비 상태의 수용자를 사로잡았다. 이 과정에서 수용자는 삶의 정체성과 금욕주의적 속성을 상실했다. 육체의 기계적 메커니즘에 정신을 맡겨 사회는 정신 없는 육체적 욕망의 논리로 가득 차 있었다. 방송의 문화 매체로서의 역할도 혼돈 상태에 빠졌다. 국가와 정부가 혼돈된 상태에서 유독 방송만이 국가의 영역을 고수하리라곤 기대할 수 없다. 국민, 시민사회, 공·사기업, 공영·민영방송, 정부, 국가 등은 각기 역할을 혼돈하고 있다. 언론과 기업의 노동조합 운동은 사회운동 차원으로까지 승화되지 못하고 혼돈되어 새로운 '전자 질서' 쪽으로 재편하도록 직·간접적으로 돕는다.

'방송법' 법률 제3978호는 1987년 11월 28일 국회에서 통과되었다. 이 법은 제1조에서 목적을 "방송의 자유와 공적 기능을 보장함으로써 민주적 여론 형성과 국민 문화의 향상을 도모하고 공공 복지의 증진에 기여함을 목적으로 한다"로 규정했다. 이 법은 민주·공익 등을 강조했다. 그리고 '한국방송공사법' 법률 제3980호가 개정되어 독립 법인으로서 새로운 이사진이 결성되어 서영훈(徐英勳)을 민선 사장으로 선출했다. MBC도 '방송문화진흥회법' 법률 제4032호에 따라 최창봉(崔彰鳳)을 사장으로 선출했다. 그리고 CBS의 보도 기능을 허용했다.

'방송법' 법률 제4263호는 1990년 8월 1일 다시 개정되었는데, '방송제도연구위원회'의 연구 결과를 바탕으로 개정한 이 법은 민방을 허용하는 기초가 되었다. 1990년 11월 14일 민방 서울방송이 출범했다. 그러나 1990년 개정된 방송법 제4조 제2항은 "방송은 공익 사항에 관하여 취재, 보도, 논평 기타의 방법으로 민주적 여론 형성에 기여하여야 하며, 사회 각계 각층의 다양한 의견을 균형 있게 수렴함으로써 그 공적 임무를 수행하여야 한다"라고 함으로써 여전히 공익 방송을 겨냥하고 있지만, 제6조는 '방송국의 경영과 방송법인'의 장에서 민영 방송을 할 수 있게 규정하고 있었다. 이 법의 정신에 따라 민영이든, 공영이든 광고 영업권을 '한국방송광고공사'에 맡겨야 했다.

서울방송은 라디오와 TV 채널을 부여받음으로써 특혜를 누리게 되었다. 정보 · 오락을 위한 전문 매체로서의 채널로 등장한 서울방송은 KBS, MBC 등 기존의 채널들과 다양한 인간들의 삶의 모습을 무시한 채, 정해진 주제로 무차별적인 시청률 경쟁에 뛰어들었다. 3사 방송은 채널의 특혜, 외국에서 생산한 장비, 장비에 따른 기술, 프로그램 등에 따라 서로 물고 물리는 경쟁을 일삼았다. 어느 쪽이든 '인간 행위'의 '능숙함으로의 의지'(the will to mastery)가 위약했으며 방송인 개인, 프로그램, 매체 등의 전문성을 결여했다. 한국의 방송은 인간 행위를 뒤로 한 채 목적을 위한 수단, 장비의 긴요성에만 몰두하였다. KBS도 문화 · 정보 · 오락 매체의 특성에 대한 구분이 없는 목적을 위한 형식의 프로그램에 얽매였다. '가상현실', '유사 환경' 등을 현실로 끌어들여 사회적 상호 관계와 그에 따른 새로운 규범, 그리고 사회 질서를 형성하지 못한 채, KBS는 방황할 뿐이었다. 개인의 '욕구'는 사회운동이 뒤따라주지 않으면 사회적 자아, '객관적 자아'(me)를 형성할 수 없는 한계가 있다. 본능적 욕구는 현실을 미화시키거나, 사고의 경직성을 가져오거나, 혹은 미래를 위한 설계를 거부하거나, 사회적 상호 작용을 축소시킨다. 사회적 상호 작용은 일상적 자아, 일상적 행위, 그리고 일상적 사회 환경을 조성한다. KBS를 포함한 공영 · 민영 방송도 공익이란 당위성에 안주하였다. 이제 각 채널은 공중파 · 케이블 · 위성 등과의 경쟁 시대에서 생존할 수 있도록 문화 · 정보 · 오락 등 프로그램의 내용에 따라 자신의 위상을 선택해야 할 때이다.

1994년 1월 7일에 개정 '종합유선방송법' 법률 제4737호가 통과됨으로써, 케이블 방송이 산업으로 등장했다. 공영 방송인 KBS, MBC도 프로그램 선점 주자로서 제작 산업의 경쟁에 참여한 것이다. 방송은 지금까지 커뮤니케이션의 활성화와 광고를 통해 유통 과정을 줄이는 차원에 머물렀지만, 이젠 방송도 자유 기업 원리에 의해 산업화되었다. 1988년 12월 문공부 홍보정책실의 '언론인 개별 접촉'을 통한 언론 통제의 의도가 문제시된 후 정부 통제도 현저히 감소했다. 정부의 통제 도구였던 공보실 · 공보처

등이 공보협력과 종합홍보실 차원으로 과거의 기능을 축소한 상태에서 지상파 · 케이블 · 위성방송이 서로 경쟁하게 되었다.

채널이 늘어날 때마다 관행적으로 새로운 채널은 타 방송의 도제공을 스카우트함으로써 인적 자원을 충당했다. 이들은 일정한 노하우로 같이 경쟁한 셈이다. 방송인은 타성에 젖은 기획 · 편성 · 편집을 일삼으며 육감에 의한 프로그램을 운영했다. 군대의 관료문화를 수동적으로 받아들였던 일제시대의 모습을 아직도 답습하고 있다. 일본인들의 '목적을 위한 수단'이 되어왔던 정신 없는 일본식 관리 문화를 모방하고 있다. 모방의 타성에 젖은 시청자 · 청취자도 정해진 포맷에서 위안을 얻었다. 방송 내용은 구체적인 다양성과 가능한 변수들을 도외시하고 오로지 의도된 한 가지 국면만을 부각시킴으로써 자기 생각에 대한 도취와 타인들의 생각, 사실에는 적대감을 잉태케 했다. 한 나라의 생각이 경박하고 깊이가 없을수록 그만큼 열광과 광신의 추상성이 기승을 피운다.[692]

각 방송사는 설립 목적에 따라 창의성 있는 프로그램에 모험을 하기보다 청취자 · 시청자가 '욕구'하는 내용을 선보였다. 채널의 전문성을 결여한 망라주의 편성은 시청자의 사고를 더욱 보수적으로 만들었다. 전체적으로 볼 때 방송은 시청자의 정신을 위약하게 할 뿐 아니라 채널의 증가에 따른 사회적 비용을 배가시킨다. 채널의 특권, 기술 · 장비 · 인력의 우위성으로 부풀려진 방송은 관료제의 힘을 동원하여 보호막을 치고 있음으로써 타 조직이 이를 거부할 수 없게 했다. 조직 안에 개인의 전문성, 팀워크, 독립제작사와의 유연한 관계 등을 정치로 풀이하는 '유교적 속성'에 충실한 관리 기구는 경직화되었다. 방송 노조도 노동조합 운동을 사회민주주의 운동으로 확산시키지 못한 채 '가상현실'의 신드롬 문화를 파괴시킬 힘에 근접하지 못하고 있다.

---

692) 김형효, 「열광주의와 추상의 정신」, 『형성과 창조』(경기도: 한국정신문화연구원, 1997), p. 129.

장비 · 기술 결정론에 의존한 한국 방송은 수용자에게 선전, 설득술을 사용하여 '인간 행위'를 통제하고 권력 기구로 작동할 수 있더라도 수용자를 창의적 · 의식적 · 지적인 삶으로 인도하기에는 역부족이다. 그렇다면 KBS의 바람직한 기능은 다양한 주체, 정부의 행위자, 다양한 매체, 시간과 공간 등을 분리하고 합하는 일에 초점이 맞춰진다. 민영 방송이 감각적 속보성을 추구한다면 공영 방송은 당연히 다양한 사회적 · 문화적 맥락, 커뮤니케이션의 활성화 등에 관심을 갖는다. 자원이 적은 국가의 공영 방송일수록 자원의 효율적 배분과 집결을 위해 기획, 계획하는 필요성이 요구된다. 여타 어느 방송보다 공영 방송으로서 KBS의 편집, 기획과 그에 따른 다양한 정보력을 보강해야 할 필요성이 절실히 요구되는 때이다. KBS는 답습해온 일본식 문화 매체, 혹은 미국식 정보와 오락 매체 등에서 탈피해야 한다. KBS는 '방송 문화 발전'과 '공공 복지의 향상'을 위한 '한국방송공사법'의 정신에 지극히 충실해야 한다. 설령 필요에 의해 정부가 IMF와 동조하더라도 국가와 KBS는 이 체제로부터 독립할 필요가 있다. KBS가 정부와의 분리화를 적극적으로 추진할 때, 자체의 정체성을 확보하게 된다. 그러나 여전히 위성 · 공중파 · 라디오 · TV 등 다채널의 견고한 관료제를 고수하고 있는 공영 방송은 기술적 우위의 관료제의 특성에 따라 수용자의 일상성의 강조보다, 쉽게 모방할 수 있는 인위적 가상현실을 창출하여 선전 · 홍보할 뿐이었다. 수용자가 축적된 영상물의 이미지에 따라 수동적으로 선입관, 고정관념을 형성함으로써 '한국방송공사법'의 정신은 하나의 허상에 불과하다. 현재 상황에서 공영 방송은 목적론적 사고의 수단으로서 대기업 · 다국적기업 · 정부 등의 홍보용으로는 긴요할지 몰라도, 의식적 개인, 창의적 집단, 굳건한 정부, 민족국가 건설 등에 동참할 수는 없다.

KBS를 중심으로 오늘날에 이른 공영 방송 70년사는 권력의 통제 메커니즘 하에서 장비 · 기술에 의존하며 기술 · 매체 결정론적 인간상을 조성하는 작업에 일조를 해왔다. 일제시대 군국주의식 문화 매체의 역할을 맡아왔던 공영 방송은 해방 이후에는 미국식 정보, 오락 매체의 역할에 충실했다. 군사 정권 초기에는 문화·정보 매체로 기능하였으나 컬러 텔레비전이 유입되면서 오락·정보 매체화하는 과정을 일별했다. 매체에 따른 수용자의 인간성의 다변화를 보여줌으로써 한국 방송 70년사는 역동기 한국인의 현대사 그 자체라 할 것이다.

참고문헌

강대인, 「한국방송 70년의 정치·경제적 특성」, 『한국방송 70년의 평가와 전망』(서울: 커뮤니케이션북스, 1997), pp. 13~48.

「경향신문(京鄕新聞)」, 1948. 6. 8.

강택수, 「상징적 상호작용론의 관점에 의한 일상생활론 연구」, 『한국사회학』, vol. 30, 한국사회학회, 1996, pp. 417~448.

강현두, 「JODK 사단법인 경성방송국의 개국」, 서정우 편, 『한국언론 100년사』, 서울: 사단법인 한국언론인연합회, 2006, p. 606.

강현두, 『북한 매스미디어론』, 나남, 1997, p. 136.

김동철, 「해방 후 우리나라 언론법제의 변천과정」, 최정호(崔禎鎬) 교수 회갑기념 논문집, 『언론사상과 언론사』(서울: 나남, 1993), pp. 25~52.

김민환, 『아나운서 임택근』, 나남, 2008, p. 70.

김상기, 『동아일보사사』 3권(서울: 동아일보사, 1985).

김성호, 『한국방송인물지리지』(서울: 나남, 1997).

김영희, 『한국사회의 미디어 출현과 수용: 1880~1980), 커뮤니케이션 북스, 2009.

김재중, 『한국방송사』(서울: 한국방송공사편, 1977).

김형효, 「열광주의와 추상의 정신」, 『형성과 창조』(경기도: 한국정신문화연구원, 1997), p. 129.

노정팔, 『한국방송과 50년』(서울: 나남, 1995).

「매일신보」, 1941년 11월 27일

박용구, 『한국방송총람』(서울: 나남, 1991).

백선엽, 「'전선 사수하라' 명령한 육본, 한강 다리 끊고 수원으로 철수」, 「중앙일보」, 2010년 2월 12일.

사사편찬위원회, 『중앙일보 30년사』(서울: 중앙일보, 1995).

송건호, 「한국 현대 언론사 연구」, 『언론과 사회』(서울: 민중사, 1983), p. 199.

이현구, 「정부의 언론통제와 신문산업의 변화」, 서강대학교 언론대학원, 1994.

정미경, 「여기는 동아방송 DBS-뉴스로 첫 전파...방송저널리즘 새 모델」, 「동아일보」, 2010년 11월 29일.

정순일, 『한국방송의 어제와 오늘』(서울: 나남, 1991).

정진석, "방송 80년, 발전과 명암", 정진석 · 김영희 · 한진만 · 박용규 · 서재길, 『한국방송 80년, 그 역사적 조명』, 나남, 2008, p. 14.

조항제, 「한국의 방송 프로그램에 대한 역사적 고찰(1945~1990): 뉴스와 드라마를 중심으로」, 『한국방송 70년의 평가와 전망』(서울: 커뮤니케이션북스, 1997), pp. 55~96.

최동호 외, 『한국방송 70년사』(서울: 한국방송협회 · 한국방송공사, 1997).

카타오카 토시오, 『방송개론(放送槪論)』; 이창근 · 김광수 옮김, 『일본의 방송제도』(서울: 한울, 1994).

Croteau, David and Hoynes, William, *Media and Society*(London: Pine Forge Press, 1997).

Heidegger, Martin, *The Question Concerning Technology and Other Essays*(New York: Harper and Row Publishers, 1977), p. 4.

Innis, Harold A., *The Bias of Communication*(Toronto: University of Toronto Press, 1973).

Kasza, Gregory J., *The State and the Mass Media in Japan*, 1918~1945(Los Angeles: University of California Press, 1988).

Kroker, Arthur, *Technology and The Canadian Mind: Innis, McLuhan, Grant*(New York: St. Martin's Press, 1984).

Lippmann, Walter, *Public Opinion*; 김규환 옮김, 『여론』(서울: 현대사상사, 1973).

McLuhan, Marshall, *Understanding Media*; 박정규 옮김, 『미디어의 이해』(서울: 커뮤니케이션북스, 1997).

Stark, Frank M., *Communicative Interaction, Power and the State: A Method*(Toronto: University of Toronto Press, 1996).

Tocqueville, Alexis De, *Democracy in America*(New York: Doubleday and Company Ins., 1969).

제 8 장
6공화국에서의 언론 정체성

1. 6공화국과 미디어 중심주의

6공화국은 1987년 민주화 항쟁 이후 정치 권력이 미디어로 편입되는 역동의 시대로 일컬어진다. 과거 정치 권력 중심 시대가 종식되고, 미디어에 의해 형상화된 민주화가 부각되었다. 각종 지방자치의 기초단체장, 광역단체장, 그리고 국회의원, 대통령 선거가 연이어 실시되었다. 선거의 양상도 '대중 집회', '정치 지도자의 연설'로부터 미디어를 통한 선거가 실시됨으로써, 과거의 선거와는 전혀 다른 양상을 띠고 있었다. 더욱이 TV 선거방송의 개막은 신문 미디어로부터, 방송 미디어로 무게 축이 옮겨감을 암시했다. 라디오 · 지상파 · 케이블 · 위성방송, 그리고 인터넷의 시대가 열림으로써, 미디어는 더욱 세분화되었다. 다매체 · 다채널 시대가 도래한 것이다. 광속도로 지구를 이어주는 위성 시대가 도래함으로써, 미디어의 콘텐츠는 국내 · 국제적 정보를 실어 나르며, 언론의 속보성의 진가를 발휘했다. 멀티미디어의 인터넷 서비스가 상용화됨으로써, 미디어는 단위 시간의 통제와 동일한 내용의 반복 주입을 수용자에게 강요하였다. 미디어 수용자는 미디어의 반복적 논리에 매료되었다. 전 산업은 미디어의 중심으로 정보를 주고, 받는 '미디어 중심주의'로 재편되기 시작하였다. 미디어 산업의 흥망은 국가 산업의 진로와 맞물려 발전하게 되었다. 미디어는 언론 본연의 역할뿐 만 아니라, 문화산업으로서의 역할까지 떠맡게 되었다.

팽창 정책을 구가하는 미디어는 소리 · 문자 · 영상 · 그래픽 등 수많은 상징을 소모한다. 의미 없는 상징을 조작하여, 뿜어낸다. 광속의 위력을 과시하는 미디어로 인해, 세계화라는 외면할 수 없는 당위성에 직면하게 되었다. 88올림픽을 기점으로, 9월 공산 국가 헝가리 · 소련과의 관계 정상화, 중국과의 외교 관계의 수립이 실현되었으며, 그리고 '햇볕 정책'으로 남북 정상회담이 가능하게 된 것이다.

6공화국 시대의 현저한 언론 현상은 형식적 독자 · 시청자 참여의 폭발적인 증가 추세이다. 이에 맞서 언론윤리강령이 발표되었으며, 기자 실명제, 기사 사전 검열제가 시작되었으며, 정정 보도 청구권이 강화되었다. 팽창과 자정의 움직임이 언론사 내부에서 일어났다. 네티즌에게 가져다준, 무제한적 참여권은 괄목할 만하다. 인터넷 매체는 멀티미디어의 속성을 지녔으며, 통제와 참여를 동시에 부추길 수 있는 강력한 힘을 지녔다. 인터넷 매체의 인터랙티브 상황에서 '월드컵', '촛불시위'의 열기가 대선의 방향까지 바꿔놓았다. 대중의 참여가 늘어났고, '참여정부'는 인터랙티브 미디어의 시대를 열었다.

정보 사회에서 미디어 영역이 확산됨에 따라, 분석의 난항에 직면하게 된다. 분석 영역은 사회학 · 정치학 · 사회심리학, 그리고 미디어 고유의 영역을 포함하고 있다. 다양한 학문으로 대별되는 미디어 연구를 본 장은 '해석적 방법'을 사용하여 문제를 풀고자 한다. 즉, 6공화국 노태우(盧泰愚), 김영삼(金泳三), 김대중(金大中) 정부들의 미디어 정책, 신문, 방송, 케이블, 위성, 인터넷 미디어로 발생되는 직접적 해석과 주변의 현상들을 해석하며, 그 해석에서 정책적 대안을 부분적으로 제시한다. 본 장은 사실의 의미 해석과 더불어 6공화국 정부들의 전체 경향을 체계론(system theory)으로 분석한다. 6공화국의 사회 체계는 하나의 큰 시스템으로 작동하며, 사회 체계 안의 시스템의 부분은 미디어를 중심으로 네트워크가 형성되고, 엮어지는 미디어 중심주의에 관심을 갖는다. 미디어 중심주의는 미디어의 존재를 전제로 한다. 전체의 체계는 각 부분으로 형성되어, 미디어를 통해서 이런 체제가 하나의 형태(patterns)를 그리면서 미디어의 도움으로, 조직의 행위를 반복, 역동적 균형과 체제의 발전을 거듭한다. 미디어 중심주의에서 미디어의 정체성(identity)을 논한다. 이러한 체계 이론의 발전은 머턴(Robert Merton), 파슨즈(Talcott Parsons), 디플로(Melvin L. De Fleur) 등에 의해 구체화되었다. 본 장은 디플로(1989)의 체계 이론을 사용하지만, 미디어 체계의 시대사적 의미, 비판적 해석과 이에 따른 정책적 대안을 집중적으로 연구함으로써, 독특한 분석 틀을 제시한다. 체계 안에서 거시적 관점으로 미디어 분석을 시도하며, 정부의 규제, 미디어 소유, 프로그램 내용, 수용자의 구조, 참여자의 관점 등의 역사적 · 비판적 해석을 덧붙였다.

2. 노태우 정부와 언론의 분화

'민주화', '세계화'의 6공화국은 노태우(盧泰愚) 정부(1987년 12월 16일 당선)가 그 막을 열었다. 대중민주주의 실체를 경험코자, 1842년 미국 보스턴을 방문한 디킨스(Charles Dickens)는 "미국의 갖가지 기구 중, 미국 사회를 망치는 끔찍한 동력기가 바로 언론이다"라는 극단적인 표현을 하였다. 디킨스에 비쳐진 미국 언론은 "몹시 건방진 데다 온통 인간의 관심사인 가십거리로 채워져 있었다"[693]라는 게 그 실체였다. 이 상황에서 대중민주주의가 발아한 것이다.

상업적 대중민주주의와 언론은 디킨스의 부정적 이미지와 함께 성장·발전하였다. 양자의 공통적 원리는 효율성을 지닐 때만 체제가 작동한다는 점이다.

693) J. Herbert Altschull, Agents of Power: The Role of The News Media in Human Affairs(New York: Longman, 1984); 강상현 · 윤영철 옮김, 『지배권력과 제도언론』(서울: 나남, 1991), p. 86.

노태우 민정당 대표는 "정부는 언론을 장악할 수도 없고, 장악하려고 시도하여도 안 된다. 언론을 심판할 수 있는 것은 독립된 사법부와 국민이다"라는 '6·29선언'의 언론 민주화를 발표하였다.

김영삼·김대중 씨의 '후보 단일화' 실패에 이어서, 당선된 노태우 정부는 언론 자유의 창달을 위해, 관련 제도와 관행을 획기적으로 개선하겠다는 전제 하에, '언론기본법'을 폐지하고, '정기간행물의 등록 등에 관한 법률'과 '방송법' 등을 새로 개정했다. 노태우 정부는 프레스 카드제를 폐지하고, 지방 주재기자를 부활하였으며, 16면(종전 12면) 시대의 개막을 허용하였다.

1987년을 기해 선거 여론조사가 처음으로 도입되었고, 산업화 이후 민주화는 그 만큼 발전을 거듭했다. 정부의 언론 장악과 장악 시도가 사라진 것은 결코 아니었지만, 언론기본법이 폐지되고, 보도 지침이 사라짐으로써, 언론의 자율성을 최대한 보장토록 하였다. 군사 정권의 권력 중심의 시대는 학생·시민·노조의 '민주화운동'으로 막을 내린 것이다. 그러나 각종 이익 사회 단체의 사상적 독립과 성장의 가능성을 받쳐줄 수 있는 제도적 힘의 축적이 미비한 채, 갑작스런 자유의 길을 걷게 되었다. 다급한 6공화국 정부는 국제화 추세에 걸맞은 사회 구조를 정비하기도 전에, 팽창 일변도의 정책 드라이브를 계속하였다.

위약한 집권 민정당은 1990년 1월 21일 민정당·민주당·공화당 3당 합당의 민자당을 발표함으로써 위기를 극복하려고 하였지만, 노태우 정부는 야합 정치로 정당성을 잃어갔다. 애초 약속했던 민주화는 현실과 차이를 보였다. 정치 체제는 동원력을 상실하였으며, 국민 대중의 참여가 적절히 이루어지지 못했다. 모든 재정 지원은 재벌의 국제 경쟁력 강화에 치중되었다.[694] 국제화는 재벌의 독점 지배력을 활성화시킴으로써, 강자 위주의 게임 구도는 더욱 견고해갔다.

694) 김종찬, 『6공화국 언론조작』(서울: 아침, 1992), p. 64.

사회 노동운동은 철도 기관사 파업, 지하철 노조 파업, 현대중공업 노사분규 등으로 이어졌다. 재벌을 앞세운 정부는 농성장에 경찰을 투입하였다. 정부는 '사이비 언론', '인신매매단', '조직폭력배' 등을 '민생 침해 사범'으로 간주하였다. 정부는 각 사업장의 노사분규를 파괴와 폭력이라는 도식으로, 언론에 홍보성 기사를 남발하였다. 그러나 각 언론사는 사내 민주화를 앞세워 독자의 알 권리에 반하는 어떤 부당한 압력과, 사적 이익으로부터의 독립에 사운을 걸었다.

6공화국 언론 운동은 박종철(朴鍾哲) 군 '고문 치사 가능성'의 의문 제기에서부터 시작되었다. 1987년 1월 16일 석간 「동아일보」는 "두피하 출혈과 목, 가슴, 하복부, 사타구니 등 수십 군데에 멍 자국이 있었다"는 박종철 군의 삼촌 박월길의 증언을 바탕으로 타살의 실마리를 찾아내기 시작하였다.[695] "책상을 탁 치니 억 하고 쓰러졌다"는 쇼크사로 박종철 군의 사인을 거짓 발표한 경찰에 비난의 질책이 쏟아지던 와중에 이한열(李韓烈) 군이 머리에 최루탄 파편이 박혀 사망한 사건이 벌어졌다. 학생들의 데모가 격렬하던, 그해 6월, 천주교 정의구현사제단이 '5월 18일' 광주사태 추모미사를 마친 뒤, 김승훈(金勝勳) 신부가 박종철 군 고문 치사 사건이 조작되었음을 발표하면서, 6·29선언이 발표되었다.

1986년 1월 20일 시청료 거부 기독교 범국민운동본부가 설치되고, "KBS- TV를 보지 않습니다"라는 문구가 새겨진 스티커와 전단을 제작·배포하였다. 기독교·천주교·불교·여성 단체 등은 1987년 7월 8일 'KBS 시청료 거부 운동'과 관련하여, 「KBS의 진정한 각성을 촉구한다」라는 성명서를 발표하였다. 언론사 사내에서도 자성의 목소리가 나왔다.[696] MBC 보도국 95명의 기자는 8월 13일 허울뿐인 공영제 철폐, 관선 경영진 퇴진, 기관원 출입 금지, 해직 기자 전원 복직 등 4개항 요구와 방송 언론

695) 오명, 『민족과 더불어 80년: 동아일보 1920~2000』(서울: 동아일보사, 2000), pp. 481~482.

696) 안재희, 『한국기자협회 30년사』(서울: 한국기자협회, 1994), p. 914.

민주화를 위한 우리의 다짐을 발표했다. 또한 KBS 프로듀서 139명은 7월 18일 「참다운 공영 방송을 위한 우리의 선언」을 발표하였다.

언론사 노조는 「한국일보」(1987년 10월 29일)를 시작으로, 「조선일보」(1988년 10월 25일), 「동아일보」(11월 18일), 「중앙일보」(12월 1일), MBC(12월 9일), 「부산일보」(1988년 1월 22일), KBS(5월 20일), 그리고 전국언론노동조합연맹(언노련, 11월 26일)이 탄생하였다. 언노련은 '강령'[697]을 발표하였으며, 각 단위조합은 편집권 독립, 공정 보도, 처우 개선 등 당면 과제를 앞세웠다.

「한국일보」 노조〔위원장, 최해운(崔海雲)〕는 노조 결성 취지문에서 "우리는 노동조합 활동을 통해 올바른 노사 관계를 확립하고 나아가 사회민주화과정에서 언론이 가지는 중대한 자기 역할을 수행할 것을 천명한다"고 창립 선언을 했다.[698] 한편 「부산일보」 노조〔위원장, 조영동(趙永東)〕는 노조 설립의 단계를 넘어서, 1988년 7월 운영재단인 정수장학회로 교섭에서 ① 회사는 편집국장의 인사에 있어 노조의 의견을 최대한 반영한다, ② 회사와 노조는 편집 제작진의 편집권을 존중한다는 규정을 단체 협약에 삽입시켜, 자신들이 요구한 편집국장 추천제를 사실상 관철시켰다.[699]

언론은 외부 권력에 맞설 수 있는 노동조합의 탄생을 서둘렀으나, 노조의 명암, 그 문화를 음미하지도 않은 채, 마치 열병에 걸린 것처럼 전 언론사가 노조의 열풍에 휘말렸다. 서구 각국은 언론인의 저임금, 무차별적 해고에 기인한 경제적 이유에서 시작되었지만, 우리의 노조 설립은 6·29선

697) 언노련 강령은 ① 언론의 역사적, 사회적 책임을 깊이 인식하여 보도 자유의 확보와 민주언론실천에 전력한다, ② 굳건한 단결력을 바탕으로 언론노동자의 정치적, 사회적, 경제적 지위 향상과 권익 보호 신장을 위해 투쟁한다, ③ 민주적인 노동운동을 강력 지원한다, ④ 편집, 편성권에 대한 정치 권력이나 자본 등 어떠한 세력의 간섭도 거부한다, ⑤ 민주적인 조직 운영으로 조합원 대중의 폭넓은 참여를 보장한다, ⑥ 언론 내부의 권위주의적, 비민주적인 요소 척결에 노력한다 등이었다(안재희, 상게서, pp. 394~395).

698) 안재희, 상게서, p. 392.

699) 안재희, 상게서, p. 401.

언의 정치적 이유에서 유래된 것이었다. 또한 언론사는 자본의 논리에서, 경쟁 체제로 성장하기보다, 정치적 논리로 발전하였다.

노동조합의 사회적 공헌은 소속 기관 내에 커뮤니케이션을 활성화시켰다. 언론노조는 상부 조직의 집중된 권력 · 자본 · 인사 등 하부 조직 참여를 통해 견제함으로써, 조직의 유연성을 유지토록 하였다. 언론은 사실에 근거한 객관 보도에 관심을 가졌으며, 집권당뿐만 아니라, 야당에도 공정한 기회를 부여하는 공정 보도에 관심을 가졌다. 또한 노조의 설립은 언론인의 고용, 해고, 고정적 봉급 등 예측 가능한 관리 문화를 조성시켰으며, 기자의 전문직화를 정착시키는데 일조를 하였다.

그러나 공영 방송, 민영 방송, 공기업 통신사, 공기업 신문사, 사기업 신문사 등 사회 전체의 동시적 노조 설립은 각 조직의 정체성 확립에 혼란을 유발시켰다. 공영 방송이 민영 방송의 역할을 일삼고, 민영 방송이 케이블 방송의 역할을 떠맡고, 위성 방송이 또 하나의 공영 방송을 만들었다. 평준하향의 문화적 양상과 더불어 정치 권력은 서로를 통해 서로를 견제하는 이이제이(以夷制夷)의 정책을 시도하였다.

기능주의의 '잠재적 기능'으로, 집단 이기주의 문화는 언론사를 넘어 사회 전반으로 확산되었다. 생산 현장에서는 노동자 계급의식, 노동 문화가 파괴되었다. 지식인이 지식인 고유의 특성을 상실했듯이, 노동자는 거친 노동 문화의 고유 특성을 잃어버렸다.

노동자도, 지식인도 자신의 고유 언어를 잃어버린 채, 각 매체의 기술적 · 내용적 속성에 따라 기술 결정론적 '가상 공간'의 언어에 의해 현실을 송두리째 빼앗기고 있다. 현실적 언어는 집단생활을 하는 가족, 커뮤니티, 그리고 다른 사회 집단들로부터 발생하는 정치적 소재의 내용을 담고 있다. 그러나 현실적 감각을 상실한 가상 세계의 언어는 허위의식의 이데올로기를 사회 내에 양산한다. 이데올로기는 당연히 기사의 독창성 · 공정성의 확보, 질 좋은 프로그램의 양산에 걸림돌이 되었으며, 정직한 사회 건설의 저해 요인으로 작용했다. 결국, 6공화국 정부의 출범과 함께 공장의 자동화로 노동자는 작업장을 떠났고, 노총은 사회 내 발언권을 점차 상실함으로써, 민주노동당은 국회 진입에 턱걸이하는 슬픈 '사회민주주의'를 경험케 된 것이다.

임금 노동자인 기자가 단결권을 가지는 것은 당연하다. 단결권을 바탕으로 기자, PD가 사회적 중요 이슈를 감시하고, 공정하게 조정하며, 교육의 기능을 담당할 수 있다. 그러나 언론인이 수용자를 적극적으로 참여시키지 않은 채 사회를 검열할 때, 문제는 왜곡되며, 이데올로기가 양산된다. 언론은 같은 논조를 일정한 시간 단위로, 지속적으로 반복하여 수용자를 설정함으로써 '미디어 중심주의'로 지향하지만, 그 피해는 다른 문화, 자원을 파괴시킬 수 있다.

노동조합의 설립은 군사 문화의 비판에서 출발했으나, 획일적 군사 문화를 수용하였다. 당시 언론은 '공정 보도'를 위한 조건의 차원을 고려하지도 않은 채, 전 언론이 노조를 허용하였다. 언론의 사명을 망각할 수 있는, '떼거리' 언론, 무기명 기사, 권위에 대항한 무조건 적대 문화, 출입처 제도, 자사 이기주의 등 권력 기구로서의 언론을 여전히 상존 시킨 채, 평준하향화의 노조 문화가 단점으로 사회에 급습한 것이다.

물론 그 단서는 군사 정권이 제공하였다. 6·29 이후 언론 통제의 산실이 되어왔던 문공부의 홍보정책실을 폐지하고, 1980년 언론계 정화조치로 해직된 기자를 복직시키자는 의견이 부각되기 시작했다. 5공화국 비리 청산의 청문회는 1988년 10월 5일부터 삼청교육대 문제, 언론통폐합의 진상 규명, 과거의 5공화국 비리, 광주 민주화운동 진상 규명 등 청문회를 개최하고, 12월 13일 마지막 날, 「동아일보」 김상만(金相万) 회장, 「조선일보」 방우영(方又榮) 회장, 「한국일보」 장강재(張康在) 회장, 「중앙일보」 이종기(李鍾基) 사장 등을 국회 증언석에 세웠다. 「조선일보」는 1988년 11월 25일자 「청문회를 본 우리의 다짐」의 사설에서 제5공화국의 기자 대량 해직, 언론사 통폐합, 홍보실을 통한 보도 지침, 안기부 및 보안사의 기자 연행 및 폭행 등으로 이어지는 한국 언론의 왜곡 양식에 대해 결연히 저항하

지 못했음을 시인하였다.[700]

한편 '언론기본법'은 '발행의 자유 제한', 지방의 '1道 1社' 원칙, '등록 규정'과 '등록 취소', '지방 주재기자 파견' 등 독소 조항을 지니고 있었다. 정부는 대체 입법으로 '정기간행물 등록 등에 관한 법률' 3979호를 1987년 11월 28일 공포하였는데, 새 법 제3조에 의하면 일간 신문이 방송의 겸영을 가능케 하였으나, 정기간행물 발행자는 반드시 문공부장관에게 등록토록 했다.

5공화국 당시 신문과 방송을 분리시켜, 정부가 분리 · 통치함으로써, 언론의 발전, 언론 자유의 걸림돌이 되어왔던 조항이 여전히 작동하게 되었다. 나머지 독소 조항은 일간 신문 발행자는 일정한 인쇄 시설을 갖출 것, 그리고 문공부장관은 정기간행물의 등록 취소를 법원에 청구할 수 있도록 규정하였다. 결과적으로 중소 신문 기업의 신규 진입은 여전히 차단시킨 채, 문화공보부장관의 막강한 권한은 계속 유지되었다.

'정기간행물의 등록 등에 관한 법률'이 발표되면서 많은 신문이 창간 · 복간되었다. 「한겨레신문」(1988년 5월 15일), 「평화신문」(1988년 5월 15일), 「국민일보」(1988년 12월 10일), 「세계일보」(1989년 2월 1일) 등이 창간되었다. 「경북일보」, 「인천신문」, 「전남일보」, 「무등일보」, 「경기일보」 등 새로운 지방 신문이 창간, 혹은 복간되었다. 그리고 재벌 신문이 두드러지게 등장하기 시작하였다. 한국화약의 「경향신문」, 롯데그룹의 「국제신문」, 대우의 「부산매일신문」, 대농의 「내외경제신문」과 「코리아 헤럴드」, 현대그룹이 「문화일보」 등이 창간하게 되었다. 신문은 출혈 경쟁 체제를 경험하였으며, 각 언론사는 언론 시장에서의 생존에 초점을 맞추었다.

언론은 대중의 정치 참여를 활성화시키고, 대중에게 정치적 비판 기능을 부여함으로써 대중이 책임의식을 갖도록 한다. 정부의 정치적 정보를 공중

700) 방상훈, 『조선일보 80년사』 하(서울: 조선일보사, 2000), p. 1597.

에게 공유토록 함으로써, 참여민주주의가 가능케 된다. 그러나 현실적으로 언론은 사회에 만연된 노동조합의 생존적 투쟁을 비판적으로만 취급함으로써, 노동자의 사회적 이미지를 부정적으로 비치게 하였다. 노동자 계층은 집단적 정체성을 가지지 못하였으며, 노동자 문화는 사회에서 추방되었다.

새로운 사회적 환경은 쇄신한 신문을 요구하였다. 「한겨레신문」[701]은 민주 · 민족 · 통일 등 사시(社是)로 한국의 새로운 민주주의와 신문업계에 신선한 바람을 불어넣었다. 이 신문사는 최소 이익, 최대 공익에 봉사한다는 전제 하에, 편집위원장을 직선으로 선출하였고, 기자들의 촌지를 거부했다. '가로쓰기',[702] 한글 전용, 종합 편집, CTS 도입 등은 당시로서 획기적이었으며, 더 나아가 자체 윤리강령을 제정하였다.

한편, 정부 · 여당은 '방송법'[703] 법률 제3978호를 1987년 11월 28일 국회에서 통과시켰다. 새 방송법은 5공 정권 하에서의 편파 · 왜곡 방송, 저질적 프로그램으로 국민의 지탄을 받았던 공영 방송 체제를 개선 · 유지한다는 취지에서 개정되었는데, '민수'와 '공익'을 목적으로 하는 개정된 방송법에 따르면 정부의 통제력을 방송위원회를 통해 가능케 했다. 새 방송

701) 한겨레신문사는 1987년 9월 1일 동아, 조선의 해직 기자 196명을 중심으로 창간 발의자 대회를 열고, 1인당 50만 원 이상씩 창간 기금을 출연함으로써, 구체화되었다(권근술, 『세상을 바꾸고 싶은 사람들』, 서울: 한겨레신문사, 1998, p. 294). 창간 발기 선언문(10월 30일)에서 "우리는 언론 사상 유례를 찾아보기 어려운 범국민적인 모금에 의한 새 신문의 창간을 내외에 선언한다"고 전제하고, "인간의 자유와 기본권을 유린해온 오랜 독재 체제를 청산하고 사회 구석구석에 만연되어 있는 비민주적인 요소를 제거하며 국민이 주인이 되는 진정한 민주화를 실현시키고 분단을 극복하여 민족의 평화 통일를 성취해야 할 중대한 과업을 안고 있다"고 창간 의미를 밝혔다(상게서, p. 304). 주요 관련자는 대표이사 송건호(宋建鎬), 초대 편집위원장에 성유보(成裕普), 제2대 편집위원장 정윤환, 초대 노조위원장 고희범 등이 참여했다. 「한겨레신문」의 독특한 색깔은 민생인권부 · 민족국제부 · 생활환경부 등 생소한 부서로부터 시작되었다.

702) 가로쓰기는 「한겨레신문」이 시작한 후 1995년에 「중앙일보」가 그 뒤를 따랐고, 1996년 「문화일보」, 1997년 「경향신문」, 그리고 1998년 「동아일보」, 「한국일보」, 「조선일보」가 동참했다.

703) 서정우 · 차배근 · 최창섭, 『언론통제이론』 수정판(서울: 법문사, 1993), p. 371.

법 제21조는 1항에 방송위원회는 심의 규정을 위반한 방송국에 대하여 사과, 정정, 해명 또는 취소 등을 하게 하거나 (……) 또한 2항에 제1항의 규정에 따라 명령을 받을 때, 그 내용을 방송케 하고, 4항에 1, 2항의 문제를 보고 받을 때, 지체 없이 이를 문화공보부장관에게 통보토록 규정하였다. 즉, 방송위원회를 정부 예속 하에 둔 것이다. 또한 방송위원회의 수를 9명에서 12명으로 늘리는 한편, 12명 중 야당 추천 인사는 국회의장 추천 4명 중에서 선임할 뿐, 나머지는 여당 인사들로 채워졌다. 방송위원회는 정부 · 여당 인사에 의해 독점되었다. KBS, MBC 인사도 정부 · 여당이 지배권을 행사한 것이다.

정부는 방송위원회를 통해 방송을 장악하고, '정권의 나팔수'로 작동토록 하였다. 즉, 방송위원회 권한을 '공보처'로 이관함으로써, 공보처의 권한이 강화되었다. 그리고 전파 개방, 채널 선택의 다양성 보장, 선의의 경쟁을 통한 방송 발전, 선진국의 규제 완화 추세 등을 골자로 방송 경쟁 구조의 확립을 시도하였다.

방송위원회는 민간 기구 '방송제도 연구위원회'[704](방제연)를 1989년

704) 방송제도연구위원회는 1990년부터 2000년까지 향후 10년간의 세계 방송 환경의 변화를 예측하면서 보다 장기적이고 종합적인 국가 방송 정책 수립에 도움을 줄 수 있는 방향 제시와 자료 제공을 목적으로 1989년 5월 방송위원회의 위촉에 따라 설립된 독립적 전문 연구 집단이었다(방송제도 연구위원회, 『방송제도연구보고서』, 1990, 「머리말」). 본위원회는 방송, 신문, 광고 및 홍보, 경제, 경영, 전자공학, 정치, 사회학의 전문 연구자와 법률가, 방송인, 광고 전문인으로 구성되었으며, 운영위원회와 5개 분과위원회로 나누었다. 제1분과는 방송 이념, 제2분과는 방송 제도와 법, 제3분과는 재원 및 광고, 제4분과는 한국방송공사의 위상과 독립 제작사 문제, 그리고 제5분과는 유선 텔레비전과 뉴미디어 분야를 다뤄왔다. 본위원회의 기본 명제는 자유민주주의에 뿌리를 둔 개방 사회를 지향하며 기술 발전을 위시한 제반 방송 상황의 변화에 유연하게 대처하고, 전파의 합리적 사용으로 국민의 선택의 폭을 확대하며, 방송 매체의 궁극적 사명인 공공성 제고를 위해 독립성을 확보하고, 미래의 새로운 방송 질서를 마련하고자 하는데 있었다(상게 보고서, 「머리말」). 본위원회는 ① 민영방송 허용, ② 정부의 방송 행정 주도 배제, ③ 방송광고공사 폐지, ④ 방송위원회 면허권 및 방송 정책 소집 기능 강화, ⑤ 방송 심의 자율화, ⑥ MBC의 위상 변화, ⑦ KBS의 운영 방식 변화 등을 주요 내용으로 최종 보고서를 1990년 3월 31일 방송위원회, 정부에 보고했다(이범경, 『한국방송사』, 서울: 범우사, 1994, pp. 448~449).

4월 20일에 구성, 41명의 각계 전문가들이 참여하였다. 이 위원회는 1990년 5월 상업 방송 허용을 골자로 하는 보고서를 정부에 제출하고, 그 해 6월 14일 정부는 방송 구조 개편안을 발표했다. 1990년 7월 14일 국회는 여당 단독으로 '방송법', '한국방송공사법', '한국방송광고공사법' 등 3개 '방송관계법 개정안'을 야당이나, 방송 노조, 시청자 단체의 격렬한 반대에도 불구하고 통과시켰다.

노태우 정부는 1980년 언론통폐합의 공영 방송 체제로부터 발전적 방향으로 새로운 판짜기의 성과를 거두었다. 새로운 방송법인 법률 제4183호에 의해 5공 정권의 방송 구조의 개편을 위한 여론을 조성시키고, 방송 구조 개편을 획기적으로 단행한 것이다. 새 방송법은 방송국 경영과 방송법인의 범위를 확장시켜, 공영 방송 이외의 민영 방송을 허용했다.

한편, 1989년 1월 CBS의 보도 기능을 허용하는 분위기에 편성하여, 방송 채널을 허용하기 시작했다. 1990년 4월부터 6월까지 평화방송(4월), 불교방송(5월), 교통방송(6월)이 FM 라디오 방송을 시작했다. 1991년 3월에는 서울방송(SBS), AM 라디오, 12월에는 SBS TV 방송이 시작됨으로써 '공민영 체제'가 본격적으로 시작되었다.

KBS를 전국 매체의 성격을 갖게 하는 한편, 민영 방송은 존립 기반을 지방 사회에 밀착한 것으로 다른 어떤 방송사업자의 영향 하에도 들어가지 않는 독자성을 갖도록 했다. 즉, 민영 방송은 국민 전반에 공통된 일반적인 필요에 부응하는 외에도 특별히 해당 지방 사회의 필요를 충족시키도록 했다. 그러나 방제연 보고 중 '민영 방송 허가' 부문만 정부가 받아들이고, 방송위원회 기능 강화(규제 조항 강화), 한국방송광고공사 현행 체제 유지, 공익 자금 존속, 종합 유선방송 도입 등을 골자로 방송법을 통과시킨 것이다.

이 과정에서 정부의 언론 정책에 대한 반대가 만만치 않았다. 1987년 11월 28일 통과시킨 '방송법', '방송문화진흥회법', '한국방송공사법'에 각각 노조는 제동을 걸었다. MBC노조는 1989년 1월 최창봉(崔彰鳳) 대표이사 내정과 관련, "새 사장 내정 과정의 반 민주성을 규탄한다"는 성명을 발표하였으며, KBS노조는 1990년 4월 서기원(徐基源) 서울신문사 사장 임명과 관련, 취임 반대 농성을 벌렸다. 반대 농성은 방송이 친 여당 편향으로부터 독립을 시도할 수 있는 기회 제공뿐 아니라, '방송민주화 투쟁', '방송 관계법 개악 저지 대회' 등으로 확산되었다. 그러나 공보처는 제작 거부로 이어지는 현상을 차단할 명분으로 "더 이상 밀릴 수 없다"며 경찰 병력을 투입했다.

한편, 정부는 1990년 1월 1일부터 문화공보부를 공보처와 문화부로 분리 · 개편한 후, 최병렬(崔秉烈) 문화공보부장관을 초대 공보처장관으로 임명하였다. 집권 민정당은 1990년 1월 21일 민정 · 민주 · 공화 3당 합당 민자당을 발표하고, 다수당으로서 위치를 확고히 하였다. 공보처는 정보사회에서 전파 개방은 필연적이며, 민영화는 세계적인 추세라는 명분으로 정책을 폈다. 그러나 공보처는 전 방송의 제작 거부, 언론학자 61명, 방송위원회 한승헌(韓勝憲) · 한완상(韓完相) 위원 등의 반대에 귀를 기울일 필요가 있었다. 비합리적 권력의 논리는 후유증을 낳게 마련이었다.

공 · 민영 방송 제도에 알맞은 제도 개선이 이뤄지지 않은 채, 서울방송만을 첨가한 것이다. 공보처는 1990년 10월 31일 새로운 민방, 대주주 5인, 소주주 25인 등 모두 31개 주주 구성을 확정했다.[705] 서울방송(SBS)은 1991년 3월 20일 라디오, 12월 9일 SBS-TV를 개국하였다. 서울방송은 '토크 라디오'의 참여 문화의 경험 축적도 결한 채, 단지 정책적 배려에 힘입어 가상 문화 형성에 참여한 것이다. 저속한 모방 방송문화는 외부의 문화와 상황에 민감하며, 외부의 권력 · 자본 · 기술 · 기자재 등에 항상 의존하게 마련이다. 예속 문화의 근성은 사고의 경직성, 기술 결정적 사고, 매체 자체의 기득권 등에 이외로 강하게 집착하게 된다. 서울방송 개국 초기 TV 편성은 보도 26.7%, 교양 44.5%, 오락 28.8%로 시작했다.[706]

705) 최창봉 · 강현두, 『우리방송 100년』(서울: 현암사, 2001), p. 316.

706) 최창봉 · 강현두, 상게서, p. 318.

서울방송은 8시 저녁 종합 뉴스를 실시하였다. 공영 방송의 프로그램이 뉴스, 공적 문제, 피처, 다큐멘터리, 예술, 음악, 연극 등을 중심으로 편성되어 있음을 감안한다면, 신생 SBS는 분명 공영 방송의 포맷을 모방한 것이었다.

개정 방송법(4183호)의 제6조에 의하면 민영 방송국의 경영과 방송 법인은 민영 방송의 자체 규정을 따르고 있었으나, 실제 공·민영이 한국방송광고공사에게 광고를 맡김으로써, 민영 방송이 공영 방송과 같은 형태로 경쟁을 시작한 것이다. 3개의 공·민영 방송은 확실한 자기 정체성을 결한 채, 정체 불명의 공·민영 종합 방송을 시작한 것이다. 국제화에 따른, 국가 경쟁력의 청사진은 국회 다수당의 비합리성 앞에서 무산되었다.

새로운 상업 방송은 공영 방송의 아류로 모방을 일삼았다. 마치 KBS, MBC가 'AFKN'의 프로그램을 모방하듯, 새 민방도 공영 방송을 모방한 것이다. 즉, KBS, MBC는 공영 명분으로 상업 방송을 계속하였으며, SBS는 상업 명분으로 공영 방송을 시도하였다. 모방의 '패거리' 문화는 단순하고 반복적인 산업 구조 하에서 묵인될 수 있으나, 세계화의 발넹진 시대에는 전혀 맞지 않았다. 세계화의 방송문화는 전문성을 가질 때, 각자의 정체성은 확립되며, 전문화는 서로의 네트워크를 요구한다. 네트워크 사회에서 방송 간의 협조 체제와 신문 등 타 미디어와 연계는 필수적이다.

민영 방송은 인적 구성부터 문제점을 안고 있었다. 기존 관리 문화에 익숙한 방송 인력이 새 민방에 채워졌다. 질 낮은 집단 이기주의 문화는 여전히 공존한 채, 사회적 갈등 구조는 증폭되었다. 외국 기자재, 외국 프로그램 남발은 허위의식의 이데올로기 생산을 부추기며, 국민 경제를 더욱 어렵게 만들었다.

사회 체제의 분화는 전문화의 원리를 받아들이면서, 사회 봉사적 '형제애'를 작동시킨다. 서로가 서로를 아끼고 더불어 사는 미덕을 갖게 된다. 그러나 기존 방송을 견제하기 위해 또 하나의 방송이 설립되며, 신문을 견제하기 위한 수단으로, 또 다른 하나의 방송이 설립되는 어처구니없는 발상은 갈등을 증폭 · 심화시킨다. 더욱이 방송이 자본과의 연대를 굳혀감에 따라, 저속한 '미디어 중심주의'는 그 기반을 더욱 굳혀갔다.

방송은 컬러 영상 · 음향 · 문자 · 디자인 · 그래픽을 가진 도구로서, 신문 매체의 문자 · 디자인 등을 주축으로 하는 매체와는 그 영향을 달리하였다. 1980년 12월 방영 개시 이후, 받아들인 컬러 TV는 그 문화의 진가를 발휘하기 시작하였다. TV문화의 역동성 · 화려함 · 현란함은 본능적 욕구를 부추기기에 충분하였다. 더욱이 1988년 서울올림픽 이후, 방송은 '지구촌'을 안방에 이전시켜놓았다. 지구촌의 저질 문화 유입은 소비시장을 부추기면서, 수용자의 기대치를 상승시켰다. 공 · 민영 방송은 무차별 시청률 경쟁을 시도함으로써, 현란한 가상 문화는 노동자 문화 등 사회 내 하부 문화를 파괴시키고, 수용자의 참여를 제도적으로 차단시켰다. 천박한 '기술 결정론', '미디어 중심주의' 사고가 수용자를 압도한 것이다.

한편 6공화국 초기의 공보처는 전문 채널의 정립에 일정 부분 기여를 하였다. 교육방송(KBS 3TV)은 1990년 12월 27일 전국 네트워크 교육 전문 방송으로서, 학교 수업 보완, 일반 교양 프로그램 등을 담당하였다. 교통 전문 채널 교통방송(TBS, Traffic Broadcasting System)은 1990년 6월 10일 개국하고, 통신원 체제를 구축하여 민첩성 · 기민성을 바탕으로 '시민을 위한 방송', '시민의 방송'을 시도하였다. 새로운 방송법에 따라 1991년 7월 1일부터 1992년 6월 30일까지 1년 동안 서울 목동과 상계동 케이블 TV의 실험 방송을 실시했다. 그리고 1991년 12월 31일 '종합유선방송법안'이 법률 제4494호로 국회에 통과되었다.

방송이 팽창되면서, 다양한 프로그램을 선보였다. 그러나 괄목할 만한 하드웨어의 도입에 비해 빈약한 소프트웨어의 보완을 위한 작업이 병행되었다. 더욱이 서울올림픽은 세계 속에서의 정보화를 부추기는 동기를 만들어 놓았다. 해외 제작물을 증가시키기 위해 해외 복수 특파원제, PD 특파원제가 활성화됨으로써, 세계인의 삶의 모습을 직접 취재하기 시작하였다. 특파원 숫자가 늘어나면서, 신문사의 보도에 생동감을 줄 뿐 아니라,

문화적 교류도 활발해졌다.

「조선일보」는 1988년 12월 13일 북한부장 김주일(金周一)을 최초 공산권 헝가리에 특파하였다. 베를린 장벽이 1989년 11월 11일자로 붕괴됨으로써, 공산권의 취재 영역을 확장시켰다. 체코슬로바키아 · 헝가리 · 모스크바 특파원과 지국을 각 언론사마다 경쟁적으로 설치했다. 자사 중심주의에 익숙한 망라주의 문화에서 '정보풀'의 개념은 위약한 채, 자사 나름의 효율적인 특파원제를 채택하였다. 1990년 이후 복수 특파원제, 세계 각국의 순회 특파원제 등을 이용하여 해외 뉴스를 쉽게 접할 수 있게 하였다. 더욱이 1992년 8월 24일 중국과 수교가 맺어짐에 따라, 「동아일보」는 「인민일보」와 제휴하고, 1995년 중국 이붕(李鵬) 총리와 회견을 가졌다.

행위이론 · 체계이론에서는 목적론이 우선적으로 고려된다. 동구권의 정보가 수용자에게 필요한 이유가 먼저 규명이 되면, 기사의 수준 정도를 결정할 수 있다. 그러나 망라주의 방송과 신문은 사건 위주의 피상적 보도에만 머물었으며, 올림픽으로 열어놓은 정보망을 관리하기에 급급하였다. 정보망이 확장될수록 국민의 의식 수준은 섬섬 피상적 · 형식적으로 흐르기 일쑤였다.

다른 한편으로 북한과의 교역 구상이 본격화되었다. 노태우 정부는 1988년 2월 25일 취임사에서 북한에 관련, "언제 어느 곳에든 방문해 누구와도 진지한 대화 용의"가 있음을 발표하였으며, 국회에서는 '남북교류협력 관계법'을 통과시켰다.

노태우 정부는 1990년 7월 20일 민간 차원의 교류를 포함시킨, '7 · 20 민족 대교류 제의 선언'을 발표하였다. 1989년 2월 2일 정주영(鄭周永) 현대그룹 명예회장은 '금강산 관광', '원산조선소와 철도 공장 합작' 등의 접촉 성과를 발표하였다. 또한 밀입북 사건도 벌어져, '보안법'에 저촉되는 사례들이 생겨나게 되었다. 서경원(徐敬元) 의원, 문익환(文益煥) 목사가 1989년 3월 25일 평양에 도착하였으며, 김영희(金泳禧) 교수가 '김일성(金日成) 면담 추진'을 시도하였으며, 임수경(林秀卿) 씨, 문규현(文奎鉉) 신부가 평양을 방문하였다. 북한에 대한 고조된 관심을 대변하기 위해 「중앙일보」는 1990년 3월 국내 처음으로 북한부를 신설하였다.

공산권, 북한 보도는 '국가보안법'[707]으로 제약된 사항이다. 공산권의 교류를 준비하여 문공부는 1988년 9월 8일 북한 및 공산권 국가에 관한 보도 요강을 만들었다. 이 요강에 따르면 ① 국내 언론기관의 북한 및 공산권 국가에 관한 보도 기준을 정함으로써 국리(國利)의 증진함을 목적, ② 국내 언론기관 또는 종사자 모두가 직접 취재와 외신 및 자료 인용 등을 광범위하게 규정하였다.[708]

국리의 표현이 애매할 때, 군사 정권 때의 밀실 행정을 떠올리면 쉽게 이해될 수 있었다. 당시 대통령의 연두기자회견은 청와대 측의 주문에 따라 사전에 질문과 질의 내용을 선정한 뒤, 청와대 출입 기자단의 시나리오를 그대로 연출한 형태였다. 출입처에 안주한 기자는 홍보 기사를 양산하였다. 5공화국 정권의 언론 통제는 '보도 지침'에 의해 이뤄졌으나, 6공화국의 노태우 정부의 언론 조작은 '언론인 개별 접촉'으로 이뤄졌다.[709] 문화공보부 홍보조정실이 지탄의 대상이 되자, 홍보정책실로 이름을 변경시킨 뒤, 개별 접촉을 시도한 것이다. 홍보정책관은 언론사 중진, 간부, 사주, 심지어 평기자, 노조 간부까지 비밀 접촉을 시도하였다. 정보의 교환, 신문·방송 논조의 변경 등은 언론의 부정적 관행으로 각인되었다. 언론인 개별 접촉은 과거 군사 정권의 보도 지침에 비해 진일보한 것이나, 권언 유착의 고리가 여전히 견고함을 주었다.

당시 시국 관련 해설 기사, 공안 당국의 발표, 인터뷰 기사 등은 무기명

---

707) '국가보안법'은 1980년 12월 31일 법률 제3318호로 개정된 법으로서, 제1조로 "국가의 안전을 위태롭게 하는 반국가 활동을 규제함으로써 국가의 안전과 국민의 생존 및 자유를 확보함을 목적으로 한다"를 규정하며, 제2조에 '반국가 단체'를 규정하고, 2항에 "'반국가 단체'의 목적으로 공산 계열의 노선에 따라 활동하는 국내외의 결사 또는 집단도 반국가 단체로 본다"고 규정하였다(서정우 · 차배근 · 최창섭, 상게서, p. 332).

708) 김종찬, 상게서, p. 337.

709) 「기자협회보」, 1988년 12월 16일.

으로 기사화되었다. 원래 언론은 실체(facts)의 전달에 충실하며, 사실의 정확성 · 형평성 · 객관성은 기자에게 절대적 요소로 작동한다. 그러나 정치권의 정책 입안과 비판, 여론으로 이어지면서 정확한 사실은 사회 정책으로 자리를 잡게 된다. 민주화로 급조된 사회 정책은 정치 권력, 언론사, 언론인 등에 의해 왜곡되기 시작하였다. 정부는 의식화 교육 사건, 노동 문제, 여론 조사, 대북 보도 등 사회에 민감한 사건에 관한 비판과 반대 여론에 대응하여, 정보의 원천 봉쇄에 관심을 두면서 기사는 왜곡되기 시작하였다. 언론의 증면, 경쟁 상태에서 언론사가 자사 이기주의에 헤어나지 못할 때, 정부의 개별 접촉은 빈번해졌으며, 이런 수단으로 체제는 유지되었다. 언론인 뇌물 사건, 언론인 개별 접촉 사건들이 사회에 이슈화되었다. 상당한 액수의 촌지 사건이 1991년 2월 수서 사건, 10월 보사부 기자단 사건 등에서 폭로되었다. 기자 촌지 사건은 언론 민주화운동과 언론 자정 운동에 찬물을 끼얹었다.

언론 자정 운동의 활성화를 위해 노사의 공동으로 '공정보도위원회'를 구성하기도 하였으며, 단결된 투쟁을 전개하기 위해 직업적 권이 쟁취가 필요하다는 인식을 갖게 되었다. 「조선일보」는 1989년 1월 14일 노조와 단체 협약을 체결하였다. 회사는 노동조합을 유일 교섭 단체로 인정하며, '편집권의 독립'[710]의 부분을 노동조합과 합의한 것이다.

서울올림픽 이후 광고 시장의 급격한 팽창을 가져왔다. 신문지상에 컬

710) 편집권 독립에 관련한 제52조는 ① 회사와 조합은 편집에 관해 외부로부터의 부당한 간섭이나 압력을 배제함으로써 편집권의 독립을 지킨다. ② 편집권은 「조선일보」의 편집 방향과 독자의 알 권리에 반하는 경영지원의 부당한 영리적 압력이나 주주의 사적 이익에 의해 침해받지 아니한다. 또한 양심과 품위의 제53조는 ① 회사와 조합은 헌법이 보장하는 표현의 자유의 뜻을 깊이 인식하여 진실하고 공정한 보도와 논평을 통해 사회 공기로서의 사명을 다하기 위해 힘쓴다. ② 기자인 조합원은 자신의 신념과 양심에 반하는 기사를 쓰지 아니하며 회사는 이를 강요하지 아니한다. 그리고 제54조의 공정 보도의 부분에서 편집 보도는 공정하게 이루어져야 하고 조합은 조합 내에 공정보도위원회를 설치, 운영한다. 그러나 조합은 편집권 행사에 간여하는 활동을 하지 아니한다(방상훈, 상게서, p. 1631).

러 광고가 올려지고, 광고 수입은 1989년부터 1992년까지 연평균 50%의 상승을 경험하였다. 신문의 숫자도 늘어나, 전두환 정부 당시 28개의 전국 일간지가 존재하였으나, 1992년말까지 무려 112개로 급증했다.[711] 신문 시장의 부익부 빈익빈 현상이 나타나면서 사활을 건 신문 전쟁의 조짐이 보이자, '한국ABC협회'[712]가 설립을 서두르게 되었다. 그러나 '한국ABC협회'의 부수 공증은 시장 공정 경쟁의 문제를 야기시켰다. 독점적 지위에 있는 신문과 방송은 독점을 유기하려고 했고, 신규 진입자는 시장에서의 생존에 관심을 가졌다. 자사 이기주의에 급급했던 당시 언론에게 정부는 이이제이 정책을 펼 수 있는 좋은 기회를 얻었다.

과거의 신문 시장의 독과점은 약화되었으며, 신문 카르텔은 무너졌다. 1988년 이후 신문협회가 구독료와 발행 면수를 자율로 정함으로써, 카르텔은 급속히 해체되었다. 카르텔의 형성은 지탄의 대상이 되었지만, 자사 이기주의는 카르텔의 폐습을 인계한 것이다. 상업 방송이 시장에 진입하면서, 공영 방송도 상업 방송의 경쟁 상대가 되었다. 방송국 · 신문사 · 기자 서로간의 신뢰도 잇달아 무너졌다.

신문 시장 경쟁은 20면 발행에서 나타났다. 신문 지면은 1962년 8면, 1980년 12면, 1988년 16면, 1989년 20면으로 늘어났다. 각 신문사는 휴

711) 신문의 숫자는 1987년말 30개이던 일간 신문이 1988년말 65개, 1992년말 100개, 1995년말에는 148개 지로 증가되었다. 한편 지면은 하루 1988년 4월에는 16면, 1989년말에는 20면, 1990년 24면, 1993년 32면, 그 뒤에 40면이 넘었다(차배근 외, 『우리신문 100년』, 현암사, 2001, p. 360).

712) 한국ABC(Audit Bureau of Circulations)협회는 1989년 4월 12일, 신문사 13명, 잡지사 3명, 광고주 8명, 광고회사 7명, 소위원회위원 5명 등 36명이 참석, 발기인 대회를 개최, 창립준비위원회를 구성했다(방상훈, 『한국신문통감』, 서울: 조선일보사, 2001년, p. 579). ABC협회는 그해 5월 31일 프레스센터에서 78개 창립회원(신문 발행사 34개 사, 광고주 27개 사, 광고 회사 14개 사, 조사 회사 3개 사)이 참석한 가운데 창립 총회가 개최하고, 서정우(徐正宇) 준비위원장을 초대 회장으로 선출했다. 1993년 2월 ABC협회 정기 총회는 1993년 7월부터 가능한 신문사부터 단계적으로 공사를 실시하기로 했으나, 일부 신문사는 협조하지 않았다. 일부에서는 한국ABC협회가 공익 자금을 지원받는다는 사실을 들어 협회의 공정성과 객관성에 문제를 제기했다(상게서, p. 580).

일판, 부록판, 지방 동시 인쇄, 조 · 석간 동시 발행을 실시했다. 「한국일보」가 1989년 휴일판, 1991년 12월 조석간제를 실시함으로써, 신문 시장에 변동이 일어났다. 「한국일보」 석간은 곧 막을 내리고, 「한겨레신문」, 「세계일보」가 조간으로, 그리고 「경향신문」이 1991년 4월 조간화로 전환했다. 「중앙일보」는 1995년 4월 15일 조간 전환을 실시하였다. 조간화의 집중, 지면의 증가, 섹션 신문의 확장에 따라 신문사 간의 경쟁은 피할 수 없었다. 「중앙경제」는 1994년 7월 16일 종간(1988년 8월 9일 창간)을 고하고, 경제 전문지 「매일경제」, 「한국경제」에 그 자리를 양보하였다. 신문사 간의 엄청난 경쟁과 지면을 메우기 위해 신문 기자는 '자동판매기' 노릇을 하면서, 다양하고 깊이 있는 정보의 제공을 뒤로 한 채, 타 신문의 모방과, 오락, 흥미 위주의 기사를 증가시켰다.

집요한 언론사끼리의 경쟁은 여타 산업이 근실한 수준에서 광고 물량의 처리를 원활하게 하기 위한, 자연 발생적 현상은 절대 아니었다. 1988년까지 당시 산업은 단순 기능직 굴뚝 산업에 의존하였다. 1987년 이후 노동조합이 활성화됨으로써, 회사들은 공장 자동화를 잎당겼다. 밀하자면 산입구조가 취약한 채, 단지 올림픽 특수를 순간적으로 누릴 뿐이었다.

언론 산업은 기형적으로 경쟁이 심한 상태였다. 축적된 자본으로 신문사는 CTS(computerised typesetting systems)체제를 도입했다. 「한겨레신문」이 1988년에 시작한 이후 1992년 9월 17일에는 「중앙일보」, 9월 30일에는 「조선일보」가 뒤따랐다. 기사 작성과 전송, 지면 편집 등 신문제작의 모든 과정을 컴퓨터로 처리하게 됐다.

제작 전산화(CTS)는 납 · 먹을 편집국에서 몰아내는 획기적 일대 변혁으로 장인 정신이 사라지는 역사적 사건이었다. 공무국의 문선 · 정판 · 사진제판부는 신문사 노동조합을 형성시킬 고유의 영역이었는데, 이 기능이 단지 역사 속에 남게 된 것이다. 원래 'the press'는 인쇄기를 지칭하며, 금속활자가 프레스를 가능케 하였다. 그러나 공장의 전산화는 1450년 이래의 구텐베르크의 역사를 신문사에서 추방시켰다. 1990년 CTS 체제를 본격적으로 시작한 회사들은 '실시간 뉴스 서비스'(Real Times News Service)를 시작하였다.

멀티미디어의 인터넷에 신문도 동참한 것이다. 멀티미디어는 문자 · 소리 · 동영상 · 그래픽 · 디자인 등 요소를 담고 있으며, 이는 네트워크로 연계된다. 「중앙일보」는 1989년 12월 20일 전자 신문 JOINS(Joong-ang Online Information & News Service)를 시작하였다. 그 후 1995년 3월 2일 중앙일보는 최초로 인터넷 뉴스 서비스를 시작했다.

「중앙일보」는 도시바社가 개발한 G8090 등 호스트 슈퍼미니컴퓨터, 통신장비 콘솔(Console) 등으로 1992년 3월 30일 전지면 CTS 체제를 구축하였다. 조선일보사[713] · 한국경제신문사 · 데이콤(당시 한국데이터통신) 등 2개 사와 기사 정보 제공 계약을 맺었으며, 양사의 'KETEL', '천리안'을 통해 뉴스 속보 서비스를 시작함으로써, 전자 신문의 시대를 열었다. 그리고 서체 개발을 서두르면서, 1992년 4월 11일부터 전산화가 본격화하기 시작하였다. 곧 전국 동시 인쇄 시대를 맞이하였다. 1993년 4월 1일부터 「동아일보」는 조간신문으로 탈바꿈하였다. 그리고 '섹션 신문'의 본격적 등장이 이루어진 것이다. 「중앙일보」는 독자들의 다양한 정보 욕구를 충족시킬 목적으로 1994년 9월 1일 3섹션으로 구성된 섹션 신문을 발간한 후, 타 신문도 과거의 간지를 확대하여, 곧 섹션 신문의 문화를 받아들였다. 섹션 신문은 뉴스 전달뿐 아니라 세분화 · 계열화 · 집중화를 시도할 수 있다.[714] 현실적으로 각 계층의 새로운 정보와 요구에 부응함으로써, 공익성을 확고히 하는 장점도 부각될 수 있다. 그러나 섹션 신문이 인간의 관심사에 국한된 상업적 도구가 될 때, 평범성 · 대중성을 확산시키며, 사

---

713) 조선일보사의 CTS는 1990년 2월 13일 한국 IBM과 기기 선도입분 합의서 및 계약서를 교환하면서 시작되었다(방상훈, 상게서, p. 1679). 당시 사무 전산용 호스트 컴퓨터 IBM 3090-120j 1대와 부수 설비를 설치함으로써 시작되었다. 1992년 9월 30일부터 전지면 CTS 체제로 들어갔다.

714) 배종렬, 『중앙일보 30년사』(서울: 중앙일보사, 1995), p. 162.

회적 비용을 증가시킬 수 있다. 늘어난 지면은 교육 정도에 따른 현실적 내용, 정치적 복잡성, 당파적 성향, 사회의 정체성의 확립 등 중요한 사회적 문제의 공론화를 뒷전으로 한 채, 유행하는 오락물, 새로운 언어의 남발을 부추길 수 있다.

17세기 영국 신문은 당파성으로 출발하였다. 전국민을 상대로 독자층을 형성한 19세기말 미국의 대중 신문은 민주주의 이데올로기적 문제를 발생시킴으로써, 미국을 시민전쟁(the Civil War, 1861~1865)의 긴 소용돌이 속으로 이끌었다. 19세기 중기 미국의 민주주의와 더불어 성공하였던 대중지, 「뉴욕 선」, 「뉴욕 저널」, 「뉴욕 월드」 등은 역사의 뒤안길로 사라졌다.

「한겨레신문」과 「조선일보」의 주요 독자군은 각기 기본적인 의식 배경을 달리하고 있다. 개별 언론사는 다른 의식구조에 의해, 각자의 충성스런 독자 군을 형성하는데 관심을 집중시켰다. 또한 여 · 야의 정권 교체가 비교적 쉽게 이뤄진 원만한 정치적 상황은 정론지의 가능성을 배가시켰다. 섹션 신문의 활성화로 인해 기사가 길어지면 당연히 정론적 성격을 지니게 마련이나. 신문의 섹션 면은 방라주의 관섬을 유지하거나, '인간의 관심사'로 채워질 필요가 없다. 전문화된 사회에서 요구하는 각 부분의 전문화 내용, 혹은 신문의 독특한 색깔로 섹션 지면을 채울 때, 국가의 경제적 손실을 막고, 신문의 정체성이 확립되며, 수용자 주권론이 확립된다.

수용자 주권의 개념을 확산시키는 사회적 차원의 운동, 캠페인이 지속적으로 추진되어야 한다. 언론은 국가 정체성의 논의나, 허위의식의 문제를 공론화하여야 한다. 수용자 주권을 확산시키는 작은 노력의 하나의 예는 「동아일보」와 「조선일보」의 환경 운동을 들 수 있다. 조선일보사는 1996년 3월 3일부터 키드넷(KidNet, Internet for Kids)운동을 정부부처와 공동으로 실시하였으며, 키드넷 미디어 교육(NIE) 캠페인을 추진하였다. 결국 수용자 주권은 신문의 색깔이 분명할 때 더욱 쉽게 이뤄질 수 있다.

3. 김영삼 정부와 다매체

'문민 정부'의 金泳三 정부(1993년 2월 25일 취임)는 군사 정부와 차별화 없는 권위주의적 기반 하에서 출발하였다. 당초 '신한국 창조'는 "취재와 보도의 성역을 두지 않는다"는 결의에 차 있었다. "정치가 국민을 편안하게 하는 것", 즉 "국민이 정치가 있는지 없는지 잘 모를 정도로 적게 하는 것이 좋다"던 김대통령의 말과 현실은 판이하게 달랐다. 1993년 신년 기자회견은 질문을 받지 않는 채 보도 자료에 의존하였다.[715] 신문기자 회견 내용은 사전에 작성하여 비서실에서 배부한 것이지만, 대부분 신문사는 자사 편집국장이 인터뷰를 한 형식으로 보도하였다. 각본화된 기자회견을 기사회한 것이었다. 정부의 언론은 홍보 도구에 불과했다.

'문민 정부'의 공보처는 1993년 7월 9일 공영 방송 정책 및 제도에 관한 연구를 전문가들에게 의뢰하였다. 유재천(劉載天) 등 15명이 「방송위원회의 공영방송 발전연구 보고서」를 발표하였는데, 그 내용은 "향후 방송 환경이 지역 민방의 신설 및 종합 유선방송, 위성방송 등 뉴 미디어의 도입으로 인해 다매체 · 다채널의 경쟁 시대로 급격히 변화될 것으로 전망됨에 따라 이에 능동적으로 대처하기 위해서 공영 방송이 시청률에 구애받지 않는 국민 방송으로서 그 위상이 시급히 재정립되어야 한다고 판단하고 있습니다"라는 취지를 담고 있었다. 공보처는 연이어 방송 개발원의 「2000년 보고서」, 공보처의 「선진 방송 보고서」 등을 발표하였다. 그리고 공보처는 1995년 선진 방송 5개년 계획을 발표했다.

'선진 방송 5개년 계획안'은 1997년 1월까지 통합방송위원회를 설립한다는 내용을 담은 통합방송법을 국회에 제출한다는 것이다. 통합방송법은 방송의 개념을 재정립, 방송을 총괄할 기구로서의 통합방송위 위상을 실제적으로 강화한다는 취지였다.[716] 이전까지의 방송법이나 유선방송법은 방

---

715) 「기자협회보」, 1993년 1월 14일.

송의 개념을 전송 내용과 방법에 따라 이분법으로 정의한 것이다. 그러나 공중파 방송은 무선국, 유선 방송은 유선 전기통신 시설을 통해 음성·영상을 공중에게 전파하는 행위로서 전화 비디오 서비스, 컴퓨터통신 서비스 등 뉴미디어 매체들까지 포괄하고 있었다. 방송의 용어를 포함한, 전문 프로그램 공급자, 내지 방송 사업자 개념을 첨가하였다. 현 방송법에는 방송국이 무선국으로, 방송법인은 방송국을 경영하는 법인으로 규정돼 있다. 현행 방송법은 방송 시설이 없는 방송국은 존재할 수 없으나, 미래 방송 산업은 소프트웨어 중심으로 발달하는 추세이다.

한편, 통합방송위가 방송을 총괄할 수 있도록 권한과 독립성이 강화돼야 한다는 의견이다. 통합방송위 위원 선임 방식은 국민의 대표성을 갖는 방향으로 개선해야 한다. 방송단일노조건설준비위원회는 국회가 구성한 추천인단이 천거한 방송위원들을, 인사청문을 통해 선임해 대통령이 임명한다는 내용이다.[717] 또한 5개년 계획안은 통합방송위에 방송 운용, 편성권과 방송국 허가, 재허가시 의견 제출권을 부여하고 있다. 현 방송법에도 방송위가 방송 운용, 편성권을 갖게 돼 있어 구체직 권한 이양이 시급하다. 통합방송위의 경영, 프로그램 심의 결과를 계수화해 방송국 재허가시 반영하는 방안을 마련해야 의견 제출권이 구체화될 것이다. 현재 방송위는 한국방송광고 공사법에 따라 공익 자금을 받고 있어, 재정운용권이 공보처장

716) 이근영, 「한겨레신문」, 1995년 8월 2일.

717) 기자협회는 정부의 안에 우려를 표명했다. 즉, 새방송법에서 방송위원회가 갖는 의미는 지금과 다르다. 공중파방송 뿐 아니라 케이블TV 위성방송, 그 외 방송으로 분류할 수 있는 모든 매체들을 총괄하게 된다. 방송위원회가 자칫 삐끗하면 방송 전체가 흔들리게 된다. 방송위원회가 지배 권력이 장악한다면 이는 곧 방송의 정치적 악용으로 이어진다.
3권 분립이라는 명분을 내세우고 있지만 정권을 잡은 자가 위원 자리를 독식할 수 있는 방식이다. 우리는 위원회의 독립성을 온전하게 지키기 위해서는 지배 권력으로부터 가장 중립적이라고 할 수 있는 국민의 대표성을 직접 지니고 있는 국회의 일괄추천을 주장해왔다.
그 권한과 기능이다. 방송을 정부의 홍보기구인 공보처와 떨어뜨려놓기 위해서도 위원회의 권한과 기능은 강화되야 한다(우리의 주장, 『일그러진 통합방송법』, 「기자협회」, 1996. 2. 13).

관의 권한 아래 놓여 있다.

정부의 방송 정책 프로젝트 정신에 따라 "국민의 다양한 정보 욕구를 충족시킨다"는 취지 아래, 김영삼 정부는 '케이블 방송'[718]의 다채널 시대를 열었다. 그리고 1995년 5월 14일 부산 · 대구 · 광주 · 대전 등 4개 직할시에 지역 민방이 설립되었다.

AFKN 채널은 1996년 4월 30일 한국 정부에 반환되었다. 1957년 9월 15일 첫 TV 방송을 실시한 후, 미국의 ABC, CBS, NBC 3대 상업 방송의 정수를 미군 및 한국 시청자에게 선보였다. AFKN은 개국 후, 한국 방송의 지침서로 작용해왔다. 그러나 AFKN이 떠난 빈자리에 국내 공영 방송은 큰 짐을 지고 있다.

AFKN이 공중파는 포기하였지만, 케이블에서 건재하고 있다. 그리고 CNN과 BBC World Service Television(홍콩의 STAR TV를 통함)은 국내 시청자를 겨냥한다. 또한 온라인 시대는 모든 체제가 열려 있다. 그러나 KBS는 시청료 · 상업 광고료 수입으로 안주한다. 공영 방송의 이름을 내걸고, 수많은 지역총국의 위력을 과시하며, 국영(정부) 방송의 내용을 내보낸다. 독립성 · 신뢰성을 결한 KBS는 인천민방, 서울방송, 문화방송, YTN, MBN 등과 동등하게, 상업적 경쟁을 일삼고 있다.

BBC는 재정적 1991년 보조 수단으로 광고 방송을 시작하였다. 그러나 BBC는 국영 방송의 성격을 벗어나면서 오히려 독립성과 신뢰성을 더욱 확고히 하고 있다. 정치 의존적 공영 방송은 해외 시장을 겨냥할 때, 태생적 장애에 부딪치게 된다. 결론적으로 KBS는 해외 뉴스의 난맥상에 여

---

718) 케이블 방송은 보도, 영화, 스포츠, 교양, 오락, 교육, 문화 예술, 음악, 어린이, 그리고 홈쇼핑, 만화, 바둑 분야를 대상으로 추가 허가함으로써, 국민의 선택을 넓혔다. 각 케이블 방송은 종합유선방송국(System Operator, SO), 프로그램 공급업자(Program Provider, PP), 전송 사업자(Network Operator, NO)의 3자가 독립적으로 운영되도록 하고, 11개 분야의 21개 채널로 방송이 95년 3월 1일 시작하였다. 여기서 전송사업자는 한국전력공사와 한국 전기통신 공사 두 업체가 독점적으로 맡기로 하였다. 종합유선방송국은 53개 사로서 한국통신 계약업체가 21개 사, 한국전력 계약업체가 32개 사이다(황선표, 『한국언론 5년('93~'97)』, 서울: 한국언론연구원, 1998, p. 204).

전히 직면하며, 국내 뉴스의 위치 강화 등 풀어야 할 난제를 안고 있다. 신뢰 · 독립성의 정체성을 결한, 의존적 공영 방송은 여타 국내 타 방송과 다를 바가 없다.

한편, 케이블 보도 방송 YTN은 '연합뉴스'[719]로 분사하여, 24시간 실시간 뉴스 채널, 뉴스 속보, 테마 기획, 그리고 시간대별 맞춤형 뉴스 프로그램을 개발하였다. 그러나 연합뉴스로부터 분사한 YTN의 재정적 어려움은 분사한 쪽이나, 분사를 당한 쪽도 마찬가지였다. 연합누스는 KBS, MBC 양대 대주주 아래서 발전이 지연되고 있으며, 재정적 어려움으로 지방 · 해외 취재를 약화시킴으로써 서울 뉴스 서비스 수준에 머물고 있다. 세계 4대 통신사의 의존도가 점차 높아지는 추세이다. 개인들의 소자본으로 출발한 국내 유일의 민영 통신사 '뉴시스'(최해운 사장)가 2001년 연합통신과 법정 투쟁에서 승소함으로써, 또 하나의 국내용 통신사가 경쟁 체제를 형성하였다.

AP, APTV, Reuters, ReutersTV, UPI, Worldwide Television News 등 세계의 대형 통신사와 보조를 맞추고, 비디오 뉴스까지 확장하여야 할 연합뉴스가 정체성 위기에 직면하였다. 더욱이 각 언론사의 속보성 온라인 서비스는 통신사를 압박하며, 로이터 금융정보 서비스(RKI)가 외국 금융 정보, 뉴스 서비스를 시작함으로써, 공영 연합뉴스의 정체성이 약화되고 있다. 통신의 세계화의 추세로 국가가 개입한 국영, 공영만으로는 국제 경쟁력을 잃어간다.

케이블 YTN은 1999년 2월 2일 주식회사 연합 텔레비전 뉴스에서 주식회사 YTN으로 회사명을 변경시켜, 독립 위상을 추구하였다. 그러나 여

---

719) 연합뉴스는 1980년 11월 14일 합동통신과 동양통신을 인수하여, 방송사와 신문사가 주주로 참여하여 연합통신을 출범시켰다. 그후 신생 신문 · 방송사가 생기면서, 그들은 주주로부터 제외되었다. 1994년 소유 지분은 KBS 42.35%, MBC 32.14%, 그리고 중앙지 17.55%, 지방지 7.96%를 갖고 있다(김서중, 「정보화시대의 통신사와 정보주권」, 『김대중 정부와 언론』, 서울: 서강대학교 출판부, 2002, p. 75). 당시 모든 방송사와 신문사가 주주로 참여하였다.

전히 공영 방송, 정부, 한전 등에 정치적 · 재정적 도움을 요청함으로써, YTN의 위상은 연합뉴스의 위상, 그리고 KBS의 위상과 같이 풀어가야 할 과제이다. KBS는 독립적 위상과 그에 걸맞는 정보 체계를 구비할 필요가 있다. 즉, 국제 · 국내 사회에 산재한 다양한 수용자를 함께 흡수할 수 있도록 정보 체계를 갖출 수 있어야 한다.

물론 KBS가 일본 NHK와 같이 국내 정보 중심에 만족할 수 있다. NHK는 AP, Reuters 통신에 추종하기보다, 실리적 차원에서 NHK 영어 방송을 실시하며, 특파원 대신 프리랜서를 많이 고용하였다. 설령 특파원을 보낸다고 할지라도, 질 높은 방송 프로그램, 사진은 큰 통신사에 의존하게 된다. 그러나 세계화의 상황은 로컬과 더불어 글로벌 취재를 함께 할 필요가 있다. 해외 취재 내용을 외국 대형 통신사에 맡기면, 어젠다의 기능까지 그들에게 의존하게 된다. 더욱이 세계화를 지향하면서, 국내 어느 방송도 세계의 조직적 취재 체제를 갖추고 있지 않는다면, 문제의 심각성이 지대하다.

KBS는 정보 체계의 인력을 확장하고, 해당 프로그램의 시간을 연장해야 한다. 지금까지 인간의 관심사와 극적 · 갈등적인 표피적 사건들에만 국한된 제작물에 국가 · 사회 구조, 건설의 정책적 과제를 반영해야 한다. 편집팀은 인물을 부각시키며, 조직의 정책을 계속적으로 분석 · 홍보한다. 공영 방송은 사회의 중요한 과제를 캠페인하며, 세계 정보를 활용하는 유연한 체계를 갖추고, 그들의 문화를 우리의 문화에 접목시킬 노력을 지속시킨다.

정부가 공영의 이름으로 '문어발식' 매체 확장과 통제를 일삼는 것은 권력의 남용이며, 경제 발달의 걸림돌이 된다. 또한 KBS, 연합뉴스, YTN 등 어떠한 매체일지라도 전문화된 자기 정체성을 갖지 못할 때, 그 매체는 타 산업, 국민 경제에 손해를 끼침이 명약관화하다.

한편, 무궁화 위성 1호가 1995년 8월, 2호가 1996년 1월이 발사되었다. 1996년 7월 1일에 KBS가 위성 시험 방송을 시작했다. 오락 채널 성격의 위성 방송을 공영 방송의 실험 방송으로부터 시작하면서 공중파 · 케이블 · 위성의 중복 투자 현상을 유발시켰다. 과연, 위성 시대에 케이블 TV가 필요하였는지, 공중파 3사가 기술 · 인력 · 장비를 소프트 제작에 투입하지 않고, 채널의 기득권에 집착하는 와중에서, 채널은 늘어났지만, "국민의 다양한 정보 욕구 충족"에서 더욱 멀어져갔다. 하드웨어 설비를 서둘렀지만, 소프트웨어가 부족한 상태에서 내세운 '세계화'는 식민지화의 의미를 지닌다.

속이 빈 강정으로 팽창 정책으로만 일관하는 6공화국 정부들의 정책 후유증에 직면한 언론은 환경 보존 캠페인 운동을 벌이기 시작하였다. 국외에서도 1992년 6월 브라질 리우데자네이루에서 열린 '유엔환경회의'로 환경에 대한 관심은 고조되었다. 「조선일보」, 「동아일보」가 주동이 되어 국내 환경운동의 일환으로 '쓰레기 줄이기', '자원 절약', '환경 오염', '신문지 재활용', '자원 재활용', '배기 가스 줄이기', '자전거 타기 운동', '맑은 물 되찾기 운동'(그린스카우트), '샛강을 살립시다', '바다를 살리자', '부패 주방' 등이 1998년까지 시회 정화 운동으로 추진되었다. 「중앙일보」는 1994년 '밝은 사회 건설'을 목표로, '자원 봉사 캠페인', '이제 할말은 하자'는 이색적인 캠페인을 주도하였다.[720]

방송도 환경운동에서 예외가 될 수 없었다. 방송의 선정성 · 저질성을 문제삼아 1993년 'TV 끄기 운동'이 실시되었다. 그해 가을 방송 3사가 'TV 속의 TV', 'TV를 말한다', '시청자 의견을 듣습니다' 등 자기 비평 프로그램을 방영했다. 시청자 평가 지수 AI(Appreciation Index)를 만들었으며, KBS 방송 프로그램의 공익성을 측정, 평가할 공영 지수, PSI(Public Service Index)를 도입했다.

신문에서도 독자들의 참여를 확대하기 위해, 「조선일보」가 1993년 3월 19일 '옴부즈만'[721]을 신설하였으며, 3월 28일부터 '기사 실명제'를 발표

720) 배종렬, 『중앙일보 30년사』(서울: 중앙일보사, 1995), pp. 333~337.

하였다. 기사의 책임과 정확성을 높이기 위한 노력의 일환으로 단신을 제외한 모든 기사에는 작성 기자의 기명(記名)이 들어가게 하였다.[722] 지금까지 대부분 기사를 무기명으로 작성함으로써, 기자는 전문 소양 부족, 사생활 침해, 명예 훼손 등의 문제에 직면하였다. 그리고 사회 내에는 평범주의(mediocrity)가 형성되었다. 뷰허(Karl Buecher)는 기사 실명제가 피상적, 무비판적 부주의, 무책임 등을 피할 수 있음을 피력하였다.[723] 실명제는 분명 전문가적 윤리를 돋보이게 한 것이다.

1995년 전문가 양성을 위해 언론사는 팀제 운영과 '대기자 제도'를 도입하였다. 대기자 제도는 전문기자의 형식의 이상적 제도이지만, 계급 · 서열제에 충실한 한국적 상황에서 정착될 수 없었다. 신문사 편집국의 초기 취지와는 달리, 'IMF'(1997년) 시기에는 고위직을 해고하는 분위기에 편성하여, 대기자는 '명예퇴직'의 대상이 되었다.

정부는 1993년 8월 12일부터 상거래의 투명성을 높이기 위해 금융실명제를 단행하였다. 안으로는 금융실명제를 강화시키고, 밖으로는 '세계화'에 박차를 가했다. 김 대통령은 '세계화'로 금융시장을 거의 무방비 상태로 외국에 개방했다.[724] 그리고 대한민국은 1997년 11월 19일 외환위기

---

721) 옴부즈맨 제도는 19세기초 스웨덴에서 시작된 것으로 국민의 권리를 보호하기 위해 입법기관에 의해 임명된 옴부즈맨이 정부 관리의 행위에 대한 시민들의 불평과 항의를 접수하여 그 적법성 여부를 조사하고 필요한 경우에는 그 시정을 요구하는 제도적 장치이다(황선표, 상게서(1998), p. 314. 언론옴부즈맨 제도는 1967년 미국의 루이스빌 쿠리어 저널(Louisville Courier Journal)에서 처음 시작한 후, 1980년대 미국의 CBS(1982)나 캐나다의 CBS(1989) 등에서 시작하였다. 우리나라에서는 「조선일보」가 1993년 4월 3일 연중 무휴 24시간 옴부즈맨 팩시밀리를 설치하고, 편집국 내에 있던 독자부를 사장실로 옮겨 옴부즈맨의 독립성을 강화시켰다(황선표, 상게서, p. 316). 기존에 「중앙일보」 '독자상담실' 심의실, 방송의 시청자상담위원회, 시청자 센터 등이 있었다. 옴부즈맨 제도는 수용자의 불만이나 의견을 적극적으로 수렴하는 의미가 있으며, 독자들에게 반론권을 행사할 수 있는 기회를 제공하기도 하였다.

722) 방상훈, 상게서, p. 1856.

723) Karl Buecher, "The Linkage of Society," Hanno Hardt, Social Theories of the Press(London: Sage Publications), 1979, p. 123.

를 맞았다.

한편 언론은 윤리 문제를 강화하기 위해, 1996년 윤리강령 개정[725]을 서둘렀다. 「조선일보」는 자회사 FEEL지 1994년 8월호에 실린 '호스티스 출신 서울대생 충격 고백'의 명예 훼손 사건 후, 1996년 12월 4일부터 '전담 변호사에 의한 기사 사전 열람제'[726]를 도입하였다.

'인사가 만사이다'라던 김영삼 정부에 대해 언론은 1993년 3월 4일 서울시장 김상철(金尙哲)의 재산 문제와 법무장관 박희태(朴熺太)의 딸의 국적 문제 등을 집중 추궁하여 이들을 낙마시키는데 일조를 하였다. 김영삼 정부 초 '박철언(朴哲彦) 의원 거액 수뢰(受賂) 혐의', '약국이 한약 제조 문제의 로비 의혹' 등이 불거져 나왔다.

1994년 3월 16일 '「한겨레21」창간'[727] 특집에서 김현철 비리 특집을 다루었고, 그 기사로 법정소송까지 가게 되었다. 더욱이 1997년 한보 사태가 터지고 그해 3월 김현철 씨의 YTN 인사개입 의혹까지 붉어졌다. 검찰이 수사에 착수하자 언론은 김현철 씨 비리를 집중보도하기 시작했다.[728]

---

724) 성한용, "정권은 측근비리로 무너지고 언론은 신뢰 떨어지고", 『신문과 방송』 No. 434, 2007월 2월, p. 15.

725) 새 신문윤리강령과 실천 요강이 1996년 4월 8일 선포식을 가졌다. 한국신문협회, 한국신문방송 편집인협회, 한국기자협회가 참여하였다. 강령개정위원회는 세 단체가 추천한 각계인사 7인으로, 위원장은 원로 언론인 박권상(朴權相) 「동아일보」 고문, 그리고 공정원 「조선일보」 논설위원, 김동환 변호사, 김창구 신문윤리위원회 심의실장, 김철수 서울대학교 법대 교수, 이용원 「서울신문」 문화부 차장, 김정기 한국외국대 교수가 참여하여, 1995년 6월 발족하였다. 새 강령은 자유롭고 책임 있는 언론의 실현을 강조함으로써, 1957년의 언론 자유의 수호와는 달리, 언론의 자유와 함께 언론의 사회적 책임을 명실 공히 균형 있게 강조하고 있다. 새 강령은 개인의 기본권 존중과 수용자의 매체 접근권 등을 존중하고 있으며 실천요강은 언론인과 언론사가 사회적 책임을 다 하기 위한 직업 윤리준칙을 대폭 보강, 신설하고 있다(김정기, 「정확성에 더해 진실성 원칙 천명」, 『신문과 방송』 305, 1996년 5월, 한국언론연구원, pp. 8~12). 특히 구 강령 제3조 '보도와 평론의 태도'에서 사실의 신속 정확한 전달을 생명으로 한다고 규정하였으나, 새 강령에는 '사실 보도'의 정확성뿐만 아니라, '진실'을 적극적으로 추적해야 함을 요구하였다. 또한 구 실천요강에는 없는 '정치적 평론의 자유'의 제9조 2항 "사설 등 신문사의 정치적 입장을 자유로이 표현할 수 있다"고 규정하였다.

726) 방상훈, 상게서, p. 1928.

물론 김영삼 정부는 언론과의 갈등관계가 존재했다. 그는 1993년 4월 대검 중앙 수사부에 "언론사 사주라도 비리가 있으면 처벌하라"는 지시를 하면서, 언론사 세무조사가 다음해 실시되었다. 1996년 3월 신문부수공사제도(ABC)를 정착시켜, 무가지 강제 투입, 경품 제공, 정가 위반 등 양산을 막자는 운동이 벌어졌으나, 7월 15일 경기도 고양시에서 「중앙일보」 지국원이 「조선일보」 지국원을 칼로 찔러 숨지게 사건이 벌어졌다. 그후에도 한동안 경품 살포나 공짜 신문 강제 투입 같은 무리한 판촉 경쟁이 행해졌다.

허위의식의 이데올로기 논쟁이 1994년 7월 20일 서강대학교 박홍(朴弘) 총장이 "주사파 배후에 북한이 있고, 운동권 핵심이 밀입북 교육을 받았다"고 밝히면서 불을 지폈다. 이에 대한 사회의 반발이 거세지면서, '사실 보도'에 대한 요구가 빗발쳤다. 언론은 '마녀 사냥'의 부당성을 강변하였다. 다른 한편으로 이데올로기 청산 운동이 벌어졌다. '이제 할말은 하자'는 지식인의 사회적 역할과 이데올로기 청산 작업의 일환으로, 밑으로부터의 사회 변혁이 일어나기 시작한 것이다. 남북 문제의 냉전 이데올로기는 정의와 부정을 떠나 더 이상 논의에서만 존재할 수 없다는 사회적 분위기가 팽배하였다. 사회가 지탱하려면, 그 사회에 대한 건전한 이념이 존재해야 하지만, 지금까지 이념 논쟁의 금기로 인해 우리 사회는 이념의 건전성에 취약점을 갖고 있었다.

냉전의 이데올로기는 민주주의 · 사회주의에 대한 이론적 논쟁을 충분히 거치지 않은 채, 남과 북이 대치한 상황에서 진통을 겪게 된 것이다. 한글의 정착 과정에서도 유사한 문제가 곳곳에서 드러난다. 역사적으로 한글은 한자의 보조 수단으로 사용됨으로써, 시 · 운문 등을 통해 언어의 정제, 위

---

727) 「한겨레21」의 정치는 물론 사회의 전반적인 사항들을 날카로운 시선으로 비판하는 데 중점을 둔다. 창간호에서 대통령 아들의 비리 의혹을 파헤친 이후 각종 기획기사, 발굴 특종 등을 통해 정치적 · 사회적인 성역을 두지 않고 사실적이고 비판적인 논조로 일관해 왔다(두피디아 doopedia& doopedia.co.kr).
[출처] 한겨레21 [The Hankyoreh21] | 네이버 백과사전

728) 성한용, 상게 기사, p.15.

계질서화를 정착시키는 꾸준한 작업을 체계화시키지 못하였다. 그리스의 호머(Homer, 10 B. C. ca)는 몇 십 세기의 구전으로 내려오는 『오디세이』, 『일리아드』를 기록으로 남겼다. 희랍어에 비해, 한글은 모음(10개)이 유난히 많은 글로써, 다산의 말을 만들 수 있어, 국가의 정체성을 상실할 위험성을 갖고 있다.

글과 말의 정제 과정과 이데올로기의 논쟁은 사회의 정체성 정립 작업에서 필수 요소이다. 그러나 한국 사회는 이념 논쟁 대신, 효율성만을 강조한 나머지, 국제 금융과 중소기업 등 경제적 · 실리적 문제에 더욱 관심을 집중시켰다. 언론은 경제적 이익 추구를 우선시하였으며, 그 결과 광고주의 압력과 이익 집단의 압력에 노출되었다. 언론이 실질적으로는 산업의 형태를 띠고 있으면서, 허위의식의 이데올로기로 가시적 언론의 군림을 한 것이다. 언론은 원래 삶의 의미, 언론 자유, 정의, 진리, 국가 정체성 정립 등을 논하는 공론의 장이다.

탈이데올로기 시대를 맞으면서, 권력 분권이 이뤄졌다. 1995년 6월 27일 지방선거가 실시되이, 민주당 조순(趙淳)이 서울시장에 당선됨으로써, 지방 분권 시대를 열었다. 분권 시대에 치러진 1997년 15대 대통령 선거는 미디어 캠페인 선거였다. 예비 선거부터 다자들이 겨루는 선거는 미디어와 여론 조사에 의해 주도되기 시작하였다. 디플로의 '의존이론'(dependency theory)이 작동한 것이다. 여론조사의 지명도는 미디어의 보도 방향을 결정지었으며, 미디어의 보도는 후보자들에게 캠페인 방향을 결정하였다.

김영삼 정부는 선거를 앞두고 불법도청을 강화했다.[729] 김 대통령은 대선에 직접 개입을 시도한 것이다. 그 결과는 김대중 후임 대통령에게 유리한 정보가 흘러갔을 가능성을 배제할 수 없었다.

한편 미디어 형태도 변화하기 시작하였다. 지역 민방 · 지역 신문이 설립되고, 새로운 인터넷 미디어를 바탕으로, 네트워크 형태의 지역 신문의 연대가 생겨났다. 즉, 바지연(바른 지역 언론 연대, bjynews.com) 같은 대안

매체가 등장한 것이다. 바지연은 군이나 중소 도시, 또는 대도시의 구 등 기초자치단체 단위로 활동하는 신문·방송이다. 현재 활동하는 지역 언론사 중 36개가 바지연에 속하면서, 서울 특파원 김광석은 서울 소식을 전역에 전한다.[730] 그 주요 언론으로, 1987년 6월 항쟁 후, 1988년 5월 「한겨레신문」이 창간되었으며, 그해 12월 1일 「홍성신문」이 최초 같은 계열의 지역 언론으로 창간되었다. 그후 「고양신문」, 「옥천신문」, 「진주신문」, 「남해신문」, 「설악신문」, 「해남신문」, 「나주신문」, 「서귀포신문」 등이 연이어 창간되었다. 그러나 1995년 9월 19일 공보처가 「홍성신문」, 「부천시민신문」, 「해남신문」, 「나주신문」, 「영천신문」 등 5개 지역 언론을 사이비 언론으로 규정하고, 10월 1일부터 2개월간 발행 정지를 명하였다.[731]

'정기간행물 등록 등에 관한 법률'에 따르면 윤전 시설이 없는 특수 주간 신문(지역 신문은 대개 주 1회 발행)은 정치 기사를 게재할 수 없게 되어 있었다. 그러나 전국언론노동조합연맹은 1995년 5월 17일 「미디어 오늘」를 창간함으로써 정부에 반기를 들기 시작했다. 이 주간 신문의 발행인 이형모는 '권력, 자본을 뛰어넘어 진실되게'라는 기치를 걸고, 언론의 '심층' 보도를 시도했다.[732] 당시 특별기고한 정현백 성균관대 교수는 "거대언론사의 횡포에 대적하는 방법으로 '대안적인 언론'을 모색하는 매체들을 지원하

---

729) 최훈 이영종 이상복 서승욱, 「97년 대선 앞두고 무차별 도청-안기부, 보안 위해 프린트 금지」, 《중앙일보》, 2005년 7월 25일; 불법 도청과 도청 테이프 불법 유출이 낳은 파문의 시작은 1997년 대통령 선거를 앞두고였다. 안기부의 비선조직인 미림팀이 한정식집과 호텔 식당 등 정·관계, 언론계 고위인사들이 만나는 곳에서 무차별로 불법 도청을 하면서다. 복수의 정부 관계자들에 따르면 대개 불법 도청은 예약명단을 확인해 도청기를 미리 설치한 해당 음식점의 옆방에서 미림팀 요원들이 듣는 식이었다. 이를 안기부 사무실에 가져와 녹취록으로 풀어 미림팀의 공모 팀장이 당시 오모 대공정책실장에게 보고하는 수준이었다. 보고방식은 보안을 위해 프린트(출고)가 금지된 컴퓨터 온라인망을 이용해 온 오 실장에게 보내졌다고 한다.

730) 「경향신문」, 2001년 2월 19일.

731) 「경향신문」, 2001년 2월 19일.

732) 이형모, 「권력, 자본을 뛰어넘어 진실 되게」, 「미디어 오늘」, 1995년 5월 17일.

고 적극적으로 활용하는 방식이다."라고 창간의미를 부여했다.

한편 1995년 11월 연대 투쟁으로 정간법 개정을 위한 개정 입법청원서를 국회에 제출, 개정안이 1995년 12월 18일 법률 제5145호로 국회에 통과했다. 제7조 8항은 특수 주간 신문 및 특정 지역을 대상으로 하는 신문 등록에 관한 업무를 서울특별시장 · 광역시장 또는 도지사에게 위임할 수 있게 하였다. 1996년 4월 20일 대전 유성에서 결성된 바지연을 기점으로, 2001년 2월 19일 '사단법인 바른 지역 언론 연대'가 마침내 제도권 안으로 진입하였다.

4. 김대중 정부와 디지털 미디어

바지연은 디지털 미디어의 네트워크를 중심으로 연결됨으로써 정보 '발상자'(initiators)의 연합적 성격을 지녔다. 가입자는 수용자들에게 일방적으로 전하는 과거의 문자, 비디오 미디어로부터, 인터랙티브가 첨가된 것을 사용하기 시작하였다. 순수 네트워크를 중심으로, 내안 매체로 활성화된 「내일신문」[733]은 소외된 계층을 대변하기 시작했다. 네트워크를 바탕으로 발전된 인터넷 신문인 「딴지일보」(발행인 김어준)는 1998년 7월 6일 인터넷 전자 신문 1호를 개설한 지, 4개월 만에 조회수 2백만를 넘어갔다.

733) 「내일신문」은 일간지로 63개 지역내일신문, 대학내일신문, 본지, 대학판, 금융, 노동 행정 5개 사이트 운영, 사원 출자 회사로 (주)내일기획과, (주)내일인쇄, (주)내일 PD가 있다. 1993년 소액 주주 운동으로 시작, 1997년 사원주주회사로 변신, YTN의 장명국(張明國) 운영위원장 체제가 성공을 거둔 것이다. 이 회사는 단단한 기업, 국민에게 봉사하는 종합정보서비스회사를 지향한다. 전통 미디어와 뉴미디어의 결합, 지역과 중앙의 결합을 지향하는 종합 정보 서비스 회사인데, 소유 경영 노동이 통일된 벤처형 자주 관리 경영을 목표하였다. 「내일신문」은 1997년 8월 15일 이후, 사원주주회사, 96년부터 취재 · 편집 · 조판 · 사진 영역을 하나로 통합하였다. 창간 때부터 정기 독자 마케팅에 전직원이 참여했다. 촌지 돌려보내기, 광고주에 지배당하는 신문을 거부하며, 국민 위에 군림하는 언론이 아니라, 국민에게 봉사하는 언론, 사람을 위한 서비스에 관심을 갖고 있었다(www.naeil.com: 「내일신문」 홍보실 제공).

격주로 시작한 「딴지일보」는 국내 최초 패러디 매체로 소수자 입장을 대변함으로써, 야유 정신, 사적 담론의 공공연화 등이 상품력을 지닌 기사로 대중적 성공을 거두었다.[734] 소수자 입장의 변질에 대한 우려나, 패러디 정신의 1회성 등이 이 인터넷 신문의 약점이자, 강점이었다.

인터넷 매체는 통제, 체제 파괴적 양면성을 지니고 있다. 후자의 경우 기존의 질서, 가치, 사고방식의 붕괴적 속성을 지닌다. 잘못된 체제를 해체, 자유를 획득하는 강점을 지녔지만, 체제 해체 후 대책에 관해서는 적절한 대안을 제시하지 못한다. 조직, 기술 결정론적 사회는 체제 파괴적 요소를 거부함으로써, 아나키스트들에게 신뢰를 주지 못한다. 신뢰를 구축하기 위한 조건으로 사회운동을 시도하지만, 비대한 국내적 · 국제적 자본의 메커니즘과 조직적 권력, 기술적 한계에 부딪치게 됨으로써, 자기 조정 능력을 상실하게 된다.

인터넷은 문자 · 소리 · 동영상 · 그래픽 · 디자인, 그리고 쌍방향 등을 포함한 멀티미디어 매체이다. 쌍방향의 네트워크를 형성하는 요소를 지녔지만, 인터넷은 기술의 속성상 자유를 제약받는다. 또한 자유가 기본적으로 책임과 관용을 요구한다는 관점에서 볼 때, 제도권 안에서의 인터넷의 자유는 더욱 제약받을 수 있다.

홈페이지로부터 발전된 인터넷 매체 문화가 본격적으로 시작되었다. 「오마이뉴스」[발행인 오연호(吳連鎬)]가 2000년 2월 22일 창간하여, 기사의 공식을 파괴하고, 더 쉽게, 더 생생하게, 더 자연스럽게 뉴스 제작을 시작함으로써, 인터넷 언론을 주도하였다.[735] 과거의 부정기 간행물(웹진)인 패러디 사이트의 한계를 극복하고, 인터넷 독립 일간지(웹페이퍼)가 '온라인 뉴스'를 실시하였다. '시민 기자制'의 구호를 걸고 속보성, 쌍방향의 인터넷 속성을 지니고 시작한 것이다. 사이버 공간에서의 신문 · 방송 ·

---

734) 「문화일보」, 1998년 11월 11일.

735) 『주간 동아』, 2000년 8월 31일.

통신 등 디지털의 기술을 바탕으로 '기술 중심주의' 미디어를 개발하였다. PC통신 게시판의 형태로 성장한 '탈저널리즘 시대', '언론 민주화', '뉴스 게릴라'의 인터넷 신문이 등장한 것이다.

인터넷 신문 중에서 고급지를 지향하는 매체가 나타났다. 백락청(白樂晴) 고문과 박인규(朴仁奎) 사장이 함께 하는 고급 정론지 「프레시안」 인터넷 신문이 2001년 9월 24일 창간되었다. 「프레시안」은 국내 정치뿐 아니라, 경제 · 국제 문제에 대한 심층 기사를 중심으로 엮었다. 보통 사람들의 입장에서, 전문가들의 안목으로 급변하는 현실에 대처한다는 의도에서 창간되었다.[736] 이 인터넷 신문은 세계적 시야와 역사의식, 그리고 정직함을 무기로 위기의 근원을 파헤치고, 이를 극복할 길을 찾고자 하였다.

시민방송의 인터넷 방송 서비스가 2001년 12월 10일 실시되었으며, 2002년 9월 16일 디지털 위성방송 열린 시민방송(RTV)이 개국으로 시청자 상호간의 만남, 시청자와 제작자의 만남, 시청자와 축적된 자료와의 만남을 시도하였다. 시민방송은 '표현의 자유'를 적극 행사할 수 있는 참여민주주의 실현의 공간임을 자처한다.[737] 시민방송은 시청자가 매스 미디어를 이용해 자신의 의사를 표현할 수 있는 퍼블릭 액세스권(權)을 보장하고, 어떤 이슈에 대한 상이한 견해들을 공개하는 공론의 장을 제공한다. 액세스권으로 시민이 사회 문제에 참여함으로써, 시민은 타인의 목소리가 아닌, 자신의 고유한 목소리를 갖게 된다. 또한 2001년 12월 7일에는 무단복제를 제약하기 위한 온라인 디지털 콘텐츠 산업발전법이 제정돼 다음해 7월부터 시행되었다.

시민 의식의 성장으로 나타난 인터넷 신문에 발맞춰 각 신문사에도 전자 신문을 받아들이고, '독자란', '옴부즈만'을 활성화시켰다. 방송 프로그램에서도 시민 접근 채널이 생겨났다. 시민 기자가 사회 문제의 다양한 주

736) www.pressian.com

737) 김호기, 「독일 퍼블릭 액세스 운동」, 「중앙일보」, 2003년 3월 7일.

제로 만든, 보통 사람들의 의견을 담은 '열린 채널'이 생겨난 것이다. KBS TV1 채널에서 2001년 5월 5일 설치된 공중 접근(Public Access) 프로그램은 방송 전문가들이 아닌 아마추어 시청자들이 제작하였다.[738] 2000년 1월 통과된 '방송법'에 의해 KBS에 월간 100분 이상의 열린 채널의 배당을 의무화하였다. 이 프로그램은 ① 시청자가 방송발전 기금의 제작비 지원을 받아 직접 기획, 제작하고, ② 편성 및 송출은 KBS가 하되, ③ 프로그램 선정 등 모든 운영에 관한 사항은 시청자 참여 프로그램 '운영협의회'[739]에서 결정한다.

「경향신문」, 「중앙일보」, 「문화일보」 등의 재벌 언론사에도 밑으로부터의 변혁이 이뤄졌다. 한화그룹의 김승연(金昇淵) 회장이 1993년 11월 30일 대검 중수부에 구속되는 사건이 벌어졌다. 언론사 사주이며, 대기업 회장이었다. '언론 길들이기'란 말이 나돌았으나, 결국 한화그룹은 「경향신문」 포기 선언을 단행하였다. 「경향신문」[740]은 1998년 사원주주제로 모든 사원이 96%의 주식을 출자하는 형식으로 출범했다. 「경향신문」은 전사원이 주주가 되고, 스스로 신문 제작 방향을 정하고, 경영하는 독립적 언론사로 등장한 것이다.[741] 외부로부터의 독립, 회사 내부의 부당한 간섭과 압력, 사주나 경영인의 편집권 간여 또한 심각한 문제 등 자유를 제약하는 것을 배격하고, 오직 독자만을 신문의 힘으로 간주하였다. 「경향신문」은 언론 개혁의 시발점이 된 것이다. 언노련 · 기자협회 · PD연합회 등 언론 세 단

738) 「경향신문」, 2001년 5월 2일.

739) 운영협의회는 KBS 시청자위원회의 부위원장을 위원장으로 시민 단체, 시청자 단체, 방송진흥원 관계자, KBS 편성부장, 변호사 등 9명으로 구성되었다. 열린 채널 첫 프로그램은 한국여성단체연합이 제작한 호주제 폐지와 평등 가족으로 가는 길이었다(「경향신문」, 2001년 5월 2일).

740) 「경향신문」은 한국화약그룹으로부터 1998년 4월 1일 독립 언론 출범을 선언했다. 독자적 생존 전략 및 발전 방향을 내걸고, 1999년 11월 11일 편집국장 직선제를 도입, 2000년 2월 25일 초대 편집국장 박명훈(朴明勳)을 선출하고, 6월 29일에는 언론사상 최초로 사장 공모로 장준봉(張峻峰) 사장이 발행인으로 선출되었다(「경향신문」, 2002년 4월 1일).

741) 「경향신문」, 2001년 4월 3일.

체는 언론개혁위원회의 결성에 합의하고 1997년 7월 29일 '언론 개혁 10대 과제와 정책 대안'을 마련했다. 그중 신문 산업의 개혁과 관련된 것은 1재벌의 언론사 소유 제한 및 언론 기업의 소유 집중과 시장 과점 해소, 22언론사 편집 편성권 독립의 제도적 보장 등이었다.[742)]

언론 개혁은 언론개혁시민연대〔언개련, 상임대표 김중배(金重培)〕가 1998년 8월 27일 발족함으로써 본격화되었다. 언개련은 '민주언론운동시민연합'[743)](민언련) 등 시민, 사회 단체 51개가 모인 언론 개혁 시민 연대였다. 2000년 9월 20일 '조선일보 반대 시민 연대'(안티조선연대)를 발족하고, 지식인 선언 1차 154명(8월)이 참가하고, 2차 152명(9월 20일)으로 사회운동을 본격화하였다. 시민사회 단체 및 언론 노동자는 2000년 12월 6일 '정간법 개정', '방송법', '신문 개혁 촉구', 그리고 총선연대는 2000년 4월 16일 실시되는 '총선 낙천 낙선 운동'[744)]을 본격화했다.

민주 언론은 지방 분권, 새로운 미디어의 등장과 더불어 일어났다. 새로운 미디어에 따른 사회운동은 27년 여당과의 정권 교체와 맥을 같이 하고 있다. 김대중(金大中) '국민의 정부'는 열린 정치를 표방하고, 1998년 1월 18일 TV 3사에 '국민과의 대화'를 시도함으로써, 국정 운영을 국민과 더불어 가려는 의지를 표명하였다. 즉, '국민과의 대화'는 쌍방향 정치의 가능성을 제시한 것이다.

---

742) 김남석, 「한국 신문산업의 시장구조와 언론개혁 과제의 의의」, 『서강 커뮤니케이션즈』 2, 2001년, p. 40.

743) 민주언론운동시민연합(민언련, 성유보)은 1984년 12월 19일 해직 기자들이 만든 '한국 언론 운동 단체'이다. 1985년 민중 · 민족 · 민주 언론의 디딤돌, 『말』誌를 창간하고, 김주언(金周彦) · 김도연 등이 1986년 9월 6일 '보도지침'(문공부 용어로 홍보 조정지침)을 폭로하였다. 민언련은 1988년 「한겨레신문」 창간의 주도적 역할을 하였으며, 1990년 시민 언론 운동의 새 시대를 열었으며, 1998년 사단법인 '민주언론운동시민연합'으로 다시 태어났다(www.ccdm.or.kr/ccdm).

744) 총선연대는 16대 총선을 위해 낙선 대상자로 선정한 국회의원 86명의 후보 중 68%인 59명을 낙선시켰다. 그중 수도권에서는 낙선 대상자 20명 중 95%인 19명이 낙선되었다(김재범, 「낙천낙선 운동과 언론보도의 역학관계」, 『저널리즘 비평』 통권 30호, 2000년 4월 20일).

'DJP' 연합으로 힘을 얻은 '국민의 정부'는 새로운 이념으로 '제2 건국'을 시도한 것이다. 외환 위기의 극복과 경제 구조조정, 대북 포용 정책, 인권, 복지 분야의 지속적 개선 노력 등은 '국민의 정부'의 치적이었다. 그러나 각종 권력형 부패의 의혹 사건, 햇볕 정책의 대북 비밀 지원 논란, 무리한 개혁을 앞세운 의 · 약 분업, 소수파 정권의 태생적 한계, 집권 내 야당 및 비판 세력의 견제, 相生의 정치보다는 국정 주도권 장악에 집착했고, 준비된 전략과 프로그램의 부재, 절차적 정당성의 확보 등 개혁의 제도화보다는 인치적 개혁에 의존함으로써, 정쟁과 갈등, 정책적 난맥상을 자초하였다.[745]

'국민의 정부' 말기의 언론 개혁은 언론사에게 관심의 대상이 되었다. 언론 개혁의 평가 기준은 1) 언론의 다양성 확보와, 2) 언론의 감시견으로서의 역할의 강화, 3) 사적 권력의 도구로 전락하지 않는 독립적인 언론으로서의 지위 확보 등이 관건이었다.[746] '국민의 정부'의 언론 개혁 평가 기준은 이것과는 차이를 나타내면서, 언론 개혁의 정당성을 확보하지 못했다. 그러나 언론 개혁은 언론도 개혁의 대상이 될 수 있음을 보여줬다.

'국민의 정부'의 언론 정책은 1998년 2월 대선 공약 사항인 공보처 폐지에서 시작되었다. 그러나 1999년 5월 총리실 산하에 국정홍보처를 신설했다. 국정홍보처[747]와 문화관광부가 언론, 홍보의 기능을 분담해서 담당하게 되었다. 언론 관련 부서는 국정홍보처, 신설 문화관광부, 청와대 공보수석실, 국무총리 공보실 등 비대하게 확장되었다.

미군정 때의 정보과는 국내 정보와 여론을 수집하고자 만들어진 얼룩진

---

745) 「경향신문」, 2003년 2월 24일.

746) 김남석, 상게서, p. 38.

747) 국정홍보처는 국무총리실 산하공보실을 차관급의 국정홍보처로 승격시켜 문화관광부와 공보실 등으로 나뉘어 있던 국정 홍보와 언론 정책 기능을 한데 묶기로 했다(「한겨레신문」, 1999년 3월 23일). 국정홍보처 신설안은 총리실 산하 공보실이 갖고 있는 국정 홍보 기능과 문화관광부의 신문 · 방송 정책 기능을 일원화한 것이다. 또한 문화관광부 소속 해외 공보 기능도 국정홍보처에 흡수하기로 했다.

역사를 보여주고 있다. 공보과 · 공보국 · 공보부로 이름을 달리하면서, 더욱 강화된 형태로 문화공보부로 개명한 후, 김영삼 정부에서 공보처로 특수 목적에 의해 분리된 후, 김대중 정부는 기능 축소의 대선 공약과는 달리, 국정홍보처를 신설하여 홍보 기능을 더욱 강화하였다.

개정 방송법[748]은 1999년 12일 28일 법률 제 6139호로 국회에 통과되었다. 개정 방송법의 통합방송위원회는 방송 환경에 적절히 대응하기 위해 필요와 판단에 따라 수시로 정책을 결정, 집행할 수 있도록 법적 토대를 설정해놓았다.[749]

개정된 방송법 제2조 1항은 방송이라 함은 "방송 프로그램을 기획 · 편성 또는 제작하고 이를 공중(시청자)에게 전기통신 설비에 의하여 송신하는 것으로서 다음 항목의 것을 말한다"로 규정하였다. 1995년 12월 30일 개정된 것은 "전파함을 목적으로 방송국이 행하는 무선통신의 송신을 말한다"에서 전파 대신 '전기통신 설비'로 방송의 개념을 재정립했다. 또한 2000년 방송법은 방송을 목적으로 하는 지상의 무선국을 이용하여 행하는 지상파 방송, 선송 · 선로 설비를 이용하여 행하는 다 채널 종합 유선방송, 인공위성의 무선국을 이용하여 행하는 위성방송 등을 통합하는 의미를 지녔다.

2000년 방송법 제21조에 따르면, "방송위원회의 구성은 전문성 및 사회 각 분야의 대표성을 가진 자 중에서 대통령이 임명하는 9인의 위원으로 구성한다. 대통령은 위원회를 임명함에 있어 3인은 국회의장이 국회 각 교섭단체 대표 의원과 협의하여 추천한 자를 임명하고, 3인은 방송 관련 전문성과 시청자 대표성을 고려하여 국회 문화관광위원회의 추천 의뢰를 받아 국

---

748) 개정 방송법의 제9조 ①항은 지상파방송사업 또는 위성방송사업을 하고자 하는 자는 방송위원회의 추천을 받아 전파법이 정하는 바에 의하여 정보통신부장관의 방송국 허가를 받아야 한다. ② 종합유선방송사업 또는 중계유선방송사업를 하고자 하는 자는 방송위원회의 추천을 받아 대통령령이 정하는 기준에 적합하게 시설과 기술을 갖추어 정보통신장관의 허가를 받아야 한다(유일상, 『언론정보윤리론』, 서울: 아침, 2001, p. 543).

749) 황근, 『방송위원회의 정책 과제와 방향』(서울: 커뮤니케이션북스, 2000).

회의장이 추천한 자를 임명한다"로 규정하고 있어 여전히 방송의 독립성에 문제를 제기할 수 있다. 방송법 제27조의 "방송위원회의 직무는 방송의 기본 계획에 관한 사항, 방송 프로그램 및 방송 광고의 운용, 편성에 관한 사항, 방송 사업자, 중계유선방송사업자, 음악유선방송사업자, 전광판방송사업자의 허가, 재허가의 추천, 승인, 등록, 취소 등에 관한 사항 등"을 들고 있어 통합방송법은 방송위원회 권한을 확대했다. 제9조 1항은 "지상파방송사업 또는 위성방송사업을 하고자 하는 자는 방송위원회의 추천을 받아 전파법이 정하는 바에 의하여 정보통신부장관의 방송국 허가를 받아야 한다"로 그 기능이 강화되었다.

개정 방송법은 1998년 대통령 자문기구로 방송개혁위원회를 위촉, 방송개혁을 연구케 하여 1999년 2월 보고서가 제출되었다. 개정 방송법은 시청자 주권의 강화, 방송 소외 계층의 방송 접근권 보장되었다. 또한 한국교육방송공사법을 제정하고, EBS를 교육부 산하 교육개발원의 부설기관에서 독립시켰다. 또한 '위성방송'[750]이 2002년 3월 본격적인 유로 상용화 서비스 등을 실시하였다. 물론 새 방송법은 CATV를 활성화시키려는 의도를 갖고 있었다. 지상파 방송사의 외주 제작 비율 확대를 통해 방송문화의 유통 과정을 확고히 하고자 의도하였다. 그러나 공중파 방송은 여전히 인력·기술·장비 등을 구비하고 있어, 군소 제작자의 위치가 제도적으로 축소되어 있다. 공중파 공영 방송은 공익 방송에 앞서 프로그램 사업자의 성격을 지니고 있음을 간과할 수 없다.

개정 방송법에서 공중파·케이블·위성방송의 방대한 방송 체계에서 케

750) 위성방송, 스카이라이프는 한국통신이라는 통신 사업자와 지상파 방송사의 주도적인 참여에 의해서 만들어진 사업자로서 공공 기업을 통한 공익의 실현을 강조하였다(이수영, 「영상산업의 활성화를 위한 위성방송정책」, 『서강커뮤니케이션즈』 2, 2001, p. 95). 그러나 실제 정책적 의미는 산업적인 측면이 강하다. 방송개혁위원회(1999)의 단일 독점 위성방송 사업자로 하는 이유를, 위성방송 관련 기술 및 산업 발전을 통하여 국내 경제의 파급 효과 확대, 영상 산업 활성화 및 시청자 채널 선택권 확대, 위성방송을 준비한 국내 기업의 투자비용 매몰 방지, 외국 위성방송의 구내 방송 시장 잠식 방지 등을 들고 있다(정용준, 「김대중 정부의 위성방송정책」, 『서강커뮤니케이션즈』 3, 2002, p. 117).

이블 방송의 정착은 하나의 중요한 과제였다. 그 이유로 ① 케이블 TV는 방송 매체로서뿐 아니라 정보화 사회에서 중추적 역할을 담당하게 될 정보통신망의 기능을 수행할 수 있다, ② 케이블 TV는 정보화 사회에 필요한 고속 인터넷, 검색, 주문형 비디오, 홈뱅킹, 홈쇼핑 서비스 등 다양한 멀티미디어 서비스를 제공할 수 있다, ③ 케이블 TV는 전문성과 제작 위주의 상업적 성격이 강하기 때문에 발전 속도가 빠르므로 영상산업의 선두 주자가 될 수 있다. ④ 케이블 TV는 풀뿌리 민주주의 정착을 위한 유용한 매체이다 등이다.[751]

케이블 TV는 광케이블을 통해 하나의 국가를 형성하고, 지구촌(a global village)을 형성한다. 케이블 TV는 개인의 현실을 분리시켜, 기술인력에 의한 가상현실(virtual reality)을 창출케 한다. TV가 개인에게 시간과 공간을 뛰어넘어 가상의 세계 안에서 살아가는 가상현실을 조장한다. 오락이 전체 국민의 오락으로 탈바꿈한다. 그리고 수용자는 인터랙티브(interactive)를 가미하여, 몇 사람의 오락을 전체 국민의 것으로 만든다.

케이블 TV는 노태우 · 김영삼 정부의 정책적 산물로서, 특히 김영삼 정부는 21세기 고도 정보화 사회 출현에 대비하고 또한 국민 모두의 총체적 풍요를 창출하기 위해서 공보처에서 적극적으로 케이블 TV의 활성화를 주도하였다.[752] 케이블 방송이 개국하면서 탈규제화의 현상이 방송 현장 곳곳에서 나타나기 시작하였다. 그러나 정책이 시행되어 사업자가 생긴 이상, 존폐에 관한 논의가 용이하지 못한 현실이다.

탈규제화의 초기 단계에서 제도의 개선 문제를 집중적으로 논할 필요가 있다. 우선 케이블 TV의 홈쇼핑을 통한 국내 상품의 유통 구조의 활성화, 지역 주민의 정보 교환 등은 괄목할 성과이다. 앞으로 케이블 TV은 쌍방향 채널의 강점을 살림으로써, 국민의 선택을 확장시켜줄 수 있으며, 홈쇼핑 ·

751) 이광재, 「케이블 TV 회생시켜야 한다」, 「문화일보」, 1998년 8월 11일.

752) 황선표, 상게서, p. 203.

뮤직 · 오락 등의 채널로 자리잡을 수 있다.

케이블 TV는 위성방송, 공중파 방송과의 연계가 관건인데, 2002년 시작한 디지털 위성방송[753]〔사장 강현두(姜賢斗), skylife〕은 142개 채널의 송신 주체를 KBS, MBC가 도맡음으로써 당초부터 문제의 소지를 안고 있었다. '전파의 공공성'으로 위성방송의 개념을 정하거나, 공영 방송이 위성방송을 독점할 때, 지상파 공영 방송과 더불어 위성까지 공영으로 포장한다면 문제가 아닐 수 없었다. '수용자 주권'을 뒤로 한 미디어 권력의 독주였다. KBS, MBC 공영 방송은 5공화국의 개념으로 공영 방송, 상업 방송, 케이블 방송, 위성방송을 규정하고 있다. 5공식 공영 방송 개념의 틀로 본다면 SBS, 지역민방, 위성방송 등도 전파의 공공 재산의 개념을 공유할 수 있다. 모든 방송에게 같은 공공 재산의 개념을 적용할 경우, 신기술의 개념은 발상의 전환을 가져올 필요가 있다. 채널 중심이 아닌, 프로그램의 공급적 측면에서 풀어갈 때, 케이블 · 위성 · 공중파 등 방송을 산업의 일부로서 인식할 수 있다. 이때, 방송의 국제 경쟁력은 강화될 수 있다. 분업의 원리에서 양질, 다양화의 프로그램을 선보임으로써, 수용자의 주권을 확보할 수 있다. 유기체의 체계이론은 분업과 자율, 그리고 역할, 역할에 따른 사회 제도를 근간으로 하며, 확고한 자기 정체성의 확립이 사업 승패의 관건이다.

방송의 제반 문제는 다른 여타 산업과의 연계로 인해 더욱 파장이 크다. 방송이 국제 경쟁력을 지니지 못할 때, 과거와 같이, 다른 영역의 자본을 방송에 투입시킬 수 없는 우리 경제의 현실을 자각해야 한다. '미디어 중심주의'에서 만약 방송 산업이 위기에 처하면, 다른 문화 영역, 경제 영역이

753) 스카이라이프 위성방송은 2002년 3월 1일 개국했다. 위성 TV방송은 디지털 방송 신호를 이용하기 때문에 고화질, 고음질, 다기능을 자랑한다(김우룡, 「블랙홀에 빠진 위성방송」, 「동아일보」, 2002년 3월 14일). 위성방송은 철저한 비즈니스인데 공공성 · 공익성의 논리를 앞세워 컨소시엄을 구성하였는데, 한국통신, KBS, MBC 등 대주주가 참여했다. 한국통신은 위성체를 직접 소유 · 운영하고, KBS, MBC는 좋은 프로그램을 제공하는 일에 참여했다.

동시에 도산하는 위기를 맞는다. 이전투구(泥田鬪狗)식 방송의 운영은 환경 감시, 사회적 연계, 사회화 등 언론의 공익성을 해칠 수 있다. 예를 들면, 공영 방송은 공영의 고유의 영역을 지니지만, 문어발식의 무리한 사업 확장은 언론과 사업의 혼돈을 가져온다. 산업의 집단 이기주의는 진리를 빈번히 왜곡시키며, 사회를 분리시키며, 수용자의 사회 정체성을 망각케 한다. 더욱이 영상 세대는 영상을 통해, 자신을 사회화시킨다는 현실을 직시할 필요가 있다.

문화방송(MBC, 사장 김중배)은 「미디어 비평」[754]을 2001년 4월 28일 실시하였다. 이 프로그램은 정확한 사실의 전달, 개혁과 사회적 약자에 대한 관심, 지역주의, 색깔론, 음모론에 대한 비판적 시각 유지, 대북 정책의 화해 지향적 인지 등에 관심을 가졌다.[755] 매체간의 비평은 1947년 '언론자유위원회'에서도 권장한 프로그램이었다. 그러나 매체간의 비평은 자아비판, 자기 정체성 확립부터 출발할 때, 타인, 타기관으로부터 설득력을 얻게 된다. 즉, 자아비판을 통한 자기 정체성 확립이 우선되어야 한다. 자아비판은 사유를 얻게 한다. 여기서 정체성은 우선 MBC 공영 방송의 정체성이다.

「미디어 비평」은 그 전제 조건으로 공영·민영 방송의 개념부터 재정의할 필요가 있다. 공영은 수용자를 '발상자'로 간주한다. 그리고 이에 따른 공익 프로그램과 조직을 개편함으로써, 진정한 공영 방송으로 자리잡을 수 있다. 한편, 상업 방송일 때는 외국에서 수입하는 만큼 수출하는 원론에 충실한다면, 우리 경제가 안고 있는 당면 과제를 풀 수 있다. 1994년 채결된

754) 「미디어 비평」은 최용익(崔龍益) 팀장이 주도한 방송사상 최초의 매체 비평 프로그램이었다. 최팀장은 1987년 문화방송 초대 노조의 공정방송위원회 간사를 맡고, 1990년대 초부터 민언련 소식지 『민주언론운동』의 편집위원으로 일하는 등 언론 운동에 관심을 보여왔다(전종휘, 「한겨레가 만난 사람」, 「한겨레신문」, 2003년 3월 18일). 그는 이 프로그램을 맡기 바로 전에는 「100분 토론」을 1년여 간 끌어오면서 안티조선운동, 주한미군 철수 문제 등을 다루었다.

755) 전종휘, 상게 기사.

우루과이라운드(UR) 협정 이후 개방되는 전문 상업 위성방송은 아마추어 채널이 아니다. 상업 전문 채널과 겨룰 수 있는 MBC는 정부의 그늘에서 벗어나, 건강한 상업 방송으로 굳게 자리잡을 것이다.

문화방송의 「미디어 비평」은 언론사 세무조사가 무르익을 당시 시행되었다. 4월 13일 정부 규제개혁위원회가 전체 회의에서 신문고시를 7월 1일부터 시행키로 한 결정적 시기에 「미디어 비평」을 시도한 것이다. 「미디어 비평」 프로그램은 각 방송사의 논조와 함께 하였고, 일부 신문과 연대를 시도하였다. 정부의 의도대로 신문과 신문, 신문과 방송은 서로 분리되어 있었다. 방송은 당시 자치 · 자율을 확보하지 못함으로써, 대리전을 방불케 하였다. 결국 언론은 피상적 수준에서 다매체 · 다채널로 발전된 것 같았으나, 6 · 29선언의 의미를 무색케 하였다.

언론사들은 1999년 2000년 사이 자회사 · 관계사 설립의 붐이 일어났다. 인터넷 · 케이블 · 위성방송 · 프로그램 제작 및 판매, 무대예술, 프로그램 공급, 인터넷, 광고 제작 등 뉴미디어 사업을 전담하는 회사들이 신설되었다. KBS, MBC도 물론이거니와 신문도 마찬가지였다. 「중앙일보」의 경우 신문 · 방송 · 출판 · 교육 부문 · 인터넷 · 케이블 방송 등 20개 자회사를 갖고 있다. IMF의 구제금융 체제가 설립된 1997년 이후, 언론 기업은 대규모의 자회사 그룹을 만들었다.[756] 언론사는 날로 번창하건만, 언론의 실체는 점차 실종되어가고 있다.

확장된 언론 기업은 자신의 자유를 제약하며, 여타 기업가들의 시장 질서를 교란케 한다. 그러나 언론이 공정성 · 공익성 · 형평성 · 객관성 등을 실천할 때, 헌법에 명시한 자유민주주의 · 시장경제 원리가 작동할 수 있을 것이다. 언론이 사회 제 세력과 견제, 균형을 유지한다면, 보다 용이하게 사회민주주의에 다다를 수 있다.

언론 기업의 효율성을 증진시키기 위한 조치로, 여타의 기업과 같이 적

756) 「미디어 오늘」, 2002년 5월 16일.

정 수준의 경제적 규모를 유지할 필요가 있다. 2001년 언론 개혁 보도가 나라를 떠들썩하게 한 당시, 언론이 사회에 끼친 여파는 대단했다. 미디어 중심 사회에서 각 미디어를 중심으로 독자 군, 시청자 군이 형성됨으로써, 미디어 사이의 갈등은 사회의 갈등으로 표출되었다. 언론사의 세무조사는 우리 사회가 미디어 중심주의 사회로 이전하였음을 실감케 한 사건이었다. 다른 사업의 영역에서 상존해온 탈세 문제, 소유 제한 규정이 언론에 적용되었을 때, 사회적 충격은 엄청났다. 언론의 소유 구조가 산업 쪽으로 기울 때, 세무조사 문제는 계속 사회 문제화될 전망이다. 언론 기업의 공익성과 기업성은 서로 밀착되어 있는, 풀 수 없는 난제이다. 그러나 공익을 대변하는 언론은 법적 · 사회적 보호를 받을 수 있다. 즉, 헌법 제21조의 '언론 자유의 조항'은 국가의 정체성과 관계되는 기본 조항이다. 언론 기업은 언론 자유와 간접적 관계를 갖고 있다. 「한겨레신문」의 '이익을 적게 남긴다'는 초심이 더욱 설득력 있다. 언론 기업이 자회사를 통해 재산 증식, 비대한 관료제를 형성하고 있는 한, 다른 여타 산업 영역, 정부와 갈등 관계는 계속 증폭될 전망이다.

언론 개혁의 정점은 이문열(李文烈) 작가와 추미애(秋美愛) 의원과의 논쟁이었다. 李작가는 「조선일보」 '시론'에서 "국세청이 언론 기업을 탈세 혐의로 검찰에 고발하는 것을 3개 방송사가 모두 재중계하고, 종일 그 뉴스로 화면을 뒤덮는 걸 보면 유태인 학살을 정당화하는 나치의 대국민 선전 선동을 연상케 한다"[757]고 포문을 열었다. 추의원은 7월 3일 민주당 당4역 회의에서 "지식인이 일부 신문의 지면을 통해 성장한 뒤 언론에 '곡학아세(曲學阿世)' 해서야 되겠는냐"고 李작가를 공격하면서 사건의 파장이 확산되었다. 그리고 곧이어 李작가의 책값 반환 소동이 벌어졌다. 李작가는 「동아일보」 '시론'에서 "요즘의 시민운동에서 이따금씩 홍위병(紅衛兵)을 떠올리는 것은 소수에 의한 다수 위장", 그리고 "정치 논리에 의지한 전문성

---

757) 이문열, 「신문 없는 정부 원하나」, 「조선일보」, 2001년 7월 2일.

억압도 홍위병식 특징이다"라고 강변했다.[758)]

언론과 시민 단체, 이익 단체, 정부와의 관계는 늘 긴장 관계에 놓이지만, 2002년 대선을 앞둔 시점의 '국민의 정부'에서는 그 정도가 지나쳤다. 『월간조선』 1998년 10월호에서 '반공 소년 이승복(李承福)의 공산당이 싫어요'의 이데올로기 문제가 다시 재현되었다. 1998년 8월 27일 여름 언개련(언론개혁시민연대)은 서울시청 앞 지하보도 전시회 '한국 언론 오보 50선'에서 「조선일보」 이승복 사건을 '대표적인 오보 사례'로 간주하였다. 「조선일보」는 언개련〔사무총장, 김주언(金周彦)〕과 「미디어 오늘」〔편집장, 김종배(金鍾培)〕 등을 문제삼았다.[759)]

한편 『월간조선』 1998년 11월호는 최장집(崔章集) 위원장(대통령 자문 정책기획위원장)의 사상 검증에 관해 문제삼았다. 최위원장이 1993년과 1996년에 각각 발표한 「한국민주주의의 조건과 전망」과 「한국 민주주의 이론」이라는 논문에서 ① 6·25는 김일성의 역사적 결단, ② 개전 초기 한국전쟁은 민족해방전쟁, ③ 38선 이북으로의 북진은 한반도 전체의 초토화를 면치 못할 가공할 사태, ④ 6·25전쟁 최대의 피해자는 북한 민중 등, 6·25를 평가함에 있어 대한민국에는 불리하게, 북한에는 유리한 논지를 전개하고 있다는 주장을 『월간조선』이 문제삼은 것이다.[760)] 사상 논쟁의 주요 대목인 "민족해방 전쟁이었다", "북한 쪽 기준에 따라 6·25를 설명했다", "김일성의 6·25 남침을 역사적 결단" 등에 관심이 집중되었다. 崔위원장은 「조선일보」를 상대로 서울지법에 『월간조선』 11월호의 "6·25전쟁 사관 관련 기사 배포 금지 가처분 신청"을 받아들임으로써 양자간에 법적·사상적 논쟁이 시작되었다. 그러나 崔위원장은 「화해와 상생의 통일시대로」[761)]의 특별 기고에서, 본인의 한국전쟁, 이념, 북한, 통일문제 이해에 대

758) 이문열, 「홍위병을 떠올리는 이유」, 「동아일보」, 2001년 7월 9일.

759) 방상훈, 상게서, pp. 2022~2023.

760) 「동아일보」, 1998년 11월 13일.

761) 「조선일보」, 1999년 1월 17일.

한 심각한 오해가 있었다고 전제하고, 구시대의 대립과 반목의 역사를 대상으로 한 사회 분열적, 시대 역행적 논쟁은 이제 종식하고, 새로운 사회질서를 대상으로 한 미래 지향적이고 건설적인 토론으로 전환하도록 요구함으로써, 이 사건은 일단 종결되었다.

최장집 교수의 사상 검증을 계기로 「조선일보」의 보도 태도와 논조에 불만을 표출한 네티즌과 시민 단체 등은 함께 결집하였다. 지금까지 개별적으로 진행되던 안티조선운동은 2000년 8월 학계 · 종교계 · 문인 · 시민 단체 등 각계 인사 154명을 결집하여, 1차 「조선일보」 거부 지식인 선언으로 확대하게 되었다.[762)]

『월간조선』이 崔위원장의 주장을 문제삼은 것은 국가 정체성 문제를 토론의 장으로 끌어들인 것이다. 주간지와, 잡지는 당파성을 지녀야 하며, 1996년 개정 윤리강령 평론의 원칙, 제9조 2항 "사설 등 평론은 실정법을 위반하지 않는 한 특정 정당이나 특정 후보자에 대한 지지나 반대를 표명하는 등 신문사의 정치적 입장을 표현할 수 있다"는 규정을 신문협회 · 신문방송편집인협회 · 기자협회가 공동으로 서명하였다. 신문 · 잡지 등이 당파성을 지닐 때, 국가의 정체성이 확립되며, 언어의 위계질서가 형성된다. 언론의 토론 기능을 활성화시킬 때, 선전 · 조작적 행위의 허위의식의 이데올로기가 설자리를 잃게 된다. 결과적으로 민족의 정서를 표현하는 한글은 독창성을 갖게 되고, 진정한 역사가 축적된다.

『월간조선』은 기사의 정확성에는 충실하였지만, 안티조선 지식인의 목소리를 함께 지면에 반영하지 못하였다. 언론은 헌법의 허용 범위 내에서, 좌 · 우의 균형성을 가져야 독자로부터 신뢰를 받을 수 있다. 그 전제조건으로 언론은 세계적 정보를 흡수할 수 있는 충분한 정보 체계를 가져야 한다.

TV의 기술상의 속성은 정보의 게재 한계를 가짐으로써, 당파적 특성이

---

762) 김동원, 「안티조선 새국면, 대중화 급류」, 「기자협회보」, 2002년 5월 29일.

나, 탐사 보도 영역에서는 주요 신문과 동참할 필요가 있다. 정당의 지지를 달리하는 신문은 자신의 정당을 지지함으로써, 정체성이 명확하게 된다. 그러나 현재와 같이 방송과 신문의 소유를 분리시키고, 주요 언론을 적대시하는 한, 언론의 통합적 역할을 기대하기는 어렵다.

이념적 내부의 갈등, 국제 정세의 산물로서 남북간의 화해의 분위기는 '국민의 정부'의 햇볕 정책으로 진일보하여, 2000년 6월 14일 '남북 정상 공동선언문'[763] 체결을 이뤄냈다. 상생(相生)의 분위기가 싹튼 것이긴 하나 상호 조건 없는 교환은 요원하였다. 북한은 1991년 12월 당시 나진 · 선봉 지역을 자유경제 · 무역 지대로 지정하며 관계 법령을 제정하였다. 북한은 외국인 기자에게 무비자 입국을 허용하였으나, 남측 언론은 취재에서 제외되었다.

남북 관계의 흐름에 맞춰 언론의 활발한 취재를 뒷받침하는 전향적 법 개정이 이뤄져야 하는 당위성이 존재하지만, 국내 신문은 여전히 진보 · 보수 성향의 첨예화가 계속되었다. 적대 관계가 심화됨으로써, 민주주의의 운영 원리인 서로의 관용(寬容)은 뒷전에 밀리게 되었다.

언론사 세무조사가 2001년 1월 11일 김대중 대통령의 '연두기자회견'의 언론 개혁에 대한 언급에서 가시화되었다. 김대중 대통령은 "강한 정부-강한 정치 실현"을 주제로 연두기자회견을 자청했다. 기자회견 중 김대통령은 "언론 개혁 문제와 관련, 언론 자유는 사상 최대로 보장돼 있는 만큼,

763) '남북 정상 공동 선언문'의 내용은 ① 남과 북은 나라의 통일 문제를 그 주인인 우리 민족끼리 서로 힘을 합쳐 자주적으로 해결해나가기로 하였다. ② 남과 북은 나라의 통일을 위한 남측의 연합 제안과 북측의 낮은 단계의 연방제 안이 서로 공통점이 있다고 인정하고 앞으로 이 방향에서 통일을 지향시켜나가기로 하였다. ③ 남과 북은 올해 8 · 15에 즈음하여 흩어진 가족 · 친척 방문단을 교환하며 비전향 장기수 문제를 해결하는 등 인도적 문제를 조속히 풀어나가기로 하였다. ④ 남과 북은 경제 협력을 통하여 민족 경제를 균형적으로 발전시키며 사회 · 문화 · 체육 · 보건 · 환경 등 제반 분야의 협력과 교류를 활성화하여 서로의 신뢰를 다져나가기로 하였다. ⑤ 남과 북은 이상과 같은 합의 사항을 조속히 실천에 옮기기 위하여 빠른 시일 안에 당국 사이의 대화를 개최하기로 하였다, 등이었다(「한겨레신문」, 2000년 6월 15일).

국민과 일반 언론인 사이에 언론 개혁을 요구하는 여론이 상당히 높다는 것을 알고 있으며, 언론계 · 학계 · 시민 단체 · 국회가 합심, 투명하고 공정한 언론 개혁을 위한 대책을 세워야 할 것으로 언론 개혁의 강한 뜻을 비췄다.[764]

김대중 대통령은 1999년 12월 16일 민주화운동 관련 단체 소속 인사들과 오찬을 하면서 "세계가 한국의 경제 회복을 기적이라고 하는데, (한국 언론은) 잘했다는 소리보다 비판의 소리가 심하다. '옷 로비'[765]만 갖고 7~8개월간 언론이 쓰고 있다"[766]는 언론에 대한 강한 불만을 표현하였다.

언론 개혁은 세무조사로부터 시작되었다. 물론 '국민의 정부'에서 언론사 세무조사는 1999년 7월 5일 보광그룹 3개 사, 「세계일보」에 대한 세무조사가 시작되어, 홍석현(洪錫炫) 중앙일보사 사장은 1999년 10월 1일 조세포탈 혐의로 구속되었다.

대통령의 언론 개혁의 일환으로 결과를 비공개하였지만, 1994년 김영삼 정부 당시에도 언론 세무조사를 실시한 바 있었다. 그러나 세무조사의 강도는 당시와 비교할 바가 아니었다. 공정거래위원회는 2001년 2월 7일 신문 · 방송 · 잡지 등 13개 언론사에 대한, '신문고시' 조항의 '신문사의 과다한 경품 제공과 무가지 배포', '방송사 광고의 부당한 거래' 등 거래 위반 행위를 문제 삼았다. 그 외 신문 · 방송의 부당한 광고 수주, 신문 계열사에 대한 부당 지원 행위, 독과점 지위 신문사 규정 등 규제가 대폭 강화된 새로운 내용을 담고 있다. 더욱이 신문사들의 해묵은 판매, 광고 관행, 현실

764) 「조선일보」, 2001년 1월 11일.

765) 옷 로비 사건은 1999년 11월 강인덕 전 통일부장관 부인 배정숙의 전화 통화 녹음테이프와 사직동팀 최종 보고서 내용이 잇따라 「동아일보」 지면에 특종 보도됐다(오명, 『민족과 더불어 80년: 동아일보 1920~2000』(서울: 동아일보사, 2000, pp. 583~584). 같은 해 6월 검찰의 수사 결과 발표로 옷 로비 사건이 일단락된 것으로 간주되었다. 여론이 빗발치자 10월 들어 특별 검사가 다시 수사를 시작하였다. 당국의 은폐 시도가 들어나, 김태정(金泰政) 전 법무부장관과 박주선(朴柱宣) 청와대 법무비서관이 구속되었다.

766) 이광재, 「국민의 정부와 언론」, 『국민의 정부와 언론』(서울: 서강대학교 출판부, 2002), p. 11; 「중앙일보」, 1999년 12월 17일.

적으로 불가피한 회계 업무 처리, 신문 경영 환경의 변화에 따른 과도기적 투자 및 경영 형태 등 모두를 규제의 대상에 포함시켰다.[767)]

또한 국무총리 산하 규제개혁위원회는 2001년 4월 13일 전체 회의를 열고, ① 무가지와 경품을 합해서 20%로 하되, 공정위가 최종 결정, ② 신문 업계 준비 기간을 감안해 7월 1일 시행, ③ 자율 규약을 제정, 시행할 경우 우선적으로 존중하도록 함, ④ 강제 투입 허용 기간을 3일에서 7일로 연장 등을 결정하였다.

공정거래위원회는 2001년 4월 13일 '신문고시(新聞告示)'제를 7월 1일부터 시행키로 결정하였다. 이는 신문고시제가 1999년 1월 '자율 규약'[768)]을 제정 · 시행할 경우 우선적으로 존중한다는 원칙 아래 폐지되었던 것이다. 공정거래위원회는 6월 20일 규제개혁위원회와 신문 협의 의견을 반영한 신문고시안을 최종 확정했다. 1999년 1월 규제 완화 차원에서 폐지됐다가 2년 반 만에 다시 부활하였다.

신문고시제는 공정거래위원회가 1996년 12월 26일 경품 제공 금지, 유료 구독 부수의 20%를 초과하는 무가지 제공 금지, 무가지 투입 2개월까지 허용 방침 등을 정한 바 있다. 언론개혁시민연대(언개련)도 2000년 8월 16일 정부와 국회에 신문고시 부활과 신문의 불공정 거래 규제를 촉구하는 신문 시장 개혁 의견서를 제출했다.

2001년 1월 국세청은 신문 · 방송 · 통신사 등 23개 중앙 언론사에 정기

---

767) 「조선일보」, 2001년 3월 2일.

768) 신문고시제의 취지는 신문협회가 1977년 8월 「신문 판매 정상화를 위한 결의문」을 발표하고, 무가지 배포, 구독료 확인, 경품 제공을 일체 금지하도록 하였다. 또한 97년 3월 일산에서 일어난 폭력 사건 이후, 1999년 7월 두 차례에 걸친 신문 판매의 과당 경쟁을 방지하고, 구독자의 권익을 보호한다는 명분 아래, 신문 판매 자율 규약을 만들어 스스로 공정 경쟁을 결의한 바 있다. 그러나 신문협회 자율 규약을 지키는 신문사가 없고, 규약은 비현실적이어서 오히려 공약을 지키면 손해로 간주하였다(조현호, 「신문판매 자율규약 지키면 손해」, 「미디어 오늘」, 2000년 7월 13일). 세무조사 이후 신문협회는 2002년 6월 다시 「신문 시장 질서 회복 특별 결의문」을 채택하고, 무가지를 유료 부수의 20%를 초과할 수 없도록 한 현재의 신문 공정 경쟁 규약을 확인하였다.

법인세 조사를 서면 통보를 한 후, 2월 8일 언론사 세무조사가 착수되었다. 국세청과 공정거래위원회는 2001년 2월 8일 자산 규모 100억 원 이상의 사업체에 대해 5년마다 정기 조사를 한다는 원칙 아래 142일 동안 1,000여 명이 세무조사를 실시하였다. 그 결과를 손영래(孫永來) 서울지방국세청장은 6월 20일 중앙 언론사 23곳이 모두 1조 3,594억 원의 소득을 탈루한 것으로 5,056억 원의 세금을 추징한다는 결과를 발표하였다. 공정거래위원회는 13개 언론사에 대한 과징금 242억 원을 부과하였다. 금융실명제 상황에서 언론사 탈세가 벌어진 것이다. 2001년 8월 16일 「조선일보」, 「동아일보」, 「국민일보」 등 언론사주 등 5명의 사전 영장이 청구되고, 이어 「조선일보」 방상훈(方相勳) 사장, 「동아일보」 김병관(金炳琯) 전 명예회장, 「국민일보」 조희준(趙希埈) 전국민일보사 회장 등 언론사주 3명이 구속되었다.

김대중 대통령은 2001년 7월 2일 국무회의 자리에서 "언론사 세무조사는 공정성이 완벽하게 보장됐고 외부 간섭이 없었다. 검찰이 법과 원칙에 따라 처리할 것이며, 이번 조사와 처리 결과는 투명하고 건전한 언론 발전의 계기가 될 것이다"라고 언급하였다. 그러나 2001년 2월 22일 『시사저널』은 3건의 "조중동 비판 카르텔을 깨라"는 「여권 내부 언론 관련 보고서」 전문을 공개하였다.

그 과정에서 한나라당 언로자유수호 비상대책특위〔위원장 박관용(朴寬用)〕는 "김대통령이 국세청 · 검찰을 지휘했고, 향후 지휘하겠다고 확연히 천명한 것이다"고 반박하였으며, 한국신문방송편집인협회〔회장 고학용(高學用)〕는 국세청의 언론사 세무조사의 검찰 고발 조치와 관련한 성명을 내고 "이번 조치는 언론사 모두를 권력의 규제 속에 묶어두겠다는 의도로 언론사가 막대한 추징금을 내기 위해 정부에 매달리거나 아니면 문을 닫거나 양자간 택일을 하라고 요구하는 것"이라고 비판했다.

한편 '국제 언론 기구'[769]인 국제언론인협회(IPI) · 세계신문협회(WAN), 또 다른 성격의 국제기자연맹(IFJ)[770]이 세무조사에 대한 각기 다른 내용의 성명을 발표하였다. 후자는 세무조사의 정당함을 주장하는 한편, 전자는 세무조사의 부당함으로 천명하였다. 더욱이 국제언론인협회는 한국을 '언론 자유 탄압 감시 대상국'으로 간주하였다.

언론사 세무조사에 대해 시민 단체들은 개혁 방식에 대한 부정적인 평가에도 불구하고, 언론 개혁 운동은 나름대로 성과가 있었다고 주장하였다.[771] 그후 시민 단체와 언론 전문가 등을 중심으로 신문고시의 부활 필요성이 꾸준히 제기되었으며, 관련 부처 및 관련 단체의 의견이 수렴되었다. 2002년 6월 18일 헌법재판소가 '신문고시 합헌 판결'을 결정하였다. 그러나 헌법 제21조 제1항 "모든 국민은 언론 · 출판의 자유와 집회, 결사의 자유를 가진다"는 민주 국가의 존립과 발전의 기초를 무시할 수 없는 일이다.

세무조사의 회오리 속에서, 신문 내부의 개혁과 변화가 일기 시작했다. 「대한매일」은 2001년 우리사주조합(조합장, 김경섭, 39% 주식)을 설치하였다. 「경향신문」의 순수 사원주주제와는 달리, 「대한매일」은 여전히 정부

769) 국제언론기구는 IPI(국제언론인협회), WAN(세계신문협회) 등이다. 2001년 9월 정부의 언론사 세무조사 실태 조사를 위해 요한 프리츠 IPI 사무총장, 로저 파킨슨 WAN 회장은 공동 성명서를 내고, "한국 정부의 세무조사와 공정위 조사가 자유, 독립 언론을 괴롭히고 협박하며 통제하려는 정치적 동기에서 촉발된 정부 활동 중 일부라는 증거를 발견하였다"고 전하였다. 한편 IPI는 한국을 언론 자유 탄압 감시 대상국으로 지정하였다(미디어팀, 「정부와 언론」, 「조선일보」, 2003년 3월 5일). IPI는 신문 · 잡지 · 방송 · 통신사의 발행인과 주필 · 편집국장 등이 참여하는 국제 기구이며, 언론 자유 수호를 목표로 1950년 뉴욕에서 창설했다. 이 단체는 서방 측의 자유 언론 이데올로기를 대표하는 모임이나, 사회주의 이념과 평등이 이념은 백안시하는 경향이 있었다(권재현, 「경향신문」, 2001년 5월 23일).

770) 국제기자연맹(IFJ)은 6월 11일에서 15일까지 5일간 제24차(3년마다 개최) 서울총회를 열고, '정보화 시대의 언론'을 주제로 발표하였다. 주요 논의 내용은 언론인 보호를 위한 행동 방안, 뉴미디어와 세계화에 대한 대응 방안, 성 평등과 언론의 질, 한국의 언론 상황에 대한 공식 입장 등을 밝혔다. 그리고 1) 한국 언론 발전을 위한 결의문, 2) 한반도 평화 정착을 위한 서울 선언, 3) 일본의 역사 교과서 왜곡에 항의하는 특별 결의문 등 3개의 한국 관련 결의문을 채택이었다(『신문과 방송』 117, 2001년 7월). 국제기자연맹은 서울총회 개막을 앞둔 6월 1일 성명을 내고, "세계 모든 언론인들은 한국의 일간지 세무조사가 언론 자유 탄압이다"라는 주장을 수용할 수 없음을 확인하였다.

771) 「동아일보」, 1월 28일.

(재정경제부, 30.5%, 포항제철 22.4%, KBS 8.1%)가 61% 주식을 가졌지만, 진일보한 상황이었다. 한편 '신문 공동 배달제'[772] 실시가 2002년 3월 가속화되었다. 언론노조 산하 신문통신노협은 발족식을 계기로 공동 배달제를 시도하였다.

「조선일보」는 2002년 3월 명예훼손 소송을 대비하여 언론사 자문 변호사 제도를 활성화하고, 상근 변호사 제도를 도입하여, 5명을 배치시켰다. 이 조치는 '검찰의 감청 의혹'의 「조선일보」 1999년 7월 31일 사설을 문제 삼았던, 서울지검 검사 12명이 조선일보사를 상대로 36억 원의 손해배상을 청구하였던 사건과 무관할 수 없다. 당시 법 집행 기관에서 언론 자유에 대하여 개인과 같은 잣대를 요구한 것이다. 이에 대하여, 국제언론인협회(IPI)가 문제를 삼고 성명을 발표하였다. 기사의 정확성, 개인의 명예훼손에 대한 사회의 인식을 반영한 자문 변호사 상근 제도를 받아들인 것이다.

후일 인권에 관한 사건이 벌어졌다. 국가안전기획부(국정원의 전신) 내 비밀도청팀(미림팀) 팀장으로 알려진 공 모씨가 2005년 7월 24일 입을 열었다.[773] 미림팀 책임자였던 공 모씨 DJ정권 출범 후 국정원 구조조정 때 해직, 이때 도청 테이프 100~200 개를 들고 나온 것이다. 당시 공 씨는 SBS와의 인터뷰에서 "자신이 '1994~98년까지 미림팀장이었다'며 '지금까지 밝혀진 내용은 극히 일부일 뿐'이라고 말했다. 다수의 다른 도청 테이프

772) 신문 공동 배달제는 「경향신문」, 「국민일보」, 「문화일보」, 「세계일보」, 「한겨레신문」 등 5개 사의 노 · 사 대표와 전국언론노조 대표가 참가하여, 2003년 3월 21일부터 과전 지역에서 시범 실시를 시작하였다. 공배제는 배달 전문 회사 한국신문서비스가 신문을 공동으로 배달함으로써 신속 정확한 독자 서비스를 가능케 할 것이며, 다양한 여론을 저비용으로 사회 곳곳에 배달할 수 있다. 물류 배달 체계의 개선을 통해 절감된 비용은 신문 품질 향상 등 언론 발전을 위해 사용된다. 국가 여론 형성의 기간망인 신문 배달망을 효율적으로 운영함으로써 혼탁한 신문 판매 시장을 투명하게 할 뿐 아니라, 민주 언론 발전에 걸림돌이 되고 있는 여론 독과점 심화를 개선하는 데 기여할 것이다(「한겨레신문」, 2003년 3월 21일).

773) 이정민, 「불법도청 테이프 유출- 조선 · 동아 지금 제정신 아니야...역겨워」, 「중앙일보」, 2005년 7월 25일.

의 존재 가능성을 시사한 것이다."라고 했다.[774)]

검찰이 김은선 전 국정원 2차장(국내정보 담당)을 기소하면서 밝힌 국정원의 불법 도청을 조직적이고 치밀했다.[775)] 당시 김대중 정부는 "휴대전화가 감청이 불가능하니 안심하고 통화하라'라는 신문광고까지 냈다."라고 했다.[776)]

한쪽은 불법도청을 일삼으면서 다른 한편으로 김대중 정부는 2001년 5월 24일 법률 제6481호 국가인권위원회법을 통과시켰다. '인권위'[777)] 설립배경은 "모든 개인이 가지는 불가침의 기본적 인권을 보호하고 그 수준을 향상시킴으로써 인간으로서의 존엄과 가치를 구현하고 민주적 기본질서의 확립에 이바지함을 목적으로 한다."라고 했다.[778)]

또한 김대중 정부는 2000년 8월 민주화보상심의위원회를 출범시키고, "일시적으로 거꾸로 해석되는 역사는 반드시 재해석된다. 억울한 사람을 역사 위로 끌어내 정당한 위상을 정립시키는 데 노력해 달라"고 했다.[779)]

---

774) 이정민, 상게 기사.

775) 선근형, 「도청 공화국, 군사정부도..문민정부도..국민의 정부도.. 임동원 · 신건 씨- 도청전담팀 3교대 '24시간 풀가동'」, 「경향신문」, 2005년 10월 27일; 국정원은 자체적으로 만든 '카플러(도청시 주파수 조절을 위한 조정 장치)'를 통해 내국인의 휴대전화 번호를 R2에 직접입력, 실시간으로 통화 내용을 엿들었다. 또한 임(동원) 전 원장도 검찰의 조사에 대해 '한마디도 안하기로 했다' '노 코멘트'라고 말했다. 신(건) 전원장은 아예 외부와의 연락을 끊었다(동 신문, 이용욱).

776) 「사설」, 「비겁한 '도청 공범' 辛건 씨와 林동원 씨」, 「동아일보」, 2005년 10월 27일.

777) 인권위는 1997년 11월 국민인권위원회설립준비단이 발족하였다. 이후 2001년 8월에는 조용한 변호사를 단장으로 8명의 시민사회단체원으로 구성된 인권위 설립기획단이 꾸려졌고, 그해 11월 말 김창국 초대 인권위원장의 취임과 함께 정식 출발했다(이성기 · 남성욱, 「인권위의 어제와 오늘」, 「한국일보」, 2010년 11월 2일).; 국가인권위원회법에 따르면 인권위는 인권의 보호와 향상을 수행하기 위해 입법 사법 행정 어디에도 속하지 않는 국가기구로서 독립해 업무를 수행하는 기구이다. 그 후 2003년 헌법재판소에 '호주제는 위헌이며 인권침해'라는 의견을 제출해 2년 후 호주제의 헌법불합치 결정이 내려지는데 기여했고, 사형제 폐지, 공무원 채용 시 나이제한 철폐, '살색' 용어 시정 등의 권고도 대표적인 활동 사례로 꼽힌다(상게기사).

778) www.humanrights.go.kr.

이 이 위원회는 2002년 4월 동의대 사건 관련자 46명을 민주화운동자로 인정했고, 이들에게 평균 2500만원씩의 보상금이 지급됐다. 한편 동 위원회 9명 가운데 3명은 찬반 표결을 전후해 “대법원에서 방화치사죄로 유죄판결이 난 사건을 민주화운동자로 결정하는 데 휩쓸려가고 싶지 않다”며 사퇴했다.[780)]

한편 정부의 이중성 하에서 언론의 내부 개혁은 계속되었다. 「중앙일보」는 2001년 10월 16일 신문가판(초판)을 폐지함으로써 정교한 서비스로 독자에게 선보이게 되었다. 그러나 신문 초판은 완성도를 높일 수 있는 좋은 제도이다. 초판 발행은 실수요자의 검증을 거침으로써, 오보를 줄일 수 있으며, 독자와의 신속한 대화의 장을 마련해준다. 앞으로 과거의 출입처 기자 제도가 폐지되면, 초판 발행은 기사의 정확성, 객관성, 기자의 책임 등을 활성화시켜 신문의 완성도를 높이는데 필요한 제도이다.

초판 발행 제도의 보다 근본적 문제는 우리의 왜곡된 문화에 기인한다. 자기비판을 게을리 하면서, 신문사가 공익성 차원의 허위의식으로 신문 제작을 해온 관행이다. 즉, 각종 동세로부터 종속됨으로써, 신문은 기득권을 옹호하는데 급급하였다. 기자는 ‘무임승차’로 남의 신문, 출입처의 기사 베끼기 관행에 길들여져 왔으며, 가판 구독자의 정치 · 경제 권력으로부터 외부 단체와 협상해왔다. 「중앙일보」는 ‘무임승차’, ‘봐주기 언론’의 언론 관

---

779) 「사설」, 「동의대 사건 재심(再審), 권력 입맛 맞춘 역사는 다시 쓰인다」, 「조선일보」, 2009년 2월 26; 동의대 사건이란 1989년 5월 경찰이 동의대 도서관 7층으로 들어갔다가 시위대가 복도에 석유를 뿌리고 화염병을 던지는 바람에 경찰관 7명이 목숨을 잃은 사건이다. 후일 경찰 유족들이 ‘고인의 명예가 실추됐다’며 낸 헌법소원을 헌법재판소가 재판관 5대 4의 결정으로 각하됐다. 그러나 소수 의견을 냈던 주선회 전 헌법재판관은 그의 서초동 법률사무소에서 “동의대 사건은 입시부정이라는 학내 문제로 학생들이 시위를 하다가 경찰관 7명을 희생시킨 사건입니다. 헌법과 법률에 의해 주어진 정당한 공권력을 행사하는 경찰에게 화염병을 던져 목숨을 앗은 사건이에요.”라고 했다(박정훈, 「“동의대 사건은 ‘화염병 테러’에 불과 민주화운동 규정 역사에 부끄러운 일”」, 「동아일보」, 2009년 2월 26일).

780) 「사설」, 상게 기사.

행으로부터 독립을 선언한 것이다.

「조선일보」가 1998년 4월 24일 E메일 실명제를 실시함으로써, 신문사의 사설 등 일부를 제외하고, 지면의 모든 기사에 기자의 이름과 함께, 전자우편 주소(E메일 ID)를 함께 표기하는 제도를 택하였다. 신문의 E메일 실명제는 멀티미디로서의 윤리 규범에 따른다는 의미를 지녔다. 과거의 윤리강령이 멀티미디어의 윤리강령으로 확대됨을 뜻하며, 신문 · 방송 · 케이블 · 위성 등은 인터넷 멀티미디어 체제로 돌입함을 의미한다. 언론사는 네트워크의 통제를 받으며, 네트워크 안에서 국내 · 국외를 동시에 연결하게 되었다. 체계이론의 전체, 부분, 그리고 부분과 부분들이 네트워크로 연결되었다. 인터넷의 여론조사로 2002년 11월 25일 대통령 후보가 결정되고, 여론조사에서 패한 정몽준(鄭夢準) 의원은 패배를 자인하며 네트워크 사회에 합류했다. 네트워크 안에서 세계적 자유민주주의와 시장경제 원리가 작동한 것이다. 국제법이 국내법을 대치하고, 국내 정치가 국제 정치화하였다.

5. 미디어 팽창과 언론 정체성

6공화국 정부들은 미디어 부분에서 일대 변혁을 경험하였다. '노사모'(노무현을 사랑하는 사람들의 모임)는 디지털 인터넷을 통해 대통령 당선의 견인차 역할을 담당하였다. 인터넷이 활성화되면서, 신문 · 방송 · 케이블 · 위성 · 인터넷의 매체가 팽창되었다. 「중앙일보」가 1993년 1월 11일부터 데이터뱅크국의 조인스(JOINS)를 통해 멀티미디어의 시대를 열어나갔다. 신문도 인터넷의 멀티미디어 시대에 등록하였다. 지상파 · 케이블 · 위성 · 인터넷 등 네트워크를 형성하였다. 신문 · 방송 등은 문자 · 음성 · 동화상 · 그래픽 · 디자인의 기술을 통해서 디지털 미디어를 완성시키고 있다. 멀티미디어는 각 영역이 서로 결합할 뿐 아니라, 각 영역을 분화시킨다. 사회는 전문직의 사회 체계 원리로 분화되기 시작하였다. 미디어 산업에는 각기 다른 기술의 성격에 따라 분화의 경향을 가속화시키고 있다. 멀티미디어의 상황에서 신문 · 방송 · 케이블 · 위성의 영역은 확장됨과 동시에 통합된다. 정부에서 집요하게 신문 · 방송을 소유와 제도로 분리시켰던 과거와는 달리 멀티미디어의 속성 자체가 통합을 의미한다. 멀티미디어 언론과 산업이 동시에 발전하게 되었다. 노태우 정부는 공민을 통합하고, 언론의 분화를 촉진시켰다. '언론기본법'을 폐지시키고, 과거 언론의 규제를 풀었다. 그리고 민영 방송, 케이블의 강화 시험 방송에 관심을 가졌다. 김영삼 정부는 케이블 방송을 확장시키고, 언론과 산업을 분리시켜, 다매체 · 다채널의 산업 영역을 확장시켰다. 김대중 정부는 멀티미디어, 그리고 언론을 인터넷의 네트워크 안으로 끌고 오는 견인차 역할을 하였다. 멀티미디어의 위성을 시작함으로써, 통제와 아나키즘을 함께 시도하였다. 아나키즘으로 기존 미디어를 통제하려 한 것이다.

케이블 · 위성의 '탈규제화' 상황은 산업의 영역을 확장시킨다. 가상세계의 오락 산업은 단순화 · 비현실 · 비상황 · 비역사성 등 자극과 반응에 몰두함으로써 공적 영역에서 시민의 참여를 무의미하게 만든다. 공 · 민영 공중파, 케이블, 위성 TV 방송은 오락 쪽으로 영역을 확장시켰다. 대중은 충동적 소비 성향에 노출되어, 우민화(愚民化)의 길을 걷는다. 공영의 아이디어, 민영의 산업 등으로 미분화된 상태에서, 오락의 방송 문화산업은 다양성과 막대한 자본을 요구한다. 공영 방송사는 자본 · 기술 · 인력을 독점하지만, 제작은 다품종 소량 생산을 하고 있다. 그들의 생산품도 국내 소비자의 취향을 충실히 반영하고 있다. 젊은 층의 빠른 속도의 취향 변화, 그리고 위성방송이 개방된 현시점에서, 방송 제작물은 서구 오락 산업의 벤처성 문화산업이 아닌, 관리 문화로 얻어낸 토착적 결과물이어서, 국경을 넘는데 한계를 지녔다. 결국 소량 생산물은 많은 채널의 수요를 맞추기 위해, 외국 제작사에 의존하게 되었다. 서구는 국내 소비 시장을 더욱 공략할 전망이다.

풀기 어려운 난제일수록 원론에 해답이 존재한다. 채널이 많고, 복잡할

수록 상업 방송은 오락 중심으로 운영하고, 공영 방송은 공익에 몰두할 필요가 있다. 멀티미디어 상황에서 공익 방송이 뉴스 제작의 질적 수준을 저하시킬 경우, 신문도 방송 보도를 할 수 있도록 허용할 수 있다. 한편, 상업 방송을 산업 영역으로 간주하고, 국제 경쟁력 차원에서 우선 고려해야 할 것이다. 질 높은 다량의 프로그램 생산은 분업 · 네트워크를 하면 된다. 오락 산업을 육성시킬 자본이 필요하다면, 한국방송광고공사의 공익 자금을 방송 산업 육성용으로 사용하면 된다. 방송의 국제 경쟁력 강화가 정부 외곽 단체 보조만큼 시급하다.

한편 신문의 섹션 페이지는 대중지의 경연장이 되었다. 그러나 섹션 페이지는 24시간의 시간적 제약에서 벗어나서 심도 있게 다뤄져야 한다. '해석적 보도'는 주제(theme)를 선정함으로써, 섹션 페이지에서 길어진 기사를 처리한다. 기사는 정확한 사실, 그 사실들과의 관계에 근거하여, 드라마틱하지만, 긴 호흡의 지식, 전문적 내용을 포함한다. 섹션 페이지는 신문 내용의 실험장이다. 허위의식의 이데올로기를 걷어낸 곳에, 국제 감각에 맞는 보편적 가치를 형성하도록 캠페인 하는 페이지이다. 독자는 이 페이지로 신문의 색깔을 판별할 수 있다. 그러나 현재 선거 보도 태도는 설령 정치면을 섹션 페이지로 둔다고 하더라도, 지도자의 인물에 열중한 나머지, 복잡한 정당의 조직적 원리, 정강 정책은 뒷전으로 밀쳐내고 있다. 어떤 신문도 각 정당의 미묘한 문제를 표출하고, 어려운 정책을 캠페인하는 현대 당파성 신문의 기능을 담당하지 못하고 있다. 언론과 정치가 비판과 더불어 '게임'하는 당파성 신문이 필요하다. 여기서 당파성 섹션 신문은 독립성을 유지하면서, 정책적으로 당파성을 지님을 의미한다.

현대의 상업적 선전 · 설득 · 조작을 일삼는 섹션 신문은 기자의 전문성을 결한 채, TV를 닮아가면서, 독자의 '인간의 관심사', '소비 지향형' 쪽으로 관심을 집중시킨다. 섹션 페이지를 채용한 신문은 광고주로부터 언론 자유를 제한받고, 주제의 범위를 오히려 축소시켰다.

섹션 신문의 순기능은 전국지 성격을 유지하면서, 사회를 분화하기 위한 새로운 정보를 제공한다. 신문의 고유 기능인 대중의 정감을 엘리트에게 전하고, 엘리트는 신문을 통해 사회 정책의 진행 과정을 알 수 있다. 공론장으로서의 신문은 사회적 의제를 제시하고, 토론의 장이 되며, 당파성을 확보하고, 독자에게 깊은 믿음을 준다. 신문의 지면(주로 2면)은 이념적 성향을 명기하고, 반대 의견도 수렴한다.

기록의 역사성은 '사회적 시간'을 만들고, 사회적 언어 · 규범을 만든다. 섹션 신문은 고유하고, 독특한 사회를 만들도록 노력함으로써, 네트워크 안에서 세계 체제 안으로 수동적으로 접근하는 것을 막는다. 그러나 섹션 페이지의 신문은 새로운 상업 정보의 개발 · 실험을 시도함으로써, 기사의 길이가 길어지며, 지면의 확장에만 관심을 가진다. 그 결과 섹션 신문은 오히려 정보 공해를 남발하고, 독자의 지적 수준을 저하시키며, 다른 산업 영역, 언어에 피해를 줄 수 있다.

미디어 중심 사회에서 정체성을 잃은 언론은 타영역을 종속화 · 황폐화시킨다. 정치 권력이 이에 편승하면서, 미디어는 정치적 정당의 활동까지 인계 받는다. 미디어는 인계 받은 권력의 세를 불려서 정치권에게 고스란히 되넘긴다. 결과적으로 우리 사회의 민주주의는 정체성뿐 아니라 언어의 혼란을 경험하고 있다. 언어가 무정형 형태로 무질서하게 사용되고 있다. 헌법과 개인의 삶, 의식과 행동이 서로 다르게 작동한다. 언어에 따른 사회적 분화가 이뤄지는 대신, 한쪽으로 집중됨으로써, 국력의 손실을 가져온다. 상위 · 하위 개념 사이의 무질서가 질서를 대신한다.

언론사가 자기 비판을 게을리 한 상태에서 생존 경쟁만을 유일한 전략으로 간주할 때, 집단 이기주의적 발상은 사회를 지배한다. 비대한 언론사의 무차별적 소유 확장과 더불어 멀티미디어의 네트워크는 제한되며, 공익보다 사익이 사회를 지배한다. 결국 상업방송 · 공영방송 · 케이블 · 위성, 그리고 신문 등이 앞다투어 독점의 길을 걷게 되고, 미디어 중심주의의 언론은 그 정체성을 잃어간다.

공영 방송 KBS, MBC는 뉴스 채널의 연합통신, YTN과 경쟁하며, 사회 교육을 교육 방송과 공유하고, 위성 시민 방송에 퍼블릭 액세스권 전문 채널과 함께 하고, 상업 방송의 측면에서 SBS, 케이블, 위성, 지역 민방과 서로 경쟁하고 있다. 덩치가 기묘하게 부풀어진 KBS, MBC 위상에서 공영 방송의 이미지를 찾기란 거의 불가능하다.

원론적으로 SBS 뉴스가 소프트하다면, KBS 뉴스는 하드하며, 이들은 연합뉴스에서 국내외의 다양한 소재를 얻는다. 그리고 그 뉴스의 밀집도를 신문이 보강할 때, 다매체 · 다채널의 국가 정보 채널이 완성된다. 그러나 탈규제화로 이행되는 현실적 상황에서 공영 방송은 좌충우돌하면서, 영역 확장에만 관심을 가짐으로써, 체계는 비전문적으로 운영된다.

비대한 공영 방송은 오히려 가상세계를 더욱 확장시킨다. 신문 계열사의 무분별한 확장은 언론의 자유를 축소시킨다. 언론사간의 중복 편집 · 편성은 서로를 동반자로 간주하기보다, 오히려 서로의 입장을 약화시킨다. 서로간의 깊은 믿음은 타인에게 관용을 창출하게 한다. 그렇다면 신뢰 없는 미디어는 관용을 창출할 수 없다. 멀티미디어 상황에서 공익 방송이 뉴스의 질적 수준을 계속 저하시킬 경우, 신문이 방송 보도 영역을 확보할 명분을 얻게 된다. 언론사가 자기 비판 없이, 집단 이기주의로 비대한 우위를 계속 고집한다면, 서로간의 자유 영역 입지는 더욱 좁아진다. 뿐만 아니라, 미디어 중심주의 사회에서 여타 산업 영역도 동시에 궁핍화의 길을 걷는다.

김영삼 정부는 1997 12월 3일 정부와 IMF의 550억 달러 구제금융 지원에 최종 합의하면서 임기를 끝마쳤다. 연합뉴스 · 방송사 · 신문사는 우선적으로 특파원을 줄였다. 신문 지면은 축소되었으며, 간부급을 중심으로 전문 언론인들이 연이어 명예퇴직되었다. 언론의 팽창과 IMF는 무관한지를 작금의 상황과 6공화국의 언론 정책을 인과관계로 풀이할 필요가 있다. 6공화국 정부들은 언론 정책을 폄에 있어서, 통제를 위한 확장에만 관심을 두었다. 신문은 전통적으로 당파성의 비판 매체임을 상기할 필요가 있듯, 각 미디어는 자기 비판을 통해 자유·신뢰를 확보하고, 고유한 정체성을 갖게 된다. 신문은 사회적 의제를 설정하고, 캠페인을 벌이고, 국가 정체성을 확립한다. '부패 추방', '밝은 사회 건설', '맑은 물 되찾기 운동', '샛강을 살립시다' 형태와 같은 사회운동을 신문의 섹션 지면에 확산시켜, 세무조사 이후 추락한 신문의 위상을 높일 수 있다.

TV는 소리 · 영상 · 그래픽 · 문자 · 디자인 등을 통합하지만, 멀티미디어의 인터넷은 쌍방향의 특성을 갖고 있다. 미디어는 고유한 정체성의 영역을 확보함으로써, 다른 영역과 공존의 필요성을 공유하게 된다. 네트워크의 사회 체계는 각 미디어의 정체성을 확보함으로써, 타인 · 타기관에 도움을 줄 수도, 청할 수도 있다. 즉, 체계 안에서 작동하는 모든 하부 체계는 철저한 자기 정체성을 확보함으로써, 궁극적으로 체계의 종속화를 벗어날 수 있다.

참고문헌

권근술, 『세상을 바꾸고 싶은 사람들』(서울: 한겨레신문사, 1998).

권재현, 「경향신문」, 2001년 5월 23일.

김남석, 「한국 신문산업의 시장구조와 언론개혁 과제의 의의」, 『서강커뮤니케이션즈』 2호, 2001.

김동원, 「안티조선 새 국면, 대중화 급류」, 「기자협회보」, 2002년 5월 29일.

김서중, 「정보화시대의 통신사와 정보주권」, 『김대중 정부와 언론』(서울: 서강대학교 출판부, 2002).

김우룡, 「블랙홀에 빠진 위성방송」, 「동아일보」, 2002년 3월 14일.

김재범, 「낙천낙선 운동과 언론보도의 역학관계」, 『저널리즘 비평』 통권 30호, 2000년 4월, 한국언론학회, pp. 20~23.

김정기, 「정확성에 더해 진실성 원칙 천명」, 『신문과 방송』 305, 1996년 5월.

김종찬, 『6공화국 언론조작』(서울: 아침, 1992).

김연종, 「DJ 정부의 언론 정책」, 제3회 서강대학교 언론대학원 학술대회 발표문, 2001년 10월 20일.

김우룡, 「블랙홀에 빠진 위성방송」, 「동아일보」, 2002년 3월 14일

김호기, 「독일 퍼블릭 액세스 운동」, 「중앙일보」, 2003년 3월 7일.

미디어팀, 「정부와 언론」, 「조선일보」, 2003년 3월 5일.

박정훈, 「"동의대 사건은 '화염병 테러'에 불과 민주화운동 규정 역사에 부끄러운 일"」. 「동아일보」, 2009년 2월 26일

방상훈, 『조선일보 80년사』 상, 하(서울: 조선일보사, 2000).

방상훈, 『한국신문통감』, 서울: 조선일보사, 2001년, p. 579

방송제도연구위원회, 『방송제도연구보고서』, 1990년 4월.

배종렬, 『중앙일보 30년사』(서울: 중앙일보사, 1995).

서정우 · 차배근 · 최창섭, 『언론통제이론』(수정판)(서울: 법문사, 1993).

선근형, 「도청 공화국, 군사정부도..문민정부도..국민의 정부도..임동원 · 신건씨- 도청전담팀 3교대 '24시간 풀가동'」, 「경향신문」, 2005년 10월 27일

성한용, "정권은 측근비리로 무너지고 언론은 신뢰 떨어지고", 『신문과 방송』 No. 434, 2007월 2월, p. 15.

안재희, 『한국기자협회 30년사』(서울: 한국기자협회, 1994).

오명, 『민족과 더불어 80년: 동아일보 1920~2000』(서울: 동아일보사, 2000).

우리의 주장, 「일그러진 통합방송법」, 「기자협회」 1996. 2.13.

유일상, 『언론정보윤리론』, 서울: 아침, 2001, p. 543.

이광재, 「국민의 정부와 언론」, 『국민의 정부와 언론』(서울: 서강대학교 출판부, 2002).

이광재, 「케이블 TV 회생시켜야 한다」, 「문화일보」, 1998년 8월 11일.

이근영, 「한겨레신문」, 1995년 8월 2일.

이문열, 「신문 없는 정부 원하나」, 「조선일보」, 2001년 7월 2일.

이문열, 「홍위병을 떠올리는 이유」, 「동아일보」, 2001년 7월 9일.

이범경, 『한국방송사』, 서울: 범우사, 1994, pp. 448~449.

이성기 · 남성욱, 「인권위의 어제와 오늘」, 「한국일보」, 2010년 11월 2일.

이수영, 「영상산업의 활성화를 위한 위성방송정책」, 『서강커뮤니케이션즈』 2, 2001.

이정민, 「불법도청 테이프 유출- 조선 · 동아 지금 제정신 아니야...역겨워」, 「중앙일보」, 2005년 7월 25일.

이형모, 「권력, 자본을 뛰어넘어 진실 되게」, 「미디어 오늘」, 1995년 5월 17일.

이훈 · 민동용, 「독선과 편향된 시각 빠져 시민 없는 시민운동 자초」, 「동아일보」, 2002년 1월 28일.

전종휘, 「한겨레가 만난 사람」, 「한겨레신문」, 2003년 3월 18일.

정용준, 「김대중 정부의 위성방송정책」, 『서강커뮤니케이션즈』 3, 2002.

조현호, 「신문판매 자율규약 지키면 손해」, 「미디어 오늘」, 2000년 7월 13일.

차배근 외, 『우리신문 100년』(서울: 현암사, 2001).

최창봉 · 강현두, 『우리방송 100년』(서울: 현암사, 2001).

최훈 · 이영종 · 이상복 · 서승욱, 「97년 대선 앞두고 무차별 도청-안기부, 보안 위해 프린트 금지」, 「중앙일보」, 2005년 7월 25일

황근, 『방송위원회의 정책 과제와 방향』(서울: 커뮤니케이션북스, 2000).

황선표, 『한국언론 5년('93~'97)』, 서울: 한국언론연구원, 1998, p. 204.

Altschull, J. Herbert, Agents of Power: The Role of The News Media in Human Affairs(New York: Longman, 1984); 강상현 · 윤영철 옮김, 『지배권력과 제도언론』(서울: 나남, 1991).

Buecher, Karl, "The Linkage of Society", Hanno Hardt, Social Theories of the Press(London: Sage Publications), 1979, p. 123.

Defleur, Melvin L., Theories of Mass Communication(5ed)(New York: Longman, 1989).

「경향신문」, 2001년 2월 19일.

「경향신문」, 2001년 5월 2일.

「경향신문」, 2001년 5월 23일.

「경향신문」, 2002년 4월 1일.

「경향신문」, 2003년 2월 24일.

「기자협회보」, 1988년 12월 16일.

「기자협회보」, 1993년 1월 14일.

「동아일보」, 1998년 11월 13일.

「동아일보」, 1월 28일.

「문화일보」, 1998년 11월 11일.

「미디어 오늘」, 2002년 5월 16일.

「사설」, 「동의대 사건 재심(再審), 권력 입맛 맞춘 역사는 다시 쓰인다」, 「조선일보」, 2009년 2월 26일.

『주간동아』, 2000년 8월 31일.

「조선일보」, 1999년 1월 17일.

「조선일보」, 2001년 1월 11일.

「조선일보」, 2001년 3월 2일.

「중앙일보」, 1999년 12월 17일.

「한겨레신문」, 1999년 3월 23일.

「한겨레신문」, 2000년 6월 15일.

「한겨레신문」, 2003년 3월 21일

www.ccdm.or.kr/ccdm

www.naeil.com

www.humanrights.go.kr.

www.pressian.com

www.ccdm.or.kr/ccdm

제 9 장
노무현 참여정부와 이명박 정부

1. 노무현 참여정부

1) 인터넷 위력을 이용한 대통령

노무현(盧武鉉)[781] 정부는 김대중 정부와의 관계적 맥락에서 논의되는데, 김대중 정부는 언론개혁으로 보수언론과 적대관계를 유지했다. 그는 기득권을 파괴시키고, 새로운 언론이 나와야 언론의 공정성 · 공익성 · 다양성이 유지될 수 있다고 본 것이다. 그러나 그런 사고에 대해 기존 보수언론은 '좌파 10년'이라고 했다. 당시 '조중동', '한경대'라는 말이 시중에 회자되었고 방송은 정부 편에 서게 되었다. 정파적 언론이 득세하게 된 것이다. 초기 노 정부는 정부와 언론의 '건전한 긴장관계'를 표방했다.[782] 그럼에도 불구하고 정부는 결국 언론 개혁을 성공하지 못함으로써, 과도기적 언론 형태를 유지했다.

---

781) 노무현 대통령은 1946년 8월 6일 경남 김해시 진영읍 본산리에서 태어났다. 그는 부상상고(1966) 입학, 제17회 사법고시에 합격(1975), 대전지방법원 판사(1977), 조세 관련 소송 변호사 개업(1978) 및 인권변호사(1981), 국회의원 당선(13대, 1988), 국회 노동위에 참여하여 '제5공화국 비리 조사 특별위원회' 위원으로 동 청문회 스타(1988), 김대중 대통령 후보 청년특위 물결 유세단장을 맡아 대선에 참여, 해양수산부 장관(2008), 그리고 대통령 당선(2002. 12. 19, 제 16대), 평양에서 김정일 국방위원장과 남북정상회담(2007. 10), 고향 봉하마을 귀향(2008. 2. 25), 그리고 자살(2009. 5. 22)을 선택했다(노무현, 『성공과 좌절-못다 쓴 회고록』, 도서출판 학고재, 2010, p. 278).

노대통령은 취임 첫해인 2003년 4월 7일 '신문의 날' 기념식에 참석하여, 자신이 생각하는 권력과 언론의 관계를 '건전한 긴장관계'로 간주했다. 그는 '긴장관계라는 것을 공무원들이 취재진에게 주눅 들지 말고 떳떳하게 대하라는 것'이라며 '(공무원들이) 편하고 당당하게 대했으면 좋겠다. 그게 제 소망'이라고 했다. 노 대통령이 보기에 언론인은 '공무원 사회까지 들어와 정책을 왜곡하고, 심지어 인사나 이권에까지 개입하는 집단이다.'라고 했다.[783)]

노대통령은 자신의 이런 언론정책을 직접 시행하기 위해 국정홍보처에 일관되게 자기 사람을 파견했다. 부산일보 편집국장 출신으로 부산지역에서 알고 지냈던 조영동 씨를 첫 홍보처장으로 발탁하더니 인수위 대변인 출신인 정순균 씨를 그 다음 홍보처장으로 임명했고, 이어 김창호 홍보처장을 임명했다.

자기 사람으로 외통수로 끌고 갈 때 당연히 기자와 갈등관계가 문제된다. 우리 편은 동지 그렇지 않은 편은 적이 되었다. 그게 심화되면 정부와 언론은 곧 '악의적 적대관계'가 이뤄지게 마련이다.

보수 신문들은 대통령 임기 초반부터 야당의 일부 정치인들이 그랬던 것처럼 비판을 넘어 비방과 공격을 가하기 시작했다. 심지어 일부 보도의 뉘앙스는 대통령 자체를 인정하지 못하겠다는 논조까지 풍겼다.[784)] 그 적대관계는 결국 헌정사상 최초로 '대통령 탄핵'까지 몰고 갔다.

한국 사회의 정치문화가 가까운 사람은 엄청 가깝고, 타집단 사람은 엄청 멀게 대하는 습성을 가졌다. 노 대통령에게 그 정도가 심화되었다. 더욱

---

782) 최영재, 「노무현 대통령- 정파성 농후해지면서 공격 저널리즘화」, 『신문과 방송』 No. 434, 2007년 2월, p. 10.

783) 신정록, 「노무현 대통령과 언론 기사」, 『관훈저널』 통권 105호, 2007년 겨울, p. 14.

784) 최영재, 상게기사, p. 11; 동아일보의 경우, 노태우, 김영삼 대통령 임기 중에 게재한 대통령 관련 사설 수의 3배가량의 사설을 김대중 대통령 임기 중에 썼고, 또 그것의 2배가량의 사설을 노무현 대통령에 대해 쓴 것으로 나타났다. 그들은 대부분 부정적 논조였다.

이 자나 깨나 '승부수'를 던진 노무현 대통령은 다른 편의 언론에게 늘 독설을 퍼부었다.

노 대통령에게는 그렇게 기존 세력을 적대할 만한 이유가 있었다. 노무현 대통령은 변화와 개혁을 가치로 내걸고 탈권위주의, 원칙과 상식이 통하는 사회, 부정부패가 없는 사회, 평등이 실현되는 사회를 이루고자 하는 희망을 가지고 참여정부를 출범시켰다.[785)]

노 대통령의 이런 외통수적 성격을 달리 보면 타인에게 부정적으로 비칠 수 있었다. 그것은 자기 도취성과 편협성으로 분류할 수 있는데, 그는 자기 중심적이며, 자기 확대, 저돌성, 선동성, 불안정성 등 성향을 가지고 있었다.[786)] 이러한 통치심리 유형에 속한 노무현 대통령은 민주적이면서도 독선과 아집의 권위주의적 리더십이 혼합된, 명확하게 규정하기 어려운 리더십 유형에 속했다.

노 대통령은 과거의 전통적 상식으로는 수용하기 힘든 정치적 경험을 갖고 있었다. 그러나 노무현 정부는 그의 성격에 맞는 매체를 등장시킴으로써 힘을 받기 시작했다. 인터넷이 노 대통령의 정책을 가능하게 한 것이다. 김대중 정부가 깔아놓은 인터넷의 인프라는 권위주의 정부에 도전할 수 있는 기회를 제공했고, 인터넷은 노무현 대통령의 특색을 발휘하도록 근거를 마련해준 것이다. 노무현 대통령은 세계를 앞서가는 정보기술(IT) 강국 한국이 배출한 최초의 인터넷시대 대통령이었다.[787)] 이회창(李會昌)과 정몽준(鄭夢準) 등 막강한 경쟁자를 물리치고 대박을 안겨준 것은, 그의 캠프만이 능히 동원할 수 있었던 누리 꾼 유권자들이었기 때문이었다.

2002년 대통령 선거는 인터넷에서 판가름이 난 것이다. 선거는 박빙의 승부로 끝났지만, 인터넷 여론에선 노무현 후보가 이회창 후보를 9대 1 정도의 비율로 누르고 있었다.[788)] 당시 유권자 500명을 상대로 면접조사를

---

785) 정대수, 『선동가 노무현, 김대중 둥지에서 날다』, 에세이퍼블리싱. 2009, p. 298.

786) 정대수, 상게서, p. 317.

787) 최정호, 「한국현대사와 노무현 시대」, 『동아일보』, 2009년 4월 16일.

실시했던 숙명여대 양승찬 교수의 연구 결과도 비슷했다.

노 대통령 자신도 그렇게 생각하여 "인터넷의 확산은 우리 모두에게 말할 수 없이 큰 영향을 미쳤지만, 특히 저와의 인연은 각별한 것이었습니다. 2004년 4월 총선에서 낙선하고 '노사모'가 만들어진 것도 인터넷을 통해서였고, 네티즌들이 성원과 도움 없이 과연 대통령 후보가 되었을지 의문입니다."라고 했다.[789)]

그 후 그는 청와대에 입성한 뒤에도 인터넷에 홈페이지를 열어 국민과 소통한 첫 대통령이 됐다. 변덕스러운 '휘발성(volatile)의 유권자', 마음을 그때그때 포착하고 소구할 수 있는 '레토릭(언변)'의 달인이었다. 그는 인터넷을 통해 연방 '대통령 못 해먹겠다'[790)]라는 막말을 늘어놓곤 했다. 일부 언론의 비판에도 불구하고 그는 이런 형태의 커뮤니케이션을 즐겨 사용했다. 노 대통령이 당선된 후에도 인터넷 포털은 그에게 영향을 가져다주었다.

포털이 뉴스 서비스를 본격적으로 시작한 것은 2001년 야후코리아가 처음이다. 당시 포털은 뉴스 콘텐츠를 별도의 편집 없이 뉴스 목록으로 보여주는 형태의 서비스 정도였다. 그렇다면 뉴스가 포털의 주요 서비스라기보다는 단순히 이용자를 위한 정보제공이라는 부가 서비스적인 성격이 강했다. 그러나 포털뉴스가 미디어로서 주목받기 시작한 것은 2001년 9·11테러, 2002년 월드컵과 붉은 악마 열기, 미군장갑차 사건으로 인한 촛불시위, 대선에서의 활발한 네티즌 정치 참여 등 민감한 사회 이슈가 이어져 포

---

788) 홍찬식, 「'포털'이라는 괴물」, 『동아일보』, 2006년 10월 4일.

789) 노무현, 「서프라이즈 창간 1주년 축하기고-참여 민주주의의 광장, 인터넷 언론-」, 2003년 10월 28일; 노무현, 『노무현 대통령 연설문집』 제1권, 대통령 비서실, 2004년 2월 25일, p. 466.

790) 2003년 5월 30일 처음으로 가진 언론사 편집, 보도국장 청와대 간담회에서 국장들은 노무현에게 말이 가벼움에 대한 충고를 했다. 즉, '못 해먹겠다.'는 말은 가까운 친구한테나 할 수 있는 말이라며 '행동은 크게, 말은 무겁게 하는 게 좋으며, 지휘관이 자신의 의견을 너무 많이 이야기하면 선택의 폭이 좁아진다.'고 조언했다.

털 뉴스를 비롯한 온라인 미디어의 영향력이 급격히 확대되면서부터 그 영향을 발휘하기 시작했다.[791)]

더욱이 2003년 포털 「다음」을 시작으로 포털들이 뉴스를 제공하면서 젊은 층의 뉴스 소비행태를 변경시키기에 이른다. '뉴스 포식자' 박정용 네이버 유닛장은 "뉴스 사이트 하루 방문자 수만 평균 450만을 넘는다. 그는 또 80여 개 미디어로부터 하루 8천여 건의 뉴스를 제공받아 그중 500여 개 정도를 편집해 사이트에 게재한다."라고 했다.[792)]

또한 포털은 디지털의 최대 장점인 쌍방향과 네티즌 참여를 확대시켰다. 즉, 이 매체는 종합 플랫폼으로 진화하면서 시민의 참여 확대와 미디어 기능을 강화하였다. 쌍방향 미디어를 사용하는 네티즌은 직접 제작하는 콘텐츠(User Created Contents, UCC)를 활성화시켰고, 블로그, 인터넷 카페 등에서 개인이 콘텐츠를 제작해 올리는 '1인 미디어'를 선호했다.[793)]

한편 5대 포털에 접속하는 사람은 하루 2000만 명에 이른다. 점유율 1위의 어느 포털은 하루 방문객이 1250만 명이다.[794)] 포털의 지분을 보면 2007년 6월 6일 기준으로 네이버(39.2%), 네이트(23.82%), 다음(20.57%), 야후코리아(4.3%)이었다. 상위 4개 업체의 점유율이 88.3%에 이르렀다.[795)] 신문과 방송이 그렇듯 포털에도 과점이 형성된 것이다.

포털의 힘은 대통령이 네티즌과 직접 대화하고 그 내용을 생중계까지 하기에 이른다. 당시 참여 미디어는 네이트, 다음, 야후, 엠파스, 파란 등 5개 포털이었다.[796)] 기존의 신문과 방송에 인터넷이 그 영향력을 행사하

791) 정대필, "언론사와 포털이 윈윈할 수 있어야", 『신문과 방송』, No. 439, 2007년 7월. pp. 42~43.

792) 김택환, "포털사이트와 한국언론", 『관훈저널』 통권 99호, 2006 여름, p. 11.

793) 김택환, 상게 논문, p. 15.

794) 홍찬식, 상게 칼럼.

795) 임정수, "사회적 쟁점 유발 미디어로서 위상 높아져", 『신문과 방송』 No. 439, 2007년 7월, p. 39.

796) 김택환, 상게 논문, pp. 11~12.

면서 3대 미디어가 서로 경쟁하는 체제를 맞이한 것이다.

인터넷 미디어가 대통령을 선택하기에 이르렀고 거기에 방송이 첨가되어 그 힘은 괄목할 만 했다. 노 대통령은 "방송이 없었으면 대통령이 될 수 있었겠는가. 방송에 대해 고맙게 생각하고 있다."라고 했다.[797)]

신문 매체는 인터넷의 위력에 별로 관심을 두지 않았으나 실제 그렇지 않았다. 인터넷 전자 매체의 시대가 도래한 것이다. 노 대통령은 스프라이즈 1주년 기념사에서 그 사실을 인정하고 나름대로 인터넷 매체의 특징을 이야기했다. 그는 "인터넷 언론의 특징은 다른 매체에 비해 물리적인 제약이 덜하다는 점입니다. 시간과 공간의 제약은 물론 편집권에 있어서도 부당한 간섭을 받지 않습니다. 모든 사실이 시시각각 있는 그대로 전파되고 오직 독자들의 평가에 의해서만 견제를 받습니다. 현안에 대한 신속하고 다양한 여론을 한꺼번에 읽을 수 있는 곳도 인터넷 언론 공간입니다. 인터넷 언론이 가진 또 하나의 강점은 투명성에 있습니다. 정보 독점과 그로인한 특권, 밀실 야합과 같은 구시대적 양태는 인터넷 공간에서 용인되지 않습니다. 모든 정보가 숨김없이 공개되고 공유되며, 네티즌 한 사람 한 사람이 감시자와 비판자의 역할을 하고 있습니다."라고 했다.[798)]

순발력을 요구하는 인터넷은 또 다른 측면에서 노 대통령에게 화근을 가져다주었다. 인터넷 미디어를 싸고돌고 기존 미디어에 비판만할 때 기존미디어는 당장 문제를 제기했다. 막말을 일삼는 노무현 대통령에게 탄핵이라는 큰 위기가 닥친 것이다. 2004년 3월 9일, 새천년 민주당과 한나라당 야 2당은 '선거법 위반', '측근비리' 등으로 대통령 탄핵안을 발의했고, 3월 12일 그 안을 가결시켰다.

각 신문은 여러 지면을 할애하면서 헌정 사상 초유의 충격적 사태를 보도했고 인터넷 미디어는 불을 뿜기 시작했다. 13일 이후 탄핵반대 여론이 거

---

797) 노 대통령, 2003년 3월 4일 KBS 창립 30주년 기념 리셉션; 정연욱 · 이진영, 「방송에 감사한다던 盧 대통령 요즘 왜?」, 「동아일보」, 2006년 7월 18일.

798) 노무현, 상계서(2004), p. 467.

세졌다. 친노단체가 중심이 되던 촛불 시위도 파병이나 FTA 등의 문제로 노무현 정부에 등을 돌렸던 세력을 포함하는 범시민단체와 일반인들이 참여하면서 대규모화되기 시작했다.[799] 그들의 연대 매체가 인터넷이 된 것이다.

2) 인터넷과 TV의 융합

2004년 3월 12일 국회의 대통령 탄핵소추안 결의(193 가결/271 정족수)로 시작된 탄핵정국 파동은 5월 14일 헌법재판소의 기각 결정과 함께 정확히 63일 만에 막을 내렸다. 인터넷의 힘은 위력을 발휘했고 방송도 탄핵사태에 개입했다. 당시 70% 국민들은 탄핵사유에 대해 의심했고 방송 지도부는 여전히 노무현 세력들로 포진했다. 공정성 · 공영성에 묶여있던 방송매체를 인터넷이 선도하고 나선 것이다. 그 결과 방송은 공정성 문제에 휩싸이게 되어 이른바 탄핵방송 시비는 한 달 뒤 또 다시 논란의 초점으로 떠올랐다. 사내 강동순(姜東淳) KBS 감사가 24일 오후 서울 영등포구 여의도동 KBS 본사 자신의 사무실에서 기자회견을 자청해 KBS의 문제점을 조목조목 지적하고 개선안을 제시했다.[800]

강 감사는 편파 보도 문제를 우선 지적했다. 그는 "노무현 대통령 탄핵소추안이 가결된 2004년 3월 12일 KBS 9시 뉴스에서 19건의 편파성 기사가 나갔고, KBS는 탄핵안 가력 이후 15일간 중계차를 동원해 전국 각 지역에서 탄핵에 반대하는 목소리만 생중계로 내 보냈다"라고 했다.

한편 방송위원회의 의뢰를 받아 지상파TV 3사의 탄핵 관련 방송을 분석한 '한국언론학회가 보고서'[801]를 내놓았다. 지금까지 전자 매체는 정보전달 수준에 머물렀으나 정파성을 지닌 전자매체로 탈바꿈한 것이다.

---

799) 이용성, "'친노 대 반노' '민주 대 반민주' 구도로 양분", 『신문과방송』 No. 400, 2004년 4월, p. 57.

800) 서정보, 「KBS 강동순 감사 2004년 탄핵방송 비판」, 「동아일보」, 2006년 4월 25일.

인터넷과 방송이 정치권력, 혹은 자본에 의해 언제든지 휘둘릴 수 있는 가능성을 열어줬던 것이다. 지금까지 공영방송은 더 이상 공영성의 기능을 상실하며 '전파는 국민의 재산'이라는 개념을 묵살시킨 역사적 사건이었다. 말하자면 인터넷 정파성이 방송에 까지 바이러스를 전한 것이다.

탄핵 파동으로 16대 총선에서 열린우리당(152석)이 한나라당(121석)에 지배정당으로 탈바꿈했다. 노 대통령을 뽑아준 것도 인터넷 매체였고 지켜준 것도 인터넷 매체였다. 노 대통령은 인터넷을 통해 언제나 국민과 직접 커뮤니케이션을 시도한 것이다.

과거 권위주의가 갖고 있던 갖가지 왜곡된 현실의 정보가 인터넷으로 흘러나왔다. 국가통치 문화가 과거와는 전혀 다른 새로운 문화가 형성된 것이다. 그 때마다 노 대통령은 언제나 인터넷을 통해 여론을 부추기고 있었다.

그는 국정 홍보처 관리들에게 인터넷으로 댓글 달기를 권장하고, 그것을 관리들에게 권장한 것이다. 국정홍보처가 '토요일 날 부처의견(댓글) 달기가 제대로 되지 않음', '부처별로 계획을 수립', '이행에 철저를 기해 달라.', '반드시 2차례에 걸쳐 (댓글)다는 것이 원칙' 등을 시달했다. 이 방법

801) 탄핵방송에 대한 시비는 3월 12일 탄핵소추안 결의와 함께 시작됐다. '한국언론학회 보고서'는 국회의 탄핵안 가결 직후인 2004년 3월 12일과 13일 이틀 동안 방송된 지상파 방송 3사(KBS 1, 2, MBC, SBS)의 뉴스 특보 및 속보, 그리고 같은 달 14일부터 1주일간의 정규 뉴스 및 시사 토론 프로그램 등 6개 장르를 분석 대상으로 삼았다(원용진 · 홍성일 · 방희경, 『PD 저널리즘: 한국방송 저널리즘 속 일탈』, 한나래, 2008, p. 25).
한나라당과 민주당 등은 '방송 3사가 국회의 탄핵 의결과정을 반복해서 보여주는가 하면 탄핵에 반대하는 시민들의 목소리를 편파적으로 담았다'며 방송에 강한 불만을 나타냈다. 공정성 검정을 위해 방송위원회가 언론학회에 조사를 의뢰했다. 공을 넘겨받은 언론학회는 책임연구원 이민웅(한양대), 윤영철(연세대) 교수와 공동연구원 윤태진(연세대), 최영재(한림대), 김경모(연세대), 이준웅(서울대) 교수로 연구진을 구성해 그해 5월 29일 보고서를 완성했다.
연구팀은 결론적으로 '아무리 느슨한 기준을 적용해도 공정했다고 말하기는 어렵다'면서 TV 방송이 공정성을 지키지 못한 이유로 탄핵안 가결을 둘러싼 갈등을 합법적 논쟁의 영역에 속하는 제도권 정치 집단 간의 정치적 갈등으로 본 것이 아니라 일탈적 행위로 보았다.

은 "국정홍보처가 외교부, 국가정보원 등 정부 부처 47곳에 공문을 보내 설명한 '댓글(의견달기) 올리는 표준방법' 중 일부다."라고 했다.[802)]

한편 홍보처는 '대통령 지시사항'이라며 매일 부처별 댓글 실적을 점검하고 공무원들의 인터넷 주소 확인에까지 나선 것이다.[803)] 국정홍보처는 정부정책 홍보사이트 '국정브리핑'에 언론보도를 비판하는 댓글달기 경쟁을 시킨 것도 모자라, 그 실적을 점검하겠다며 공무원들의 인터넷 주소(IP)까지 파악한 사실이 뒤늦게 드러났다.

또한 노 대통령은 인터넷 댓글로 정책을 직접 진두지휘했다. 노 대통령은 당초 미국의 '라디오 주례 연설'을 검토했었다. 2003년 7월 라디오 주례 연설을 시도했으나 무산되기도 했다. 노 대통령이 이후 인터넷 서신 정치로 전환한 것은 '루스벨트식 노변정담이 라디오의 시대였다면 지금은 인터넷 매체의 시대'라는 판단에 따른 것이라고 참모들은 전했다.[804)] 노 대통령는 관저의 데스크 탑 컴퓨터를 통해 주로 밤에 서신을 작성한다. 아침에 서신이 부속실에 건네지면서 안별로 홍보, 민정, 시민사회 수석과 이종석 국가안전보장회의(NSC) 사무차장 등에게 e-메일로 보내져 가감의 의견을 듣는다.

한편 문화관광부는 2006년 5월 22일 '국정브리핑이 자체 취재 인력으로 시사 문제에 대해 보도와 논평을 하므로 신문법이 규정한 인터넷 신문으로 볼 수 있다'며 '정부가 운영하는 사이트여서 등록의 의무는 없지만 인터넷 신문으로서 법적인 책임은 져야한다.'고 밝혔다.[805)] 청와대와 문화관광부는 인터넷 언론을 운영하고 노 대통령은 인터넷 기자가 된 것이다.

국정홍보처가 꾸리는 국정브리핑은 세계 언론사상 유례없는 실험을 하고 있었다. 노 대통령은 그의 임기 말인 2007년 5월 22일 '취재지원시스템

---

802) 김봉기, 「댓글 '강요하는' 홍보처」, 「조선일보」, 2006년 9월 28일.

803) 「사설」, 「공무원은 정권의 '인터넷 홍위병'이 아니다」, 「동아일보」, 2006년 4월 25일.

804) 최훈, 「노 대통령 '인터넷 서신 정치' 왜 하나」, 「중앙일보」, 2005년 7월 7일.

805) 이진영, 「홍보처 국정브리핑도 언론」, 「동아일보」, 2006년 5월 23일.

선진화'를 발표했다. 그 방안은 ① 합동 브리핑센터 설치, ② 전자 브리핑 시스템 구축 ③ 정보공개법 개정 등을 뼈대로 하였다.[806)]

정부는 '낡은 관행을 버리고 선진적인 체계를 만들자는 것'이라고 밝혔으나, 언론학계나 일선 취재 현자에서는 '공급자(정부) 위주의 정보 의존성이 높아지고 정보 접근성이 떨어지며 정부 감시기능이 크게 위축될 것'이라고 했다.[807)]

한편 국정브리핑은 자체 취재 편집 직원을 두고 보도와 논평 그리고 이의 제기를 했다. 노 대통령은 정부 정책에 대해 배경을 설명하고 홍보를 하는데 그치지 않고 논평가의 역할까지 자임한 것이다. 또한 국정브리핑에 게재되는 칼럼은 국정 현안을 설명하기보다는 비판 언론을 공격하는 내용이 많았고, 국정브리핑은 스스로를 '국민과 소통하기 위한 관영대안매체'라고 주장하기도 했다.[808)] '청와대 블로그'는 '브랜드 블로그'로 대안매체였다. 이 블로그에는 '대통령의 요즘 생각', '대통령의 메모' 같은 코너가 마련됐고, '사실과 주장'이란 코너는 비판적 신문들을 반박하는 내용들이 대부분을 차지한 것으로 알려졌다.[809)]

더욱이 노 대통령은 2005년 18건의 인터넷 편지를 빈번히 썼다.[810)] 원고지로 환산하면 230여 매이고 원만한 단편 소설 2편의 글이었다. 18건의 인터넷 댓글을 분석한 결과 정치 분야는 1건당 평균 23.2매를 상회했다.

이 글은 정치(5건), 사회적 논란에 참여한 글(3건), 논쟁사안 개입(3건) 등, 그리고 노 대통령은 10월 말부터 '국정 브리핑'과 청와대 홈페이지 등

---

806) 황준범 · 서정민, 「정보공개 '선진화 방안'은 정작 빠져」, 「한겨레신문」, 2007년 5월 23일.

807) 황주범 · 서정민, 상게 기사.

808) 「사설」, 「무책임한 국정브리핑과 청와대 통계 왜곡」, 「동아일보」, 2006년 5월 23일

809) 정우상, 「盧 대통령, 끝없는 대안매체 만들기」, 「조선일보」, 2006년 1월 17일; 대안 매체는 '노무현 브리핑'(2002년 대선 당시), '인수위 프리핑', '청와대 브리핑', '국정브리핑', 포털 사이트 파란의 '청와대 섹션' 등이었다.

810) 정우상 · 안용현, 「청와대 인터넷으로 본 2005년」, 「조선일보」, 2005년 12월 23일 ,

을 통해 40여건의 댓글을 달았다. 그는 댓글 통한 '국정브리핑 띄우기'를 시도했다.[811)]

그의 '승부수'의 성격은 인터넷에 적합하게 보였다. 노 대통령은 승부수를 즐겨 사용했다. 그는 2000년 4월 16대 총선을 맞아 주변의 결사반대에도 불구하고 서울 종로를 버리고 '지역주의를 깨겠다.'며 부산 북 · 강서을에 도전장을 내밀었다.

그는 낙선했지만 '바보 노무현'이라는 별칭을 얻으며 국민적 정치인으로 부상했고 훗날 집권의 씨앗을 마련했다.[812)] 또한 2002년 여당 대선 후보가 된 뒤 지지율이 급락, 후보 사퇴 압력이 거세지자 '국민통합21' 정몽준 후보와의 단일화 카드로 승부를 걸었고, 결국 집권에 성공했다.

대통령 재임기간에도 그는 위기에 몰릴 때마다 재신임 요구, 보수를 포함하는 대연정, 개헌 제기 등 벼랑 끝 승부수를 던졌다. 그는 그 때마다 국면을 반전시키는 데는 대부분 성공했다.

재임 기간에는 인터넷으로 벼랑 끝 승부수를 던진 것이다. 그는 2009년 4월 12일 인터넷 게재 글에서 "보도를 보니 박(연차 태광실업) 회장이 내가 아는 사실과 다른 이야기를 했다."고 밝혔다.[813)] 그는 기회 있을 때마다 인터넷으로 승부수를 던진 것이다.

인터넷과 TV가 융합하는 법안이 2007년도 말 만들어졌다. IPTV 등 방송통신 융합서비스가 차세대 성장 동력 산업으로 부각한 것이다. 방송위원회와 정보통신부의 관할권 다툼은 예상된 일이었다.

노 대통령은 "사회 현실은 방송과 통신을 구분하기 어려운 수준인데 국가 제도는 2가지로 나뉘어 있는 것이 현실에 안 맞다."고 지적했다.[814)] 후

---

811) 정우상 · 안용현, 상게 기사.

812) 최우규, 「벼랑 끝 '승부사 노무현' 반전 카드 통할까」, 「경향신문」, 2009년 4월 14일.

813) 최우규, 상게 기사.

814) 정연욱 · 이진영, 상게 기사.

일 정부와 방송의 갈등이 첨예화할 전망을 보인것이다. 노 대통령은 "요즘 방송사 이기주의 또는 직원 이기주의, 노동조합 이기주의가 중심이 돼 있는데 거기에 대해 마땅한 통제 수단이 없다."라고 했다.[815] 취임 초 방송을 향한 '찬사'가 3년여 만에 '조직 이기주의'를 비판하는 직격탄으로 바뀐 것이다.

한편 IPTV의 조기 도입을 위해 정부는 2006년 11~12월 시범 서비스를 실시하여 상용 서비스 도입과 관련한 기반을 조성하였다.[816] 11월 22일부터 인터넷으로 TV를 볼 수 있는 IPTV사업이 서울과 경기도의 일부 지역에서 시범적으로 실시되고 있다. 방송과 인터넷이 융합된 인터넷방송, 휴대폰과 방송이 결합된 DMB서비스, 인터넷과 휴대폰이 결합한 와이브로(Wibro) 서비스에 이어 IPTV가 등장한 것이다.[817] 이에 따라 방송과 통신의 융합현상을 규제하고 관리할 '방송통신위원회'를 설립 준비할 '방송통신융합추진위원회'가 2006년 7월 말에 출범하였고, 이를 위해 국무총리실 국무조정실은 방송통신융합추진지원단을 구성했다. 그리고 국무조정실은 지난 12월 6일 '방송통신위원회'의 설립 및 운영에 관한 법률(안)을 입법예고 했다.

인터넷 멀티미디어 방송사업법(IPTV법)이 2007년 말 통과된 뒤, 대통령직인수위원회가 정보통신부 해체 등 관계 정부 부처 개편을 거론하는 상황에서 IPTV에 대한 산업적, 제도적 이슈는 강조되었다.

한편 IPTV는 2008년 11월 17일 업계 최초로 KT의 '메가TV'가 실시간 지상파 방송을 시작하여 상용화의 첫걸음을 내디뎠다. 이어 SK브로드밴드, LG데이콤 등 IPTV 사업자들은 IPTV 개국식을 가졌고, 2008년 9월쯤 방송업계와 통신업계 정책 담당자 측의 커뮤니케이션을 원활히 하고 방

815) 정연욱 · 이진영, 상게 기사.

816) 이에스더 · 최선욱, 「논쟁과 대안-'진화하는 방통 융합 기술...법 · 제도를 퇴화시키는 셈'(방송통신위원회 구성 논란)」, 「중앙일보」, 2007년 1월 11일.

817) 박성호, 「정책과 규제 기구를 별도로 해야」, 『신문과 방송』, No. 433, 2007년 1월, p. 16.

송과 통신을 아우르는 협회의 필요성을 제기했다. 그 필요성에 따라 김인규(金仁圭) 씨가 디지털미디어산업회의 초대 회장으로 선임되었다.

3) 새로운 정치문화

집권 초기 노 대통령의 주변에는 '밀실', '측근', '가신', '권력의 비자금'이라는 말도 들리지 않았다. 권력기관 독립은 상당 부분 이뤄졌고 공직사회의 투명성도 개선됐다. 민주화 20년에 걸맞게 민주주의도 많이 커졌고 대통령을 둘러싼 권위주의 영역도 허물어졌다.[818] '노무현 효과'가 나타나기 시작한 것이다. 노무현 대통령은 전자 미디어를 통해 정치문화를 바꾸는데 일조를 했다. 당시 '노무현 정신'은 지역주의 타파, 권위주의 청산, 남북 화해, 사회적 약자 및 소수자 보호, 검찰 개혁 등으로 요약할 수 있었다.[819]

인터넷의 속성에 맞게 노무현 정부를 '참여정부'라는 이름을 붙이고 정부는 국민을 참여시키려는 노력을 했다. 정부의 명칭이 인터넷 쌍방향에 맞는 이름이 달린 것이다.

노무현 제16대 대통령 취임사에는 '국정목표와 국정원리'[820]가 그 녹아있었는데 거기에는 '평화와 번영과 도약의 시대로'를 공약으로 걸었다.

---

818) 「사설」, 「국민의 눈을 가리는 대통령」, 「중앙일보」, 2007년 1월 24일.

819) 오태규, 「노무현 대 이명박」, 「한겨레신문」, 2009년 5월 29일.

820) 참여정부의 국정목표는 ① 국민과 함께하는 민주주의, 더불어 사는 균형발전사회, 평화와 번영의 동북아 시대, ② 경제발전 공약이 빠졌다는 지적이 있었다. 우리는 너무 당연한 것이어서 시대적 과제가 될 일이 아니라는 생각이었다. 오해에 많이 시달렸다(노무현, 상게서(2010), p. 22).
또한 국정원리는 ① 원칙과 신뢰, 투명과 공정, 대화와 타협, 분권과 자율, 이것은 내가 만들자고 하여 만든 것이다. ② 나는 이것을 국가발전의 전략으로 생각한 것이다. 기본을 바로하자, 나는 이것이 전략이라고 생각했던 것이다. 빠진 것은 '국민통합'이었다. 또한 '무엇을 했느냐'에서 민주주의와 정치발전, 국민통합, 지역구도 극복, 균형발전, 동북아 평화와 번영, 민생과 경제, 제도개혁... 그는 자주국방, 균형외교, 역사의 정리 등에 관심을 가졌다(노무현, 상게서(2010). p. 22).

즉, 정부는 개혁과 통합을 바탕으로 국민과 함께 하는 민주주의, 더불어 사는 균형발전사회, 평화와 번영의 동북아 시대를 열어 나갈 것을 약속했다. "이러한 목표로 가기 위해 저는 원칙과 신뢰, 공정과 투명, 대화와 타협, 분권과 자율을 새 정부 국정운영의 좌표로 삼고자 합니다."라고 했다.[821]

그는 과거의 왜곡된 정치형태로부터 변화에 초점을 두며 진정으로 국민이 주인인 정치가 구현되기를 기대했다. 지금까지 당리당략보다 국리민복을 우선하는 정치풍토가 조성되도록 힘쓸 것을 공언하며, 대결과 갈등이 아니라 대화와 타협으로 문제를 푸는 정치문화가 자리 잡도록 염원했다.

그는 17대 여야의 총선후보들이 '국민경선'으로 치르는데 일조했고, 돈 '안 들어가는 선거'를 주도하기 시작했다. 또한 노 대통령은 언론개혁에 관해서도 언급하며, 저는 "정부가 할 수 있는 일은 한계가 있다고 생각합니다. 국민들이 분위기와 방향을 만들면 언론 스스로 개혁해 주기를 바랍니다."라고 했다.[822] "다만 적어도 유착하지는 말자, 아니면 적당한 타협하지는 말자."라고 했다.

정부가 깨끗해지기 위해서는 정부와 언론 사이에 약간의 긴장관계가 필요하지만, 그는 '서로 무례한 행동은 삼갈 필요가 있었다.'라고 했다. 그는 취재 관행에 대해서는 '국민의 알 권리와 언론의 취재 권리도 중요하지만 공무원들이 안정되게 일할 권리고 보호되어야 한다. 열심히 일하는 있는 공무원들의 사무실에 기자들이 들어오는 것은 삼갈 필요가 있다.'라고 했다.

그는 불합리한 취재관행을 정상화하는 것에 관해서 '언론이 또 하나의 권력이다.'라고 생각했다. 언론은 견제 받지 않는 권력인데 견제 받지 않는 권력은 위험하다고 본 것이다.

더욱이 그는 몇몇 언론사가 시장을 독과점하고 있는 상황에서는 더 더욱

---

821) 노무현, 상게서(2004), 2월 25일, p. 29.

822) 노무현, 「참여정부 국정토론회 강연」, 2003년 3월 7일; 노무현, 상게서(2004), p. 58.

그렇다고 봤다.

그는 "그동안 대통령 선거 때마다 되풀이되었던 언론의 편파적인 보도에 대해서 이야기하고, 군사정권이 끝난 이후에도 몇몇 족벌언론은 김대중 대통령과 '국민의 정부'를 끊임없이 박해한 것"으로 간주했다.[823]

그의 기본적 사고와 언론의 자유, 표현의 자유는 반드시 갈등을 유발시킬 수 있었다.[824] '정부와 언론의 적대적 관계'가 형성된 것이다. 노 대통령이 평상시에 갖고 있었던 생각에 언론을 생각할 필요가 있었다. 그는 2003년 6월 9일 일본 국빈방문 시 일본 국회에서 연설을 했다. 그는 그 자리에서 국정의 원리로서 '원칙과 신뢰', '공정과 투명', '대화와 타협', 그리고 '분권과 자율' 이 네 가지를 강조했다.[825]

그러나 그의 이상은 의외로 쉽게 무너졌다. 즉, 노 대통령의 말실수로 곧 언론과 국민들로부터 신뢰를 잃어갔다. '노무현의 실수'가 그의 발목을 잡았던 것이다. 노 대통령은 2003년 3월 9일 검사와 토론에서 '이쯤 되면 막하자는 것'(대통령이 취임 전에 청탁전화에 대해 따지자)이라고 했다. 또한 그는 5월 21일 5·18 행사추진위 간부들과 면담에서 '이러다 대통령직을 못해먹겠다는 생각이 위기감이 든다.'라고 했다.

청와대 쪽은 이를 두고 '대통령이 근본주의자이기 때문'이라고 설명하는데 근본주의의 치명적인 약점은 대중과의 호흡에서 드러난다.[826] 국민적 공감을 얻지 못하면 '무능'이나 '무책임'이라는 비판을 받게 된다. 또한

---

823) 노무현, 상게서(2004), p. 58.

824) 노무현 정부가 언론을 시종일관 권력기구로 여긴 것은 언론이 국민이나 정부의 권한을 빼앗는 사람들로 본 것이다. 그 현실이 임기가 끝난 시점에서 술회했다. 그의 자서전 『성공과 좌절』에서 "검찰에서 조사를 받고 온 날 아내가 불쑥 말합니다. 권력은 돈하고 언론하고 검찰에 있어요. 정치인들은 껍데깁니다. 정치인들 막고 살 것도 없는 사람들이 큰소리만 빵빵 쳤지, 뭐가 있어요? 돈이 있어요? 걸핏하면 감옥이나 들어가고, 불쌍한 사람들이에요"〔노무현, 상게서(2010), p. 75〕. 또한 그는 "정말로 언론은 사회의 공기일까? 정도를 넘으면 흉기가 된다. 카메라도 볼펜도 사람도 생각도 흉기가 된다."라고 했다.

825) 노무현, 상게서(2010), p. 224.

826) 김의겸, 「당과도..국민과도...'말이 안 통한다'」, 「한겨레신문」, 2005년 8월 25일.

다른 한편으로 근본주의적 문제의식을 참모들도 제어하지 못하고, '나 홀로' 판단과 결정이 늘 문제가 되었다. 그때 언론은 청와대와 당과 상시적 소통기구 필요성을 강조하기도 했다.

더욱이 그가 인터넷에서 쉽게 사용한 즉흥적 발상은 그의 앞을 가로막았다. 국가원수답지 않은 경박한 언행, 행정수도 추진 등 위헌 행위, 엉뚱한 '대연정' 추진과 하야 가능성 시사, 국민지지를 업지 못하는 개헌 제안, 수없이 이어졌던 부실, 종합선물세트 같은 허점과 실수를 연발했다.

노 대통령은 상대방의 심기를 불편하게도 했다. 그는 "자기들 나라, 자기 군대 작전통제도 제대로 할 수 없는 군대를 만들어 놔놓고 그렇게 별들 달고 거들먹거리고 말았다는 얘깁니까?"라고 했다(2006년 12월 21일 민주평화통일자문회의 상임위원회 연설).

또한 2008년 그가 대통령직에서 불러났을 때 재임 시 말실수가 화근이 되었다. 남상국 전 대우건설 사장 부인이 전직 대통령을 고발한 것이다.[827] 또한 승부수를 기꺼이 자처하는 청와대와 언론 간에 긴 논쟁은 갈등을 유발했다. 김대중 정부의 '언론개혁'으로 사이가 좋이 않았던 보수 신문과 분란이 끊이지 않았다.

첫 시작은 대통령직 인수위원회에 대한 언론의 지나친 취재경쟁으로 부풀리기와 추측보도 등 부정확한 기사가 양산되고, 취재현장에서 내부서류를 절취하는 사건까지 잇따르는 등 물의를 빚고 있다.[828] 이에 따라 인수위측은 기자들과 위원들 간의 개별접촉을 불허하기로 방침을 바꾸고 취재

---

827) 노무현 대통령으로부터 공개 비난을 받은 직후 한강에 투신자살한 남상국 전 대우건설 사장의 부인 김선옥 씨와 자녀, 남 전 사장의 남동생 등 유족 8명은 19일 노 전 대통령을 명예훼손 혐의로 서울중앙지검에 고소했다(전성철, 「前 대우건설 사장-故남상국씨 유족, 盧 전 대통령 고소」, 「동아일보」, 2008년 12월 20일). 유족은 고소자에서 "남 전 사장이 노 전 대통령의 형 노건평 씨를 찾아가 머리를 조아리거나 돈을 준 사실이 없으며, 오히려 노 씨가 그의 처남 민경찬 씨가 사장 연임을 도와주겠다며 먼저 요구해 어쩔 수 없이 3,000만 원을 준 것"이라고 밝혔다.

828) 조현호, 「'인수위 보도' 추측 · 문서절취 물의」, 「미디어 오늘」, 2003년 1월 9일.

창구를 단일화했다.

노 대통령은 보수언론에 지금까지 좋은 감정을 가지지 않은 터라 또 다른 승부수가 작동하였다. 그는 승부사 기질을 갖고 있어 언론을 일시에 반전시키도록 했다. 그의 정치인생이 말하듯 특유의 반전 승부수를 던져 국면을 돌파하려는 습성이 작동한 것이다.

물론 노 대통령은 한국 언론의 '경마식 보도'의 속성을 잘 알고 있었다. 그는 '공격'의 언어를 만들어내고, 그 언어로 승부수를 던진 것이다. 물론 언어는 '인간생성의 기본원리'이고 '인간존재의 집'이다.[829] 의사소통은 '인간존재의 보편적 조건'이고 '인간을 본능에서 영감으로 인도하는 힘'이다. 의사소통의 궁극적 목적은 함께 더불어 사는 공동체를 구현하는 데 있다고 말할 수 있다.

과거 정부들이 가졌던 잘못된 위계질서의 언어는 노 대통령에게 비위가 거슬렸다. 즉, 과거의 정부는 여전히 권위주의적 속성을 지녔고 제도화에 더욱 관심을 가졌으나 노무현 정부 이후 국민들은 언론자유에 대해 본격적으로 논의한 것이다. 당시 언론의 자유는 절대적 자유가 아니고 상대적 자유이기 때문에, 법이 보장하는 다른 권리와 자연스럽게 갈등하게 된다.[830] ① 개인적 권리와의 갈등 ② 사회적 권리와의 갈등 ③ 국가적 권리와의 갈등 관계이다.

자유는 인류의 가장 보편적 가치, 생명과 같이 창조주로부터 부여받은 양도 할 수 없는 천부적 인권이다. 그러나 개인의 자유는 다른 사람과 부딪쳤을 때 상대성을 띄게 마련이다.

언론의 자유가 상대적 자유를 가졌기에 개성 강한 노무현 대통령의 사고는 다른 사람과 특별할 갈등관계에 놓이기 일쑤였다. 물론 그의 갈등은 언론 뿐 아니어서, 대통령 인기 내내 나는 경제 파탄, 민생 파탄, 총체적 파

829) 서정우, 『언론자유와 사회윤리』, 나남, 2010, p. 14.

830) 서정우, 상게서, p. 123.

탄, 잃어버린 10년, 이런 평가를 하는 사람들과 싸웠다.[831] 새로운 정치문화 정립에 관심을 가졌던 그는 그 갈등이 "권력의 사유화가 권력의 속성이고, 이를 막는 것은 정치의 근본 과제입니다."라고 봤다.[832]

그는 국정의 최고 책임자로서 권력의 사유화를 막기 위해, 국방과 외교, 질서, 민생, 정부의 관리와 개혁, 위기관리, 국민통합, 민주주의와 정치개혁 등 갈등을 풀어간 것이다.[833] 노 대통령은 좌파의 논리로 그리고 급진적 운동권 논리로 개혁에 모든 관심을 집중시켰다. 지금까지 잘못된 관행을 고치려고 했다. 후일 그는 자신의 자서전에서 "대통령이 되려고 한 것이 가장 큰 오류였다. 개인적으로 준비되지 않은 사람이 준비된 조직적 세력도 없이 정권을 잡았고, 우리 사회가 미처 받아들일 준비가 안 된 개혁을 하려고 한 것이 무리였을 것이다."라고 했다.[834]

4) 언론 개혁

설령 실패한 개혁이었지만 당시 그의 개혁의지는 괄목할 만했다. 더욱이 그는 김대중 정부와 같은 맥락에서 언론개혁을 집요하게 강조했다. 그는 나름대로 개혁을 정리하면서, 개혁은 "자기 극복입니다. 개혁의 첫 번째 조건은 절제입니다. 불편 없는 개혁, 현재 서 있는 자리가 위험하지 않은 개혁이 어디 있습니까? 그러나 개혁이 성공하면 훨씬 더 좋은 기회를 가질 수 있습니다. 안주하면 우리가 타고 있는 배가 가라앉거나 기껏해야 현상유지입니다."라고 했다.[835]

또한 노 대통령은 개선을 개혁으로 봤다. 그는 "왜 언론과의 합리적 관

---

831) 노무현, 상게서(2010), p. 16.

832) 노무현, 상게서(2010), p. 19.

833) 노무현, 상게서(2010), p. 20.

834) 노무현, 상게서(2010), p. 29.

835) 노무현, 「제1차 중앙부처 실 · 국장과의 대화 말씀」, 2003년 6월 20일; 노무현, 상게서(2004), p. 264.

계 개선이 중요한가? 첫 번째 이유는 어떤 권력이든 상호 견제와 균형의 건전한 긴장관계가 필요하기 때문입니다. 많은 사람들은 '권력'하면 '정치권력'을 머릿속에 떠올립니다. 그러나 우리 사회에는 보이지 않는 많은 권력집단이 존재합니다. 그중 대표적인 것이 '언론권력'입니다...이러한 권력은 노력에 대한 보상이나 전리품이 아니라 국민이 부여한 '소명'입니다. 권력을 마치 전리품인 것처럼 착각하는 순간, 권력에 도취하게 되고 그것을 남용하게 됩니다. ..그러므로 모든 권력은 절제해야 합니다. 힘을 행사하는 자격과 합리성을 갖춘 권력이 되어야 합니다."라고 했다.[836] 그는 언론권력을 개혁시켜야만 정부와 건전한 긴장관계를 유지할 수 있다고 본 것이다.

또한 노 대통령은 언론개혁에 관심을 갖기 시작하여, 같은 논리로 "많은 사람들이 언론개혁을 얘기하고 있습니다. 그러나 정부가 나서서 할 수 있는 일은 없습니다. 할 수 있는 일이 있다면 오로지 언론과의 부당한 유착관계를 끊는 일뿐입니다. 물론 언론개혁과는 별개의 문제입니다. 정부가 하는 일은 사실 그대로 국민들에게 전달되어야 합니다. 정부가 한 일이 잘못 전달되었을 때 정부는 이것을 바로 잡아야 합니다. 이것은 권리이자 의무입니다. 정부는 부당한 왜곡보도에 대해서는 원칙에 따라 대응해 나갈 것입니다. 오보에 대해서는 정정보도와 반론보도 청구로 대응하고, 경우에 따라서는 민·형사상의 책임도 물어 나갈 것입니다."라고 했다.

노 대통령은 자신이 인터넷 기자로서 기존 언론이 기득권이나 지키는 존재로 봤다. 그는 "크게 보아서 한국 언론에 문제가 있지요. 사실에 치열하지 않다, 진실과 사실에 치열하지 않고 공정한 평가에 대한 책임감이 조금은 부족한 것 같다가 전반적인 것이고, 일부 소수 언론은 특수한 과거의 부조리한 상황에서 기득권을 쌓고, 또 그 기득권적 질서를 그대로 관철해 나가고자 하는 이런 시대 역행적인 경향이 있거든요. 입맛 맞는 곳 얘기만 들

---

836) 노무현, 상게서(2004), p. 29.

고 그쪽과만 소통했다. 정당과 언론이라는 소통채널을 처음부터 무시했다."라고 했다.[837)]

국정홍보처는 언론사에 정정보도 청구권에 대해 대법원에 기소했다. 동아일보 대 국정홍보처 사건에 대한 대법원 판결의 요지는 "언론이 보도한 기사나 사설의 본질적인 내용이 사실전달보다는 의견 표명일 경우에는 반론보도를 인정할 수 없다"는 것이었다.[838)] 대법원은 '국정홍보처가 이 사건에서 요구한 반론 내용이 사실 관계 부분이 아니라, 의견 표명 부분을 문제 삼는 점도 기준으로 삼을 수 있다.'라고 했다.

노무현 대통령이 2007년 5월 20일 국무회의에서 밝힌 기사 송고실폐지 검토와 관련한 언급을 살펴보면 곳곳에 감정이 배어 있다.[839)] '비양심적 태도' '터무니없는 특권주장' 등의 표현에 그런 흔적이 묻어 있었던 것이다. 그는 나름대로 언론을 배려해서 브리핑 룸과는 별도로 기사송고실을 두기로 했는데 지금처럼 반발을 계속하면 이마저도 없애겠다는 말은, '그래? 한번 해보자'는 심리였다.

청와대 참모들에 따르면, 노 대통령은 국정홍보처의 정부 부처 브리핑룸 통·폐합, 취재 통제 조치 발표 이후 언론의 보도 태도에 화가 많이 났었다고 전하고 있다.[840)] 노대통령은 항상 언론에 의해 피해를 입고 있다는 생각을 하고 있었다. 노 대통령의 머릿속에 기자실은 '기자들이 죽치고 앉아 담합이나 하는 장소'이고, 언론은 '특권을 이용해 정치에 개입하고 자기 입

---

837) 노무현, 「취임 1주년 KBS 특별대담 '도올이 만난 대통령' 말씀」, 2004년 2월 20일, 노무현, 『노무현 대통령 연설문집 제2권』, 대통령 비서실, 2005, p. 89.

838) 이항수 · 신은진, 「'언론의 의견표명엔 반론청구 못해' 홍보처 패소 판결-국가기관 반론 청구 남발에 제동」, 「조선일보」, 2006년 2월 11일; 통산의 언론 보도는 크게 사실적 주장(사실을 토대한 주장), 의견표명(주로 사설이나 시론)으로 나루 수 있고, 단순히 사실만 전달하는 스트레이트 기사 이외에는 세 가지가 뒤섞여 있다. 법원은 그 동안 사실이나 사실적 주장이 다르다는 반론보도 청구는 인정했지만, 의견 표명의 경우에는 인정하지 않았다.

839) 신정록, 「盧 대통령 또 '오기' 비판일자 더 강공」, 「조선일보」, 2007년 5월 30일.

840) 신정록, 상게 기사.

맛에 따라 기사를 왜곡하는 도구'라고 생각했다.

실제 참여정부는 2007년 10월 12일 각 부처 기사송고실을 폐쇄했다. 기사송고실의 인터넷과 일부 전화선을 차단한 지 하루 만이다. 정부는 이날 서울 종로구 세종로 정부중앙청사의 국무총리실 교육인적자원부 통일부 행정자치부 외교통상부(별관), 정부과천청사의 건설교통부, 그리고 독립청사를 사용하는 문화관광부 정보통신부 해양수산부 국세청 등 10개 부처의 기사송고실 출입문을 걸어 잠갔다.

기자들은 설마했던 기사송고실 폐쇄 조치가 실제로 강행되자 격앙된 반응을 보였다.[841] 그러나 기자들은 불편이 있더라도 정부의 일방적인 취재통제조치를 받아들일 수 없다면 이전을 거부하기로 해, 정부와 기자들 사이에 갈등의 골이 깊어지고 있었다.

당연하다고 생각한 노 대통령은 힘들고 불편하지만 각자의 정도를 가야 한다고 했다. 그는 정부기관의 가판구독을 중단하도록 했고, 기자실을 폐지하고 브리핑 제도를 도입하도록 했다.

언론과의 관계에 대한 참여정부의 입장은 분명했다. 정부와 언론 모두 자기절제의 토대 위해서 각자의 소임에 충실하자는 것이었다. 그는 정정당당하게 상대방을 견제해 나가자는 것이었다.[842] 또한 그는 언론과의 합리적 관계 개선이 필요한 이유는, 우리사회에 '건강한 공론의 장'을 만드는 일이 시급하기 때문이라고 했다.

그의 변명은 언론개혁으로 이어졌다. 김대중 정부의 언론개혁에서 좀 더 나간 것이다. 물론 정부의 뜻에 따라 당시 국세청과 공정거래 위원회가 언론개혁의 본질을 훼손하면서까지 일을 벌었던 전례가 없었다.[843]

---

841) 김진균, 「'언론자유' 자물쇠 채웠다」, 「동아일보」, 2007년 10월 13일.

842) 노무현, 「대한매일 2만호 기념 특별기고-공정한 언론, 투명한 정부」, 노무현, 상게서(2004), p. 376.

843) 진성호 · 한현우, 「조용중 남시욱 원우현 좌담, '신문시장 판도까지 개입...의도적인 언론탄압'」, 「조선일보」, 2001년 4월 5일.

언론개혁이 정부입장에서 진행되는 것은 문제였다. 김대중 정부 때 세무조사와 불공정거래조사 정부가 신문고시 부활, 언론이란 정보의 흐름을 스스로 만들어 영향력을 얻는 것이지, 행정체계, 특히 정부권력에 의해 을 만들 수는 없는 것이었다. 당시 언론개혁은 무가지 기준 20%를 10%로 제한하였다. 이는 새로 창간하는 신문엔 영업하지 말라는 것과 다를 바가 없었다.

당시 언론개혁은 두 가지 측면에서 핵심에서 빗나갔다.[844] 첫째, 권력자가 언론비판에 대한 인내의 한계를 드러내 불만이 폭발한 것이다. 그에 이어 조세권과 공정위 권한이 발동됐다. 권력이 언론에 대한 불만으로 '매'를 든 것이다. 둘째는 시민단체들이 주장하는 이른바 '족벌신문' 3사가 한국 언론계를 지배하고 있어 이를 무력화시키자는 주장이다. 이에 따라 소유지분 30% 제한이라는 발상이 나온 것이다.

과거 김대중 정부 때 불만사항이 노무현 정부에서 다시 재생되었다. 노정부의 정간법 개정이 논의되는 과정에서 드러난 핵심적인 쟁점은 3가지다.[845] 첫째는 대기업과 개인의 언론사 소유 지분 제한여부, 둘째는 편집권 보호 장치 마련, 셋째는 경영투명성 확보를 위한 자료신고 의무화 등이다.

그 내력을 자세히 살펴보면, 민변 · 언개련은 16대 국회 때인 2000년 11월 14일 정간법 개정안을 입법청원했고, 2002년 2월 8일에는 민주당 심재권 의원 등 27명이 국회에서 정간법 개정안을 발의했다가 모두 폐기된 것이다. 2003년 2월 출범한 노무현 정부는 17대 국회에서 열린우리당이 과반의석을 차지하면서 언론관련법 제정을 본격적으로 밀어붙여 제정에 성공한 것이다.[846]

---

844) 진성호 · 한현우, 상게 기사.

845) 김교만, 「'신문사주 지분 제한' 첨예 대립」, 「문화일보」, 2004. 4. 22.

846) 정진석, 「신문법 · 언론중재법과 헌법재판소」, 『관훈저널』 통권 99호, 2006 여름, p. 5.

열린 우리당 신기남 상임중앙위원은 2004년 4월 22일 "17대 국회는 정치권과 외부인사가 참여하는 언론발전위원회를 만들어 신문시장의 독과점 해소와 소유 지분 제한, 편집권의 독립, 공동배달제 문제를 논의할 것"이라고 밝혔다.[847)]

새 신문법에 따라 노무현 정부는 언론 역사에 일찍이 없었던 3개의 새로운 기구를 설립한 것이다. 신문발전기금을 운영하는 '신문발전위원회', 신문의 공동배달을 위한 '신문유통원', 2004년 10월에 제정되어 시행 중인 「지역신문발전특별법」은 신문법과는 별개지만 지역신문발전위원회도 설립했다.

한편 「신문등의 자유와 기능보장에 관한 법률(신문법)」이 2005년 1월 1일에 국회를 통과하고 1월 27일에 공표되어 7월 28일에 발효되었다. 동 신문법은 '인터넷 신문'이라는 개념을 등장시켰다. 여기서 인터넷 신문은 "컴퓨터 등 정보처리 능력을 가진 장치와 통신망을 이용하여 정치 · 경제 · 사회 · 문화 · 시사 등에 관한 보도 · 논평 · 여론 및 정보 등을 전파하기 위하여 간행하는 전자간행물로서.."라고 규정했다. 한편 2007년 1월 26일 개정된 방송법은 "방송은 방송프로그램을 기획 · 편성 또는 제작하여 이를 공중(개별 계약에 의한 수신자를 포함하며, 이하 '시청자'라고 한다)에게 전기통신설비에 의하여 송신하는 것으로서..."라고 했다. 새로운 신문법과 방송법은 인터넷 신문과 더불어 통신에 의한 방송의 개념을 등장시킨 것이다.

노무현 정부는 이 법을 두고 '개혁 입법'이라고 주장하지만 이 법 속에는 몇 가지 위헌적인 요소가 포함되어 있어서, 헌법소원을 포함한 법적 논쟁의 대상이 되었다.[848)]

우선 위헌적 요소는 신문법 제17조에 규정되어 있는 시장지배적 사업자

---

847) 김교만, 상게 기사.

848) 서정우, 상게서, p. 107.

조항이다. 신문법은 한 신문의 발행부수가 전국 일간지부수의 30%를 넘거나, 3개 신문사가 60%를 초과하면 '시장지배적 사업자'로 규정해서 과징금을 물린다는 내용을 담고 있다. '시장지배'의 기준은 일반 일간신문과 특수 일간신문을 대상으로 하고 무료신문은 여기서 제외시켰다. 따라서 138개의 일간지의 시장점유율로 산정했는데 한 신문이 30%를, 세 개 신문이 60%를 넘어서면 과징금을 매기겠다는 논리였다. 신문법과는 달리 공정거래법은 1개사 50%, 3개사 75%를 시장지배적 사업자로 규정한다.

이 법에 따라 2005년 신문유통원 설립 준비위원회가 구성되고 그해 11월 2일 신문유통원이 설립됐다. 2006년 3월 서울시 중구 정동에 '사랑의 열매 빌딩' 별관에 '신문유통원'이 입주했다. 신문 공동배달을 통한 신문유통구조 개선이라는 설립 목적과 국민의 문화정보복지 서비스 향상이라는 가치 실현을 위해 유통원이 시작된 것이다.[849] 2009년 12월 14일 기준으로 직영센터 29개, 민영센터 527개, 소형센터 105개 등 전국에 총 661개의 공동배달센터가 생겼다.

또한 유통원은 2007년 상반기까지 220개의 공동배달센터를 세워 수도권망을 확보하고, 2008년까지는 700~1000곳의 전국망을 완전히 갖추겠다는 계획을 밝혔다. 유통원은 초기에는 수도권에 공배센터 설립을 집중해 2006년까지 100곳, 2007년 상반기까지 220곳의 수도권 '전략지역' 배달망을 일단 완성하고, 2007년 말까지 350곳, 2008년에는 700곳 이상을 설립해 전국망을 갖출 계획이었다.[850]

한편 신문법 제27조와 33조에 규정되어 있는 신문발전위원회의 설치와 신문발전기금의 설치, 조성 및 운용조항이다. 신문법은 신문발전위원회의 설치, 신문발전기금의 조성, 신문진흥원을 통한 군소신문에의 재정적 지원 등을 규정하고 있다. 더욱이 신문법 제16조는 언론사로 하여금 발행부

849) 신문유통원, 「창립4주년 기념-신문유통원, 신문 역사에 한 획을 긋다」, 「해다미」, 2009년 12월.

850) 김규원, 「신문 공동배달센터 수도권부터 집중」, 「한겨레신문」, 2005년 11월 17일.

수와 광고수입 등을 포함한 일체의 경영정보를 신문발전위원회에 신고하도록 의무화하고 있다.

즉, 신문발전위는 경영정보 공개를 의무화한 신문법 조항에 따라 140개 신문사에 대해 이달 말까지 발행부수와 광고수입, 주요 주주의 내용 같은 경영 자료를 제출하라고 요구했다. 한국신문협회(회장 장대환 매일경제 대표이사 회장)는 위헌 소송중인 신문법에 근거하고, 설치된 신문발전위원회가 신문사에 경영 자료제출을 요구한 것과 관련해 신문발전위와 문화관광부에 지료제출 기준을 재고해달라는 의견서를 전달했다.[851)]

또한 1980년 언론기본으로 언론중재위원회가 탄생하더니, 「언론중재 및 피해구제 등에 관한 법률」[852)]까지 통과되었다. 이에 따르면 법정기관인 언론중재위원회가 직권으로 언론사에 시정권고를 하게 했다. 또한 피해구제법이 포함하고 있는 피해자도 아닌 제3자에게 시정권고 신청권을 부여했다. 즉, 제3자에 의해서도 중재신청이 가능하도록 제32조 제2항에 규정을 두었다.

한편 이 법률은 '고충처리인을 두어야 한다'라고 규정한 제6조로, 이 규정을 지키지 않을 경우에는 3천만 원의 과태료를 부과하도록 했다.[853)]

이 법의 문제점은 언론사에 대하여 손해배상을 청구할 수 있게 한 제30조 제1항의 규정으로, 이 규정은 피해구제법의 본래 취지를 훨씬 넘어서는 규제적 조항이라고 말할 수 있다. 피해구제법이 정하는 피해구제의 범위는 정정보도, 반론권, 시정권고 수준에 머무는 것이 법의 취지상 바람직스럽다.

그런데 신문법과 「언론중재 및 피해구제 등에 관한 법률(언론중재법)」이

851) 이진영, 「신문사 경영자료 요구 언론자유 침해할 우려」, 「동아일보」, 2006년 5월 27일.

852) 이 법의 목적(제1조)은 "이 법은 언론사의 언론보도로 인하여 침해되는 명예나 권리 그 밖의 법익에 관한 다툼이 있는 경우 이를 조정하고 중재하는 등의 실효성 있는 구제제도를 확립함으로써 언론의 자유와 공적 책임을 조화함을 목적으로 한다."라고 규정했다(「언론중재및 피해구제등에 관한법률」, 제정 2005년 1월 27일, 법률 제7370호).

853) 서정우, 상게서, pp. 110~111.

언론자유를 침해하는 위헌적 내용을 담고 있다며, 동아일보 조선일보 등이 제기한 헌법소원과 관련해 헌법재판소가 2006년 6월 29일 일부 위헌 결정을 내렸다.[854] 핵심 쟁점이던 '시장지배적 사업자 지정' 조항과 시장지배적 사업자가 되면 신문발전기금을 지원하지 않는다는 조항은, 각각 재판관 7대 2와 전원 일치로 위헌 판정을 받았다.

헌법 재판소는 신문판매업자가 '신문 구독자에게 1년간 제공할 수 있는 무가지 및 경품 범위를 유료 신문대금의 20% 이하'로 제한한 신문고시 조항은 '합헌'이라는 헌법재판소의 결정이 나왔다.[855] 이 조항은 신문업계의 과당경쟁을 완화하고 독자들의 신문 선택권을 보호하기 위한 것으로 '침해되는 사익에 비해 공익이 크다'는 것이다. 민주주의 사회에서 언론의 기본적인 역할은 국민들의 다양한 의견을 반영하는 데 있으며, 거대 신문들이 경제력을 무기로 독자들에게 구독을 유인 또는 강요하는 것은 국민의 신문 선택권을 침해한다는 요지다.

한편 신문법 '편집권의 독립'에 대한 문제가 발생했다. 2006년 6월 발행인 겸 편집인인 금창태(琴昌泰) 사장이 삼성그룹 관련 기사를 인쇄 직전에 독단적으로 삭제한 데서 비롯됐다.[856] 기자들은 즉각 거대 자본의 압력에 굴복해 독립 언론으로서의 정체성을 훼손했다고 반발했다고, 사장은 명예훼손 소송을 우려해 결단을 내렸다고 맞섰다.[857]

당시 기자들은 과거의 자신의 생활에 대해 언급했다. 외환위기가 터졌을 때 시사저널은 부도가 났고, 사장은 도망가고 기자들은 월급을 못 받았

854) 「사설」, 「'핵심조항 위헌' 신문법 폐기해야」, 「동아일보」, 2006년 6월 30일; 2005년 7월 발효된 신문법과 언론중재법에 대해서는 헌법소원이 제기된 상태다. 동아일보와 조선일보, 환경건설일보는 각각 2005년 2월, 3월, 6월 이 법에 대해 헌법소원을 제기했고 헌재는 7월 5일 전원재판부에 회부해 심리 중이다. 언론의 공적인 의무와 개인(특히 공인)의 인격권이라는 가치가 충돌할 경우 사실상 언론이 침묵해야한다고 규정해 놓은 것이나 다름없기 때문이다(전지성, 「법원, 언론중재법 일보조항 위헌심판 제청」, 「동아일보」, 2006년 1월 21일).

855) 사설, 「신문시장, 공정위가 나서야」, 「미디어 오늘」, 2002. 7. 25.

다. 그러면서도 결호 한번 없이 1년 반을 버텼던 것이다. 서른 명의 기자가 열 명으로 주로 밥을 굶어가면서도 그들은 시사저널이라는 이름을 지켰다.[858] 그런데 경영주는 다른 뜻을 갖고 있어 노조가 분개한 것이다.

기자를 중심으로 노조가 결성됐고 편집권 문제 등을 둘러싼 노사 교섭이 6개월 넘게 이어졌다. 하지만 끝내 협상이 결렬되자 노조는 지난 파업에 들어갔고, 회사는 기자 없는 잡지 발행과 직장폐쇄로 맞섰다.

2007년 7월 2일, 시사저널 사직 기자 22명이 서울 목동 방송회관 방송노조협의회 사무실에서 '참언론실천' 시사기자단(문정우 단장)을 출범시키고 신매체 창간 선포식을 열었다. 그리고 2007년 9월 17일 새 매체 「시사IN」 사무실을 개소하고 본격적인 창간작업에 들어갔다.

또한 2004년 12월 31일 ITV(경인TV)가 방송을 중단했으나 2007년 6월부터 OBS(경인TV)로 개국을 결정했다. 10월 시험방송을 거쳐 11월 개국을 목표로 했다. 권영만 오비에스 부사장은 "게임이나 스포츠 분야의 쏠림현상을 지양할 것이다. 생활정보 · 정책 · 인물 등 지역 밀착성 기사를 적극 발굴하겠다고 말했고, 홍종선 편성국장도 편성부분을 계속 논의 중이지만

---

856) 2006년 6월 16일 심야에 일어난 삼성기사 삭제사건은 기자들과 사측의 전쟁을 촉발시켰고 이후 있었던 수많은 사건과 사연들을 그 누구도 예상치 못한 것이었다. 2006년 6월 15일 시사저널 경제부의 이철현 기자는 제870호에 실릴 기사 탈고를 두어 시간 앞두고 삼성홍보팀에 전화를 했다. 기사에 대한 삼성의 공식적인 입장을 듣기 위해서였다. 몇 시간 뒤 삼성홍보팀에서 두 명의 관계자가 찾아왔고 만나서 기사내용에 대한 의견을 들었다. 이후 금창태 사장의 호출을 받았다. 금 사장은 이 기자에게 기사 내용은 묻지 않고 기사를 빼는 문제를 언급했고 이 기자는 이를 편집국장과 상의하라고 답했다. 뒤이어 금 사장은 이윤삼 당시 편집국장을 불렀다. 이 편집국장은 기사를 읽기 전이었고, 물론 기사 출고 전이라 교열본도 없는 상태였다. 금 사장은 이 국장에게 삼성그룹 임원으로부터 전화를 받았다. 이 국장도 알다시피 우리 경영상의 문제도 좀 있고 이학수 부회장과 자신이 친분이 있지 않느냐 기사를 좀 뺏으면 좋겠다. 이번 기사를 빼주면 앞으로 삼성그룹과 관련된 기사를 빼달라고 요구하지 않겠다. 그리고 이 국장이 요구하는 편집국 요구사항을 한 가지 들어주겠다라고 제안했다. 이 국장은 요청을 거절했다(강혜주, 「시사저널 사태 1년의 의미- 편집권 수호위한 새로운 항해」, 『신문과 방송』 No. 440, 2007년 8월, p. 106.

857) 사설, 「한국 언론계의 불행, '시사저널 사태'」, 「한겨레신문」, 2007년 1월 24일.

858) 김선주, 「'시사저널' 사태에 발언하자」, 「한겨레신문」, 2007년 1월 11일.

공익성과 지역방송의 특성으로 차별화하겠다.라고 했다."라고 한다.[859) 한편 노무현 정부는 신문법 뿐 아니라 역사 바로 세우기에 열심이었다. 김대중 정부 말기에 2002년 2월 김희선 민주당 의원이 대표로 있던 '민족정기를 세우는 의원모임'이 '친일반민족 행위자'라며 708명의 명단을 발표했다.[860) 김희선 의원이 주동이 되어 16명 구성원이 노무현 정권에서 '일제강점 하 친일반민족행위 진상규명에 관한 특별법'을 2004년 5월 국회를 통과시켰고, 2005년 5월 이 법에 따라 '친일규명위'가 출범했다.

5) 과거사 정리와 미완의 개혁

강만길(姜萬吉) 고려대 교수를 위원장으로 오마이 뉴스 편집국장 출신 정운현 씨와 위원 11명(대통령 4, 국회 4명, 대법원장 3명) 등으로 구성했다. 과거사 정리는 사설 민족문제연구소인 친일인명사전편찬위원회가 활동을 시작했다. 그리고 동 연구소는 4430명을 포함시킨 친일인명사전을 발간했다. 그 명단에는 '시일야방성대곡(是日也放聲大哭)'을 쓴 장지연도 포함시켰다.

또한 노 정권은 2005년 12월 1일 '진실 · 화해를 위한 과거사정리위원회(진실화해위)를 출범시켰다.[861) 정부는 과거사에 열심이지만 언론의 과거사는 외면했다. '5회 송건호상'을 상을 수상한 동아자유언론수호투쟁위원회(동아투위) 정동익 위원장은, 1975년 3월 동아일보 기자 대량 해직에 항의해 편집국장을 사직하고 84년 민주언론운동협의회 창설하면서 의장을 맡았다. 그는 "요즘 정부나 언론이 과거사 이야기는 많이 하지만, 왜 언론

---

859) 문현숙, 「11월 '개국' 향해 뛰는 'OBS 경인TV'」, 「한겨레신문」, 2007년 5월 29일.

860) 김기철, 「노무현 정권이 만든 규명위원회 반민특위 · 광복회 기준까지 무시」, 「조선일보」, 2009년 11월 28일.

861) 강규형, 「'진실화해위원회', 역사가 어떻게 평가할까」, 「중앙일보」, 2010년 12월 30일; 위원장에 안병욱, 이영조 등이 활동으로 1만 1000여 건의 조사가 완료됐고, 그중 8500여 건이 '진실 규명' 되었고, 5년 1월의 활동을 공식적으로 2010년 12월 30일 종료되었다.

과거사는 한결같이 외면하는지 모르겠다."고 했다.[862] 그러나 과거사는 그 결과가 이명박 정부에서 하나씩 공개되었다.

한편 그는 북한에 인권을 주장하기보다 친북한 정책을 폈다. 그의 재임 기간 동안 송두율(宋斗律) 귀국 사건과 강정구 사건이 벌어졌다. 송 씨는 1973년 9월 처음 방북, 노동당에 입당했으며, 2003년 3월까지 18회에 걸쳐 대남적화 등 목적으로 방북했다.[863]

노무현은 2003년 10월 3일 기자간담회에서 "'송 교수 같은 사람이나 그 밖의 많은 사람이 분단체제 속에서 생산된 것이고, 이런 것을 가지고 건수 잡았다고 좋아할 일은 아니다.'라고 전제하고, 어떻든 이런 문제들을 가지고 원숙하게 처리하는 것이 한국 사회의 수준을 의미하는 것이라고 말했다."라고 주장했다.[864]

그는 2003년 10월 23일 간첩혐의로 구속되었다. 또한 2005년 10월 동국대 교수 강정구(姜禎求)의 국가보안법 위반혐의 구속 문제를 둘러싸고 또 한 번 논란을 불러 일으켰다. 10월 11일 청와대 관계자가 구속영장 청구는 신중해야 한다는 의견을 검찰에 전달, 일선 검찰이 반발하는 등 수사개입 논란이 일었다.[865]

노 대통령은 자신이 좌파임을 속이지 않았다. 김대중 전 대통령이 하던대로 그는 방북길에 올라 김정일(金正日) 국방위원장을 만났다. 그는 2007년 10월 4일 김 위원장과 함께 2007년 10월 4일 오후 1시 평양 백화원 영빈관에서 '남북 관계 발전과 평화번영을 위한 선언(2007년 남북 정상선

---

862) 노형석, 「'현정부 왜 언론 과거사는 외면하는지...'」, 「한겨레신문」, 2006년 12월 7일.

863) 정대수, 상게서(2009, p. 313 ; 송두율은 2003년 10월 1일 국정원은 재독 사회학자인 송두율이 북한 노동당 서열 23위로서 정치국 후보위원이며, 당 중앙위원회 '김철수'로 밝혀졌다. 그리고 1991년부터 1995년까지 매년 2만~3만 달러씩 모두 15만 달러를 연구비 명목으로 북한 측으로부터 받았다고 한다. 그는 9월 22일 민주화운동기념사업회 초청으로 '2003 해외민주인사초청한마당' 행사에 참석차 귀국했다(정대수 상게서, p. 313).

864) 정대수, 상게서, p. 314.

865) 정대수, 상게서, p. 314.

언'에 서명했다. 그 내용은 민족경제 발전과 공동번영을 위한 경제협력 사업을 확대 · 발전시키기 위해 북한 해주의 '주변 해역'을 포괄하는 '서해 평화협력 특별지대'를 설치하기도 했다. 이를 위해 공동어로구역과 평화수역 설정, 민간선박의 해주 직항로 통과, 경제특구건설, 한강하구 공동이용 등을 추진키고 했다.[866)]

노 대통령과 김 위원장은 "남북 '평화번영' 정상선언발표"를 했다. 그 내용은 ① 6·15 공동선언 적극 구현 ② 상호존중 · 신뢰의 남북관계 전환, ③ 적대관계 종식 및 군사긴장 완화 ④ 평화체제 구축 및 종전선언 실현 ⑤ 경협확대, 서해 평화지대 설치 ⑥ 사회문화 분야 교류 · 협력발전 ⑦ 인도주의 협력사업 적극 추진 ⑧ 민족이익과 해외동포 협력 강화 등이었다. 그런 노력에도 보수주의자는 '퍼주기'로 폄하했다.[867)]

노 전 대통령이 전하는 북한 입장은 다음과 같았다. 즉, "(북한은) 2007년 10월 3일 대부분 내용은 말하자면 한국 정부의 태도를 질책하는 것입니다. 사실 오래 듣고 있으면 기본적으로 힘이 듭니다. 내용 면에서도 지적하는 것들이 감당하기 버거운 것이었습니다. 말하자면 '우리 민족끼리 하자고 해놓고, '왜 계속 외세의 영향을 받느냐', '왜 다른 나라의 눈치를 보느냐', '그렇게 해서 남북경제협력이 자꾸 지체되고 합의도 지켜지지 않는다', '그래서 앞으로 어떻게 남북협력을 할 수 있겠느냐' 주로 이런 이야기들이었습니다."라고 했다.[868)]

그의 노력에도 보수주의자는 냉혹했다. 안병직은 2006년 4월 27일 한 방송과의 인터뷰에서도 '뭘 하는 척 하면서도 아무 것도 이루어지지 않는다'는 뜻에서 '건달정부'라며 그 믿음에는 변함이 없다고 밝혔다.[869)]

---

866) 조홍민, 「서해 평화지대 · 종전선언 정상회담 추진」, 「경향신문」, 2007년 10월 5일.

867) 조홍민, 상게 기사.

868) 노무현, 「성공과 좌절」, 2009, 학고재, p. 200.

869) 정대수, 상게서, p. 300.

또한 그는 코드인사, 회전인사, 보상인사 등 관련 내부 집단(인너그룹)에 속하는 사람들로 인사를 하다 보니 인사가 망사가 되는 경우를 벗어나지 못했다.[870] 더욱이 거대담론에 치우친 좌파 이념적 접근과 일방적 독선적 밀어붙이기는 국민과의 소통을 어렵게 만들었다. 노무현이 안간힘을 쏟았다는 국정운영의 결과는 참담했다. 국민에게 참여정부 5년의 평가는 무능과 실정으로 투영되었다.[871]

한편 투명성을 앞세운 '건달정부'였지만 노무현 정부는 비자금 때문에 곤혹을 치렀다. 노 대통령은 2002년 대선 당시 한나라당 이회창 후보 측근 서정우 변호사가 LG 그룹으로부터 100억 원이 넘는 현금을 '만남의 광장'에서 차로 실어왔다고, '차떼기 당'을 조롱했다. 그는 노무현 탄핵소추 역풍 때도 '차떼기 한나라당'을 비난했다.

그는 "책임지겠다고 한 데 대해서 말씀드리겠습니다. 이 정도 과오와 허물이 드러나면 뭔가 책임을 져야 합니다. 당연한 도리입니다. 게다가 무게를 감당하지 못해서 재신임 받겠다고 약속하고 아직 그 일을 매듭짓지 못하고 있습니다. '10분의 1약속' 또한 해 놓고 있는 상태입디다."라고 했다.[872] 엊그제 이회장 후보께서 책임질 것을 요구했고, 지금은 탄핵이 발의되어 있는 상황이라고 사실을 알렸다.

불법선거 자금에서 그렇게 큰 소리를 치던 노 대통령은 말년에 큰 결점을 남기고 자살까지 했다. 즉, 노무현 대통령은 태광실업 박연차 회장의 수사로 입을 닫았다. 그는 2003년 2월 대통령 취임사에선 "반칙과 특권이 용납되는 시대는 이제 끝나야 한다. 사회지도층의 뼈를 깎는 성찰을 요망한다."라고 했다.[873]

---

870) 정대수, 상게서, p. 301.

871) 정대수, 상게서, P. 299.

872) 노무현, 「대선자금 등과 관련한 특별기자회견 모두 말씀」, 2004년 3월 11일; 노무현, 상게서(2004), p. 129.

873) 「사설」, 「盧 전 대통령의 '반칙 · 특권 없는 세상'이 이런 거였나」, 「조선일보」, 2009년 4월 1일.

지금까지 그는 깨끗함과 기득권을 타파하고 개혁을 주장했다. 또한 노 대통령은 "재임 중 일부 측근들이 비리 혐의로 수사를 받을 때도 '깜도 안 되는데 소설 쓴다.'며 부정했던 그가 박연차 회장 수사로 그의 형과 핵심 측근들은 물론 자신에게까지 수사망이 좁혀지자 이번에 말문을 닫고 있다."라고 했다.[874] 그는 대통령 퇴임 직전인 지난 2월 자신의 조카사위에게 우리 돈 70억 원에 상당하는 미화(美貨) 500만 달러를 송금한 것으로 검찰 수사에서 밝혀진 것이다.

또한 박연차 회장은 "노무현 정권 시절 검찰 간부들과 유착 관계에 있었으며, 검찰 인사까지 좌지우지할 정도로 막강한 영향력을 행사했다."라고 했다.[875] 그는 "대검 중수부의 조사를 받는 과정에서 고검장급을 포함해 전·현직 검찰 간부 7명에게 돈을 줬다고 진술한 것은 이를 결정적으로 뒷받침한다."라고 했다.

검찰은 '죽은 권력'에게는 용감했다. 그러나 '살아있는 권력' 앞에서 검찰은 침묵했다. '검찰은 거짓말을 하지 않는다.'라는 실체가 드러난 것이다. 박래용 경향신문 논설위원은 "2007년 8월 13일 검잘의 이명박 당시 한나라당 경선 후보의 도곡동 땅 브리핑이 그랬다. 김홍일(金洪一) 당시 서울중앙지검 3차장(현 대검 중수부장)은 도곡동 땅 차명의혹사건 중간수사 결과를 발표하면서 '문제의 땅 중 이상은 씨(이명박 대통령의 형) 지분은 이씨 본인이 아닌 제3자의 차명재산인 것으로 판단된다.'고 밝혔다."라고 했다.[876]

박 위원은 "며칠 전 김 중수부장을 만났다. 단도직입적으로 물어봤다. '제3자가 누굽니까. 검찰은 알고 있죠?' 김 중수부장이 대답했다. '그때 일은...하나도 기억이 안 납니다.' 내가 웃었다. 그도 소리 내어 웃었

874) 정우상, 「파탄 난 '노무현 정치'」, 「조선일보」, 2009년 4월 1일.

875) 이명진 류정, 「박연차, 盧 정권 검찰 人事 좌지우지...그에게 줄댄 간부도 여럿」, 「조선일보」, 2009년 3월 23일.

876) 박래용, 「도곡동 땅, 검찰은 거짓말 하지 않았다.」, 「경향신문」, 2009년 12월 1일.

다."라고 했다.[877]

또 다른 검찰의 수사에 허점이 드러났다. 이명박 대통령과 관련된 BBK특검이 '삼청각 꼬리곰탕 값'으로 끝났다. 정호영(鄭鎬瑛) 특검팀은 "'필요하다면 이 대통령 당선인을 소환조사하겠다. 이 당선인이 소환에 불응하는 사태는 오지 않길 바란다.'며 강력한 수사의지를 밝혔다."라고 했다.[878] 검찰은 이명박 정부에게 면허증을 준 것이다.

검찰의 양편을 가르고, '죽은 권력'[879]에 대해 냉혹하고, '살아있는 권력'의 칼날은 무뎌지기 시작했다. 한나라당 이상득 의원에 대한 '박연차 구하기' 로비 의혹이 증폭되는데도 관련자 소환을 하지 않고 있고, 이명박 대통령 측근인 천신일 세종나모여행사 회장에 대한 수사도 전혀 속도를 내지 못하고 있는 상황이다.[880] 이명박 정권은 시작 때부터 국회, 검찰과 법원, 감사원, 국정원 등 정부 견제기관의 수난시대가 예고되었다. 한쪽은 밀어붙이고 다른 쪽은 죽은 듯이 조용하였다. 견제 기관은 균형을 잃게 되었고, 한쪽 방향으로 정국은 운영될 역사가 시작되었다. 노 전 대통령은 되돌릴 수 없는 오점을 남기고 자살을 택했다. 그의 개혁은 미완으로 끝난 것이다.

---

877) 박래용, 상게 기사.

878) 조현철 장은교 박영흠, 「BBK특검이 밝힌 건 삼청각 꼬리곰탕 값」, 「경향신문」, 2008년 12월 29일; 특검팀은 이 당선인을 삼청각 한정식집에서 꼬리곰탕을 먹으며 3시간 동안 조사하고 수사를 마무리 지었다. 특검팀은 이후 '특검이 규명한 것은 삼청각 꼬리곰탕 가격(3만 2000원), 꼬리 하나 못 건진 수사'라는 비판을 받았다.

879) 박래용, 「'박연차 게이트' 관전법」, 「경향신문」, 2009년 5월 11일; 동 기사는 "'죽은 권력'은 소멸한 권력인데, 노무현은 (박연차 게이트로) 이미 국민정서상 구치소에 수감된 것과 진배없다. 그는 매장됐고, 아마 관을 뜯고 다시 세상에 나오기는 어려울 것이다. 5년마다 되풀이되는 일이요. 그것이 우리 검찰과 국세청이 말하는 정의라면 할 말이 없다. 정권이 바뀌고 난 뒤 죽은 권력을 물어뜯는 것이 '정도 세정'이고 '선진 검찰'인지 판단은 관객의 몫이다."라고 했다.

880) 박진석, 「盧 패밀리 수사는 '토끼뜀'...현(現)정권 인사 수사는 '거북이'」, 「한국일보」, 2009년 4월 13일.

2. 이명박 정부

1) 정책운용 원리

이명박(李明博) 정부의 키워드는 '사유화(私有化)'이다. 자신의 '기호'(말)가 곧 국가의 정책이었다. 주관적 목적(subiejektive Zwecke)을 객관화(Objektivierung)시키지 못함으로써, 처음부터 정부가 세운 '중도실용주의'가 난항을 겪었다. 또한 이명박 정부 이름도 사유화이다. 사적 소유의 강조는 부의 불평등을 심화시켰고, 모든 영역에서 가진 자는 더 가지게 되고 빈자는 더욱 궁핍하게 되었다. 사회의 다양한 가치는 점점 자본과 권력에 의해 침식당했다.

6공화국에 이르는 동안, 지금까지 정치를 오래한 사람 누구도 자기 이름을 붙여 정부를 명하지는 않았다. 그러나 이명박 정부는 개인의 이름을 정부 이름으로 사용했다. 공적 체계의 의사결정이 개인의 판단력에 의존함으로써, 공정성 · 공공성 · 사회 정의 · 다양성 등 사회적 가치가 문제거리로 등장했다.

언론, 경찰, 검찰, 법, 국회, 공정거래 위원회, 국세청, 감사원 등은 객관화, 공적 역할을 하는 기구이다. 이들 기구가 이명박 정부의 독립성을 유지할 수 없게 됐으니, 수 없이 많은 사건들이 제대로 결론을 내지 못한 채 미제로 남았다. 한 사건이 일어나고 다른 사건이 일어나고 또 다른 사건이 일어난다. 끝임 없이 일어나는 사건들이 숙제로 남았다. 설령 어떤 결론이 나도 공정성을 확보할 수 없으니 정권 내내 문제를 발생시켰다.

집권 초기 정부에 대한 기대도 있었다. 최진(崔進) 대통령리더십연구소장은 취임 6개월을 기해, '이 대통령 리더십은 강점과 약점이 극명하게 교차한다.'면서 '이 시대가 요구하는 경제리더십을 구현하는 데 적임의 자질을 갖고 있지만 국민이 원하는 안정성과 통합능력은 크게 부족하다.'라고 했다.[881)]

한편 「한겨레신문」 김기석 논설위원은 4년 차에 이명박 정부를 험하게 평가했다. 그는 칼럼에서 "한 평가자는 소통부재 정권, 국민무시 정권, 복지혐오 정권, 밀어붙이기 정권, 고소영 정권, 민간독재 정권, 신 관치 정권, 삽질 정권, 안보무능 정권...이명박 정권을 일컫는 다양한 별칭이다. 당사자들로서는 억울한 점이 있겠지만, 모두 나름의 근거를 갖는 말이다. 하지만 이 모두를 합친 것보다 더 적절한 표현이 있다. '위험한 정권'이 그것이다."라고 했다.[882)]

언론은 공정성을 담보로 성장하는 곳이다. 이명박 정부가 들어서면서 언론인 수난의 시대가 전개된 것이다. 이명박 정의 언론인 징계 건수는 1980년 언론통폐합 이후 최대치를 기록한 것으로 나타났다.[883)] 즉, 최근 전국 언론노동조합이 집계한 '엠비(MB)정권 출범 이후 언론사 징계 현황'을 보면, "2008년부터 계속된 언론법 저지 투쟁과 방송사 낙하산 사장 반대 투쟁 과정에서 현재까지 모두 180명의 언론인이 징계를 받았다. 8명이 해고를 당했고 각각 30명과 32명이 정직과 감봉처분을 받았다. 경고 근신과 출근정지는 각각 109명과 1명이었고 재판중인 언론인만 61명이다."라고 했다.

1987년 민주화 이후 언론권력과 '좌파 10년' 동안 누렸던 언론권력이 위기를 맞았다. 그러나 다른 한편으로 정부의 언론정책은 공정성을 붕괴시켰다. 그 정책은 객관성을 확보하는 일을 등한시함으로써 사유화의 문제가 대두된 것이다.

사유화의 증표는 권력과 자본의 결탁이 쉽게 이뤄진다. 이명박 정부에서의 결합(권력과 자본)은 몇 가지 특징을 보여준다.[884)] 즉 동 기사는 "하나

881) 주용중, 「추진력 강점..독선적, 인사능력 부족, 개혁에 대한 반발 포용력이 성공조건」, 「조선일보」, 2008년 8월 25일.

882) 김지석, 「갈수록 더 '위험한 정권'」, 「한겨레신문」, 2011년 1월 12일.

883) 이문영, 「MB정권 징계 언론인 180명」, 「한겨레신문」, 2010년 10월 11일.

884) 장덕진, 「권력과 자본, 그 위험한 결합」, 「경향신문」. 2011년 1월 6일.

는 그 결합이 매우 노골적이라는 것이고, 다른 하나는 그것이 적어도 정권의 쪽에서는 상당히 무의식적으로 일어난다는 점이다...자본은 의식적인데 권력은 무의식적이다. 자본은 권력으로부터 무엇을 얻어낼 것인지, 그 대가로 무엇을 제공할 것인지, 그리고 그러한 지원을 언제까지 어떤 조건하에 계속할 것인지 분명하게 의식하고 있다."라고 했다.

사적 이익은 모든 사회영역을 지배한다. 사유화는 고정 관념의 기득권의 보존으로 이전된다. 노무현 정부는 개혁을 '절제'로 가능하다고 봤는데 절제는 기득권 포기를 의미했다. 그런데 사유화는 고정관념을 부추긴다.

이명박 정부가 고정관념만을 주장함으로써, 집권 3년이 지나도록 독자적인 정치 논리를 학습하지 못했다는 것은 놀라운 일이다. 2011년 대통령 신년 연설에서조차 핵심은 또 다시 경제와 안보였다.[885] 같은 칼럼에서 장덕진(張德鎭) 서울대 사회학과 교수 칼럼은 "공공의 영역에 존재해야 할 권력이 스스로의 위치를 찾지 못하고, 사익의 영역인 경제논리만 반복하는 것은 시민을 위해서나 스스로를 위해서나 재앙이다."라고 했다.

그렇다면 고정관념을 타파 시킬 이념이 있어야 한다. 이명박 정부는 뉴라이트의 힘을 얻어 정권을 얻었다. 뉴 라이트 구성원은 "2004년 중반 이후 중도 보수성향의 지식인들이 제3의 대안을 모색하는 운동으로서 '자유주의 연대'가 출범, 뉴 라이트 운동을 전개하기 시작했다."라고 한다.[886] 그들은 한국정치의 우익보수 선회를 상징했지만, 그 실체는 뉴 라이트란 명칭이 시사하듯, 절충형이다. 다시 말해 뭔가 다른 우익이었고 좀 모호한 보수이다.[887] 노무현 전 대통령 세력이 운동권 좌익이라면, 뉴 라이트는

885) 장덕진, 상게 칼럼.

886) 정대수, 상게서, p. 322; 뉴 라이트 구성원은 "80년대 주사파로 지칭되는 사회주의 성향 운동권에 몸담았다가 변신한 지식인들이 중심이되, 그들은 북한민주화네트워크, 뉴라이트 싱크넷, 교과서 포럼, 자유주의교육운동연합 등과 뉴라이트 네트워크를 형성, '연대'조직으로서 활동 폭을 넓히게 된다. 2006년 4월 26일 뉴라이트운동의 싱크탱크로서 뉴라이트 재단을 설립, 서울대 명예교수이며 1980년대 운동권의 이론적 대부이자 좌파 경제학자였다가 시장경제학자로 변신, 안병직 이사장을 맡아 주도하게 되었다."라고 했다.

운동권 우익이다.

'강부자'와 '고소영' 정부의 오명을 뒤집어쓰면서도 그 기조를 굽히지 않고, 운동권 논리로 정부를 운영했다. 이것은 이명박 정부의 민생 캠페인을 벌이며 '중도실용'을 내세운 것과 같은 논리다. 왜 그렇게 했을까? 그것은 중도실용과 친서민 정책에 대한 국민의 신뢰를 쌓는 일이었을 것이다.

중도실용주의가 갑자기 등장한 이유가 설명이 되었다. 이명박 정부 출범 이후 이 대통령은 낮은 지지율로 고민해야 했다. 특히 광우병 정국 이후 이명박 대통령은 10%대까지 지지율의 추락을 경험해야 했다. 하지만 중도실용정책을 포방하며 친서민 정책을 가시화하자 상황은 변화하기 시작했다.[888] 예를 들어 대학생들의 학자금 대출 상환기간을 25년으로 대폭 늘리고, 서민들을 위한 대출기관인 미소 금융 설립 등 친서민 행보가 본격화되자 이명박 대통령의 지지율은 40%를 훌쩍 넘어 50%대까지 다다르게 된 것이다.

국가의 이익이 개인으로 흘러들었다. 돈으로 정부는 친서민 정책을 편 것이고 '퍼주기' 정책을 고수했다. 더욱이 한 칼럼은 "이 대통령의 실용주의는 "경험을 앞세운 실용주의가 '일사분란'과 결합하면 '잘못된 만남'이 된다. 지도자가 그렇게 하면 전횡이 된다. 제 시각만 강요해 자신의 복사판만 양산한다."라고 했다.[889] 그의 실용주의, 친서민 정책에 절제가 있었던 정책이 아니었다. 이 과정에서 국민들은 이명박 가치관의 혼란을 경험하게 되었다. 이 시대는 지식인의 독서 성향을 대변했다.

'정의(正義) 신드롬'[890]에 국민들은 심취했다. 한국인들이 왜 갑자기 '정의'에 관심을 갖는가. 샌델 교수는 "지난 수십 년간 경제학이 순수 정치학을 밀어냈기 때문이다. 그동안 경제적 관심과 추구, 집착이 삶의 중심에 있었다. 그 덕분에 많은 성과를 내서 물질적으로 부유해졌고, 번영을 가져

887) 홍준형, 「중도와 실용」, 「한국일보」, 2009년 8월 11일.

888) 신율, "욕구이론을 통해서 본 남남갈등", 『한국정치학회보』 제44집 제 2호, p. 70.

889) 여현호, 「일사분란의 유혹」, 「한겨레신문」, 2008년 3월 14일.

왔다. 하지만 경제적 집착은 도덕과 윤리에 대한 민주주의적 성찰을 몰아내는 예상하지 못했던 결과를 초래했다."라고 했다.[891]

동 인터뷰는 "사회적 통합, 안보, 평등, 커뮤니티와 개인의 권리에 대한 존중 등은 고귀한 사회, 정의로운 사회에 매우 필요한 가치들이다. 하지만 시장중심 사회는 너무 개인적 소비주의에 집착하기 때문에 이와 같은 가치들을 훼손할 수 있다."라고 했다.

그 책의 형식으로 "샌델은 학생들이 흥미를 느낄 만한 도덕적 딜레마를 던진 후에, 학생들의 반응에 따라 계속 질문을 던진다."라고 했다.[892] 인터넷 발달로 정보는 많아졌지만, 네티즌은 표피적 정보로 창의성과 자기 성찰의 기회를 박탈당한데 대한 보상심리가 작동한 것이다.

2) 언론정책 방향과 그 실천

언론 정책에도 혼선이 예상되었다. 대통령 인수위는 이명박 정부의 각종 규제를 최대한 줄이면서 자율성을 늘려가는 방향으로 미디어환경이 바뀌어야 한다고 강조해왔고, 당선 후 대통령 인수위는 이명박 정부의 국정철학인 실용주의와 규제완화, 시장경쟁을 바탕으로 미디어 산업을 활성화해 나가야 된다는 언론정책의 주요 골자를 제출하였다.[893]

이명박 정부는 인수위에서 '미디어 구상'을 발표했다. 그 내용은 ① 위헌

---

890) 마이클 샌델(Michael J. Sandel) 하버대 교수의 '정의란 무엇인가'(Justice)가 60만부가 팔렸고, 2010년 여름 그가 방한했을 때 딱딱한 철학 강의가 한꺼번에 4500명의 몰렸다. 그는 조선일보 박종세 특파원과 인터뷰에서 "한국 사회가 시장중심주의에 경도됐음을 지적하며, '한국사회는 시장이 답을 주지 못하는 정의의 문제에 대해 깊이 토론해야 한다'고 말했다(박종세, 「'정의' 신드롬 일으킨 마이클 샌델 하버드大 교수 송년 인터뷰」, 「조선일보」, 2010년 12월 31일).

891) 박세종, 상게 기사.

892) 김현, 「'정의란 무엇인가' 샌델은 묻고 플라톤은 탐구한다」, 「한겨레신문」, 2011년 2월 19일.

893) 윤창빈, 「시장경쟁을 바탕으로 한 미디어산업 활성화에 초점-이명박 대통령 미디어정책 관련 발언」, 『신문과 방송』 447, 2008년 3월, p. 26.

조항이 있는 신문법 대체 입법→'시장점유율 60% 넘는 3개사 독점규제', ② 신문 · 방송 겸영(兼營) 허용→아직 구체적 기준 나오지 않았지만 올해 안에 대안 마련, ③ 1공영 다(多) 민영 방송체제→KBS 분리, MBC 단계적 민영화 검토 위한 논의 필요, ④ 21세기 미디어 위원회 운영→방송 · 통신 융합, 포털 규제 등에 일관성 있는 정책 추진 등이었다.[894)]

미디어 정책들을 공정성의 관점에서 자세히 보자. 이명박 정부는 "신문 · 방송 겸영 금지가 2006년 6월 헌법재판소에서 합헌으로 결론 났지만, 새로운 언론환경 변화에 대응하지 못한다는 지적을 했다. 그 해결책으로 이 당선자는 "'매체 간 교차 소유는 기본적으로 허용해야 한다.' '방송과 통신이 융합하는 것처럼 신문과 방송을 구분한다는 것 자체가 무의미하다'면서 이를 고치겠다는 입장이다."라고 했다.[895)]

또한 같은 기사는 "문화부가 신문지원의 효율성을 위해 기존 신문 유통원, 신문발전위원회, 언론재단 등을 통합해서 운영하는 내용도 포함했다."라고 했다.

한편 기자실 폐지 문제가 논의되었다. 노무현 정부는 전술했듯, 기자들의 취재원 접근을 막기 위해 정부 부처 기자실을 폐쇄를 자행했다. 노무현 임기 말에 세금 60억 원을 들여 브리핑룸을 통폐합하고 기자들의 출입을 제지할 방향을 강조하면서, '취재지원시스템 선진화' 정책을 펴왔다.

이명박 대통령과 한나라당은 대선 당시 "정권을 잡으면 가장 먼저 언론 브리핑룸을 복원하고 취재 자유를 보장하겠다고 약속했고, 새 정부는 계속 '프레스 프렌들이(언론 친화)' 방침을 믿어 달라."라고 말했다.[896)]

그는 그 이유를 설명했다. 2007년 5월 31일 언론과의 우호적 관계를 강조했다. 이 대통령은 "어떤 사항을 결심할 때 언론인들의 얘기가 도움이 많이 된다. 언론과 긍정적 관계가 형성이 된다면 국정에 도움이 된다고 보고

894) 김봉기, 「신문 · 방송 겸영 허용키로」, 「조선일보」, 2008년 1월 8일.

895) 김봉기, 동 기사.

896) 사설, 「李 정부 '프레스 프렌들리' 말뿐인가」, 「동아일보」, 2008년 3월 7일.

대체로 언론 보도를 긍정적으로 생각한다."고 말했다.[897]

또한 이명박 대통령 후보는 "정부가 기자실을 폐쇄하고 있다. 권력이 아무리 대못을 박아도 언론의 문을 닫지는 못한다."라고 했다('관훈토론회', 2007년 11월 5일) 그는 이런 언론자유 강화 논조를 계속했다.

그는 "대한민국 언론이 정부를 견제하면서 중요한 사회적 기능을 하고 있다고 본다. 최근 노무현 정권이 기자실을 폐쇄한 것은 부정적인 개인적 언론관 때문인 것으로 본다. 무슨 정권이 언론에 대한 간섭을 하느냐, 신문법도 몇 가지 조항은 바꿔야 한다고 본다."라고 했다(조선일보 대선 인터뷰, 2007, 12월 7일). 한편 이 당선자는 "언론이 두렵다고 대못을 박지는 않겠다. (언론의 자유를 제약하는) 전봇대를 모두 뽑을 것('방우영 조선일보 명예회장 출판기념회', 2008년 1월 22일).

이명박 대통령은 밀턴(John Milton, 1608~74)이 말한, '정보의 자유시장', '자유검증 원리', '공정성의 파수꾼' 등에 충실한 시장론자 일을 자처했다. 그는 노무현 정부의 기득권 파괴를 통한 개혁 성향까지 비판했다. 그러나 이 대통령은 말과 실제가 달랐다. 취재시스템은 기득권을 옹호하고 사유화를 부추길 수 있는 과거 정책을 답습하는 수준이었다. 즉, 대통령 후보 시절 노무현 정부의 언론 통제를 강력 비판했던 '이명박 사람들'도 새 정부 출범 후 개방형 브리핑제를 답습했다.

정부는 '국정홍보처를 폐지'[898]하였으나 대변인제를 강화했다. 그리고 쇠고기 파문 이후 2008년 6월 25일 대통령실에 '국민과의 소통 강화'를 위해 정무와 홍보 기능을 대폭 강화한 직제개편을 단행했다.[899] 정부는 홍보

---

897) 윤창빈, 상게 기사, p. 27.

898) 홍보처(김영삼 정부 공보처 1998년 2월 폐지)는 김대중 정부 시절인 1999년 5월 3국 규모로 출발했지만 노무현 정부에서 취재통제 조치에 앞장서며 1실 · 4단 · 20개팀으로 몸집을 불렸다(안용현, 「홍보처, 오명만 남기고…」, 「조선일보」, 2008년 2월 29일). 그러나 홍보처 폐지 등을 담은 정부조직법 개정안이 2008년 2월 29일 관보에 실려 홍보처는 역사 속으로 사라지고, 문화체육관광부의 1개 국(局)으로 축소하게 되었다. 직원은 364명에서 100여명 정도가 될 전망이었다.

기획관을 신설하고 박형준 전 의원을 기획관으로 내정했다. 홍보기획관 밑에 홍보 1, 홍보 2, 연설기록, 국민소통 비서관을 두었다.

한편 정부는 갈수록 언론자유를 제약시켰다. 이명박 정부는 청와대 직원과 기자 간에 연결을 차단했다. 청와대에서 모든 직원에게 '함구령'이 내려졌다.[900] 또한 청와대는 "전 직원에 대한 출신 분석, 각 수석비서관실이 추진하고 있는 업무 등 대외비 사안들이 수사로 언론에 보도되면서 청와대에 '보안 비상'이 걸린 상황이다."라고 했다.

청와대는 기자들과 식사 뿐 아니라, 전화도 하지 못하게 했다. 만약 기자를 만날 경우에 직원이 사전에 보고 하도록 한 것이다. 한쪽은 막아놓고 일방적으로 정권 홍보에만 열을 올렸다.[901] 비서동은 여전히 기자 접근금지 구역이었다. 비서동에서 무슨 일이 벌어지는지 기자들은 까맣게 모르고 있다고 보면 되었다.

노무현 정권에서 이뤄진 일을 이명박 정부가 받아 처리한 것이다. 취재시스템 변경에는 소극적이었지만 뉴 라이트 및 큰 신문사는 정부가 제기한 일에는 앞장섰다. 정부는 신문법 개정에 앞장섰다. 18대 정기국회에서 논의될 신문법 개정 쟁점은 포털 관련 조항을 제외하면 세 가지로 요약된다.[902]

우선 헌법 재판소가 2006년 6월 위헌 결정을 내린 바 있는 신문법 제17조 '시장 지배적 사업자' 조항과 제34조 2항의 '기금지원 대상 자격' 조항이다. 두 번째는 가장 뜨거운 감자가 되고 있는 일간신문의 방송진출을 금지한 신문법 15조 2항의 폐지 여부이다. 마지막으로 신문지원기구의 통폐합 문제가 언론계의 관심거리가 되고 있다.

---

899) 염영남, 「국민과 소통 정무 · 홍보 기능강화」, 「한국일보」, 2008년 6월 25일.

900) 박민혁, 「靑 '기자와 접촉땐 사전보고 하라'」, 「동아일보」, 2008년 12월 3일.

901) 성기철, 「대통령의 언론관을 알고 싶다」, 「국민일보」, 2009년 11월 4일.

902) 천원주, 「신 · 방 겸영 놓고 대치 불가피 기구 통합에도 시각차 뚜렷」, 『신문과 방송』, No. 454, 2008년 10월, p. 18.

노무현 신문법으로 설립된 신문유통원, 한국언론재단, 신문발전위원회 등에 개혁을 시도했다. 신문법 개정으로 이들 3개 언론지원기관이 해산되게 됨에 따른 한국언론진흥재단 설립준비가 되다.

즉, 개정 신문법 29조(2010년 1월 25일 법률 제9974)에 "신문 및 인터넷 신문의 건전한 발전과 읽기문화 확산 및 신문산업 진흥을 위하여 한국언론진흥재단을 둔다."라고 했다. 동 법에 따라 이 기관은 설립되는 준정부 기관이고, 대상 업무는 ① 언론산업 진흥, ② 신문발행, 유통, ③ 한국 언론매체 해외진출 및 국제교류 지원, ④ 언론진흥기금 조성과 관리 운용, ⑤ 언론산업 진흥 등을 위한 조사 연구 교육 연수, ⑥ 문화부 장관이 위탁하는 사업 등이다.[903)]

이명박 정부 모든 기관이 그렇듯, 한국언론진흥재단이 인사의 공정성이 문제가 되었다. 즉, 2010년 2월 1일 공식 출범하는 이 재단이 친정부 인사 위주의 편향 인사와, 언론에 대해 직접 지원 대신 간접 지원을 하겠다며 지원 방식의 수정을 일방적으로 밝히면서 논란이 일었다.[904)]

또한 이 재단에서 지원하는 정부광고도 자신의 코드가 맞는 신문사에 집중적으로 지원했다. 2010년 9월 28일 국회 문화체육관광 방송통신위원회 소속 최문순(崔文洵) 민주당 의원이 한국언론진흥재단(이사장 이성준)에게 제출받은 '정부부처 언론사광고 현황'에 따르면 2010년 1월부터 8월 현재 전국단위 종합일간지 중 정부광고 수주액이 가장 많은 언론사는 동아일보로 나타났다.[905)]

---

903) 「한국언론진흥재단, 설립 준비 순항」, 「해다미」, 2009년 12월.

904) 박창섭, 「언론진흥재단 '보수인사' 전면 포진」, 「한겨레신문」 2010년 1월 6일; 시민 언론단체들은 언론진흥재단의 독립성 확보를 통해 공정하고 실질적인 언론 지원 사업을 진행해야 한다고 목소리를 높이고 있다. 언론진흥재단은 이사장과 상임이사(본부장) 3명, 그리고 비상임 이사 5명 등 모두 9명으로 구성되는 이사회가 운영 주체이다. 현재까지 사업본부장을 맡게 될 상임이사 1명을 뺀 8명이 확정됐는데, 친정부 인사 일색이다. 먼저 이성준 이사장은 2007년 한나라당 대선후보 경선과 대선 때 이명박 후보의 언론위원회 본부장 겸 특보단장을 맡았고, 최근까지 대통령 언론문화특별보좌관을 맡아온 전형적인 '엠비(MB)맨'이다.

한편 공배제가 기본취지에 맞지 않아 위기를 맞이했다. 본래 공배제 첫 논의 때는 농어촌 등 오지에서 제 기능을 발휘할 것으로 기대했다. 그러나 한계 지역은 배달 부수가 적어 신청 지국도 없고 효율성이 떨어진다는 점 때문에 정작 실행은 수도권 중심으로 집중되었다. 또 '공배 품질의 재고'보다는 '센터 숫자 늘리기'라는 실적주의에 사로잡혔다.

한국언론진흥재단이 2010년 7월부터 꾸려온 신문유통사업 태스크포스(TF)는 최근 정부 직접 지원의 현행 신문공동배달제도를 잠정 중단하고, 신문사 주도의 대안협의체 구성을 제안하는 최종보고서를 채택한 것으로 확인됐다.[906] 2010년까지 5년간 유통원에 들어간 국고 지원금은 총 832억 원이었다. 공배센터는 직영센터 22곳을 포함해 민영센터, 소형공배센터 등 모두 700여개에 달했다. 정부는 큰 신문사들이 원하는 공배제 폐지를 강력하게 밀고 간 것이다.

3) MB 기호의 제국

정부는 자신이 하고 싶은 일만 선택하고 홍보했다. 정책과 인사에서 사적 코드가 크게 작동한 것이다. 이명박 정부를 'MB의 기호의 제국'이라고 했다.[907] 2010년 8·15 경축사에서 '공정한 사회'는 기호(sign)가 지시하

---

905) 김원정 · 류정민, 「공정사회 비웃는 정부광고 '쏠림'」, 「미디어 오늘」 2010년 9월 29일; 동아는 3억 5,500만 원의 정부광고를 받아, 2~3위권과의 격차를 더욱 벌렸다. 올해 2위는 조선일보로 2억 3,000만 원, 중앙일보는 1억 8,500만 원으로 3위로 나타났다. 지난해는 동아 조선 중앙 순으로 3억 9,100만원~3억 7,800만 어치의 정부광고를 수주했다. 올해 동아일보 쏠림현상이 더 심화되었다.

906) 문현숙, 「공동배달제, 신문사 협의체로 넘어간다」, 「한겨레신문」, 2010년 11월 17일); 신문유통협의체가 2011년 2월 28일 출범했다. 신문유통사업은 그간 정부가 주도하는 직접지원 방식에서 신문사 본사가 참여하는 간접지원 방식으로 큰 폭의 방향전환을 하게 되었다(이상준, 「신문유통 선진화 큰 걸음 내디뎠다」, 「언론속으로」(8), 한국언론진흥재단, 2011년 3월). 신문유통협의체는 한국신문협회 산하 판매협의회 회원사 7개사(조선일보, 중앙일보, 한겨레, 한국일보, 부산일보, 광주일보, 대전일보 등 7개 신문사) 대표로 구성된 민간 자율기구로 앞으로 한국언론진흥재단이 수행하는 신문유통 지원사업과 관련한 제반 사항에 대한 논의와 의견 수렴 및 제출 역할을 담당하게 된다.

는 내용이 없다. 즉, 이 대통령은 '공정한 사회는 출발과 과정에서 공평한 기회를 주되 결과에 책임지는 사회다'라고 연설하며 한국 사회에 '공정한 사회'라는 화두를 던졌다.

이 대통령은 "'공정한 사회야말로 대한민국 선진화의 윤리적 실천적 인프라'라며 '저는 앞으로 우리 사회 모든 영역에서 '공정한 사회'라는 원칙이 확고히 준수될 수 있도록 최선을 다하겠다.'"라고 밝혔다.[908] 즉, '공정한 기회와 결과에 대한 책임', '큰 기업과 작은 기업이 상생하고, 서민과 약자가 불이익당하지 않는 사회'였다.

이 대통령은 공정한 사회를 말하고 있다. 그러나 현실은 공정사회와는 달리 움직인다. 원래 말의 의미는 사전적으로 전달되는 것이 아니라 말하는 사람과 듣는 사람의 관계에 의해 정해진다. 그렇지 않을 때, 사람들은 분노 이전에 기존 인식 구조가 붕괴되는 공황 상태를 맞게 된다.[909]

이명박 대통령은 출범 초기인 2008년 '섬김의 리더십', '머슴론'을 내세웠다. 그는 3·1절 기념식 등에서 단상을 없애는 등 '격식 파괴'를 선보이며 실용, 실전, 현상, 변화를 역설했다. 하지만 실제 국정운영에 나타난 것은 공권력과 행정력을 앞세운 '통치'와 '이명박식 법치'였다. 기호론의 관점에서 머물고 만 것이다.

말하자면, 이명박 정부에서 '쪽방투기', '위장 전입', 병역 비리, 탈세, 위조와 표절이 일상인 사람들이 공정함을 부르짖을 때, 이 '공정한 사람들'[910]로 인한 피해자(국민)의 판단은 정지되고 언어는 증발한다.

또한 이 대통령의 기자회견은 '하고 싶은 말'만 하려는 청와대의 일방 통

---

907) 정희진, 「MB의 기호의 제국」, 「한겨레신문」, 2010년 8월 24일; 정희진 『페미니즘의 도전』 저자는 '녹색 성장'이 후세를 위해 자원을 남겨두는 지속가능성(sustainable)인데, 정부는 산, 강, 집의 파괴를 녹색 성장이라고 주장해 왔다...정부의 언어는 그에 해당하는 의미가 없다. 그래서 언어를 통제하는 것이 아니라 국민 스스로 침묵하도록 만든다. 그야말로, 기호만의 제국을 건설하려 한다.

908) 황준범, "공정사회 담론과 인사청문회", 『관훈저널』 통권 117호, 2010년 겨울. pp. 48~57.

909) 정희진, 상게 기사.

행식 홍보 의식이 드러난 대표적 사례다. 청와대는 2008년 10월 23일부터 7시부터 한국방송에 8분 30초 동안 '안녕하십니까? 대통령입니다.'라는 국정연설을 시작했다. 한 신문은 너무 일방적이고 독단적이다. 청와대는 방송사와는 아무런 협의도 하지 않은 채 혼자 결정해 통보했다.[911]

또한 청와대는 2009년 9월 기자회견을 주요 20개국(G20) 정상화의 한국 개최에 초점을 맞추고, 이를 흐릴 수 있는 기타 현안 질문에는 극도로 거부감을 보였다. 이 대통령의 기자회견 기피증이 지나친 것 같았다.

2009년에 이어 2010년에도 '기자회견'[912]이 아닌, '연설'을 택했다. 이 대통령은 1월 4일 청와대 본관에서 수석비서관들이 배석한 가운데 생중계로 20분에 걸쳐 연설문을 읽었다. ..그러나 이를 두고 이 대통령의 기자회견 기피증이 지나친 것 아니냐는 지적이 나온다...우상호 민주당 대변인은 "국민의 궁금증을 풀어주는 게 목적이 아니라 내가 하고자 하는 것은 이것이라고 발표하는 것으로, 이 대통령의 오만과 독선적인 태도가 고스란히 드러난다."라고 말했다.[913]

2011년 2월 1일 설 연휴를 앞두고 '신년 방송좌담회'(3개 방송 동시 중계)에서도 같은 차원이었다. 정부의 대(對)국민 소통을 강조하면서도 정작 이명박 대통령 자신은 재임 3년 동안 기자회견다운 회견을 별로 하지 않았다.[914] 즉, 기자회견이란 행사는 20여 차례 있었지만 홍보성 정책으로 한

---

910) '공정한 사람들'은 '공정사회' 불씨 살리기에 나섰다(박영환, 「공정사회 불씨 살리기 이 대통령 뜻대로 될까」, 「경향신문」, 2011년 2월 18일; 이 대통령은 2월 17일 청와대에서 제1차 공정사회추진회의를 직접 주재했다....정부는 이날 회의에서 병역, 납세, 교육, 근로 등 국민의 4대 의무 등과 관련한 '공정한 사회 구현을 위한 정부 과제'를 제시했다.

911) 「사설」, 「야당에도 '라디오 연설' 시간 줘야」, 「한겨레신문」, 2008년 10월 23일.

912) 이명박 대통령이 취임 뒤 기자회견을 한 것은 쇠고기 촛불시위 때인 2008년 5월과 6월, 2009년 9월 주요 20개국(G20) 정상회의 유치 때 등 세 차례뿐이다(황준범, 「또 '연설'만...'회견' 기피증?」, 「한겨레신문」, 2010년 1월 5일).

913) 황준범, 상게 기사.

914) 「사설」, 「대통령은 정식 기자회견 해야」, 「중앙일보」, 2011년 1월 31일.

정되거나 정상회담 결과를 '놓고 몇 마디' 답변하는 것으로 그쳤다.

이명박 정부는 기자회견의 '원천봉쇄' 선호는 집회나 시위에만 국한되는 게 아닌 듯싶다. 대통령 기자회견 장에서까지 원천봉쇄가 난무하니 말이다.[915] 예를 들면, 엊그제(2009년 9월 31일) 이명박 대통령의 기자회견에 앞서 기자들에게 최근 정국의 최대 현안으로 떠오른 세종시 문제(이전)에 대해서는 질문을 하지 말 것을 요청했다고 했다.

그러나 개헌에 대한 자신의 뜻은 집요했다. 2011년 2월 1일 방송 좌담회에서 이 대통령은 "이다음 (누가) 대통령이 되더라도 시대에 맞지 않기 때문에 (개헌은) 해야 한다."고 했다.[916]

물론 이명박 정부에게도 일방적 홍보를 강화시킨 이유가 있었다. 정부는 2008년은 조각(組閣) 인사파동과 광우병 촛불사태, 2009년은 '용산참사'[917] · 세계 경제 위기, 2010년은 세종시 파동과 천안함 · 연평도 사태로 많은 에너지를 소진해야 했다.

더욱이 정부가 정성궤도에 진입할 때 미국발 금융위기가 닥쳤다. 월스트리트 투자은행 리먼 브라더스(Lehman Brothers)가 2008년 9월 15일 파산

---

915) 「사설」, 「기자회견 질문까지 '원천봉쇄'하는 청와대」, 「한겨레신문」, 2009년 10월 2일.

916) 권대열 · 정시행, 「개헌론(改憲論), 발원지는 결국 이대통령」, 「조선일보」, 2011년 2월 2일.

917) 용산참사는 2009년 1월 20일 용산구 남일당 건물 상인들이 건물 재개발 철거에 저항하자 대테러업무 전담 경찰특공대를 투입했다(손준현, 「다시 '슬픈 망루'를 보라」, 「한겨레신문」, 2011년 1월 12일). 당시 '살인진압'의 책임자 김석기 당시 서울경찰청장은 경찰청장후보로 지명된 직후이었다. 사망한 철거민 이상림, 양회성, 한대성, 이성수, 윤용헌 씨 시신은 355일 동안 병원 냉동고에 보관 되었다. 그 후 경기도 마석 모란공원에 안장되었다.
서울중앙 지방법원은 '용산참사' 재판에서 농성자들에게 대해 징역 8년에서 5년에 이르는 무거운 형을 구형했다. 농성자들이 시너지를 뿌리고 화염병을 던진 것이 경찰관들을 다치거나 숨지게 한 화재의 직접 원인이라는 이유다. 민간과 국립과학수사연구소의 전문가들은 발화 지점이나 발화 원인은 단정할 수 없다고 밝혔다.(「사설」, 「용산 참사, 도대체 누구에게 죄를 묻겠다는 것인가」, 「한겨레신문」, 2009년 10월 22일). 오히려 인화성 물질의 유증기가 가득 차 있던 상태에선 발전기나 경찰의 전기절단기 등이 발화 원인일 가능성이 더 크다고 한다.

되었다. 2008년 12월 초 이명박 대통령은 경제위기에 대처하기 위해 속도전을 단행했다. 재정 조기 집행 등 어느 정도 성과도 나타났다.[918)]

정부는 주요 20개국(G20) 서울 정상회의를 개최했다. 그 의제는 "환율 전쟁을 방지하고 경상수지 가이드라인을 정하는 게 과제다."라고 했다.[919)] 2010년 10월 말 G20 재무장관과 중앙은행 총재들이 '경주 합의'로 '시장 결정적 환율제도 이행'과 '경쟁적인 통화절하 자제'를 결정하고, 그 해법을 서울 정상회의에서 확인한 것이다. 정부는 G20 서울회의 개최(2010년 11월 11~12)로 한국 외교의 지평을 넓혔다. 그 회의는 '재정건전화를 포함해 지속적인 경기회복과 지속가능한 성장 도움이 되는 거시 정책을 수행했다.'라는 G20 정상회의 선언문을 내놓았다.

정부는 G20 의장국으로 국제적 위상을 올렸으나 정부의 고질병도 갖고 있었다. 정부 정책의 속도전은 현 정부의 국정 스타일로 각인돼왔다. 그런 관행은 사회 곳곳에서 '저속' '과속' '차선 위반' 등이 벌어졌다. 당-정-청 소통이 부재하게 되고 '속도 피로감'이 정권을 엄습한 것이다. 국정의 관심이 불을 끄는 데 관심이 집중되었다. 정부는 그 위기 현실을 미네르바에 돌리게 되었고, "'인터넷 논객 미네르바'[920)]가 올린 글 때문에 지난해 외환보유액이 20억 달러 이상 추가 소진됐다."라고 발표했다. 그리고 미네르바에게 '공익을 해할 목적'으로 허위사실을 유포한 혐의로 씌워 검찰이 그를 구속했다. 검찰의 계산이다. 쉽게 말해 미네르바 때문에 정부가 환율방어를 위해 안 써도 될 20억 달러(약 2조 700억원)를 몇 일새 탕진해야 했다는 것이다.[921)] 미네르바 구속을 계기로 새롭게 조명 받게 된 용어가 '환율조작', '환율개입'이었다. 정부가 자본시장에 직접 개입한 것이고, 정부의 일방적 정책이 계속되었다.

한편 정부의 권위주의 정부의 '졸속 협상'으로 미국산 쇠고기 수입 재개

---

918) 고기정 차지완 박민혁, 「'저속..과속..차선위반..', '위기극복 속도전' 靑 조율기능 고장」, 「동아일보」, 2009년 4월 18일.

919) 「사설」, 「G20 정상회의, '경주 합의' 후퇴해선 안 된다.」, 「중앙일보」, 2010년 11월 12일.

결정이 내려졌다. 인터넷을 통해 10대들은 청계천 광장에 모였다. 그들은 2008년 5월 16일 미국산 쇠고기 수입반대 촛불문화제에 참석하여, 정부가 미국과의 전면 재협상을 요구했다.[922] 시위 참가시민들은 "디지털 카메라와 캠코더, 노트북, 와이브로(wibro)와 같은 무선 인터넷을 통해 전 세계에 실시간으로 방송되고, 해외에서도 촛불집회가 열리는 계기가 됐다."라고 했다.[923]

또한 방송은 촛불 시위에 불을 붙였다. <MBC PD 수첩>은 그 직후인 2008년 4월 29일 「긴급취재! 미국산 쇠고기, 과연 광우병에서 안전한가.」라는 제목으로 정부 결정의 문제점과 광우병 위험성을 지적하는 내용을 방송했고, 이후 촛불시위가 석 달 넘게 지속되는 등 쇠고기 수입 반대 여론이 높아졌다.

---

920) 인터넷 논객 미네르바 사건은 표현의 자유에 대한 논쟁이 붉어진 것이다. 헌법재판소는 2010년 12월 28일 '미네르바 박지성 씨'가 낸 헌법소원 소송에서 '전기통신법'의 위헌을 결정했다. 즉, 헌재는 인터넷이나 휴대전화 등으로 허위 사실을 유포하면 처벌하도록 한 전기 통신기본법 조항이 위헌이라는 헌법 재판소 결정을 냈고, 또한 수사기관의 감청영장을 무제한 연장할 수 있도록 한 통신비밀보호법 조항에 대해서도 헌법불합치 결정을 했다. 헌법재판소가 공익을 해칠 목적으로 허위의 통신을 한 경우 처벌하도록 규정한 전기통신기본법 47조 1항에 대해 위헌 결정을 한 것이다. 헌재는 이 조항이 헌법상 표현의 자유 등을 침해한다며 인터넷 논객 '미네르바' 박대성 씨 등이 낸 헌법소원 사건에서 재판관 7(위헌)대 2(합헌)의견으로 위헌 결정을 선고했다(이범준, 「미네르바 옭아맨 법 조항은 '위헌'」, 「경향신문」, 2010년 12월 29일).

한편 헌법재판소가 인터넷 유언비어 처벌의 근거가 돼 온 전기통신법 조항을 위헌이라고 결정한 이후 대체(代替) 입법 마련을 놓고 논란이 벌어지고 있다(김철웅, 「여적」- 「환율조작과 미네르바」, 「경향신문」, 2009년 1월 13일). 헌재는 '공익을 해칠 목적으로 허위의 통신을 하면 처벌한다'는 이 조항이 '공익(公益)'의 뜻이 모호해 위헌이라고 결정했다(「사설」, 「'공익(公益)' 개념, 헌재(憲裁) 판결 계기로 보다 구체화할 필요 있다」, 「조선일보」, 2010년 12월 31일). 그 동안 정부와 정치권이 국익(國益)이나 공익 같은 말을 앞세워 국민의 기본권을 제하는 법을 양산해 온 것이다.

921) 「사설」, 「'공익' 개념, 헌재 판결 계기로 보다 구체화할 필요 있다」, 「조선일보」, 2010년 12월 31.

922) 박수정 · 오동근, 「촛불든 10代에 부끄러운 대학생」, 「경향신문」, 2008년 5월 17일.

923) 공동기획취재팀, 「온라인 참여 민주주의 새 싹」, 「서울신문」, 2008년 7월 31.

당시 검찰 수사 일지에서 2008년 4월 18일 한미 쇠고기 수입협상이 타결되고, 5~6월 '광우병 괴담' 퍼지며 전국 대규모 촛불시위로 국정은 몸살을 앓았다. 검찰은 <MBC PD수첩>에서 '광우병 왜곡' 보도로 결론을 내린 것이다.[924)]

검찰은 2008년 4월 피디수첩의 광우병 보도 뒤 특별전담수사팀을 꾸려 피디수첩 압박에 나섰지만, 코드에 맞는 대법관을 임명했다. 신영철(申暎澈) 대법관은 '촛불 재판'에서 이메일, 개별 재판부 접촉을 시도한 것이 화근이 되었다. 즉, 신 대법관은 2008년 7~11월 서울중앙지법 형사 단독 판사 10여 명에게 여섯 통의 e-메일에는 촛불시위 관련 재판에 대한 법원장의 요구 사항이 적혀 있었다.[925)]

또한 신 대법관의 개입 파문을 수습하기 위해 2009년 4월 20일 전국법관회의에서 신대법관의 행위가 재판의 독립을 침해했다는 의견이 다수를 이뤘던 것으로 밝혀졌다.[926)]

주임 검사(임수빈 부장 사표 제출, 2009년 1월 7일)가 사임하는 등 내부에서도 무리한 수사라는 지적이 적지 않았다.[927)] 결국 광우병 보도와 관련해 명예훼손 등 혐의로 기소된 MBC 조능희 PD 등 PD수첩 제작진 5명이 모두 무죄판결을 받았다.[928)]

국정은 한나라당의 전횡으로 비춰졌다. 2008년 12월 18일 오후 국회 외교통상통일위원회(위원장 박진)는 한나라당 의원들만 참석한 가운데 전

---

924) 염강수, 「'온 국민의 것'인 공중파 방송을 PD수첩이 '정치' '선동'에 이용해」, 「조선일보」, 2009년 6월 19일.

925) 김승현, 「대법, 신영철 대법관 '촛불 재판 e-메일' 조사」, 「중앙일보」, 2009년 3월 6일.

926) 대법원은 지난 20~21일 충남 천안시 상록리조트에서 신 대법관 사태의 원인과 해결책 등을 논의하기 위해 6년 만에 '전국 법관 워크숍'을 열었다(박현철, 「법관회의서도 '신영철, 재판독립 침해'」, 「한겨레신문」, 2009년 4월 28). 전국 법관 워크숍 논의 결과에서 "상당수의 참석자들이 신 대법관의 행위가 재판 독립을 침해했거나 부적절한 것으로 보인다는 취지의 의견을 개진했다"고 밝혔다. 많은 판사들이 신 대법관의 '이메일 발송'이나 개별 재판부 접촉 등의 행위가 재판의 독립을 침해했거나 부적절한 것이라고 지적했다는 것이다.

927) 「사설」, 「'정치검찰'의 억지 기소 일축한 피디수첩 판결」, 「한겨레신문」, 2010년 1월 21일.

체회의를 열어 한·미 자유무역협정(FTA) 비준동의안을 상정했다. 한나라당은 미리 책상과 소파 등 집기를 이용, 출입문을 통제해 진입에 실패했다.[929)]

야당 측은 회의장 문을 부수기 위해 해머와 노루발(일명 빠루)·전기톱 등의 장비를 동원했으며, 이 과정에서 격렬한 몸싸움이 벌어지는 등 물리적 충돌 사태가 빚어졌다. 민주당 측이 물대포를 쏘자 한나라당 측이 소화기로 응사하는 등 회의장 주변은 전쟁터를 방불케 하는 아수라장이 되었다.

국회가 행정부를 견제하는 것도 아니었다. 연말예산 국회가 계속 비정상적으로 운영되었다. 한나라당 예결특위위원인 조해진 의원이 쏟아낸 지적들은 자신을 포함한 예결위원의 70~80%가 예산서를 제대로 읽지 못하는 초선으로 경험과 전문성이 부족해 예산심의가 수박 겉핥기식으로 이뤄진다고 고백했다.[930)] 18대 국회 의석수는 전체 299명에서 한나라당 170석으로 다수를 차지했다.[931)] 한 정당에 의해서 좌우되는 정치 판도였다.

---

928) 서울중앙지법 형사 13단독 문성관 판사는 20일 미국산 쇠고기의 광우병 위험을 과장, 왜곡 보도해 정운천 전 농림수산식품무부 장관과 민동석 외교통상부단장(전 한미 FTA쇠고기협상 수석대표)의 명예를 훼손하고 미국산 쇠고기 수입업체들의 업무를 방해한 혐의로 불구속 기소된 조 PD 등 5명에 대해 전원 무죄를 선고했다. 재판부는 판결문에서 "PD수첩이 주저앉는 소(다우너 소)를 광우병 의심소로, 아레사 빈슨을 인간광우병(vCJD 의심환자)로 표현한 부분 등은 전후 사정을 감안할 때 허위보도라고 볼 수 없다"고 밝혔다(박진석, 「PD수첩 광우병 제작진 무죄」, 「한국일보」, 2010년 1월 20일). 판결 내용을 자세히 보면 PD수첩의 미국산 쇠고기 광우병 위험 보도에 대한 항소심의 유·무죄 판단은 1심과 다르지 않았다. 하지만 이러한 결론에 이르기까지 사실관계에 대한 판단과 논리는 달랐다. 1심 재판부는 방송의 핵심 보도내용 5가지에 대해 모두 허위가 아니라고 판단해 허위사실 적시에 의한 명예훼손이 아니라고 결론 내려졌다(강아름, 「정책비판 보도에 언론·표현의 자유 폭넓게 인정」, 「한국일보」, 2010년 12월 3일). 하지만 항소심 재판부는 그 중에 3가지는 허위사실이라고 판단했다. 그럼에도 불구하고 항소심 재판부는 ① 보도의 취지가 정부 정책을 비판하는데 있었고, ② 방송 효과를 극대화기 위한 과장이 있긴 했지만 일부러 허위사실을 만들 의도는 없었다는 점 등을 들어 무죄를 판결했다.

929) 이가영, 「2008년 12월 18일 국회는 전쟁터-해머·전기톱 동원-한·미 FTA 충돌 끝 상정」, 「중앙일보」, 2008년 12월 19일.

930) 「사설」, 「예산협상 한발씩 양보해 접점 찾아라」, 「한국일보」, 2008년 12월 5일.

조 의원의 말을 종합하면, "지난 6개월 간 예결위원 활동을 통해 국민의 피 같은 세금을 물같이 쓴다는 것을 알게 되었다는 조 의원의 토로에 여야는 공히 책임을 통감해야 한다."라고 했다.[932)]

한편 국회는 2010년 12월 8일 본회의를 열어 309조 567억 원 규모의 2011년도 예산안을 비롯, 예산 관련된 법안(예산부수법안) 14건, 일부 쟁점 법안 등 모두 41건의 안건을 의결했다.[933)] 이는 2002년 이후 8년 만에 정기국회 회기(올해의 경우 9일까지) 내에 예산안이 처리된 것이지만, 이날 국회 본회의장 안팎에선 전날에 이어 여야 간 격렬한 몸싸움이 이어지는 등 '폭력 국회'의 모습은 여전했다. 2011년 예산의 쟁점은 4대강 사업이었다.

남북 관계에 일어난 기호 제국에 관한 건이다. 북한관계는 금강산 관광 당시 '박왕자(53)'씨가 2008년 7월 13일 오전 5시경 북한군의 총격으로 숨진 사건이 벌어졌다. 그 후 남북관계가 경색일로로 치달았고, 북한과의 갈등관계가 결국 천안함 · 연평도 사건으로 이어졌다.

이명박 정부에 들어서며 남북간 긴장은 고조되었으나, 정부의 경계태세는 이완돼서 안보가 붕괴된 것이다.[934)] 그로 인해 장병 46명의 희생된 천안함 사건이 벌어졌다. 국가 안위를 책임져야 할 정부가 애꿎은 젊은 장병을 희생시키고, 이제는 대북 정책을 '끝까지 가보자'는 식으로 끌고 가고 있었다.

그런데 그 사건은 조사 과정에서 객관성 · 공정성 문제가 대두되었다. 정부가 하는 조사는 다른 사건들이 그렇듯 신뢰성을 잃어갔다. 민 · 군 합동

---

931) 국회의석(정수 299)은 한나라당 170석, 민주당 83석, 자유선진당 18석, 친박연대 8석, 민주노동당 5석, 창조한국당 3석, 무소속 7석 등이었다(구동본, 「정치권, 거센 후폭풍 속으로」, 「서울경제」, 2009년 4월 29일).

932) 「사설」, 「예산협상 한발씩 양보해 접점 찾아라」, 상게 기사.

933) 김기봉, 「'새해 예산안' 與 단독처리」, 「조선일보」, 2010년 12월 9일.

934) 이인숙, 「'북 · 중 · 러 참여시켜 천안함 조사 검증 필요'」, 「한국일보」, 2010년 5월 25일.

조사단이 천안함 침몰원인 조사결과를 발표했다. 당시 한겨레신문은 "'조사단이 북한의 연어급 잠수정이 발사한 어뢰로 천안함이 침몰했다'고 했으나, 누구나 납득할 수 있는 최종 결론으로 보기에는 미흡하다."라고 했다.[935]

외교통상부 장관을 지낸 송민순(宋旻淳) 민주당 의원은 2010년 5월 24일 국회의원회관에서 가진 한 인터뷰에서 "'우리가 다 조사했으니 따르라'는 식으로는 중국과 러시아가 수긍할 수도 없고, 유엔안전보장이 사회에서 획기적 메시지를 끌어낼 수도 없다."라고 정부를 비판했다.[936] 송 의원은 또 "남북과 중국, 러시아도 참여하는 합동조사단 형식으로 기존 천안함 침몰 조사결과를 검증하도록 할 필요가 있다."라고 제안했다.

정부의 대선 공약의 허언도 표출되었다. 2002년 대선에서 노무현 민주당 후보는 수도이전을 대선공약으로 제시했다. 그 후 노 대통령은 2004년 1월 16일 '신행정수도건설을 위한 특별조치법'을 국회에서 통과시켰다. 그러나 수도권 이전에 대한 헌법재판소 위헌 결정으로 2005년 3월 18일 '신행정수도호속대책을 위한 연기공주지역 행정 숭심목합노시 선설을 위한 특별법이' 다시 국회에서 통과되었다.

이명박 후보는 '당내 경선 및 대선 때', 2007년 8월 7일 대전일보와의 서면 인터뷰에서 "대통령이 되면 행정중심복합도시 건설을 변함없이 추진하겠다. 국제과학기업도시를 함께 건설하겠다."라고 했다.[937]

또한 동 기사는 대통령 취임 뒤 2008년 3월 20일, "내가 행복도시건설청장과 본부장을 바꾸지 않은 것은 행정도시의 지속적인 추진을 말하는 것이다. 계획대로 추진할 것이다."라고 했다.

이들 말과는 달리, '공약 뒤집기'가 일어났다. 2009년 11월 4일 '정운찬

935) 「사설」, 「대응은 현실적으로 조사는 더 철저하게」, 「한겨레신문」, 2010년 5월 22일.

936) 이인숙, 상게 기사.

937) 황준범, 「이 대통령 '공약 뒤집기' 이유대며 '여론 뒤집기'」, 「한겨레신문」, 2009년 11월 25일.

(鄭雲燦) 국무총리 주례보고'에서 "세종시 대안은 원안보다 실효적 측면에서 더 발전적이고, 유익해야 한다. 국가 경쟁력, 통일 이후의 국가 미래, 해당지역의 발전을 염두에 두고 대안이 마련돼야 한다."라고 했다.

세종시 이전문제가 박근혜(朴槿惠) 전 한나라당 대표가 '공약대로'라는 대립각을 세움으로써, 갈등이 첨예하게 대두되었다. 이명박 정부 들어 2009년 11월 16일 국무총리실 직속으로 '세종시 민관합동위원회(세종시 위원회)'에서 충청지역의 여론을 수렴하고, 세종시 수정안 마련을 위한 정부의 각종 보고서에 대해 심의, 자문을 시도했다. 이 조직은 정운찬 국무총리를 비롯해 정부위원 7명, 민간위원 16명 등 23명이었다.

MBC가 주관한 '대통령과의 대화'가 2009년 11월 27일 밤 10시부터 100분간 방영되었다. 세종시 수정논란과 '4대강 사업'[938], 미디어법 등 사회적 이슈들에 대해 여야의 입장이 첨예하게 갈린 시기에 정부 최고 책임자의 입장을 들을 수 있는 자리였다.

'국민과의 대화'는 전국 35개 방송사가 공동 중계를 했다. 그러나 대화의 자리가 대통령의 일방적 주장으로 끝났고, 국민과의 소통을 위한 자리라는 프로그램 본래의 취지를 퇴색하게 만들었다.[939] 패널이나 방청석의 일반인들이 던진 질문들이 이미 청와대측과 사전에 조율된 것이라는 점은 주지의 사실이다.

결국 '세종특별자치시 설치등에 관한 특별법'(세종시 특별법)은 국회 재

---

938) 4대강 사업은 대운하 건설(이명박 대통령 공약사항) 준비를 위한 것이란 의혹이 끊임없이 제기됐다(「사설」, 「4대강 사업, 이래도 대운하 준비 아닌가」, 「경향신문」, 2010년 8월 18일). 보(洑)의 높이와 준설 깊이 등 4대강 사업의 핵심 내용이 물 확보와 홍수 방지 수질 개선, 생태 복원 등 정부가 제시하는 사업 목적과 맞지 않기 때문이었다. 정부와 갈등을 빚은 MBC 〈PD 수첩〉은 보도 자료를 통해, 8월 17일 방영 예정인 '4대강 수심 6m의 비밀'편에서 당초 소규모 설치가 중심이던 4대강 사업이 대형 보 위주로 바뀌는 과정에 청와대가 적극 개입한 의혹을 제기했다.

939) 김진구 · 이호준, 「정부 '세종시 홍보' 들러리 선 방송」, 「경향신문」, 2010년 1월 20일; "'청와대 홍보문건'과 손발 척척, KBS 뉴스라인 편성개입 의혹, MBC · SBS도 단순 전달 그쳐"라고 했다.

적의원 166명 중 찬성 141, 반대 8명, 기권 18명으로 2010년 12월 8일 국회를 통과했다.[940] 그 과정에서 정부는 방송을 홍보기구로 사용했다. 정부는 언론을 통해 홍보기능을 강화시켰다. 정부가 '세종시 수정' 홍보를 위해 방송을 들러리를 세웠다. 코드 제국의 실상이 공개되는 현장이었다. 이들 방송은 "수정안의 장점만을 강조하는 이명박 대통령과 정운찬 총리의 발언을 무비판적으로 내보내거나 정 파 간 갈등을 단순 전달하면서 여론조사 결과를 경마식으로 중계 보도한 것이다.[941]

4) 언론의 운용

한편 방송과 관련된 현실은 방송통신위원회(방통위)에서 결정을 했다. 방통위 법안은 2008년 2월 26일 국회 본회의에서 재적 209명 중 173명의 찬성으로 통과돼 여러 해에 걸친 방·통 융합의 논란이 종식됐다.[942] 27년간 존재했던 방송위원회가 사라지고, 초대 방통위위원장으로 이 대통령의 최 측근인 최시중(崔時仲) 전 한국갤럽 회장이 내정되었다.

방통위법에 따르면, 대통령은 위원 5명 중 위원장과 위원 1명을 임명하고 나머지 3명의 위원은 여당에서 1명, 야당에서 2명을 추천하며, 부위원장 1명은 호선하게 되어있다.

한편 최시중 방통위 위원장은 세종로 방통위에서 2008년 3월 26일 열린 취임사에서 "독립성 객관성에 대한 저의 철학 위에 위원들의 전문지식, 직원들의 열정을 보태 국민의 기대에 부응하겠다."라고 했다.[943]

또한 이 대통령은 방통위의 위상과 실제 기능에 관해서 논했는데, 그는

940) 김현진, 「세종시설치법 국회통과」, 「뉴시스」, 2010년 12월 8일.

941) 김진구 · 이호준, 상게 기사.

942) 설원태, 「'정치색' 더욱 짙어진 방통위 출범」, 「경향신문」, 2008년 3월 3일.

943) 병영욱, 「최시중 위원장 취임」, 「동아일보」, 2008년 3월 27일; 방통위는 대통령 직속의 중앙행정기관이면서 위원장(장관급) 1명과 상임위원(차관급) 4명의 합의로 주요 의사가 결정되는 구조다.

2008년 12월 26일 "방송통신 분야는 정치 논리가 아닌 실질적 경제 논리로 적극적으로 해 나갈 수 있기를 바란다."라고 말했다.[944] 이 대통령은 이 날 오전 청와대에서 방송통신위원회로부터 업무보고를 받으며 '방송통신 분야는 새로운 기술 융합의 선도 부서이고, 새로운 일자리를 창출하는 부서'라며 이같이 밝혔다. 이 대통령은 '대음 세대를 기대할 수 있는 성장 동력도 방통 융합을 통해 가져올 수 있다'며 '앞서가는 IPTV 기술을 도입하면 가능하다. 방송통신위원회는 합심해서 그 목적을 달성하기 바란다'고 말했다.

한편 야당 상임위원 몫으로 방통위에 임명된 양문석 위원은 최시중 체제를 평가했다. 경향신문 김주현 기자는 양문석 신임 상임위원과 인터뷰를 시도했다. 양 상임위원은 "'신정정치(神政政治)'의 대표적 예로 방통위의 업무추진 방식을 꼬집었다. 위원장이 한마디 하면 사무국이 위원장의 생각을 좇아 코드를 맞추려고 한다는 것이다. 그러다 보니 건강한 비판은커녕 토론도 사라진다."라고 했다.[945]

방통위는 2008년 5월 14일 방통심위에 박명진(朴明珍, 서울대 언론정보학) 교수를 위원장으로 임명했다. 동 위원회는 손태규, 엄주웅 등을 부위원장으로 임명했다. 그들은 9명의 위원과 보도교양부문, 연예오락 부분, 광고 및 상품판매부문 등 3개의 부분으로 나누었다. 동 위원회는 '이익집단으로부터 압력을 배격하고', '공정성의 기준에 대한 사회적 합의 설정', '시민사회단체의 지속적인 모니터링도 약속했다'. 그러나 '심의 판단은 위원 개개인의 양심에 맡기기로 했다.'

그러나 14개월 후 코드 인사가 자리를 차지했다. 이명박 대통령은 2009년 9월 6일 박명진 방송통신심의위원장의 사표를 수리하고 후임에 이진강(李鎭江) 임명한다고 했다. 이 전 회장은 "고려대 법대를 졸업하고 대

944) 서승욱 · 김필규, 「'방송통신은 경제논리로 봐야'」, 「중앙일보」, 2008년 12월 27일.

945) 김주현, 「'방통위, 최시중 신정 정치 무대 한마디 하면 일사천리로 진행'」, 「경향신문」, 2010년 8월 9일.

검 형사1과장, 수원지검 성남지청장, 서울지방변호사회장, 국가인권위원 등을 지냈다. 대한변협 회장 재임 시인 2007년 12월 'BBK 특검법'에 위헌 소지가 많다는 입장을 밝히는 등 이 전 회장은 보수적인 성향의 인사로 알려져 있다."라고 했다.[946]

방통위 인사가 시작되었다. KBS 이사회[이사장 손병두(孫炳斗)]가 2009년 11월 19일 KBS 신임 사장에 김인규 디지털미디어산업협회장을 선정했다. 이명박 대통령의 대선 캠프의 방송전략실장 출신인 김 회장이 신임사장으로 선정되면서 KBS의 정치적 중립성을 둘러싼 논란은 더욱 거세졌다.[947]

공영방송 사장들은 '케이비에스를 정치권력으로부터 지키기 위해 왔다'(2009년 11월 김인규 사장취임), 한편 MBC도 코드 인사로 채워졌다. MBC 사장은 '위기에 처한 MBC를 구하고 싶다'(2010년 3월 18일 김재철 사장취임사)라는 말을 했다.

한편 MBC 대주주인 방송문화진흥회(방문진)가 2010년 2월 8일 보도, 제작, 편성 본부장 등 MBC의 새 이사 후보 3명을 신임했다. 방문진과 다른 인사안을 갖고 있던 '엄기영(嚴基永) MBC 사장'[948]은 이에 반발해 사표를 제출했다.[949]

이에 대해 동 중앙일보 사설은 "'국민의 재산인 공중파를 사용하는

946) 남도영, 「새 방통심의위원장에 이진강 前 변협회장 내정」, 「국민일보」, 2009년 8월 7일.

947) 이호준, 「KBS 신임 사장에 김인규 씨 내정」, 「경향신문」, 2009년 11월 20일.

948) 사퇴의 자세한 과정은 다음과 같다. 엄기영 MBC 사장이 취임 11개월여 만인 2월 8일 전격 사퇴했다. 방문진에 사표를 제출했다가 반려된 엄 사장은 지난해 12월초 새 이사진을 자신이 선발할 수 있게 맡겨달라고 요청했다. 한편 방문진은 인사권은 방문진에 있다며 받아들이지 않아 갈등이 깊어졌다. 8일 공식적으로 사직서를 낸 후 엄 사장은 "'MBC 사장이 인사 대상자를 추천하고 방문진이 이를 승인해 왔는데 (방문진이) 직접 이사를 선임하는 것은 일종의 직권남용'이라며 '압력, 청탁으로 인한 인사일 개연성이 짙어 보인다.'고 발언 수위를 높였다."라고 했다(허정헌, 「'MBC 개편 갈등' 결국 폭발하나」, 「경향신문」, 2010년 2월 9일.

949) 「사설」, 「MBC는 여전히 환골탈태 필요하다」, 「중앙일보」, 2010년 2월 9일.

MBC가 보도, 교양, 오락 프로그램을 통해 공영성과 공익성을 제대로 구현하는지 관심거리다.'라고 했다. 또한 '엄기영 사장도 이에 대한 책임을 진작 느꼈어야 마땅했다. 왜곡, 과정을 일삼아 어린 여중생들까지 패닉 상태로 빠뜨렸던 PD수첩 '광우병'편이 대표적인 사례다. 그런데도 반성하기는커녕 진행 중인 재판의 당사자격이면서 버젓이 '잘못된 게 없다'는 것이 후속 프로그램을 제작해 내보냈다.'"라고 했다.

한편 경향신문 사설은 "최근 MBC가 겪은 일들을 돌아보면 엄 사장의 사퇴는 어쩌면 정해진 수순에 다른 것처럼 보인다. 이 정권은 진작부터 MBC '손 보겠다'는 의도를 감추지 않았거니와 2009년 8월 방문진이 뉴라이트 중심 친여인사들로 물갈이 되면서 그 작업은 본격적으로 진행됐다."라고 했다. 이 정권의 대리인격인 방문진의 행태는 우파 개혁을 시도했다. 노조방송이란 오명으로부터, MBC 민영화로 가닥을 잡아갔다.

법에 방문진의 설립 목적은 '방송사의 공적 책임 실현', '민주적이며 공정한 방송문화의 진흥'이라고 돼 있지만 방문진은 비판성 거세에 주된 관심이 있는 듯했다. 또 김 이사장은 '엄사장이 스스로 (사퇴를) 검토하는 계가 가 되기 바란다.'고 노골적으로 압박했다.[950]

인사에서 굴절을 겪은 공영방송은 사장들의 포부와 실제는 공약과 달랐다. 김인규 사장은 취임 이후 노골적인 친정부 보도 논란에 휩싸였다. 문화방송은 김재철 사장이 조직을 장악하는 과정에서 청와대 인사 개입 의혹까지 불거지면서 구성원 반발에 직면했다. 김우룡(金寓龍) 방문진 이사장은 3월 17일 「신동아」 인터뷰에서 '김우룡 큰집 조인트 발언'으로 3월 19일 방문진 이사장 사퇴를 하게 되었다.

2010년 방송을 읽는 키워드는 '코드 방송'과 '노조 파업'(KBS)으로, KBS 새 노조와 「문화방송」(MBC) 노동조합은 올해 나란히 (2010년 12월) 30일과 39일 동안 장기파업을 벌였다.[951] 임금 인상이나 복지 개선을 요

---

950) 「사설」, 「방송장악의 완결이라고 보면 오산이다」, 「경향신문」, 2010년 2월 9일.

구한 경제파업이 아니었다. 한국방송 새 노조는 '공정방송'을, 문화방송 노조는 '낙하산 사장 저지'를 기치로 내걸었다.

정부와 방송사 간에 끝임 없는 갈등이 노출되었다. 한편 이명박 정부는 언론인 프로그램 진행자 교체를 시도했다. MBC 뉴스데스크 신경민 앵커, KBS TV와 라디오 토론 프로그램 진행자 시사평론가 정관용 씨, KBS TV와 라디오 프로그램 진행자 윤도현 씨, KBS2 스타 골든 벨 진행자 방송인 김제동 씨, MBC 100분토론 진행자 손석희 씨 등이 도중하차했다. 이들은 정부에 비판적 논평을 하고 진보주의적 입장에서 토론을 이끌거나 사회참여에 적극적이었다.[952)]

한편 프로그램의 공정성에 문제가 발생했다. 「KBS 추적 60」에 계속 말썽이 났다. KBS "정권 홍보와 권력 눈치 보기는 열심, 권력 비판은 무시·외면."이라고 했다.[953)] KBS가 사실에 입각한 보도 내용마저 통제하며 정권홍보 방송으로 고착화되고 있다는 지적이 나온다. 「추적 60분」의 '사업권 회수 논란, 4대강의 쟁점은?' 편 불방 사태가 불거졌다.

동 기사는 "전국언론노조 KBS본부 새 노조는 「추적 60분」 불방 사태에서 공공연한 권력 눈치 보기가 드러났다고 말한다. 새 노조는 청와대 김연광 정무 1비서관의 'KBS가 천안함 「추적 60분」에 이어 경남도 소송 관련 「추적 60분」을 하는 등 반정부적인 이슈를 다룬다며 KBS가 왜 그러느냐는 부정적인 보고를 했다. 그런 분위기도 참고해야 할 것 같다.'는 발언을 공개했다."라고 했다.

청와대 등 정부 관계자들의 말 한마디가 보도지침이 되었고, KBS 간

951) 문현숙, 「2010-부끄러운 자화상 언론- 방송, 정권코드 맞추고 노조 반발엔 보복성 징계」, 「한겨레신문」, 2010년 12월 28일; 김인규의 KBS, '추적 60분' 등 정부 비판 입막기, 김재철의 MBC, 시사프로 폐지로 공영성 약화, '낙하산 사장 저지' 파업노조원 무더기 해고·정직 등이 주요 이슈였다.

952) 「사설」, 「이번엔 손석희 〈100분토론〉 진행자인가」, 「경향신문」, 2009년 10월 14일.

953) 김종목, 「KBS가 말하는 공정은 '공공연한 정권 홍보'」, 「경향신문」, 2010년 12월 15일.

부진은 굴복하는 듯 한 형태가 드러난 것이다. 그러다보니 KBS는 청와대와 한나라당, 재벌 등 기득권에 불리한 보도는 아예 외면하거나, 축소하였다.[954)]

한편 2010년 8월 17일 밤 방송 예정이었던 문화방송(MBC) '피디수첩'의 '4대강 수심 6m(대운하 의문) 비밀' 불방 사태 파문이 확산되었다. MBC 노조는 '사측의 부당한 개입으로 방송이 보류됐다'며 강경한 물리적 대응에 나서기로 했다. 야당과 언론시민단체들도 '방송의 독립성을 침해하는 행위'라며 거세게 비판했다.[955)]

당시 이명박 대통령이 4대강 사업을 정당화하기 위해 안창호 선생의 '강산개조론'을 또 다시 들고 나왔다. 이 대통령은 어제(2010년 12월 28일) 국토해양부 업무보고에서 "4대강 사업이 되면 도산 안창호 선생의 강산 개조의 꿈이 이뤄지는 것이고, 그러한 꿈에 도전하는 긍지를 가지고 해야 한다."라고 말했다.[956)]

그러나 동아투위는 "정부의 '4대강 살리기' 사업이 사실상 운하 사업이나 다름없다는 점을 밝혀 큰 파장을 일으켰다."라고 했다.[957)] 또한 동 기사에서 안종필 자유언론상 수상 <PD 수첩>의 최승호 PD는 2010년 8월 '4대강 수상 6m의 비밀' 편으로 상을 받았다. 연말에 동아자유언론수호투쟁위원회가 수여한 것인데, 그는 "언론계가 정상적 이라면 제가 상 받으면 안 되는 것"이라고 전제하고, "영혼 없는 저널리즘이 양산되고 있다."라고 세태를 비판했다.

제한된 언론이 정부를 감시하고 나섰으나, 다른 여타의 기관은 공정성을 상실했다. 즉, "4대강 사업을 감사를 했으나, 감사의 정당성이 의심스러웠

954) 김종목, 상게 기사.

955) 김정필 · 고나무, 「'피디수첩 4대강편 불방' 비판 확산」, 「한겨레신문」, 2010년 8월 19일.

956) 「사설」, 「이 대통령의 끝없는 '도산 선생모독'」, 「한겨레신문」, 2010년 12월 28일.

957) 김종목, 「영혼없는 저널리즘 판치는 암울한 세상」, 「경향신문」, 2010년 10월 27일.

다. 즉, 1년여 동안 진행한 감사(4대강 감사) 결과는, 적어도 이 사업의 타당성 부분에서는 한마디로 국토해양부가 제시한 자료를 꼭두각시처럼 받아 적은 것에 지나지 않았다."라고 했다.[958]

공정성, 객관성, 정의 같은 것에 위기를 경험했다. 그러나 일부 언론은 물질적으로 풍요를 누렸다. 케이블 방송시장에 공룡사업자가 등장한 것이다. CJ는 2009년 12월 24일 온미디어를 인수함으로써 총 22개의 채널을 운영하게 되었다.

김영삼 정부 때 인가한 케이블의 SO(system operator)와 PP(program provider)가 융합이 이뤄진 것이다. CJ홈쇼핑 외에 CJ 미디어 계열 9개(tvN, 채널 CGV 등)와 Mnet 미디어 계열 2개(Mnet · KM) 등 12개에다 온미디어가 보유한 OCN · 슈퍼액션 등 10개가 합쳐진 것이다. 이들 채널의 시청 점유율은 케이블 전체의 30% 수준으로 지난해 방송 매출만 8400억 원 규모다.[959] 방송 제작과 영화 시장이 대기업에 의해 독점되는 시대를 맞이한 것이다. 영상물의 시장은 기획, 제작, 배급이 큰 회사 중심으로 이뤄지게 되었고, 영세 독립제작사의 독립영화는 점점 그 영향력을 잃게 되었다.

한편 인쇄 매체의 중앙일보는 베를리너판을 2009년 3월 17일 시작했다. 베를리너판으로 새 출발하면서 중앙일보가 내건 최상의 가치는 '신뢰'였다. 하지만 신뢰는 추측, 과장 왜곡 부실을 배격하고, 반드시 확인된 정보와 정확한 팩트, 일관성 있는 시각으로 콘텐트를 만들어 내는 노력이 필요하다고 하다고 했다.[960] 판형을 바꾸고 가진 언론학회 세미나에서 남재일은 중앙일보 판형변화가 "'한국 신문의 혁신 작업 중 가장 전면적이자 실질

958) 박창근, 「안쓰러운 '4대강 감사원 보고서'」, 「경향신문」, 2011년 2월 11일.

959) 강혜란, 「채널 22개 SO(종합유선방송사업자) 18개...케이블 TV 공룡탄생」, 「중앙일보」, 2009년 12월 25일.

960) 이재훈, 「전문가 20명 팩트체크(Fact Checker) 활약...추측 · 과장 · 왜곡 보도 걸러낸다」, 「중앙일보」, 2009년 3월 19일.

적인 변화의 기능성을 담고 있다,' 또한 '긴 기사는 길게, 짧은 기사는 짧게 하는 양자택일의 과정을 통해 기사의 '밀도'를 높일 수 있다', '불필요한 익명 보도를 줄이고 사실과 논평을 구분해 신뢰성을 높이는 한편 독자의 생활리듬에 맞춰 생활 밀착 정보를 제공하고 있다.'"라고 했다.[961)]

중앙일보는 사고를 통해, 베를리너판 전환에 앞서 국내 언론 최초로 편집국에 팩트체커(Fact Checker)제도를 만들었다. 경력 20년 이상의 베테랑 기자 3명이 편집국 기자들이 쓴 기사의 진실성과 정확성을 지면 게재에 앞서 면밀히 검증하고 있다. 데스크나 에디터가 기사라는 건축물의 시공 책임자라면 팩트 체커는 감리책임자인 셈이다. 본지는 김성해 한국언론재단 객원논설위원 등 전문가 20명를 발표했다.

한편 중앙일보는 중앙SUNDAY를 2007년 3월 18일 발행했다. 이 신문은 창간사에서 그동안 일요일에 신문을 발간하지 않아온 게으름을 사과하고, 에디터 대표는 "중앙SUNDAY는 정보통신 혁명의 시대에 맞는 새로운 신문이고자 합니다. 우리는 정보가 홍수처럼 쏟아지는 뉴미디어 시대에도 차별화된 콘텐트로 제 기능을 다하는 언론이고자 합니다. 빠르지만 단편적인 흐름을 예측하기에 적합한 이성적 매체입니다. 중앙SUNDAY는 파편화된 사실들을 지식으로 직조(織造)해 내는 뉴스의 안내자, 정보의 바다를 헤쳐 나가는 데 필수품인 나침반의 역할을 하고자 합니다."라고 했다.[962)]

5) 신문·방송 겸용 허용과 신문법 개정

방송·인터넷이 통합될 신기술이 발전되었다. 더불어 개인 휴대폰에 소셜 네트워크 서비스(SNS, Social Network Service or Site)가 설치되었다.

---

961) 김영욱, 「단순 사건 전달서 심층 뉴스 보도로 베를리너판, 정보 패러다임 바꾼다.」, 「중앙일보」, 2009년 5월 22일.

962) 중앙SUNDAY Editor 일동, 「중앙SUNDAY를 창간하며」, 『중앙SUNDAY』, 2007년 3월 18일.

방송 · 인터넷 · 휴대폰이 함께 하게 된 것이다. 소셜 네트워크는 자신의 온라인 공간에 프로파일을 작성하고, 타 이용자들과의 연계를 통해서 콘텐츠 공유 자신 및 커뮤니케이션을 하는 소셜 미디어를 말한다.[963)]

한편 인터넷 기술이 발전되면서 미디어 관련법이 관건이 되었다. 국회 문화체육관광방송통신위 산하 '미디어발전국민위원회'(이하 미발위)는 3월 6일 자문기구로 미디어위원구성 의결, 6월 25일 문방위에 보고서 제출하기로 했다. 이 위원회는 3월 2일 3당 원내대표, 문방위 산하에 여야 동수의 사회적 논의기구를 구성했다.

이 위원회는 2012년 말까지 신문, 대기업이 지상파 방송을 겸영하지 못하도록 하는 내용의 최종 보고서를 확정했다. 2012년 12월 31일은 지상파의 디지털 전환이 끝나는 시기다. 이 번 보고서는 신문법, 방송법, 정보통신망법, IPTV법에 관한 다양한 개정 의견을 담았다.

좀 더 논의하면 미디어발전국민위원회(위원장 강상현(姜尙炫) · 김우룡)은 활동 기간을 100일 잡고, 보고서를 제출키고 했다. 미발위는 여론조사 형식을 놓고 의견이 뚜렷이 살려있다. 한나라당 측 김우룡 공동위원장(한양대 석좌교수)은 '여론수렴이 곧 여론조사는 아니다'라고 했다. 지난달(2009년 5월 22일) 인천지역 공청회를 끝으로 사실상의 여론조사를 포함한 4개항을 합의 했다. 즉, ① 활동시한 확인, ② 지상파방송 3사 및 YTN에

---

963) 박성호, "인터넷 소셜 미디어의 PR 패러다임과 공공부분에서 활용방안 고찰", 「2010년 가을 정기학술대회」, 한국방송학회 2010년 11월 20일; 소셜미디어 페이스북은 2004년 2월 4일 당시 19살이었던 하버드대학교 학생 마크 주커버그(Mark Zuckerberg)가 학교 기숙사에서 사이트를 개설하고 창업하였고, 개설 첫 달에 더스틴 모스코비츠(Dustin Moskovitz)와 크리스 휴스(Chris Hughes)가 동업자로 합류했다(Naver, 백과사전, Facebook). 처음은 하버드 학생, 아이비리그 학생, 그 후 2009년 9월 가입자수 3억 명을 돌파하였다. 한편 소셜 미디어로 페이스북과 더불어 트위트가 등장했다. 2006년 미국의 잭 도시(Jack Dorsey), 에번 윌리엄스(Evan Williams), 비즈 스톤(Biz Stone) 등이 공동으로 개발한 '마이크로 블로그' 또는 '미니 블로그'로서 샌프란시스코의 벤처기업 오비어스(Obvious Corp.)가 처음 개설하였다. 트위트가 '지저귀다'라는 뜻으로, 재잘거리듯이 하고 싶은 말을 그 때 그때 짧게 올릴 수 있는 공간이다. 한 번에 쓸 수 있는 글자 수도 최대 140자로 제한되어 있다(Naver 백과사전, twitter).

TV토론 요청, ③ 지역 여론수렴을 위한 종합토론회 개최, ④ 수용자 인식 조사 실시 등이다.[964)]

미디어위는 이날 마지막 전체회의를 개최, 신방 겸영 허용과 대기업의 방송 소유구제 완화, 사이버모욕죄 신설 등을 긍정 평가하는 보고서를 확정, 25일 문방위에 제출키로 했다. 하지만 회의에는 전체 20명 중 한나라당과 선진 창조당 모임 추천 위원 11명만 참석, '반쪽 보고서'에 그쳤다.[965)]

그 과정은 미발위가 2009년 5월 6일 부산시청미디어센터(해운대구)에서 공청회를 개최하고, 춘천, 광주, 대전 등에서 지역공청회를 열 예정이었다. 그러나 그 결과는 퍽 비관적이었다. 이날 부산 공청회는 미디어위가 계획한 다섯 차례의 지역 공청회 첫 번째 순서였다. 부산에서 열린 공청회에서 야당 쪽 공술인인 김창덕 경남 민주언론시민연합 대표는 '정부 · 여당의 언론법이 그대로 통과되면 지역은(서울에 본사를 둔 언론사의) 하청과 재하청업체로 전락할 것'이라고 우려했다.[966)]

한편 방통위는 2010년 9월 2일과 3일 종편과 보도채널 도입 방법을 둘러싼 공식 의견수렴 절차를 마무리했다. 공청회, 공식 의견수렴, 그 국민 의견청취, 야당 추천 위원들은 '기본계획 의결은 사전준비 차원에서 가능하나 실제 선정 행위 돌입을 뜻하는 공모 절차부턴 헌법재판소 결정 이후로 미뤄야 한다.'고 요구했다.

'합리적 의견수렴? 그게 가능하겠나?'가 화두였다. 두 차례의 '종합편성 및 보도채널 승인 기본계획안 공청회'가 종료된 직후 방송통신위원회 한 고위관계자가 한 말이다. '요식행위 공청회'로 우회했던 종편 문제가 정권의 정치적 판단과 방통위 상임위원 간 '머리싸움'으로 결국 되돌아왔다는 얘

964) 민동용, 「'여론수렴' 발목잡힌 미디어발전위」, 「동아일보」, 2009년 6월 13일.

965) 양정대, 「'신방겸영 허용…2012년까지 유보」, 「한국일보」, 2009년 6월 25일.

966) 이문영 박창섭, 「여당쪽 '미디어위 부산 공청회' 일방종료-청중들 '요식행위 공청회 무효' 반발」, 「한겨레신문」, 2009년 5월 7일.

기다.[967)]

그 미발위 노력에도 불구하고, 그 구도는 이미 결정되었다. 그러나 정부는 미디어 관련법 통과에 적극적이었다. 정부는 5년 전 IPTV관련법이 통과가 됐으면 우리가 세계표준이 되었을 것이다. 우리가 늦은 바람에 (중략) 일자리를 못 만들었다. 방통융합하면 바로 2만 명의 일자리가 생기지만 무궁무진한 새로운 기술이 만들어져서 정말 젊은이들이 원하는 일자리가 많이 생길 수 있다.라고 했다. 이후 정보통신정책연구원은 연구 용역 보고서를 통해 미디어법 개정으로 음식점과 택시 운전사 등을 포함 2만 6천개 일자리가 새로 창출된다고 주장했다.[968)]

그러나 김형오(金炯旿) 국회의장은 방송의 사유화, 사유화의 제도화에 퍽 비관적이었다. 그는 "미디어관련법이 시급한 민생 법안이 아니며 조선일보, 중앙일보, 동아일보(조중동)를 어떻게 방송에 참여시키느냐 하는 게 관건인 법이다."라고 했다.[969)] 그러나 한나라당 지도부는 "여기서 밀리면 앞으로 국정운영을 제대로 할 수 없다고 판단한 순수한 정치 법안이었다."라고 했다.

2009년 7월 22일 '국회에서 미디어법 날치기'가 있었다. 미디어법 처리 과정에서 이뤄진 이른바 '메뚜기 투표'(본회의장 내 같은 의석에서 여러 명이 와가며 '찬성'을 표시하는 대리 투표) 의혹에 제기되었다.

이 사건이 '부작위(不作爲) 권한쟁의심판'을 의뢰해 헌재로 넘어갔다. 헌재는 야당 의원 85명이 감형오 전 국회의장을 상대로 낸 권한쟁의심판 청구(부작위 권한쟁의심판 사건)에서, 재판관 4(인종) 대 1(기각) 4(각하) 의견으로 기각을 결정했다.[970)] 인용 의견이 4명이나 됐지만 결정정족수(5명)에 못 미친 탓에 청구는 받아들이되 청구인의 일부 사항은 배척하는

---

967) 이문영, 「종편-보도채널 동시선정 빼곤 공회전한 공청회」, 「한겨레신문」, 2010년 9월 8일.

968) 「소통 없는 국민과의 대화」, 「문화방송 노보」 149, 2009년 12월 4일.

969) 「사설」, 「국민 뜻 무시하는 게 서민정치인가」, 「한겨레신문」, 2009년 7월 28일.

970) 김남일, 「헌재, '국회 언론법 날치기' 끝내 눈감았다」, 「한겨레신문」, 2010년 11월 26일.

기각〔김종대(金鍾大)〕 재판관 의견으로 최종 결정이 났다.

헌재는 2010년 11월 25일 입법절차 과정에서 무권(대리)투표, 일사부재의 원칙 위반 등 국회의원 심의, 표결권 침해가 인정된 언론 관련법에 대해 가결선포 무효 선언 등의 후속조처를 하지 않았다. 미디어법에 찬성하는 대리투표가 이뤄졌더라도 최종적으로 본인이 찬성투표를 했다면 '적법하다'는 설명이 설득력을 잃자, 이번에는 '컴퓨터 과열 탓'을 하고 나선 꼴이다.[971)]

거대 여당이 날치기 입법을 해도 헌재가 이를 시정할 의무까지 국회에 부과할 수는 없다는 것이다. 종편 강행에 힘이 실렸다. 이미 입법이 이뤄진 해당 법률의 입법절차상 하자는 제거할 방법이 없었다. 따라서 국회의장에게 이를 시정할 의무가 없다는 논리로 각하 의견을 냈다. 당시 김종대 재판관은 "국회의장에겐 시정 의무가 있지만 이는 전적으로 국회의 자율적 판단에 맡길 수밖에 없다."라는 기각 의견을 발표했다.[972)]

헌법재판소가 국회의 미디어법 처리와 관련해 이중적인 결정을 내렸다. 야당이 제기한 권한쟁의심판 청구에서는 심의 표결권 등 권한이 침해됐음을 인정하면서도 효력정지 가처분신청에 대해서는 기각 결정을 내린 것이다.[973)]

방송통신위원회가 2010년 12월 31일 종합편성채널과 보도전문채널을 각각 『조선일보』 『중앙일보』 『동아일보』 『매일경제』와 『연합뉴스』에 허용했다.[974)] 신문시장을 과점으로 운영하는 보수신문이 '종합채널'[975)]을 얻게 된 것이다. 심사에 참여했던 14명 중 방송전공은 2명뿐이고, 나머지는 경제 · 경영 · 회계 · 법 · 기술 전공이어서 프로그램 적절성 평가에 대한 의

---

971) 장관순, 「메뚜기투표 26일엔 '적법' 27일엔 '컴퓨터 탓'」, 「경향신문」, 2009년 7월 28일.

972) 김남일, 상게서.

973) 「사설」, 「헌재의 '미디어법 결정', 기만 아닌가」, 「경향신문」, 2009년 10월 30일.

974) 이문영 김정필, 「'종편'에 보수편향 언론 무더기 선정」, 「한겨레신문」, 2011년 1월 1일, p. 1.

문이 제기됐다.

또한 평가의 정당성에 의문이 제기되었다. 경향신문이 2011년 1월 16일 단독 입수한 '종편심사위원회 세부 평가점수' 자료에 따르면, 조선 · 중앙 · 동아일보는 출연금을 제외한 총 18개 항목 중 11개 항목에서 나란히 3위 안에 들었다.[976] 3사가 비계량적 항목(공적책임 · 공정성 · 공익성의 실현계획, 시청자 권익 실현방안, 방송프로그램 기획 · 편성, 수급, 제작협력계획, 경영의 투명성 · 효율성, 방송발전 기여계획, 콘텐츠 산업 육성 · 지원계획 등)에서 높은 점수를 받았으나, 이는 대부분 계량화되지 않은 항목이었다. 반면 계량화가 가능한 납입자본금규모, 자금출자 능력, 재정적 능

---

975) '종편'의 선정에 과정에 관해 "방통위는 심사위원회 채점표를 근거로 중앙미디어네트워크(중앙일보)가 대주주인 '제이티비씨'(jTBC)에 1위(850.79점)를 줬다. 조선일보사가 대주주인 '씨에스티브이'(CSTV)는 2위(834.93점), 동아일보사와 매일경제신문이 대주주인 '채널에이(A)'와 '매일경제티브이'가 각각 3위(832.53점)와 4위(808.07점)를 차지했다. 한국경제신문과 태광 쪽은 점수 미달로 탈락했다. 보도채널은 '연합뉴스티브이'(829.71점)만 선정했다."라고 했다(이문영 · 김정필, 상게 기사, p. 1).
동 기사는 "최시중 방통위원장은 의결 직후 '국회 미디어법 충돌과 헌법재판소 결정 등 여러 번의 큰 고비가 많았지만, 올해 안에 사업자 선정을 마루리짓겠다는 약속을 마지막 날에 지킬 수 있어 다행으로 생각한다.'고 밝혔다."라고 했다. 한편 최 위원장은 "선규사업자들이 성공적으로 방송을 개시하면서 기존 사업자와 공정한 룰 아래 경쟁하고 상생 · 발전하는 정책을 위원들이 많이 고민할 것"이라고 밝혔다(이선희, 「청와대 사전통보설 사실 아니다」(양문석 위원 제기), 이선희, 「국민일보」 2011년 1월 1일).
한겨레신문 기사는 "이날 의결은 야당 위원들의 불참 속에 여당 상임위원 3명의 손에서 마무리됐다. 이경자 부위원장은 심사 돌입 직후 불거진 이병기 심사위원장의 '공정성 훼손'(박근혜 전 한나라당 대표 싱크탱크 참여) 논란을 문제 삼아 퇴장했다. 양문석 위원도 결과 발표 후 기자회견을 열어 "조중동에 대한 정치적 보은이자 한국방송시장에 대한 재앙'이라고 말했다."라고 했다(이문영 김정필, 상게 기사, p. 1).
한편 한겨레가 여론조사 전문기관인 리서치 플러스(전국 19살 이상 남녀 700명을 대상으로 전화면접 방식으로 진행됐으며, 95% 신뢰수준에서 표본오차는 ±3.7%)에 의뢰한 조사결과, 종편 선정에 "여론 다양성을 훼손할 것인지 여부를 묻는 질문에 55.2%가 '그렇다', 29.5%가 '그렇지 않다'고 답했다…신문사 4곳을 사업자로 선정한 결정에 대해 45.8%는 '부적절'했다며 부정정적인 태도를 보였다. 찬성은 27.3%였다라고 했다(문현숙, 「'조중동 방송, 여론다양성 훼손' 55%, '종편 위한 광고규제 완화 반대' 69%」, 「한겨레신문」, 2011년 1월 6일).

976) 김준일, 「종편 심사 '조중동 편들기' 사실로」, 「경향신문」, 2011년 1월 17일.

력 항목 등에서는 낮은 점수를 받았으나 배점 자체가 낮아 당락에 큰 영향을 끼치지 못했다.

방송의 시장이 밝지만 않을 전망이다. 미디어미래연구소가 2011년 12월 15일 발표한 자료에서 "새해 방송광고 매출이 3조 5336억 원으로 지난해 3조 1928억 원보다 3408억 원이 늘어날 것으로 전망했다. 이는 올해 지디피 성장률 4.2%를 가정해 종편 도입과 민영미디어렙, 중간광고 도입 요소가 반영된 전망치다. 이 증액분이 모두 종편 4곳에 흘러간다고 가정해도 종편 한 곳당 800억여 원이다."라고 했다.[977)]

신규 방송에 투입될 자금이 만만찮게 생겼다. 예측 수치는 "방송업계에선 초기 시설투자와 인건비에만 1,000억~2,000억 원, 평균시청률 1% 올리는 데 제작비 1,000억 원이 들 것으로 내다보고 있다. 김민기 숭실대 교수는 '종편 한 곳당 초기 3년간 최소 4,000억~5,000억 원 정도의 손실이 불가피하다'고 전망했다."라고 한다.[978)]

한편 장비업체도 만만치 않다. 한국방송기술 산업협회(KBTA)에 따르면 "2011년 국내 방송장비 시장 규모는 지난해 1조 9,000억 원보다 40%가량 늘어난 2조 7,000억 원가량으로 전망됐다. 종합편성채널 1개 업체당 1,500여억 원, 보도채널을 500여억 원의 장비 투자가 이뤄질 경우 700억 원가량의 새 시장이 생기는 셈이다."라고 했다.[979)]

같은 기사에서 "방송통신위원회에 따르면 카메라 등 국내 방송장비 시장의 80% 가량을 소니와 파나소닉 등 일본 제품이 석권하고 있고, 국내 제품 시장 점유율은 19.3%이다. 특히 콘텐츠 핵심인 카메라 등 영상제작 장비 국산화율은 5%에 불과하다."라고 했다. 앞으로 장비 뿐 아니라, 외국 광

---

977) 김정필, 「종편 '승자의 저주'...방송시장 '레드오션' 칼바람 예고」, 「한겨레신문」, 2011년 1월 3일.

978) 김정필, 상게 기사.

979) 백인성, 「종편 1개당 방송장비 1,500억...일본 업체만 배불린다」, 「경향닷컴」, 2011년 1월 4일.

고가 득세하면 미디어 시장은 예측 불허의 상황에 벌어질 전망이다.

한편 새 신문법(「신문 등의 진흥에 관한 법률」, 2010년 1월 25일 법률 제9974호)은 위헌적 요소가 된 신문법 제17조에 규정되어 있는 시장지배적 사업자조항이다. 즉, 「신문 등의 진흥에 관한 법률」은 언론사의 요구를 적극 수용한 것이다. 좋은 말로는 언론의 자유를 확장시켜준 것이고 다른 한편으론 '사유화'의 제도화를 강화시킨 것이다.

그 구체적 내용을 살펴보면 새 신문법은 '시장지배적 사업자조항'이 누락시켰다. 17조는 '여론집중도조사' 등으로 (언론 기관은) '여론 집중도를 대통령령으로 정하는 바에 따라 조사하며 이를 공표할 수 있다.'라고 규정했다.

또한 제33조(신문유통 지원 기구)에서 '① 한국언론진흥재단은 신문의 원활한 유통을 지원하기 이한 기구를 설립 · 운영할 수 있다, ② 신문유통 지원 기구의 설립 · 운영에 필요한 사항은 한국언론진흥재단 정관으로 정한다.'라고 했다.

새 신문법으로 한국언론진흥재단이 설립되었고, 언론신흥의 설지 및 조성이 됨으로써, '신문발전위원회'는 그 존재 의미를 상실했다. 설령 지역신문발전위원회가 존재한다고 하더라도 '언론사로 하여금 발행부수와 광고수입 등을 포함한 일체의 경영정보를 신문발전위원회에 신고한다.'라는 조항은 삭제된 것이다.

한편 언론중제에 관한 법률이다. 피해구제법이 포함하고 있는 또한 피해자도 아닌 제3자에게 시정권고 신청권을 부여했다. 즉, 제3자에 의해서도 중재신청이 가능하도록 제32조 제2항의 규정을 두었다. 또한 이 법률은 '고충처리인을 두어야 한다.'라고 규정한 제6조의 규정이다. 이 규정을 지키지 않을 경우에는 3천만 원의 과태료를 부과하도록 규정하고 있다. 이 법은 2009년 2월 6일 개정되었다. 그 법에 따라 '과태료' 조항이 삭제되었다.

6) 인권과 과거사 정리

한편 진실 · 화해를 위한 과거사정리위원회(진실화해위) 과거사는 하나씩 그 결과를 발표했다. 1951년 거창양민학살사건(2010. 10. 11)으로부터 죽산 조봉암 사형사건(2011. 1. 20), 조용수 민족일보 사장(2008년 1월 16일) 등에 진상규명이 있었다.

진실화해 위원회는 5년 1개월 활동을 하고 공식적으로 종료된 것이다. 4년여 간 진보 성향 위원들이 압도적 다수를 차지했고, 남은 1년간은 보수 성향 위원들이 근소한 우위를 점했다. 정권의 편향으로 "과거사가 거의 다 악이요 조작이다."라는 결과를 낳게 했다.[980)]

한쪽 편향은 역사의 객관적 조사에 의심을 받게 된다. 인권은 인간에게 가장 중요한 덕목이나, 그러나 과거사 정리는 그 역사적 상황을 균형 있게 보는 시각 또한 중요한다. 우리의 과거사 정리는 유행처럼 일망타진한다. 더욱이 그 역사적 사실의 조사가 김대중, 노무현, 이명박 정부가 한 세트로 움직였다. 그 의도에 의심을 하게 된 대목이다.

이런 논의는 크게 역사를 보면 동아시아 모델에 우선 규명이 선행될 필요가 있다. 즉, 동아시아 모델을 국가가 주도한 자본주의 발전모델이다.[981)] 그 이면에서는 전쟁을 통해 형성된 국가주의도 함께 성장했다. 국가는 발전과 억압의 두 얼굴을 가지고 있었다. 그 상처를 어떻게 규명하는가도 역사를 보는 안목이다.

그러나 아직도 '동아시아 근대화 모델'이 완전히 규명되지 않은 채 과거사 정리가 진행되었다. 이용훈(李容勳) 대법원장은 2008년 9월 "과거 사법

---

980) 강규형, 상게 기사.

981) 이일영, 「2 · 28 사건과 동아시아 모델」, 「한국일보」, 2011년 2월 28일; 동아시아는 국가 폭력의 상처가 깊은 곳이다. 2월 28일은 대만 사람들에게 잊을 수 없는 날이다. 1947년 이 날의 시위는 국민당 정부의 대대적인 탄압으로 이어졌다. 학살과 약탈 끝에 희생된 사람이 3만 여명에 이르는 것으로 추산된다. 이후 유사한 국가 폭력이 동아시아 여러 곳에서 자행되었다.

부가 헌법상 책무를 충실히 완수하지 못함으로써 국민에게 실망과 고통을 드린 데 대해 죄송하다고 말했다."라고 국민에게 사과했다.[982] 이 대법원장은 현재 사실은 밝히지도 못하면서 과거 잘못을 사과한 셈이다. 그는 '살아있는 권력'에 약한 검찰과 법 상황에서 과거사를 발표한 것이다.

조봉암 사건은 대법원 전원합의체〔주심 박시환(朴時煥) 대법관〕가 2011년 1월 20일 진보당의 당수로 북한과 내통해 평화통일을 주장(국가보안법 혐의)했다는 혐의로 처형된 죽산 조봉암(1899~1959)의 재심사건 선고공판에서 대법관 13명 전원 일치 의견으로 무죄선고 했다.[983]

또한 조용수(趙鏞壽) 민족일보 사장이 47년 만에 무죄가 선고되었다. 서울중앙지법 형사합의 22부〔재판장 김용석(金容奭)〕는 2008년 1월 16일 '민족일보 사건'으로 체포돼 북한 정권에 동조했다는 혐의(특수범죄 처벌에 관한 특별법 위반)로 사형이 선고됐던 조용수 사장과, 함께 기소돼 징역 5년이 선고됐던 양실근(76)씨에 대한 재심선고 공판에서 무죄를 선고했다.[984]

또한 국가정보원 과거사건진실규명위가 2005년 12월 7일 인혁당 및 민청학련 사건 고문조작 사실 인정을 했다.[985] 그 사건은 1998년 11월 9일

---

982) 조현철 · 장은교 박영흠, 상게 기사.

983) 김남일, 「'사법살인에 희생' 조봉암 무죄」, 「한겨레신문」, 2011년 1월 21일; 대법원은 이날, 52년 전 자신들이 유죄로 판단한 부분을 모두 뒤집었다. 1959년 판결 당시 대법원은 "① 공산독재는 물론 자본가 · 부패분자의 독재도 배격하는 혁신정치 실현, ② 생산 · 분배의 합리적 계획으로 민족자본 육성, ③ 평화통일 실현 등을 내세운 진보당 강령에 대해 국헌에 위배해 정부를 참칭, 북한에 동조해 국가를 변란할 목적이 있다."라고 했다. 한편 조봉암은 당시 "나에게 죄가 있다면 많은 사람이 고루 잘 살 수 있는 정치운동을 한 것밖에 없다. 내 죽음이 헛되지 않고 이 나라의 민주발전에 도움이 되기 바랄 뿐"이라고 말했다(「사설」, 「사형집행 52년 만에 누명 벗은 조봉암 선생」, 「경향신문」, 2011년 1월 21일.

984) 박현철, 「조용수 민족일보 사장 47년만에 무죄」, 「한겨레신문」, 2008년 1월 17일.

985) 김하영, 「'인혁당사건' 희생자에 245억 원 배상 판결」, 「Pressian」, 2007년 8월 21일; 인혁당 사건은 1974년 4월 중앙정보부가 "북한의 지령을 받은 인혁당 재건위가 민청학련을 배후에서 조종해 학생시위와 정부전복을 기도했다"고 발표한 사건으로, 이듬해 4월 8일 대법원은 고(故)우홍선씨 등 관련자 8명에 대해 사형을 선고했고 확정판결 뒤 불과 20여시간만에 사형이 집행됐다.

인혁당사건진상규명 및 명예회복을 위한 대책 위원회 문정현, 이돈명 등이 발족하였고, 김대중 정부와 노무현 정부는 그 사건을 받아 국가정보원 과거사건진실규명위로 넘긴 것이다.

그 후 이 사건은 2005년 12월 27일 서울지방법원 형사합의 23부(재판장 이기택) 인혁당사건 재심결정이 이뤄졌다. 이 사건은 "서울고법 민사3부[부장판사 원유석(元裕錫)]는 2010년 12월 17일 '인혁당' 창당인물로 누명을 쓴 고(故) 김상한 씨의 가족들이 '죽은 김 씨를 간첩으로 조작해 오랜 기간 동안 피해를 봤다'며 국가를 상대로 낸 손해배상 청구소송에서 '국가는 김 씨 유족에 28억 원을 배상하라'며 원심과 같이 원고 일부 승소 판결했다."라고 했다.[986)]

인혁당 사건은 박정희 정권이 1974년 4월 3일 긴급조치 4호를 발동할 때였다. 그리고 그달 25일 중앙정보부가 '인혁당 재건위'가 관련자를 구속했다.

1972년 이 시기는 닉슨과 모택동이 '핑퐁외교'가 이뤄졌고 미중수교가 실시되었다. 한편 닉슨은 '닉슨 독트린'을 1967년 7월 25일 발표했고, 1970년 7월 8일 미국은 '주한 미군을 5년 내 2만 명 한국에서 철수시키겠다.'고 통보했다. 그리고 미국은 남베트남 파리평화협정(1973. 6. 13), 남베트남 패망(1975. 4. 30)을 선언했다.

한편 박범진(朴範珍) 전 국회의원은 명지대 국제한국학연구소가 최근 출간한 학술총서『박정희 시대를 회고한다.』에 수록한 증언에서 1차 인혁당 사건은 조작된 사건이 아니라고 밝혔다.[987)] 그의 증언에 따르면 "'서울대 정치학과 4학년 때인 1963년 입당할 때 문서로 된 당의 강령과 규약을 직접 봤고 북한산에 올라가서 오른손을 들고 입당선서도 했다'고 증언했다. 인혁당 강령은 '민족 자주적인 정권을 수립해 북한과의 협상으로 통일을 했

---

986) 송윤세, 「'고법 인혁당 사건' 김상한 유족에 28억 배상」, 「뉴시스」, 2010년 12월 17일.

987) 「사설」, 「'인혁당 實在했다'는 박범진 씨의 용기 있는 증언」, 「동아일보」, 2010년 6월 30일.

다.'고 증언했다."라고 했다.

사법부는 '상황에 따른 시간'(Kairos)를 염두에 두지 않았다. 다른 한편으로 대법원(이용훈 대법원장)은 다른 과거사 정리를 발표했다. 긴급조치 1호에 관한 건인데, 이 조치는 1974년 1월 8일 박정희 전 대통령이 내린 조치였다. 그 조치는 "유신헌법을 반대 · 비방하는 행위를 한 사람은 영장 없이 체포 · 구속할 수 있고, 15년 이하의 징역에 처한다는 내용이었다."라고 한다.[988]

동<만물상(萬物相)>은 "대학생 시위가 계속되면서 1975년까지 긴급조치가 9개 선포됐다."라고 했다. 긴급조치 위반으로 기소된 사건은 1140건에 이르렀다. 이용훈 대법원장은 2010년 12월 16일 "유신체제에 대한 국민 저항을 탄압하기 위한 것으로 국민 기본권을 침해해 위헌이라고 판결했다."라고 판결한 것이다.

그렇다면 당시 법관은 어떤 판결을 했는지, 1979년 3월 박정희 정부에 의해 대법원장으로 임명받아, 전두환 전 대통령에 퇴임한 이영섭 대법원장은 그의 퇴임사에서 "사법부를 사법부(司法府)라 쓰지 않고, 사법부(司法部)라고 적어 사법부의 위상이 행정부의 일개 부처로 전락하였다는 사실을 자조적으로 표현했다."라고 했다.[989] 더욱 그는 구체적으로 그 뒤 소장 법관들이 스스로 반성했듯이 "한국의 사법부는 '판결로 말해야 할 때 침묵했고, 판결로 말하지 말아야 할 것을 말했던 것'이다."라고 했다.

법은 균형감각을 갖고 그 시대적 상황에서 판결을 할 필요가 있다. 그 때 공정한 판결을 보류하고, 지금에 와서 오늘의 잣대로 판결했다. 한편 언론에도 과거사 정리가 시작되었다. 한편 진실, 화해를 위한 과거사정리위원회는 2010년 1월 7일 기자회견을 열고 "전두환 신군부가 정권 장악 목적으

---

988) 김낭기, 「긴급조치 위헌 판결」, 「조선일보」, 2010년 12월 17일.

989) 한홍구 「법관도 국민도 고통스러운 '사법부 치욕의 과거'」, 「한겨레신문」, 2009년 5월 19일.

로 80년 언론 통, 폐합 및 언론인 강제해직 사건에 직접 관여했음을 확인했다."고 밝혔다.[990)]

'언론 통 폐합 사건'은 80년 11월 5일 공화국 당시 신군부가 '언론창달계획'이란 이름으로 단행해 전국 당시 전국 64개 언론사를 신문사 14개, 방송사 3개, 통신사 1개 등 18개로 강제 통 폐합하고, 언론인 1,000여명이 해직된 사건이다.

진실화해위는 "'국가는 공권력을 이용해 강압적으로 언론 자유를 침해한 책임을 인정하고 관련 피해자에게 사과할 필요가 있다'며 '피해자의 명예를 회복시키고 피해 구제를 위한 적절한 조치를 취하라'고 권고했다."라고 한다.

진실화해위는 2007년 11월 언론 통, 폐합과 관련한 신청사건 6건을 직권 조사키로 결정하고 그간 관련기록 4만 5000여 쪽을 분석했으며 29개 언론사에서 4000쪽 분량의 서면 답변과 증빙자료를 제출받아 검토했다.

같은 역사는 계속되었다. 이로써 외눈박이 과거사 정리는 2010년 12월 30일로 과거사 정리를 끝맺었다. 그런데 이명박 정부의 인권은 전혀 개선되지 않았고, '용산참사'에서 검찰 · 법원은 한 목소리로 경찰과 정부 손을 들어줬다. '용산참사'는 2009년 1월 21일 오전 7시 20분쯤 철거민과 경찰과의 대치 상태에서 불이 붙어, 농성자 5명과 경찰특공대원 1명이 숨진 사건이 벌어졌다. 그 사건의 법원 1심에서의 1차 공판은 재판부는 검찰의 손을 들어줬다. 용산 범대위는 28일 성명서를 통해 "'재판부가 정의보다 정치권력의 힘을 택했다'면서 '대한민국의 사법부에 절망했다.'"라고 밝혔다.[991)]

또한 인권 침해 사례가 문제로 떠올랐다. 벌써 인수위 시절, "문화관광부가 언론사 간부들에 대한 '성향조사'를 했을 때와 비슷한 시기인 지난해(2007년) 말 산하단체에 중앙일간지의 경영상황과 부대사업, 내부동향을

---

990) 이로사, 「신국부 언론통폐합, 강제 해직 국가에 책임」, 「경향신문」, 2010년 1월 8일.

파악해 보고하도록 지시한 것으로 밝혀졌다."라고 했다.[992)]

인수위 병이 도진 것이다. 2010년 10월 22일 총리실 '공직윤리지원관실의 불법 민간인 사찰'[993)]이 문제가 되었다. 불법사찰 피해자로 한나라당 정두언 최고위원과 남경필 의원이 검찰의 수사를 의뢰하고 나섰다.[994)]

민주당 우제창 의원은 국회에서 기자회견을 열고 총리실로부터 제출받은 다가우저 구매 영수증과 다가우저 사용일지인 '하드디스크 불용처리 관리대장'을 공개했다. 이 자료는 "국무총리실이 2006년 구매한 다가우저(하드디스크 영구 파괴 장비)를 쓰지 않다가 공직윤리지원관실의 민간인 불법 사찰이 집중된 2009년부터 사용해 수십만 건의 문서를 삭제한 것으로 8일 밝혀졌다. 검찰은 수사 과정에서 이를 알아내고도 묵인·은폐했다는 지적도 제기됐다.[995)]

또한 민주당 이석현 의원은 "대포폰이라는 건 사기행각을 벌일 때 쓰는 건데 청와대가 불법적으로 대포폰을 만들어 공직윤리지원관실에 보내 쓰

---

991) 김지환·구교형, 「공소장 대신 읽는 줄 알았다」, 「경향신문」, 2009년 10월 29일; '용산참사 재판 주요 쟁점 및 재판부 판단'은 화재원인, 발화지점, 경찰특공대 진입에서 ① 검찰 '농성자들이 던진 화염병 때문에', '망루 3층', '정당한 공무집행', ② 변호인단, '특정어렵다', '발전기+전동그라인더 가능성', '특정어렵다', '망루 밖일 가능성', '과도한 진압(상부지시?)', ③ 재판부 판단, '농성자들이 던진 화염병 때문', '망루 3층', '정당한 공무집행' 등으로 재판부는 검찰의 조사사실을 전부 인정했다(김지환·구교형, 「검찰 주장 다 들어주고 '약자 절규'엔 귀 막아」, 「경향신문」, 2009년 10월 29일).

992) 최재영·김광호, 「언론사 내부동향까지 조사」, 「경향신문」, 2008년 1월 14일.

993) 총리실 공직윤리지원관실 불법사찰은 김종익(KB한마음 대표, 56)에서 2008년 9월에 문제가 되었다. 김 씨는 자신의 블로그에 올린 이른바 '쥐코' 동영상을 빌미로 공직윤리지원관실은 김씨가 대표로 있는 KB한마음에 대해 두 달간 불법 압수수색과 광범위한 관련자 소환 조사를 벌였다. 지원관실은 회사 직원들과 원청업체인 국민은행에 압력을 행사해 김 씨를 대표직에서 물러나게 하고 지분 이전까지 하게 했다. 공직자의 윤리를 감시하는 기관이 민간인에게 무차별 사찰을 감행한 것이다(허정헌, 「'불법 사찰 드러났는데 왜 정부는 사과 안하나' 마르지 않는 눈물」, 「한국일보」, 2010년 12월 20일.

994) 이주영, 「검찰, 불법사찰 재수사하라」, 「경향신문」, 2010년 10월 23일.

995) 이인숙·정제혁, 「총리실, 지난해부터 '다가우저' 사용-'사찰' 수십만건 지웠다」, 「경향신문」, 2010년 11월 9일.

게 했다니, 얼마나 나쁜 짓을 하길래 대포폰까지 동원하느냐는 생각이 들었다."라고 했다.[996)]

검찰의 수사는 청와대와 손발이 맞지 않았다. 김희정 청와대 대편인은 2010년 11월 2일 대포폰에 대한 입장을 설명하면서 '검찰이 수사 중인 사안'이라고 했다.[997)] 그런데 수사책임자인 노환균 서울중앙지검장은 "지난달 국감 때 '수사가 종결됐다'고 했고, 이후 계속되는 재수사 촉구에도 검찰은 '재수사할 근거가 없다'고 버텨왔다."라고 했다. 검찰은 '살아있는 권력' 앞에 있으나 마다 한 존재였다.

이명박 정부 초기부터 문제가 민간인 사찰이 벌써 문제가 되었다. 이명박 대통령 당선인 인수위원회가 정부에 요청한 자료에서 "정부 부처에 언론사 간부들과 산하기관 단체장 등에 대한 대규모 '성향 조사'를 지시한 것으로 밝혀져 파문이 일고 있다. 인수위는 언론사 간부진은 물론 영향력을 행사할 수 있는 광고주, 산하 단체장 등 광범위한 대상을 조사대상에 포함하도록 지시했다."라고 했다.[998)]

인권 침해에 대해 헌법재판소가 위헌판정(재판관 위헌 7, 합헌 2)을 내렸다. 헌재는 '미네르바 기소 근거 전기통신법의 공익 개념 불명확'으로 판결을 내었다. 박대성(32) 씨는 "2008년 우리나라의 외환보유고가 고갈돼 외화예산 업무가 중단된 것처럼 허위 내용의 글을 인터넷에 게시한 혐의(전기통신기본법 위반)로 기소돼 1심에서 무죄를 선고받았으나 검찰이 항소하자 헌법소원을 냈다."라고 했다.[999)]

또한 헌재는 "국가정보원 등 수사기관의 '감청 중독증'에 제동을 걸었다. 2010년 12월 28일 범죄정보 수집을 위한 통신제한 조치(감청)의 기간

---

996) 이유주현, 「청와대, 얼마나 나쁜 짓 하길래 대포폰까지 동원하나 생각들어」, 「한겨레신문」, 2010년 11월 3일.

997) 「사설」, 「청와대 대포폰 누구의 지시로 덮었나」, 「경향신문」, 2010년 11월 4일.

998) 최재영 · 김광호, 「인수위, 언론사간부 성향조사」, 「경향신문」, 2008년 1월 12일.

999) 임현주, 「인터넷 허위글 처벌 조항, 위헌」, 「한국일보」, 2010년 12월 29일.

이 2개월을 넘지 않아야 한다고 규정하도 연장 횟수 등을 제한하지 않은 통신비밀보호법 제6조 7항이 통신의 자유를 침해한다는 법률이라며, 재판관 4(헌법불합치) 대 2(단순 위헌) 대 3(합헌)의 의견으로 헌법불합치라고 결정했다."라고 했다.[1000)]

인권 침해는 제도권 안에서도 문제가 되었다. 김대중 정부가 설립한 인권위가 유명무실하게 되었다. 행안부 직제개편안을 통해 208명의 직원이 164명으로 줄어들었다.[1001)] 더욱이 현병철 위원장 체제에서 인권위가 '식물 위원회', '봉숭아 학당'이라는 소리를 듣게 되었다. 이는 "당연히 목소리를 내야 할 정치사회적 인권문제에 침묵하고 있다."라고 했다.[1002)] 유남영, 문경란 상임위원들이 현 위원장의 독선적 조직운영과 정책방향에 동반사퇴를 한 것이다. 현 위원장은 정부에 코드를 맞춘 결과였다.

국가인권위원회법 제2조 1항은 "'인권'이라 함은 「헌법」및 법률에서 보장하거나 대한민국이 가입 · 비준한 국제인권조약 및 국제관습법에서 인정하는 인간으로서의 존엄과 가치 및 자유와 권리를 말한다."라고 했다. 그 법과 국내 인권상황은 거리가 멀었다.

인권이 존중되지 않은 상황에서 신 · 구 권력관에 갈등을 심해지게 마련이었다. 진보계열과 보수정부 간의 갈등이 첨예화했다. '김대중 전 대통령'[1003)]은 2009년 4월 27일 『김대중 마지막 일기-인생은 아름답고 역사는 발전한다.』 일기에서 "지금의 민주주의 위기, 중소서민 경제위기, 남북문제 위기 해결을 위해 노력하겠다."라고 했다.[1004)]

1000) 노현웅, 「'감청 무제한 연장' 통비법, 헌재서 제동」, 「한겨레신문」, 2010년 12월 29일.

1001) 이성기 · 남상욱, 「인권위의 어제와 오늘」, 「한국일보」, 2010년 11월 2일.

1002) 이성기 · 남상욱, 「玄 위원장 부임 후 파행 · 왜곡의 길을 가고 있다」, 「한국일보」, 2010년 11월 2일; 현병철 위원장 취임(2009. 7. 20) 이후, ① MBC- PD 수첩 검찰 수사 사건에 관한 의견 제출 부결(2009. 12. 1), ② 용산 철거민 사망사건에 관한 법원 의견 제출 부결(2009. 12. 28), ③ 야간 시위 헌재 의견 표명 부결(2010. 3. 8), ④ 박원순 변호사 명예훼손 사건 의견제출 내부종결 및 부결(2010. 4. 26), ⑤ 4대강 공사 반대농성 이포보 농성자들 긴급구제 요청 기각(2010. 8. 13), ⑥ 강제철거 반대농성 두리반 긴급구제요청 기각(2010. 7. 23) 등 인권위 활동은 거의 유명무실하게 된 것이다.

갈등이 첨예화 되면서 2009년 5월 23일 노무현 전 대통령의 자살 사건이 벌어졌다. 그 전 노 전 대통령은 2008년 7월 16일 공개된 '이명박 대통령께 드리는 편지'를 공개했다. 그의 편지에서 "'지금도 내가 처한 상황을 믿을 수 없다'고 했다. 그는 이 대통령이 '전직 대통령은 내가 잘 모시겠다.'는 말을 여러 차례 되뇌었다는 점을 상기시킨 뒤 '내가 이 대통령을 오해해도 크게 오해한 것 같다'고 짙은 불신감을 드러냈다."라고 전했다.[1005)]

『김대중 마지막 일기』는 "노무현 전 대통령이 자살했다는 보도, 슬프고 충격적이다. 그간 검찰이 너무도 가혹하게 수사를 했다. 노 대통령, 부인, 아들, 딸, 형, 조카사위 등 마치 소탕작전을 하듯 공격했다. 그리고 매일같이 수사기밀 발표가 금지된 법을 어기며 언론플레이 했다. 그리고 노 대통령의 신병을 구속하느니 마느니 등 심리적 압박을 계속했다. 결국 노 대통령의 자살은 강요된 거나 마찬가지다."라고 했다.[1006)]

현 대통령과 전직 대통령 간에 갈등이 도를 넘었다. 지역갈등이 일어났고 지지자 간에 갈등이 일어났다. 갈등이 심해지자 대통령 직속 자문기구로 '사회통합위'[1007)]가 2009년 12월 23일 발족되었다. 위원장에는 고건(高建) 전 국무총리가 임명되었다. 사통위는 이명박 대통령이 8·15 광복절 경축사에서 '분열과 갈등을 극복하고 따뜻한 자유주의, 성숙한 민주주의를 실현하기 위해 대통령 직속으로 구성하겠다.'고 약속한 기구이다.[1008)]

한편 DJ-盧정부 인사를 다수 참여시킨 사통위는 "그 역할이 세종시나

1003) 김대중 전 대통령은 이명박 대통령에 대한 평가가 인색했다(이인숙, 「김대중 자서전-MB엔 '사람 잘못 봤다'.. 박정희 앞엔 언제나 '독재자'」, 「경향신문」, 2010년 7월 30일). 대통령 취임사부터 철학이나 비전이 보이지 않았고, 정부조직 개편안은 시대에 역행하는 것이었으며, 북한에 대해선 자신이 표방한 실용에서 완전히 벗어나 있다는 것이다. (이 대통령은) 대통령 후보로 나를 찾아왔을 때는 햇볕정책에 공감한다고 여러 번 말했다. 그의 말대로 실용적인 사람으로 알고 대세에 역행하지 않을 것으로 믿었는데 내가 잘못 본 것 같았다.

1004) 김광호, 「일기로 본 DJ의 시국인식과 고뇌」, 「경향신문」, 2009년 8월 22일.

1005) 강희철 · 고제규, 「승부사 노무현의 '역공'?」, 「한겨레신문」, 2008년 11월 15일.

1006) 김광호, 상게 기사.

4대강 등 정치현안보다는 사회적 갈등 요인을 해소하고 대안을 제시하는 쪽에 초점을 맞췄다."라고 했다.[1009)]

그러나 현실은 전혀 달랐다. 이명박 정부는 갈등이 도가니 속에서 과거 정권의 인사를 낙마시키고 코드 인사를 난발시켰다. 사회는 인터넷 발달로 권위주의가 거하고 새로운 사회가 도래했지만, 정부는 이를 인지하지 못했다. 정부는 오히려 홍보기능을 강화시킴으로써 소통부재의 사회가 계속되었다. 언론은 홍보기구에 만족했으나 인터넷의 활성화된 지금은 오히려 분란만 일어났다. 정부는 결국 인터넷 미디어에 따른 국민들 사고를 고려하지 않았던 것이 불찰이었다. 권력의 사유화와 제도의 사유화는 하나씩 공개되는 시점이었다.

참고문헌

강규형, 「'진실화해위원회', 역사가 어떻게 평가할까」, 「중앙일보」, 2010년 12월 30일.

강아름, 「정책비판 보도에 언론 · 표현의 자유 폭넓게 인정」, 「한국일보」, 2010년 12월 3일.

강혜란, 「채널 22개 SO(종합유선방송사업자) 18개...케이블 TV 공룡탄생」, 「중앙일보」, 2009년 12월 25일.

1007) 사통위는 산하에 계층분과, 이념분과, 지역분과, 세대분과 등 4개 분과 위원회를 두며 각 분과엔 민간전문가와 고위공무원 30명씩 총 120명이 참여한다. 내년 예산은 27억 원으로 책정했으며 정부중앙청사 창성동 별관에 31명으로 구성된 사무국 성격의 지원단을 두고 있다(고기정, 「사회통합위 출범...위원장에 고건 前 총리-DJ-盧정부 인사 다수 참여」, 「동아일보」, 2009년 12월 22일). 지원단은 최근 △ 사회적 합의 도출 △ 정책 조정 △ 사회통합 저해요소 모니터링 등 3대 중점과제를 마련했다.

1008) 고기정, 상게 기사.

1009) 고기정, 상게 기사.

강혜주, 「시사저널 사태 1년의 의미- 편집권 수호위한 새로운 항해」, 『신문과 방송』 No. 440, 2007년 8월, p. 106.

강희철 · 고제규, 「승부사 노무현의 '역공'?」, 「한겨레신문」, 2008년 11월 15일.

고기정 · 차지완 · 박민혁, 「저속..과속..차선위반..'위기극복 속도전' 靑 조율기능 고장」, 「동아일보」, 2009년 4월 18일.

고기정, 「사회통합위 출범...위원장에 고건 前 총리-DJ-盧정부 인사 다수참여」, 「동아일보」, 2009년 12월 22일.

공동기획취재팀, 「온라인 참여 민주주의 새 싹」, 「서울신문」. 2008년 7월 31일.

구동본, 「정치권, 거센 후폭풍 속으로」, 「서울경제」, 2009년 4월 29일).

권대열 · 정시행, 「개헌론(改憲論), 발원지는 결국 이대통령」, 「조선일보」, 2011년 2월 2일.

김규원, 「신문 공동배달센터 수도권부터 집중」, 「한겨레신문」, 2005년 11월 17일.

김교만, 「'신문사주 지분 제한' 첨예 대립」, 「문화일보」 2004. 4. 22.

김광호, 「일기로 본 DJ의 시국인식과 고뇌」, 「경향신문」, 2009년 8월 22일.

김기봉, 「'새해 예산안' 與 단독처리」. 「조선일보」, 2010년 12월 9일.

김기철, 「노무현 정권이 만든 규명위원회 반민특위 · 광복회 기준까지 무시」, 「조선일보」, 2009년 11월 28일.

김남일, 「헌재, '국회 언론법 날치기' 끝내 눈감았다」, 「한겨레신문」, 2010년 11월 26일.

김남일, 「'사법살인에 희생' 조봉암 무죄」, 「한겨레신문」, 2011년 1월 21일.

김낭기, 「긴급조치 위헌 판결」, 「조선일보」, 2010년 12월 17일.

김봉기, 「댓글 '강요하는' 홍보처」, 「조선일보」, 2006년 9월 28일.

김봉기, 「신문 · 방송 겸영 허용키로」, 「조선일보」, 2008년 1월 8일.

김선주, 「'시사저널' 사태에 발언하자」, 「한겨레신문」, 2007년 1월 11일.

김승현, 「대법, 신영철 대법관 '촛불 재판 e-메일' 조사」, 「중앙일보」, 2009년 3월 6일.

김영욱, 「단순 사건 전달서 심층 뉴스 보도로 베를리너판, 정보 패러다임 바꾼다.」, 「중앙일보」, 2009년 5월 22일.

김의겸, 「당과도..국민과도...'말이 안 통한다'」, 「한겨레신문」, 2005년 8월 25일.
김원정 · 류정민, 「공정사회 비웃는 정부광고 '쏠림'」, 「미디어오늘」, 2010년 9월 29일.
김정필, 「종편 '승자의 저주'...방송시장 '레드오션' 칼바람 예고」, 「한겨레 신문」, 2011년 1월 3일.
김주현, 「'방통위, 최시중 신정 정치 무대 한마디 하면 일사천리로 전행'」, 「경향신문」, 2010년 8월 9일.
김준일, 「종편 심사 '조중동 편들기' 사실로」, 「경향신문」, 2011년 1월 17일.
김종목, 「영혼없는 저널리즘 판치는 암울한 세상」, 「경향신문」, 2010년 10월 27일.
김종목, 「KBS가 말하는 공정은 '공공연한 정권 홍보'」, 「경향신문」, 2010년 12월 15일.
김정필 · 고나무, 「'피디수첩 4대강편 불방' 비판 확산」, 「한겨레신문」, 2010년 8월 19일.
김지석, 「갈수록 더 '위험한 정권'」, 「한겨레신문」, 2011년 1월 12일.
김지환 · 구교형, 「공소장 대신 읽는 줄 알았다」, 「경향신문」, 2009년 10월 29일.
김지환 · 구교형, 「검찰 주장 다 들어주고 '약자 절규'엔 귀 막아」, 「경향신문」, 2009년 10월 29일).
김진구 · 이호준, 「정부 '세종시 홍보' 들러리 선 방송」, 「경향신문」, 2010년 1월 20일.
김진균, 「'언론자유' 자물쇠 채웠다」, 「동아일보」, 2007년 10월 13일.
김철웅, 「여적- 환율조작과 미네르바」, 「경향신문」, 2009년 1월 13일).
김하영, 「'인혁당사건' 희생자에 245억 원 배상 판결」, 「Pressian」, 2007년 8월 21일.
김현, 「'정의란 무엇인가' 샌델은 묻고 플라톤은 탐구한다」, 「한겨레신문」, 2011년 2월 19일.
김택환, "포털사이트와 한국언론", 『관훈저널』 통권 99호, 2006 여름, p. 11.
김현진, 「세종시설치법 국회통과」, 「뉴시스」, 2010년 12월 8일.

남도영, 「새 방통심의위원장에 이진강 前 변협회장 내정」, 「국민일보」, 2009년 8월 7일.

노무현, 『노무현 대통령 연설문집 제1권』, 대통령비서실, 2004년 2월 25일.

노무현, 『노무현 대통령 연설문집 제2권』, 대통령 비서실, 2005년 2월 25일.

노무현, 『성공과 좌절-못다 쓴 회고록』, 도서출판 학고재, 2009.

노현웅, 「'감청 무제한 연장' 통비법, 헌재서 제동」, 「한겨레신문」, 2010년 12월 29일.

노형석, 「'현정부 왜 언론 과거사는 외면하는지...'」, 「한겨레신문」, 2006년 12월 7일.

문현숙, 「11월 '개국' 향해 뛰는 'OBS 경인TV'」, 「한겨레신문」, 2007년 5월 29일.

문현숙, 「2010-부끄러운 자화상2 언론- 방송, 정권코드 맞추고 노조 반발엔 보복성 징계」, 「한겨레신문」, 2010년 12월 28일.

문현숙, 「공동배달제, 신문사 협의체로 넘어간다」, 「한겨레신문」, 2010년 11월 17일.

문현숙, 「'조중동 방송, 여론다양성 훼손' 55%, '종편 위한 광고규제 완화 반대' 69%」,「한겨레신문」, 2011년 1월 6일).

민동용, 「'여론수렴' 발목잡힌 미디어발전위」, 「동아일보」, 2009년 6월 13일.

민원실 보고서, 「소통 없는 국민과의 대화」, 「문화방송 노보」 149, 2009. 12. 4.

박민혁, 「靑 기자와 접촉땐 사전보고 하라」, 「동아일보」, 2008년 12월 3일.

박래용, 「도곡동 땅, 검찰은 거짓말 하지 않았다.」, 「경향신문」, 2009년 12월 1일.

박래용, 「'박연차 게이트' 관전법」, 「경향신문」, 2009년 5월 11일.

박성호, 「정책과 규제 기구를 별도로 해야」, 『신문과 방송』, No. 433, 2007년 1월, p. 16.

박수정 · 오동근, 「촛불든 10代에 부끄러운 대학생」, 「경향신문」, 2008년 5월 17일.

박영환, 「공정사회 불씨 살리기 이 대통령 뜻대로 될까」, 「경향신문」, 2011년 2월 18일.

박종세, 「'정의' 신드롬 일으킨 마이클 샌델 하버드大 교수 송년 인터뷰」, 「조선일보」, 2010년 12월 31일).
박진석, 「盧 패밀리 수사는 '토끼뜀'...현(現)정권 인사 수사는 '거북이'」, 「한국일보」, 2009년 4월 13일.
박진석, 「PD수첩 광우병 제작진 무죄」, 「한국일보」, 2010년 1월 20일.
박창근, 「안쓰러운 '4대강 감사원 보고서'」, 「경향신문」, 2011년 2월 11일.
박창섭, 「언론진흥재단 '보수인사' 전면 포진」,『한겨레신문』, 2010. 1. 6.
박현철, 「법관회의서도 '신영철, 재판독립 침해'」, 「한겨레신문」. 2009년 4월 28일).
박현철, 「조용수 민족일보 사장 47년만에 무죄」, 「한겨레신문」, 2008년 1월 17일.
백인성, 「종편 1개당 방송장비 1,500억...일본 업체만 배불린다」. 「경향닷컴」, 2011년 1월 4일.
병영욱, 「최시중 위원장 취임」, 「동아일보」, 2008년 3월 27일.
「사설」, 「신문시장, 공정위가 나서야」,「미디어 오늘」, 2002. 7. 25.
「사설」, 「공무원은 정권의 '인터넷 홍위병'이 아니다」, 「동아일보」, 2006년 4월 25일.
「사설」, 「무책임한 국정브리핑과 청와대 통계 왜곡」, 「동아일보」, 2006년 5월 23일.
「사설」, 「'핵심조항 위헌' 신문법 폐기해야」, 「동아일보」, 2006년 6월 30일.
「사설」, 「국민의 눈을 가리는 대통령」, 「중앙일보」, 2007년 1월 24일.
「사설」, 「한국 언론계의 불행, '시사저널 사태'」, 「한겨레신문」, 2007년 1월 24일.
「사설」, 「李 정부 '프레스 프렌들리' 말뿐인가」, 「동아일보」, 2008년 3월 7일.
「사설」, 「야당에도 '라디오 연설' 시간 줘야」, 「한겨레신문」, 2008년 10월 23일.
「사설」, 「예산협상 한발씩 양보해 접점 찾아라」, 「한국일보」, 2008년 12월 5일.
「사설」, 「盧 전 대통령의 '반칙 · 특권 없는 세상'이 이런 거였나」, 「조선일보」, 2009년 4월 1일.
「사설」, 「국민 뜻 무시하는 게 서민정치인가」, 「한겨레신문」, 2009년 7월 28일.
「사설」, 「기자회견 질문까지 '원천봉쇄'하는 청와대」, 「한겨레신문」, 2009년 10월 2일.

「사설」, 「이번엔 손석희 <100분토론> 진행자인가」, 「경향신문」, 2009년 10월 14일.

「사설」, 「용산 참사, 도대체 누구에게 죄를 묻겠다는 것인가」, 「한겨레 신문」, 2009년 10월 22일.

「사설」, 「헌재의 '미디어법 결정', 기만 아닌가」, 「경향신문」, 2009년 10월 30일.

「사설」, 「'정치검찰'의 억지 기소 일축한 PD수첩 판결」, 「한겨레신문」, 2010년 1월 21일.

「사설」, 「MBC는 여전히 환골탈태 필요하다」, 「중앙일보」, 2010년 2월 9일.

「사설」, 「방송장악의 완결이라고 보면 오산이다」, 「경향신문」, 2010년 2월 9일.

「사설」, 「대응은 현실적으로 조사는 더 철저하게」, 「한겨레신문」, 2010년 5월 22일.

「사설」, 「'인혁당 實在했다'는 박범진 씨의 용기 있는 증언」, 「동아일보」, 2010년 6월 30일.

「사설」, 「4대강 사업, 이래도 대운하 준비 아닌가」, 「경향신문」, 2010년 8월 18일.

「사설」, 「청와대 대포폰 누구의 지시로 덮었나」, 「경향신문」, 2010년 11월 4일.

「사설」, 「G20 정상회의, '경주 합의' 후퇴해선 안 된다.」, 「중앙일보」, 2010년 11월 12일.

「사설」, 「이 대통령의 끝없는 '도산 선생모독'」, 「한겨레신문」, 2010년 12월 28일.

「사설」, 「'공익(公益)' 개념, 헌재(憲裁) 판결 계기로 보다 구체화할 필요있다」, 「조선일보」, 2010년 12월 31일.

「사설」, 「사형집행 52년 만에 누명 벗은 조봉암 선생」, 「경향신문」, 2011년 1월 21일.

「사설」, 「대통령은 정식 기자회견 해야」, 「중앙일보」, 2011년 1월 31일.

설원태, 「'정치색' 더욱 짙어진 방통위 출범」, 「경향신문」, 2008년 3월 3일.

「소통 없는 국민과의 대화」, 「문화방송 노보」 149, 2009년 12월 4일

손준현, 「다시 '슬픈 망루'를 보라」, 「한겨레신문」, 2011년 1월 12일.

송윤세, 「고법 '인혁당 사건' 김상한 유족에 28억 배상」, 「뉴시스」, 2010년 12월 17일.

서정보, 「KBS 강동순 감사 2004년 탄핵방송 비판」, 「동아일보」, 26년 4월 25일.
성기철, 「대통령의 언론관을 알고 싶다」, 「국민일보」, 2009년 11월 4일.
서승욱 · 김필규, 「'방송통신은 경제논리로 봐야'」, 「중앙일보」, 2008년 12월 27일.
서정우, 『언론자유와 사회윤리』, 나남출판사, 2010.
신문유통원, 「창립4주년 기념-신문유통원, 신문 역사에 한 획을 긋다」, 「해다미」, 2009년 12월.
신율, "욕구이론을 통해서 본 남남갈등", 『한국정치학회보』 제44집 제2호, p. 70.
신정록, 「盧 대통령 또 '오기' 비판일자 더 강공」, 「조선일보」, 2007년 5월 30일.
신정록, 「노무현 대통령과 언론 기사」, 『관훈저널』 통권 105호, 2007년 겨울, p. 14.
「언론중재및 피해구제등에 관한법률」, 제정 2005년 1월 27일, 법률 제7370호.
안용현, 「홍보처, 오명만 남기고...」, 「조선일보」, 2008년 2월 29일.
양정대, 「신방겸영 허용...2012년까지 유보」, 「한국일보」, 2009년 6월 25일.
오태규, 「노무현 대 이명박」, 「한겨레신문」, 2009년 5월 29일.
유통원창, 「한국언론진흥재단, 설립 준비 순항」, 『해다미』, 2009. 12.
윤창빈, 「시장경쟁을 바탕으로 한 미디어산업 활성화에 초점-이명박 대통령 미디어정책 관련 발언」, 『신문과 방송』 447, 2008년 3월.
원용진, 홍성일, 방희경, 『PD 저널리즘: 한국방송 저널리즘 속 일탈』, 한나래, 2008, p. 25.
여현호, 「일사분란의 유혹」, 「한겨레신문」, 2008년 3월 14일.
염강수, 「'온 국민의 것'인 공중파 방송을 PD수첩이 '정치' '선동'에 이용해」, 「조선일보」, 2009년 6월 19일.
염영남, 「국민과 소통 정무 · 홍보 기능강화」, 「한국일보」, 2008년 6월 25일.
이가영, 「2008년 12월 18일 국회는 전쟁터-해머 · 전기톱 동원-한 · 미 FTA 충돌 끝 상정」, 「중앙일보」, 2008년 12월 19일.
이로사, 「신국부 언론통폐합, 강제 해직 국가에 책임」, 「경향신문」, 2010년 1월 8일.
이명진 · 류정, 「박연차, 盧 정권 검찰 人事 좌지우지...그에게 줄댄 간부도 여럿」, 「조선일보」, 2009년 3월 23일.

이문영 · 박창섭, 「여당쪽 '미디어위 부산 공청회' 일방종료-청중들 '요식행위 공청회 무효' 반발」, 「한겨레신문」, 2009년 5월 7일.

이문영, 「종편-보도채널 동시선정 빼곤 공회전한 공청회」, 「한겨레신문」, 2010년 9월 8일.

이문영, 「MB정권 징계 언론인 180명」, 「한겨레신문」, 2010년 10월 11일.

이문영 · 김정필, 「'종편'에 보수편향 언론 무더기 선정」, 「한겨레신문」, 2011년 1월 1일, p. 1.

이범준, 「미네르바 옭아맨 법 조항은 '위헌'」, 「경향신문」, 2010년 12월 29일.

이상준, 「신문유통 선진화 큰 걸음 내디뎠다」, 「언론속으로」(8), 한국언론진흥재단, 2011년 3월.

이선희, 「청와대 사전통보설 사실 아니다」(양문석 위원 제기), 이선희, 「국민일보」, 2011년 1월 1일.

이성기 · 남상욱, 「인권위의 어제와 오늘」, 「한국일보」, 2010년 11월 2일.

이성기 · 남상욱, 「玄 위원장 부임 후 파행 · 왜곡의 길을 가고 있다」, 「한국일보」, 2010년 11월 2일.

이에스더 · 최선욱, 「논쟁과 대안-'진화하는 방통 융합 기술...법 · 제도가 퇴화시키는 셈'(방송통신위원회 구성 논란)」, 「중앙일보」, 2007년 1월 11일.

이용성, "'친노 대 반노' '민주 대 반민주' 구도로 양분", 『신문과방송』 No. 400, 2004년 4월, p. 57.

이유주현, 「청와대, 얼마나 나쁜 짓 하길래 대포폰까지 동원하나 생각들어」, 「한겨레신문」, 2010년 11월 3일.

이인숙, 「'북 · 중 · 러 참여시켜 천안함 조사 검증 필요'」, 「한국일보」, 2010년 5월 25일.

이인숙, 「김대중 자서전- MB엔 '사람 잘못 봤다'..박정희 앞 엔 언제나 '독재자'」, 「경향신문」, 2010년 7월 30일.

이인숙 · 정제혁, 「총리실, 지난해부터 '다가우저' 사용-'사찰' 수십만건 지웠다」, 「경향신문」, 2010년 11월 9일.

이일영, 「2 · 28 사건과 동아시아 모델」, 「한국일보」, 2011년 2월 28일.

이재훈, 「전문가 20명 팩트체크(Fact Checker) 활약…추측 · 과장 · 왜곡 보도 걸러낸다」, 「중앙일보」, 2009년 3월 19일.

이주영, 「검찰, 불법사찰 재수사하라」, 「경향신문」, 2010년 10월 23일.

이진영, 「홍보처 국정브리핑도 언론」, 「동아일보」, 2006년 5월 23일.

이진영, 「신문사 경영자료 요구 언론자유 침해할 우려」, 「동아일보」, 2006년 5월 27일.

이항수 · 신은진, 「'언론의 의견표명엔 반론정구 못해' 홍보처 패소 판결-국가기관 반론청구 남발에 제동」, 「조선일보」, 2006년 2월 11일.

이호준, 「KBS 신임 사장에 김인규 씨 내정」, 「경향신문」, 2009년 11월 20일.

임정수, "사회적 쟁점 유발 미디어로서 위상 높아져", 『신문과 방송』 No. 439, 2007년 7월, p. 39.

임현주, 「인터넷 허위글 처벌 조항, 위헌」, 「한국일보」, 2010년 12월 29일.

장관순, 「메뚜기투표 26일엔 '적법' 27일엔 '컴퓨터 탓'」, 「경향신문」, 2009년 7월 28일.

장덕진, 「권력과 자본, 그 위험한 결합」, 「경향신문」, 2011년 1월 6일.

전지성, 「법원, 언론중재법 일보조항 위헌심판 제청」, 「동아일보」, 2006년 1월 21일).

정대수, 『선동가 노무현, 김대중 둥지에서 날다』, 서울: 에세이퍼블리싱. 2009.

정대필, "언론사와 포털이 윈윈할 수 있어야", 『신문과 방송』, No. 439, 2007년 7월. pp. 42~43.

정연욱 · 이진영, 「방송에 감사한다던 盧 대통령 요즘 왜?」, 「동아일보」, 2006년 7월 18일.

정우상, 「盧 대통령, 끝없는 대안매체 만들기」, 「조선일보」, 2006년 1월 17일.

정우상, 「파탄 난 '노무현 정치'」, 「조선일보」, 2009년 4월 1일.

전성철, 「前 대우건설 사장-故남상국씨 유족, 盧 전 대통령 고소」, 「동아일보」, 2008년 12월 20일.

정진석, 「신문법 · 언론중재법과 헌법재판소」, 『관훈저널』 통권 99호, 2006 여름, p. 5.

정희진, 「MB의 기호의 제국」, 「한겨레신문」, 2010년 8월 24일.

주용중, 「추진력 강점..독선적, 인사능력 부족, 개혁에 대한 반발 포용력이 성공 조건」, 「조선일보」, 2008년 8월 25일.
조현철 · 장은교 · 박영흠, 「BBK특검이 밝힌 건 삼청각 꼬리곰탕 값」, 「경향신문」, 2008년 12월 29일.
조현호, 「'인수위 보도' 추측 · 문서절취 물의」, 「미디어 오늘」, 2003년 1월 9일.
조홍민, 「서해 평화지대 · 종전선언 정상회담 추진」, 「경향신문」, 2007년 10월 5일.
중앙SUNDAY Editor 일동, 「중앙SUNDAY를 창간하며」, 『중앙SUNDAY』, 2007년 3월 18일.
진성호 · 한현우, 「조용중 남시욱 원우현 좌담, '신문시장 판도까지 개입... 의도적인 언론 탄압'」, 「조선일보」, 2001년 4월 5일.
천원주, "신 · 방 겸영 놓고 대치 불가피 기구 통합에도 시각차 뚜렷", 『신문과 방송』 No. 454, 2008년 10월, p. 18.
최영재, 「노무현 대통령– 정파성 농후해지면서 공격 저널리즘화」, 『신문과 방송』 No.434, 2007년 2월, p. 10.
최재영 · 김광호, 「인수위, 언론사간부 성향조사」, 「경향신문」, 2008년 1월 12일.
최재영 · 김광호, 「언론사 내부동향까지 조사」, 「경향신문」, 2008년 1월 14일.
최우규, 「벼랑 끝 '승부사 노무현' 반전 카드 통할까」, 「경향신문」, 2009년 4월 14일.
최정호, 「한국현대사와 노무현 시대」, 「동아일보」, 2009년 4월 16일.
최훈, 「노 대통령 '인터넷 서신 정치' 왜 하나」, 「중앙일보」, 2005년 7월 7일.
「한국언론진흥재단, 설립 준비 순항」, 「해다미」, 2009년 12월.
한홍구, 「법관도 국민도 고통스러운 '사법부 치욕의 과거'」, 「한겨레신문」, 2009년 5월 19일.
허정헌, 「'MBC 개편 갈등' 결국 폭발하나」, 「한국일보」, 2010년 2월 9일.
허정헌, 「'불법 사찰 드러났는데 왜 정부는 사과 안하나' 마르지 않는 눈물」, 「한국일보」, 2010년 12월 20일.
홍찬식, 「'포털'이라는 괴물」, 「동아일보」, 2006년 10월 4일.
황준범 · 서정민, 「정보공개 '선진화 방안'은 정작 빠져」, 「한겨레신문」, 2007년

5월 23일.

홍준형, 「중도와 실용」, 「한국일보」, 2009년 8월 11일.

황준범, "공정사회 담론과 인사청문회", 『관훈저널』 통권 117호, 2010년 겨울.

황준범, 「이 대통령 '공약 뒤집기' 이유대며 '여론 뒤집기'」, 「한겨레신문」, 2009년 11월 25일.

황준범, 「또 '연설'만...'회견' 기피증?」, 「한겨레신문」, 2010년 1월 5일.

찾아보기

[ㄴ]

[ㄷ]

[ㄹ]

[ㅁ]

[ㅂ]

[ㅅ]

[ㅇ]

[ㅈ]

[ㅊ]

[ㅋ]

[ㅌ]

[ㅍ]

[ㅎ]